Restaurantfach

Kompetent in Ausbildung und Beruf

Konzeption:
Michael Schopohl
Heinz-Peter Wefers

Autoren:
Michael Hummel
Michael Schopohl
Sandra Warden
Heinz-Peter Wefers

Handwerk und Technik · Hamburg

Autoren
Hummel, Michael: Oberstufenzentrum „Alfred Flakowski", Brandenburg
Schopohl, Michael: Albrecht-Dürer-Schule, Berufskolleg der Stadt Düsseldorf
Warden, Sandra: DEHOGA Bundesverband, Geschäftsführung Fachabteilung Systemgastronomie, Berlin
Wefers, Heinz-Peter: Albrecht-Dürer-Schule, Berufskolleg der Stadt Düsseldorf

Hinweis der Autoren:
Wegen der besseren Lesbarkeit verwenden wir im Buch meistens die männliche Berufsbezeichnung. Selbstverständlich sprechen wir aber in gleichem Maße alle weiblichen Auszubildenden an.

Danksagung
Wir danken den vielen Privatpersonen und Unternehmen, die uns Bildmaterial zur Verfügung gestellt haben und Informationen und Hinweise gegeben haben.
Ein detailliertes Bildquellenverzeichnis befindet sich auf Seite 627.

Begutachtung
Sattler, Hans-Peter: Städtische Berufsschule für das Hotel-, Gaststätten- und Braugewerbe sowie Kermess Berufsfachschule, München; Deutsche Hotelakademie, Köln

ISBN 978-3-582-04996-4

Verlag Handwerk und Technik GmbH,
Lademannbogen 135, 22339 Hamburg; Postfach 63 05 00, 22331 Hamburg – 2016
E-Mail: info@handwerk-technik.de – Internet: www.handwerk-technik.de

Satz und Layout: PER Medien & Marketing GmbH, 38102 Braunschweig
Umschlagmotiv: Kaktusfactory, Thailand
Druck: appl druck GmbH, 86650 Wemding

Geleitwort

Liebe Auszubildende,

freundlicher und professioneller Service, das ist dieses „kleine bisschen mehr“, das dem Gast vermittelt: „Sie sind uns herzlich willkommen! Sie sind bei uns der König!“

Genauso wollen Sie es machen, denn Sie haben sich für die Ausbildung zur Restaurantfachfrau bzw. zum Restaurantfachmann entschieden. Täglich haben Sie dabei mit unterschiedlichen Gästen zu tun. Die Rolle des Gastgebers bringt Ihnen Spaß. Egal, wen Sie bedienen.

Sie mögen Menschen und haben gute Umgangsformen. Ein höflicher Ton und ein gutes Gedächtnis sind ebenso wie Fremdsprachenkenntnisse unerlässlich und wenn es mal hektisch wird, sind starke Nerven, Improvisationstalent und ein souveräner Umgang mit Reklamationen gefragt. Gäste sind heutzutage anspruchsvoller, selbstbewusster, offener und aufgrund der vielseitigen und schnellen medialen Informationskanäle immer gut informiert.

Die Gastronomieszene ist ständig in Bewegung. Die Bandbreite der Trendgastronomie ist schier unbegrenzt. Daneben ist auch die traditionelle und klassische Gastronomie fester Bestandteil des Angebots. Ein Berufsfeld kann also kaum abwechslungsreicher sein.

Restaurantfachleute haben hervorragende Aufstiegschancen vom Commis de Rang bis zum Abteilungsleiter, Restaurantdirektor oder Wirtschaftsdirektor (F & B-Manager). Mit der Ausbildung erhalten Sie als Restaurantfachleute ideale Voraussetzungen für Positionen im Event- und Veranstaltungswesen. Oder Sie wagen den Schritt in die Selbstständigkeit mit der Eröffnung eines eigenen gastgewerblichen Betriebs.

Sie starten also in einen abwechslungsreichen Beruf, der Ihnen noch dazu interessante Weiterbildungsmöglichkeiten und hervorragende Karrierechancen bietet! Und Ihre Ausbildung öffnet außerdem den Weg in die große weite Welt – guter Service ist überall gefragt.

Das im Verlag Handwerk und Technik erschienene und von Ihnen erworbene Buch „Restaurantfach“ wird für Sie ein wichtiger Begleiter bei einer modernen und fundierten Ausbildung sein. Darin finden Sie alles rund um guten und professionellen Service.

Ich wünsche Ihnen im Namen der Gastronomischen Akademie Deutschlands e. V. (GAD), die sich als unabhängiges Gremium Themen rund um „gutes und gesundes Essen & Trinken“ und „zeitgerechte Gastlichkeit“ verschrieben hat, Freude und Erfolg bei der Ausbildung. Ich bin sicher, dass Sie mit Ihrem gewählten Beruf und den sich daraus bietenden Möglichkeiten die große Faszination der gastronomischen Branche erleben werden.

Ihr

B. Böttel

Bernhard Böttel
Präsident der Gastronomischen Akademie Deutschlands e. V.

Inhaltsverzeichnis

Lernfeldkompass

Nr.	Lernfelder	Zeitrichtwerte in Stunden	Behandelt in Kapitel
1.1	**Arbeiten in der Küche**	140	**2** Arbeitssicherheit **3** Umweltschutz **4** Hygiene im Umgang mit Lebensmitteln **5** Ernährung **8** Organisation im Betrieb **10** Lebensmittel **11** Speisen
1.2	**Arbeiten im Service**	120	**6** Kommunikation **7** Servicemitarbeiter und Serviceausstattung **8** Organisation im Betrieb **11** Speisen **12** Getränke **15** Restaurantmanagement
1.3	**Arbeiten im Magazin**	60	**2** Arbeitssicherheit **3** Umweltschutz **4** Hygiene im Umgang mit Lebensmitteln **9** Warenwirtschaft
2.1	**Beratung und Verkauf im Restaurant**	100	**6** Kommunikation **8** Organisation im Betrieb **11** Speisen **12** Getränke **15** Restaurantmanagement
2.2	**Marketing**	80	**6** Kommunikation **14** Marketing **16** MICE-Management
2.3	**Wirtschaftsdienst**	40	**2** Arbeitssicherheit **3** Umweltschutz **8** Organisation im Betrieb **13** Wirtschaftsdienst
2.4	**Warenwirtschaft**	60	**2** Arbeitssicherheit **3** Umweltschutz **4** Hygiene im Umgang mit Lebensmitteln **8** Organisation im Betrieb **9** Warenwirtschaft
3.1	**Restaurantorganisation**	40	**6** Kommunikation **7** Servicemitarbeiter und Serviceausstattung **8** Organisation im Betrieb **11** Speisen **12** Getränke **13** Wirtschaftsdienst **15** Restaurantmanagement **16** MICE-Management
3.2	**Getränkepflege und Getränkeverkauf**	100	**7** Servicemitarbeiter und Serviceausstattung **8** Organisation im Betrieb **12** Getränke **15** Restaurantmanagement
3.3	**Führen einer Station**	80	**6** Kommunikation **7** Servicemitarbeiter und Serviceausstattung **8** Organisation im Betrieb **11** Speisen **12** Getränke **15** Restaurantmanagement
3.4	**Arbeiten im Bankettbereich**	60	**6** Kommunikation **7** Servicemitarbeiter und Serviceausstattung **8** Organisation im Betrieb **11** Speisen **12** Getränke **14** Marketing **15** Restaurantmanagement **16** MICE-Management

Folgende Kapitel enthalten allgemeine Inhalte:

1 Gastgewerbe   17 Fachrechnen   18 Lernfeldorientierte Aufgaben

Symbolerläuterungen

Wesentliches im Blick

Gastgewerberecht im Blick

Nachhaltigkeit im Blick

www... Internetverweise

1 GASTGEWERBE

Gastgewerbe

Im Gastgewerbe arbeiten derzeit fast 1,8 Millionen Beschäftigte und über 60.000 Auszubildende in den unterschiedlichsten Betrieben. Kaum ein anderes Tätigkeitsgebiet ist so vielseitig und bietet so viele verschiedene Ausbildungsmöglichkeiten.

Schulabgänger können zwischen vielen verschiedenen Ausbildungsberufen wählen. Haupteinsatzgebiete sind die Küche, das Restaurant, das Hotel und die Systemgastronomie.
Mit einer gastgewerblichen Ausbildung werden außerdem die Grundsteine für das Eröffnen eines eigenen Betriebs gelegt.

1.1 Definition und Einteilung

Der Begriff „Gastgewerbe" ist gesetzlich nicht geregelt. Eine Definition ist daher schwierig. Im Wort lassen sich jedoch zwei Begriffe erkennen:

- Ein **„Gast"** ist ein Besucher, der für eine begrenzte Zeit zum Bleiben eingeladen ist. Man kann ihn bewirten, d. h. etwas zum Essen oder Trinken geben und/oder ihn beherbergen, d. h. ihm eine Unterkunft für seinen Aufenthalt und eine Übernachtungsmöglichkeit anbieten.
- Als **„Gewerbe"** wird eine erlaubte und selbständige Tätigkeit bezeichnet, die auf Dauer und mit der Absicht, Gewinne zu erzielen, ausgeübt wird. Mit anderen Worten heißt das, dass die angebotene Tätigkeit, von dem, der sie in Anspruch nimmt, bezahlt werden muss.

Das **Gastgewerbe** lässt sich in die beiden Bereiche **Bewirtung und Beherbergung** gliedern. Man spricht auch von **Gastronomie** (Gaststättengewerbe) und **Hotellerie.**

Gastronomie

Hotellerie

Unterscheidungen in der Gastronomie

- **Schankwirtschaften:** hier werden Getränke zum Verbrauch an Ort und Stelle angeboten
- **Speisewirtschaften:** hier werden zubereitete Speisen zum Verzehr an Ort und Stelle angeboten

Manchmal unterscheidet man innerhalb der Gastronomie zusätzlich zwischen

- **klassischer Gastronomie**

und

- **Systemgastronomie**

Gastronomie (Gaststättengewerbe)

Zur Gastronomie bzw. zum Gaststättengewerbe gehören alle gewerblichen Unternehmen, deren Hauptleistung die Verpflegung bzw. Bewirtung von Gästen ist. Zur Bewirtung gehören die Speisen und Getränke. Sie werden auch als **Food & Beverage (F & B)** bezeichnet.

Der Betreiber eines Gastronomiebetriebs wird Gastwirt oder **Gastronom** genannt. Für alle Gastronomiebetriebe gelten u. a. die Vorschriften des **Lebensmittelrechts** und der **Lebensmittelhygiene**. Außerdem unterliegen sie der **Lebensmittelüberwachung**. Manche Unternehmen des Gaststättengewerbes benötigen zusätzlich eine Konzession (siehe nächste Seite).

Hotellerie

Unternehmen, deren Hauptleistung die Gästeübernachtung ist, zählen zur Hotellerie. Bieten Hotels neben der Beherbergung der Gäste auch deren Verpflegung als Dienstleistung an, wird von **Kost und Logis** gesprochen.

AUFGABE

Erläutern Sie die Begriffe

- Gastgewerbe
- Gastronomie
- Hotellerie
- Food and Beverage
- Kost und Logis

1.2 Gaststättenerlaubnis/Konzession

Für die Eröffnung eines Bewirtungs- oder Hotelbetriebs sind einige rechtliche Voraussetzungen zu beachten.

Gewerbeanzeige
Unabhängig davon, ob im jeweiligen Bundesland eine Erlaubnispflicht besteht oder nicht, ist der Betreiber eines Bewirtungs- oder Beherbergungsbetriebs verpflichtet, den Beginn, die Verlegung oder die Aufgabe eines Gaststättengewerbes bei der Behörde anzuzeigen

Erlaubnispflicht
Jeder, der einen Gastronomie- oder Hotelleriebetrieb führen wollte, brauchte vor wenigen Jahren noch eine Erlaubnis, die sogenannte **Konzession.** Inzwischen ist in den meisten Bundesländern die **Erlaubnispflicht** abgeschafft. In manchen Bundesländern gibt es sie noch für Betriebe, in denen **Alkohol ausgeschenkt** wird.

Mit der Erlaubnispflicht wollen die Behörden die Allgemeinheit, Gäste und Mitarbeiter vor Gefahren, die mit Alkoholmissbrauch verbunden sind, schützen. Einem Gastronomen kann die Konzession entzogen und die Gaststätte geschlossen werden, wenn er gegen die Gesetze verstößt.

Erlaubnisverfahren
Die Gaststättenerlaubnis muss bei der zuständigen Behörde (meist Landkreis oder kreisfreie Stadt) beantragt werden. Für die Erlaubnis muss eine Gebühr entrichtet werden. Die Erlaubnis gilt nur für einen bestimmten **Erlaubnisträger**, eine bestimmte **Betriebsart** und für bestimmte **Räume.** Bei wesentlichen Betriebsänderungen wird deshalb eine neue Konzession erforderlich.

Sowohl natürliche als auch juristische Personen (z. B. GmbH) können eine Gaststättenerlaubnis erhalten. Der Erlaubnisträger ist abhängig von der Rechtsform des Unternehmens. Werden z. B. einzelne Betriebe oder ein ganzer Geschäftsbereich verkauft oder wechselt die Firma eines Unternehmens, so muss eine neue Erlaubnis beantragt werden.

Typische Bewirtungsbetriebe	Typische Beherbergungsbetriebe
▪ Restaurant ▪ Bistro ▪ Pub ▪ Wirtshaus ▪ Autobahnraststätte ▪ Bahnhofsgaststätte ▪ Café ▪ Eisdiele ▪ Bar ▪ Imbisshalle ▪ Kantine ▪ Schankwirtschaft ▪ Food-Trucks	▪ Hotel ▪ Hotel Garni ▪ Aparthotel ▪ Pension ▪ Gasthof ▪ Motel ▪ Boardinghouse ▪ Kurhotel

Anmerkung: Ein **„Party-Service"** ist kein Gaststättengewerbe im Sinne des Gaststättengesetzes. Er unterliegt jedoch den Vorschriften des Lebensmittel- und des Hygienerechts sowie der Lebensmittelüberwachung.

Die Gaststättenerlaubnis gilt nur für einen Erlaubnisträger, eine Betriebsart und bestimmte Räume – innen und außen

Unternehmensform	Erlaubnisträger
Einzelunternehmer bzw. e.K.	Unternehmer
GbR	jeder einzelne Gesellschafter mit Geschäftsführungsbefugnis
OHG	jeder einzelne Gesellschafter mit Geschäftsführungsbefugnis
KG	jeder voll haftende Gesellschafter, nicht aber begrenzt haftende Gesellschafter
GmbH	GmbH selbst
GmbH & Co. KG	GmbH
AG	AG selbst

Voraussetzungen für die Erteilung der Gaststättenerlaubnis (Konzession)

Zuverlässigkeit des Betreibers Beispiele für Unzuverlässigkeit: Alkoholismus, Verstöße gegen Jugendschutz oder Drogengesetze, Schwarzarbeit oder Steuerhinterziehung	Teilnahme am **Unterrichtungsverfahren** der IHK oder abgeschlossene gastgewerbliche Ausbildung	Eignung der **Räume** für den Betrieb einer Gaststätte und Umweltverträglichkeit für die **Umgebung** Beispiele: Brandschutz, Beschaffenheit der Fußböden, Lärmschutz	polizeiliches **Führungszeugnis** und steuerliche **Unbedenklichkeitsbescheinigung**

Bei den Öffnungszeiten sind vorgeschriebene Sperrzeiten zu beachten. Eine 24-stündige Öffnung ist nicht immer und überall erlaubt.

Sperrzeiten

Die Sperrzeit ist die Zeit, in der kein Gast in den Räumen einer Gaststätte verweilen darf.

Es ist Sache der einzelnen Bundesländer, ob sie überhaupt eine Sperrzeit festsetzen und wenn ja, welche. Die Regelungen sind daher von Land zu Land unterschiedlich. Sperrzeiten dienen insbesondere dem Schutz der Nachbarn vor Lärm. Teilweise gibt es am Wochenende andere Regelungen als von sonntags bis donnerstags.

In den letzten Jahren sind die meisten Bundesländer dazu übergegangen, die Sperrzeit ganz abzuschaffen oder lediglich auf eine sogenannte „Putzstunde" von 5.00 bis 6.00 Uhr zu verkürzen. Jedoch gibt es in vielen Orten eigene Sperrzeitregelungen.

Auch für die **Außengastronomie** haben viele Bundesländer oder Kommunen Regelungen erlassen. Oftmals fühlen sich Anwohner durch die Außengastronomie in ihrer Nachtruhe gestört. Reichen diese Regelungen nicht aus, kann die Behörde für ein bestimmtes Gebiet oder einen einzelnen Betrieb eine **Sperrzeitverlängerung** aussprechen. Andererseits kann ein Gastronom unter bestimmten Voraussetzungen eine **Sperrzeitverkürzung** beantragen.

Außengastronomie ist für Gäste einladend, für Anwohner hingegen eine Ruhestörung

Pflichten des Gastronomen zur Einhaltung der Vorschriften:

- Bei Eintritt der Sperrzeit seine Gaststätte schließen.
- Vor Eintritt der Sperrzeit seine Gäste auffordern, die Gaststätte zu verlassen. Außerdem muss er alles tun, dies auch durchzusetzen (z. B. Tische und Theke abräumen, Beleuchtung im Wesentlichen löschen). Eine Schonfrist sieht das Gesetz nicht vor. Meistens werden in der Praxis aber 15–20 Minuten zum Austrinken und Bezahlen anerkannt.
- Als letztes Mittel, wenn der Gast sich weigert zu gehen, die Polizei verständigen.
- Ausgenommen sind Hotelgäste in Räumen, die nicht für die Allgemeinheit zugänglich sind.

1.3 Berufliche Ausbildung im Gastgewerbe

1.3.1 Ausbildungsberufe und Ausbildungsinhalte

Laut DEHOGA Bundesverband werden derzeit ca. 60 000 junge Menschen deutschlandweit in einem der sechs gastgewerblichen Ausbildungsberufe ausgebildet:

- Koch/Köchin
- Hotelfachmann/Hotelfachfrau
- Hotelkaufmann/Hotelkauffrau
- Restaurantfachmann/Restaurantfachfrau
- Fachmann/Fachfrau für Systemgastronomie
- Fachkraft im Gastgewerbe

Informationen über die Berufsbildung

Über das System der beruflichen Bildung und seine Möglichkeiten informiert die Kampagne der Bundesministerien für Bildung und für Wirtschaft

www.praktisch-unschlagbar.de

Die Ausbildung ist in drei Zeitabschnitte gegliedert. Für das **erste Ausbildungsjahr** sehen Ausbildungsrahmenplan und Lehrplan für alle sechs Ausbildungsberufe eine gemeinsame berufliche Grundbildung vor. Dadurch ist es möglich, am Ende des ersten Ausbildungsjahres ohne Zeitverlust gegebenenfalls in einen anderen Ausbildungsberuf innerhalb des Berufsfeldes Gastgewerbe wechseln zu können.

Auch die einzelnen Lernbereiche für das **zweite Ausbildungsjahr** (die **gemeinsame berufliche Fachbildung** oder die sogenannte Fachstufe 1) sind bis auf den Ausbildungsberuf Koch/Köchin gleich.

Im **dritten Ausbildungsjahr** werden im Rahmen der **besonderen beruflichen Fachbildung** (Fachstufe 2) die Inhalte vermittelt, die für die einzelnen Ausbildungsberufe besonders typisch sind.

Vermittelt werden soll während der Ausbildung in erster Linie **Handlungskompetenz.** Sie beinhaltet eine Kombination aus:

- Fachkompetenz
- Sozialkompetenz
- Methodenkompetenz

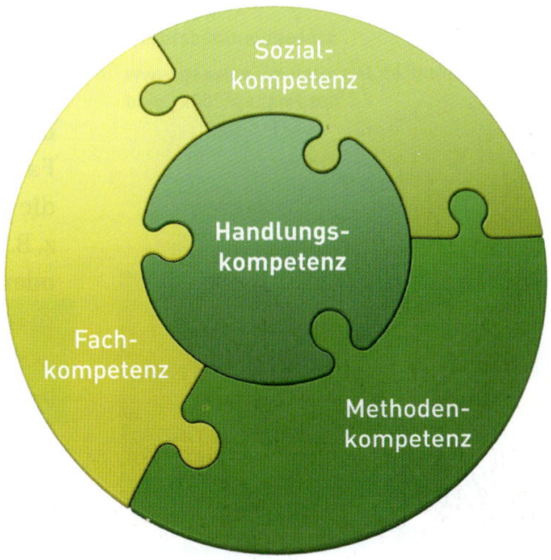

Die Ausbildung zur Fachkraft im Gastgewerbe endet nach zwei Ausbildungsjahren mit Bestehen der Abschlussprüfung. Ausgelernte Fachkräfte können in einem weiteren zusätzlichen Ausbildungsjahr zum/zur Hotelfachmann/Hotelfachfrau, Hotelkaufmann/Hotelkauffrau, Restaurantfachmann/Restaurantfachfrau oder Fachmann/Fachfrau für Systemgastronomie weiter ausgebildet werden. Hierfür ist aber ein neuer Ausbildungsvertrag notwendig.

Die Ausbildung der anderen Berufe endet nach drei Jahren mit Bestehen der Abschlussprüfung. Eine Verkürzung der Ausbildung ist allerdings möglich (z. B. aufgrund guter Leistungen).

Bei minderjährigen Auszubildenden muss der Vertrag auch von den Eltern unterschrieben werden

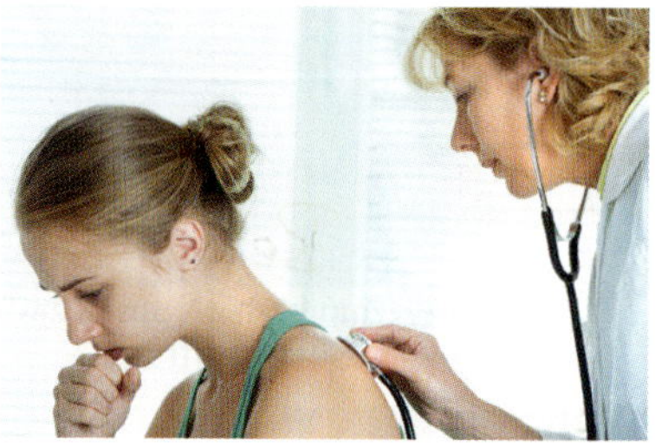

Minderjährige müssen eine ärztliche Unbedenklichkeitsbescheinigung vorlegen

Gesetzliche Vertreter

Viele Auszubildende sind bei Abschluss des Ausbildungsvertrags noch minderjährig und damit nur **beschränkt geschäftsfähig.** Der Ausbildungsvertrag muss dann zusätzlich auch von dessen gesetzlichen Vertretern, das sind meist die Eltern, unterschrieben werden. Diese erhalten dann ebenfalls eine Ausfertigung des Vertrages.

Erstuntersuchung

Bei jugendlichen Auszubildenden (d. h. Minderjährigen zwischen 14 und 17 Jahren) muss eine ärztliche Unbedenklichkeitsbescheinigung aus den letzten 14 Monaten vorliegen.

Dauer der Berufsausbildung

Das Berufsausbildungsverhältnis endet mit dem Ablauf der Ausbildungszeit. Besteht der Auszubildende bereits vorher die **Abschlussprüfung,** so endet es mit Bekanntgabe des Prüfungsergebnisses durch den Prüfungsausschuss. Bei **Nichtbestehen** der Abschlussprüfung verlängert sich das Ausbildungsverhältnis auf Wunsch des Auszubildenden bis zur nächstmöglichen Wiederholungsprüfung, höchstens um ein Jahr.

Probezeit

Die Probezeit muss mindestens einen Monat und darf höchstens vier Monate betragen.

Kündigung

Während der Probezeit kann das Ausbildungsverhältnis von beiden Seiten ohne Kündigungsfrist gekündigt werden. Danach kann der Auszubildende mit Vierwochenfrist kündigen, wenn er die Ausbildung aufgibt oder sich für einen anderen Ausbildungsberuf entscheidet. Der Ausbildungsbetrieb kann nur aus **wichtigem Grund** kündigen. Das können z. B. Diebstähle oder Tätlichkeiten gegenüber Kollegen oder Vorgesetzten sein, aber auch Betriebsstilllegungen infolge von Insolvenz. Die Kündigung muss schriftlich erfolgen.

Arbeitszeiten

Für volljährige und jugendliche Auszubildende gelten bezüglich der Arbeitszeiten, der Freistellung für die Berufsschule und des Urlaubs Sonderregelungen nach dem **Berufsbildungsgesetz** und dem **Jugendarbeitsschutzgesetz.**

Tätigkeitsbereiche im Gastgewerbe

Jugendarbeitsschutzgesetz: (15 – 17 J)

- < 15 Kinderarbeit.
- 40 St. Woche
- 8 / Tag
- Pause nach 4,5 St.
- mindestens 15 min.
- Arbeitstag 4,5 – 6 Stunden = 30 min Pause
- Mehr als 6 Stunden Arbeitszeit 60 Minuten Pause.
- 12 Stunden Ruhe zwischen den Schichten
- Ärztliche Untersuchungen müssen folgen vor und nach der Ausbildung (1 Jahr danach)

Rechte und Pflichten während der Berufsausbildung

Der Berufsausbildungsvertrag regelt die wechselseitigen Pflichten von Ausbildendem und Auszubildendem.

Der Ausbildende	Der Auszubildende
... vermittelt die notwendigen Kennnisse und Fertigkeiten und sorgt so für die **berufliche Handlungsfähigkeit**, die zum Erreichen des Ausbildungsziels erforderlich ist.	... bemüht sich, die berufliche Handlungsfähigkeit zu erwerben **(Lernpflicht)**.
... ordnet nur Arbeiten an, die **ausbildungsgerecht** sind.	... befolgt die Anweisungen **(Gehorsamspflicht)**.
... stellt dem Auszubildenden kostenlos die erforderlichen **Ausbildungsmittel** zur Verfügung, z. B. Berichtsheft, Schreibmaterial, eventuell Berufskleidung.	... führt seine Aufgaben sorgfältig aus und behandelt Werkzeuge, Maschinen und sonstige Einrichtungen pfleglich **(Sorgfaltspflicht)**.
... hält den Auszubildenden zum Führen von **schriftlichen Ausbildungsnachweisen** an.	... führt ordnungsgemäß das **Berichtsheft** und legt es regelmäßig vor.
... **stellt** den Auszubildenden für den **Berufsschulunterricht** (einschließlich Pausen und Wegstrecke) und für die Teilnahme an **Prüfungen frei**. Berufsschulunterricht wird auf die Arbeitszeit angerechnet.	... nimmt an den Veranstaltungen, für die er freigestellt worden ist, teil. Die **Berufsschulpflicht** richtet sich nach Landesrecht.
... zahlt spätestens am letzten Arbeitstag des Monats eine angemessene monatliche **Ausbildungsvergütung**. Diese steigt mit fortschreitender Berufsausbildung, mindestens jährlich, an. Sie richtet sich in der Regel nach dem geltenden Tarifvertrag.	
... fördert den Auszubildenden charakterlich und sorgt dafür, dass er sittlich und körperlich nicht gefährdet wird.	... beachtet die für die Ausbildungsstätte geltende **Ordnung** (z. B. Sicherheits- und Unfallverhütungsvorschriften, Rauchverbote, Hygienevorschriften, Haus- und Kleiderordnung, betriebliche Pausenregelungen).
... stellt bei Beendigung der Ausbildung ein schriftliches **Zeugnis** aus.	... bewahrt **Stillschweigen** über Betriebs- und Geschäftsgeheimnisse.

AUFGABEN

1 | Erklären Sie, was unter dem „dualen System" in der Berufsausbildung zu verstehen ist.

2 | Nennen Sie die Inhalte Ihres Ausbildungsvertrags.

3 | Stellen Sie folgende Aufgaben unter Bezug auf Ihr Berufsausbildungsverhältnis dar:
a) Aufgaben Ihres Ausbilders
b) Ihre Aufgaben als Auszubildende/Auszubildender

4 | Nennen und erläutern Sie die Aufgaben der Industrie- und Handelskammer (IHK) bei der Berufsausbildung.

5 | Nennen und erläutern Sie die Besonderheiten, die für minderjährige Azubis gelten.

6 | Erläutern Sie die Begriffe
a) Rahmenlehrplan Schule
b) Ausbildungsrahmenplan IHK
c) Ausbildungsplan Betrieb

Urlaub: 15 = 30 Tage/Jahr
16 = 27 Tage/Jahr
17 = 25 Tage/Jahr

1.4 Aufgaben

1 | Das Gastgewerbe lässt sich in die beiden Bereiche **Hotellerie** und **Gastronomie** unterscheiden. Ordnen Sie die im Kasten vorgegebenen Begriffe jeweils dem richtigen Bereich zu. Begründen Sie Ihre Zuordnung.

- Food and Beverage
- Motel
- Bewirtung
- Café
- Kost und Logis
- Gaststättengewerbe
- Schankwirtschaft
- Beherbergung
- Pension
- Speisewirtschaft
- Pub

2 | Sie haben eine Ausbildung im Gastgewerbe begonnen. Erläutern Sie in einer kurzen Präsentation
a) das Berufsbild Ihres Ausbildungsberufs,
b) die Anforderung an Ihre Person bezüglich der Ausbildung.

3 | Im folgenden Rätsel sind 7 Begriffe versteckt, die etwas mit der Gaststättenerlaubnis zu tun haben. Notieren Sie die Begriffe und erklären Sie den Zusammenhang mit dem Gaststättengesetz.

L	B	G	A	S	T	R	O	N	O	M	Z
E	I	U	L	A	G	E	R	U	N	G	I
H	S	N	K	N	I	G	G	E	H	R	O
R	L	K	O	N	Z	E	S	S	I	O	N
G	M	Y	H	A	U	S	I	T	Ü	T	E
A	N	F	O	L	G	E	B	Ü	H	R	L
N	E	F	L	I	S	T	E	C	K	E	L
G	A	O	M	A	N	Z	E	K	E	R	P
A	B	E	T	R	I	E	B	S	A	R	T

4 | Die Erteilung einer Gaststättenerlaubnis/Gaststättenkonzession ist an bestimmte Voraussetzungen geknüpft. Begründen Sie, warum bei folgenden Situationen die Erteilung verweigert werden kann.
a) Bei der Kontrolle der betrieblichen Räume von Volker L. fällt auf, dass Feuerlöscher fehlen und die Küche über keine ausreichende Abluftmöglichkeit verfügt.
b) Der Unternehmer Peter K., der die Erlaubnis beantragt, ist vor 2 Jahren wegen Drogendelikten rechtskräftig verurteilt worden.
c) Das Finanzamt verweigert der Unternehmerin Heike P. eine steuerliche Unbedenklichkeitsbescheinigung.

5 | In manchen Bundesländern gibt es noch Sperrzeiten.
a) Erklären Sie kurz den Begriff „Sperrzeit".
b) Wer legt die Sperrzeiten fest?
c) Wozu dienen sie?
d) Beschreiben Sie stichwortartig die Pflichten des Gastwirts kurz vor bzw. bei Eintritt der Sperrzeit.
e) In Ihrem Restaurant befinden sich kurz vor Eintritt der Sperrzeit noch einige Gäste. Sie haben noch nicht ausgetrunken und noch nicht bezahlt. Formulieren Sie mit eigenen Worten, wie Sie diese Gäste freundlich auf die Sperrzeit und das Verlassen des Restaurants hinweisen.
f) Wie verhalten Sie sich, wenn die Gäste sich weigern, zur Sperrzeit das Restaurant zu verlassen?

6 | Vor Beginn Ihrer Ausbildung haben Sie einen Ausbildungsvertrag geschlossen. Prüfen Sie, welche der folgenden Aussagen in Bezug auf den Ausbildungsvertrag und die Ausbildung richtig sind. Notieren Sie die richtigen Aussagen und begründen Sie Ihre Antworten.
- Rechtliche Regelungen über die Berufsausbildung finden sich vor allem im Berufsausbildungsgesetz.
- Der Ausbildungsvertrag wird zwischen dem Ausbilder und Ausbildenden geschlossen.
- Der Ausbildungsvertrag muss vor Antritt der Ausbildung schriftlich verfasst und unterschrieben sein.
- Der Ausbildungsvertrag muss auf jeden Fall auch vom gesetzlichen Vertreter des bzw. der Auszubildenden unterschrieben werden.
- Die IHK trägt die abgeschlossenen Ausbildungsverhältnisse in ein Verzeichnis ein.
- Die Probezeit darf maximal vier Monate dauern.
- Nur Auszubildende, die unter 18 Jahre alt sind, müssen zum Besuch der Berufsschule freigestellt werden.
- Die Berufsschule ist für die Durchführung der Zwischen- und Abschlussprüfung zuständig.
- Der Ausbildungsvertrag endet automatisch mit Ablauf des angegebenen Datums.

7 | Bei Ihrer IHK stieg die Anzahl der im Gastgewerbe abgeschlossenen Ausbildungsverträge im Vergleich zum letzten Jahr von 50 auf 60. Von diesen 60 Ausbildungsverträgen wurden 22 mit weiblichen Auszubildenden geschlossen. Berechnen Sie
a) den prozentualen Anstieg der abgeschlossenen Verträge bezogen auf das letzte Jahr;
b) die prozentuale Verteilung von männlichen und weiblichen Auszubildenden.

2 Arbeitssicherheit

Arbeitssicherheit

Jahr für Jahr passieren in der Gastronomie Tausende von Arbeitsunfällen, die meisten von ihnen im Küchenbereich. Immer wieder stellt sich daher die Frage: Wie konnte das passieren? Und man überlegt, wie sich Unfälle in Zukunft verhindern ließen. Um hierauf Antworten zu finden, ist es sinnvoll, sich mit folgenden Themen zu beschäftigen:

- Unfallursachen und Grundregeln zur Arbeitssicherheit
- Unfallarten und Maßnahmen zur Unfallverhütung
- Sofortmaßnahmen und Erste Hilfe
- Brandursachen und Maßnahmen zum Brandschutz
- Versicherungsschutz

2.1 Unfallschutz

2.1.1 Grundlagen

Putzwagen mit Handschuhen für die Arbeit mit Reinigungsmitteln

Unfallursachen

Unfälle können viele Ursachen haben. Typische Beispiele sind:

- Übermüdung und Konzentrationsschwierigkeiten
- Unaufmerksamkeit und Ablenkung
- Stress und Hektik
- Unkenntnis von Gefahrensituationen
- fehlende Einweisung im Umgang mit Geräten und Maschinen
- Leichtsinn
- bewusste Missachtung der Sicherheitsvorschriften
- Alkohol- und Drogenkonsum
- Einnahme von Medikamenten

Grundregeln zur Arbeitssicherheit

Schon das Einhalten weniger Grundregeln kann das Unfallrisiko senken:

- Kommen Sie ausgeruht zur Arbeit!
- Arbeiten Sie ruhig, aufmerksam und konzentriert!
- Halten Sie Ordnung am Arbeitsplatz und räumen Sie weg, was nicht gebraucht wird!
- Planen Sie die einzelnen Arbeitsschritte!
- Lassen Sie sich über mögliche Unfallgefahren aufklären!
- Befolgen Sie die Gebrauchsanleitungen für die einzelnen Maschinen!
- Beachten Sie mögliche Gefahrenquellen!
- Berücksichtigen Sie die Sicherheitsvorschriften!
- Tragen Sie bei Ihrer Arbeit die vorgeschriebene Arbeits- und Schutzkleidung!
- Nutzen Sie an den Geräten die vorgeschriebenen Schutzvorrichtungen!
- Sortieren Sie schadhafte Geräte umgehend aus!
- Berücksichtigen Sie die Sicherheits- und Gesundheitsschutzzeichen am Arbeitsplatz!

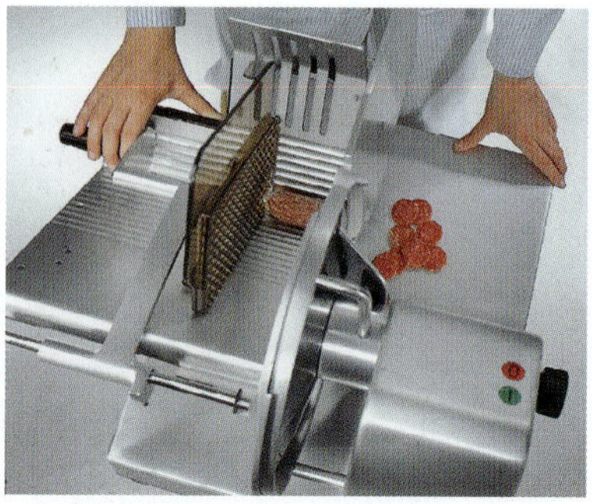

Aufschnittmaschine mit Schutzvorrichtung

Sicherheits- und Gesundheitsschutzkennzeichen am Arbeitsplatz

Der Gebrauch von Sicherheitszeichen trägt zur Arbeitssicherheit bei und ist oft vorgeschrieben. Sie sind ähnlich wie Verkehrszeichen gestaltet und unterscheiden sich je nach Bedeutung in ihrer Farbe und Form.

Symbole, Formen und Farben für die Schilder für die Sicherheits- und Gesundheitsschutzkennzeichnung am Arbeitsplatz

Art der Zeichen	Geometrische Form	Farbe	Aussehen
Verbotszeichen	Kreis	Rot	
Warnzeichen	Dreieck	Gelb	
Gebotszeichen	Kreis	Blau	
Rettungszeichen und Erste-Hilfe-Zeichen	Rechteck, Quadrat	Grün	
Brandschutzzeichen	Rechteck, Quadrat	Rot	
Rauchen verboten	Kreis	Rot	
Feuer, offenes Licht und Rauchen verboten	Kreis	Rot	
Mit Wasser löschen verboten	Kreis	Rot	
Kein Trinkwasser	Kreis	Rot	
Warnung vor feuergefährlichen Stoffen	Dreieck	Gelb	
Warnung vor ätzenden Stoffen	Dreieck	Gelb	
Warnung vor gefährlicher elektrischer Spannung	Dreieck	Gelb	
Gefahrenstelle	Dreieck	Gelb	
Fußschutz benutzen	Kreis	Blau	
Handschutz benutzen	Kreis	Blau	
Augenschutz benutzen	Kreis	Blau	

Koch in vorschriftsmäßiger Arbeitskleidung

Arbeitskleidung

Arbeitskleidung ist die Kleidung, die während der Arbeit anstelle oder ergänzend zur Privatkleidung getragen wird (siehe auch Kapitel 4.5.3). Die richtige Arbeitskleidung hilft ebenfalls, Unfälle zu verhüten und den Arbeitnehmer vor Unfallgefahren zu schützen. Vor allem bei den Schuhen ist darauf zu achten, dass sie für den entsprechenden Arbeitsplatz geeignet sind.

Schutzausrüstungen

Bei besonderen Unfall- bzw. Gesundheitsgefahren hat der Arbeitgeber den Mitarbeitern besondere Schutzausrüstungen zur Verfügung zu stellen. Hierzu gehören u. a.:

- Kopfschutz, z. B. Helm im Lager- oder Verladebereich
- Fußschutz, z. B. Sicherheitsschuhe im Transportbereich
- Augen- und Gesichtsschutz, z. B. Brille beim Umgang mit ätzenden Reinigungs- und Desinfektionsmitteln
- Schutzkleidung und Schutzhandschuhe zum Schutz vor Verätzungen, Verbrennungen, Unterkühlungen oder Stich- und Schnittverletzungen

Gefahr erkannt – Gefahr gebannt!

Stechhandschuh zur Vermeidung von Schnittverletzungen

Sicherheitsunterweisungen

Neue Mitarbeiter müssen im Umgang mit den Maschinen, Geräten und Arbeitsmitteln, die die Gesundheit gefährden können, unterwiesen werden. Dies geschieht entweder durch den Arbeitgeber selbst oder durch andere erfahrene Mitarbeiter. Die Sicherheitsunterweisungen sollen möglichst praxisnah vor Ort erfolgen. Dabei werden die Mitarbeiter über mögliche Gefahren informiert. Gleichzeitig wird ihnen gezeigt, wie sie sich schützen können. Die Arbeitnehmer haben die Anweisungen zu beachten.

Die **Sicherheitsunterweisungen** sind in regelmäßigen Abständen, mindestens jedoch einmal jährlich, zu wiederholen. Die Unterweisungen sind zu dokumentieren.

Was bedeutet „ständig beschäftigt"?
Als ständig beschäftigt gelten Mitarbeiter, wenn sie mindestens 13 Wochen zusammenhängend im Beschäftigungsverhältnis eines Unternehmens stehen.

Sicherheitsbeauftragte

Arbeiten in einem Betrieb regelmäßig mehr als 20 ständig beschäftigte Mitarbeiter, muss es dort Sicherheitsbeauftragte geben. Die Sicherheitsbeauftragten unterstützen den Arbeitgeber bei der Durchführung der Maßnahmen zur Verhütung von Arbeitsunfällen und Berufskrankheiten.

AUFGABEN

1 | Unfälle geschehen oft durch persönliches Fehlverhalten.
a) Nennen Sie dafür mindestens fünf Beispiele.
b) Wie verhalten Sie sich korrekt? Nennen und erläutern Sie fünf Grundregeln, die das Unfallrisiko senken.

2 | Sicherheitszeichen geben Informationen in bildhafter Form. Welche Form und Farbe haben jeweils Verbotszeichen, Warnzeichen und Gebotszeichen.

3 | Beschreiben Sie die geeignete Arbeitskleidung eines Kochs, einer Fachkraft im Gastgewerbe, die im Restaurant arbeitet, und eines Lageristen.

4 | Was versteht man unter Schutzausrüstungen? Nennen Sie Beispiele aus Ihrem beruflichen Alltag.

2.1.2 Unfallarten

Typische Unfallarten in der Gastronomie sind Stürze, Verspannungen und Verletzungen der Bandscheibe, Verbrennungen und Verbrühungen, Unterkühlungen, Schnittverletzungen, Unfälle durch Strom sowie Verätzungen.

Kennzeichnung rutschiger Arbeitsstellen

2.1.3 Maßnahmen zur Unfallverhütung

Arbeitsunfälle können vermieden werden, wenn die Unfallgefahren rechtzeitig erkannt und beseitigt werden.

So lassen sich Stürze vermeiden

- Böden sauber halten; rutschige Stellen sofort beseitigen.
- Arbeitswege freihalten; Stolperfallen und Hindernisse sofort wegräumen.
- Gefahrenstellen kennzeichnen.
- Arbeitsplätze, Treppen und Fluchtwege gut ausleuchten.
- Nur Steighilfen und Leitern benutzen, die einen sicheren Stand haben.
- Gardinen und Vorhänge nie bei geöffneten Fenstern auf- bzw. abhängen.
- Die „richtigen" Schuhe anziehen! Die Schuhe sollen fest sitzen und rutschfest sein. Absätze dürfen nur eine mäßige Höhe haben.

Richtiges Heben und Tragen von schweren Gegenständen

So lassen sich Verspannungen und Verletzungen der Bandscheibe vermeiden

- Arbeiten Sie in aufrechter Körperhaltung; entspannen Sie dabei Rücken, Schultern und Arme.
- Verändern Sie bei Tätigkeiten, die länger dauern, hin und wieder Ihre Körperhaltung.
- Vermeiden Sie eine einseitige Beanspruchung.
- Machen Sie möglichst keine ruckartigen Bewegungen.
- Vermeiden Sie unnötige Belastungen.
- Bücken Sie sich und heben Sie Gegenstände mit geradem Rücken und gebeugten Knien.
- Tragen Sie schwere Lasten möglichst nah am Körper und belasten Sie den Körper möglichst gleichmäßig.

Schutzhandschuh zur Vermeidung von Verbrennungen

So lassen sich Verbrennungen und Verbrühungen vermeiden

- Mit heißen Flüssigkeiten und heißem Fett vorsichtig umgehen; Gefäße mit heißem Fett möglichst nicht bewegen; nie Flüssigkeiten oder feuchte Lebensmittel ins Fett geben; heißes Kochgut möglichst in Bodennähe vorsichtig umfüllen.
- Verschüttetes Fett auf Herdplatten sofort entfernen.
- Heiße Kochgeräte, Backbleche oder Backformen kennzeichnen (Warnrufe) und nur mit Topflappen anfassen.
- Kombidämpfer so öffnen, dass der Körper vor dem Dampf geschützt ist; Gleiches gilt beim Abnehmen von Topfdeckeln von Kochtöpfen und Abgießen von heißen Flüssigkeiten.
- Auf besondere Vorsicht bei offenen Flammen (z. B. bei Gasherden) achten.
- Bei der Zubereitung von Kaffee mit Siebträgermaschinen unbedingt die Sicherheitshinweise beachten. Heiße Flächen nicht berühren. Niemals während des Brühvorgangs den Siebträger entnehmen.

Sichere Aufbewahrung für Messer

Zeichen auf elektrischen Geräten

Das Produkt erfüllt alle für dieses Produkt gültigen EG-Richtlinien.

VDE
Verband der Elektrotechnik, Elektronik und Informationstechnik e.V.

Hochspannung

Geprüfte Sicherheit

Gefahrensymbole auf Betriebsanweisungen und Verpackungen

Ätzend

Gesundheitsschädlich

Gesundheitsgefährlich

Hochentzündlich oder Leichtentzündlich

Giftig

So lassen sich Unterkühlungen vermeiden:

- Tiefkühlräume nur mit Kleidung betreten, die vor Kälte schützt (Jacke, Handschuhe, eventuell Mütze).
- Kühlhäuser nur betreten, wenn man nicht allzu sehr schwitzt.
- Sich nicht zu lange in Kühlhäusern und Tiefkühlräumen aufhalten.

So lassen sich Schnittverletzungen vermeiden

- Bei Bedarf Schutzkleidung (Stechschutzhandschuhe und -schürze) tragen.
- Messer mit rutschsicherem Griff und gut geschärfter Klinge benutzen.
- Niemals mit Messern in der Hand umherlaufen.
- Für die jeweilige Arbeitstätigkeit geeignete Messer auswählen.
- Auf eine fachgerechte Messerführung achten.
- Messer, die nicht benötigt werden, wegräumen.
- Messer nicht ins Spülwasser legen.
- Fallenden Messern nicht nachgreifen.
- Schneidemaschinen standfest aufstellen und nur mit den vorgesehenen Schutzeinrichtungen benutzen; nie in laufende Maschinen fassen.
- Dosen und Behälter nur mit den dafür vorgesehenen Werkzeugen öffnen.
- Kaputte Gläser sowie beschädigtes Geschirr sofort entsorgen.

So lassen sich Unfälle durch Strom vermeiden

- Alle elektrischen Arbeitsgeräte müssen den Sicherheitsvorschriften entsprechen; auf Prüfzeichen achten; nur Schutzkontaktstecker bzw. -steckdosen verwenden.
- Bedienungsanleitungen für elektrische Geräte genau beachten; keine Schutzvorrichtungen von den Geräten entfernen.
- Mängel an Elektrogeräten sofort melden; defekte Geräte nicht benutzen.
- Reparaturen an elektrischen Geräten von Fachleuten durchführen lassen.
- Beschädigte Steckdosen, Kabel oder Schalter sofort reparieren lassen.
- Vor dem Reinigen von elektrischen Geräten den Stecker ziehen; darauf achten, dass der Stecker nicht am Kabel aus der Steckdose gezogen wird.

So lassen sich Verätzungen vermeiden

- Betriebsanweisungen für den Umgang mit gefährlichen Reinigungs- bzw. Desinfektionsmitteln befolgen und die Gefahrensymbole beachten.
- Reinigungs- und Desinfektionsmittel sachgerecht einsetzen; Dosierungshinweise beachten.
- Beim Umgang mit gefährlichen Stoffen Schutzkleidung tragen; hierzu gehören Handschuhe, Schutzbrille, Gummischürze und Schutzstiefel.
- Reinigungs- und Desinfektionsmittel nur in dafür vorgesehenen Behältern aufbewahren bzw. in solche umfüllen; diese unbedingt kennzeichnen.
- Gase aus Spraydosen nie in die Augen sprühen und niemals einatmen.

AUFGABEN

1 | Unfälle sind in der Gastronomie weit verbreitet:
a) Nennen und erläutern Sie jeweils drei konkrete Unfallquellen aus dem Küchen-, Restaurant- und Beherbergungsbereich.
b) Nennen Sie zu Ihren oben genannten Beispielen Maßnahmen, durch die es gelingt, diese Unfallgefahren zu verringern.

2 | Ein neuer Auszubildender soll in die Arbeit
a) an der Fritteuse
b) an der Siebträgermaschine
eingewiesen werden.
Welche Sicherheitsinweise muss er erhalten?

2.2 Brandschutz

2.2.1 Grundlagen

Löschanlagen

Um einen möglichen Brand schnell und direkt bekämpfen zu können, muss es im Unternehmen entsprechende Einrichtungen zum Löschen geben. Hierzu gehören Löschanlagen (z. B. Sprinkleranlagen), Feuerlöschgeräte und Feuerlöschdecken. **Feuerlöscher** sollen an solchen Stellen angebracht sein, die gut sichtbar, deutlich gekennzeichnet und gut erreichbar sind. Pro Stockwerk muss mindestens ein Feuerlöscher vorhanden sein. Bei den Feuerlöschern ist spätestens alle zwei Jahre zu überprüfen, ob sie noch funktionieren. Verwendete Feuerlöscher müssen umgehend neu gefüllt werden.

Kennzeichnung des Standorts für Feuerlöscher und Löschschlauch

ABC-Pulverfeuerlöscher für Brände von festen, organischen Stoffen (links) Fettbrandfeuerlöscher für Brände von Speiseölen und Fetten (rechts)

Brandklassen und Löschmittel

Brennbare Materialien verhalten sich bei einem Brand sehr unterschiedlich. Daher werden sie in sogenannte Brandklassen eingeteilt. Für die verschiedenen Brandklassen gibt es unterschiedliche Löschmittel. Beim Einsatz von Feuerlöschern ist unbedingt darauf zu achten, für welche Brandklasse sie vorgesehen sind. So dürfen z. B. Brände von Speiseölen und Fetten nur mit Feuerlöschern bekämpft werden, die kein Wasser enthalten.

Rettungswege und Notausgänge

Rettungs- bzw. Fluchtwege und Notausgänge müssen dauerhaft gekennzeichnet sein. Eine besondere Kennzeichnung sollte für Menschen mit Handicap erfolgen. Die Wege und Ausgänge sind stets frei zu halten. Türen müssen in Fluchtrichtung zu öffnen sein. Feuerschutztüren müssen geschlossen sein.

Rettungszeichen für Rettungswege, nur in Verbindung mit einem Richtungspfeil erlaubt

Flucht- und Rettungsplan

Der Flucht- und Rettungsplan dient dazu, für einen Notfall Fluchtwege mit Notausgängen aufzuzeigen. Zusätzlich enthält er die Lage von Erste-Hilfe-Einrichtungen, Notfalltelefon, Feuerlöschern und eventuell vorhandenen Sammelstellen. Der Standort des Betrachters ist ebenfalls angegeben. Der Flucht- und Rettungsplan enthält außerdem Regeln für das Verhalten bei Unfällen und im Falle eines Brandes. Flucht- und Rettungspläne sind in öffentlichen Bereichen, am Arbeitsplatz und in Hotelzimmern an gut sichtbaren Stellen anzubringen. Dies können z. B. Ein- und Ausgänge, Zu- und Abgänge von Treppenhäusern oder Flure sein.

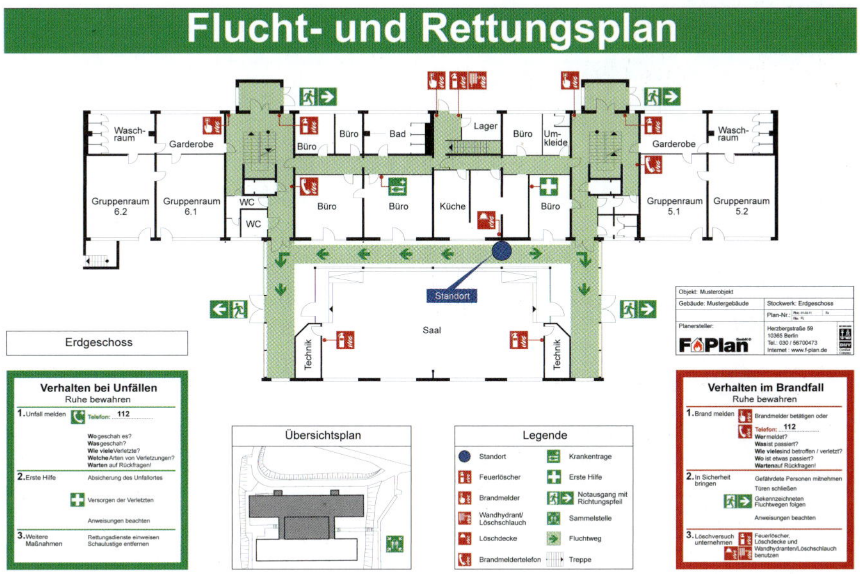

Im Brandfall sind zu berücksichtigen:

- Feuerwehr und/oder Handmelder betätigen — Ruf-Nr.: 112
- Telefonzentrale — Ruf-Nr.: ______
- Abteilungsleiter/Werkstatt-Mstr./Betriebsleiter/Brandschutzbeauftragter — Ruf-Nr.: ______
- Geschäftsführung — Ruf-Nr.: ______

Nächste Löscheinrichtung: ______

Sammelplatz: ______

Verhalten

- Menschenrettung geht vor Brandbekämpfung
- Bei Brand an elektrischen Anlagen: Strom abschalten
- Maschinen, Transport- und Absauganlagen abschalten
- Mit der Brandbekämpfung beginnen
- Feuerschutzabschlüsse, Türen und Fenster schließen
- Gegebenenfalls brennbares Material – Gase, Flüssigkeiten etc. – aus der Brandnähe entfernen
- Keinen Aufzug als Fluchtweg benutzen
- Freimachen von Verkehrswegen für Löschfahrzeuge
- Feuerwehr einweisen

Interner Aushang „Verhalten im Brandfall"
(Quelle: ASI 9.30/11)

Brandschutzhelfer

Der Arbeitgeber muss alle Mitarbeiter in regelmäßigen Abständen über die geltenden Brandschutzmaßnahmen belehren. Er muss an geeigneten Stellen eine Liste mit Maßnahmen für das Verhalten im Brandfall gut sichtbar aushängen. Es sind Übungen, insbesondere im Umgang mit den Feuerlöschern durchzuführen.

Die Mitarbeiter sind verpflichtet, durch ihr Verhalten und umsichtiges Arbeiten zur Verhütung von Bränden beizutragen. Ab einer bestimmten Betriebsgröße muss ein Brandschutzbeauftragter benannt sein. Daneben ist eine genügende Anzahl von Brandschutzhelfern zu benennen, auszubilden und auszurüsten. Diese übernehmen im Brandfall Aufgaben der Brandbekämpfung und der Evakuierung.

2.2.2 Brandursachen

Brände entstehen durch das Zusammenspiel von brennbaren Stoffen, Sauerstoff und Hitze. Eine **Brandgefahr** besteht also immer dann, wenn diese drei Faktoren zur gleichen Zeit am gleichen Ort vorhanden sind. Dies ist z. B. beim Umgang mit offenem Feuer und heißem Fett, beim Einsatz von brennbaren Flüssigkeiten und Gasen oder bei der Verwendung von Spraydosen der Fall.

Brand eines Hotelbetts – häufig ausgelöst durch eine brennende Zigarette

Stahlflaschen mit Flüssiggas oder Kohlensäure stehend lagern und so sichern, dass sie nicht umfallen können

2.2.3 Maßnahmen zum Brandschutz

So lassen sich Brände vermeiden

- Achtsamer Umgang mit offenem Feuer; brennbare Materialien von offenem Feuer fernhalten.
- Kochgeräte und Fritteusen regelmäßig reinigen, damit keine brennbaren Fettreste übrig bleiben.
- Die Fettfilter in den Dunstabzugshauben regelmäßig austauschen bzw. reinigen.
- Fette niemals überhitzen; sie können bei Zufuhr von Sauerstoff (z. B. durch Abnehmen des Deckels) leicht entflammen.
- Niemals Flüssigkeiten in erhitztes Fett gießen; Explosionsgefahr!
- Brennendes Fett in Pfannen und Töpfen durch Unterbrechung der Sauerstoffzufuhr mithilfe einer Löschdecke löschen; bei großem Feuer entsprechenden Feuerlöscher nutzen; niemals Wasser verwenden.
- Brennbare Flüssigkeiten und Gase getrennt in abgeschlossenen Räumen lagern.
- Spraydosen vor Sonne und Hitze schützen; die Dosen nie gewaltsam öffnen und nur völlig leer entsorgen.
- Das Gas aus den Spraydosen nicht in offene Flammen sprühen.

Lagerung brennbarer Flüssigkeiten und Gase

Flüssigkeit/Gas	Lagerung/Sicherheitsbestimmungen
Reinigungsmittel	Lagerung in gekennzeichneten Behältern; diese sind getrennt in abgeschlossenen Räumen aufzubewahren
Brennspiritus	Lagerung in abgeschlossenen Räumen
Flüssiggas wie z. B. Propan oder Butan	Lagerung von Stahlflaschen mit max. 14 kg Füllgewicht stehend in Arbeitsräumen; ansonsten im Freien oder in besonderen Räumen; Flaschen vor unzulässiger Erwärmung schützen; auch entleerte Flaschen stehend lagern
Kohlensäure	Stahlflaschen liegend oder gegen Umfallen gesichert in kühlen, trockenen Räumen lagern; Flaschen vor Wärmeeinwirkung schützen; Flaschen nur aufrecht stehend an Druckminderungsventile anschließen

2.2.4 Brandbekämpfung

Sollte es trotz aller Schutzmaßnahmen zum Brand kommen, ist das oberste Gebot, Ruhe zu bewahren und Hektik zu vermeiden. Das richtige Verhalten umfasst drei Aufgaben:

- **Alarmieren:** Alarmieren Sie möglichst schnell die Vorgesetzten oder direkt die Feuerwehr.
- **Retten:** Helfen Sie mit, dass alle Mitarbeiter in Sicherheit gebracht werden, Menschenrettung geht vor Brandbekämpfung.
- **Löschen:** Löschen Sie das Feuer von vorne nach hinten und von unten nach oben. Mehrere Feuerlöscher sollten gleichzeitig und nicht nacheinander eingesetzt werden.

Kennzeichnung des Notruftelefons

Ist die Feuerwehr alarmiert, ist ihr Einsatz vorzubereiten. Verkehrswege für die Löschfahrzeuge müssen frei gemacht und frei gehalten werden. Beim Eintreffen der Feuerwehr ist diese über die Situation zu informieren und einzuweisen. Anordnungen der Einsatzleitung sind unbedingt zu befolgen.

Richtige Brandbekämpfung

Flächen- und Objektbrände vorn beginnend löschen. Den Brand in Windrichtung löschen.

Tropf- und Fließbrände von oben nach unten löschen. Den Brand in Windrichtung löschen.

Wandbrände von unten nach oben löschen. Den Brand in Windrichtung löschen.

Wenn möglich, genügend Löscher gleichzeitig einsetzen. Nicht nacheinander löschen. Achtung: Wiederentzündungsfefahr!

Feuerlöscher nach jeder Betätigung nicht wieder aufhängen, sondern neu befüllen lassen.

AUFGABEN

1 a) Was ist ein Flucht- und Rettungsplan?
b) Welche Angaben enthält dieser?

2 Unterscheiden Sie den Sicherheitsbeauftragten vom Brandschutzhelfer.

3 Erläutern Sie, wie Sie sich korrekt verhalten:
a) beim Flambieren
b) wenn Fett brennt
c) bei Feueralarm

Zeichen für Erste Hilfe

Zeichen für einen Defibrillator

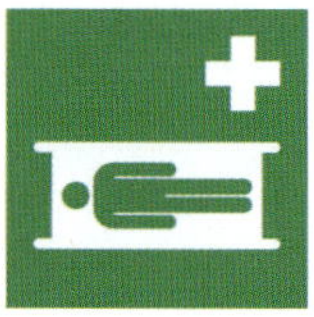

Zeichen für eine Krankentrage

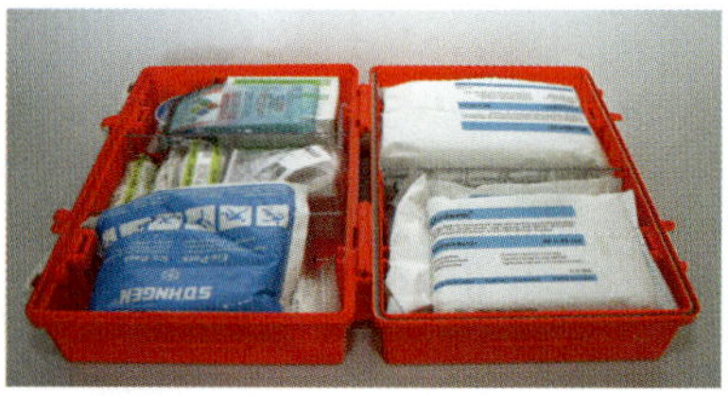

Erste-Hilfe-Kasten

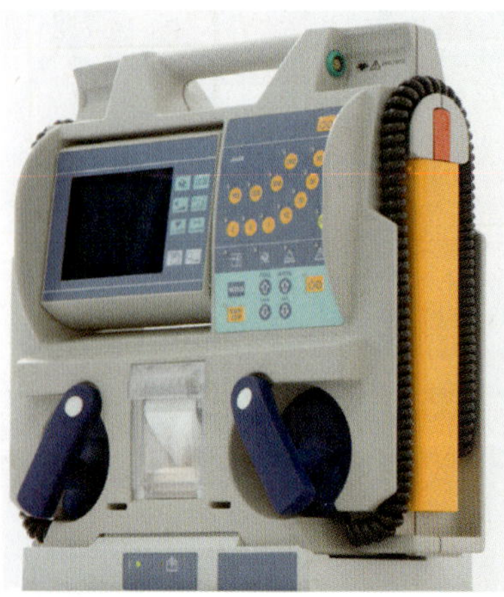

Defibrillator

2.3 Erste Hilfe

Bei Unfällen oder plötzlich auftretenden Erkrankungen am Arbeitsplatz ist eine sofortige wirksame Hilfeleistung erforderlich.

Um in Notfällen Erste Hilfe leisten zu können, muss
- notwendiges Erste-Hilfe-Material zur Verfügung stehen,
- erforderliche Erste-Hilfe-Einrichtungen vorhanden sein,
- eine ausreichende Zahl von ausgebildeten Ersthelfern im Betrieb anwesend sein,
- die innerbetriebliche Rettungsorganisation gut funktionieren.

2.3.1 Erste-Hilfe-Material und Erste-Hilfe-Einrichtungen

Erste-Hilfe-Material

Zum Erste-Hilfe-Material gehören Verbandsmaterial, bestimmte medizinische Geräte (z. B. Defibrillatoren), bestimmte Arzneimittel und andere Hilfsmittel (z. B. Augenspülflaschen). Dieses muss schnell erreichbar und leicht zugänglich sein. Die Aufbewahrungsstellen sind durch das weiße Kreuz auf grünem Grund zu kennzeichnen. Durch Schulungen ist sicherzustellen, dass jeder Betriebsangehörige die Standorte kennt und das Material ordnungsgemäß einsetzen kann. Erste-Hilfe-Material muss so aufbewahrt werden, dass es vor schädigenden Einflüssen geschützt ist, z. B. in Verbandskästen. Es muss rechtzeitig ergänzt und erneuert werden. Wenn das Verfallsdatum abgelaufen ist oder es nicht mehr einwandfrei ist, ist es zu entsorgen.

Im Verbandskasten, der für die Betriebsart und Betriebsgröße zugelassen sein muss, sind die „Anleitungen zur Ersten Hilfe“ aufzubewahren.

Im Verbandsbuch sind durchgeführte Erste-Hilfe-Maßnahmen zu dokumentieren.

Erste-Hilfe-Einrichtungen

Erste-Hilfe-Einrichtungen sind technische Rettungsmittel wie z. B. Notduschen, Löschdecken und Rettungstransportmittel sowie Meldeeinrichtungen. Diese sind vorgeschrieben, soweit es die betrieblichen Verhältnisse erforderlich machen.

2.3.2 Ersthelfer

In jedem Betrieb müssen ausgebildete Ersthelfer zur Verfügung stehen. Diese sorgen im Notfall schnell und wirksam für Erste Hilfe, solange bis der Arzt oder Krankenwagen kommt. Allerdings darf ein Ersthelfer keine Hilfeleistungen durchführen, die nur Ärzte durchführen dürfen, z. B. Medikamente geben.

Die Zahl der Ersthelfer richtet sich nach der Anzahl der Mitarbeiter. Die Ausbildung zum Ersthelfer erfolgt in einem Erste-Hilfe-Lehrgang bei einer anerkannten Hilfsorganisation. Sie dauert mindestens acht Doppelstunden. In Abständen von mindestens zwei Jahren müssen die Lehrgänge wiederholt werden.

2.3.3 Rettungsmaßnahmen

Ziel ist es, durch organisatorische Maßnahmen sicherzustellen, dass die notwendige Hilfe unverzüglich herbeigerufen und an den Einsatzort geleitet werden kann. So müssen die Notrufnummern bekannt sein und die Mitarbeiter sollten geschult sein, welche Angaben beim Notruf notwendig sind.

Rettungskette

- Sofortmaßnahmen
- Notruf
- Erste Hilfe

Jeder ist zur Hilfeleistung verpflichtet.
Unterlassene Hilfeleistung gilt als Straftat.

Sofortmaßnahmen

Oberstes Gebot für den Ersthelfer ist es, Ruhe zu bewahren, um effektiv arbeiten zu können, und den Verletzten nicht zu beunruhigen.

Eventuell muss der Ersthelfer die verunglückte Person aus dem Gefahrenbereich bringen und die Unfallstelle sichern. Hierbei sollte der Helfer immer die eigene Sicherheit beachten. Danach sind gegebenenfalls lebensrettende Sofortmaßnahmen einzuleiten. Hierzu gehört auch der Einsatz eines Defibrillators bei Herzstillstand.

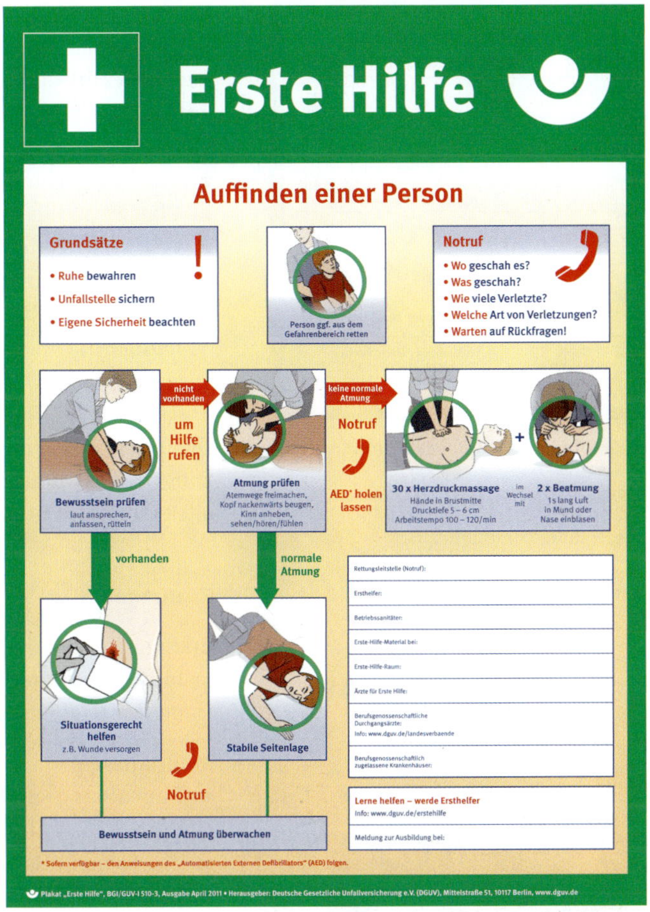

Erste-Hilfe-Sofortmaßnahmen beim Auffinden einer Person

Die folgenden Texte und Abbildungen zu Sofortmaßnahmen und Erste-Hilfe-Maßnahmen sind der „BGI/GUV-I 503 – Anleitung zur Ersten Hilfe" (Herausgeber: Deutsche Gesetzliche Unfallversicherung e.V.) entnommen.

Sofortmaßnahmen am Unfallort

Stabile Seitenlage	Herzdruckmassage	Beatmung
▪ Beine des Bewusstlosen strecken ▪ Nahen Arm angewinkelt nach oben legen, die Handinnenfläche zeigt dabei nach oben ▪ Ferne Hand des Bewusstlosen fassen und Arm vor der Brust kreuzen, Hand nicht loslassen ▪ Mit der anderen Hand an den fernen Oberschenkel (nicht im Gelenk!) des Bewusstlosen greifen und Bein beugen ▪ Bewusstlosen zu sich herüberziehen ▪ Hals überstrecken und Mund leicht öffnen ▪ An der Wange liegende Hand so ausrichten, dass der Hals überstreckt bleibt ▪ Ständige Atemkontrolle	▪ Rückenlage auf harter Unterlage ▪ Oberkörper freimachen ▪ Handballen der zweiten Hand auf die erste Hand setzen ▪ Mit gestrecktem Arm das Brustbein 4 bis 5 cm nach unten drücken ▪ Brustbein nach jedem Druck entlasten ▪ 30 × Herzdruckmassage (Arbeitstempo 100/min) im Wechsel mit 2 × beatmen ▪ Wiederbelebung bis Atmung einsetzt oder Rettungsdienst übernimmt	▪ 2 × beatmen im Wechsel mit 30 × Herzdruckmassage ▪ Mund zu Mund (Nase zuhalten) oder ▪ Mund zu Nase (Mund zuhalten) siehe Abbildung oben ▪ 1 Sekunde lang gleichmäßig Luft in Mund oder Nase einblasen

Aushang „Verhalten bei Unfällen"

Notruf

Bei schweren Unfällen muss möglichst schnell ein Arzt angefordert und gegebenenfalls ein Transport ins Krankenhaus veranlasst werden. Damit die Rettungsleitstellen Hilfe schicken können, müssen beim Notruf folgende „5-W-Angaben" gemacht werden:

- **Wo** ist der Unfall passiert (genaue Ortsangabe bzw. Ortsbeschreibung)?
- **Was** ist passiert (Beschreibung der Unfallsituation)?
- **Wie viele** Verletzte/Erkrankte gibt es?
- **Welche** Arten von Verletzungen/Erkrankungen liegen vor?
- **Warten** auf Rückfragen (evtl. Name und Telefonnummer für Rückrufe nennen)!

Erste-Hilfe-Maßnahmen

Die durchzuführenden Maßnahmen sind abhängig von den konkreten Verletzungen. Allerdings sollte stets darauf geachtet werden, den Verletzten nicht allein zu lassen, ihm Betreuung zukommen zu lassen und Trost zu spenden.

Blutungen

Erkennen

- blutende Wunden können durch Kleidungsstücke oder durch die Lage des Verletzten verdeckt sein

Maßnahmen

- Einmalhandschuhe tragen
- Wunden keimfrei bedecken
- gegebenenfalls Schocklagerung (siehe rechte Seite)
- gegebenenfalls Anlegen eines Druckverbands

Anlegen eines Druckverbands

- Wundauflage auf Wunde legen und mit 2 bis 3 Bindegängen fixieren
- Druckpolster, z. B. zweites Verbandpäckchen, auf der Wundauflage platzieren
- mit weiteren Bindegängen stramm befestigen

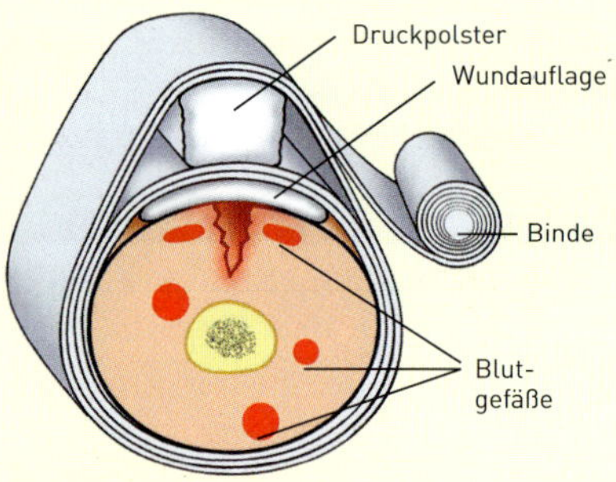

Prinzip des Druckverbands

Maßnahmen bei bedrohlichen Blutungen aus Wunden

- Kopf/Rumpf → aufpressen auf Blutungsstelle → falls möglich Druckverband
- Arm → hochhalten → abdrücken → Druckverband
- Bein → Druckverband
- Amputation/Teilabriss → falls möglich hochhalten → aufpressen auf Blutungsstelle → falls möglich Druckverband

Abriss von Körperteilen
- abgetrennte Körperteile suchen
- in keimfreiem Verbandsmaterial kühl verpackt dem Verletzten mitgeben, z. B. Replantat-Beutel

Schock

Erkennen
- Frieren/Zittern
- blasse, kalte Haut
- Schweiß auf der Stirn

Diese Anzeichen treten nicht immer alle und nicht immer gleichzeitig auf.

Maßnahmen
- für Ruhe sorgen
- gegebenenfalls Blutungen stillen
- vor Wärmeverlust schützen (Decke unterlegen, zudecken)
- Schocklage herstellen
- Zuwendung, Betreuung
- ständige Kontrolle von Bewusstsein und Atmung

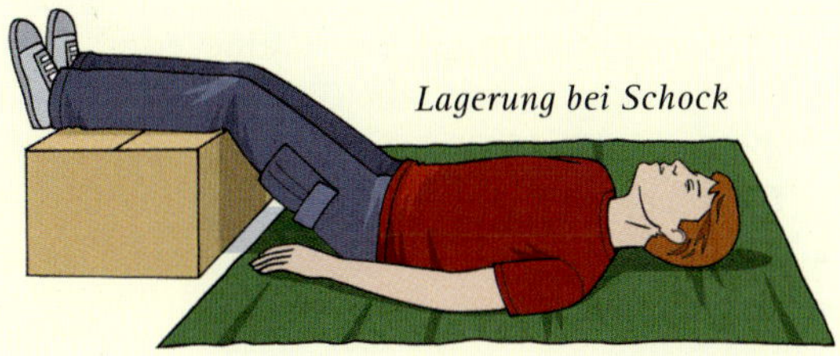
Lagerung bei Schock

Knochenbrüche, Gelenkverletzungen

Erkennen
- Schmerzen
- abnorme Lage/Beweglichkeit
- Verkürzung der Gliedmaßen
- Funktionsverlust
- Schonhaltung

Maßnahmen
- Ruhigstellung des verletzten Körperteils in vorgefundener Lage
- Prellungen und Verrenkungen der Gelenke kühlen
- bei Verdacht auf Wirbelsäulenverletzung Lage des Verletzten möglichst **nicht** ändern
- bei offenen Knochenbrüchen Wunden mit sterilem Material bedecken

Verbrennungen

Maßnahmen
- brennende Person ablöschen
- mit heißen Stoffen behaftete Kleidung sofort entfernen
- auf der Haut festhaftende Kleidungsstücke nicht entfernen
- lokale Kühlung mit fließendem Wasser, bis Schmerz nachlässt (etwa 10 Minuten)
- Brandwunden keimfrei bedecken
- vor Wärmeverlust schützen

Verätzungen

Erste-Hilfe-Maßnahmen sind bereits bei Verdacht auf eine Verätzung durchzuführen, da die Wirkung von ätzenden Stoffen mit zeitlicher Verzögerung auftreten kann.

Allgemeine Maßnahmen
- auf Selbstschutz achten (z. B. Schutzhandschuhe, Atemschutz)
- für Körperruhe sorgen
- vor Wärmeverlust schützen
- ärztliche Behandlung veranlassen
- Erbrechen nicht herbeiführen

Verätzungen der Augen
- Auge unter Schutz des unverletzten Auges sofort bei geöffneten Augenlidern ausgiebig mit Wasser spülen
- im Auge verbliebene feste Stoffe mechanisch, z. B. mit einem feuchten Tupfer, entfernen
- steriler Schutzverband

Verätzungen der Haut
- verunreinigte Kleidung, auch Unterwäsche und Schuhe, sofort ausziehen
- Haut mit viel Wasser spülen
- Wunden keimfrei bedecken

Verschlucken von ätzenden Stoffen
- sofortiges kräftiges Ausspülen des Mundes
- Wasser in kleinen Schlucken trinken lassen (Verdünnungseffekt)

Vergiftungen

Erkennen
- Angaben des Verletzten und anwesender Personen
- Anzeichen im Umfeld für das Einwirken giftiger Stoffe

Allgemeine Maßnahmen
- vergiftete Personen unter Selbstschutz (z. B. Schutzhandschuhe, Atemschutz) aus dem Gefahrbereich bringen
- für Körperruhe sorgen, vor Wärmeverlust schützen
- Gifteinwirkung ermitteln (Giftstoff, Konzentration, Menge und Dauer der Einwirkung)
- Erbrechen nicht herbeiführen
- gegebenenfalls Giftreste sichern
- ärztliche Behandlung veranlassen

Berührung der Haut mit giftigen Stoffen
- verunreinigte Kleidung, auch Unterwäsche und Schuhe, sofort ausziehen
- Haut mit viel Wasser spülen
- Wunden keimfrei bedecken

Verschlucken von giftigen Stoffen
- sofortiges kräftiges Ausspülen des Mundes

Unfälle durch elektrischen Strom

Bei jedem Stromunfall muss mit Herz-Kreislauf-Stillstand gerechnet werden.

Allgemeine Maßnahmen
- auf Selbstschutz achten
- in jedem Fall für Stromunterbrechung sorgen

Unfälle mit Niederspannung (üblich im Haushalt und Gewerbe bis maximal 1000 Volt)
- Stecker ziehen und Gerät ausschalten
- Sicherung/Sicherungsautomat betätigen

Unfälle mit Hochspannung (Anlagen über 1000 Volt)
- Abstand halten (5 m Abstand) und sofort Notruf „Elektrounfall" veranlassen
- Fachpersonal herbeirufen (zwecks Ausschalten)
- Rettung nur durch Fachpersonal!
- Hilfeleistung erst nach Eingreifen von Fachpersonal

Unfälle mit unbekannter Spannung
- Maßnahmen wie bei Unfällen mit Hochspannung

Maßnahmen am Patienten
- bei jedem Elektrounfall ständige Kontrolle von Bewusstsein und Atmung (Kreislauf)
- Versorgung je nach Zustand (Verbrennung)
- ärztliche Behandlung veranlassen

Dokumentationen von Erste-Hilfe-Leistungen

Erste-Hilfe-Leistungen sind im Verbandsbuch zu dokumentieren. Die Aufzeichnungen müssen mindestens fünf Jahre lang aufbewahrt werden und sind vertraulich zu behandeln.

Folgende Mindestangaben sind vorgeschrieben:
- Name des Verletzten bzw. des Erkrankten
- Datum, Uhrzeit und Ort des Unfalls
- Hergang des Unfalls bzw. des Gesundheitsschadens
- Namen von Zeugen
- Art und Umfang der Verletzung bzw. der Erkrankung
- Datum und Uhrzeit der Erste-Hilfe-Leistung
- Art und Weise der Erste-Hilfe-Maßnahmen
- Namen der Personen, die Erste Hilfe geleistet haben

Lfd. Nr.	Name des Verletzten bzw. Erkrankten	Angaben zum Hergang des Unfalls bzw. des Gesundheitsschadens				Art und Umfang der Verletzung bzw. Erkrankung	Erste-Hilfe-Leistung		
		Datum, Uhrzeit	Ort (Unternehmensteil)	Hergang	Name der Zeugen		Datum, Uhrzeit	Art und Weise der Maßnahmen	Name des Ersthelfers
1	2	3	4	5	6	7	8	9	10

Erste-Hilfe-Nachweis aus dem Verbandsbuch

AUFGABEN

1 | Erläutern Sie den Unterschied zwischen Sofortmaßen und Erste-Hilfe-Maßnahmen.

2 | Bei schweren Unfällen muss ein Arzt herbeigerufen oder ein Rettungstransport veranlasst werden. Welche Angaben müssen bei einem Notruf gemacht werden?

2.4 Versicherungsschutz bei Arbeitsunfällen

Seit über 100 Jahren besteht in Deutschland für Arbeitnehmer eine gesetzliche Unfallversicherung. Träger dieser gesetzlichen Unfallversicherung sind die gewerblichen und landwirtschaftlichen Berufsgenossenschaften.

Für das Gastgewerbe ist die **Berufsgenossenschaft Nahrungsmittel und Gastgewerbe (BGN)** zuständig. Alle Mitarbeiter im Gastgewerbe sind kraft Gesetzes bei Arbeitsunfällen, sofern diese nicht leichtsinnig oder mutwillig verursacht werden, und bei Berufskrankheiten durch die BGN versichert. Die Beiträge für diese Versicherung trägt zu 100 % der Arbeitgeber.

Arbeitsunfälle

Als Arbeitsunfälle gelten:

- Unfälle bei betrieblicher Tätigkeit am Arbeitsort
- Unfälle auf direktem Weg von und zu der Arbeitsstelle
- Unfälle auf betrieblich veranlassten Dienstfahrten und Dienstgängen

Unfälle von Auszubildenden auf dem Weg zu und von der Berufsschule sowie in der Schule werden von der Unfallkasse getragen.

Berufskrankheiten

Berufskrankheiten sind Erkrankungen, die durch die Berufskrankheiten-Verordnung als solche anerkannt sind. Die Ursache muss in der ausgeübten Berufstätigkeit liegen. Es muss also ein Zusammenhang zwischen der Erkrankung und der beruflichen Tätigkeit nachgewiesen sein.

Mitteilungspflicht

Arbeitgeber müssen einen Arbeits- oder Wegeunfall bei der Berufsgenossenschaft melden, wenn der Unfall eine Arbeitsunfähigkeit von mindestens drei Tagen zur Folge hat. Dies muss innerhalb von drei Tagen geschehen. Hierfür wird ein Vordruck ausgefüllt und an die zuständige Verwaltungsstelle der Berufsgenossenschaft geschickt. Auf dem Formular müssen u. a. die berufliche Tätigkeit und der Arbeitsbereich des Verletzten genannt und der genaue Unfallhergang beschrieben sein. Das Gleiche gilt bei dem Verdacht auf eine Berufskrankheit. Tödliche Unfälle und Unfälle mit schweren Gesundheitsschäden müssen der BGN sofort, d. h. noch am selben Tag gemeldet werden.

Die Unfallanzeige muss an die Berufsgenossenschaft und an das Gewerbeaufsichtsamt gesendet werden, bei tödlichen Unfällen ist zusätzlich die Polizeibehörde zu informieren.

BGN
Berufsgenossenschaft Nahrungsmittel und Gastgewerbe

Aufgaben der Berufsgenossenschaften

- Aufklärung der Arbeitgeber und Arbeitnehmer über Unfallgefahren und Möglichkeiten der Unfallverhütung
- Überwachung der Einhaltung der Sicherheitsvorschriften; Sicherstellen der Maßnahmen zur Ersten Hilfe in den Unternehmen
- Rehabilitationsmaßnahmen für Verletzte und Erkrankte, d. h. Maßnahmen zur gesundheitlichen Wiederherstellung und zur Wiedereingliederung
- soziale Absicherung durch Geldleistungen

Leistungen der Berufsgenossenschaften

- Übernahme der Kosten für eine Heilbehandlung (z. B. Arztbesuche und Arzneimittel, Krankenhausaufenthalt, Umbau eines Autos)
- Übernahme der Kosten zur Wiederherstellung der Erwerbstätigkeit (z. B. Kosten für die berufliche Wiedereingliederung oder für eine Umschulung)
- Leistungen bei Pflegebedürftigkeit (z. B. Kosten für den Pflegedienst oder das Pflegeheim)
- Geldleistungen (z. B. Rente, Übergangsgeld, Sterbegeld)

Download der Unfallanzeige
www.bgn.de

AUFGABEN

1 a) Was sind Berufsgenossenschaften?
b) Welche Aufgaben haben sie?
c) Wer ist versichert?

2 a) Erläutern Sie, für welche Versicherungsfälle die Berufsgenossenschaft aufkommt.
b) Welche Leistungen übernimmt sie dann?

3 Überlegen Sie, wann ein Arbeitsunfall leichtsinnig bzw. mutwillig herbeigeführt worden sein kann.

4 Nennen Sie die Angaben, die eine Unfallanzeige enthalten sollte.

2.5 Aufgaben

1 | a) Was ist ein Flucht- und Rettungsplan?
b) Welche Angaben enthält der Plan?

2 | Erklären Sie die Aufgaben eines
a) Sicherheitsbeauftragten,
b) Brandschutzhelfers.

3 | a) Was sind Berufsgenossenschaften?
b) Für welche Versicherungsfälle kommen sie auf?
c) Welche Leistungen übernehmen sie in diesen Fällen?
d) Wer ist versichert?

4 | Unfälle haben viele Ursachen, lassen sich aber oft durch Einhalten bestimmter Grundregeln vermeiden. Ordnen Sie den einzelnen Unfallursachen die richtigen Grundregeln zur Arbeitssicherheit zu. Fertigen Sie eine entsprechende Tabelle an, in die Sie die Ursachen und passenden Grundregeln schreiben.

Unfallursache	Grundregel
Übermüdung	Befolgen Sie die Gebrauchsanleitungen für die einzelnen Maschinen.
Stress und Hektik	Arbeiten Sie aufmerksam und konzentriert.
Keine Einweisung an Geräten und Maschinen	Tragen Sie die vorgeschriebene Schutzkleidung.
Leichtsinn	Kommen Sie ausgeruht zur Arbeit.
Unaufmerksamkeit und Ablenkung	Berücksichtigen Sie die Gefahrensymbole und Sicherheitszeichen.
Unkenntnis von Gefahrensituationen	Arbeiten Sie ruhig.

5 | Jedes Jahr geschehen in der Gastronomie hunderte von Unfällen, z. B. bei der Arbeit an Maschinen. Auch Sie arbeiten während Ihrer Ausbildung mit verschiedenen Maschinen/Geräten.
a) Nennen Sie jeweils drei Maschinen bzw. Geräte, mit denen Sie zu tun haben:
- in der Küche
- im Magazin/im Lager
- im Restaurant
- im Hotel

b) Beschreiben Sie stichpunktartig, welche Unfallgefahren bei der Arbeit mit diesen Maschinen/Geräten bestehen.

6 | Richtiges Heben und Tragen von schweren Lasten hilft, Schäden an den Bandscheiben zu vermeiden.
a) Entscheiden Sie, welche der Abbildung das richtige Heben einer Last zeigt.
b) Beschreiben Sie das richtige Heben und Tragen.

A

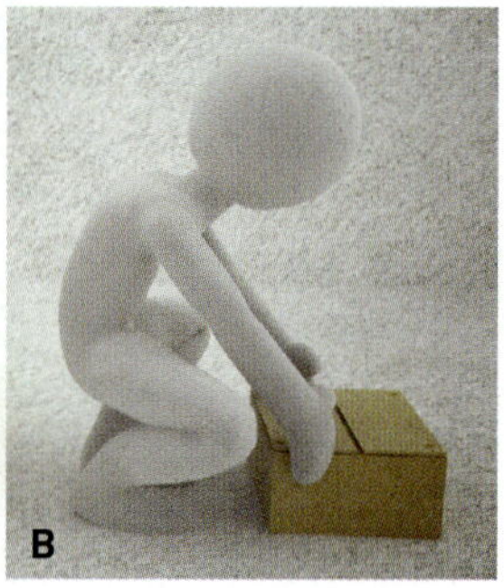
B

7 | Die Arbeit an der Fritteuse birgt die Gefahr eines Fettbrands.
a) Beschreiben Sie, wie es dazu kommen kann.
b) Wie verhalten Sie sich in einer solchen Situation?
c) Welche der folgenden Möglichkeiten würden Sie zur Brandlöschung wählen? Begründen Sie Ihre Antwort.
- Wasser
- Löschdecke
- ABC-Pulverfeuerlöscher
- Fettbrandlöscher

8 | In Gefahren- bzw. Notsituationen helfen Rettungszeichen. Benennen Sie die folgenden Rettungszeichen.

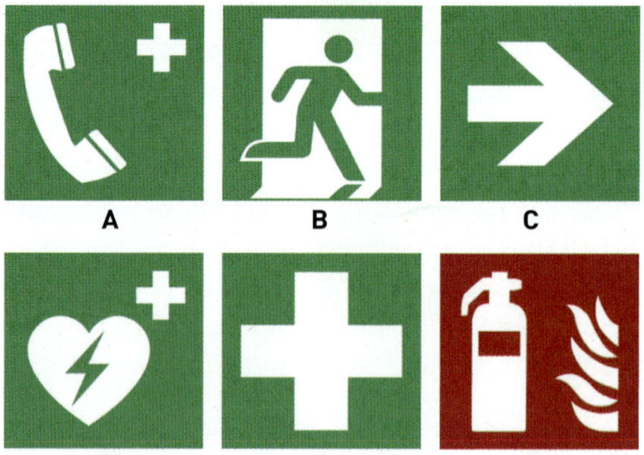
A B C
D E F

9 | Die Rettungskette besteht aus Sofortmaßnahmen, Notruf und Erster Hilfe. Ein Kollege von Ihnen hat sich an einer Aufschnittmaschine stark verletzt. Beschreiben Sie stichpunktartig, was zu tun ist.

10 | In Ihrem Unternehmen ist die Zahl der Arbeitsunfälle von 42 im vergangenen Jahr auf 28 in diesem Jahr gesunken.
a) Berechnen Sie den prozentualen Rückgang.
b) Nennen Sie Gründe, auf die der Rückgang zurückzuführen sein könnte.

3 Umweltschutz

Umweltschutz

Umweltschutz wird in der heutigen Zeit immer wichtiger. Jeder einzelne kann dazu etwas beitragen. Aber durch welche Maßnahmen lässt sich die Umwelt eigentlich nachhaltig schützen?

Um diese Frage zu klären, ist es notwendig, sich mit den einzelnen Umweltbereichen und dem Begriff der Nachhaltigkeit zu beschäftigen.

3.1 Definition

Umweltschutz bedeutet, die Natur zu erhalten, die Umwelt zu schonen und bereits entstandene Umweltschäden zu beheben.

Bedeutung von „Ökologie" und „ökologisch"
Statt Umwelt oder Umweltschutz wird oft das Wort **„Ökologie"** verwendet. „Ökologisch" bedeutet daher eigentlich „die Umwelt betreffend". Manchmal wird es aber auch in der Bedeutung „umweltfreundlich" oder „umweltverträglich" verwendet.

Maßnahmen zum Umweltschutz können wir hauptsächlich in folgenden Bereichen ergreifen:

- Luft
- Bodenbelastung und Lebensmittelqualität
- Wasser/Abwasser
- Energie
- Müll/Abfall
- Lärm

3.2 Bereiche des Umweltschutzes

3.2.1 Luft

Die Luft, die uns umgibt, enthält verschiedene **Gase**, aber auch **feste Bestandteile** sowie **Wasser** in Form von Wasserdampf, Eiskristallen oder Regentropfen.

Luftverschmutzung durch Abgase

Manche Gase sind giftig. Hierzu gehören z. B. das Kohlenstoffmonoxid und das Schwefeldioxid. Diese Gase können entstehen, wenn wir etwas verbrennen. Ein anderes giftiges Gas ist das Chlor. Es wird z. B. in Desinfektionsmitteln eingesetzt, um Mikroorganismen abzutöten.

Gase können aber nicht nur giftig sein, sondern auch die Luft erwärmen. Alle Gase, die dies tun, werden **Treibhausgase** genannt. Hierzu gehören vor allem Kohlenstoffdioxid, Methan und die Fluorkohlenwasserstoffe (FCKWs).

Dämpfe, die beim Garen von Speisen entstehen, verursachen nur wenige Probleme. Sie enthalten kaum Schadstoffe.

Zu den festen Bestandteilen der Luft zählen vor allem Staub, Rauch und Ruß, aber auch Blütenpollen und Mikroorganismen. Staub, Rauch und Ruß können zu Problemen beim Atmen und zu Erkrankungen der Lungen und der Bronchien führen. Blütenpollen und auch Staub können Allergien und Asthmaanfälle auslösen.

Jeder Einzelne kann dazu beitragen, die Luft weniger zu verschmutzen!

So lässt sich die Umwelt z. B. schützen:

- Reinigungs-, Desinfektions- und Sanitärmittel ihren Aufgaben entsprechend einsetzen und richtig dosieren
- Kühlgeräte mit umweltfreundlichen Kältemitteln kaufen
- öffentliche Verkehrsmittel benutzen

AUFGABEN

1 | Erläutern Sie den Begriff „Luftverschmutzung".

2 | Welche Folgen hat eine steigende Luftverschmutzung für die Natur und vor allem für uns Menschen?

3 | Nennen Sie weitere Beispiele, wie es gelingen kann,
a) im beruflichen Bereich,
b) im privaten Bereich
die Luftverschmutzung zu verringern.

Kohlenstoffmonoxid und **Kohlenstoffdioxid**
Diese Gase entstehen bei Verbrennungen, z. B. in den Motoren von Autos.

Methan
Dieses Gas entsteht in Klärwerken und Mülldeponien, aber auch in den Mägen von Kühen.

Fluorkohlenwasserstoffe
Diese Gase werden z. B. als Kältemittel in Kühlschränken verwendet.

Mikroorganismen (siehe Kapitel 4.1)
Hierbei handelt es sich um kleine Lebewesen, die nur unter dem Mikroskop zu sehen sind.

Gasherde rechtzeitig ausschalten, Töpfe mit einem Deckel schließen, um Energie zu sparen

3.2.2 Bodenbelastung und Lebensmittelqualität

In Deutschland wird mehr als die Hälfte des Bodens landwirtschaftlich, d. h. für die Erzeugung von Lebensmitteln, genutzt. Dabei werden oft Stoffe verwendet, die die Umwelt belasten und für den Menschen schädlich sind. Dies können z. B. sein:

- Nitrate in Düngemitteln
- Pestizide in Pflanzenschutzmitteln
- Gifte in Schädlingsbekämpfungsmitteln
- Schwermetalle wie Blei oder Cadmium

Wird der Boden mit Giftstoffen belastet, schaden wir uns selbst, da die Giftstoffe vom Boden in die Lebensmittel übergehen können.

Daher sollte sich jeder vor dem Kauf eines Lebensmittels informieren, wo und wie es erzeugt wurde. Dies ist meistens auf dem Etikett der Verpackung zu erkennen.

Immer das Etikett auf der Verpackung genau lesen!

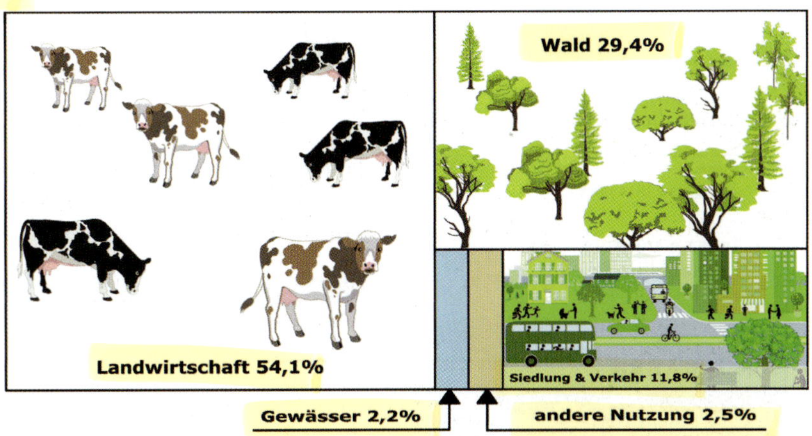

(Quelle: Bayerisches Landesamt für Statistik und Datenverarbeitung)

Die Bodennutzung in Deutschland

Energiegewinnung aus fossilen Energieträgern

Energiegewinnung aus erneuerbaren Quellen

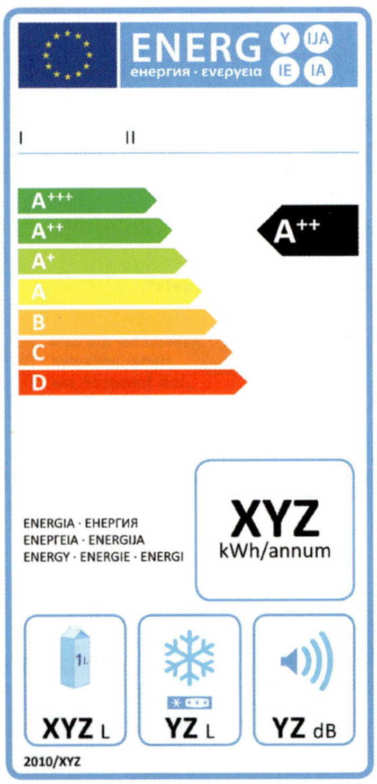

EU-Energielabel für Kühlgeräte

3.2.4 Energie

Ohne Strom funktioniert fast gar nichts mehr. Wir brauchen ihn zum Kochen, zum Kühlen und Gefrieren, zum Waschen und für das Licht. Aber auch für alle anderen elektrischen Geräte wie Fernseher, Handy und Computer ist er erforderlich. Energie verbrauchen wir ebenfalls, wenn wir unsere Wohnung heizen oder wenn wir Auto fahren.

Woher kommt die Energie? Sie ist nicht einfach da, sondern muss erst produziert werden. Dies kann auf unterschiedliche Art und Weise geschehen:

1. Sogenannte **fossile Energieträger** wie Steinkohle, Braunkohle, Erdöl oder Erdgas werden in Kraftwerken verbrannt. Dabei entstehen große Mengen von Kohlenstoffdioxid, Kohlenstoffmonoxid und anderen Gasen, die giftig sind oder das Klima verändern.
2. In Atomkraftwerken wird elektrische Energie aus **Kernenergie** gewonnen. Dabei entstehen radioaktive Abfälle, die entsorgt werden müssen. Wie das geschehen soll und wo der Atommüll gelagert wird, ist bislang jedoch nicht geklärt.
3. Es werden **erneuerbare Energien** genutzt. Hierzu gehören z.B. die Wasserkraft, die Windenergie, die Sonnenenergie und die Erdwärme. Diese Energiequellen verbrauchen sich nicht, sondern erneuern sich ständig. Hierzu gehört auch die Energiegewinnung aus nachwachsenden Rohstoffen, z.B. Raps und Sonnenblumen. Die Energiegewinnung aus erneuerbaren Energien ist sehr umweltverträglich.

Umweltschutz durch den Einsatz erneuerbarer Energien!

Neben dem Einsatz erneuerbarer Energien lässt sich die Umwelt auch schützen, wenn man Energie spart. Zusätzlich lassen sich dadurch auch die Energiekosten senken.

So lässt sich Energie sparen:

- vernünftig heizen, aber auch vernünftig lüften
- Wände, Fenster und Türen von Gebäuden isolieren
- bei der Anschaffung elektrischer Geräte auf den Energieverbrauch achten; sparsame Geräte kaufen
- elektrische Geräte ausschalten, wenn sie nicht gebraucht werden
- Größe der Töpfe den Kochfeldern anpassen; Topfdeckel benutzen
- Licht nur bei Bedarf einschalten; Bewegungsmelder und Dimmer nutzen
- Energiesparlampen oder LEDs verwenden
- Kühlräume nicht unnötig oder unnötig lange begehen; Türen gut geschlossen halten; Kühlgeräte regelmäßig abtauen

Umweltschutz durch Einsparen von Energie!

AUFGABEN

1 | Worauf sollte beim Kauf von Kühlgeräten geachtet werden?

2 | Erläutern Sie, was Sie unter „vernünftig heizen" und „vernünftig lüften" verstehen.

3.2.5 Müll/Abfall

Jeder von uns produziert jährlich durchschnittlich ca. 450 kg Müll. Ungefähr die Hälfte davon wird wiederverwertet. Abfall, der nicht wiederverwertet werden kann, muss entsorgt werden. Dies geschieht auf der Deponie oder in der Müllverbrennungsanlage. Um langfristig etwas für die Umwelt zu tun, müssen wir versuchen, Müll zu vermeiden bzw. den Müll wiederzuverwerten.

So lässt sich **Müll vermeiden**:

- Großpackungen statt Portionsverpackungen einkaufen
- Behälter nutzen, die wieder aufgefüllt werden können
- auf überflüssige Verpackungen verzichten
- mit den Lieferanten vereinbaren, dass Verpackungen wie Kisten, Kartonagen und Eimer wieder zurückgegeben werden können
- Mehrwegverpackungen, Pfandflaschen und Nachfüllverpackungen bevorzugen

Umweltschutz durch Müllvermeidung!

- möglichst auf Einweggeschirr, Einwegbesteck oder Einweggetränkeverpackungen verzichten oder umweltfreundliches Material benutzen
- Speiseportionen auf Verzehrgewohnheiten abstimmen; Salatbüfetts oder Frühstücksbüfetts anbieten, um die Speisereste zu verringern

Umweltschädliches Einweggeschirr und Einwegbesteck

Der Blaue Engel

Der Blaue Engel ist das erste und vielleicht bekannteste Umweltzeichen der Welt. Es wurde 1978 eingeführt.
Den Umweltengel erhalten Produkte, die hinsichtlich der Herstellung, der Verwendung und der Entsorgung umweltfreundlich sind, z. B. Mehrwegflaschen und Mehrwegtransportverpackungen.

Mülltrennung und Müllverwertung

Lässt sich Abfall nicht vermeiden, ist es sinnvoll, ihn zu sortieren und getrennt zu entsorgen. Nur sortierter Abfall kann wiederverwertet werden. Diese Wiederverwertung wird als Recycling bezeichnet.

Durch Müllrecycling wird die Umwelt geschont und es werden wertvolle Rohstoffe eingespart.

Beispiele für Mülltrennung

Abfallart	Beispiele	Besonderheiten
Altpapier	Papier, Kartons, Pappe, Zeitungen, Zeitschriften, Bücher	nicht in das Altpapier gehören: Getränkeverpackungen, Papiertaschentücher
Biomüll	Obst- und Gemüseabfälle, Tee- und Kaffeefilter, Gebäckreste, Papierservietten, Papiertaschentücher, Speisereste nur in kleinen Mengen	große Mengen Speisereste, Fleischabfälle und Knochen gehören in spezielle Lebensmitteltonnen
wiederverwertbarere Verkaufsverpackungen („Der grüne Punkt“ oder andere duale Systeme)	Joghurtbecher, Tetrapaks, Konservendosen, Leichtverpackungen aus Styropor, Plastik oder Aluminium	Wiederverwertbare Verkaufsverpackungen werden meistens in der gelben Tonne oder im sogenannten gelben Sack gesammelt.
Altglas	Flaschen, Glasbehälter	Altglas wird – nach Farben getrennt – in Glascontainern gesammelt; Porzellanscherben gehören nicht zum Altglas, sondern zum Restmüll.
Restmüll	Hygieneabfälle, Porzellan, Spiegelglas, Bruchglas, Glühbirnen, Zigarettenkippen und Kehricht	

Beispiel für Mülltrennung (die Bundesländer haben unterschiedliche Regelungen)

Altkleider, Kork und Wertstoffe

Darüber hinaus können auch Altkleider und Kork sowie in einigen Bundesländern verschiedene Wertstoffe wie Metalle und Kleinelektrogeräte, getrennt gesammelt werden. Elektrogeräte müssen grundsätzlich kostenlos von kommunalen Sammelstellen zurückgenommen werden.

Sondermüll/Problemmüll

Für Sondermüll gibt es keine Abfalltonne, sondern er muss getrennt in Sammelstellen im Handel oder in der Kommune entsorgt werden. Zum Sondermüll gehören z. B. Batterien, Energiesparlampen, Desinfektionsmittel und lösungsmittelhaltige Farben.
Alle Altfette wie Fritteusen-, Grill- und Backfette aus der Gastronomie müssen von Spezialfirmen entsorgt werden. Diese Entsorgung ist zu bezahlen.

Sperrmüll

Zum Sperrmüll gehören alle sperrigen Einrichtungsgegenstände, wie z. B. Tische, Stühle und Regale, die nicht über Mülltonnen entsorgt werden können. Sperrmüll wird entweder von Entsorgungsfirmen abgeholt oder er kann an bestimmten Sammelstellen abgegeben werden.

Umweltschutz durch Mülltrennung!

AUFGABEN

1 | Erläutern Sie die Aussage: „Müllvermeidung geht vor Mülltrennung".

2 | Erläutern Sie an einem Beispiel den Begriff „Recycling".

3.2.6 Lärm

Geräusche treten immer und überall auf. Sobald Geräusche stören und das Hören erschweren, werden sie als Lärm bezeichnet. Zu viel Lärm kann das Gehör schädigen oder zu Stress führen. Es kann zu verschiedenen Beschwerden kommen: Das Herz schlägt schneller, der Blutdruck steigt, die Muskeln krampfen oder es kommt zu Störungen des Stoffwechsels. Ist jemand ständig großem Lärm ausgesetzt, kann er dauerhaft krank werden.

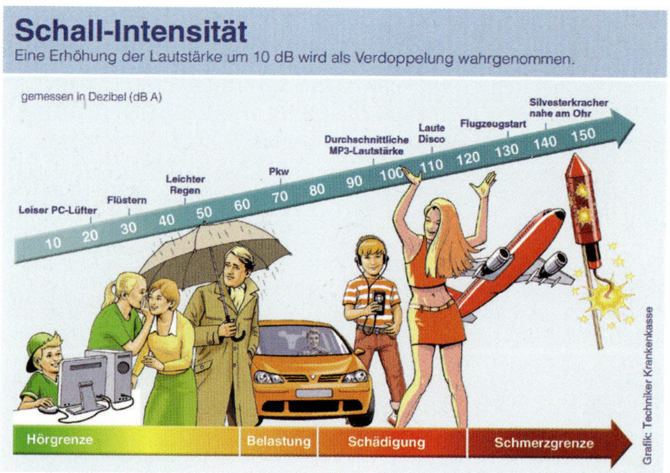

Schallintensität

Die **Lautstärke** eines Geräusches wird in der Einheit **Dezibel (dB)** gemessen. Steigt die Lautstärke um 10 Dezibel, nehmen wir dieses Geräusch als doppelt so laut wahr. Was als unangenehm empfunden wird, ist aber von Person zu Person unterschiedlich. Dennoch gilt: Andauernder starker Lärm führt zu Gehörschäden wie Schwerhörigkeit oder Ohrgeräuschen (Tinnitus).

Hörschäden durch Lärm sind nicht heilbar!

So lässt sich der Lärm verringern:
- Musik nicht zu laut hören
- Maschinen mit geräuscharmen Motoren einsetzen
- unter Stuhl- und Tischbeinen Gleiter befestigen, Teppiche verwenden
- Moltontücher auf Tische unter die Tischdecken legen
- Vorhänge im Gästeraum anbringen
- Schallschutzdecken in Restaurants und Bars
- Gehörschutz in bestimmten betrieblichen Bereichen verwenden

Umweltschutz durch Verringerung der Lärmbelastung!

Lautstärkebelastung in der Gastronomie

AUFGABEN

1 | Erläutern Sie das Schaubild auf der linken Seiten zur Schallintensität.

2 | Erläutern Sie die Aussage: „Lärm macht krank!".

3.3 Nachhaltigkeit

Die drei Säulen der Nachhaltigkeit (Umwelt, Wirtschaft, Soziales)

Obwohl in den letzten Jahren in der Umweltpolitik einiges geschehen ist, gibt es viele ungelöste Probleme:
- Luft, Wasser und Boden werden immer weiter mit Schadstoffen belastet.
- Der Energieverbrauch weltweit erhöht sich ständig.
- Treibhausgase werden vermehrt in die Luft abgegeben.
- Aufgrund des Treibhauseffekts verändert sich das Klima mit manchmal katastrophalen Auswirkungen.
- Die Zerstörung der Ozonschicht schreitet voran („Ozonloch").
- Wälder (insbesondere auch der tropische Regenwald) werden abgeholzt.
- Pflanzen- und Tierarten sterben aus; viele Meere sind überfischt.
- Die Abfallmengen werden immer größer.

Ursprung der Nachhaltigkeit

Der Begriff der Nachhaltigkeit hat seinen Ursprung im Jahr 1713 in der Forstwirtschaft. Wegen der zunehmenden Vernichtung von Waldflächen wurde von Carl von Carlowitz eine spezielle Bewirtschaftungsweise entwickelt. Bei ihr wird immer nur soviel Holz entnommen, wie nachwachsen kann. Der Wald kann sich also immer wieder erholen.

Doch der Mensch braucht eine Umwelt, die nicht weiter zerstört wird. Im Jahr 1992 wurde daher auf einer Konferenz für Umwelt und Entwicklung das Recht der Menschen auf eine **„nachhaltige Entwicklung"** festgeschrieben.

„Eine nachhaltige Entwicklung
- schont die Natur;
- erhöht die Leistungsfähigkeit der Wirtschaft und sichert sie für die Zukunft;
- ist gerecht und trägt dazu bei, dass alle Menschen friedlich zusammenleben." (Quelle: BNE-Bildung für nachhaltige Entwicklung)

Auch für die Unternehmen in der Gastronomie sind **Umweltschutz** und **Nachhaltigkeit** wichtige Themen. Arbeitsplätze, Arbeitsabläufe und Produkte werden umweltgerecht gestaltet, Mitarbeiter in Umweltfragen geschult und regelmäßige Kontrollen durchgeführt.

Zusätzlich können die Gäste über die Umweltmaßnahmen des Unternehmens unterrichtet werden. So kann es gelingen, mit Umweltschutz Werbung zu machen. Dadurch kann sich der Ruf eines Unternehmens verbessern!

Wiederaufforstung

Umweltschutz geht jeden an!

3.4 Aufgaben

1 | Die Nutzung und Belastung des Bodens ist ein wichtiger Umweltaspekt.
a) Erläutern Sie folgende Abbildung:
b) Nennen und erläutern Sie Probleme, die die Bodennutzung durch die Landwirtschaft verursachen kann.

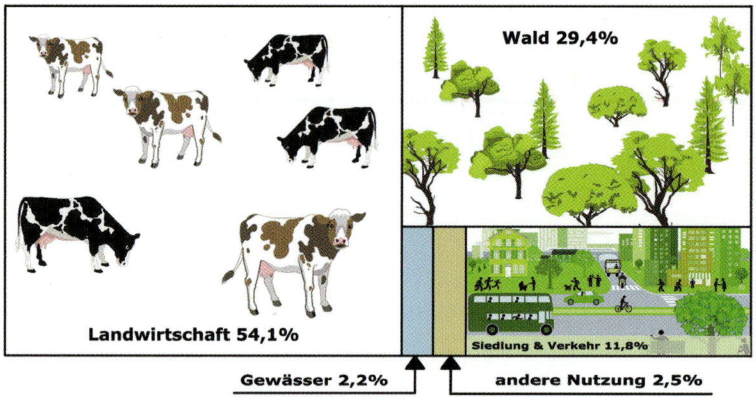

2 | Ergänzen Sie den Lückentext mit folgenden Begriffen. Schreiben Sie die Lösung für a), b), c) und d) auf.

Natur	Schäden	Umwelt	Umweltschutz

„Umweltschutz bedeutet, die ______ a) ______ zu erhalten, ______ b) ______ zu schonen und bereits entstandene ______ c) ______ zu beheben. ______ d) ______ geht jeden an."

3 | Finden Sie im Internet heraus, wofür das EcoVeg-Gütesiegel steht. Fassen Sie die Informationen kurz schriftlich zusammen.

4 | a) Erläutern Sie den Satz „Wasser ist kostbar und teuer."
b) Erklären Sie die Begriffe:
- Süßwasser
- Salzwasser

c) Beschreiben Sie, was mit dem Abwasser geschieht.
d) Warum ist es problematisch, wenn große Mengen Fettreste ins Abwasser gelangen?

5 | Der Energieverbrauch steigt von Jahr zu Jahr, allerdings auch der Anteil der „erneuerbaren Energien".
a) Was versteht man unter diesem Begriff?
b) Welche Vorteile bieten die erneuerbaren Energien?
c) Erläutern Sie am Beispiel „Windenergie" mögliche Nachteile der erneuerbaren Energien.

6 | Ordnen Sie folgende Abfälle in die richtige Tonne, indem Sie jeweils die Abfallart und die Bezeichnung der dazugehörigen Tonne aufschreiben.
- Alufolie
- Batterien
- Bruchglas (kleine Teile)
- Reste von Desinfektionsmitteln
- zerbrochene Eier
- Einwegflaschen aus Glas
- Frittierfett
- Gemüsereste
- Glühbirnen
- Kartonage
- Kaffeefilter
- Konservendosen
- Kunststoffflaschen
- Speisereste vom Teller
- Staubsaugerbeutel
- Tetrapaks

7 | Berechnen Sie mithilfe des folgenden Diagramms den prozentualen Anstieg des Strompreises zwischen dem Jahr 2000 (0,15 €/kWh) und 2015 (0,27 €/kWh).

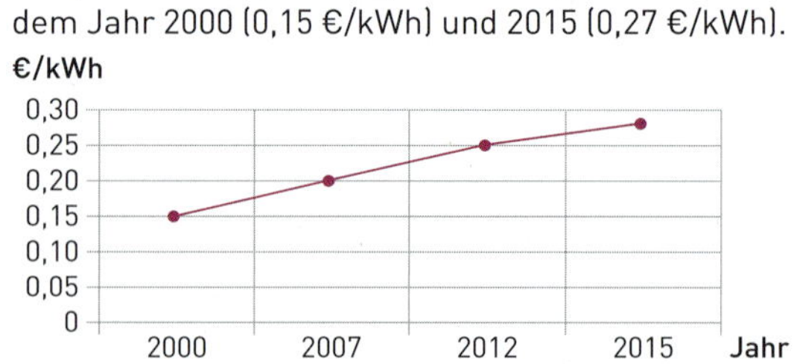

4 Hygiene im Umgang mit Lebensmitteln

Hygiene im Umgang mit Lebensmitteln

Immer wieder liest man in Zeitungen, dass Menschen nach dem Verzehr von Lebensmitteln erkranken, weil hygienische Vorgaben im Betrieb nicht beachtet wurden. Daher ist es notwendig, das **Hygienebewusstsein** jedes einzelnen Mitarbeiters zu stärken.

Dies betrifft vor allem die folgenden Bereiche:
- Personalhygiene
- Arbeitsplatzhygiene
- Produkthygiene

Die wichtigste Voraussetzung für ein gutes Hygienebewusstsein sind Kenntnisse über die Prozesse, die dazu führen, dass Lebensmittel verderben. Daran beteiligt sind v. a. Mikroorganismen, Viren, Parasiten, Insekten und Nagetiere.

Bedeutung von „mikro"
„mikro" stammt aus dem Griechischen und bedeutet „klein".

4.1 Mikroorganismen

4.1.1 Vorkommen

Viele Veränderungen in der Natur wie auch in den Lebensmitteln werden durch Lebewesen hervorgerufen, die so klein sind, dass sie einzeln nur unter dem Mikroskop zu sehen sind. Diese sogenannten Mikroorganismen werden manchmal auch Mikroben genannt.

Mikroorganismen verbreiten sich meistens unbemerkt. Mit unseren Augen nehmen wir sie erst wahr, wenn sie in großen Mengen bzw. in hoher Konzentration auftreten. Sie werden dann als sogenannte **Kolonie** sichtbar. Oder wir erkennen sie anhand ihrer Wirkungen: Fruchtsäfte gären, Lebensmittel werden schmierig oder beginnen zu riechen.

Typische Gegenstände, auf denen sich meistens viele Mikroorganismen befinden

Die mehr als 30 000 verschiedenen Arten kommen überall vor: im Wasser, an Land, im Erdreich und in der Luft, auf Gegenständen, auf Tieren und Pflanzen und natürlich auch auf und in Lebensmitteln. Besonders zahlreich sind Mikroorganismen immer dort, wo es warm ist und wo sie zugleich Nahrung und Wasser finden. Beim Menschen leben Mikroorganismen vor allem auf der Haut, im Rachen und im Darm. Es wird geschätzt, dass jeder Mensch Heimat für etwa 100 Billionen Mikroorganismen ist.

4.1.2 Einteilung

Alle Mikroorganismen gehören zu einer der folgenden drei Gruppen:

Diese unterscheiden sich vor allem in
- ihrer **Erscheinungsart und Vermehrungsweise** sowie
- ihren notwendigen **Lebensbedingungen.**

Schimmelpilze auf Brot

4.1.3 Erscheinungsart und Vermehrungsweise

Mikroorganismen sind meist sehr einfach aufgebaut. Oft bestehen sie nur aus einer Zelle. Viele Mikroorganismen sind sehr widerstandsfähig. Manche von ihnen können auch unter extremen Bedingungen noch existieren.

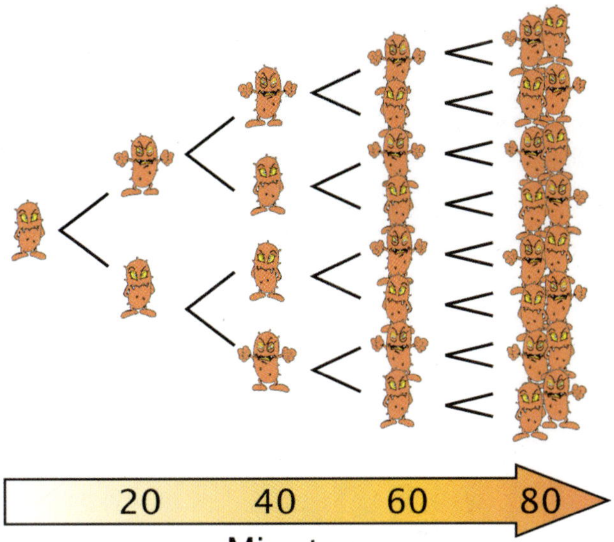

Vermehrungsgeschwindigkeit von Mikroorganismen

Bakterien

Bakterien vermehren sich durch **Zellteilung**. Bei günstigen Lebensbedingungen kann dies alle 20 Minuten geschehen.

Manche Bakterienarten (z. B. Clostridien und Bazillen) bilden bei schlechten Lebensbedingungen sogenannte **Sporen**. Sporen sind Überlebensformen, in denen nur die Erbanlagen der Bakterien stecken. Sie sind äußerst widerstandsfähig. So halten sie extreme Trockenheit, aber auch starke Kälte oder Hitze aus. Selbst der Einwirkung von Säuren und Desinfektionsmitteln können sie widerstehen. Werden die Lebensbedingungen dann wieder günstiger, entwickeln sich aus den Sporen erneut aktive Bakterien.

Sporen sind widerstandsfähige Überlebensformen von bestimmten Bakterienarten.

Hefen

Hefen sind ovale oder leicht rundliche, einzellige Pilze. Sie vermehren sich vorwiegend ungeschlechtlich durch **Sprossung**: Aus einer Mutterzelle wächst eine Tochterzelle, die dann ihrerseits wieder zur Mutterzelle wird. So können innerhalb kurzer Zeit aus einer Hefezelle ganze **Sprossverbände** entstehen.

Schimmelpilze

Im Gegensatz zu Bakterien und Hefen handelt es sich bei den Schimmelpilzen um **Mehrzeller**. Sie bilden **Samen**, die ebenfalls Sporen genannt werden. Die Sporen können durch Luftbewegungen auf Lebensmittel übertragen werden. Dort beginnen sie zu keimen und es entsteht ein Fadengeflecht. Dieses wird **Myzel** genannt. Aus dem Fadengeflecht bildet sich dann ein sichtbarer Schimmelrasen.

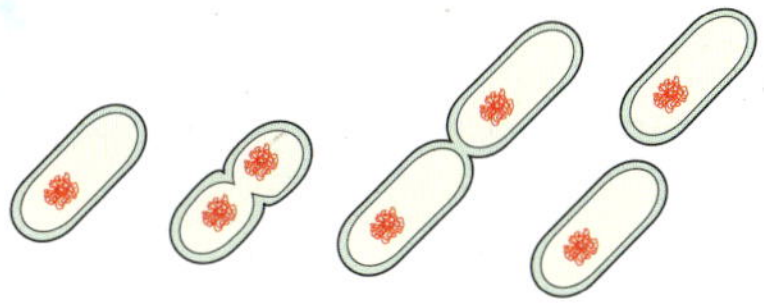

Zellteilung bei Bakterien

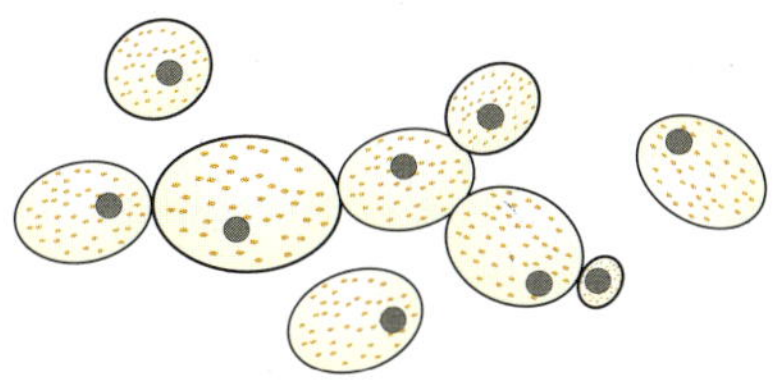

Sprossende Hefezellen

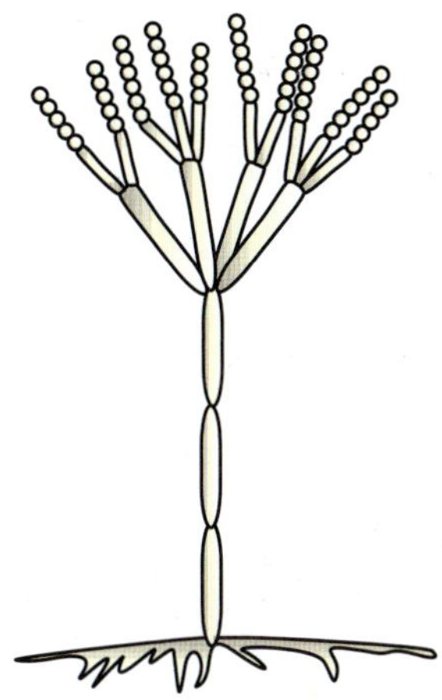

Schimmelpilz mit Sporen

4.1.4 Lebensbedingungen

Schimmelbefall von Kirschen

Wie bei allen übrigen Lebewesen sind auch bei den Mikroorganismen Wachstum und Vermehrung von verschiedenen Einflussfaktoren abhängig.

Einflussfaktoren auf Wachstum und Vermehrung von Mikroorganismen

- Nährstoffe
- freies Wasser
- ph-Wert
- Sauerstoff
- Temperatur
- Konkurrenzflora

Nährstoffe

Die Bakterien verwerten als Nahrung insbesondere Eiweiß, die Hefen Kohlenhydrate. Die Schimmelpilze können Eiweiß, Fett und Kohlenhydrate in gleicher Weise nutzen. Da aber fast alle Lebensmittel aus mehreren Nährstoffen bestehen, kann ein Lebensmittel auch von unterschiedlichen Mikroorganismen befallen sein.

Lebensmittel mit hohem a_w-Wert

Freies Wasser

Mikroorganismen brauchen Wasser, um zu leben und um sich vermehren zu können. Entscheidend ist allerdings nicht, wie viel Wasser insgesamt in den Lebensmitteln vorhanden ist, sondern wie viel Wasser frei als sogenanntes **aktives Wasser** vorliegt. Als Messzahl hierfür wird der **a_w-Wert** verwendet, der zwischen 0 und 1 liegt. Je höher der a_w-Wert ist, umso mehr freies Wasser liegt vor. Dies ist für die Mikroorganismen günstig, weil sie dann auch mehr Wasser nutzen können. Salz, Zucker und viele Mineralstoffe binden Wasser und senken so den a_w-Wert. Die meisten Mikroorganismen benötigen einen a_w-Wert von mindestens 0,90. Schimmelpilze allerdings wachsen und vermehren sich noch bei a_w-Werten von 0,80 (siehe Kapitel 5.1.7).

Lebensmittel mit niedrigem a_w-Wert

pH-Wert

Für die Entwicklung der Mikroorganismen ist ferner der pH-Wert ausschlaggebend. Der pH-Wert gibt an, wie sauer bzw. basisch etwas ist. Er kann zwischen 0 und 14 liegen. Werte um 7 werden als neutral bezeichnet, Werte unterhalb von 7 als sauer und Werte oberhalb von 7 als basisch. Die Mehrzahl der Bakterien bevorzugt mittlere pH-Werte zwischen 4,5 bis 9. In diesem pH-Bereich liegen viele Lebensmittel wie z.B. Fisch, Fleisch und Wurst, Eier und Milch. Hefen und Schimmelpilze dagegen wachsen bevorzugt im leicht sauren Bereich zwischen 3 und 6. Diese Werte haben Brot, viele Obst- und Gemüsesorten, aber auch Fruchtsaftgetränke.

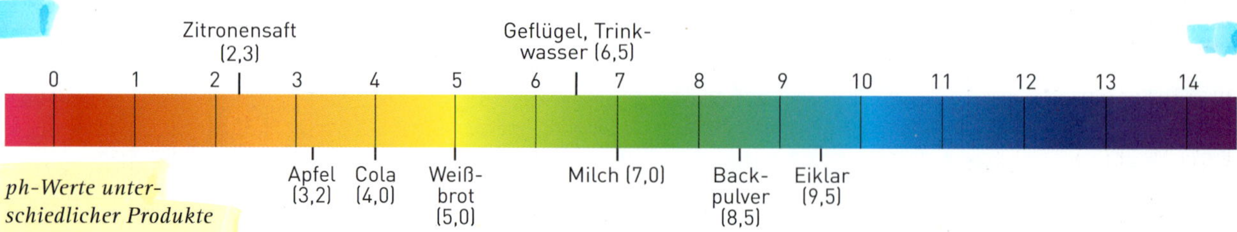

ph-Werte unterschiedlicher Produkte

Sauerstoff

Auch hinsichtlich ihres Bedarfs an Sauerstoff unterscheiden sich die Mikroben. Die **Aerobier** brauchen Sauerstoff und sind daher meist **auf** den Lebensmitteln zu finden. In luftdichten Verpackungen sterben sie ab. Zu den Aerobiern zählen die meisten Bakterien, aber auch die Schimmelpilze. Die **Anaerobier** können nur ohne Sauerstoff existieren, sie vermehren sich daher vor allem **im Inneren** von Konservendosen und Vakuumverpackungen. Oft erkennt man dies an den Gasen, die dabei entstehen. Dadurch werden die Verpackungen aufgebläht. Zu den Anaerobiern gehören insbesondere die Clostridien, die ein hochwirksames Gift bilden können. Die **fakultativen Anaerobier** hingegen können sowohl mit als auch ohne Sauerstoff leben. Hierzu gehören die Hefen und verschiedene Bakterienarten wie z B. die Milchsäurebakterien.

Aufgeblähter Mozzarella-Beutel, Bombage

Temperatur

Mikroorganismen bevorzugen unterschiedliche Temperaturbereiche. Die meisten von ihnen wachsen und vermehren sich am besten bei einer Temperatur zwischen 20 °C und 40 °C. Dieser Temperaturbereich wird daher auch als **kritischer Temperaturbereich** bezeichnet. Niedrigere und höhere Werte verlangsamen die Vermehrung entscheidend. Oberhalb von 65 °C überleben nur wenige Bakterienarten. Die Sporen der Bazillen und Clostridien werden allerdings erst bei über 121 °C abgetötet.

Kälte liebende Arten sind auch noch bei Kühlschranktemperaturen und bei Temperaturen unter dem Gefrierpunkt aktiv. Deshalb ist für das Tiefkühllager und für die Kühlkette eine Temperatur von mindestens –18 °C vorgeschrieben. Allerdings sterben Mikroorganismen weder durch Kühlen noch durch Frosten ab. Sie stellen nur vorübergehend ihre Vermehrung und Aktivität ein.

Bedeutung der Temperatur für das Wachstum von Mikroorganismen

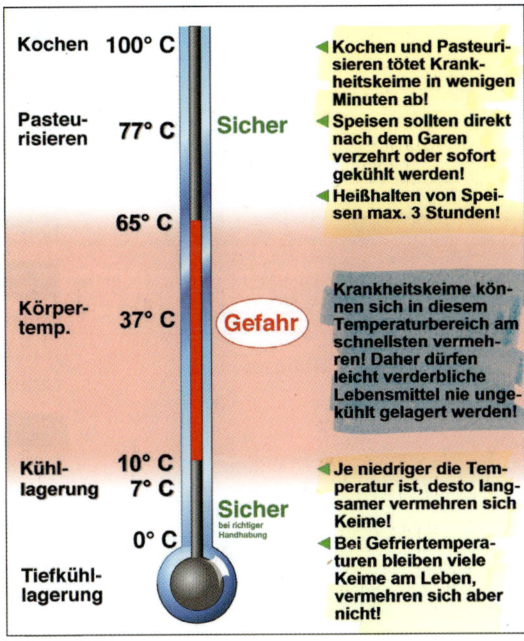

(Quelle: „Leitlinie für eine gute Hygienepraxis", DEHOGA)

Konkurrenzflora

Das Wachstum und die Vermehrung bestimmter Mikroorganismen sind auch von der Anwesenheit anderer Mikroorganismen, der sogenannten Konkurrenzflora, abhängig. Die verschiedenen Arten von Mikroorganismen konkurrieren oft um die gleichen Nährstoffe. Zwischen ihnen herrscht eine Art Verdrängungswettbewerb. Die Mikroorganismen, die am besten an die Umgebung angepasst sind, verdrängen nach und nach die anderen Mikroorganismen. Zudem produzieren manche Mikroorganismen zusätzlich Ausscheidungsprodukte, durch die die anderen Arten in der Vermehrung gehindert werden.

Seit einigen Jahren werden solche **Schutzkulturen** verstärkt industriell entwickelt. Diese werden den Lebensmitteln bewusst zugesetzt, um sie vor dem Befall von unerwünschten und krankheitserregenden Keimen zu schützen. Die Schutzkulturen selbst sind gesundheitlich unbedenklich und verändern das Lebensmittel auch sensorisch nicht.

4.1.5 Haltbarmachung und Konservierung

Pasteurisierung
Kurzzeitiges Erhitzen unter 100 °C
→ teilweise keimfrei

Ultrahocherhitzung
Kurzzeitiges Erhitzen
zwischen 135 °C und 150 °C
→ praktisch keimfrei

Sterilisation
Langes Erhitzen
zwischen 121 °C und 135 °C
→ keimfrei, allerdings Veränderung der Inhaltsstoffe

Aus den Kenntnissen der notwendigen Lebensbedingungen lassen sich gezielt Maßnahmen ergreifen, die die Aktivität, das Wachstum und die Vermehrung der Mikroorganismen einschränken oder ganz verhindern:

- **Nährstoffentzug:** Reste von Lebensmitteln auf Arbeitsflächen oder Geräten können den Mikroorganismen als Nahrung dienen. Durch penible Sauberkeit, eine sachgerechte und gründliche Reinigung aller Geräte und Arbeitsflächen und eine eventuell anschließende Desinfektion (siehe Kapitel 4.5.4) kann den Mikroorganismen die Nahrung entzogen werden.
- **Verringerung des a_w-Werts:** Dies kann entweder durch direkten Wasserentzug, wie z.B. beim Trocknen oder Gefriertrocknen der Lebensmittel, oder durch Binden des freien Wassers mithilfe von Salz oder Zucker geschehen. Auch beim Räuchern kommt es zu einer Senkung des a_w-Werts.
- **Veränderung des pH-Werts:** Die Aktivität und Vermehrung der meisten Bakterien können durch das Absenken des pH-Werts verringert werden. Dies wird durch Zugabe von Genusssäuren wie Zitronensäure, Essigsäure, Milchsäure oder Weinsäure zu den Lebensmitteln erreicht. Allerdings ist zu beachten, dass Hefen und Schimmelpilze selbst bei niedrigen pH-Werten noch aktiv sind und somit auch gesäuerte Produkte verderben können.

Konservieren durch Veränderung des Sauerstoffgehalts

- **Veränderung des Sauerstoffgehalts**: Dies geschieht dadurch, dass Lebensmittel verpackt und dann vakuumiert oder mit Gasen wie Kohlendioxid oder Stickstoff begast werden. Allerdings sterben beim Vakuumieren nur die sauerstoffabhängigen Mikroorganismen ab.
- **Veränderung der Temperatur:** Durch Kühlen, Gefrieren und Tiefgefrieren werden die Aktivität und die Vermehrung der Mikroorganismen lediglich herabgesetzt bzw. nur vorübergehend unterbrochen. Dagegen werden durch Anwendung von Hitze die Mikroorganismen zerstört. Dies geschieht bei allen Garverfahren, beim Pasteurisieren, Sterilisieren und Ultrahocherhitzen. Die Sporen der Bakterien werden allerdings erst bei Temperaturen über 121 °C inaktiviert. Zu beachten ist ferner, dass viele von den Mikroorganismen produzierte Gifte auch durch große Hitze nicht zerstört werden.
- **Räuchern:** Beim Räuchern werden die Mikroorganismen durch im Rauch enthaltene Substanzen abgetötet. Außerdem wird der a_w-Wert gesenkt.
- **Pökeln:** Beim Pökeln wird Pökelsalz verwendet. Dies führt zum Absterben der Mikroorganismen. Beim Pökeln erfolgt auch eine Senkung des a_w-Werts. Pökeln wird häufig in Kombination mit Räuchern eingesetzt.
- **Einsatz von Alkohol:** Alkohol ist ein Zellgift und tötet die Mikroorganismen ab. Besonders wirksam ist eine Konzentration von 70 %, die meist in Desinfektionsmitteln vorliegt.

Konservieren durch Räuchern

- **Einsatz von Konservierungsstoffen:** Konservierungsstoffe sind chemische Substanzen, die den Lebensmitteln zugesetzt werden, um ihre Haltbarkeit zu verlängern. Die Konservierungsstoffe werden von den Mikroorganismen aufgenommen. Sie hemmen ihr Wachstum und ihre Vermehrung oder töten sie. Allerdings ist ihre Wirkung dosisabhängig. Konservierungsstoffe können beim Menschen allergische Reaktionen auslösen. Daher müssen sie auf den Lebensmittelverpackungen angegeben sein (siehe Kapitel 10.1).
- **Lebensmittelbestrahlung:** In Deutschland ist das Bestrahlen von Lebensmitteln nur für getrocknete, aromatisierte Kräuter und Gewürze erlaubt. In vielen Mitgliedsstaaten der EU ist die Bestrahlung auch zur Entkeimung von Gewürzen oder zur Abtötung von Salmonellen zulässig. Die Bestrahlung muss deklariert werden.

Am besten sind Lebensmittel ohne Zusatzstoffe

AUFGABEN

1 | a) Erklären Sie den Begriff „Mikroorganismen".
b) Welche drei Gruppen von Mikroorganismen gibt es?
c) Worin unterscheiden sich diese?

2 | Erläutern Sie, was ein Myzel ist.

3 | Nennen und erklären Sie die Einflussfaktoren für das Wachstum der Mikroorganismen.

4 | Beschreiben Sie zu jedem Einflussfaktor zwei konkrete Maßnahmen, wie sich die Vermehrung und das Wachstum einschränken lassen.

4.1.6 Nützliche Mikroorganismen

Viele Mikroorganismen sind für den Menschen harmlos oder sogar nützlich. So zersetzen sie z. B. abgestorbene Pflanzen und tote Tiere. In anderen Fällen sorgen sie für die biologische Reinigung der Abwässer. Beim Menschen unterstützen sie z. B. die Verdauung und stimulieren das Immunsystem. Sie werden gezielt in der Pharmaindustrie eingesetzt (Produktion von Antibiotika), aber auch bei der Herstellung bestimmter Lebensmittel.

Erwünschte Mikroorganismen

Mikrobenart	Lebensmittel
Milchsäure- und Joghurtbakterien	Joghurt, Kefir, Sauermilcherzeugnisse, Käse, Rohwürste, saure Gurken, Mixed Pickles, Oliven, Sauerkraut, Sauerteig
Essigsäurebakterien	Essig aus Obst und aus Weintraubenrückständen, Kombucha
Blauschimmel	Edelpilzkäse, Roquefort
Weißschimmel	Camembert, Brie, Weichkäse
Grauschimmel (Edelfäule)	auf Weintrauben (Beerenauslese)
Hefen	Bier, Wein, Sekt, Sherry, Hefeteig

Positive Wirkung von Mikroorganismen

Wirkung schädlicher Mikroorganismen

Wahrnehmbare Veränderung	Ursache
Gärung von Fruchtsäften	Hefe
Schimmel auf Brot	Schimmelpilze
Aufgeblähte Dosen	Clostridien
Verfärbungen bei Fleisch	Fäulnisbakterien
Schmieriger Fisch	Fäulnisbakterien

4.1.7 Schädliche Mikroorganismen

Schädliche Mikroorganismen können

- Lebensmittel verderben,
- Krankheiten (Infektionen) verursachen und/oder
- zu Vergiftungen (Intoxikationen) fuhren.

Mikroorganismen, die Krankheiten und Vergiftungen verursachen, werden auch als **pathogen** bezeichnet.

Viele Mikroorganismen, die Lebensmittel verderben, verändern die Lebensmittel in Geruch, Farbe und Struktur und machen sie für den Menschen ungenießbar. So ist es möglich, die verdorbenen Lebensmittel auszusondern und zu vernichten. Wird z. B. das Eiweiß in den Lebensmitteln durch **fäulniserregende Mikroorganismen** abgebaut, beginnen die Lebensmittel übel zu riechen, schmierig und unansehnlich zu werden.

Schwieriger dagegen ist es, zu erkennen, ob Lebensmittel von **Schimmelpilzen** befallen sind. Der gut sichtbare Schimmelrasen bildet sich erst dann, wenn die Schimmelpilze sich schon stark vermehrt und Kolonien gebildet haben. Aber das Lebensmittel kann auch bereits von Schimmel befallen sein, wenn noch überhaupt nichts zu sehen ist. Die Pilzfäden des Myzels sind so fein, dass sie für das Auge unsichtbar sind. Zudem können sie das ganze Lebensmittel durchziehen. Verschimmelte Lebensmittel sind daher immer vollständig zu entsorgen.

Oft ist der Befall der Lebensmittel mit Mikroorganismen gar nicht ohne Weiteres zu erkennen. Der Verzehr solcher Lebensmittel führt dann in der Regel zu **Erkrankungen** (Infektionen) oder zu **Vergiftungen** (Intoxikationen).

Lebensmittelinfektionen

Bei **Lebensmittelinfektionen** dringen die Bakterien nach der Nahrungsaufnahme in die Schleimhautzellen des Darms ein und können sich dort vermehren. Es kommt dann im Darm zu Entzündungserscheinungen, meist begleitet von Übelkeit, Fieber und Durchfall. Manche Mikroorganismen können sich aber auch durch die Darmwand weiter ins Gewebe ausbreiten. Über die Lymph- oder Blutbahnen gelangen sie zu ihren Zielorganen und schädigen diese.

Mikroorganismen, die im Körper Infektionen auslösen, sind für den Menschen oft erst dann schädlich, wenn sie von ihm in großen Mengen aufgenommen werden. Bei kleinen Mengen reichen die Abwehrkräfte des Körpers normalerweise aus, diese unschädlich zu machen, ohne dass es zu Krankheitserscheinungen kommt. Bei Menschen mit einem geschwächten Immunsystem (kranke und alte Menschen), einem belasteten Immunsystem (schwangere Frauen) oder einem noch nicht richtig entwickelten Immunsystem (Embryonen, Babys und Kleinkinder) kann es allerdings schon bei der Aufnahme von nur gering kontaminierten Lebensmitteln zu Infektionen kommen.

Gärung

Kritisches Lebensmittel

(Beispiele für Mikroorganismen, die Lebensmittelinfektionen verursachen, siehe Tabelle auf Seite 52–53)

Lebensmittelintoxikationen (Lebensmittelvergiftungen)

Lebensmittelvergiftungen werden durch Mikroorganismen hervorgerufen, die Gifte bilden können. Diese Gifte entstehen oft schon in den Lebensmitteln und sind gegenüber äußeren Einwirkungen wie z. B. Hitze in der Regel viel unempfindlicher als die Mikroorganismen selbst. Daher können sie nach der Aufnahme in den menschlichen Körper weiter wirken und zu Vergiftungserscheinungen führen, selbst wenn die Mikroorganismen inzwischen abgetötet sind. Manchmal werden die Gifte aus den Mikroorganismen erst freigesetzt, wenn diese im Körper abgetötet werden.

Typische Vergiftungserscheinungen sind vor allem Durchfall und Erbrechen, verbunden mit Kreislaufproblemen. Manche Gifte wirken allerdings auf die Nervenzellen, z. B. das Botulismusgift der Clostridien. Andere Gifte reichern sich im Körper an und können langfristig Krebs verursachen, z. B. die Mykotoxine der Schimmelpilze.

Bei manchen pathogenen Mikroorganismen erfolgt keine Veränderung der Lebensmittel. Deshalb ist es fast unmöglich, zu erkennen, ob ein Lebensmittel von ihnen befallen ist oder nicht.

(Beispiele für Mikroorganismen, die Lebensmittelvergiftungen verursachen, siehe Tabelle auf Seite 52–53)

Lebensmittelverderb ohne die Einwirkung von Mikroorganismen

Lebensmittel können auch ohne die Einwirkung von Mikroorganismen verderben. Verantwortlich sind dann chemische oder enzymatische Reaktionen. Beispiele hierfür sind das **Ranzigwerden** von Fetten, das auch durch Enzyme und Sauerstoff erfolgen kann, oder der enzymatische Abbau von Eiweißstoffen. Beim Ranzigwerden von Fett werden die Fettsäuren vom Glycerin abgespalten. Die frei gewordenen Fettsäuren haben einen stechenden Geruch.

Ranzigwerden von Fett

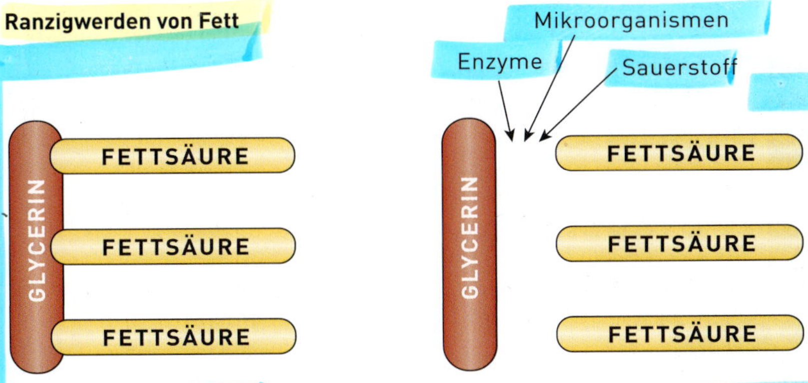

Kontamination
Kontamination ist die Verunreinigung oder der Befall von Personen, Lebensmitteln oder anderen Gegenständen mit chemischem, mikrobiologischem oder radioaktivem Material.

Kreuzkontamination
Von einer Kreuzkontamination wird gesprochen, wenn Mikroorganismen von einem Lebensmittel direkt auf andere, bislang nicht kontaminierte Lebensmittel übertragen werden.

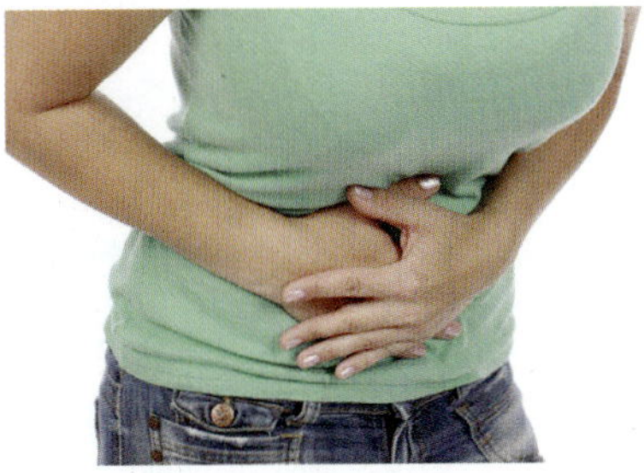

Bauchschmerzen können Anzeichen für eine Lebensmittelvergiftung sein Von den Lebensmittelvergiftungen und -infektionen sind Unverträglichkeiten, Intoleranzen und Allergien zu unterscheiden (siehe Kapitel 5.4)

Informationen über Infektionskrankheiten
Robert-Koch-Institut
www.rki.de

AUFGABEN

1 | Nennen Sie Beispiele aus Haushalt oder Industrie, wo die Tätigkeit der Mikroorganismen bewusst genutzt wird.

2 | Wie macht sich der Befall von Lebensmitteln mit Mikroorganismen bemerkbar? Nennen Sie fünf konkrete Beispiele.

3 | Erklären Sie den Unterschied zwischen einer Lebensmittelinfektion und Lebensmittelintoxikation.

Mikroorganismen, die Lebensmittelinfektionen auslösen

Mikroorganismus		Merkmale
Salmonellen (Salmonella enteritidis)	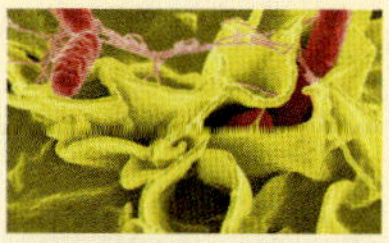	▪ können in der Umwelt über Wochen und Monate lebens- und infektionsfähig bleiben ▪ sterben bei etwa 70 °C ab (Kerntemperatur über mindestens 5 Minuten) ▪ Übertragung oft durch „Schmierinfektionen", aber auch von Mensch zu Mensch
Coliforme Bakterien (Escherichia coli)	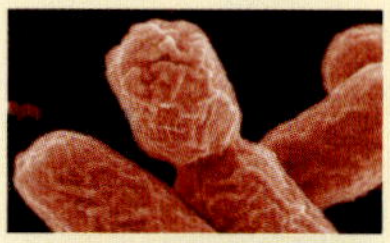	▪ natürliche Bewohner des menschlichen Darmtrakts ▪ ihr Vorkommen gilt als Indikator für Fäkalverunreinigung von Trinkwasser und Lebensmitteln
Enterohämorrhagische Escherichia coli (EHEC)	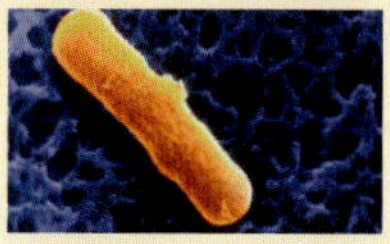	▪ EHEC-Stämme sind hochinfektiös, schon 10 bis 100 Erreger können eine Infektion auslösen ▪ Antibiotika sind unwirksam
Listerien (Listeria monocytogenes)	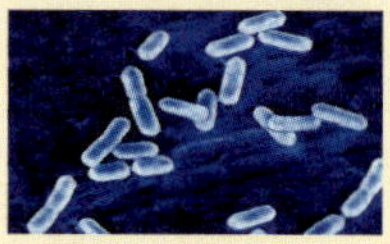	▪ fakultativ anaerob ▪ wachsen noch bei Kühlschranktemperaturen ▪ sind eigentlich Erdbewohner ▪ im Betrieb oft an Geräten und Maschinen in feuchten Bereichen, auch an Innenseiten von Rohrleitungen und Gullys ▪ Übertragung auch durch infizierte Haustiere

Mikroorganismen, die Lebensmittelvergiftungen auslösen

Mikroorganismus		Merkmale
Botulismus- bzw. Bodenbakterien (Clostridium botulinum)	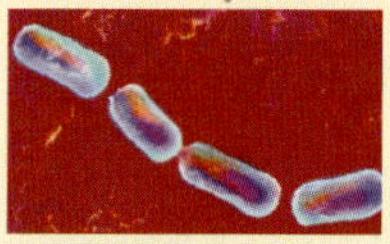	▪ Bodenbakterien: leben im Boden, in Flusssedimenten und auch im Kot ▪ Anaerobier ▪ bilden Sporen, die erst bei über 121 °C absterben ▪ bilden Gase („Bombagen") ▪ spielen in Deutschland nur eine kleine Rolle
Bacillus cereus	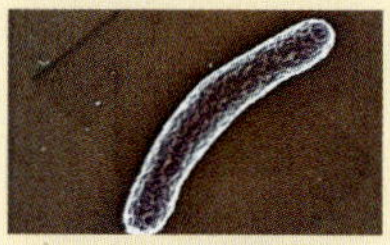	▪ Sporen haben eine hohe Hitzeresistenz ▪ bilden Toxine, die aber durch Temperaturen über 60 °C schnell inaktiviert werden
Clostridium perfringens	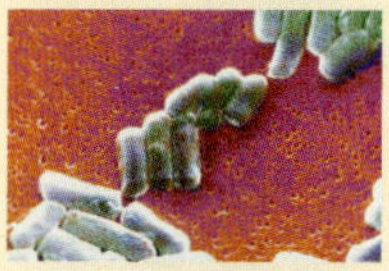	▪ Anaerobier ▪ sind eigentlich Erdbewohner ▪ bilden Sporen ▪ gelangen über fäkale Verunreinigungen in Tiere
Eitererreger (Staphylococcus aureus)	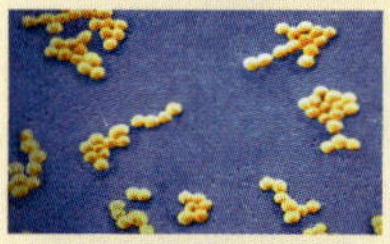	▪ kommen im Rachenraum, in eiternden Wunden, Abszessen und Pickeln vor und werden von dort auf Lebensmittel übertragen ▪ sterben bei 75 °C bis 80 °C ab ▪ produzieren ein Gift, das auch Temperaturen über 120 °C übersteht
Schimmelpilze		▪ die meisten Schimmelpilze erzeugen Gifte (Mykotoxine) ▪ sind anspruchslos

(Quelle: nach Krämer, 2007)

Wirkung	Befallene Lebensmittel
▪ Inkubationszeit: wenige Stunden bis zu 2 Tage ▪ Abgeschlagenheit, dann Übelkeit, Durchfall, Erbrechen, oft Fieber (Gastroenteritis) ▪ Krankheitsdauer: 1–8 Tage ▪ Problem: manche Menschen werden **Dauerausscheider**	▪ tierische Lebensmittel wie Geflügel, Wild und Hackfleisch, Eier oder Muscheln und Austern aus küstennahen, evtl. fäkalienbelasteten Gewässern ▪ Speisen, die mit nicht durcherhitzten Eiern hergestellt sind, wie z. B. Mousse oder Mayonnaise ▪ (importierte) Gewürze
▪ Inkubationszeit: 12–72 Stunden ▪ Brechdurchfall, Bauchkrämpfe und Erbrechen ▪ Krankheitsdauer: 3–5 Tage ▪ Inkubationszeit: 3–10 Tage ▪ können Darmschranke durchbrechen, Harnwegsinfektionen, Nierenschäden und Nierenversagen, Bauchfellentzündungen, Entzündungen der Galle, Gehirnhautentzündungen, Tod ▪ Krankheitsdauer: ein paar Tage bis einige Wochen	▪ rohe oder nicht durchgegarte Produkte von Rind, Schaf und Ziege wie z. B. Hamburger, Rinderhack, Roastbeef, Rohwürste; aber auch Rohmilch und daraus hergestellter Käse ▪ Obst und Gemüse, das mit EHEC belasteten Ausscheidungen oder Abwässern gedüngt worden ist ▪ bedeutende Rolle spielen Schmierinfektionen
▪ Inkubationszeit: 2–8 Wochen ▪ zunächst Gastroenteritis, Symptome ähnlich einer Angina ▪ Befall anderer Organe möglich (z. B. Vereiterungen und Abzesse in Gehirn, Leber oder Milz) ▪ etwa 30 % der Erkrankungen enden tödlich (Hirnhautentzündung), v. a. bei Embryonen, Babys und Kleinkindern ▪ Krankheitsdauer: mehrere Wochen bis Monate	▪ rohes Fleisch und Geflügel, Fischprodukte, aber auch Gemüse, das mit tierischen Abwässern gedüngt wurde ▪ Rohmilch und daraus hergestellte Produkte; wie z. B. Rohmilchkäse ▪ Weichkäse mit und ohne Rotschmiere ▪ vakuumverpackter Räucherlachs oder Räucherforellen

Wirkung	Befallene Lebensmittel
▪ Inkubationszeit: 2 Stunden – 6 Tage ▪ produzieren stark wirkendes Nervengift; dies führt zu Lähmungen (erst der Augenmuskeln, später von Zunge und Schlund, schließlich der Atemmuskulatur und so zum Tod) ▪ Krankheitsdauer bis zu 8 Monate	▪ Lebensmittel unter Luftabschluss, z. B. vakuumverpackte Fleisch-, Wurst- und Fischprodukte ▪ Gemüsekonserven ▪ ungenügend gesalzene oder gepökelte Räucherwaren
▪ Inkubationszeit: 8–12 Stunden ▪ Übelkeit, Erbrechen, kein Fieber ▪ Krankheitsdauer: bis zu 2 Tage	▪ Getreide und Getreideerzeugnisse ▪ kohlenhydrathaltige (!) Lebensmittel ▪ Gewürze, Pudding
▪ Inkubationszeit 8 – 24 Stunden ▪ Durchfall, bisweilen Erbrechen ▪ Krankheitsdauer: bis zu 2 Tage	▪ im Inneren von zubereiteten Fleisch- und Geflügelgerichten, die nicht richtig durcherhitzt sind oder zu langsam abgekühlt sind ▪ in großen, mit warmen Suppen oder Saucen gefüllten Behältern
▪ Inkubationszeit: 1–7 Stunden ▪ plötzliche Übelkeit, dann Durchfall und Erbrechen, kein Fieber ▪ eventuell Kreislaufprobleme, Krämpfe und Schwindel ▪ Krankheitsdauer: 1–3 Tage	▪ vor allem eiweißreiche und kohlenhydratreiche Lebensmittel mit hohem Wassergehalt: Rohmilch, Cremes, Puddinge, Fisch, Krabben, Fleisch- und Wurstwaren wie gekochter Schinken, Fleischsalat und Frikassee
▪ akute Vergiftung bei hoher Giftdosis ▪ **chronische Wirkung** (meist auf Leber) kann Krebs auslösen	▪ Backwaren ▪ ungeräucherte Wurstwaren ▪ Obst und Obsterzeugnisse ▪ Käse, Nüsse und Gewürze

Ausbrüche von Krankheiten, die durch Mikroorganismen und Viren verursacht werden

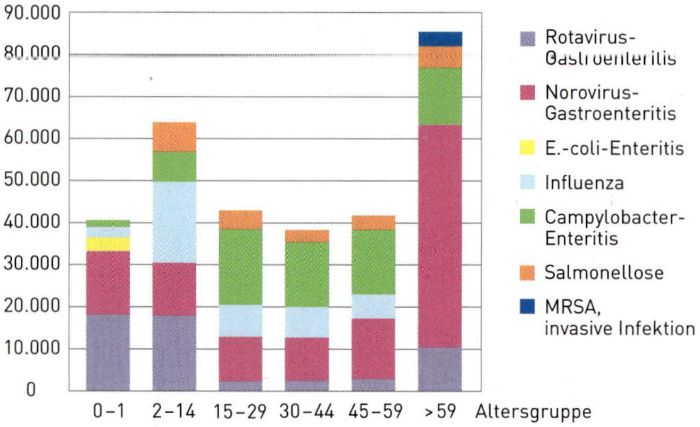

(Quelle: Robert-Koch-Institut: Infektionsepidemiologisches Jahrbuch für 2014)

4.2 Viren

Viren gehören trotz ihrer geringen Größe nicht zu den Mikroorganismen, da sie sich nur in lebenden Zellen vermehren können. Eine Vermehrung in Lebensmitteln ist daher ausgeschlossen.

Meistens gelangen die Viren durch verschmutztes Wasser, Verunreinigungen durch Ausscheidungen oder durch Hygienemängel auf die Lebensmittel.

Viele Viren bleiben selbst bei Tiefkühltemperaturen lange infektiös, überstehen Temperaturen von 100 °C und sind gegenüber den Verdauungssäften weitestgehend unempfindlich. Zudem wirken sie im Gegensatz zu den Mikroorganismen oft schon in sehr kleinen Mengen.

Durch Lebensmittel auf Menschen übertragbare Viren

Virus		Besonderheiten	Krankheitszeichen/Wirkung
Hepatitis-A-Virus	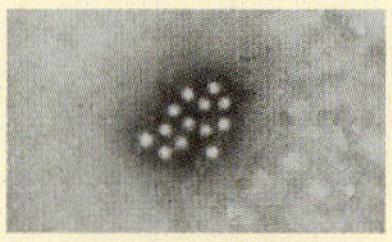	▪ sehr resistent bis pH-Wert 3 und gegenüber Desinfektionsmitteln ▪ sichere Inaktivierung erst durch längeres Kochen	Gelbsucht (zunächst Bauchschmerzen, Gelenk- und Gliederschmerzen, grippeähnliche Symptome)
Norovirus	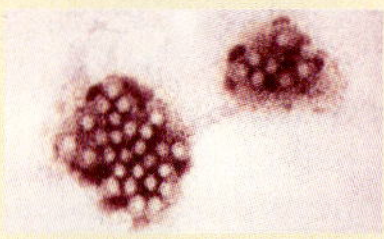	▪ kann auch durch Tröpfcheninfektion übertragen werden	Gastroenteritis (Übelkeit, Bauchkrämpfe, Erbrechen, Durchfall)
Rotavirus	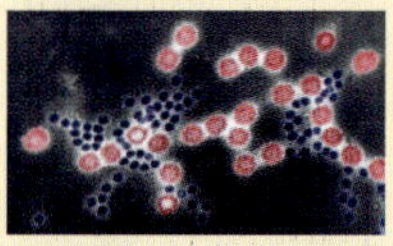	▪ vor allem Kleinkinder unter einem Jahr sind anfällig	Gastroenteritis (Übelkeit, Bauchkrämpfe, Erbrechen, Durchfall)

(Quelle: nach Krämer, 2007)

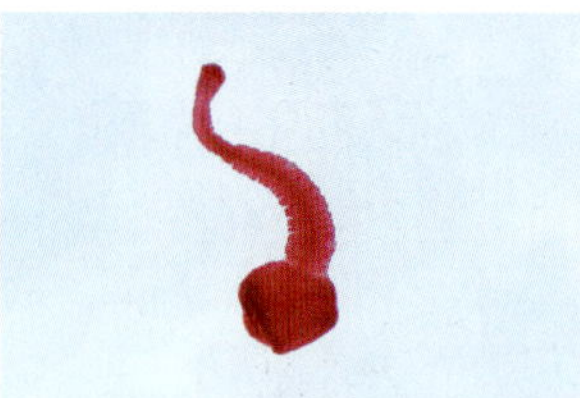

Bandwurm

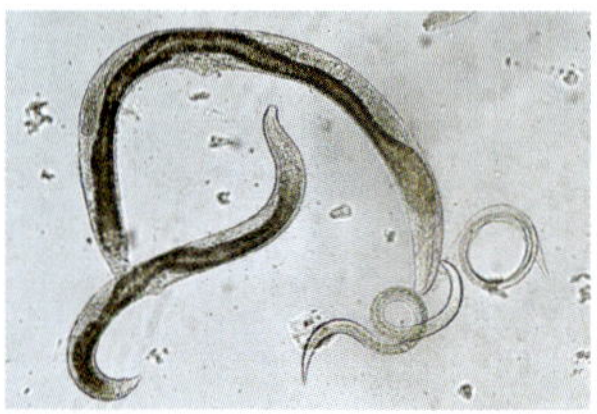

Nematoden

4.3 Parasiten

Auch Parasiten können auf den Menschen übertragen werden, vor allem durch den Verzehr von rohem oder nicht durchgegartem Fleisch und Fisch oder von Obst, Gemüse und Trinkwasser, das durch Abwässer belastet ist. Zu den Parasiten, die in Lebensmitteln vorkommen können, gehören u. a. die **Finnen** von Rinder- oder Schweinebandwürmern (z. B. in Tatar, Hack, Mett), **Trichinen** (z. B. in Fleisch von Schweinen oder Wildschweinen), **Nematoden** (z. B. im Matjes oder in kalt geräucherten Fischen), **Spulwürmer** (z. B. in Obst und Gemüse) und die **Toxoplasmen** (z. B. in Schweine- oder Schaffleisch). Parasiten verursachen neben akuten Erscheinungen wie Übelkeit, Bauchschmerzen, Erbrechen und Durchfall oft lang anhaltende Spätfolgen. Sie können nämlich durch die Darmwand wandern und die inneren Organe, Gelenke und Muskeln oder das Gehirn befallen.

4.4 Schädlinge

Im Gegensatz zu den Mikroorganismen, Viren und Parasiten sind Schädlinge aufgrund ihrer Größe mit bloßem Auge zu erkennen. Zu den typischen Lebensmittelschädlingen gehören **Nagetiere** wie Ratten und Mäuse und einige **Insekten** wie Schaben (z. B. Küchenschaben), Ameisen (z. B. Pharaoameisen), Motten (z. B. Mehlmotten, Dörrobstmotten), Fliegen (z. B. Stubenfliegen, Schmeißfliegen, Frucht- und Taufliegen) und Käfer (z. B. Speckkäfer, Mehlkäfer).

Nagetiere (Maus und Ratte)

Nagetiere stellen ein großes hygienisches Risiko dar. Sie können durch ihre Ausscheidungen (Kot, Urin), aber auch durch den Kontakt mit Fell und Pfoten Lebensmittel verunreinigen und Bakterien, Pilze, Viren und Parasiten auf die Lebensmittel übertragen. Mit ihren Zähnen können sie Verpackungsmaterialien zernagen und an Lebensmitteln große Fraßschäden anrichten oder an Geräten technische Defekte verursachen.

Auch die Insekten sind Überträger von Mikroorganismen und Parasiten. Die Mikroorganismen befinden sich einerseits auf der Körperoberfläche und andererseits im Verdauungstrakt, wo sie ausgeschieden werden. Kot und Urin von Insekten sind ein idealer Nährboden für Mikroorganismen. Zudem legen viele Insekten ihre Eier in oder auf Lebensmitteln ab. Aus den Eiern entwickeln sich Larven bzw. Maden, die große Fraßschäden herbeiführen können. Befallene Lebensmittel sind ekelerregend und müssen vernichtet werden. Manche Insekten verursachen auch direkte Gesundheitsschäden wie Hauterkrankungen oder Allergien.

AUFGABEN

1 Warum sind Viren und Parasiten für den Menschen gefährlich?

2 In einer Köderfalle in Ihrem Betrieb wurden Küchenschaben gefunden.
a) Welche Maßnahmen ergreifen Sie?
b) Erläutern Sie, warum eine gezielte Schädlingsbekämpfung in der Gastronomie so wichtig ist.
c) Erstellen Sie eine Übersicht mit vorbeugenden Maßnahmen gegen Schädlingsbefall.

3 Auf dem mit frischen Eiern hergestellten Pudding wurden um 9.00 Uhr bei einer Keimzahlbestimmung 500 Keime pro cm^3 festgestellt. Wie hoch wäre die Anzahl der Keime um 12.00 Uhr, wenn sich aufgrund von schlechter Hygiene die Anzahl alle 20 Minuten verdoppeln würde?

4 Erläutern Sie, was Salmonellen sind.
a) In welchen Lebensmitteln kommen sie vor allem vor?
b) Was bewirken sie?
c) Wie kann man sich schützen?
d) Welche Teile der Bevölkerung sind besonders gefährdet?

Insekten

Ameise

Fliege

Mehlkäfer und Mehlwurm

Mehlmotte

Schabe (Kakerlake)

In manchen Bundesländern gibt es im Gastgewerbe Hygieneampeln oder Hygienebarometer

4.5 Lebensmittel-, Personal-, Arbeitsplatz- und Produkthygiene

4.5.1 Definition Hygiene

Oft wird Hygiene einfach nur mit Sauberkeit gleichgesetzt. Doch Hygiene bedeutet weit mehr. Bei Hygiene geht es vor allem um die **Verhütung von Krankheiten** und somit um die **Erhaltung** und **Förderung der Gesundheit**.

In der Gastronomie hat Hygiene immer zwei Zielrichtungen:

- Schutz der Gäste
- Schutz der Mitarbeiter

Wirksame Hygiene ist in der Gastronomie unumgänglich. Gesetze und Verordnungen müssen eingehalten werden. Hygienische Beanstandungen können Bußgelder, ja sogar Betriebsschließungen nach sich ziehen. Es droht ein Image- und Vertrauensverlust. Die Gäste bleiben aus und es kommt zu Umsatzeinbußen bis hin zum wirtschaftlichen Zusammenbruch. Zudem haftet der Gastronom persönlich für die Schäden, die er zu verantworten hat.

Erkrankte Mitarbeiter kosten ebenfalls Geld und die Arbeitsausfälle müssen aufgefangen werden. Außerdem haben auch Mitarbeiter gegebenenfalls das Recht auf Schadensersatzansprüche gegenüber ihrem Arbeitgeber. Eine gute Hygienepraxis ist daher in allen Gastronomiebetrieben oberstes Gebot.

Zufriedene Gäste kommen wieder,
zufriedene Mitarbeiter arbeiten gerne!

4.5.2 Lebensmittelhygiene

Lebensmittel können verunreinigt werden oder verderben. Der Verzehr solcher Lebensmittel kann zu schweren Erkrankungen führen.

Beispiele für Gefahrenarten der Lebensmittelverunreinigung und des Lebensmittelverderbs

Biologische Gefahren	Chemische Gefahren	Physikalische Gefahren
■ Übertragung von Mikroorganismen auf Lebensmittel durch unsauberes Arbeiten ■ Vermehrung von Mikroorganismen in Lebensmitteln durch unsachgemäßen Umgang mit den Lebensmitteln ■ Entstehung von giftigen Substanzen durch Mikroorganismen ■ Befall der Lebensmittel mit Parasiten, Viren oder Insekten ■ enzymatischer Abbau von Nahrungsinhaltsstoffen durch zu langes oder falsches Lagern (z. B. Fettverderb) ■ Bildung von Giftstoffen durch falsche Verwendung von Rohstoffen (z. B. Acrylamidbildung beim zu hohen Erhitzen von Frittierfetten)	■ Rückstände von Pflanzenschutzmitteln und Düngemitteln in Lebensmitteln ■ Rückstände von Schädlingsbekämpfungsmitteln in Lebensmitteln (z. B. durch falsche Handhabung von Insektengiften) ■ Reste von Reinigungs- und Desinfektionsmitteln in/auf Lebensmitteln ■ nicht lebensmittelechtes Geschirr	■ Fremdkörper in Lebensmitteln (z. B. Schmuck von Mitarbeitern, Werkzeugteile, Glasscherben und Keramiksplitter, Metallteile von Konserven, Holzsplitter, Knochensplitter) ■ Verunreinigung durch Tierexkremente ■ Verunreinigung durch Haare/Haarreste ■ Verunreinigung durch Schmutz, Dreck ■ mechanische Beschädigungen

Unter Lebensmittelhygiene werden daher alle Maßnahmen verstanden, die sicherstellen, dass ein Lebensmittel gesundheitlich unbedenklich und für den menschlichen Verzehr geeignet ist.

Die Teilbereiche der Lebensmittelhygiene sind:
- Personalhygiene
- Arbeitsplatzhygiene
- Produkthygiene

Leitlinie für eine gute Hygienepraxis
Die Leitlinie definiert für die Gastronomie rechtsverbindlich einen Standard in Hygienefragen. Sie bietet praxisnahe Hilfestellungen zur betrieblichen Umsetzung der lebensmittelhygienischen Vorschriften nach dem EU-Recht. Bei Unstimmigkeiten kann sie als Nachweis gegenüber der Lebensmittelüberwachung herangezogen werden.

www.dehoga-bundesverband.de

4.5.3 Personalhygiene

Nur durch hygienisch einwandfreies Verhalten jedes Mitarbeiters kann der Schutz der Lebensmittel vor Verunreinigungen gewährleistet und die Gefahr der Übertragung von Krankheiten vermindert werden.

Zur Personalhygiene gehören folgenden Bereiche:
- Arbeitskleidung
- Körperhygiene, Körperpflege, insbesondere Handhygiene
- Verhalten am Arbeitsplatz und im Umgang mit Lebensmitteln
- Verhalten bei Erkrankungen oder Verletzungen

Keimzahlen beim Menschen

Körperteil	Keimzahl
Kopfhaut	1 500 000 Keime/cm²
Achselhöhle	2 400 000 Keime/cm²
Unterarm	110 Keime/cm²
Stirn	200 000 Keime/cm²
Nasensekret	1 1000 000–100 000 000 Keime/g
Speichel	1 0000 000–10 000 000 000 Keime/g
Ohrenschmalz	bis zu 100 000 000 Keime/g

(Quelle: nach Bertling, 2011)

Körperhygiene, Körperpflege
Personen, die in der Gastronomie arbeiten, müssen ein hohes Maß an persönlicher Sauberkeit mitbringen. Hierzu gehört vor allem eine regelmäßige, tadellose Körperpflege, d. h. tägliches Duschen und Waschen sowie eine gute Zahn- und Mundhygiene. Ein gepflegtes äußeres Erscheinungsbild sollte selbstverständlich sein.

Vor Arbeitsbeginn sind Ringe, Ketten, Armbanduhren und Schmuck abzulegen, da sie ein Schlupfwinkel für Mikroorganismen sind und die Gefahr besteht, dass sie unbemerkt in Lebensmittel gelangen.

Lange Haare vor Arbeitsantritt zum Zopf zusammenbinden und eventuell hochstecken

Lange Haare sind zusammenzubinden und hochzustecken. Schuppen und Haare in Lebensmitteln sind unhygienisch und ekelerregend.

Hygienische Arbeitsbekleidung

Arbeitskleidung

Personen, die in einem Bereich arbeiten, in dem mit Lebensmitteln umgegangen wird, müssen eine geeignete und saubere Arbeitskleidung tragen. Meistens wird diese vom Unternehmen vorgeschrieben. Idealerweise soll sie hell, leicht waschbar und schwer brennbar sein. Sie muss ferner so beschaffen sein, dass sie die persönliche Kleidung bedeckt. Im Küchenbereich sollte eine Kopfbedeckung getragen werden, im Servicebereich sollte das Haar gegebenenfalls zusammengebunden sein.

Die Arbeitskleidung ist täglich – bei Bedarf, z. B. bei Verschmutzung, auch mehrmals täglich – zu wechseln. Sie ist getrennt von der Privatkleidung aufzubewahren (siehe auch Kap. 4.5.4).
Bei besonderen Gefahren sind Schutzausrüstungen zu tragen (siehe Kap. 2.1.1)

Arbeitsschuhe müssen geschlossen und rutschfest sein sowie einen sicheren Halt bieten. Gegebenenfalls muss Schutzkleidung vorhanden sein. Der Einsatz von Einmalhandschuhen ist gesetzlich nicht vorgeschrieben, oft aber sinnvoll. Werden Einwegprodukte wie Mundschutz, Bartbinde oder Handschuhe getragen, müssen sie nach Pausen, Toilettengängen oder nach einem Wechsel des Arbeitsplatzes ausgetauscht werden.

> Arbeitsräume nicht in Straßenkleidung oder mit Straßenschuhen betreten! Arbeitskleidung nicht außerhalb des Betriebs tragen.

Handhygiene

Auf die Wichtigkeit einer gründlichen Handhygiene kann nicht oft genug hingewiesen werden. Ständig gelangen Mikroorganismen beim Anfassen aller möglichen Dinge auf die Hände. Die Furchen und Poren der Hände sowie die Fingernägel bieten ihnen viele Unterschlupfmöglichkeiten, wo sie sich schnell vermehren können. Daher ist eine gründliche **Reinigung** und **Desinfektion** der Hände vor Arbeitsbeginn und nach jeder Pause unbedingt erforderlich. Das gilt aber auch

- nach einem Toilettenbesuch,
- nach der Beendigung von Reinigungsarbeiten,
- nach dem Arbeiten mit rohem Fleisch, Geflügel, Ei und Fisch oder
- nach dem Anfassen verschmutzter Gegenstände (z. B. Taschentücher, Abfall oder auch Geld).

Die Fingernägel sollen immer sauber und kurz geschnitten sein. Gerade unter den Fingernägeln kann sich sehr viel Schmutz ansammeln, sodass sich Keime gut vermehren können. Fingernägel müssen nagellackfrei sein. Künstliche Fingernägel dürfen nicht verwendet werden.

Bei der Handhygiene ist darauf zu achten, dass Reinigungs- und Desinfektionsmittel nach der Gebrauchsanweisung des Herstellers angewendet werden und dass sie ausreichend lange einwirken können. Das Abtrocknen sollte mit Einmalhandtüchern geschehen.

Kleine Schnittwunden oder Verletzungen an den Händen sind so zu versorgen, dass sie völlig und wasserdicht abgedeckt sind. Gegebenenfalls ist ein Fingerling oder Handschuh zu tragen.

Verhalten am Arbeitsplatz und im Umgang mit Lebensmitteln

Beim Umgang mit Lebensmitteln am Arbeitsplatz müssen folgende Verhaltensregeln beachtet werden:

- Nie auf Lebensmittel husten oder niesen.
- Das Kratzen am Körper, insbesondere der Kopfhaut oder Nase, vermeiden, ebenso die Reinigung der Ohren mit den Fingern.
- In den Produktionsräumen nicht rauchen, nicht essen und nicht trinken. Keinesfalls Glasgefäße mit in die Produktionsräume nehmen.
- Lebensmittel nur anfassen, wenn unbedingt nötig; dann immer mit gereinigten Händen.
- Speisen nicht mithilfe der Finger probieren, sondern fachgerecht mit Löffel, Gabel oder Probierteller. Diese nach dem Verkosten der Speisen säubern.
- Den Arbeitsplatz sauber halten; die Arbeitsgeräte gründlich und angemessen häufig reinigen; Schmutz und Müll direkt entfernen.
- Kugelschreiber, Heftklammern, Kaugummi, aber auch Medikamente gehören nicht in die Taschen der Arbeitskleidung. Es besteht die Gefahr, dass sie als Fremdkörper in die Lebensmittel gelangen.
- Auf den Boden gefallene Produkte stets entsorgen.

Speisen mit dem Löffel probieren

Den Arbeitsplatz regelmäßig reinigen

Verhalten bei Erkrankungen oder Verletzungen

Kranke Mitarbeiter können entweder Kollegen und Gäste auf direktem Weg anstecken oder die Lebensmittel kontaminieren und so wiederum die Gäste und Kollegen gefährden. Nach § 42 des **Gesetzes zur Verhütung und Bekämpfung von Infektionskrankheiten beim Menschen (Infektionsschutzgesetz – IfSG)** gilt ein Tätigkeits- und Beschäftigungsverbot für Personen,

- die in Küchen von Restaurants und Kantinen arbeiten,
- die in Einrichtungen zur Gemeinschaftsverpflegung beschäftigt sind,
- die beim Herstellen, Behandeln oder Inverkehrbringen von kritischen Lebensmitteln mit diesen in Berührung kommen,
- die mit Bedarfsgegenständen (z. B. Besteck, Geschirr oder anderen Arbeitsmaterialien) so in Berührung kommen, dass eine Übertragung von Krankheitserregern auf Lebensmittel möglich ist,

wenn

- sie an bestimmten übertragbaren Krankheiten leiden (siehe rechts),
- bei ihnen der Verdacht besteht, dass sie an bestimmten übertragbaren Krankheiten leiden,
- sie bestimmte Mikroorganismen ausscheiden,
- sie infizierte Wunden oder Hautkrankheiten haben und die Möglichkeit besteht, dass die Krankheitserreger auf die Lebensmittel übertragen werden können.

Sollten sich daher bei Mitarbeitern im Lebensmittelbereich Krankheitssymptome wie Durchfall, Erbrechen und Fieber zeigen, ist umgehend der Arbeitgeber zu verständigen. Gegebenenfalls ist ein Arzt aufzusuchen.

Achtung bei Erkrankungen im Magen-Darm-Bereich!

Infektionsschutzgesetz (IfsG)
www.gesetze-im-internet.de/bundesrecht/ifsg/gesamt.pdf

Krankheiten mit Tätigkeits- und Beschäftigungsverbot

- Typhus abdominalis
- Paratyphus
- Cholera
- Shigellenruhr
- Salmonellose
- infektiöse Gastroenteritis
- Virushepatitis A
- Virushepatitis E
- Ausscheider von Shigellen
- Ausscheider von Salmonellen
- Ausscheider von enterohämorrhagischen Escherichia coli
- Ausscheider von Choleravibrionen
- Warzen an den Händen
- Herpes an der Lippe
- Infizierte Wunden oder Hautkrankheiten, bei denen die Möglichkeit besteht, dass deren Krankheitserreger über die Lebensmittel auf Menschen übertragen werden können

Kritische Lebensmittel gemäß Infektionsschutzgesetz

- Fleisch, Geflügelfleisch und Erzeugnisse daraus
- Milch und Erzeugnisse auf Milchbasis
- Fische, Krebse oder Weichtiere und Erzeugnisse daraus
- Eiprodukte
- Säuglings- und Kleinkindernahrung
- Speiseeis und Speiseeishalberzeugnisse
- Backwaren mit nicht durchgebackener oder durcherhitzter Füllung oder Auflage
- Feinkost-, Rohkost- und Kartoffelsalate, Marinaden, Mayonnaisen, andere emulgierte Saucen, Nahrungshefen
- Sprossen und Keimlinge zum Rohverzehr sowie Samen zur Herstellung von Sprossen und Keimlingen zum Rohverzehr

Gebräuchliche Begriffe

Oft werden statt Arbeitsplatzhygiene auch die Begriffe Betriebshygiene oder Betriebsstättenhygiene verwendet.

Handwaschbecken mit Seife, Desinfektionsmittel und Einmalhandtüchern

Belehrung

Gemäß § 43 des **Infektionsschutzgesetzes** benötigen Mitarbeiter, die in Küchen von Restaurants, Kantinen oder in Einrichtungen der Gemeinschaftsverpflegung arbeiten, vor der erstmaligen Ausübung ihrer Tätigkeit eine Bescheinigung des Gesundheitsamts. Sie darf nicht älter als drei Monate sein. Nach dieser Belehrung müssen sie erklären, dass ihnen keine Tatsachen bekannt sind, die ein Tätigkeitsverbot erzwingen. Nach der Aufnahme der Tätigkeit müssen die Mitarbeiter alle **zwei Jahre** neu belehrt werden. Eine Folgebelehrung durch den Arbeitgeber findet außerdem bei Neuantritt einer Arbeit statt. Diese Belehrung, die vom Arbeitgeber durchgeführt werden kann, ist zu dokumentieren. Die Bescheinigung des Gesundheitsamts und die Dokumentationen der Belehrungen sind vom Arbeitgeber aufzubewahren.

AUFGABEN

1 | Erläutern Sie fünf konkrete Maßnahmen zur Personalhygiene

2 | Bevor Sie mit Ihrer Ausbildung begonnen haben, sind Sie belehrt worden. Was beinhaltete diese Belehrung und wer führte sie durch?

3 | In der Nacht hatten Sie Bauchschmerzen, Ihnen war übel und Sie hatten Durchfall. Um 8.00 Uhr müssten Sie arbeiten. Wie verhalten Sie sich richtiger Weise? Beschreiben Sie Ihr Vorgehen.

4.5.4 Arbeitsplatzhygiene

Die Arbeitsplatzhygiene umfasst die Hygiene unterschiedlichster Bereiche.

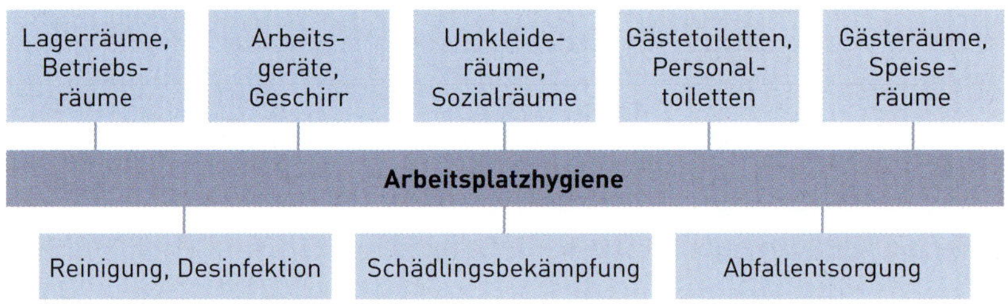

Allgemeine Anforderungen

Prinzipiell gilt, dass Arbeitsplätze so gestaltet sein müssen, dass eine gute Lebensmittelhygiene möglich ist:

- Sie müssen leicht zu reinigen und zu desinfizieren sein.
- Sie müssen angemessen beleuchtet sein; von Leuchtkörpern herabfallende Fremdstoffe (z. B. Splitter) dürfen nicht in die Lebensmittel gelangen.
- Sie müssen genügend belüftet sein; die Lüftungssysteme müssen leicht zu reinigen sein; Lebensmittel dürfen durch die Abluft nicht nachteilig beeinflusst werden.
- Sie müssen an geeigneten Stellen mit genügend Handwaschbecken, die eine Warm- und Kaltwasserzufuhr haben, ausgestattet sein. Neben den Handwaschbecken müssen Mittel zum Reinigen, Desinfizieren und hygienischem Trocknen der Hände vorhanden sein.
- Es dürfen keine Schädlinge eindringen können.

Spezielle Hygieneanforderungen

Lagerräume und Betriebsräume 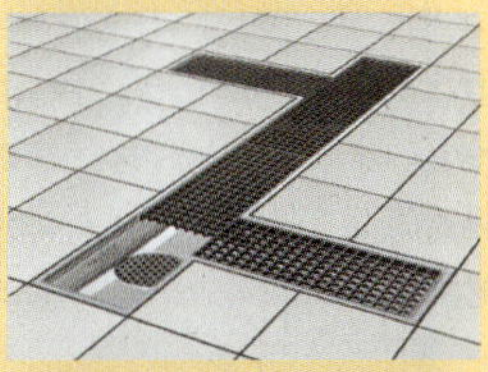 	▪ Fußböden in einem einwandfreien Zustand, fugendicht, wasserundurchlässig, fettbeständig, rutschhemmend und leicht zu reinigen bzw. zu desinfizieren ▪ Ablauföffnungen für Flüssigkeiten gegen das Eindringen von Schädlingen geschützt und ebenfalls leicht zu reinigen; das Wasser muss ohne Rückstau und Geruchsbildung abfließen können ▪ Wandflächen in einem einwandfreien Zustand und leicht zu reinigen; bis zu einer bestimmten Höhe glatt, wasserundurchlässig und abwaschbar; möglichst in einer hellen Farbe, um das Erkennen von Verschmutzungen zu erleichtern ▪ Decken aus einem Material, das nicht abblättern kann und Schmutzansammlungen und Schimmelbildung verhindert ▪ Fenster und Türen sauber und gut instand zu halten; können sie zum Lüften ins Freie geöffnet werden, müssen sie mit Insektengittern ausgestattet sein	▪ Fensterbretter müssen sauber sein und dürfen nicht als Abstellflächen benutzt werden ▪ Türen mit einer für den Gebrauch nötigen Stabilität; selbsttätig und dicht schließend ▪ Arbeitsflächen sollen glatt, korrosionsbeständig, leicht zu reinigen bzw. zu desinfizieren sein; genügend Arbeitsflächen für ein hygienisch einwandfreies Arbeiten ▪ getrennte Spülbecken (zum Waschen von Lebensmitteln und zum Reinigen von Geräten) und Handwaschbecken ▪ Fett- und Stärkeabscheider sowie Dunstabzugshauben regelmäßig prüfen, reinigen und gegebenenfalls auswechseln ▪ keine Topfpflanzen, Schnittblumen, Zierpflanzen und Haustiere in Lager- und Arbeitsräumen
Lagerräume 	▪ sollen entsprechend der zu lagernden Gegenstände und Lebensmittel und der Temperaturvorgaben ausgestattet sein ▪ bei Kühl- und insbesondere bei Tiefkühlräumen Materialien, die die kältetechnischen Eigenschaften besitzen, verwenden	▪ an Kühl- und Tiefkühlräumen gut sichtbare Temperaturanzeigen; akustische Warneinrichtungen beim Unterschreiten der vorgegebenen Temperatur ▪ es soll genügend Platz für die Lagerung der Produkte vorhanden sein
Arbeitsgeräte, Geschirr 	▪ sollen aus einem geeigneten Material (z. B. Edelstahl, Kunststoff, Glas, Porzellan) sein, von dem keine negative Beeinflussung der Lebensmittel ausgeht ▪ sollen leicht zu reinigen und evtl. zu desinfizieren sein; gegebenenfalls korrosionsfest sowie hitzebeständig und sterilisierbar	▪ Entsorgung hygienisch nicht mehr einwandfreier oder beschädigter Arbeitswerkzeuge ▪ Schneidebretter sollen aus einem harten Kunststoff sein; regelmäßig reinigen und abschleifen
Umkleide-, Sozialräume 	▪ getrennte Räumlichkeiten für Männer und Frauen ▪ außerhalb des eigentlichen Arbeitsbereichs gelegen ▪ keinen direkten Zugang zu Räumen, in denen Lebensmittel gelagert, verarbeitet oder in den Verkehr gebracht werden ▪ genügend Sitzgelegenheiten und Tische, damit vermieden wird, dass das Personal sich auch während der Pausenzeiten in den Arbeitsräumen aufhält und dort isst oder trinkt	▪ Garderobenschränke/Spinde so beschaffen, dass Arbeitskleidung getrennt von der Straßenkleidung aufbewahrt werden kann ▪ Wasch- und Umkleideräume räumlich getrennt voneinander, aber direkt nebeneinander ▪ Personalräume dürfen ausschließlich vom Personal genutzt werden
Gäste-, Personaltoiletten 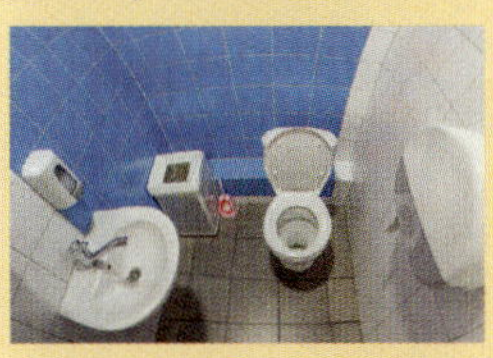	▪ Toiletten und Waschgelegenheiten in angemessener Anzahl ▪ gut belüftet, beleuchtet und beheizbar ▪ mit Handwaschbecken, Vorrichtungen für Reinigungs- und Desinfektionsmittel sowie hygienisches Trocknen der Hände ausgestattet	
Gästeräume, Speiseräume 	▪ ausreichend belüftbar und leicht zu reinigen ▪ Gästebereich vom Arbeitsbereich getrennt ▪ kein direkter Zugang zu den Lager- und Personalräumen ▪ im Selbstbedienungsbereich oder im Free-Flow-System Lebensmittel vor Kontamination durch die Gäste geschützt (z. B. Spuckschutz)	▪ Tische regelmäßig abräumen und reinigen; saubere Tischwäsche auflegen; Stühle reinigen ▪ im Selbstbedienungsbereich Tablettstationen und Besteckkästen sauber halten

Ablauf der Reinigung

Mechanische Reinigung
↓
Reinigung mit Wasser und evtl. Reinigungsmittel
↓
Nachspülen mit Wasser
↓
Trocknen

Reinigungsutensilien

… e, die aufeinander ab-

… l aufgeräumt, grober … scht oder zusammen- … beitsfläche, den Gerä- … bgekratzt, abgeschabt

… l: Als Wasser darf nur … n, Geräte und Werk- … scht oder mit heißem … falls geeignete Reini- … ben. Durch die Reini- … gelöst. Dies geschieht … Die Reinigungsuten- silien müssen sauber sein. Reinigungstücher sind regelmäßig, mindestens einmal täglich zu wechseln. Wenn möglich, sollten Einwegtücher eingesetzt werden.

- **Nachspülen mit Wasser:** Nach jeder Reinigung mit Reinigungsmitteln muss mit klarem, heißem Wasser nachgewischt bzw. -gespült werden, bis keine Rückstände des Reinigungsmittels mehr vorhanden sind.

- **Trocknen:** Unmittelbar nach dem Reinigen werden die Flächen, Geräte und Werkzeuge getrocknet, damit sich die Mikroorganismen im Flüssigkeitsfilm oder an feuchten Stellen nicht vermehren können. Die Trocknung kann z. B. mithilfe eines sauberen Tuchs, Einweghandtüchern, eines Warmluftgebläses oder an der Luft erfolgen.

- Eventuell schließt sich nun eine **Desinfektion** an. Hierdurch sollen die verbliebenen Mikroorgansimen abgetötet werden. Die Desinfektion geschieht mithilfe geeigneter Desinfektionsmittel (siehe Kapitel 13.2.3). Ihre Wirkung ist abhängig von der Konzentration, der Temperatur und der Einwirkungszeit. Anschließend wird noch einmal mit klarem Wasser nachgespült. Zuletzt werden die Flächen, Geräte und Werkzeuge erneut getrocknet.

> Reinigen ist das Entfernen aller sichtbaren Verschmutzungen.
> Desinfizieren ist das Abtöten von Krankheitserregen.

Schädlingsbekämpfung

Ziel aller Schädlingsbekämpfungsmaßnahmen muss es sein, den Schädlingen den Zugang zu den Produktions- und Lagerräumen zu erschweren bzw. bestenfalls unmöglich zu machen und ihren Lebensraum zu zerstören. Einfache Maßnahmen sind ein guter baulicher Zustand aller Räume, ständige Sauberkeit und gewissenhafte Reinigung der Betriebsräume sowie eine gute Wareneingangskontrolle, Warenpflege und Vorratshaltung.

Angelieferte Lebensmittel sind sorgfältig auf Schädlinge zu überprüfen und bei Befall sofort auszusortieren und zu vernichten.

Bei der Lagerung sollten die Lebensmittel immer gut verpackt sein. Die Verpackungen sind regelmäßig auf Schäden zu kontrollieren.

Abfälle sind sachgerecht zu entsorgen.

Aber auch Sorgfalt im Bau, in der Gestaltung und der Instandhaltung eines Gebäudes sind im Hinblick auf eine praktikable und erfolgreiche Schädlingsbekämpfung von Bedeutung:

- Ritzen und Spalten im Mauerwerk abdichten bzw. isolieren.
- Abflüsse und Siebeinsätze sowie Lüftungsschächte und deren Abdeckgitter regelmäßig gründlich reinigen.
- Fenster mit Schutzgittern versehen.
- Türen und Fenster nicht unnötig offen stehen lassen.
- Nischen, Zimmerwinkel und dunkle Ecken in bestimmten Abständen kontrollieren.

Köderfalle

Elektronische Insektenfallen können sinnvoll sein. Auch das Aufstellen und regelmäßige Kontrollieren von Köderfallen/Lockfallen ist ein wichtiger Punkt der Schädlingsbekämpfung.

Zudem empfiehlt es sich, einen betriebsbezogenen **Schädlingsbekämpfungsplan** aufzustellen. Hierzu gehört auch, das Personal in regelmäßigen Abständen zu schulen. Sollte ein Schädlingsbefall stattgefunden haben, sind folgende Maßnahmen zu ergreifen:

- umgehende Meldung an die Betriebsleitung
- alle Lebensmittel, die von Schädlingen befallen oder verdorben sind, vernichten bzw. entsorgen
- Gesamtreinigung der Betriebsräume; wenn nötig hierzu alle Lebensmittel ausräumen
- eventuell Einsatz chemischer Schädlingsbekämpfungsmittel; hierbei sind alle notwendigen Vorsichtsmaßnahmen einschließlich der gesetzlichen Bestimmungen zu beachten
- eventuell Einsatz professioneller Schädlingsbekämpfungsfirmen

Erkennungsmerkmale für den Befall mit Schädlingen

- tote Tierkörper oder Teile hiervon
- Larven, Puppen, Maden von Insekten
- Fellreste
- Kot, Tierexkremente
- Geruch
- Fußspuren, Laufpfade
- Geräusche
- Fraßschäden
- Rieselgut

Reinigungsmittel, Desinfektionsmittel und Schädlingsbekämpfungsmittel müssen sachgerecht gekennzeichnet sein und von Lebensmitteln getrennt gelagert werden. Bei ihrem Gebrauch ist darauf zu achten, dass sie nicht mit Lebensmitteln in Berührung kommen.

Müllentsorgung

Das Abfallaufkommen sollte so gering wie möglich gehalten werden. Fallen Abfälle an, sind sie konsequent und fachgerecht zu trennen (siehe Kapitel 3.2.5). Von Abfällen darf keine gesundheitliche Gefährdung ausgehen. Die Möglichkeit einer mikrobiellen Verunreinigung oder einer anderen nachteiligen Beeinflussung der Lebensmittel muss ausgeschlossen werden.

Getrennte Abfallentsorgung

Somit ergeben sich folgende Anforderungen an eine hygienische Müllentsorgung:

- Wareneingang bzw. -ausgabe und Müllentsorgung sind zeitlich und räumlich zu trennen.
- Abfälle dürfen in Räumen, in den Lebensmittel verarbeitet werden, nur begrenzt gelagert werden. Sie müssen möglichst rasch entfernt werden.
- Abfallbehälter müssen verschließbar sein; sinnvoll ist eine Fußbedienung.
- Abfallbehälter in den Betriebsräumen sind täglich, spätestens nach Betriebsschluss, zu leeren, zu reinigen und gegebenenfalls zu desinfizieren.
- Abfallsammelräume müssen sauber und vor Schädlingsbefall geschützt sein. Sie sind täglich zu reinigen. Gegebenenfalls sind sie zu kühlen.
- Mülllager im Außenbereich sind so zu gestalten, dass weder Schädlinge angelockt werden noch nachteilige Beeinflussungen wie z. B. unangenehme Gerüche entstehen.

Verordnungen und Gesetze zur Lebensmittel- bzw Produkthygiene

Verordnung (EG) 178/2002

Verordnung (EG) Nr. 852/2004

Verordnung (EG) Nr. 853/2004

Lebensmittelhygiene-Verordnung (LMHV)

Lebensmittel-, Bedarfsgegenstände- und Futtermittelgesetzbuch (LFGB)

www.gesetze-im-internet.de

AUFGABEN

1 | Nennen und erläutern Sie fünf konkrete Hygieneanforderungen, die für Lagerräume gelten.

2 | a) Erläutern Sie den Unterschied zwischen Reinigung und Desinfektion.
b) Erkären Sie, wie oft bzw. in welchen Abständen
- Kühlraume
- Abfallbehälter
- Dunstabzugshauben
- Fußböden

zu reinigen sind.

3 | Sie wollen 2 l Reinigungsflüssigkeit (bestehend aus Wasser und Reinigungsmittel) herstellen. Wie viel ml Wasser müssen Sie verwenden, wenn der Reiniger im Verhältnis 1 : 4 zu verdünnen ist?

4.5.5 Produkthygiene

Für eine sachgerechte Produkthygiene ist die strenge Einhaltung hygienischer Vorschriften von der Anlieferung der Waren über die Lagerung bis zur Be- und Verarbeitung der Lebensmittel wesentlich.

Hygienevorschriften für die Warenanlieferung:

- Stichprobenartige Sichtkontrolle auf Verschmutzungen sowie Temperaturkontrolle des Lieferfahrzeugs; eventuell auch Inaugenscheinnahme des Lieferanten
- Überprüfung des Frischezustands der Waren; Sichtkontrolle auf Schädlingsbefall, Verderbniserscheinungen oder Fremdkörper; stichpunktartige Temperaturkontrollen der Waren
- Kontrolle der Verpackungen auf Beschädigung und unvollständige Kennzeichnung
- Kontrolle von Mindesthaltbarkeitsdatum bzw. Verbrauchsdatum
- Annahme der Rohstoffe und Lebensmittel nur, wenn alles in einem einwandfreien Zustand ist, das Mindesthaltbarkeitsdatum stimmt und die vorgeschriebene Temperatur eingehalten ist
- Sachgerechtes, schnelles Verräumen der Ware; Beachtung der Kühlkette beim Verräumen

Temperaturkontrolle

Kühlkette

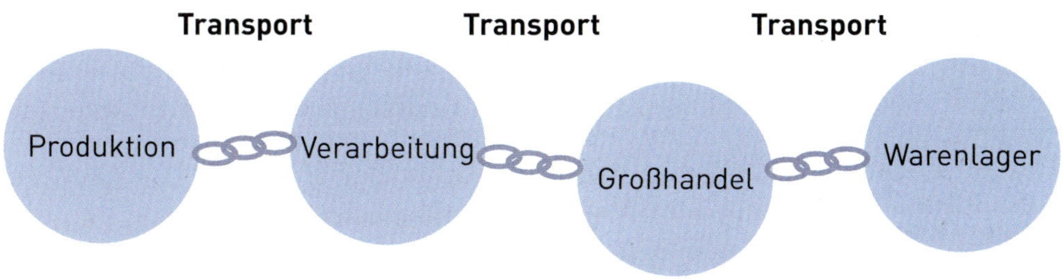

Das **Mindesthaltbarkeitsdatum** (MHD) gibt an, bis zu welchem Termin ein Lebensmittel bei sachgerechter Aufbewahrung auf jeden Fall keine wesentlichen Geschmacks- und Qualitätseinbußen zeigt sowie ohne gesundheitliches Risiko verzehrt werden **kann**. Auch nach Ablauf des MHDs kann ein Lebensmittel noch essbar sein.

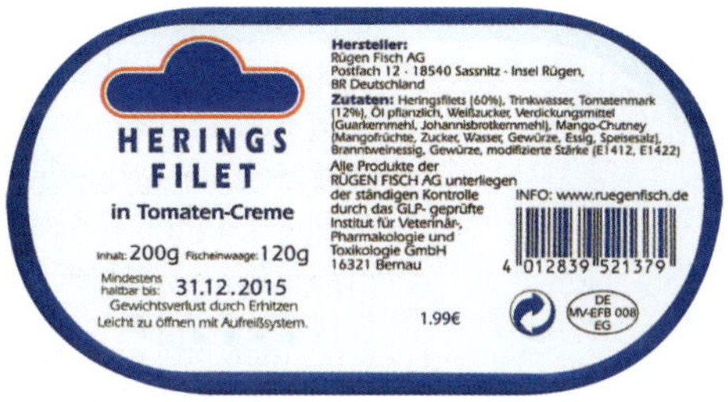

Das **Verbrauchsdatum** gibt an, bis zu welchem Termin ein Lebensmittel spätestens verbraucht sein **muss**. Nach diesem Termin darf es nicht mehr in den Verkehr gebracht werden, sondern ist auf jeden Fall zu entsorgen.

Das vom Hersteller festgelegte Mindesthaltbarkeitsdatum bzw. Verbrauchsdatum gilt selbstverständlich nur, wenn die vorgeschriebenen Temperaturen eingehalten werden.

Beispiel für eine Checkliste für den Wareneingang

Datum/Uhrzeit			Lieferant		Kontrolle	
2.9.14/9.30 Uhr			*Bolle*		*Maier*	
Ware	**Temperatur**	**Aussehen/ Geruch**	**Fremdkörper**	**Verpackung/ Kennzeichnung**	**Maßnahme** Ware o.k.	Ware zurück
Milch						
Käse						
Joghurt						

Gefrierbrand

Die Randschichten von tiefgefrorenen Lebensmitteln trocknen bei Beschädigung der Verpackung aus; gleichzeitig kommt es zum Abbau der Inhaltsstoffe und zu Farbveränderungen an den betroffenen Stellen; die Struktur und der Geschmack der Lebensmittel sind dadurch stark beeinträchtigt.

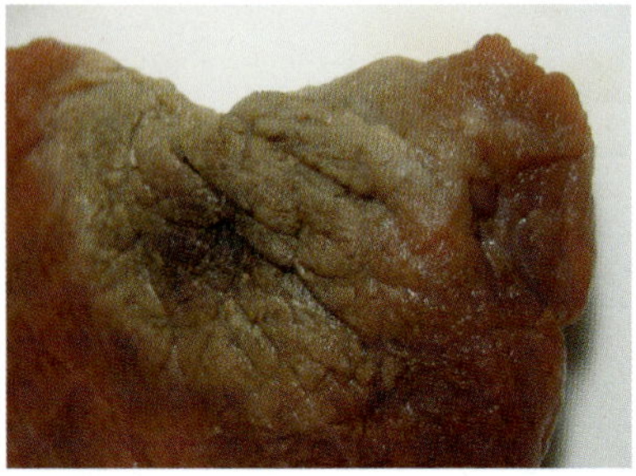

Hygienevorschriften für die Warenlagerung:

- Leicht verderbliche Lebensmittel möglichst kurz und immer gekühlt aufbewahren; Vorgaben des Herstellers beachten. Für leichtverderbliche Lebensmittel gibt es vorgeschriebene Lagertemperaturen. Temperaturkontrollen durchführen! Bei Überschreiten der Toleranzgrenzen Maßnahmen einleiten.
- Bei verpackten Lebensmitteln immer die Temperaturangaben im Zusammenhang mit dem Mindesthaltbarkeitsdatum beachten.
- Rohe Lebensmittel und zubereitete Speisen getrennt lagern (Achtung: Gefahr einer Kreuzkontamination); getrennte Lagerung von Lebensmitteln, die sich gegenseitig nachteilig beeinflussen (z. B. durch Gerüche, Verschmutzungen oder mikrobielle Verunreinigungen); rohes Geflügel und Eier immer von anderen Lebensmitteln getrennt lagern.
- Zubereitete Lebensmittel abgedeckt oder verpackt lagern; Gefäße und Verpackungen müssen aus geeignetem Material bestehen, von einwandfreier Beschaffenheit, sauber und keimarm sein; Datum der Einlagerung auf der Verpackung vermerken; Lebensmittel nicht zu lange lagern.
- FiFo-Prinzip (First in – First out) beachten; Mindesthaltbarkeitsdatum und Verbrauchsdatum regelmäßig, wenn möglich täglich kontrollieren; abgelaufene oder verdorbene Ware kennzeichnen, von anderen Lebensmitteln trennen und gegebenenfalls möglichst schnell entsorgen.
- Produkte aus Qualitätsgründen nicht länger als zwei Monate tiefgekühlt lagern; Kühlkette nicht unterbrechen; regelmäßige Temperaturkontrolle; bei Überschreiten der Toleranzgrenzen Maßnahmen einleiten.
- Beim Einfrieren zubereiteter Speisen geeignetes Verpackungsmaterial auswählen; Produkte luftdicht verpacken, wenn möglich vakuumieren; Datum der Einlagerung auf der Verpackung vermerken.
- Verpackung der eingelagerten und tiefgefrorenen Produkte kontrollieren; beschädigte Verpackungen verursachen Gefrierbrand; Lebensmittel mit Gefrierbrand sind wertgemindert und gegebenenfalls zu entsorgen.

Beispiele für einzuhaltende Lagertemperaturen (Produkttemperaturen)

Lebensmittel	Höchsttemperatur	Lebensmittel	Höchsttemperatur
Haarwild	+7 °C	Butter, Käse und Käsezubereitungen	+10 °C
frisches Fleisch	+7 °C	Hühnereier (ab 18. Tag)	+8 °C
Innereien	+3 °C	Eiprodukte (z. B. flüssiges Eigelb oder Eiklar)	+4 °C
frisches Hackfleisch als Fertigpackung	+4 °C +2 °C	roheihaltige Lebensmittel	+7 °C
Geflügelfleisch	+4 °C	Backwaren mit nicht durcherhitzten Füllungen	+7 °C
pasteurisierte Milch (Konsummilch)	+8 °C	Fisch	+2 °C in schmelzendem Eis
Vorzugsmilch	+8 °C	Tiefkühlprodukte	–18 °C

(Quellen: nach Krämer, 2007, und DIN 10508 Temperaturen für Lebensmittel)

Bearbeitung und Verarbeitung der Lebensmittel

- Lebensmittel vor Verwendung auf Gebrauchsfähigkeit überprüfen; Kontrolle des Mindesthaltbarkeits- bzw. des Verbrauchsdatums; Sichtkontrolle auf Verderbniserscheinungen.
- Eingefrorene Lebensmittel sachgerecht auftauen, d. h. immer im Kühlhaus oder Kühlschrank auftauen (nicht über 7 °C); Verpackung beim Auftauen entfernen; Auftauflüssigkeit muss abfließen können; vom Auftauwasser verunreinigte Arbeitsflächen und Arbeitsgeräte reinigen und gegebenenfalls desinfizieren.
- Arbeitsplatz und Arbeitsgeräte nach jeder Verwendung gründlich reinigen, nach Verarbeitung von Eiern, Geflügel und Fisch auch desinfizieren; Handhygiene beachten.
- Lebensmittel auch bei der Verarbeitung vor Insekten schützen.
- Gegarte Zutaten vor der Weiterverarbeitung zwischenkühlen.
- Lebensmittel zügig verarbeiten; bei der Verarbeitung reine und unreine Seite trennen; für unterschiedliche Produkte verschiedenfarbige Kunststoffschneidebretter nutzen.
- Speisen ausreichend erhitzen (bei Geflügel, Hackfleisch und Fisch sind 80 °C für mindestens 3 Minuten oder 70 °C für mindestens 10 Minuten vorgeschrieben); beim Aufwärmen von Speisen in der Mikrowelle oder im Konvektomaten auf gleichmäßige Erwärmung achten (empfohlene Kerntemperatur bei 75 °C für mindestens 2 Minuten); sachgerecht abschmecken.
- Speisen möglichst kurz (maximal drei Stunden) und nicht unter 65 °C warm halten; besser zwischendurch abkühlen und wiedererwärmen.
- Sollen erhitzte Lebensmittel kühl serviert oder kühl zwischengelagert werden, die heißen Lebensmittel möglichst schnell, d. h. innerhalb von 3 Stunden, auf unter 10 °C abkühlen; heiße Speisen daher zum Abkühlen in kleinere Behältnisse abfüllen.
- Leicht verderbliche Lebensmittel, die nicht durchgegart werden (z. B. Sushi, Carpaccio, Roastbeef), nur mit absolut frischen Produkten zubereiten und alle Bereiche der Hygiene besonders streng beachten.
- Zum Frittieren nur geeignete Fette nutzen; Frittierfett nicht überhitzen (Acrylamidgefahr) und regelmäßig auswechseln (Brandgefahr bei überaltertem/überhitztem Fett); Lebensmittelreste im Fett sofort entfernen.
- Verzehrfähige Speisen und Innenflächen des Geschirrs nicht mit den Händen berühren; Ausgabegefäße erst nach Reinigung nachfüllen.
- Rückstellproben nehmen; für roheihaltige Lebensmittel, die nicht durcherhitzt sind, sind Rückstellproben vorgeschrieben

Bereits angetaute oder aufgetaute Lebensmittel dürfen nicht mehr eingefroren werden!

Fachgerechtes Auftauen

Temperaturkontrolle

Kühlschrank mit Rückstellproben

AUFGABEN

1 | Worin besteht der Unterschied zwischen MHD und Verbrauchsdatum?

2 | Nennen und erläutern Sie fünf konkrete Maßnahmen, die bei der Lagerung von Eiern und Eiprodukten zu berücksichtigen sind.

3 | Beurteilen Sie, wie tiefgefrorenes Geflügel aufgetaut werden sollte.

4 | Erstellen Sie ein Informationsblatt zum Thema Lagerung und Verarbeitung von Fisch.

4.6 Hygieneschulungen

Alle **Mitarbeiter**, die mit Lebensmitteln umgehen, müssen entsprechend ihrer Tätigkeit überwacht und in Fragen der Lebensmittelhygiene regelmäßig unterwiesen und/oder geschult werden.

Regelmäßige Hygieneschulungen sind vorgeschrieben

Die Einhaltung der Hygienevorschriften ist zwingend erforderlich

Dabei ist zu beachten:

- Eine erste Hygieneschulung soll zu Beginn der Tätigkeitsaufnahme erfolgen. Danach sind Hygieneschulungen in regelmäßigen Abständen, mindestens aber 1 x jährlich, und in leicht verständlicher Form durchzuführen.
- Die Inhalte der Schulungen müssen sich an den Tätigkeiten der Mitarbeiter orientieren. Sinnvoll ist es, betriebseigene Problempunkte an konkreten Beispielen zu verdeutlichen.
- Auf eventuelle Sprachdefizite bei ausländischen Mitarbeitern ist Rücksicht zu nehmen. Anschauungsmaterialien wie Schautafeln oder Symbole können bei der Vermittlung der Inhalte hilfreich sein.
- Es sollten Erfolgskontrollen durchgeführt werden.
- Die Teilnahme an den Schulungen soll von den Mitarbeitern bestätigt werden. Die Dokumente sind vor Ort aufzubewahren, um sie gegebenenfalls den Behörden vorlegen zu können.
- Eine Verbindung dieser Schulungen mit den ebenfalls regelmäßig notwendigen Belehrungen nach dem Infektionsschutzgesetz (siehe Seite 60) ist sinnvoll und daher empfehlenswert.

Ziel aller Schulungen muss es sein, das **Hygienebewusstsein** der einzelnen Mitarbeiter zu stärken. Ihnen soll deutlich werden, dass jeder Einzelne einen Beitrag zu einem hygienisch einwandfreien Arbeiten leisten und so zu einer Risikoverminderung beitragen kann.

Werden Hygienevorschriften nicht eingehalten, müssen die Gründe hierfür herausgefunden werden. Ebenso wichtig ist eine ständige Motivation der Mitarbeiter.

Mögliche Gründe für die Nichteinhaltung der Hygienevorschriften durch die Mitarbeiter	Motivationsmöglichkeiten für die Einhaltung der Hygienevorschriften durch die Mitarbeiter
▪ Unwissenheit, Unklarheiten ▪ Ungeübtheit ▪ Vergesslichkeit ▪ Nachlässigkeit im Alltag ▪ Zeitmangel ▪ Bequemlichkeit ▪ mangelndes Verantwortungsempfinden ▪ Dickköpfigkeit, Sturheit ▪ Führungsschwäche der Betriebsleitung ▪ gezielte Schädigungsabsicht	▪ Lob, Anerkennung ▪ Belohnungssysteme ▪ Schaffen von Verantwortungsbewusstsein ▪ Vorbildfunktion der Führungskräfte ▪ informative Schulungen, die am Kenntnisstand der Mitarbeiter orientiert sind ▪ Benennung von Ansprechpartnern bei Fragen ▪ Förderung der Identifikation mit dem Unternehmen ▪ Verdeutlichung der Folgen bei Nichteinhaltung für Unternehmen, Mitarbeiter, aber auch Gäste ▪ Androhung von Sanktionen

4.7 HACCP-Konzept

Lebensmittel müssen für den menschlichen Verzehr tauglich und sicher sein. Sie dürfen nur so hergestellt, behandelt und in den Verkehr gebracht werden, dass sie in keiner Weise die Gesundheit des Verbrauchers negativ beeinflussen. Diese Lebensmittelsicherheit muss auf allen Stufen der Lebensmittelkette gewährleistet sein. Sie betrifft daher alle Produktions-, Verarbeitungs- und Vertriebsstufen. Daher hat jeder Lebensmittelunternehmer ein Eigenkontrollsystem zu erstellen, das auf HACCP-Grundsätzen beruht.

HACCP

H – **H**azard
A – **A**nalysis
C – **C**ritical
C – **C**ontrol
P – **P**oints

Übersetzt bedeutet HACCP: Gefährdungsanalyse der kritischen Lenkungspunkte.

Das HACCP-Konzept ist ein Verfahren, mit dessen Hilfe Gefahren und Risiken erfasst, analysiert und überwacht werden können. Es dient dem Gesundheitsschutz und trägt zu Qualitätssicherung bei.

Die Erstellung eines HACCP-Konzepts umfasst folgende sieben Schritte:

1. Ermittlung von Gefahren („Hazard Analysis"), die von Lebensmitteln oder von Prozessen ausgehen.
2. Bestimmung der kritischen Kontrollpunkte/Critical Control Points (CCPs), d.h. der Punkte, an denen ein **beeinflussbares** Risiko für den Gast auftreten kann.
3. Festlegung von Grenzwerten bzw. kritischen Grenzen.
4. Festlegung und Durchführung wirkungsvoller Verfahren zur Überwachung der kritischen Kontrollpunkte.
5. Festlegung von Korrekturmaßnahmen.
6. Festlegung von regelmäßig durchgeführten Überprüfungsverfahren, um die Wirksamkeit des HACCP-Systems sicherzustellen.
7. Erstellung von Dokumenten und Aufzeichnungen, wie z.B. Kontrolllisten mit Unterschriftspflicht.

Bedeutung des Critical Control Points

Der Begriff „Critical Control Point" ist problematisch, da er nicht eindeutig übersetzbar ist. „To control" kann kontrollieren, aber auch lenken oder steuern heißen. Im Rahmen des HACCP-Konzepts wäre es besser, „control" mit Lenkung, Steuerung oder Beherrschung zu übersetzen.
Es geht beispielsweise nicht darum, zu kontrollieren, ob Mikroorganismen sich während eines Produktionsprozesses vermehren, sondern vielmehr darum, ob es möglich ist, sie durch bestimmte Maßnahmen, z.B. Steuerung der Temperatur, abzutöten.

HACCP-Konzept am Beispiel Geflügelfleisch

Prozessschritt	Gefahr	Überwachungsverfahren	Toleranzgrenze	Korrekturmaßnahmen	Dokumentation
Wareneingang	verdorbenes Produkt, hohe Keimbelastung	▪ Etikettenkontrolle	Verbrauchsdatum	eventuell Annahmeverweigerung	Aufzeichnung der gemessenen Temperaturwerte
		▪ Sichtkontrolle auf Aussehen und Frische ▪ Sichtkontrolle auf Schädlingsbefall oder Schimmel ▪ Sichtkontrolle auf Beschädigung oder Verschmutzung der Verpackung	nach Erfahrung der Mitarbeiter		
		▪ Temperaturmessung	max. 4 °C		
Lagerung	Keimvermehrung	▪ Etikettenkontrolle	Verbrauchsdatum	eventuell schneller Verbrauch oder Entsorgung	Aufzeichnung der gemessenen Temperaturwerte
		▪ Sichtkontrolle auf Aussehen und Frische ▪ Sichtkontrolle auf Schädlingsbefall oder Schimmel	nach Erfahrung der Mitarbeiter		
		▪ Temperaturmessung	max. 4 °C		
Vorbereitung	Kreuzkontamination	▪ Sichtkontrolle auf Sauberkeit und richtiges Arbeitsverhalten ▪ konsequente Trennung der Rohstoffe ▪ Einsatz farblich unterschiedlicher Schneidebretter ▪ regelmäßiges Reinigen der Geräte und Arbeitsfläche	–	schnelle und hygienisch einwandfreie Verarbeitung der Produkte Durchgaren eventuell kontaminierter Produkte oder Entsorgung erneute Reinigung und Desinfektion aller Schneidebretter, Arbeitsgeräte und Arbeitsflächen	Checklisten
Zubereitung	keine Keimabtötung	▪ Messung von Garzeit ▪ Messung der Gartemperatur (Stichproben)	mind. 70 °C über mind. 10 Minuten oder 80 °C über mind. 3 Minuten	Verlängerung der Garzeit oder Gartemperatur	Aufzeichnung der gemessenen Temperaturwerte und Gardauer
Speisenausgabe	Keimvermehrung	▪ Messung der Warmhaltezeit	max. 3 Stunden	schnellere Ausgabe, Erhöhung der Warmhaltetemperatur	Aufzeichnung von Temperatur und Zeit
		▪ Messung der Temperatur	mind. 65 °C		
Abkühlung der Speisen	Keimvermehrung	▪ Messung der Abkühlzeit	max. 90 Minuten	schnellere Abkühlung auf 10 °C, eventuell in kleineren Portionen	Aufzeichnung von Temperatur und Zeit
		▪ Messung der Temperatur	max. 10 °C		

4.8 Lebensmittelüberwachung

Um Verbraucher vor gesundheitlichen Gefahren durch Lebensmittel sowie vor Irreführung und Täuschung zu schützen, überprüfen in Deutschland bestimmte Behörden die gastgewerblichen Betriebe. Dies geschieht **ohne vorherige Anmeldung**

- in regelmäßigen Abständen,
- aufgrund von Beschwerden seitens der Gäste oder
- bei Erkrankungen nach dem Verzehr von Lebensmitteln direkt und sofort.

Sowohl Betriebsinhaber als auch die Mitarbeiter sind **verpflichtet**, die Kontrolleure bei ihrer Tätigkeit zu **unterstützen**.

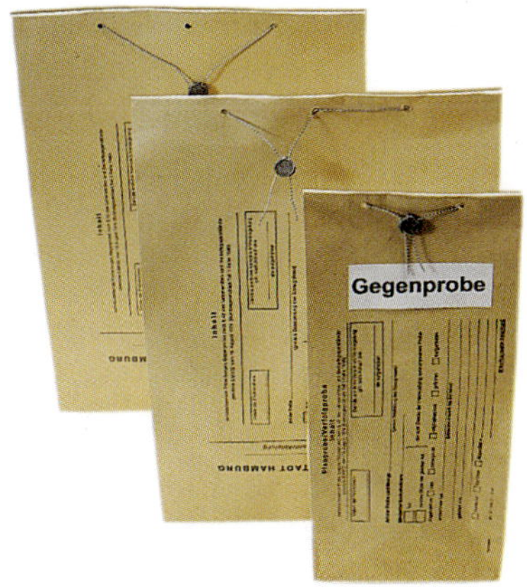

Versiegelte Lebensmittelproben und Gegenprobe

Die Mitarbeiter der Behörden dürfen

- alle Betriebsräume betreten und gegebenenfalls fotografieren,
- alle Räume, Einrichtungen, Anlagen und Geräte auf ihren hygienischen Zustand überprüfen,
- die Personalhygiene im Unternehmen kontrollieren,
- alle notwendigen Auskünfte über die Rohstoffe und ihre Herkunft, sowie über alle Herstellungsverfahren verlangen,
- schriftliche und elektronische Dokumente (z. B. Lieferscheine) anfordern, in diese Einsicht nehmen sowie sie gegebenenfalls kopieren bzw. ausdrucken,
- alle Rohstoffe, Zutaten, Hilfsstoffe und Endprodukte auf Hygiene überprüfen,
- die Einhaltung rechtlicher und lebensmittelrechtlicher Vorschriften (z. B. Preisangaben-Verordnung oder die Angabe von Zusatzstoffen in Speisenkarten) kontrollieren und
- unentgeltlich Proben nehmen.

Aber auch der Gastronom hat Rechte. Er kann

- verlangen, dass der Kontrolleur sich ausweist
- die Auskunft verweigern, wenn er sich damit selbst belastet
- eine Gegenprobe nehmen und auf eigene Kosten untersuchen lassen
- vom Kontrolleur ein Protokoll verlangen
- die Unterschrift unter das Protokoll verweigern, wenn das Protokoll nicht lesbar ist oder die Aussagen sichtlich falsch sind.

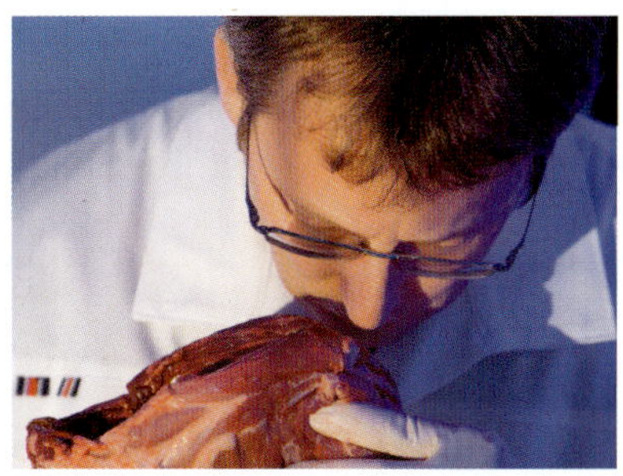

Geruchskontrolle

Bei Beanstandungen können die Behörden verschiedene Maßnahmen ergreifen. Hierzu gehören Verwarnungen, Bußgelder, Strafanzeigen, Auflagen für die Betriebe, aber auch Beschlagnahme von Waren, Rückruf, Warnung der Verbraucher über die Medien sowie die Schließung des Betriebes.

AUFGABEN

1 | Erstellen Sie ein Informationsblatt für Ihre Kolleginnen und Kollegen zu folgendem Thema: „Lagerung und Verarbeitung von frischen Eiern"

2 | a) Erläutern Sie den Begriff „HACCP-Konzept"
b) Warum ist es sinnvoll, dass jedes Unternehmen für sich ein eigenes „HACCP-Konzept" entwickelt?

3 | Ihr Betrieb wird von Mitarbeitern der Lebensmittelaufsicht kontrolliert.
Wie haben Sie sich zu verhalten?

4.9 Aufgaben

1 | Ergänzen Sie den Text mithilfe folgender Silben:
ar, bei, ber, ber, de, hal, hü, keit, rung, ste, stes, ter, tunq, tunq

„Hygiene bedeutet mehr als nur Sau _ _ _ _ _ _ _ _.
Denn es geht auch um die Ver _ _ _ _ _ _ von
Krankheiten und somit um die Er _ _ _ _ _ _ _
und För _ _ _ _ _ _ der Gesundheit. Eine gute
Hygiene ist in der Gastronomie o _ _ _ _ _ _ _
Gebot. Nur so können Gä _ _ _ und Mit _ _ _ _ _ _ _ _
wirksam geschützt werden."

2 | Ein wichtiger Bestandteil der Hygiene ist die Personalhygiene. Begründen Sie folgende Aussagen:
a) Arbeitsräume nicht in Straßenkleidung bzw. mit Straßenschuhen betreten.
b) Nach dem Toilettengang unbedingt Hände waschen und desinfizieren.
c) Verletzungen an den Händen beim Arbeiten immer sorgfältig abdecken.
d) Nie auf Lebensmittel husten oder niesen.
e) Darmerkrankungen (wie z. B. Durchfall) dem Arbeitgeber melden.

3 | Zur Hygiene gehört es auch, den Arbeitsplatz regelmäßig und nach bestimmten Arbeiten zu reinigen und zu desinfizieren.
a) Erklären Sie den Unterschied zwischen Reinigung und Desinfektion.
b) Nach der Verarbeitung von Geflügel müssen Sie Ihren Arbeitsplatz säubern. Beschreiben Sie stichpunktartig, wie Sie vorgehen. Begründen Sie die einzelnen Schritte.

4 | Die Schädlingsbekämpfung gehört ebenfalls zu den Hygienemaßnahmen am Arbeitsplatz.
a) Benennen Sie die abgebildeten Schädlinge.

A

B

C

D

b) Woran erkennen Sie, dass Schädlinge Ihre Lagerräume befallen haben?
c) Wie verhalten Sie sich richtig, wenn Sie einen Schädlingsbefall bemerken?

5 | Auch bei der Lagerung und Verarbeitung von Lebensmitteln kommt es auf Ihr Verhalten an. Schreiben Sie die Aussagen, die richtig sind, in Ihr Heft. Begründen Sie, warum die anderen Aussagen falsch sind:
A – Ist bei Lebensmitteln das MHD abgelaufen, müssen diese unbedingt entsorgt werden.
B – Frisches Fleisch darf bei maximal 4 °C gelagert werden.
C – Frischer Fisch muss immer auf Eis gelagert werden.
D – Unter Tiefgefrieren versteht man eine Lagerung von Lebensmitteln bei –16 °C.
E – Tiefgefrorenes Geflügel muss immer im Kühlhaus oder Kühlschrank aufgetaut werden.
F – Gefrierbrand bei Lebensmitteln erkennt man an der Eisschicht auf den Lebensmitteln.
G – Obst muss immer luftdicht verpackt gelagert werden, da es ansonsten leicht schimmelt.
H – Speisen sind max. 3 Stunden bei Temperaturen von mindestens 50 °C warmzuhalten.
I – Köderfallen werden aufgestellt, um festzustellen, ob Schädlinge vorhanden sind.

6 | Sie machen Ihre Ausbildung in einem Hotel und sollen das Bad reinigen.
a) Beschreiben Sie stichwortartig, wie Sie vorgehen.
b) Erstellen Sie eine Checkliste mit sechs Punkten, mit deren Hilfe Sie die Sauberkeit des Badbereichs kontrollieren können.

7 | An einem Morgen um 8.00 Uhr stehen zwei Mitarbeiter von der Lebensmittelaufsicht bei Ihnen vor der Tür und wollen das Restaurant, die Küche und die Lagerräume kontrollieren.
a) Wie verhalten Sie sich richtig?
Nennen Sie jeweils vier Rechte und Pflichten gegenüber den Kontrolleuren.
b) Mithilfe einer Abklatschprobe wurden Spülmittelreste auf Ihrem Geschirr festgestellt. Nennen Sie dafür vier mögliche Gründe.

8 | Folgende Tabelle gibt Ihnen einen Überblick über die Fehlzeiten Ihrer Mitarbeiter.
a) Berechnen Sie die Summe der Fehlzeiten im ersten Quartal.
b) Um wie viel Prozent stiegen die Fehlzeiten vom Januar zum Februar?
c) Wie viel Prozent der Fehlzeiten im ersten Quartal entfielen auf den März?

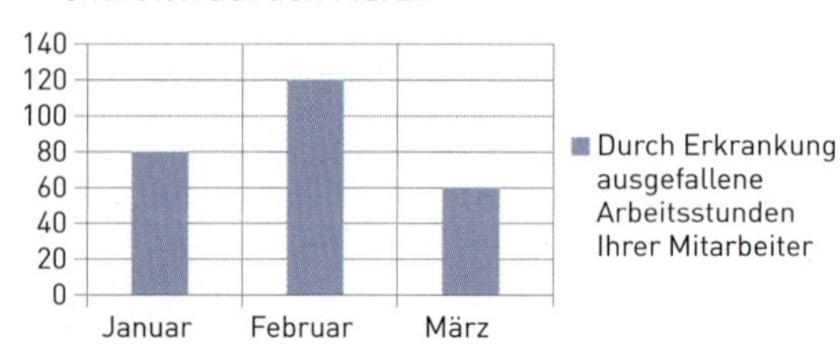

5 Ernährung

Lebensmittel mit einem hohen Anteil pflanzlicher Fette

Lebensmittel mit einem hohen Anteil tierischer Fette

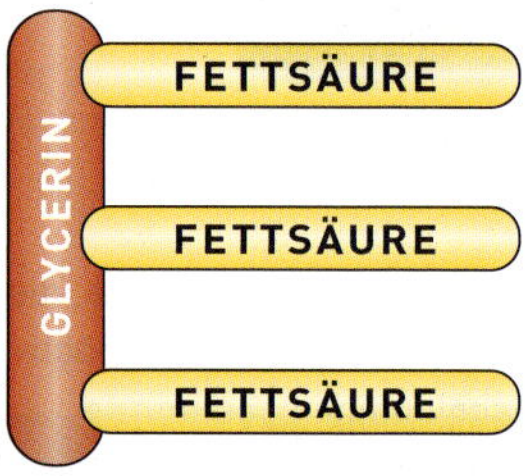

Aufbau eines Fettmoleküls

Hering, Makrele und Lachs haben einen hohen Gehalt an Omega-3-Fettsäuren

5.1.3 Fette

Fette: Sind Lipide, tierische Fette, Pflanzliche Fette, bestehen aus Glyzerin und Fettsäuren.

…, manchmal gut sichtbar …l versteckt (Käse, Wurst, …; werden pflanzliche und …

…er verträglich und …

…rin und **Fettsäuren.** An …gebunden. Fette werden …das Glycerin in allen Fet- …tten unterscheiden:

…tel- und langkettige Fett …in einem Fett sind, umso …und verarbeitet werden. …allem in Milch, in einigen Milchprodukten und im Kokosfett vor.

- Hinsichtlich der **Sättigung** werden folgende Fettsäuren unterschieden:
  - gesättigte Fettsäuren
  - einfach ungesättigte Fettsäuren
  - mehrfach ungesättigte Fettsäuren

Je mehr ungesättigte Fettsäuren ein Fett enthält, umso kürzer ist es haltbar. Für den Menschen sind diese Fette aber wertvoller. Mehrfach ungesättigte Fettsäuren sind für den Menschen sogar essenziell. Hierzu gehören die Linol-, Linolen- und die Arachidonsäure. Diese kommen vor allem in pflanzlichen Ölen vor. Auch die sogenannten Omega-3-Fettsäuren (Ω-3-Fettsäuren) in Fischen und verschiedenen Ölen sind mehrfach ungesättigt. Von ihnen sagt man, dass sie einem Herzinfarkt oder Schlaganfall entgegenwirken.

Die natürlich vorkommenden Fette bestehen immer aus einer Mischung unterschiedlicher Fettsäuren.

Einteilung der Fette

Nach ihrer Wahrnehmbarkeit		Nach ihrem Vorkommen		Nach ihrer Beschaffenheit bei Zimmertemperatur		
Sichtbare Fette	**Versteckte Fette**	**Pflanzliche Fette**	**Tierische Fette**	**Feste Fette**	**Halbfeste Fette**	**Flüssige Fette (Öle)**
Margarine Butter, alle Öle, Fettrand am Fleisch	Fett in Wurst und Käse, Fett in Schokolade, Fett in Knabberwaren	alle Öle, wie z. B. Sonnenblumenöl oder Olivenöl, Kakaobutter, Margarine, gehärtete Pflanzenfette	Butter, Schmalz, Talg, Tran	Talg, gehärtete Pflanzenfette wie Kokosfett, Palmkernfett	Butter, Margarine, Schmalz, Kakaobutter	alle Pflanzenöle

5.1.5 Vitamine

Vitamine s[…] Sie kommen meist […]n Lebensmitteln vor[…]

Es gibt fett- und wasserlösliche Vitamine.

Viele Vitam[…] mit Großbuchstaben […]lichkeit in wasserlösli[…]

Der Vitam[…]ngsgrad. Leb[…] (z. B. frisches […]e.

Manche V[…] im Körpe[…] z. B. das […]

wichtig →

Eigenschaften

Die meisten Vi[…] Sauerstoff. Daher gil[…]

- Transportw[…]ährend des Transpo[…]
- Vitaminhalt[…]lagern; am besten f[…]
- Vitaminhalt[…]nert in stehendem […]assen.
- Schonende […]setzen; eventuell G[…]
- Warmhalten […]

Bedeut[…]

Vitami[…]te und da[…].

wichtig →

Für de[…]s-notwe[…]ge-nomm[…]ne Menge[…]

Fettlös[…]ge-nomme[…]n-satz zu[…]er gespeic[…]en Überve[…]s-liche V[…]n. Daher […]hr zu acht[…]

Wasserlösliche Vitamine
Vitamin B_1 oder Thiamin
Vitamin B_2 oder Riboflavin
Vitamin B_6 oder Pyridoxin
Vitamin B_{12} oder Cobalamin
Biotin
Folsäure
Niacin
Pantothensäure
Vitamin C oder Ascorbinsäure

Fettlösliche Vitamine
Vitamin A oder Retinol
Vitamin D oder Calciferol
Vitamin E oder Tocopherol
Vitamin K oder Phyllochinon

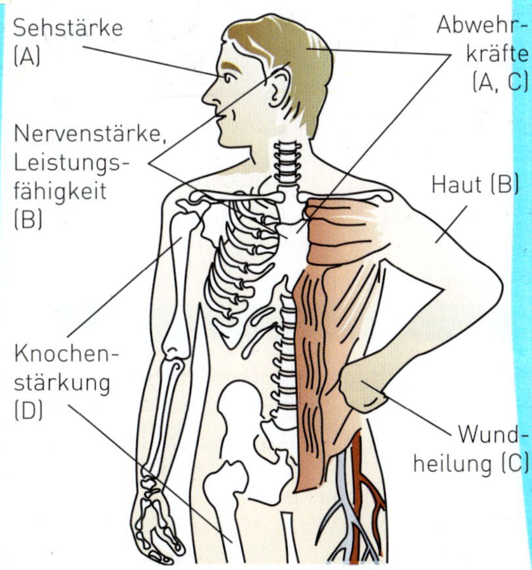

Wirkung der Vitamine

Einflussfaktoren auf den Vitamin- und Mineralstoffbedarf:

- Alter, Geschlecht, Größe und Gewicht
- körperliche Aktivität, Schwitzen
- Gesundheitszustand (insbesondere Durchfall oder Erbrechen)
- Schwangerschaft, Stillzeit
- Einnahme von Medikamenten

Vitamine gehören zu den sogenannten **Wirk- und Reglerstoffen,** d. h., sie steuern im Körper bestimmte Vorgänge und schützen so den Menschen vor bestimmten Krankheiten. Ihr Bedarf ist von vielen Einflüssen abhängig. Bei einer Unterversorgung kommt es zunächst zu allgemeinen Mangelerscheinungen wie ständiger Müdigkeit, Konzentrationsschwäche oder erhöhter Nervosität. Erst später zeigen sich bestimmte Krankheitsbilder, die für die einzelnen Vitamine typisch sind.

Einteilung der Mineralstoffe

Mengenelemente	Spurenelemente
Natrium	Eisen
Chlorid	Jod
Kalium	Fluorid
Calcium	Selen
Magnesium	Zink
Phosphat	Kupfer
Schwefel	Mangan
	Molybdän

5.1.6 Mineralstoffe

Min[...]nsmitteln natür-
liche[...]anchmal sind sie
dies[...]ralstoffe werden
nach[...] täglichen Bedarf
in M[...]

Es gibt Mengen und Spurenelemente.

Eige[...]

Im G[...]empfindlich ge-
genü[...]asserlöslich und
werd[...]tteln ausgelaugt.
Dahe[...]

[...]leinert in kaltem

[...].

[...]halten; gegebe-

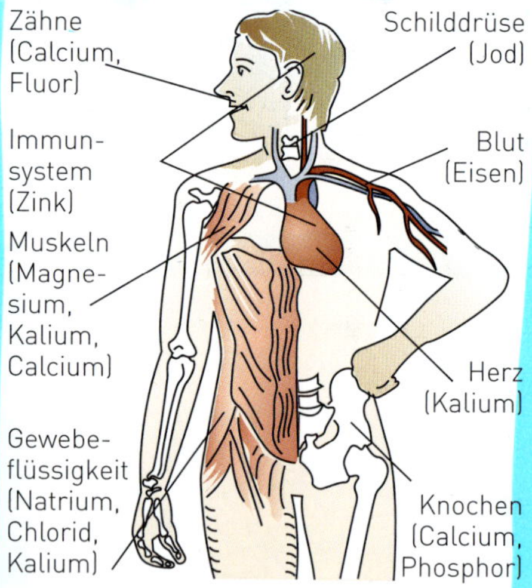

Wirkung der Mineralstoffe

Bedeutung der Mineralstoffe für den Menschen

Auch die Mineralstoffe zählen zu den Nährstoffen, die keine Energie liefern. Sie wirken schon in kleinen Mengen. Für den Menschen sind sie lebensnotwendig und müssen regelmäßig mit der Nahrung aufgenommen werden.

Werden Mineralstoffe in zu großen Mengen aufgenommen, kann dies zu Vergiftungserscheinungen und anderen Erkrankungen führen.

Mineralstoffe dienen als **Wirkstoffe** und **Reglerstoffe**, aber auch als **Baustoffe.**

AUFGABEN

1 | Erklären Sie den Begriff „essenziell".

2 | a) Erläutern Sie anhand von zwei konkreten Beispielen die Funktionen von Vitaminen und Mineralstoffen.
b) Beschreiben Sie zu Ihren ausgewählten Beispielen typische Krankheitsbilder, die bei einem Mangel der Vitamine bzw. Mineralstoffe entstehen.

5.1.7 Wasser

Wasser besteht aus den Elementen Wasserstoff und Sauerstoff. Im Trinkwasser (Leitungswasser) sind darüber hinaus viele Mineralstoffe, die den Geschmack und die Klarheit des Wassers ausmachen, enthalten. Sie bestimmen auch die sogenannte Härte des Wassers. Je mehr Mineralstoffe im Wasser sind, umso härter ist es. Das hat zur Folge, dass z.B. die Reinigungswirkung vieler Reinigungsmittel vermindert ist und dass Maschinen und Geräte verkalken. Trinkwasser ist das am strengsten kontrollierte Lebensmittel.

Eigenschaften von Wasser

Wasser löst und laugt aus, Wasser lässt Stoffe aufquellen und lockert sie. Diese Vorgänge laufen in heißem Wasser schneller ab als in kaltem. Wasser siedet bei 100 °C und gefriert bei etwa 0 °C. Der Siedepunkt liegt allerdings höher, wenn der Luftdruck erhöht ist (z.B. im Schnellkochtopf), bzw. niedriger, wenn der Luftdruck niedriger ist (z.B. in den Bergen). Zusätze wie Alkohol, Zucker oder Salz setzen den Gefrierpunkt herab.

Anforderungen an Trinkwasser

- frei von Krankheitserregern
- keimarm
- frei von gesundheitsschädlichen Beimengungen
- klar, farb-, geschmack- und geruchlos

Wasser ist ein natürlicher Bestandteil fast aller Lebensmittel. Selbst Lebensmittel, die sich trocken anfühlen wie Mehl oder Kaffeepulver weisen noch einen Wassergehalt auf. Daher unterteilt man den Wassergehalt eines Lebensmittels in **freies** und **gebundenes** Wasser. Freies Wasser macht den Feuchtigkeitsgehalt eines Lebensmittels aus. Es kann aus den Lebensmitteln austreten oder ausgepresst werden (siehe Kapitel 4.1.4).

Das freie Wasser wird auch als **aktives Wasser** bezeichnet, da es von den Mikroorganismen genutzt werden kann. Gebundenes Wasser wird von den Bestandteilen des Lebensmittels festgehalten. Dies geschieht insbesondere durch die Mineralstoffe (hier vor allem durch das Kochsalz), durch den Zucker, das Eiweiß und die Säuren in den Lebensmitteln. Der absolute Wassergehalt eines Lebensmittels kann allein durch Trocknen festgestellt werden.

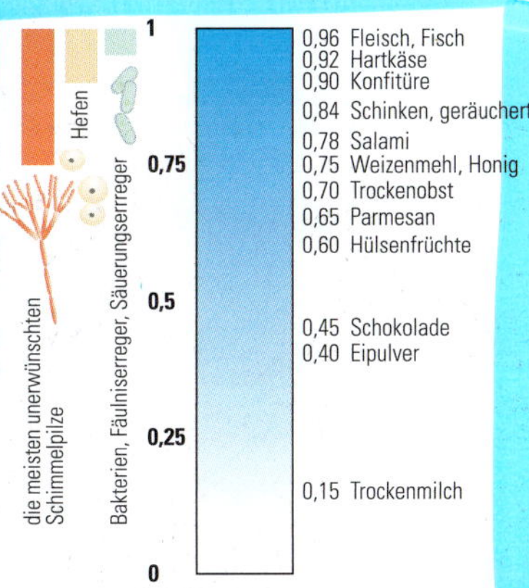

Gehalt an freiem(aktivem) Wasser in verschiedenen Lebensmitteln

Gesamtwasser in Lebensmitteln = freies Wasser + gebundenes Wasser

Biologische Bedeutung des Wassers für den Menschen

Der menschliche Körper benötigt etwa 2–3 l Wasser pro Tag. Bei Hitze, körperlicher Anstrengung, Fieber oder Durchfallerkrankungen ist der Bedarf erhöht. Der Mensch nimmt das Wasser entweder über Getränke oder über wasserhaltige Lebensmittel auf. Im Körper hat das Wasser verschiedene lebenswichtige Aufgaben zu übernehmen:

- Es ist **Baustoff** der Körperzellen, Gewebe und Organe. Der erwachsene Mensch besteht zu etwa 60–65 % aus Wasser.
- Es wirkt im Körper als **Lösungs- und Transportmittel.** Die Nährstoffe werden gelöst und mithilfe des Blutes und der Lymphe zu den Zellen transportiert. Aber auch die Stoffwechselrückstände aus den Zellen werden so abtransportiert und über den Urin ausgeschieden.
- Es dient zur Regulierung der **Körpertemperatur** (Schweiß!).

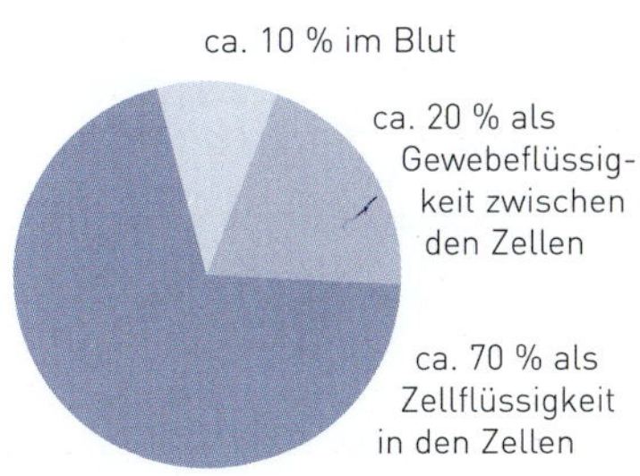

Wasserverteilung im Körper

Ballaststoffe und ihr Vorkommen

Ballaststoffe	Vorkommen
Cellulose	Getreide, Gemüse, Obst
Hemi-cellulose	Getreide, Hülsenfrüchte
Lignin	Getreide, Kohlsorten, Obstkerne
Pektine	Äpfel, Aprikosen, Johannisbeeren, Quitten, Möhren, Gemüse

Lebensmittel mit einem hohen Ballaststoffgehalt

5.1.8 Ballaststoffe

Als Ballaststoffe werden die **unverdaulichen Nahrungsbestandteile** vorwiegend pflanzlicher Herkunft bezeichnet. Chemisch gesehen gehören sie zu den Polysacchariden (siehe Kapitel 5.1.2). Folgende Ballaststoffe sind die wichtigsten in unserer Ernährung:

Cellulose
Sie befindet sich in den Zellwänden der Pflanzen und dient dort als Gerüststoff. Cellulose ist in Wasser unlöslich und verkleistert auch nicht.

Hemicellulose und Lignin
Auch Hemicellulose und Lignin dienen den Pflanzen als Gerüstsubstanz und finden sich vorwiegend in den pflanzlichen Zellwänden.

Pektine
Sie dienen den Pflanzen ebenfalls als Gerüstsubstanz. Da Pektine durch Wasseraufnahme gelieren, können sie als Bindemittel genutzt werden.

Biologische Bedeutung der Ballaststoffe für den Menschen
Obwohl Ballaststoffe für den Menschen unverdaulich sind, erfüllen sie im Verdauungstrakt des Menschen wichtige und zum Teil sehr unterschiedliche Funktionen:

- Sie regen die Kautätigkeit an und führen somit zu einer vermehrten Absonderung von Speichel und anderen Verdauungssäften.
- Sie erhöhen das Sättigungsgefühl.
- Sie regen die Darmtätigkeit an, beugen Darmträgheit und Verstopfung vor und erleichtern den Stuhlgang.
- Sie beeinflussen die Darmflora positiv.
- Sie binden teilweise Schadstoffe, wie z. B. krebsauslösende Substanzen.
- Sie besitzen einen vorbeugenden Einfluss auf die Entstehung von Dickdarmkrebs und Gallensteinen.
- Sie können den Blutfett-, Blutcholesterin- und Blutzuckerspiegel senken.

> Die Deutsche Gesellschaft für Ernährung empfiehlt für Erwachsene eine Aufnahme von mindestens 30 g Ballaststoffen pro Tag.

Die Ballaststoffzufuhr sollte über den Tag verteilt erfolgen. Zudem ist auf eine ausreichende Flüssigkeitszufuhr zu achten, da es sonst zu Verstopfung kommen kann. Ballaststoffkonzentrate, wie z. B. Weizenkleie, sollten nur in geringen Mengen verzehrt werden.

5.1.9 Geruchs- und Geschmacksstoffe

Geruchs- und Geschmacksstoffe werden auch als **Aromastoffe** bezeichnet. Sie befinden sich entweder von Natur aus in den Lebensmitteln oder werden ihnen zugesetzt. Die zugesetzten Aromastoffe müssen im Zutatenverzeichnis auf der Lebensmittelverpackungen angegeben werden. Sie haben keine E-Nummer.

Bedeutung der Geruchs- und Geschmacksstoffe für den Menschen
Aromastoffe bestimmen maßgeblich den **Genusswert** eines Lebensmittels. Sie wirken appetitanregend und verdauungsfördernd. Der Mensch kann sie schon in sehr niedrigen Konzentrationen wahrnehmen. Dabei besteht zwischen Schmecken und Riechen eine enge Beziehung. So sind mit der Zunge fünf Grundgeschmacksrichtungen zu schmecken: süß, sauer, salzig, bitter und umami (= fleischig herzhaft). Über die Nase kann der Mensch sechs Geruchsarten unterscheiden: würzig, harzig, brenzlig, blumig, fruchtig und faulig. Es wird heute davon ausgegangen, dass ein Mensch auf diese Art und Weise bis zu 2000 verschiedene Aromastoffe wahrnehmen kann.

Lebensmittel mit intensiven Geruchs- und Geschmacksstoffen

5.1.10 Sekundäre Pflanzenstoffe

In den Pflanzen finden sich viele chemische Substanzen, deren Zusammensetzung und Wirkung im Einzelnen oft noch gar nicht erforscht sind. Es wird vermutet, dass die Pflanze sie zur Abwehr von Schädlingen und Krankheiten oder zum Anlocken von Insekten produziert. Sie befinden sich in sehr kleinen Mengen vor allem in der Schale und in den Randschichten von frischem Obst und Gemüse.

Lebensmittel mit einem hohen Gehalt an sekundären Pflanzenstoffen

Bedeutung der sekundären Pflanzenstoffe für den Menschen
Sekundäre Pflanzenstoffe sind keine lebensnotwendigen Nährstoffe, sondern sogenannte **bioaktive Stoffe**. Ihnen werden folgende Wirkungen zugeschrieben:

- Stärkung des Immunsystems
- Senkung des Cholesterinspiegels im Blut
- Senkung des Blutdrucks
- Regulierung des Blutzuckerspiegels
- Verringerung des Risikos für Herz-Kreislauf-Erkrankungen
- positive Beeinflussung der Stoffwechselvorgänge im Körper
- Bekämpfung von Mikroorganismen
- Schutz vor Entzündungen
- Schutz vor Krebs

Es gibt auch sekundäre Pflanzenstoffe, die für den Menschen giftig sind. Hierzu zählen z.B. das Atropin der Tollkirsche, die Alkaloide des Schlafmohns und das Nicotin der Tabakpflanze.

5.1.11 Alkohol

Im chemischen Sinne sind Alkohole eine ganze Stoffklasse. Hierzu gehört auch das Ethanol. Da es der einzige Alkohol ist, der für den Menschen genussfähig ist (Trinkalkohol), werden die Begriffe Ethanol und Alkohol oft gleichwertig gebraucht.

Ethanol ist eine farblose, leicht entzündliche Flüssigkeit, die in jedem Verhältnis mit Wasser mischbar ist. Ethanol ist leichter als Wasser und verdampft schon bei 78,3 °C.

Blutalkoholgehalt und seine Auswirkung

Blutalkohol-gehalt	Auswirkung
0,3 Promille	Konzentrations-schwäche
0,5 Promille	angeheitert
1,0 Promille	Konzentrations- und Koordinierungs-schwierigkeiten
2,0 Promille	Torkeln, Vollrausch, Erbrechen
3,0 Promille	Bewusstlosigkeit
4,0 Promille	oft tödlich

1 Promille entspricht 1,06 g Alkohol in 1 l Blut.

Don't drink and drive

Ethanol entsteht durch alkoholische Gärung. Hefen vergären Zucker zu Ethanol und Kohlenstoffdioxid. Bei einem Alkoholgehalt von etwa 18 % kommt die Gärung allerdings zum Erliegen. Höhere Alkoholgehalte (bis etwa 96 %) können nur durch Destillation, das sogenannte „Brennen" (siehe Kapitel 12.3.6), erreicht werden. Das Destillat wird daher auch „Brand" genannt, z. B. Weinbrand.

Bedeutung des Ethanols/Alkohols für den Menschen

Ethanol wird im menschlichen Körper zu etwa 95 % zur Energiegewinnung genutzt, der Rest wird mit Harn, Schweiß und Atemluft ausgeschieden.

Ein Gramm Alkohol liefert 30 kJ (7,1 kcal) Energie.

Alkohol kann abhängig machen und schädigt die Gesundheit. Davon können alle Organe betroffen sein. Gleichzeitig ist bei Alkoholkonsum der Bedarf an zahlreichen unentbehrlichen Nährstoffen erhöht. Dies betrifft vor allem die Vitamine. Bei Schwangeren drohen dem Embryo durch Alkoholkonsum Hirnschädigungen, Störungen im Knochenbau, Missbildungen und Minderwuchs.

5.1.12 Koffein, Tein, Theobromin

Getränke mit einem hohen Gehalt an Genussstoffen

Koffein, Tein und Theobromin sind **Genussstoffe**, die besonders in Kaffee, Tee, Kakao und in Cola vorkommen. Sie erweitern die Blutgefäße und wirken anregend auf Kreislauf und Nervensystem. Größere Mengen allerdings können zu Herzklopfen und Schlafstörungen führen. Da gleichzeitig auch die Nierentätigkeit angeregt wird, kann es zu einer erhöhten Ausscheidung von Urin und damit zu verstärkten Flüssigkeitsverlusten kommen.

5.1.13 Zusatzstoffe

Zusatzstoffe werden den Lebensmitteln zugesetzt, um bestimmte Qualitätsmerkmale zu erreichen. Hierzu gehören z. B. eine verlängerte Haltbarkeit, ein besonderer Geschmack oder eine besondere Farbe und Beschaffenheit. Zusatzstoffe müssen für die entsprechenden Lebensmittel zugelassen sein und auf der Zutatenliste angegeben werden (Kennzeichnung von Zusatzstoffen siehe Kapitel 10.1 und 6.7). Hierfür ist jedem Zusatzstoff eine bestimmte sogenannte E-Nummer zugewiesen.
Zu den Zusatzstoffen gehören u. a. die folgenden Stoffe:

Konservierungsmittel

Diese hemmen die Wirkung von Mikroorganismen oder töten sie ab. Beispiele sind die Sorbinsäure und die Benzoesäure.

Mit Farbstoffen gefärbte Lebensmittel

Farbstoffe

Lebensmittelfarbstoffe werden Lebensmitteln oft zugesetzt, um sie attraktiver zu machen. Es gibt ungefähr 40 zugelassene Farbstoffe. Sie können Allergien auslösen.

Süßstoffe
Hierzu zählen u.a. Aspartam, Cyclamat, Saccharin und Stevia. Süßstoffe haben eine wesentlich höhere Süßkraft als Zucker und werden vor allem in sogenannten Lightprodukten verwendet. Auch sie können unerwünschte Nebenwirkungen haben, wie z.B. Kopfschmerzen oder Allergien.

Zuckeraustauschstoffe
Sie werden auch Zuckeralkohole genannt. Ihre Süßkraft ist der des Haushaltszuckers ähnlich. Typische Zuckeraustauschstoffe sind Sorbit, Mannit und Xylit. Sie sind in verschiedenen Früchten und Gemüsen enthalten. Zuckeraustauschstoffe liefern nur etwa knapp 10 kJ (2,4 kcal) pro Gramm. Sie sind vor allem für Diabetiker von Bedeutung, da sie ohne Verwendung von Insulin im Körper verarbeitet werden. In größeren Mengen (mehr als 20 g pro Tag) können sie abführend wirken.

Geschmacksverstärker
Hier ist vor allem das Glutamat zu nennen. Es verstärkt den natürlichen Geschmack und Geruch des Lebensmittels. Empfindliche Personen reagieren auf Glutamat häufig mit Allergien.

Geliermittel
Hierzu zählen z.B. Agar-Agar und Carrageen. Sie werden aus Algen gewonnen. Der menschliche Körper kann sie nur in geringem Maße verwerten.

Aromastoffe
Sie sind entweder natürlichen Ursprungs oder werden künstlich hergestellt.

Antioxidantien
Sie verhindern den Verderb der Lebensmittel durch die Sauerstoffeinwirkung, indem sie den Sauerstoff binden, z.B. in Margarine.

Emulgatoren
Diese Stoffe sorgen für eine stabile Verbindung von Wasser und Fetttröpfchen, z.B. in Margarine, Wurstwaren und Desserts.

Süßkraft der Zuckeraustauschstoffe und Süßstoffe im Vergleich zum Haushaltszucker

Stoff	Süßkraft
Sorbit (E 420)	0,6
Mannit (E 421)	0,5
Xylit (E 474)	1,0
Aspartam (E 951)	200
Cyclamat (E 952)	40
Saccharin (E 954)	450
Steviolglykoside (E 960)	200–300

Aus der Steviapflanze wird Süßstoff gewonnen

5.1.14 Schadstoffe

Schadstoffe in den Lebensmitteln können die Gesundheit beeinträchtigen. Sie sind unterschiedlichen Ursprungs:
- natürlicherweise vorhanden
- als Rückstände aus der Tier- und Pflanzenproduktion
- entstehen bei unsachgemäßer Lagerung oder Herstellung
- Umweltverschmutzung

Durch Schadstoffe können auch andere Lebewesen und die Umwelt geschädigt werden.

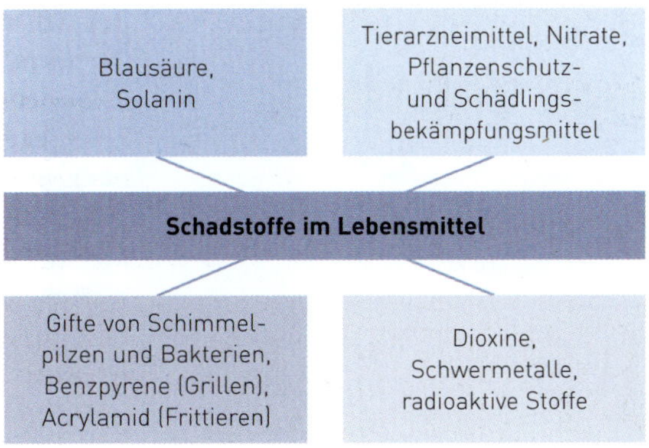

AUFGABEN

1 | Warum kann ein Mensch zwei Wochen ohne Nahrung auskommen, aber nur zwei Tage ohne Wasser?

2 | Wie sind Lebensmittel zu lagern und zu verarbeiten, damit möglichst viele Nährstoffe erhalten bleiben? Nennen und erläutern Sie fünf Verhaltensweisen.

3 | Erstellen Sie ein Schaubild zur Wirkung von Alkohol auf die einzelnen Körperorgane.

Stoffwechsel

Nahrungsaufnahme

Verdauung

Resorption

Zellstoffwechsel

Ausscheidung

5.2 Grundlagen der Ernährung

5.2.1 Verdauung und Stoffwechsel

Kenn…

- ein…
- die… …en Form.

Die G… …als **Stoffwechsel** bezei…

Das … …echsel.

Der S…

Nahr… …ffaufnahme
Die au… …l eingespeichelt. Danac… …n dort über den Zwölf… …s wird die Nahrung … …usteine zerlegt. Diese … …armwand aufgenom… … Bluts und der Lymph… …den die unverdaulich… …lickt und dann als Kot…

Der Sa… …ie Lungen und wird v… …erzellen transportier…

Zellsto…
Nachde… …verden sie dort entwe… …chsel) oder zur Energi… …Energiegewinnung i… …ei der Energiegewinn…

- wird zerkleinert
- über die Speiseröhre in den Magen
- über den Zwölffingerdarm in den Dünndarm
- über diesen Weg wird ~~werden~~ die Nahrung mit Enzymen in ihre Bestandteile zerlegt.
- im Dünndarm durch die Darmwand aufgenommen.

- Anschließend werden sie mithilfe des Blutes zu den Zellen gelangen.
- Im Dickdarm werden die unverdaulichen Nahrungsbestandteile durch Wasserentzug eingedickt und dann als Kot ausgeschieden.

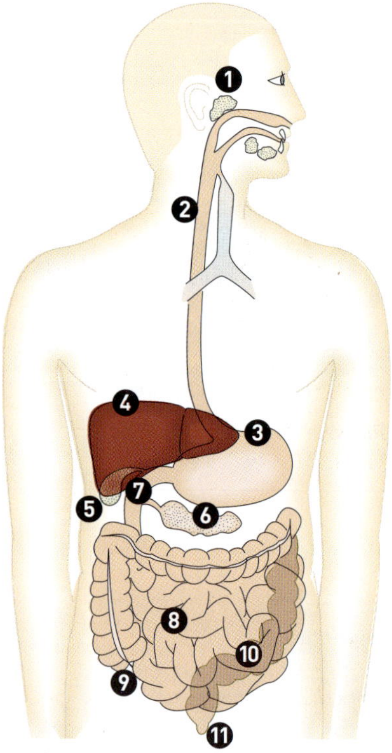

Verdauungsorgane

① Speicheldrüse
② Speiseröhre
③ Magen
④ Leber
⑤ Gallenblase
⑥ Bauchspeicheldrüse
⑦ Zwölffingerdarm
⑧ Dünndarm
⑨ Blinddarm
⑩ Dickdarm
⑪ Enddarm

Aussch… …nstoffdioxids
Im Zellstoffwechsel fallen ständig Stoffe an, die der Körper nicht mehr nutzen kann. Diese müssen abtransportiert und ausgeschieden werden, damit sie sich nicht in den Zellen ansammeln. Die Ausscheidung der Stoffwechselprodukte erfolgt über unterschiedliche Wege:

- Kot über den Darm
- Urin über die Nieren
- Schweiß über die Haut
- Kohlenstoffdioxid über die Lunge

Baustoffwechsel

Nach der Befruchtung der menschlichen Eizelle nimmt die Zahl der Körperzellen des heranwachsenden Embryos ständig zu. Der Mensch wächst heran. Zellen teilen sich, wachsen und teilen sich wieder. Dieser Vorgang setzt sich auch über die Geburt hinaus bis in die Erwachsenenphase fort. Laufend werden neue Körperzellen gebildet. Hierfür benötigt der Mensch Material. Die Nahrung muss dem Menschen also ständig Baustoffe für neue Zellen zur Verfügung stellen.

Alte Körperzellen sterben ab und müssen erneuert werden. Die Lebensdauer der menschlichen Körperzellen ist nur begrenzt. Nach neueren Schätzungen werden bei einer erwachsenen Person pro Stunde mehr als 1 Million Körperzellen erneuert. Innerhalb eines Jahres sind bei einem Erwachsenen somit knapp 90 % aller Körperzellen mindestens einmal ausgetauscht worden. Auch für diese ständige Erneuerung der Körperzellen muss die Nahrung sorgen. Allerdings geht der menschliche Körper sehr wirtschaftlich und nachhaltig mit den Baustoffen um. Bausteine alter Zellen, die er noch gebrauchen kann, verwertet er für den Aufbau der neuen Zellen. Nur die Stoffe, die der Mensch endgültig nicht mehr nutzen kann, scheidet er aus.

Alle Körperzellen werden durch einen ständigen Umbau laufend erneuert. Hierfür müssen dem Körper durch die Nahrung permanent Baustoffe zugeführt werden.

Energiestoffwechsel

Der Mensch benötigt zur Aufrechterhaltung seiner Körperfunktionen selbst bei völliger Ruhe und Entspannung ständig ausreichend Energie, z. B.

- **elektrische Energie** für seine Gehirntätigkeit und die Übertragung von Nervenimpulsen,
- **mechanische Energie** zur Aufrechterhaltung der Atmung, des Herzschlags und des Kreislaufs,
- **chemische Energie** für die Herstellung körpereigener Stoffe,
- **elektrochemische Energie** für die Aufnahme von Stoffen in die Körperzellen,
- **thermische Energie** für die Regulation der Körpertemperatur.

Grundumsatz

Die Energiemenge, die ein Mensch zur Aufrechterhaltung der Körperfunktionen innerhalb von 24 Stunden benötigt, heißt Grundumsatz. Dieser ist von Mensch zu Mensch sehr unterschiedlich und wird durch viele Faktoren, wie z. B. Alter, Geschlecht, Körpergröße, Körpergewicht und Muskelmasse, Schwangerschaft, Stillzeit, Gesundheitszustand, psychische Belastung/Stress oder Klima beeinflusst.

Der Grundumsatz kann experimentell oder rechnerisch ermittelt werden. Als (stark vereinfachte) Faustregel wird für den Grundumsatz eines Erwachsenen abhängig von Alter und Geschlecht mit 80–100 kJ pro kg Körpergewicht gerechnet.

Lebensdauer menschlicher Körperzellen

Zelltyp	Ungefähre Lebensdauer
Schleimhautzellen des Dünndarms	30–35 Stunden
weiße Blutkörperchen	1–3 Tage
Leberzellen	10–15 Tage
Hautzellen	28 Tage
rote Blutkörperchen	120–130 Tage

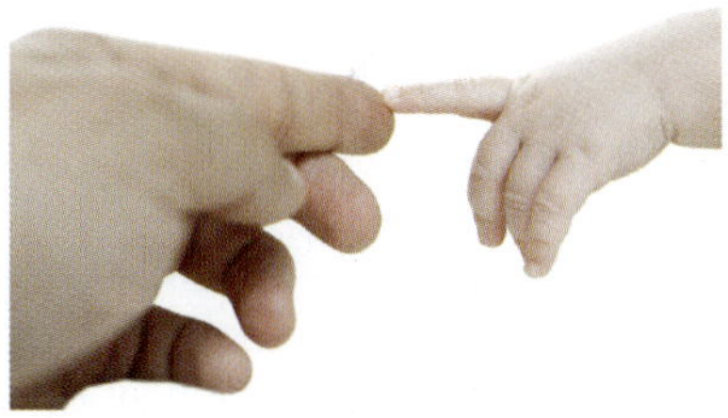

Für sein Wachstum benötigt der Mensch Energie und Baustoffe

Begriff Energie

Energie ist die Fähigkeit, Arbeit zu verrichten. Grundeinheit der Energie ist das Joule (J). Statt Joule verwendet man häufig auch Kalorie (cal).

1 Kalorie ≙ 4,2 Joule

Da beide Energiemengen sehr klein sind, sind die Einheiten kJ (1 kJ = 1 000 Joule) bzw. kcal (1 kcal = 1 000 kcal) gebräuchlicher.

Berechnungsmöglichkeit für den Gesamtumsatz

Gesamtumsatz
=
Grundumsatz
+
Leistungsumsatz

oder

Gesamtumsatz
=
Grundumsatz
x
PAL-Wert

Leistungsumsatz

Jede weitere Leistung, vor allem körperliche und geistige Tätigkeit, aber auch die Verdauung führt zu einem zusätzlichen Energiebedarf. Dieser zusätzliche Energiebedarf wird Leistungsumsatz genannt. Seine Höhe ist insbesondere von der beruflichen Tätigkeit der Person und ihres Freizeitverhaltens abhängig (Arbeits- und Freizeitumsatz). Je anstrengender die körperliche Arbeit und je höher die körperliche Belastung in der Freizeit ist, desto höher ist der Leistungsumsatz. Der Leistungsumsatz lässt sich in einem Experiment ermitteln. Für viele Tätigkeiten liegen bereits Werte vor.

Gesamtumsatz

Der Gesamtenergiebedarf (= Gesamtumsatz) eines Menschen pro Tag ist die Summe seines Grundumsatzes und seines Leistungsumsatzes.
Zur Vereinfachung hat sich seit einigen Jahren folgender alternativer Berechnungsweg für den Gesamtenergiebedarf durchgesetzt:

Gesamtumsatz = Grundumsatz · PAL-Wert.

PAL ist die Abkürzung für „physical activity level“ und bedeutet „körperlicher Aktivierungsgrad“. Der PAL-Wert orientiert sich an der körperlichen Tätigkeit in Beruf und Freizeit und wurde experimentell für verschiedene Tätigkeiten ermittelt.

PAL-Werte für unterschiedliche Personengruppen (Erwachsene)

Aktivität	PAL	Gruppe
sitzende oder liegende Lebensweise	1,2–1,3	Bettlägerige
sitzende Tätigkeit, wenig Bewegung	1,4–1,5	Büroangestellte
sitzende Tätigkeit, zeitweise Bewegung	1,6–1,7	Studenten, Kraftfahrer
gehende und stehende Betätigung	1,8–1,9	Hausmänner, Verkäufer, Handwerker
hohe körperliche Beanspruchung	2,0–2,4	Bauarbeiter, Landwirte, Leistungssportler

Für anstrengende Freizeitaktivitäten, die wöchentlich vier- bis fünfmal über einen Zeitraum von 30 bis 60 Minuten durchgeführt werden, können die PAL-Werte um 0,3 PAL erhöht werden.

(nach: D-A-CH Referenzwerte für die Nährstoffzufuhr, 2015, Kapitel Energie, S. 5)

Die erforderliche Nährstoffzufuhr hängt von der körperlichen Aktivität im Beruf und in der Freizeit ab

5.2.2 Ernährungsgrundsätze

Eine gesunde Ernährung muss den Körper mit allen notwendigen Nährstoffen in einem sinnvollen Verhältnis versorgen. Gleichzeitig muss sie die benötigte Energie zur Verfügung stellen.

Nährstoffzufuhr

Die Gesellschaften für Ernährung in Deutschland (DGE), Österreich (ÖGE) und der Schweiz (SGE/SVE) geben regelmäßig gemeinsam die Referenzwerte für die empfohlene Nährstoffzufuhr heraus.

Für die Aufnahme energieliefernder Nährstoffe gelten derzeit folgende Empfehlungen für einem gesunden Erwachsenen:

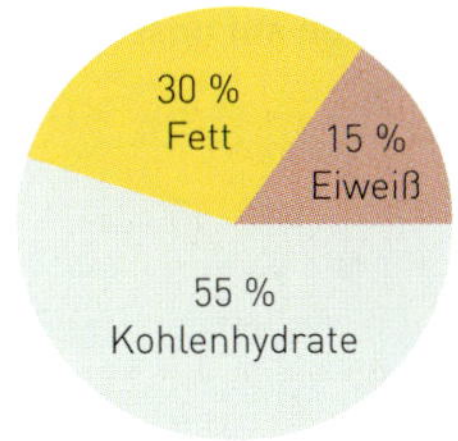

Verteilung der Nährstoffzufuhr

Verteilung der Nährstoffzufuhr insgesamt:

- **Kohlenhydrate:** ca. 55 % der Nahrungsenergie, vorrangig Vielfachzucker
- **Fett:** ca. 30 % der Nahrungsenergie, davon ungefähr jeweils 1/3 aus gesättigten Fettsäuren, einfach ungesättigten und mehrfach ungesättigten Fettsäuren
- **Eiweiß:** ca. 15 % der Nahrungsenergie

Verteilung der Nährstoffzufuhr in Bezug auf das Körpergewicht

- 0,8 g Eiweiß je kg Körpergewicht
- 0,7–0,8 g Fett je kg Körpergewicht
- 4–7 g Kohlenhydrate je kg Körpergewicht

Außerdem sollen täglich 30 g Ballaststoffe aufgenommen werden und es muss auf eine ausreichende Zufuhr an Vitaminen, Mineralstoffen und sekundären Pflanzenstoffen geachtet werden. Hinzu kommt eine tägliche Flüssigkeitszufuhr von 2–3 Litern.

Die Energiezufuhr ist dem Energiebedarf anzupassen. Isst ein Mensch permanent zu wenig, nimmt er ab und es entsteht langfristig **Untergewicht.** Manchmal entsteht Untergewicht durch eine krankhafte Magersucht oder eine Bulimie (Ess-Brech-Sucht). Beide Erkrankungen bedürfen einer medizinischen und psychologischen Behandlung.

Isst ein Mensch ständig zu viel, wird die überschüssige Energie in Fett umgewandelt und der Mensch nimmt zu. Langfristig entsteht **Übergewicht.** Übergewicht kann zu Rücken- und Gelenkbeschwerden, Herz- und Kreislaufbeschwerden, Stoffwechselstörungen, Bluthochdruck und seelischen Störungen führen.

Body-Mass-Index-Nomogramm

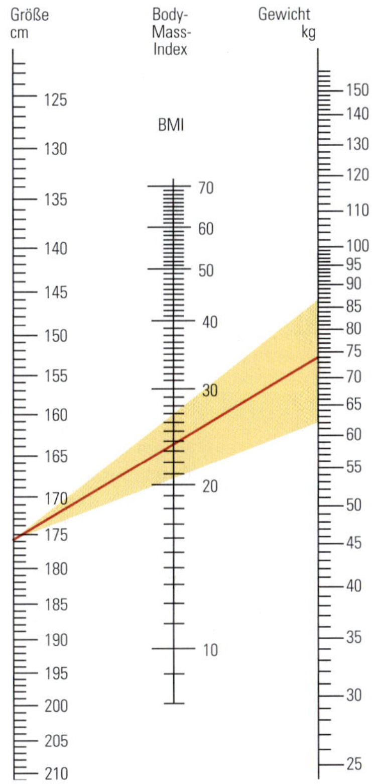

Beispiel: Größe 1,76 m, Gewicht 74 kg, BMI 24 ⟶ Normalgewicht

Body-Mass-Index (BMI)

Eine Beurteilung des Körpergewichts wird mithilfe des Body-Mass-Index (BMI) durchgeführt. Der BMI berechnet sich wie folgt:

$$\text{Body-Mass-Index (BMI)} = \frac{\text{Körpergewicht in kg}}{(\text{Körpergröße in m})^2}$$

Beispiel: Körpergewicht: 74 kg, Körpergröße: 1,76 m

$$\text{BMI} = \frac{74\ \text{kg}}{(1{,}76\ \text{m})^2} = \frac{74\ \text{kg}}{3{,}1\ \text{m}^2} = \mathbf{24\ kg/m^2}$$

Die Person hat Normalgewicht.

BMI-Einteilung

BMI (kg/m²)	Beurteilung
kleiner als 19	Untergewicht
19–25	Normalgewicht
26–30	Übergewicht
größer als 30	Fettsucht

AUFGABEN

1 | a) Erläutern Sie den Begriff Grundumsatz und Leistungsumsatz.
b) Nennen Sie fünf Einflussfaktoren auf die Höhe des Grundumsatzes eines Menschen und erklären Sie ausführlich deren Wirkung.

2 | Erläutern Sie den Begriff Body-Mass-Index.

Einflussfaktoren auf unser Essverhalten
- Kultur und Religion, in bzw. mit der wir aufgewachsen sind
- Erziehung und Gewohnheit
- körperliche Verfassung, Alter, Gesundheit
- Lebensweise
- Trends, Orientierung an Vorbildern, Werbung
- Verfügbarkeit der Lebensmittel
- Einkommen

5.3 Ernährungsformen

5.3.1 Aspekte der menschlichen Ernährung

Wir essen heute nicht mehr vorrangig, um unseren Nährstoff- und Energiebedarf zu decken, sondern weil wir Appetit und „Lust auf etwas" haben, weil wir in Gesellschaft sind oder einfach nur aus Langeweile oder seelischem Kummer.

Die Folge ist, dass in Deutschland ernährungsabhängige Krankheiten wie Karies, ein zu hoher Cholesterinspiegel, Übergewicht, Erkrankungen von Herz und Kreislauf, Magen-Darm-Erkrankungen und Stuhlverstopfung, Gallensteine, Gicht und Diabetes mellitus inzwischen weitverbreitet sind. Viele Menschen essen langfristig zu kalorienreich und zu unausgewogen. Demgegenüber ist die Versorgung hinsichtlich einiger lebensnotwendiger Nährstoffe (wie z. B. Eisen, Folsäure, mehrfach ungesättigte Fettsäuren) eher unzureichend. Es werden zu viel Fleisch, Wurst und Eier, aber auch zu viele stark verarbeitete zucker- und salzhaltige Nahrungsmittel wie z. B. Fertiggerichte, Süßigkeiten, Knabberartikel oder Pommes frites verzehrt. Auch der Alkoholkonsum liegt viel zu hoch. Der Verbrauch an pflanzlichen Produkten sinkt dagegen. Außerdem werden immer weniger Lebensmittel aufgenommen, die nur gering verarbeitet sind und viele wertvolle Nährstoffe enthalten.

> Das Essverhalten verändert sich dauerhaft nur durch eine umfassende Ernährungserziehung. Allein die Vermittlung von Wissen über eine gesunde Ernährung reicht nicht aus, wenn die Menschen nicht motiviert werden können, sich auch tatsächlich bewusst und gesund zu ernähren.

Ernährungskreis der DGE
Der Ernährungskreis der Deutschen Gesellschaft für Ernährung e.V. (DGE) dient als Wegweiser für eine vollwertige Ernährung. Er teilt das reichhaltige Lebensmittelangebot in sieben Gruppen ein und erleichtert so die tägliche Lebensmittelauswahl. Je größer ein Kreissegment ist, desto größere Mengen sollten täglich aus der Gruppe verzehrt werden. Lebensmittel aus kleinen Segmenten sollten sparsam verwendet werden. Für eine abwechslungsreiche Ernährung sollte die Lebensmittelvielfalt der einzelnen Gruppen genutzt werden.

1 Getreide, Getreideerzeugnisse, Kartoffeln, 30 %
2 Gemüse, Salate 26 %
3 Obst 17 %
4 Milch, Milchprodukte 18 %
5 Fleisch, Wurst, Fisch, Eier 7 %
6 Fette, Öle 2 %
7 Getränke

5.3.2 Vollwertige Ernährung

Der Begriff „vollwertige Ernährung" wurde 1955 von der Deutschen Gesellschaft für Ernährung (DGE) geprägt. Er beschreibt eine Kost, die alle nötigen Nährstoffe in den richtigen Mengen, im richtigen Verhältnis und in der richtigen Form enthält. Eine vollwertige Ernährung kann vegetarisch sein, muss es aber nicht. Die DGE fasst ihre Ernährungsempfehlungen in Form von zehn Regeln zusammen. Diese werden regelmäßig an die neuesten wissenschaftlichen Erkenntnisse angepasst.

10 Regeln der Deutschen Gesellschaft für Ernährung
1. Die Lebensmittelvielfalt genießen
2. Reichlich Getreideprodukte sowie Kartoffeln
3. Gemüse und Obst – Nimm „5 am Tag"
4. Milch und Milchprodukte täglich; Fisch ein- bis zweimal in der Woche; Fleisch, Wurstwaren sowie Eier in Maßen
5. Wenig Fett und fettreiche Lebensmittel
6. Zucker und Salz in Maßen
7. Reichlich Flüssigkeit
8. Speisen schonend zubereiten
9. Sich Zeit nehmen und genießen
10. Auf das Gewicht achten und in Bewegung bleiben

5.3.3 Vegetarische und vegane Ernährung

Bei der vegetarischen Kost werden drei Formen unterschieden:

- vegane Kost:
  tierische Produkte werden grundsätzlich nicht verzehrt
- lacto-vegetabile Kost:
  zusätzlich zu pflanzlichen Produkten werden Milch und Milchprodukte verzehrt
- ovo-lacto-vegetabile Kost:
  zusätzlich zu pflanzlichen Produkten werden Milch und Milchprodukte sowie Eier und daraus bzw. damit hergestellte Lebensmittel verzehrt

Alle drei Formen bevorzugen hohe Rohkostanteile in der Nahrung. Werden Lebensmittel gegart, sollen möglichst schonende Garverfahren verwendet werden.

Bei allen drei Kostformen ist eine ausreichende Versorgung mit Kohlenhydraten, Fetten, Mineralstoffen und Vitaminen sowie mit Wasser gewährleistet, bei der ovo-lacto-vegetabilen und der lacto-vegetabilen Ernährung auch mit Eiweiß. Bei der veganen Kost muss auf die Deckung des Eiweißbedarfs geachtet werden. Dies kann insbesondere durch den Verzehr von Hülsenfrüchten, Getreide und Tofu geschehen. Aus ernährungsphysiologischen Gesichtspunkten ist eine vegane Kost für Kinder, Schwangere und Stillende nicht zu empfehlen.

Formen des Vegetarismus

5.4 Ernährungsstörungen

5.4.1 Lebensmittelallergien

Schon in kleinsten Mengen können bestimmte Stoffe in den Lebensmitteln bei einem Menschen eine **Allergie** auslösen. Der Körper verträgt diese Stoffe nicht. Dies bedeutet, dass das Immunsystem darauf reagiert. Typische Symptome sind:

- juckende Haut
- tränende Augen
- Asthmaanfälle mit Atemnot
- Schnupfen und Nieszwang
- ständiger Räusperzwang
- Schwellungen und Rötungen der Haut

Eine Allergie kann plötzlich und in jedem Alter auftreten. Sie kann erblich bedingt sein oder durch Umwelteinflüsse verursacht bzw. gefördert werden. Wird der Kontakt zu dem allergieauslösenden Stoff, dem sogenannten Allergen, nicht vermieden, kann die Allergie auch chronisch werden. Für den Betroffenen ist es also wichtig, zu wissen, welche Zutaten in den Lebensmitteln enthalten sind. Daher müssen auf Fertigpackungen laut Lebensmittel-Kennzeichnungsverordnung alle Zutaten aufgelistet werden. Seit Ende 2014 gilt in allen Mitgliedstaaten der EU die neue Lebensmittelinformations-Verordnung. Diese regelt die Kennzeichnung aller Lebensmittel, die für den Endverbraucher bestimmt sind. Hierzu gehört u. a., dass bei unverpackten Lebensmitteln alle Zutaten deklariert werden müssen, die Allergien auslösen können (siehe Kapitel 10.1).

Lebensmittel, die häufig Allergien auslösen

Fructosehaltige Lebensmittel

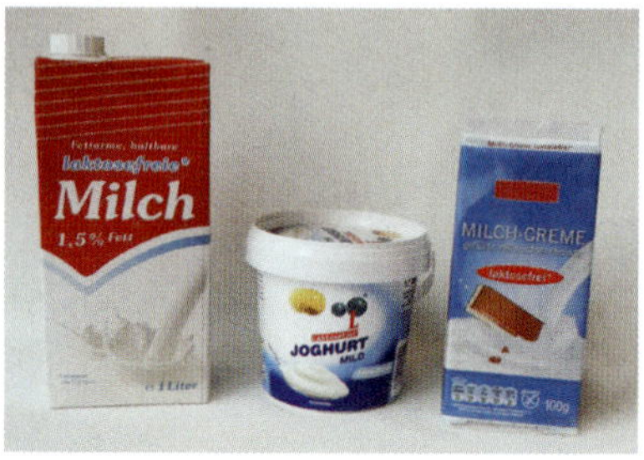

Laktosefreie Milch und Milchprodukte

Nationales Siegel der Deutschen Zöliakie Gesellschaft e.V. (DZG) für glutenfreie Lebensmittel

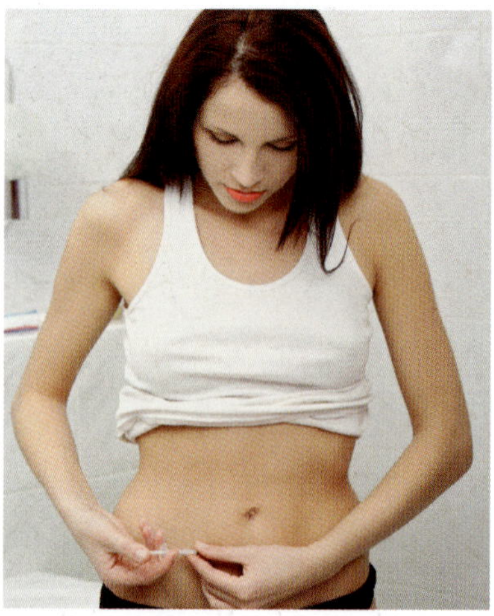

Einige Diabetiker müssen regelmäßig Insulin spritzen

5.4.2 Lebensmittelintoleranzen und Lebensmittelunverträglichkeiten

Neben … tteln Unverträglichke… tem nicht beteiligt. D… as Verdauungssyster… il nicht richtig verarb… bzw. Fructoseintole…

Fructo…

Bei di… htzucker) nicht oder n… Bauchschmerzen, B… r möglichst den Verzeh… Lebensmitteln reduzi…

Laktos…

Aufgru… Verdauungstrakt nicht aufgespalten und durch die Darmwand ins Blut aufgenommen werden. S… n. Dies führt zu Bauch… ne sollte daher möglic… rmeiden. Da die Laktos… del laktosefreie Milch …

Zöliak…

Diese … ten, die für die Aufna… ist der Eiweißstoff G… der Gerste vorkomm… die Versorgung mit de… An Zöliakie Erkrankt… ist, lebenslang meide… nis angewiesen oder m… ten.

5.5 Diabetes mellitus

Urs…

Dia… wechselkrankheit, die … ng oder kein Insulin … nd der Verdauung wer… abgebaut und anschl… ehe Kapitel 5.1.2). Übe… en, von denen sie norm… mit aus dem Blut entf…

Handschriftliche Notizen:

Fructoseintoleranz:
Fruchtzucker wird im Darm schlecht verwertet. Bauchschmerzen, Durchfall, Blähungen. Verzehr von fruchtzuckerhaltigen Lebensmitteln vermeiden.

Laktoseintoleranz
Enzymmangel kann Milchzucker (Lactose) (Kohlenhydrate) im Verdauungstrakt nicht aufspalten und im Blut aufnehmen. Bauchschmerzen, Blähungen, Durchfall. Verzehr von Milch-~~und~~ produkten vermeiden.

Zöliakie:
Zerstörung der Darmwand die für die Nahrungsaufnahme aller Nährstoffe zuständig ist. Ursache ist der Eiweißstoff Gluten. Weizen, Dinkel, Roggen, Hafer, Gerste verboten.

Auswirkungen

Der Anteil des Zuckers im Blut wird als Blutzuckerspiegel bezeichnet und liegt normalerweise zwischen 80 und 120 mg pro 100 ml Blut. Ist nicht genügend Insulin vorhanden bzw. wirkt das Insulin nicht, steigt der Blutzuckerspiegel an. Dies liegt daran, dass die Glucose nicht in die Körperzellen gelangen kann. Es kommt zu einer Überzuckerung. Die Überzuckerung führt zunächst zu verstärktem Durst und zu Wadenkrämpfen. Als Reaktion auf den Durst nimmt der erkrankte Mensch verstärkt Flüssigkeit zu sich. Dadurch kommt es in den Nieren zu einer erhöhten Produktion von Urin, mit dessen Hilfe der Zucker ausgeschieden werden kann.

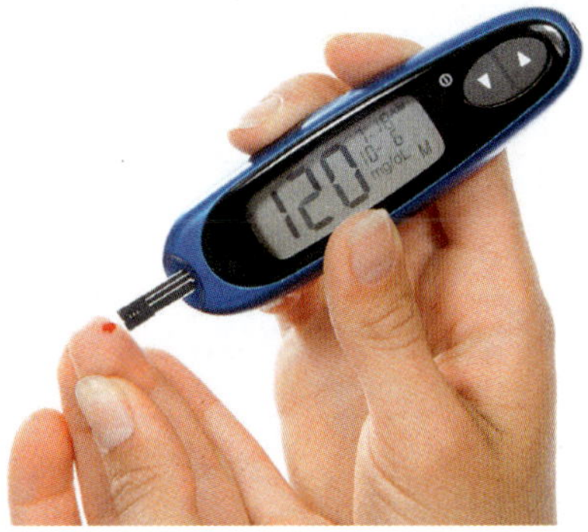

Messung des Blutglucosespiegels

Bei Diabetes mellitus kann der Blutzuckerspiegel allerdings auch zu stark sinken. Das geschieht meistens dann, wenn die Insulinmenge, die der Diabeteskranke sich aufgrund seiner Erkrankung spritzt, falsch berechnet ist. Dann entsteht eine gefährliche Unterzuckerung, die mit einem Kreislaufzusammenbruch und Bewusstlosigkeit einhergehen kann. Nur der sofortige Verzehr von Traubenzucker kann diese Auswirkungen verhindern.

Risikofaktoren

Heute wird davon ausgegangen, dass es sich bei Diabetes mellitus um eine Krankheit handelt, die durch bestimmte Erbfaktoren begünstigt wird. Zur Entstehung der Krankheit tragen jedoch weitere Risikofaktoren bei:

- Übergewicht mit einem Fettansatz vor allem am Bauch
- Bluthochdruck und Fettstoffwechselstörungen
- Bewegungsmangel und eine zu hohe Energiezufuhr
- einige Virusinfektionen, wie z. B. Mumps und Röteln, verschiedene Medikamente, Alkohol und Nikotin

Berechnung der Kohlenhydratmenge in Lebensmitteln

1 Broteinheit (BE) ≙ 12 g Kohlenhydrate
1 Kohlenhydrateinheit (KE oder KHE) ≙ 10 g Kohlenhydrate
Die Kohlenhydratmenge bezieht sich auf die verdaulichen Kohlenhydrate ohne Ballaststoffe.

Ernährung

Diabetiker, die Insulin spritzen, müssen die Kohlenhydrate, die sie über die Nahrung zu sich nehmen, genau berechnen. Der Kohlenhydratgehalt in Lebensmitteln wird in Broteinheiten (BE) bzw. Kohlenhydrateinheiten (KE oder KHE) angegeben.

Allgemein gelten für Diabetiker folgende Ernährungsregeln:

- Auf eine vollwertige Mischkost mit einem etwas erhöhten Kohlenhydratanteil achten.
- Die aufgenommene Energiemenge auf den Energiebedarf abstimmen.
- Mehrere kleine Mahlzeiten (bis zu sieben) regelmäßig über den Tag verteilt aufnehmen.
- Stärkehaltige Produkte bevorzugen, die Zufuhr von zuckerhaltigen Lebensmitteln und Getränken einschränken.
- Eventuell Erzeugnisse einbeziehen, die mit Süßstoffen gesüßt sind.

Empfehlenswerte Lebensmittel für Diabetiker

AUFGABEN

1 | Erläutern Sie die Begriffe Vegetarier und Veganer.

2 | Stellen Sie dar, was Sie selbst unter einer sinnvollen Ernährung verstehen.

3 | In 100 ml Cola sind 16 g Kohlenhydrate, in 100 ml Bier 3,5 g Kohlenhydrate sowie 0,4 g Eiweiß und 4,2 g Alkohol enthalten. Berechnen Sie, wie viel Energie mit einem Glas Cola (250 ml) und einem Glas Bier (300 ml) aufgenommen wird.

5.6 Aufgaben

1 | Nahrungsmittel enthalten Inhaltsstoffe. Diese übernehmen im menschlichen Körper bestimmte Aufgaben. Notieren Sie die Nährstoffe mit ihren dazugehörigen Funktionen. Mehrfachnennungen sind möglich.

Nährstoffe
Kohlenhydrate
Fette
Eiweißstoffe
Vitamine
Mineralstoffe
Wasser
Ballaststoffe
Aromastoffe

Funktionen
Energielieferant
Baustoff
Wirk- und Reglerstoff
Transportmittel
Wärmeregulator
Energiespeicher
Lösungsmittel
appetitanregend
verdauungsfördernd

2 | Setzen Sie die folgenden Sätze richtig fort und schreiben Sie diese komplett auf. Es können auch mehrere Möglichkeiten richtig sein.

a) Kohlenhydrate werden in verschiedene Arten unterteilt. Zu den Einfachzuckern (Monosaccharide) gehören ...
... Fruchtzucker.
... Malzzucker.
... Milchzucker.
... Traubenzucker.

b) Bei der Fotosynthese der Pflanzen ...
... werden Sauerstoff und Einfachzucker produziert.
... werden Kohlenstoffdioxid und Wasser benötigt.
... wird Lichtenergie benötigt.
... wird Chlorophyll in Einfachzucker umgewandelt.

c) Ballaststoffe ...
... sind für den Menschen nur Ballast.
... quellen im Darm und regen die Verdauung an.
... fördern das Wachstum der Darmbakterien.
... liefern den Menschen keine Energie.

d) Ungesättigte Fettsäuren ...
... helfen, den Cholesterinspiegel zu senken.
... liefern mehr Energie als gesättigte Fettsäuren.
... sind besonders empfindlich gegen Hitze und Sauerstoff.
... kommen vor allem in Gemüse vor.

e) Die biologische Wertigkeit der Eiweißstoffe gibt an, wie viel Prozent des aufgenommenen Eiweißes ...
... Energie liefern.
... in körpereigenes Eiweiß umgebaut werden.
... lebensnotwendig sind.
... nicht ausgeschieden werden.

3 | Erstellen Sie eine Übersicht, welche der abgebildeten Lebensmittel besonders reich an folgenden Inhaltsstoffen sind. Mehrfachnennungen sind möglich.

a) Zucker b) Stärke c) Ballaststoffe
d) Eiweiß e) Fette

4 | Vitamine sind gegenüber Hitze, Licht und Sauerstoff empfindlich. Nennen Sie vier Regeln im Umgang mit Lebensmitteln, um die Vitamine zu schonen.

5 | Sekundäre Pflanzenstoffe werden in ihrer Bedeutung für den Menschen oft unterschätzt. Erklären Sie den Begriff „sekundäre Pflanzenstoffe" und deren Bedeutung.

6 | Ohne Energie kann der Mensch nicht leben. Unterscheiden Sie die Begriffe „Grundumsatz" und „Leistungsumsatz".

7 | Berechnen Sie den Body-Mass-Index einer 85 kg schweren Person, die 1,95 m groß ist.

8 | Welche der folgenden Aussagen passen zu einer vollwertigen Ernährung? Schreiben Sie diese Aussagen auf und begründen Sie Ihre Auswahl.

a) Fünfmal am Tag Obst essen.
b) Nicht zu viel trinken.
c) Zügig essen, dabei gut und intensiv kauen.
d) Nur das essen, was einem schmeckt.
e) Viele Getreideprodukte und Kartoffeln essen.
f) Lebensmittel schonend zubereiten.

9 | Sie halten sich an die empfohlene Verteilung der Nährstoffe und nehmen 30 % Ihrer Energiezufuhr als Fett, 15 % als Eiweiß und 55 % als Kohlenhydrate zu sich. In der letzten Zeit haben Sie insgesamt durchschnittlich 2100 kcal pro Tag aufgenommen.

a) Wie viel kcal haben Sie jeweils als Fett, Eiweiß und Kohlenhydrate zu sich genommen?
b) Wie viel Gramm Fett, Eiweiß und Kohlenhydrate haben Sie durchschnittlich pro Tag verzehrt?

6 Kommunikation

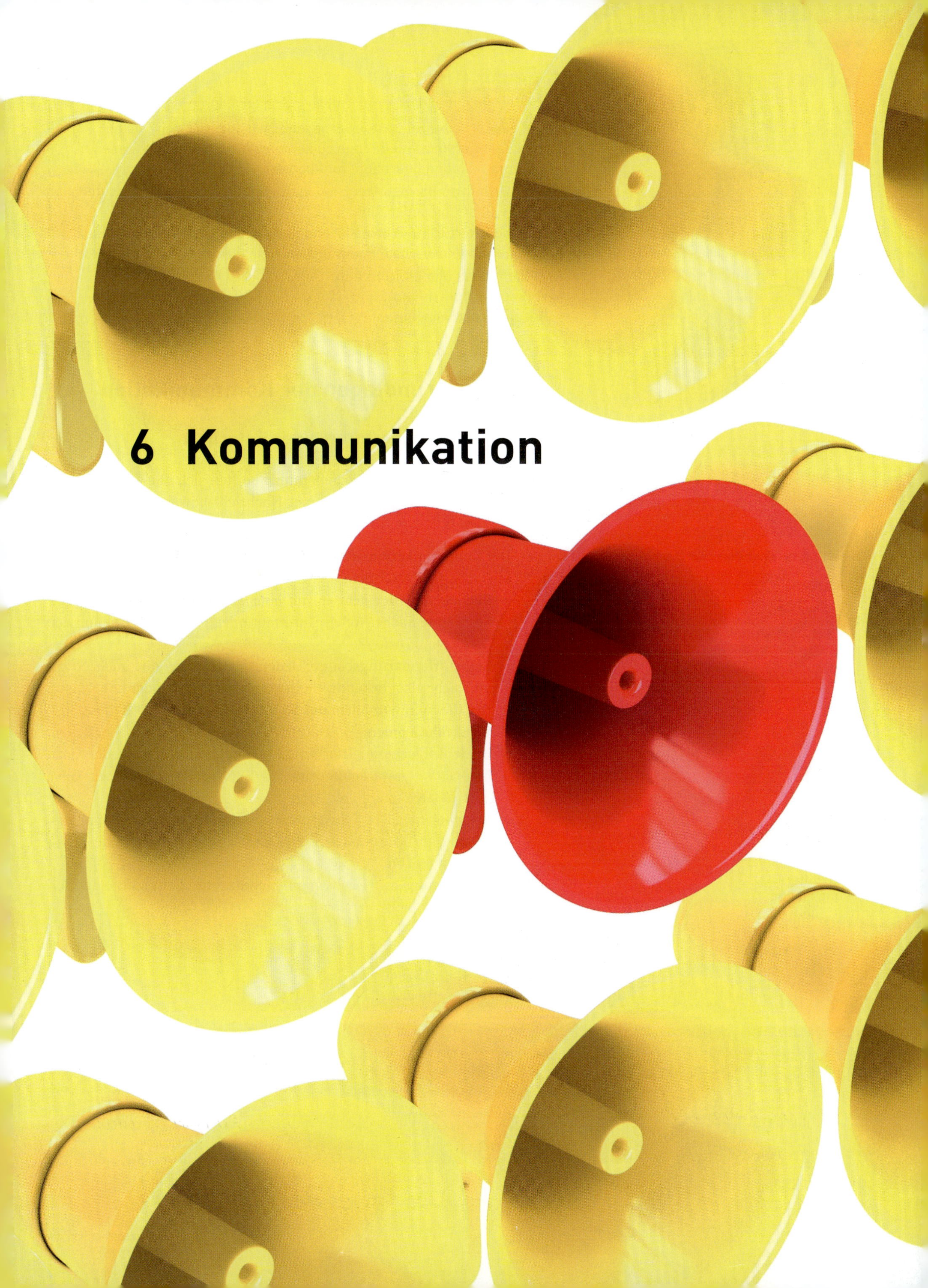

Kommunikation

- Für alle Mitarbeiter im Gastgewerbe ist es wichtig, mit den Gästen und im Team professionell reden zu können. Wir sollten also wissen, wie Kommunikation überhaupt funktioniert.
- Welche Grundvoraussetzungen sind in der Gästeberatung zu beachten, damit die Gäste zufrieden sind?
- Die richtige Wortwahl/verbale Kommunikation und eine angemessene Körpersprache/nonverbale Kommunikation spielen dabei eine große Rolle.
- Darüber hinaus gibt es Tipps zum
  - Verkaufsgespräch und
  - Beschwerdemanagement

6.1 Grundlagen der Kommunikation

6.1.1 Die vier Ohren einer Botschaft

Für eine vernünftige Gästeberatung sollten sich alle Gesprächsbeteiligten der Vielseitigkeit einer Nachricht bewusst sein. Dies gilt für den Gast wie für den Servicemitarbeiter.

Die vier Ohren einer Botschaft (nach Schulz von Thun)

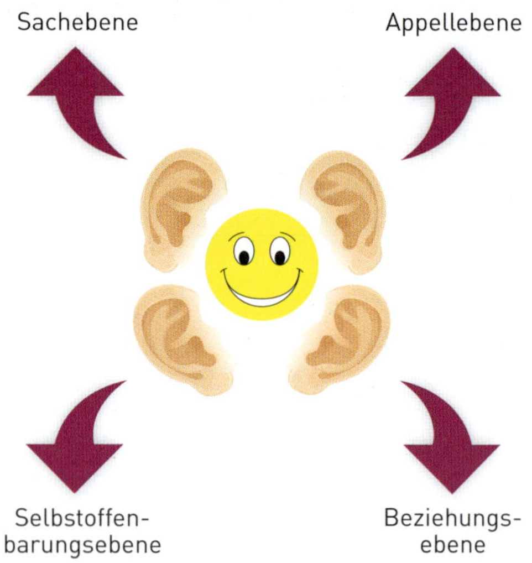

Der Kommunikationswissenschaftler Schulz von Thun geht davon aus, dass jede Nachricht vier Aspekte hat:

- **Sachebene:** Hier geht es um eine objektive Aussage, um eine bestimmte Sache. Welche Informationen geben der Gast und der Servicemitarbeiter?
- **Selbstoffenbarungsebene:** Jeder, der spricht, gibt auch etwas von sich selbst bekannt. Dies geschieht bewusst oder unbewusst. Der Gast und vor allem der Servicemitarbeiter sollten diese Signale wahrnehmen.
- **Beziehungsebene:** Hier kommt zum Ausdruck, wie der Gast den Servicemitarbeiter und der Servicemitarbeiter den Gast einschätzt.
- **Appellebene:** Der Schwerpunkt liegt darin, seinen Gesprächspartner zu beeinflussen, sein Denken in eine bestimmte Richtung zu lenken.

(in Anlehnung an: Friedemann Schulz von Thun: Miteinander reden, Bd. 1, 2010)

Sachinhalt:
Was hat der Gast bestellt?
Was kann ich empfehlen?

Beziehung:
Wie redet der eigentlich mit mir?

Gastorientiertes Gespräch mit Nachricht/Mimik/Gestik

Selbstoffenbarung:
Was ist das für einer?

Appell:
Was soll ich/der Gast denken oder fühlen?

- Wie schätzt man sich gegenseitig ein?

- Was gibt man von sich selbst bekannt!

- Was möchte ich am Ende erreichen?

Jeder Gast sowie Servicemitarbeiter entscheidet selbst, auf welcher Ebene des Gesprächs er reagieren will.

Kommunikation wird auf einer Sach- und auf einer Beziehungsebene geführt. Auf der Sachebene geht es um einen Gesprächsinhalt, also was wir miteinander reden. Auf der Beziehungsebene geht es darum, wie wir miteinander reden. Je nachdem, in welcher Verfassung sich der Servicemitarbeiter befindet und wie er seinen Gast einschätzt, spielen unter anderem Lautstärke, Blickkontakt und Körperhaltung eine Rolle.

Kommunikation funktioniert erst dann reibungslos, wenn auch die Beziehungsebene störungsfrei ist.

Damit wird deutlich, dass im gastorientierten Gespräch auch die Beziehung der miteinander sprechenden Personen Auswirkungen auf das Gespräch hat. Wie der Servicemitarbeiter mit dem Gast spricht und umgeht, gibt Aufschluss über seine Einstellung zu ihm. Aber auch der Gast macht durch sein Verhalten deutlich, welche Bedürfnisse er hat und was er erwartet.

Es ist wichtig, Sache und Person zu trennen: Nicht einer Sache kritisch gegenüberstehen, nur weil die Person, die den Vorschlag gemacht hat, nicht sympathisch ist.

6.1.2 Digitale und analoge Kommunikation

Unsere Kommunikation ist zunächst digital (Wort- und Schriftsprache). Aber auch Bilder können „sprechen“ (Fotos, Piktogramme, Symbole etc.).

Besonders im Fast-Food-Bereich wird mit großen Bildern auf beleuchteten Displays am Counter gearbeitet. Dies sind analoge Kommunikationselemente. Der große Vorteil der analogen Kommunikation ist, dass Bilder von der Muttersprache unabhängig sind. Daher sind sie für jeden Menschen, besonders auch für Kinder, verständlich. Nicht selten beeinflussen diese bewusst gestalteten Bilder/Charts unbewusst die Kaufentscheidung vieler Gäste. Auch das gastorientierte Gespräch sollte Bilder in den Köpfen der Gäste hervorrufen.

Eisbergmodell der Kommunikation

Bei einem Eisberg ist nur der kleinere Teil sichtbar. Dieser Teil entspricht der Sachebene. Der größere Teil des Eisbergs befindet sich unsichtbar unterhalb der Wasseroberfläche. Dieser Teil entspricht der Beziehungsebene.

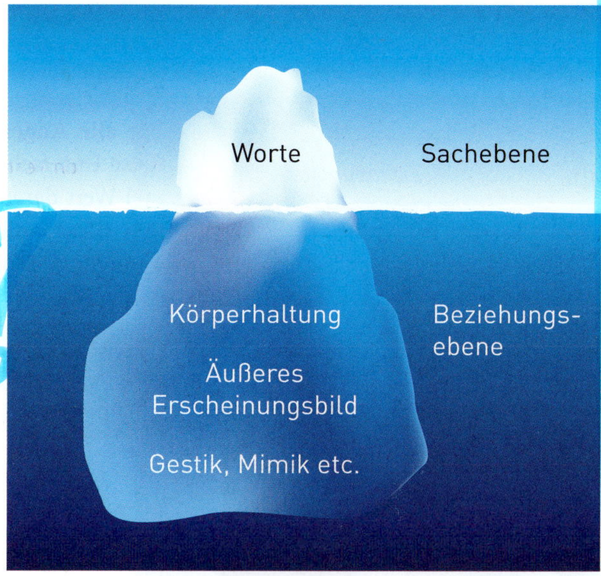

Analoge Kommunikation mithilfe eines Piktogramms

Analoge Kommunikation mithilfe eines bebilderten Speisenangebots

Wortwahl
Eine umgangssprachliche Ausdrucksweise ist im Umgang mit Gästen und Vorgesetzten unangebracht.

„Geiles Event mit coolen Getränken!"

„Ein peppiges Zimmer mit stylischen Möbeln."

6.1.3 Symmetrische und asymmetrische Kommunikation

Bei der symmetrischen Kommunikation gehen beide Partner von einem gleichberechtigten Verhältnis zueinander aus. Bei der asymmetrischen Kommunikation sind die Gesprächspartner nicht gleichberechtigt. Einer fühlt sich höhergestellt und macht dies auch durch sein Sprechverhalten deutlich.

Fü[...] wichtig, wenn sie die[...]gibt Gäste, die sehr vie[...]elt zu werden. Ander[...] In beiden Fällen ist die[...]

Symmetrische und asymmetrische Kommunikation:
Gleichberechtigt und nicht Gleichberechtigt.

Ir[...]ehmen, aber ir[...]ge Wortwahl a[...]

1 [...]sche Kommuni-[...]

2 [...]ymmetrische Kommunikation zustande kommen, vermieden werden?

3 | Guter Service kann eine schlechte Mahlzeit retten. Eine gute Mahlzeit kann keinen schlechten Service ungeschehen machen.
Diskutieren Sie diese These in Bezug auf die Kommunikation mit dem Gast im Restaurant.

Verbale Kommunikation bei der Bestellannahme

6.1.4 Verbale und nonverbale Kommunikation

Verbale Kommunikation
Der Austausch von Informationen zwischen Menschen findet häufig mithilfe des gesprochenen Wortes statt.

Verbale Kommunikation = sprachliche Verständigung

Durch verbale Kommunikation werden Informationen und Gedanken an die Gäste und Mitarbeiter übermittelt.
Fachliche Gespräche finden zunächst auf der Sach- oder Inhaltsebene statt. Hierzu gehören z. B:
- Verkaufsgespräche
- Beratungsgespräche
- Diskussionen
- Berichte

„Möchten Sie vielleicht ein Dessert?"

„Ich empfehle Ihnen unser Dessert, eine luftig leichte Vanille-Eiscreme mit zartschmelzenden Schokosplittern."

Mit jedem Wort, mit jedem Satz verfolgt der Mensch ein Ziel: Er will seinen Gesprächspartner zu einer Antwort, zu einer Reaktion bewegen.

Man kann nicht nicht kommunizieren. Da wir uns immer irgendwie verhalten oder irgendetwas zum Ausdruck bringen, selbst wenn wir nicht reden, gibt es nicht die Möglichkeit, nicht zu kommunizieren.

Nonverbale Kommunikation an der Bar

Nonverbale Kommunikation

Im Restaurant oder an der Bar sind die Gäste nicht nur Zuhörer, sondern auch Zuschauer: Sie machen sich ein Bild von den Personen. Über die Körpersprache senden Personal und Gäste auch nonverbale Signale aus.

Nonverbale Kommunikation = Verständigung ohne Worte

Erscheinungsbild

Ein positives Erscheinungsbild ist die Voraussetzung für Sympathie. Sichtbare Körperpflege und korrekte Berufsbekleidung sind die Grundelemente (siehe Kapitel 7.1), um ein angenehmes Erscheinungsbild zu gewährleisten.

Für die meisten Betriebe ist das Outfit ihrer Mitarbeiter ein wichtiger Bestandteil der Unternehmensdarstellung. Die Bekleidung gehört zur nonverbalen Kommunikation. Durch Farbe, Material und Stil der Uniform werden bestimmte Signale bewusst gesetzt und ein spezielles Image vermittelt.

Kleider machen Leute!

Sprache und Sprechdynamik

Auch die Stimme drückt Gefühle aus und entscheidet über Sympathie und Antipathie (Ablehnung). Durch die Elemente Lautstärke, Tonlage und Klangvolumen kann die Stimme Höflichkeit, Sachlichkeit, Ärger, Wut, Traurigkeit, Arroganz usw. ausdrücken.

Die Stimme ist nicht nur Folge unserer Vererbung. Da sie auch erlernt wird, sind folgende Grundregeln für das Gastgespräch zu beachten:

- Das richtige Sprachtempo verwenden. Zu schnelles Sprechen erzeugt Misstrauen („Der will mich überreden"). Zu langsames Sprechen wird als langweilig und desinteressiert empfunden.
- Motivierend sprechen, d. h. Sprechtempo und Betonung wechseln. Obwohl sich die inhaltlichen Informationen durch einen unterschiedlichen Tonfall nicht ändern, sind die Auswirkungen auf die Beziehung der Gesprächspartner groß.
- Sprechlautstärke den Hintergrundgeräuschen anpassen; die erforderliche Diskretion ist dabei immer zu wahren.
- Pausen im Gespräch machen, denn sie geben dem Zuhörer das Gefühl, einen ruhigen, überlegten Mitarbeiter vor sich zu haben, der Sicherheit ausstrahlt. Pausen geben Zeit zum Verarbeiten einer Nachricht.

Der Ton macht die Musik

Der Ton macht die Musik!

Verärgerung

Verständnislosigkeit/Zweifel

Nachdenklichkeit/Zweifel/ Ablehnung

Einverständnis

Freude

Entsetzen

Körperhaltung
Die Stimmung oder innere Einstellung eines Menschen kann durch seine Körperhaltung deutlich werden. Wie sich ein Servicemitarbeiter bewegt, wie er geht, wie er vor dem Gast steht, sind Aspekte, mit denen er beim Gast einen Eindruck hinterlässt.

Distanz (Abstand)
Jeder Mensch braucht einen Schutzraum, eine Intimsphäre. Der räumliche Bereich, in dem Gespräche geführt werden, gehört dazu. Eine angemessene räumliche und sprachliche Distanz zum Gast einzuhalten, hat mit Taktgefühl zu tun (professionelle Distanz). Der mitteleuropäische soziale Abstand beträgt mindestens eine Armlänge. In anderen Kulturen gehen Menschen näher aufeinander zu und berühren sich häufiger oder Körperkontakt ist grundsätzlich verboten.

Auch emotionales Zunahetreten verletzt die Distanzgrenze eines Menschen. Aggressives, plumpes oder auffallendes Verhalten wirkt aufdringlich und kann verletzen.

Gestik (Körpersprache)
Grundsätzlich soll die Gestik das gesprochene Wort unterstreichen und das Sprechen beleben. Mit Gesten geben Menschen oft unkontrolliert ihre Stimmungslage bekannt.

Mimik (Gesichtsausdruck)
Mit der Mimik bringt ein Mensch seine Gefühle und Empfindungen zum Ausdruck. Mimik transportiert Gefühle bewusst oder unbewusst auf den Mitmenschen. Daher führt eine unfreundliche Mimik in der Regel beim Gast zur Ablehnung. Lächeln ist die wichtigste Mimikform, denn Lächeln motiviert und schafft Vertrauen.

Die Stellung der Augenbrauen und des Mundes prägen ebenfalls den Gesichtsausdruck. Heruntergezogene Mundwinkel wirken nicht so verkaufsfördernd wie strahlende Augen und hochgezogene Mundwinkel.

Ein guter Servicemitarbeiter versucht, die Mimik des Gastes auszuwerten und für den weiteren Verlauf des Beratungsgesprächs zu nutzen. Aus dem Gesicht eines Gasts lässt sich meistens ablesen, ob er zufrieden, genervt, verunsichert oder verärgert ist.

Bei der Deutung von Mimik und Gestik sind kulturelle Unterschiede zu berücksichtigen

Kommunikationsstörungen

Kommunikationsstörungen entstehen im gastronomischen Betrieb in Situationen, die durch Stress, Ärger oder Zeitdruck geprägt sind und in denen Menschen nicht mehr fähig sind, problemlos miteinander zu reden.

Kritik darf nie persönlich beleidigend wirken!

Oft äußern Gäste ihre Wünsche unklar oder wissen nicht genau, was sie wollen. Entstehen auf dieser Ebene Missverständnisse (z. B. Mehrdeutigkeit von Begriffen, Fremdsprachenbesonderheiten), sind diese in der Regel leicht zu erkennen und zu erklären.

Findet ein Gespräch auf unterschiedlichen Kommunikationsebenen statt, sind Störungen schwieriger zu beheben. Befehlston, aufdringliche Empfehlungen oder Überredungskünste rufen Störungen auf der Beziehungsebene hervor. Eine Sachbotschaft wird als Beziehungsbotschaft gedeutet, d. h., Argumente und Empfehlungen werden oder wollen nicht gehört und verstanden werden. Dies kann auch zu Kommunikationsblockaden führen, d. h., die Gesprächspartner verstehen sich überhaupt nicht mehr.

Aus diesen Gründen sind folgende Aspekte im Gespräch zu beachten:

- Konzentration auf das, was gesagt wird und auf das, was nicht gesagt wird. Aus unterschiedlichen Gründen sagen Gesprächspartner nicht immer alles, was sie sagen wollen.
- Den Gesprächspartner immer ausreden lassen. In einem vernünftigen Gespräch hören die Gesprächspartner einander stillschweigend an, bis der eine ausgeredet hat. Dann antwortet der andere beherrscht ohne seinen Gesprächspartner zu belehren.
- Die Informationen, die der Gesprächspartner gibt, sollte schon beim Zuhören eingeordnet werden.
- Durch Zwischenfragen können Missverständnisse ausgeräumt werden und der Gesprächspartner fühlt sich ernst genommen.

Wer mit Erfolg kommunizieren will, muss positiv denken. So entsteht eine gastorientierte Einstellung. Negatives Denken führt zu keiner Lösung und schwächt die Persönlichkeit.

Erst wenn der verbale Ausdruck mit dem nonverbalen Ausdruck übereinstimmt, kann das Gesprochene beim Gesprächspartner glaubwürdig ankommen.

Gesagt und bestellt?

Gesagt
bedeutet noch nicht
gehört.

Gehört
bedeutet noch nicht
verstanden.

Verstanden
bedeutet noch nicht
einverstanden.

Einverstanden
bedeutet noch nicht
bestellt.

Folgendes ist in einem Gespräch zu vermeiden:

- Anordnungen erteilen
- Mahnungen oder Drohungen aussprechen
- Vorträge/Predigten halten
- Lösungen vorschreiben
- lächerlich machen

AUFGABEN

1 | Erläutern Sie die vier Ebenen einer Nachricht, die das Vier-Ohren-Modell nach Schulz von Thun beschreibt.

2 | Beschreiben Sie die Bereiche der Körpersprache.

3 | Wie kann die Stimme ein Gespräch bestimmen?

4 | Durch welche Verhaltensformen kann es zu Kommunikationsstörungen im Verhältnis zwischen Gast und Servicemitarbeiter kommen?

6.2.2 Verkaufsgespräche am Telefon

Das Telefon/Handy/Smartphone ist ein wichtiges Kommunikationsmittel zum Kunden und hat im Zeitalter mobiler Vernetzung noch mehr an Bedeutung gewonnen. Das Telefonverhalten der Mitarbeiter ist wichtig im Bereich Serviceorientierung. Außerdem ist es ein Imagefaktor. Der Kunde sieht den Gesprächspartner nicht und orientiert sich an dem, was er hört und wie er es hört. Es muss dem Servicemitarbeiter gelingen, freundlich, höflich und hilfsbereit zu sein und auch so zu klingen.
Prinzipiell ist zu unterscheiden, ob ein Gespräch geführt werden soll oder ob ein Anruf erfolgt. Beabsichtigt ein Mitarbeiter, ein Telefonat zu führen, sollte er gut vorbereitet sein und ein Ziel verfolgen. Nimmt ein Mitarbeiter ein Gespräch an, sollte er sich zunächst auf seinen Gesprächspartner einstellen und dann die Gesprächsführung übernehmen.

Neben dem Telefonat keine anderen Tätigkeiten durchführen; nicht essen, trinken, rauchen oder auf einer zweiten Leitung telefonieren.

Häufig müssen Informationen aus Telefonaten an andere Abteilungen weitergegeben werden. Dazu ist eine schriftliche Notiz, die während des Telefonats oder anschließend gemacht wird, unerlässlich. Telefonnotizvorlagen können vorgefertigt gekauft oder individuell zugeschnitten werden.

Regeln für den Telefonverkauf

Arbeitsplatz
Voraussetzung für ein professionelles Telefongespräch ist ein geordneter und sauberer Arbeitsplatz. Schreibmittel sowie Aktionsprogramme und Prospekte liegen bereit.

Lächeln
Auch wenn man sein Gegenüber am Telefon nicht sieht, ist ein Lächeln am Telefon zu „hören". Je sympathischer und besser gelaunt der Mitarbeiter wahrgenommen wird, desto eher lassen sich Kunden auf ein Gespräch ein.

Begrüßung
Grußformel, Betriebsname und den eigenen Namen verständlich nennen.

Stimme macht Stimmung – besonders am Telefon!

Aktives Zuhören
Konzentrieren, da sich Konzentration auf den Anrufer überträgt. Es ist spürbar, ob sich der andere ernsthaft mit dem Partner beschäftigt oder nicht.

Fragestellungen und Formulierungen
Mit gezielten Fragen, das Ziel vor Augen, das Gespräch führen. Möglichst W-Fragen verwenden. Freundlich sprechen und den Anrufer in seinem Anliegen bestätigen. „Danke" und „bitte" sowie Bestätigungen wie „ja, gerne" oder „selbstverständlich" möglichst häufig verwenden. Längeres Schweigen und Ausdrücke wie „ich versuche mal" vermeiden. Der Anrufer muss die Fähigkeit und das Interesse des Angerufenen spüren.

Beim Telefonieren lächeln

W-Fragen
Mit offenen W-Fragen werden ein Gespräch eröffnet und der Gesprächsfluss des Gegenübers angeregt.
Zu den W-Fragen gehören:
- Was ...?
- Wer ...?
- Wo ...?
- Welche ...?
- Wie viel ...?
- Wann ...?
- Warum ...?

Telefonnotiz

Gesprächsteilnehmer/-in:	
Datum:	Zeit:
Anliegen:	
Bearbeitung:	
Zu informierende Personen/Abteilungen:	
Telefon:	E-Mail:
Adresse:	
Unterschrift/Zeichen:	

Namensnennung

Den Anrufer in einem längeren Gespräch mehrmals mit Namen ansprechen. Das schafft eine persönliche Atmosphäre. Besonders im Restaurant erwartet der Gast einen persönlichen Ansprechpartner. Das Gespräch auf jeden Fall mit Namensnennung beenden.

Verabschiedung

Am Ende die Ergebnisse zusammenfassen und bedanken. Die ersten Sekunden eines Gesprächs entscheiden über den Gesprächsverlauf. Die letzten Worte entscheiden darüber, was der Gast vom Anruf im Kopf behält.

Buchstabiertabelle

	Deutschland	International
A	Anton	Alpha
B	Berta	Bravo
C	Cäsar	Charly
D	Dora	Delta
E	Emil	Echo
F	Friedrich	Foxtrott
G	Gustav	Golf
H	Heinrich	Hotel
I	Ida	India
J	Julius	Juliet
K	Kaufmann	Kilo
L	Ludwig	Lima
M	Martha	Mike
N	Nordpol	November
O	Otto	Oscar
P	Paula	Papa
Q	Quelle	Quebec
R	Richard	Romeo
S	Samuel	Sierra
T	Theodor	Tango
U	Ulrich	Uniform
V	Viktor	Victor
W	Wilhelm	Whiskey
X	Xanthippe	X-Ray
Y	Ypsilon	Yankee
Z	Zacharias	Zulu

> Das Wiederholen des Inhalts eines Gesprächs mit eigenen Worten stellt sicher, dass alle Informationen richtig verstanden wurden.

6.2.3 Kommunikation bei Veranstaltungen/ MICE-Management

Meetings, Incentives, Kongresse und Events sind für die Zukunft der Gastronomie in Deutschland von großer Bedeutung. Anfragen werden in der Regel durch die Medien Telefon, Fax und E-Mail empfangen und dann bearbeitet.

MICE-Management

- **M**eetings (Tagungen)
- **I**ncentives (Anreiz- und Belohnungsreisen)
- **C**onventions (Kongresse)
- **E**vents (Veranstaltungen)

Grundlagen des MICE-Managements siehe Kapitel 16

Wichtige Aspekte für ein erfolgreiches Eventmanagement sind:

- professionelle, persönliche Bearbeitung der Anfrage (maximal innerhalb von 24 Stunden)
- keine Standardangebote, sondern individualisierte Angebote mit ansprechenden Fotos und Sprachelementen
- Präsentationsmappen für das Verkaufsgespräch
- Erstellen von Checklisten und To-do-Listen für einen reibungslosen Ablauf (siehe Kapitel 8.1.2)
- Termin-Management
- einwandfreie Vertragsgestaltung
- Gespräch nach der Veranstaltung, um positive wie negative Kommentare vom Kunden und eigene Erfahrungen zu bearbeiten

Grundvoraussetzung für eine perfekte Veranstaltung ist das professionell durchgeführte Verkaufsgespräch (siehe Kapitel 6.2.1 und 6.2.2) und die Dokumentation im Function Sheet/Event Order.

> Function Sheet ist der schriftlich dokumentierte Auftrag, der im Rahmen eines Veranstaltungsverkaufs angefertigt wird.

Im Function Sheet werden die Absprachen des Verkaufsgesprächs in konkrete Arbeitsanweisungen umgewandelt. Aus diesem Grund wird das Function Sheet vervielfältigt und an alle für den Ablauf verantwortlichen Abteilungen weitergeleitet. Basierend auf diesen Informationen werden dann die Dienstplanung, der Wareneinkauf und die Arbeitsplangestaltung vorgenommen.

Bearbeitung von Anfragen

Telefon – Fax – Internet

↓

Bündelung – Kapazität – Bewertung

↓

Angebotserstellung

6.3 Kommunikation und Marketing

6.3.1 Marketingkonzept

Damit der gastronomische Betrieb langfristig bestehen kann, muss der Gastronom sein Angebot, d. h. seine Leistungen, gewinnbringend verkaufen. Dazu erstellt der Gastronom ein Marketingkonzept. Damit soll ein möglichst gewinnbringendes, unverwechselbares Angebot geschaffen werden. Dieses muss dann bekannt gemacht werden.

> Marketing im Gastgewerbe umfasst die Planung, Umsetzung und Kontrolle der Maßnahmen mit denen für eine bestimmte Gästegruppe ein möglichst attraktives Angebot geschaffen wird.
> Außerdem gehören die Bekanntmachung dieses Angebots sowie seine Verankerung als positives Image dazu.

Marketingkonzept (siehe auch Kapitel 14)

Marktforschung

Die Marktforschung hat das Ziel, Informationen über Märkte (Gäste, Wettbewerber, wirtschaftliche Bedingungen usw.) zu sammeln.

Marketingziele

Marketingziele beschreiben die Absichten und das konkrete Ziel.

Marketingstrategie

Hier wird festgelegt,
- welche Ziele in
- welchem Umfang und in
- welcher Zeit

verwirklicht werden sollen.

Marketingplan

Auf Basis der festgelegten Ziele und Strategien werden die Maßnahmen geplant, die zur Umsetzung ergriffen werden müssen. Dabei werden unterschiedliche Marketinginstrumente berücksichtigt.

Marketinginstrumente/ Marketingmix

Traditionell werden die Marketingmaßnahmen auf 4 Marketinginstrumente bezogen:
- Produktpolitik
- Preispolitik
- Vertriebspolitik
- Kommunikationspolitik

Marketing-Controlling

Das Marketingcontrolling steuert die Umsetzung der Marketingmaßnahmen, greift gegebenenfalls regulierend ein und führt eine abschließende Erfolgskontrolle durch.

Kommunikationsprozess

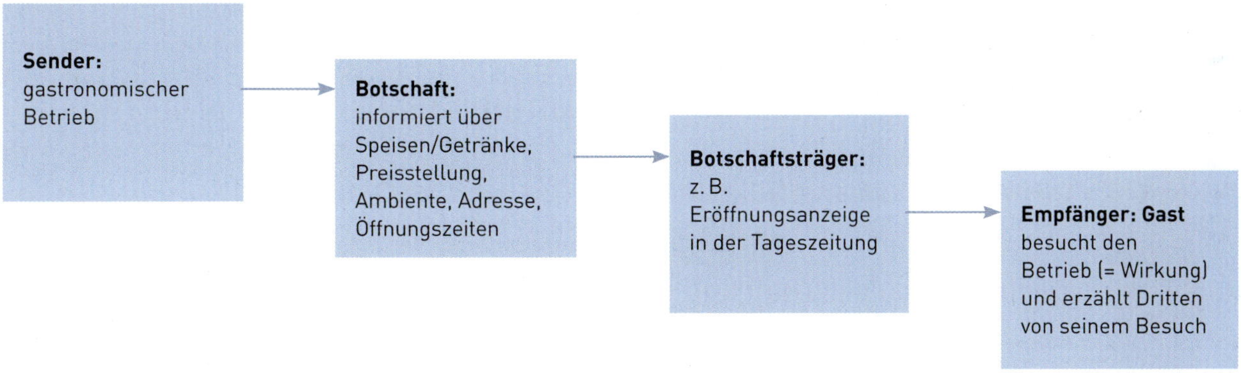

Die Kommunikation einer gastronomischen Marke hat folgende Ziele:

- ein Image aufzubauen
- das Meinungsbild zu beeinflussen
- über das Angebot an Produkten und Dienstleistungen zu informieren
- die Atmosphäre des Betriebs darzustellen
- das Besuchs- und Kaufverhalten positiv zu beeinflussen

Die Grundelemente der Kommunikation sind in den Kapiteln 6.1 bis 6.5 dargestellt. Hier wird auch der **Persönliche Verkauf** als wesentliche Alternative zu allen im Folgenden genannten Möglichkeiten ausführlich beschrieben.

Im erweiterten Sinne gehört dann auch die Kommunikation mit vielen unterschiedlichen Interessensgruppen (Behörden, Nachbarn, Lieferanten, Mitarbeitern etc.) zum Marketingkonzept eines gastronomischen Betriebs. Innerhalb des Marketingkonzepts wird dieser Bereich dem Marketinginstrument Kommunikationspolitik zugeordnet.

Folgende Instrumente sind für das Marketing der gastronomischen Kommunikation zu beachten:

- klassische Werbung (siehe Kapitel 6.3.2)
- Verkaufsförderung/Sales Promotion (siehe Kapitel 6.3.3)
- Öffentlichkeitsarbeit/Public Relations (siehe Kapitel 6.3.4)
- Sponsoring (siehe Kapitel 6.3.4)
- Verkaufsgespräche (siehe Kapitel 6.2)
- Online-Marketing und Social Media (siehe Kapitel 6.4)

Marketinginstrumente

- **Produktpolitik:** Festlegung mit welchen Produkten, Sortimenten und Dienstleistungen ein Gästebedarf befriedigt werden soll.
- **Preispolitik:** Festlegung zu welchen Preisen, Rabatten und Zahlungsbedingungen die angebotenen Produkte vermarktet werden sollen.
- **Vertriebspolitik:** Festlegung der Verkaufswege/Verkaufsorganisation, oft auch als Distributionspolitik bezeichnet
- **Kommunikationspolitik:** Festlegung der Informationswege und Kommunikationsinstrumente

AUFGABEN

1 | Erklären Sie den Begriff Marketing.

2 | Beschreiben Sie die Inhalte eines Marketingkonzepts.

3 | Nennen Sie vier unterschiedliche Marketinginstrumente und erläutern Sie ein Marketinginstrument ausführlich.

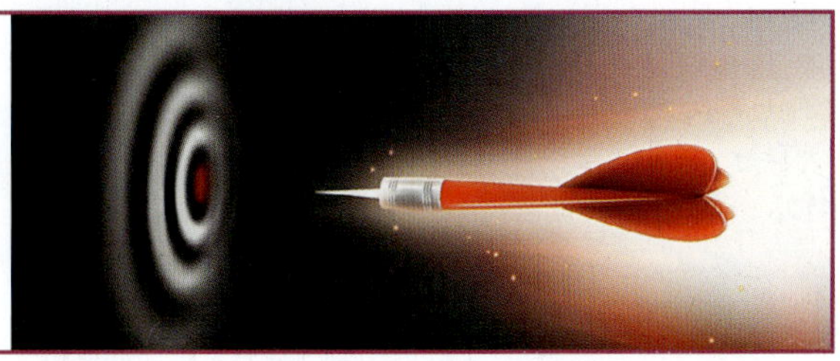

6.3.2 Werbung, Werbemittel, Werbeträger

AIDA-Modell

Werbung dient dem Bekanntmachen von Produkten. Außerdem soll ein Kaufinteresse geweckt werden. Die Gäste sollen auf die Angebote eines Betriebs aufmerksam gemacht und von den Vorteilen überzeugt werden.

Die Werbewirkung lässt sich in vier Phasen unterteilen:

- ATTENTION (Aufmerksamkeit): Der Empfänger muss auf die Werbebotschaft aufmerksam gemacht werden (Blickfang, Hingucker, Eyecatcher). Die Größe, die Farbe sowie die Text- oder Grafikelemente spielen dabei eine wichtige Rolle.
- INTEREST (Interesse): Die Werbebotschaft soll für den Empfänger interessant gestaltet werden, sodass er aktiv zuhört oder liest.
- DESIRE (Verlangen): Beim Empfänger soll der Wunsch geweckt werden, das Produkt „zu kaufen" bzw. „zu benötigen".
- ACTION (Handlung, Reaktion): Der Empfänger besucht den gastronomischen Betrieb bzw. bestellt ein bestimmtes Produkt.

Anzeige auf einer Webseite

Umsetzung des AIDA-Konzepts bei der abgebildeten Anzeige:

ATTENTION	INTEREST
Scharfe Getränke und leckeres Essen; feiern.	Was ist in dem Paket?
DESIRE	**ACTION**
Spaß haben; mit Freunden feiern. „Das Paket muss ich haben".	Das Angebot anschauen/ „Das Paket kauf ich mir".

Voraussetzung für die klassische Werbung ist eine Werbebotschaft, die mithilfe von Werbemitteln und Werbeträgern den potenziellen Kunden beeinflusst.

Häufig eingesetzte Werbemittel sind Anzeigen, Flyer und Handzettel. Bei ihnen allen ist das AIDA-Modell grundlegend.

Werbebotschaft = Information, Emotionen, Argumente im Zusammenhang mit dem Produkt

Werbemittel = Ausgestaltung der Werbebotschaft (akustisch, optisch, auf die Sinnesorgane beogen)

Möglichkeiten zur Ausgestaltung der Werbebotschaft

Akustisch
Hören

Werbebotschaften werden mit unterschiedlichen Stimmen und Musik gestaltet. Geräusche in verschiedener Lautstärke beeinflussen das Hörempfinden.

Optisch
Sehen

Werbebotschaften werden mit unterschiedlichen farblichen Akzenten und Materialien gestaltet. Farben und Licht beeinflussen das Sehempfinden.

Organoleptisch
Riechen, Schmecken, Fühlen

Werbebotschaften können so gestaltet sein, dass der Gast sie mit der Nase riechen und mit der Zunge fühlen und schmecken kann (Geschmacksempfinden).

Werbeträger = Träger der Werbebotschaft, Medium über das die Zielgruppe angesprochen wird (Zeitung, Radio, Werbetafeln usw.).

Beispiele für Werbemittel

- Anzeige
- Radiospot
- Werbebrief
- Speisen- und Getränkebeschreibung
- Handzettel
- Plakate
- Flyer

Werbebotschaft: Bei Burger King schmeckt es.
Werbemittel: Folie
Werbeträger: Bus

Beispiele für Werbeträger

- Zeitschriften
- Radiosender
- TV/Kino
- Internet
- Speise- und Getränkekarte Werbetafeln/Außenwerbung Litfaßsäule
- Kugelschreiber
- Prominente

Eines der wichtigsten Werbemittel bzw. Werbeträger in der Gastronomie ist die Speise- und Getränkekarte (siehe Kapitel 6.6).

AUFGABEN

1 | Erläutern Sie an einem selbst gewählten Beispiel aus ihrem Betrieb (Zeitungsanzeige, Hotelprospekt, Tischset etc.) die „AIDA-Formel". Beschreiben Sie den Kommunikationsablauf (Attention – Interest – Desire – Action) im Zusammenhang.

2 | Worin besteht der Unterschied zwischen „Werbemittel" und „Werbeträger"?

6.4 Online-Marketing

Unter Online-Marketing im Gastgewerbe werden alle Maßnahmen verstanden, die das Internet bzw. digitale Medien als technologische Plattformen nutzen. Das Ziel der Maßnahmen ist die Kommunikation zwischen Gastronom bzw. Hotelier oder der Marke und bestehenden oder möglichen Gästen.

Das Internet bietet somit einerseits die Möglichkeit der Massenkommunikation, indem das gastronomische Unternehmen Inhalte erstellt und diese Inhalte einer gewissen Anzahl von Nutzern zur Verfügung stellt. Andererseits gibt es die Möglichkeit des Austausches (Interaktion). Diese besteht darin, dass auch andere Nutzer (Gäste) Informationen und Meinungen über die gastronomische Erfahrung im besuchten Betrieb dem Unternehmen und weiteren Nutzern (Gästen) zur Verfügung stellen können. Der Begriff Web 2.0 steht für diese neue „Rolle“ der Nutzer.

6.4.1 Homepage

Für die Nutzung des Internets ist für gastgewerbliche Betriebe die eigene Homepage ein Basisinstrument. Hier können über Texte und Bilder vielfältige Informationen über das Unternehmen bereitgestellt werden. Neben einer bewegungsfreien Darstellung werden heute zunehmend dynamische und interaktive Inhalte angeboten. Es ist Bewegung auf dem Bildschirm.

Homepage eines Hotels

Optimierte Unternehmensdarstellung für unterschiedliche Medien

Die Art der Darstellung der Informationen ist abhängig von den hauptsächlichen Nutzern.

Neben dem direkten Verkauf der Produkte eines Unternehmens steht oft auch das Anwerben neuer Mitarbeiter im Vordergrund.

Immer mehr Websites arbeiten mit interaktiven Bausteinen, die einen direkten Austausch mit den Besuchern der Homepage ermöglichen. Hinzu kommen ein gezieltes Facebook-Marketing sowie Verlinkungen zu speziellen Dinner- und Lunchangeboten.

Die Inhalte werden laufend aktualisiert und bieten die Möglichkeit zum Dialog. Wie bei allen Internetdarstellungen sind die Aktualität und die ständige Beachtung von Gästemeinungen wichtig. Daher müssen im Unternehmen Mitarbeiter für die laufende Bearbeitung eingeplant werden.

Über Mobile Websites können Gäste auch unterwegs jederzeit erfahren, wo sich das nächste Restaurant befindet. Gastronomen entwickeln ihre Homepage so, dass sie auf jedem mobilen Endgerät nutzbar ist. Wenn ein möglicher Gast über sein Smartphone die Homepage aufruft, wird ihm automatisch die mobile Version angezeigt.

Informationen/Aktionen auf einer gastronomischen Homepage

- Leistungen: Hotel-Angebote, Konzeptbeschreibung, um einzelne Zielgruppen anzusprechen, Speisekarte/Getränkekarte, Informationen zu Zutaten/Lieferanten, Öffnungszeiten
- Aktionen: Wochenend-Arrangements, kulturelle Arrangements, Brunch, Mittagstisch, Events, Geschenkgutscheine etc.
- Kundenbindung: Durch eine Registrierung haben Gäste die Möglichkeit, regelmäßige Newsletter oder SMS über Clubangebote, Wellness-Angebote, Wochenend-Arrangements usw. zu erhalten
- Zimmerreservierungen, Tischreservierungen, Bestuhlungsplan, eigene oder externe Reservierungssysteme wie booking.com, hotel.de, Livebookings wie opentable.de, bookatable.de, Eintrittskartenverkauf
- Standorte der Betriebe, Lageplan, Tipps zu Anreise/Parkplätzen, Größe des Objekts
- Bilder, Videos des Betriebs von innen und außen
- Unternehmensphilosophie, Inhaber, Personal/Team
- Jobangebote des Unternehmens
- Kontakthinweise: telefonisch, per Mail, per Post etc. (Betrieb und Zentrale)
- Gästebuch mit den Möglichkeiten, aus Gästesicht Lob und Kritik zu äußern und aus Unternehmenssicht darauf einzugehen
- Online-Umfragen
- Unternehmensinformationen: weitere Konzepte des Unternehmens, Standortkriterien für neue Betriebe, Informationen für Investoren, Presse etc.
- Impressum: Firmenanschrift, Firmenangaben
- Links: z. B. zu Facebook, Sponsoren etc.

Tischreservierung per App

Online-Umfragen
Bei Online-Umfragen kann der Gastronom seine online-Fans und Gäste nach Erfahrungen und Vorschlägen zur Verbesserung befragen. Diese Umfrage sollte auf der hauseigenen Internetseite erfolgen. In Zusammenarbeit mit einem Dienstleister können daraus Berichte und Statistiken erstellt werden.

Die richtige Fragestellung und ein ansprechender, auffordernder Einladungstext sind wichtig. Meist ist eine Belohnung der Teilnehmer vorgesehen, eventuell mit einem Gewinnspiel oder ansprechenden Aktionen, um möglichst viel Feedback (Rückmeldungen) zu erhalten.

Suchmaschinenmarketing
Der Begriff Suchmaschinenmarketing hat sich parallel zur Nutzung des Internets entwickelt. Ein „guter Platz" bei Suchmaschinen wie Google ist sehr wichtig. Ziel ist, dass der eigene Betrieb bei der Internetsuche möglichst weit oben auf der ersten Ergebnisliste bzw. Ergebnisseite erscheint.

Neben der Möglichkeit, Werbeanzeigen bei einer Suchmaschine zu kaufen, kann das Unternehmen die Platzierung bei Ergebnislisten verbessern.

Bewertungsaktion durch die Kunden

Titel-Tag
Er beschreibt einem Nutzer bzw. einer Suchmaschine die Inhalte der Webseite.

HTML-Code
- Der Code ist eine sogenannte Auszeichnungssprache, mit der die Inhalte eines Dokumentenformats beschrieben werden.
- Das entsprechende Dokument wird von einem Webbrowser angezeigt.

Eine wichtige Maßnahme ist ein aussagekräftiger Titel-Tag als Teil des HTML-Codes. Das bedeutet, dass neben dem Namen des Unternehmens möglichst wichtige und kurze Suchbegriffe verwendet werden, die den Schwerpunkt des gastgewerblichen Angebots beschreiben. Dieser Titel-Tag erscheint dann als erste Zeile im Suchergebnis.

Einen weiteren Einfluss auf das Suchergebnis hat die Qualität der Inhalte der Unternehmens-Homepage an sich. Über die Mundpropaganda machen interessierte Nutzer dann wieder andere Nutzer in Blogs, bei Facebook etc. auf eine entsprechend spannende Website aufmerksam. Dadurch rückt sie bei Aufrufen weiter nach vorne.

6.4.2 Newsletter

Newsletter Grundlagen
Absender: Ein deutlich erkennbarer Unternehmensname sorgt für Vertrauen der Leser.
Anrede: Niemals unpersönlich, denn die persönliche Ansprache erhöht die Neugier und Aufmerksamkeit.
Betreffzeile: Kurz und treffend das Interesse des Lesers wecken.
Rubriken: Wiederkehrende Themen binden die Empfänger nachhaltig.
Teaser: Ein kurzer, spannender Appetithappen lädt den Empfänger ein, sich auf der Homepage umzuschauen.

Der Newsletter ist ein Klassiker im Bereich der Gästekommunikation. Trotz gestiegener Konkurrenz durch neue Medien ist er immer noch ein bedeutendes Instrument des Marketings. Um sich von der Masse an Zusendungen abzuheben, darf der Newsletter nicht zu standardisiert wirken. E-Mail Newsletter können für jeden Gast individuell versendet werden. Newsletter sind dann mit dem Namen und persönlichen Angaben versehen. Der Gast kann auf diese E-Mail direkt antworten. Ein Newsletter sollte über aktuelle Themen des Unternehmens und anstehende Ereignisse und Aktionen informieren. Eine klare Bildsprache erhöht die Aufmerksamkeit des Lesers. Ein Bild sagt auch in einem Newsletter mehr als viele Worte.

Newsletter

AUFGABEN

1 | Ein Betrieb möchte eine Online-Befragung zum Thema „Der ideale Pausensnack" durchführen. Entwickeln Sie für diese Fragestellung einen ansprechenden, auffordernden Text für die Website des Betriebs.

2 | Zur Eröffnung der Sommersaison soll im Biergarten eines Hotels ein Grillfest stattfinden. Zu diesem Anlass sollen alle Stammgäste mit einem Newsletter eingeladen werden. Entwerfen Sie einen kurzen, attraktiven Newsletter mit einem persönlichen Einladungstext.

6.4.3 Social Media

Präsenz in sozialen Netzwerken

Durch den Austausch von Informationen zwischen den Internetnutzern entstanden zunehmend sogenannte soziale Netzwerke. Dies sind Gemeinschaften von Nutzern, die sich zu bestimmten Themen austauschen bzw. bestimmte Portale für den Informationsaustausch nutzen. Die beliebtesten sozialen Netzwerke sind in der Tabelle „TOP 10" dargestellt.

Soziale Netzwerke

Um im Wettbewerb zu bestehen, müssen Gastronomen stärker als bisher mit ihren Gästen in den Dialog treten (Gästebetreuung/guest relation). Dabei geht es nicht nur um Informationen, sondern auch um die Kommunikation mit einer neuen Generation von Verbrauchern. Zu den möglichen Plattformen gehören beispielsweise Facebook, Google+ oder Twitter.

Der Begriff Social Media Marketing entstand im Zusammenhang mit dem technologischen Informationsaustausch und beschreibt die Nutzung sozialer Netzwerke als Marketinginstrument.

Social Dining: Menschen, die nicht alleine essen wollen, können sich über Internet-Plattformen zum gemeinsamen Essen verabreden. Das Essen kann zuhause stattfinden oder im Restaurant.

Top 10 der sozialen Netzwerke in Deutschland

Neben den sozialen Netzwerken existieren weitere Medien für die Nutzung im Rahmen des Social Media Marketings. Dazu gehören Blogs bzw. Microblogs wie **Twitter** mit ca. 33,2 Millionen Besuchern in Deutschland.

Über einen **Blog** werden kurze Texte veröffentlicht, die dann kommentiert werden können.

Eine weitere Form der sozialen Medien sind die sogenannten Media-Sharing-Sites bzw. Videoplattformen. Am beliebtesten ist **YouTube** mit fast 40 Millionen Unique Visitors (2012) in Deutschland.

Insgesamt bietet Social Media Marketing eine Reihe von Chancen, aber auch Risiken.

Social Dining
https://www.facebook.com/Meet2Eat.Net
www.issmituns.de

Chancen und Risiken beim Social Media Marketing

Chancen	Risiken
hohe Reichweite	negative Erfahrungen werden sehr schnell weitergegeben
Aktualität der Inhalte	Sorge um Datenschutz
schnelle Reaktion der Zielgruppe und des Unternehmens möglich	Manipulationen, z. B. durch „gefälschte Beiträge", die somit nicht der Wirklichkeit entsprechen
Vertrauen in die Empfehlung von „Bekannten"	was einmal im Netz ist, kann in der Regel nicht mehr zurückgeholt werden
Transparenz durch unterschiedliche Blickrichtungen	Meinungen sind meistens von der Person abhängig und ohne entsprechendes Fachwissen (jeder Gast ist Produkttester)
negative Gästemeinungen werden rechtzeitig erkannt und Änderungen eingeleitet	die Macht der Gäste kann missbraucht werden

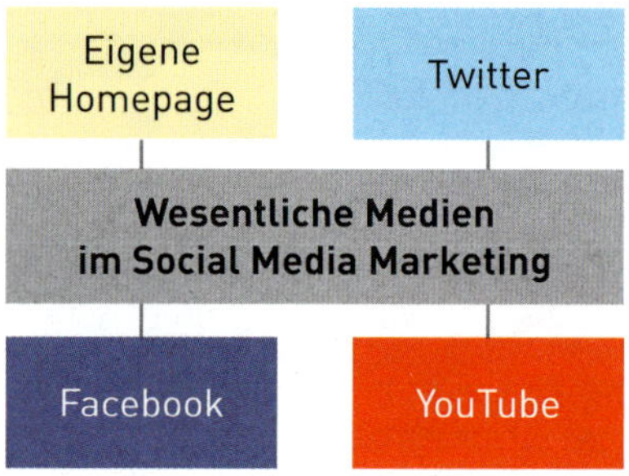

Gastronomische Marken in Deutschland: Top 10 Facebook-Ranking

R	Marke	Anzahl Fans im Februar 2015
1	McDonald's	2 500 000
2	Subway	857 000
3	Burger King	730 000
4	Starbucks	624 000
5	KFC D	616 000
6	Pizza Hut	586 000
7	Vapiano	394 000
8	Joey's Pizza	190 000
9	Hallo Pizza	90 000
10	Hofbräuhaus (München)	84 000

(Quelle: Statista GmbH)

Auswahl der Medien

Vor dem Hintergrund der Vielzahl von Portalen bzw. Netzwerken im Social Media Mix ist eine Konzentration auf die wichtigsten Plattformen sinnvoll.

Facebook

Facebook gehört zu den sozialen Netzwerken, mit denen „Freunde" (aus dem realen Leben und aus dem Netz) miteinander kommunizieren können. Für (gastgewerbliche) Unternehmen bietet dieses Netzwerk die Möglichkeit zum Beziehungsmarketing. Dabei besteht das Ziel darin, mehr zufriedene und gewinnbringende Gäste an das Unternehmen zu binden.

Facebook bietet Unternehmen die Möglichkeit, öffentliche Profile bzw. offizielle Seiten anzulegen. Sie können u. a. folgende Inhalte haben:

- Informationen über das Unternehmen
- Filialfinder
- Speise- und Getränkekarte
- Information über Hotel-/Restaurantangebote
- Fotos und Videos
- Aktionen und Veranstaltungen
- Jobs

Nutzer verbinden sich über die Option „gefällt mir" mit dem Unternehmensnetzwerk.

Marketingaktivitäten, die über klassische Medien stattfinden, können auf Facebook ebenfalls genutzt werden. Insbesondere die Möglichkeit, Gäste bzw. Kunden an der Gestaltung von Produkten zu beteiligen, zeigt eine Chance auf. Facebook kann somit auch als Marktforschungsinstrument genutzt werden (Facebook-Umfragetool: Facebook-Questions).

Die öffentlich sichtbaren Nachrichten, die der Nutzer auf der Facebook-Seite eines Unternehmens hinterlegen kann, sind Chance und Risiko zugleich. Bei positiven Meinungen zu Angeboten und Leistungen bekommt das Unternehmen einen „kostenlosen" Werbeanstoß. Durch das Bewerten dieser Meinung („Gefällt mir" bzw. „Kommentieren") werden diese Anstöße aufgegriffen und vervielfacht. Gleiches gilt allerdings auch für negative Meinungen.

Das Unternehmen muss jeweils entscheiden, auf welche Meinung reagiert wird und wann es eventuell angebracht sein kann, nicht zu reagieren. Wichtig ist jedoch immer, dass das Unternehmen die Kommentare überhaupt verfolgt und versucht, den Gästen gerecht zu werden.

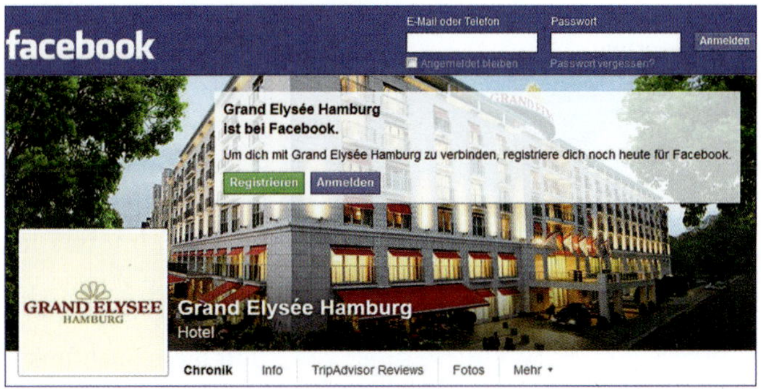

Unternehmensinformation bei Facebook

Mit sogenannten Facebook-Applikationen können Anwendungen im Design von Facebook erstellt und auf Nutzerdaten zugegriffen werden. Beispielhaft lassen sich Bestellvorgänge in einem Restaurant bzw. für Lieferdienste über eine derartige Applikation abwickeln.

Facebook-Places bietet in Verbindung mit Facebook-Deals Gästen die Möglichkeit, sich in einem Restaurant einzuchecken und als Belohnung z. B. einen Rabatt auf ein Gericht oder ein Freigetränk zu erhalten. Indem diese Gäste nun auch ihren Freunden mitteilen, wo sie sind und was sie dafür erhalten haben, wird die Aktion vervielfacht.

Umfrage bei Facebook

Diese kurze Übersicht einiger Anwendungen kann die Bandbreite der Marketingmöglichkeiten über Facebook nur im Ansatz aufzeigen. Für eine Nutzung sind unter anderem die entsprechenden rechtlichen Rahmenbedingungen zu beachten. So muss beispielsweise Werbung als solche kenntlich gemacht werden.

Twitter

Die Nutzung von Twitter als Marketinginstrument kann unter anderem für das Gastgewerbe interessant sein, wenn eine breite Altersgruppe angesprochen werden soll. Insbesondere die Gruppe der über 55-Jährigen ist dort vertreten.

Die Twitter-Nachrichten sind auf 140 Zeichen begrenzt. Somit kommen sie dem Bedarf nach kurzen Botschaften in einer ohnehin informationsüberladenen Zeit nach. Außerdem eignen sie sich sehr gut für Smartphones. Twitter kann im Gastgewerbe insbesondere für kurzfristig anstehende Aktionen (z. B. Wochenangebote, Rabatte, Kombiangebote), Events, wichtige Informationen (z. B. geschlossene Gesellschaften) im Sinne von Verkaufsförderung verwendet werden.

Voraussetzung für die erfolgreiche Nutzung ist eine möglichst hohe Anzahl an Followern, also Twitternutzern, die die Nachrichten erhalten und hoffentlich lesen. Ein großer Kommunikationseffekt tritt dann ein, wenn über sogenannte Retweets die Nachrichten eines Unternehmens an einen Gast, von dessen Gerät wiederum an seine Follower, weitergeleitet werden. Besonders wertvoll sind somit Gäste mit einer großen Zahl an Followern.

Tweets bei Twitter

Weitere Social-Media-Plattformen in Stichworten:

- XING als Businessnetzwerk u. a. für Jobempfehlungen passend zum eigenen Profil
- Foursquare: standortbezogenes soziales Netzwerk (location based services), Gäste können sich an Standorten einchecken und tauschen via Smartphone Informationen z. B. zu gastronomischen Angeboten aus, siehe auch Facebook Places/Deals (vorhergehende Seite)
- Google+ als direkter Wettbewerber von Facebook

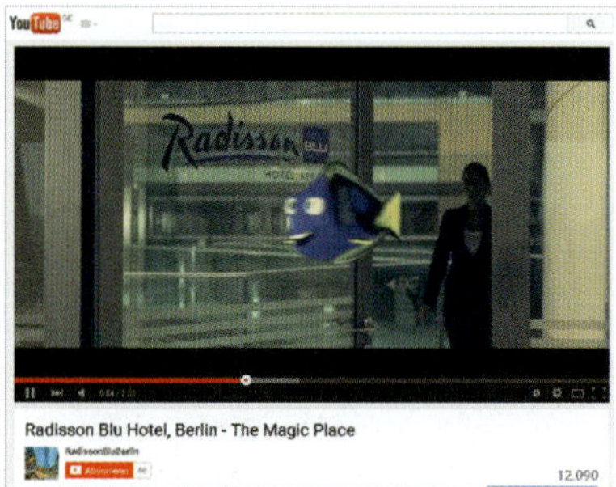

Hotelvideo auf YouTube

Restaurantvideo auf YouTube

Spiele per App

YouTube

YouTube gehört zu den Mediasharing-Sites, auf denen Privatpersonen, aber auch Unternehmen Fotos und Videos veröffentlichen. Ähnlich wie bei Suchmaschinen können Nutzer nach Bildern und Videos einer gastgewerblichen Marke suchen, für die sie sich interessieren, weil sie z. B. darüber etwas gehört haben. Diese möglichen Gäste erwarten auf YouTube audiovisuelle Informationen, mit denen (idealerweise unterhaltsam) das gewünschte Wissen vermittelt wird.

Für diese Suchfunktion werden Dateien mit Videos und Bildern durch einen sogenannten **Tag** (z. B. den Markennamen) gekennzeichnet. Bei Unternehmen erfolgt die YouTube-Nutzung über ein Profil, mit dem ein Kanal anzulegen ist, der z. B. nach dem Firmennamen benannt ist. Das Unternehmensvideo kann als zeitgemäße Ergänzung zu einem gedruckten Unternehmens- bzw. Hausprospekt eingeordnet werden. Es bietet jedoch die Vorteile der Reichweite und der Präsentation als Film.

Im Vergleich zu klassischen Werbefilmen im TV und Kino entscheidet der Nutzer in der Regel selbst, ob er sich die Inhalte ansieht. Es ist somit von einer hohen Aufmerksamkeit beim Nutzer auszugehen. Voraussetzung hierfür ist, dass die Dauer bzw. die Spannung des Videos entsprechend ausgelegt ist. Daher ist es kaum erfolgsversprechend, die klassischen Werbespots auf Youtube zu hinterlegen. Es sollte weniger um Werbung als um Information bzw. Unterhaltung gehen.

Die im Netz verfügbaren Inhalte bzw. Videos eines Unternehmens werden sowohl von den Unternehmen als auch von den Gästen selbst erstellt. Ähnlich wie bei Facebook sind die Inhalte, die durch Gäste gestaltet werden, Chance (positive Bilder) und Risiko (negative Kommentare) zugleich. Hier gilt, dass ein positives Video, das nicht vom Unternehmen selbst produziert wurde, im Sinne der Mundpropaganda eine hohe Glaubwürdigkeit besitzt.

6.4.4 Apps

Aktive Kommunikation mit dem Gast findet in der Gastronomie immer häufiger über Apps für Smartphones statt. Die Applikationen für alle führenden Smartphones sind entweder kostenlos oder kostenpflichtig. Neben den Stammdaten zum Restaurant kann der Gastronom z. B. auch Events eintragen, Fotos hinterlegen oder Sonderaktionen ankündigen.

Eine der weltgrößten Reise-Communities mit ca. 35 Millionen registrierten Mitgliedern bietet eine kostenlose App u. a. zur Suche nach Restaurants. Dies geschieht in 13 Sprachen und gibt Reisenden rund um den Globus Zugang zu länderspezifischen Inhalten wie Reisetipps und Reiseerfahrungen. Viele Apps enthalten Spiele. So gibt es beispielsweise eine App für „Milchschaum-Artisten“. Das Spiel macht das Smartphone zum Milchkännchen, mit dem Latte-Art-Bilder gezeichnet werden und dann an Freunde verschickt werden können.

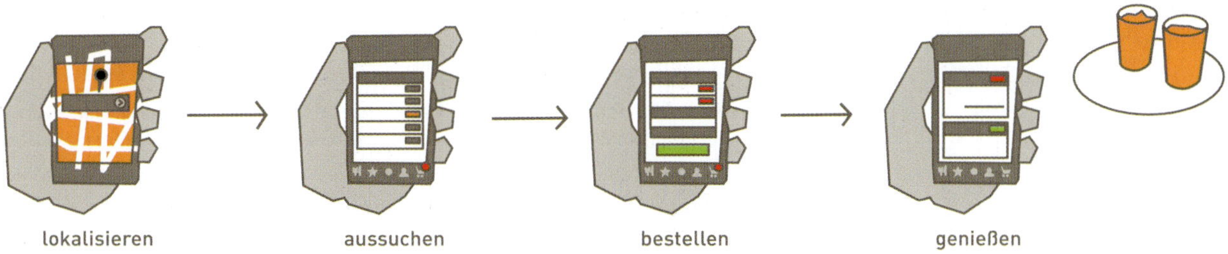

App, mit der Gäste in Restaurants, Bars und Hotels Getränke und Speisen einfach und bequem mit dem eigenen Smartphone bestellen können.

Auch Gastronomen können fachliche Informationen über Apps abrufen. Dabei wird deutlich, welche große Vielfältigkeit und Ansprechmöglichkeiten der Online-Markt/mobile commerce bietet. Beispiele hierfür sind die Apps eines großen Großhandels- und Einzelhandelsunternehmen:

- Mit der App „Einfach lecker“ können sich Kunden kreative Rezeptideen und Tipps aus der Profiküche direkt auf ihr Smartphone holen. Schritt-für-Schritt-Anleitungen, Fotos und Videoclips können als Unterstützung bei der Zubereitung genutzt werden.
- Die App „Finder“ bietet Informationen zum nächstgelegenen Großmarkt des Unternehmens sowie über spezielle Angebote.
- Die App „Das gute Essen“ liefert 500 Rezepte aus dem Kochbuch des Unternehmens.

Werbung mit QR-Code

6.4.5 QR-Codes

Immer häufiger wird in der Gastronomie und der Lebensmittelindustrie der QR-Code genutzt. QR bedeutet ausgeschrieben Quick Response. Bei dem Code handelt es sich um eine quadratische Matrix aus schwarzen und weißen Punkten. Der QR-Code wird über die Kameras von Smartphones gescannt und anschließend von einer Software ausgelesen (Mobile Tagging). Der Kunde gelangt dann direkt zu weiteren Informationen, z. B. Speisekarte, Tischreservierung, Anfahrt, Online-Shop, Inhaltsstoffe und Herkunft von Lebensmitteln oder direkt zur Homepage des Unternehmens. QR-Codes befinden sich häufig auf Flyern, Plakaten und Anzeigen sowie Verpackungen.

QR-Code

6.4.6 Bestellplattformen im Internet

Neben der direkten telefonischen bzw. elektronischen Bestellung bei einem Betrieb gibt es die Möglichkeit, über Bestellplattformen einen Betrieb auszusuchen. Anschließend wird gebührenfrei über die Plattform oder die entsprechende App bestellt. Die Bezahlung erfolgt oft ebenfalls über die Plattform. Die kostenlosen Plattformen können von Privatpersonen und Unternehmen genutzt werden.

Beispiele: www.lieferheld.de und www.foodora.de

Gastronomische Bestellplattform Lieferheld

6.4.7 Bewertungsplattformen

Das Sammeln von Feedbacks kann passiv stattfinden. Es geschieht beispielsweise durch Social-Media-Beobachtungen sowie das Lesen und Auswerten von Bewertungsplattformen. Wenn Gäste ihre Kritik äußern, sollten Restaurantbesitzer zeitnah reagieren. Es ist unprofessionell, wenn Kritik längere Zeit nicht beantwortet wird und dies auch noch von anderen Gästen beobachtet wird. Der Gastronom nimmt also schnell Stellung und zeigt seinen Gästen/Fans, dass er deren Anliegen ernst nimmt.

Beispiele für gastronomische Bewertungsplattformen

www.restaurant-kritik.de

www.qype.com

www.tripadvisor.de

www.citysearch.com

Auf Bewertungsplattformen bewerten üblicherweise keine professionellen Tester gastgewerbliche Angebote, sondern „normale" Gäste. Sie müssen sich in der Regel dafür registrieren. Die Glaubwürdigkeit dieser niedergeschriebenen Erfahrungen ist aus Sicht der weiteren Gäste hoch. Häufig beginnt das Vorhaben, eine Gastronomie zu besuchen oder ein Hotelzimmer zu buchen, mit der Sichtung von Bewertungen im Internet.

Plattformen wie beispielsweise Qype bieten passend zum Ort, an dem der User sich gerade aufhält, Toplisten gastronomischer Betriebe auf Basis von Bewertungen an. Die Suche kann nach Kategorien (Restaurants, Bars und Kneipen etc.) verfeinert werden.

Bewertungsplattform

Für das Unternehmen geht es auch hier zunächst darum, die Plattformen zu kennen und regelmäßig zu sichten. Neben den Bewertungen hat das Unternehmen selbst die Möglichkeit, passend zum Angebot Informationen, inklusive Bilder, hochzuladen.

Bei negativen Bewertungen besteht grundsätzlich die Möglichkeit zu antworten. Allerdings sollte eine derartige Bewertung unbedingt auch selbstkritisch betrachtet werden. Meistens wird es einen konkreten Anlass aus Gästesicht gegeben haben. Auf Basis interner Gespräche mit den Mitarbeitern in Küche und Service können entsprechende Maßnahmen ergriffen werden. Anschließend kann gegebenenfalls eine Antwort auf die negative Bewertung erfolgen.

In der Systemgastronomie und bei Hotelkonzernen ist das Zusammenspiel zwischen den einzelnen Betrieben und der Systemzentrale zu beachten. Sofern sich negative Bewertungen häufen, sollte analysiert werden, ob es an der Umsetzungsqualität einzelner Betriebe liegt oder ob ein Produkt bzw. ein Service insgesamt zu verbessern ist.

Bei positiven Bewertungen entstehen die Wirkungen einer Mundpropaganda mit einer hohen Glaubwürdigkeit. Daher ist es auf der Basis einer überzeugenden gastronomischen Leistung sinnvoll, Gäste aktiv zu einer Bewertung auf einer Bewertungsplattform aufzufordern. Diese Aufforderung sollte allerdings ergänzend zu den direkten persönlichen Gästekontakten erfolgen. Eine Reaktion bei Mängeln während des Besuchs sollte sofort im Betrieb stattfinden.

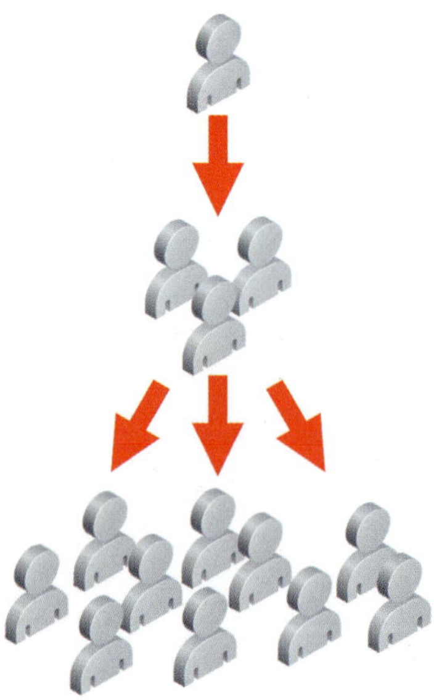

Weiterempfehlungen vervielfachen schnell die Anzahl der Mitwissenden

6.5 Reservierungsmanagement

Im Gastgewerbe werden die unterschiedlichsten Reservierungsarten genutzt. Der Trend zur Buchung über die Internetpräsenz (Website) eines Betriebs und über Buchungsportale nimmt stark zu.

Die Reservierung von Restauranttischen oder Hotelzimmern durch ein persönliches Gespräch oder am Telefon gilt prinzipiell als unverbindlich.
Der Mitarbeiter, der eine Reservierung annimmt, sollte
- sich namentlich vorstellen,
- alle Informationen erfragen,
- Hinweise zu Angeboten oder Aktionen geben,
- den Reservierungswunsch wiederholen und bestätigen,
- die Reservierung im jeweiligen Reservierungssystem dokumentieren.

Informationen, die vom Gast für eine Reservierung benötigt werden:
- Name
- Datum
- Uhrzeit
- Personenzahl
- Telefonnummer für Rückfragen

Immer mehr Gäste suchen im Internet nach Restaurants, z. B. für ein gemütliches Essen mit Freunden, den Business Lunch mit Geschäftspartnern oder die Büroverpflegung vor Ort. Mit elektronischen Reservierungssystemen/ Online-Tischreservierungen ist dies direkt umsetzbar. Elektronische Buchungsportale sind 24 Stunden an 365 Tagen im Jahr online, sie vernachlässigen allerdings die Bedeutung der persönlichen Betreuung.

Vorteile elektronischer Reservierungssysteme für den Gast
- Er kann Reservierungen über den PC oder das Smartphone vornehmen.
- Er sieht auf einen Blick, ob und wann noch Plätze verfügbar sind.
- Er wird über Angebote zum Buchungszeitpunkt informiert.
- Er kann Zusatzangebote kostenlos nutzen. So wird z. B. durch das in Smartphones integrierte GPS Gästen via Google Maps der schnellste Weg zum Restaurant mit dem gebuchten Tisch aufgezeigt.

Vorteile elektronischer Reservierungssysteme für den Gastronomen
- Er kann mit einem elektronischen Reservierungsbuch die Reservierungen für seinen Betrieb von jedem PC aus verwalten und pflegen (z. B. Statistiken zur Reservierungshäufigkeit).
- Jede Reservierung kann per E-Mail, Fax oder SMS weitergegeben werden.
- Reservierungen können immer erfolgen, egal zu welcher Tageszeit, ob am Ruhetag oder mitten im Service.
- Er kann Werbeblogs direkt mitliefern, z. B. Newsletter-Anmeldeformulare, Social Tools zur Verknüpfung mit der Fan-Seite bei Facebook etc.
- Er sendet mithilfe des Systems individuelle Reservierungsbestätigungen.
- Eine aktuelle Gästekartei mit Vorlieben und Kontaktadressen kann automatisch erstellt werden.
- Neue Gäste können durch Aufschaltung auf starke Internetportale und Mittler (z. B. Bookatable, Qype) gewonnen werden.

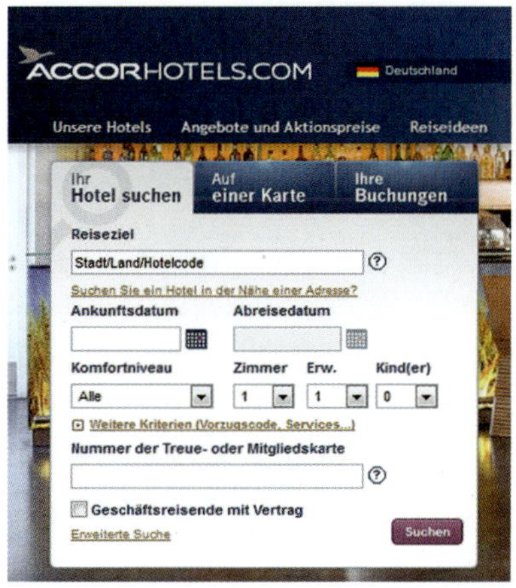

Zimmerreservierung auf der Homepage

Reservierungsarten
- persönliche Reservierung
- telefonische Reservierung
- EDV-gestützte Reservierung

Mobile Tischreservierung

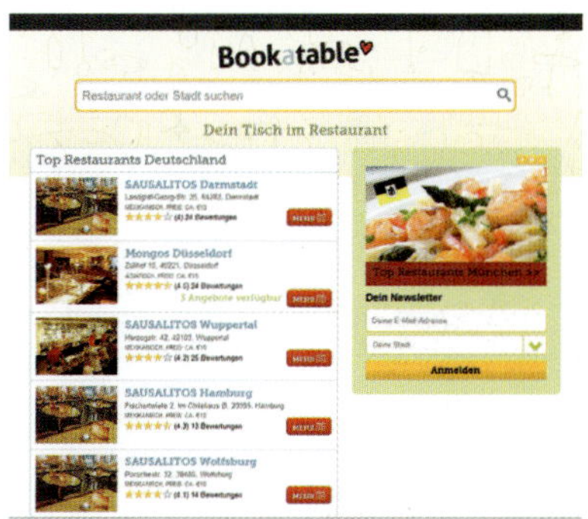

Elektronisches Reservierungssystem, häufig mit Rabattangeboten

Ausschnitt aus einer Angebotskarte im Internet

6.6 Angebotskarten

6.6.1 Aufgaben von Angebotskarten

Angebotskarten sind gesetzlich vorgeschrieben und wichtig für die Verkaufsförderung und damit auch aus betriebswirtschaftlicher Sicht von besonderer Bedeutung. Sie haben folgende Aufgaben:

1. **Verkaufsangebot**
Angebotskarten präsentieren ein Speisen- und Getränkeangebot, das auch den Tatsachen entsprechen muss. Irreführende oder unklare Bezeichnungen sollten nicht verwendet werden. Außerdem müssen sie die rechtlich vorgeschriebenen Informationen enthalten, wie z. B. über Zusatzstoffe und Allergene.
2. **Werbeträger**
Angebotskarten sollen verführen, den Gast zum Konsum verleiten. Mit einer gelungenen Internet-Präsentation (App, Homepage) kann der Gastronom eine hohe Reichweite für das Angebot seines Betriebs erzielen.
3. **Preisinformation**
Angebotskarten beinhalten gesetzlich vorgeschriebene Preisinformationen.

Anforderungen

Die Angebotskarte ist die Visitenkarte des Betriebs, denn Gäste schließen von der Qualität der Angebotskarte auf die Qualität der Küche und des Service.

Folgende Anforderungen sind zu beachten:

- **Übersichtlich**
Nicht zu viele Gerichte anbieten, Angebotskarten sollten die Auswahl erleichtern und auch für die Servicekräfte leicht zu handhaben sein.
- **Informativ**
Speisen und Getränke nicht nur aufzählen, sondern auch beschreiben. Die Beschreibung sollte Lust auf das Produkt machen.
- **Eindeutig**
Fantasienamen für Produkte erläutern. So wird auch die Arbeit des Servicepersonals erleichtert.
- **Sauber und aktuell**
Angebotskarten pflegeleicht herstellen. Fettflecken, Essensreste oder Eselsohren wirken unappetitlich. Keine korrigierten Karten verwenden. Beschädigte Karten aussortieren.
- **Verführerisch**
Eine ansprechende, perfekte Gestaltung ist verkaufsfördernd. Durch verkaufsaktive Informationen wird das Interesse des Gasts geweckt.

- **Lesbar**
  Auf Rechtschreibung, Zeichensetzung und eine einheitliche Ausdrucksweise achten. Abkürzungen, Trennstriche und Kommas vermeiden.
  Die Sprache (regional, national, international) ist vom Betriebstyp abhängig. Für die Beratung ausländischer Gäste sind Karten in der jeweiligen Fremdsprache von Nutzen. Sie hinterlassen zusätzlich einen professionellen Eindruck. Ein Sprach-Mix ist generell zu vermeiden.
  Die Schrifttype und Schriftgröße sollte auch für Gäste mit verminderter Sehkraft lesbar sein.
- **Handlich**
  Keine Miniaturkarten oder Riesenmappen anbieten. Zweckmäßige Materialien einsetzen. Eine Angebotskarte sollte möglichst lange haltbar und praktikabel sein.
- **Exakt**
  Gesetzliche Vorschriften beachten (siehe Kapitel 6.7).
- **Modern**
  Die technischen Möglichkeiten nutzen, z. B. Bestellung per Smartphone oder Tablet-PC.

Restaurant-App mit Speisekarte

Eine gut geplante und gestaltete Angebotskarte ist übersichtlich und macht Lust auf den Verzehr von Speisen und Getränken.

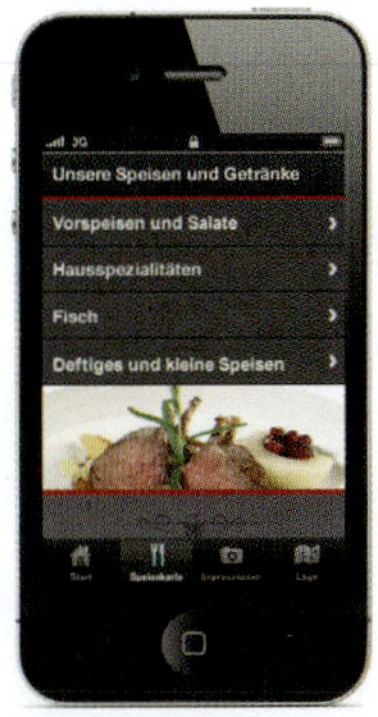

Angebotskarte als App

6.6.2 Arten von Angebotskarten

Je nach System, Angebot oder z. B. Tageszeit werden in gastronomischen Betrieben den Gästen unterschiedliche Angebotskarten in verschiedenen Größen, Formen und Materialausführungen vorgelegt.

Speisen- und Getränkekarten

Menuboard

Straßentafel

Frisbee-Tafeln

Tischdisplay

Speisekarte auf einer Wandtafel

Angebotskarten als Informationsquelle und als Kundenbindung
Viele Gastronomen nutzen Angebotskarten nicht nur, um über ihr Angebot an Speisen und Getränken zu informieren, sondern auch, um die Gäste emotional anzusprechen. Die Vielseitigkeit der Präsentation von Angebotskarten bietet viele neue Möglichkeiten der Gästeansprache und der Kundenbindung.

Angebotskarten auf Papier, gedruckt oder handgeschrieben
Einige Firmen bieten ihren Vertriebspartnern professionelle Unterstützung bei der kreativen Gestaltung und dem Druck ihrer Angebotskarten an. Die Erstellung der Karten kann mithilfe von Softwareprogrammen erfolgen.

Angebotskarten auf Menuboards, Displays oder Aufstelltafeln
Besonders im Fast-Food-Bereich wird Angebot auf großen Charts aufgelistet. Vor oder in Restaurants geschieht dies oft auf Tafeln.

Angebotskarten via Internet bzw. Webseite, mobile Webseite und als App für Tablet-PCs und Smartphones
Weltweit nutzen immer mehr Restaurants Tablet-Computer für ihre Angebotskarten im Restaurant. Die Bestellung wird einfach durch Berührung des Absendebuttons an die Küche versendet.

Tablet-Speisekarte und Live-Blick in die Küche

Für ein gelungenes Online-Marketing ist die Präsentation der Angebotskarte im Internet besonders wichtig. Kassensysteme und E-Mail-Programme ermöglichen die direkte Weitergabe der Speisekarte an die Website, Facebook-Seite und als App.

Professionelle Anbieter bieten dem Gastronomen Unterstützung (Support) bei der Erstellung von digitalen Angebotskarten an. Komplettlösungen beinhalten die Angebotskartenerstellung und -verwaltung mit den Elementen Internetpräsenz, Kundenverwaltung, Kassensystem, Tischreservierung, Warenwirtschaft, Statistik, Bestellsystem und Kalkulation.

6.6.3 Speisekarten

Je nach der gastronomischen Ausrichtung eines Betriebs gibt es im gastronomischen Bereich eine große Vielfalt von unterschiedlichsten Speisenangeboten. Demzufolge sind die Speisekarten sehr unterschiedlich. Auf der einen Seite gibt es Speisekarten, die sich an der klassischen Menüfolge orientieren, auf der anderen Seite Speisekarten, die losgelöst von jeglicher klassischen Anbindung sind, jedoch modern und kreativ. Für alle Speisekarten gelten die rechtlichen Vorschriften, die unter 6.7 beschrieben werden.

Speisekarten im Internet
Die Internet-Plattform www.Speisekarte.de ermöglicht es, die Angebotskarten auch auf die Facebook-Seite des Restaurants einzubinden.

www.speisekarte.de

Das Angebot der Speisekarte sollte nicht zu umfangreich sein, damit sie übersichtlich bleibt. Dem Gast fällt die Auswahl dann leichter. Bei vielen unterschiedlichen Gerichten ist zu beachten, dass für die Herstellung viel Zeit benötigt wird. Oft hat die Verkleinerung einer Karte eine Qualitätssteigerung zur Folge. Außerdem ist ein schneller Warenverbrauch optimal, da der Lagerbestand klein gehalten werden kann

Speisekarten-Service
Bei Lunchtime kann der Gastronom sein Angebot eingeben. Das Unternehmen verteilt es automatisch in alle verfügbaren analogen, digitalen und mobilen Medienkanäle.

www.lunchtime.de

Speisekarten werden in mehrere Kategorien unterschieden.

Standardkarten

Standardkarten sind Speisekarten, in denen das Angebot für einen längeren Zeitraum angeboten wird. Sie sind unabhängig von Aktionen, Saisonangeboten etc. Hier steht das bewährte, qualitativ hochwertige, meist standardisierte Produkt im Vordergrund. Standardkarten können im Umfang der angebotenen Speisen deutlich variieren.

Die große Speisekarte (à la carte) ist eine Karte für das Mittags- und/oder Abendgeschäft, die oft nach der klassischen Speisenfolge aufgebaut ist:

- kalte Vorspeisen
- Suppen
- warme Vorspeisen
- Fischgerichte
- Sorbets
- Fleischgerichte
- Käse
- Desserts

Die kleine Speisekarte dient als Angebot außerhalb der Hauptessenszeit oder richtet sich nach der Betriebsgröße und dem Betriebskonzept.

Aktions-, Spezial- und Spezialitätenkarten

Diese Karten werden für aktuelle Aktionen, Anlässe oder Gästegruppen konzipiert. Meist werden sie in die Standardkarte eingelegt oder als separater Flyer, Tischaufsteller, Karte und oft auch als Newsletter per Mail verschickt. Die Gestaltung sollte auf die Standardkarte abgestimmt sein.

Themen für Aktionskarten und bestimmte Zielgruppen:

- Business Lunch, Candle-Light-Dinner, Quick Lunch
- vegetarische Menüs/Green Label/Vegie Fun
- Tagesspezialitäten/Tageskarten
- Saisonkarten
- Weihnachten, Silvester, Wildgerichte, Länderwochen
- Frühstückskarten, Dessertkarten
- Kinderkarten

Büfettkarten

Büfetts gibt es zu jeder Tageszeit (Frühstück, Brunch, Mittag, Abendessen) und zu den unterschiedlichsten Themen (Karibik, Silvester, Hochzeit).

Büfettkarten beschreiben das komplette Speisenangebot, aus dem der Gast die für ihn interessanten Speisen auswählen kann. Bei der Gestaltung der Büfettkarten muss somit aufgrund der Vielfältigkeit und Menge des Angebots besonders auf eine übersichtliche Gestaltung Wert gelegt werden. Diese Karten enthalten einen Preis, der oft als Fixpreis pro Person angegeben wird.

Verkaufsbüfetts (z. B. Salatbüfetts, Free-Flow-Büfetts) bieten oft verschiedene Portionsgrößen zu festen Preisen an (siehe Kapitel 6.7.1).

Menükarten siehe Kapitel 15.1.4.

Reihenfolge bei der Nennung von Gerichten

- Hauptmaterial mit Garnitur und Sauce und Zubereitungsart
- Gemüsebeilage
- Sättigungsbeilage
- Beilagensalat (wenn kein Gemüse angeboten wird)

Beispiel:

Rindersteak mit Pfeffersauce, Brokkoli-Bohnen-Paprika-Gemüse und Spätzle

Klassische Anordnung auf dem Teller

- Hauptbestandteil mit Sauce unten
- Gemüsebeilage rechts
- Sättigungsbeilage links

Rustikale Büfettkarte

mit ausgewählten Steaks vom Weiderind

Pfefferkrustensteak

mit geschrotetem schwarzen Pfeffer gegrillt

Clubsteak

mit Kräuterbutter

Rib-Eye-Steak

mit Röstzwiebeln

Köstliche Beilagen:

Folienkartoffel mit köstlicher Sour Cream

Knusprige Pommes frites

Deftige Bratkartoffeln

Knoblauchbrot

Frisches Grillgemüse

Wildkräutersalat mit French-Dressing

Norddeutscher Kartoffelsalat

Jeweils ein Steak mit Beilagen nach Wahl 28,50 €

Ausschnitt aus einer Büfettkarte

Weinkarte

		Glas 0,1 l	Flasche 0,75 l
2011	**Umweger Stich den Buben** Riesling, Qualitätswein halbtrocken Winzerhaus Hans Stich den Buben Baden	6,00 €	41,00 €
2012	**Heger Oktav** Grauer Burgunder, Kabinett trocken Weinhaus Joachim Heger Baden	7,00 €	49,00 €
2011	**Exklusiv Riesling** Riesling, Qualitätswein trocken Weingut Fritz Allendorf Rheingau	5,00 €	35,00 €
2011	**Chardonnay & Weißburgunder** Cuvée, Qualitätswein trocken Weingut Knisper Pfalz	7,00 €	49,00 €
2012	**Maximin Grünhäuser** Riesling, Qualitätswein trocken Schubert'sche Gutsverwaltung Mosel	7,50 €	52,00 €
2013	**Würzbuger Stein** Müller-Thurgau, Kabinett trocken Weingut Juliusspital Franken	7,00 €	49,00 €
2012	**Oberbergener Baßgeige** Spätburgunder Weißherbst, Qualitätswein trocken Winzergenossenschaft Oberbergen Baden	6,00 €	42,00 €
2010	**Blackprint** Cuvée, Qualitätswein trocken Markus Schneider Pfalz	7,50 €	52,00 €

Die Weine dieser Karte enthalten Sulfite.

Weinkarte

6.6.4 Getränkekarten

Die Getränkekarte informiert über:
- Art des Getränks
- Angebotsform (Flasche, Glas, Becher, Fass)
- Ausschankmenge (Liter- bzw. Zentiliterangabe)
- Preis

Einzelne Getränkegruppen werden getrennt aufgeführt, z. B.:
- alkoholfreie Getränke
- Heißgetränke
- Biere
- Schaumweine
- Weine
- Mischgetränke
- Aperitifs
- Digestifs
- Spirituosen
- Cocktails

Die Weinkarte

Bei einem umfangreichen Weinangebot ist es sinnvoll, eine gesonderte Weinkarte anzubieten. Dabei ist die Gästezielgruppe zu beachten und das Weinangebot an das Speisenangebot anzupassen.

Gliederung für Weinkarten:
- offene Weine vor Flaschenweinen
- inländische Weine vor ausländischen Weinen
- Weißweine vor Rosé- und Rotweinen
- einfache Weine (Qualitätsstufen) vor gehobenen Qualitäten

Erläuterungen für Weinangebote:

Pflichtangaben für Weinangebote:
- Weinart (z. B. Weißwein, Weißherbst, Rotling)
- Bezeichnung/Name des Weins
- Qualitätsstufe/Gütebezeichnung
- Anbaugebiet/Anbauland
- Ausschankmenge
- Preisangabe

Freiwillige Angaben für Weinangebote:
- Jahrgang
- Rebsorte bzw. Cuvée
- Erzeuger
- kurze Beschreibung und Geschmacksangabe

Ausschnitt aus einer Kaffee- und Kakaokarte

Ausschnitt aus einer Barkarte

Angebotskarten für Aufgussgetränke

Gliederung für Angebotskarten mit Aufgussgetränken:

- warme Aufgussgetränke ohne Alkohol
- warme Aufgussgetränke mit Alkohol
- kalte Aufgussgetränke ohne Alkohol
- kalte Aufgussgetränke mit Alkohol

Erläuterungen für Aufgussgetränke:

- Warenbezeichnung
- Portionsgröße (z. B. Tasse, Glas, small, tall)
- Unterteilung der Getränke für den Sofortverzehr und To-go-Bereich

Die Barkarte

In der modernen Szene-Gastronomie sind Bargetränke ein wichtiger Umsatzfaktor. Die Angebotskarten enthalten alkoholische und nicht alkoholische Getränke. Die Mischgetränke werden in Short- und Longdrinks, in Cocktails, Fancy Drinks und weitere Kategorien unterteilt. Oft sind die Angebote nach Spirituosen geordnet: Drinks mit Tequila, Drinks mit Rum, Drinks mit Wodka etc. Wichtig für eine Barkarte ist die genaue Angebotsbezeichnung. Besonders bei Mischgetränken wird der Gast über Produktbezeichnung und Zusammensetzung des Getränks informiert, z. B. **Long Island Ice Tea:** Gin, weißer Rum, Tequila, Wodka, Triple Sec, Cola, Zitrone.

AUFGABEN

1 Welche Faktoren sind für die Erstellung von Angebotskarten zu beachten?

2 Nennen Sie vier verschiedene Möglichkeiten, Angebotskarten zu präsentieren.

3 Vor Ihrem Restaurant soll eine Werbetafel aufgestellt werden, um für den Verkauf der Ostermenüs zu werben. Gestalten Sie ein werbewirksames Tafelbild für diese Aktion und präsentieren Sie diesen Vorschlag an der Tafel im Klassenraum.

4 Nennen und beschreiben Sie die unterschiedlichen Kategorien von Speisekarten.

5 Welche Richtlinien gibt es für die Gliederung einer Weinkarte?

6 Entwerfen Sie eine kleine Getränkekarte für die Konferenzpausen einer Veranstaltung im Hotel.

Der Verbraucher muss wahrheitsgemäß informiert werden

Verbraucherschutz
Der Verbraucher ist den Herstellern und Anbietern von Waren und Dienstleistungen aufgrund mangelnder Fachkenntnis unterlegen. Deshalb muss er besonders geschützt werden.

6.7 Rechtliche Bestimmungen für Angebotskarten

Aus Sicht des Verbraucherschutzes soll der Gast durch die Angebotskarte in die Lage versetzt werden, eine aufgeklärte Entscheidung über seine Bestellung zu treffen. Deshalb gelten gesetzliche Mindestanforderungen für die Informationen, die auf allen Angebotsmedien enthalten sein müssen. Hinzu kommen Vorschriften zur Art und Weise der Information.

Die Vorgaben betreffen zum einen die Preisauszeichnung, zum anderen die Kennzeichnung der angebotenen Lebensmittel.

Leitsatz: Angebotskarten sind nach dem Gebot der Wahrheit und Klarheit zu gestalten.

6.7.1 Preisauszeichnung

… werden, dass der Gast die … rnisse erkennen und ver- … benverordnung (PAngV):

Speisekarte
- Jeder Gast ist über die Angebote und Preise zu informieren (Speisekarte, Tafel, Displays, Schaukasten etc)
- Zusatzstoffe
- Inklusivpreise mit allen Abzügen
- Ware nach Gewicht z.B. €/100g
- Genaue Produktbezeichnung
- Menge angeben (0,3l)
- klein/große Portion möglich

Speise- und Getränkekarten	Die Preise müssen … ntweder ▪ auf Tischen ausg… ▪ jedem Gast vor B… echnung vorgelegt oder ▪ gut lesbar angeb… Es müssen **alle** Spe… karten oder auch gesonderte Verzeic… e verwendet werden. Gehen Speisen ode…
Selbstbedienung	Wenn Speisen und … gestellt werden oder wenn sie vom Gast selbst … **er oder Beschriftung direkt an der Ware**
Eingang der Gaststätte	Zusätzlich ist am Ei… **tlichen** angebotenen Speisen und Geträn… , muss unmittelbar neben dem Eingang … lich oder ein Menükartenständer vor dem Ein… m angebracht werden. Der Aushang muss gut lesbar und leicht verständlich sein.
Endpreis	Es muss ein Endpreis (= Inklusivpreis) angegeben werden, in dem die jeweils zu zahlende **Umsatzsteuer,** aber auch Bedienungsgeld, Gedecke oder Zuschläge für Musik, Heizung etc. enthalten sind. Wenn es ein **Eintrittsgeld** oder einen **Mindestverzehr** gibt, ist dies anzugeben. Bei der Abgabe von **loser Ware** genügt die Angabe des **Grundpreises**, auch wenn der Gast erst an der Kasse den Endbetrag erfährt.
Grundpreis	Wenn Ware **nach Gewicht** berechnet wird, so muss der Grundpreis (z. B. €/100 g beim Salat an der Salatbar) angegeben werden.
Bezeichnung und Menge	Soweit es der allgemeinen Verkehrsauffassung entspricht, sind die **Verkaufseinheit** und die **Gütebezeichnung** anzugeben. Hierzu gehören insbesondere: ▪ genaue Produktbezeichnung ▪ Menge angeben, wo vorgeschrieben oder üblich, z. B. Glas Bier 0,3 l; Rumpsteak 200 g; 6 Weinbergschnecken ▪ Angabe „Preis nach Gewicht", z. B. bei Fisch oder Fleisch, ist nicht zulässig, es muss nach Preis je 100 g angegeben werden. ▪ Angabe kleine Portion/große Portion ist möglich

6.7.2 Lebensmittelkennzeichnung

Der Gast soll wissen, was er bestellt und verzehrt.

EU-Lebensmittelinformations-Verordnung LMIV, (je nach Vorschrift ab Dez. 2014 bzw. ab Dez. 2016)

Kennzeichnung von **Zusatzstoffen**
Insbesondere Zusatzstoff-Zulassungsverordnung (ZZulV), Aromenverordnung

Kennzeichnung von Lebensmitteln/Speisen und Getränken (siehe auch Kapitel 10.1)

Weitere Kennzeichnungen
z. B. Öko-Kennzeichenverordnung, Diätverordnung, Verordnung über tiefgefrorene Lebensmittel, Los-Kennzeichnungs-Verordnung, Preisangabenverordnung

Korrekte Verwendung von Verkehrsbezeichnungen
Lebensmittel-, Bedarfsgegenstände- und Futtermittelgesetzbuch (LFGB), Leitsätze des Deutschen Lebensmittelbuchs, Käseverordnung

Allergeninformation des DEHOGA (www.dehoga-shop.de)

Verkehrsbezeichnungen

Das Lebensmittel-, Bedarfsgegenstände- und Futtermittelgesetzbuch (LFGB) schützt den Verbraucher sowohl vor Gesundheitsschäden als auch vor Täuschung. Lebensmittel dürfen daher insbesondere nicht unter einer irreführenden Bezeichnung in den Verkehr gebracht werden (siehe Kapitel 10.1).

Was in der Karte steht, muss auch stimmen.

Maßstab für die Bezeichnung ist die allgemeine Verkehrsauffassung/Verbrauchererwartung. Diese kann im Einzelfall sehr schwer festzustellen sein. Bestimmte Bezeichnungen sind festgelegt, z. B. Prädikatsstufen und Anbaugebiete durch das Weingesetz oder die Bedeutung des „deutschen Reinheitsgebots" durch die Bierverordnung (siehe Kapitel 12.3.1). Andere können sehr unterschiedlich verstanden werden.

In den **Leitsätzen des Deutschen Lebensmittelbuchs** werden die Herstellung und Beschaffenheit hunderter Lebensmittel beschrieben. Daran hat sich der Gastronom bei der Formulierung seiner Angebotskarte zu orientieren.

Verpackte Lebensmittel

Viele Kennzeichnungsvorschriften gelten nur für verpackte Ware. Sie sind daher für den Gastronomen aus Käufersicht bedeutend.

Kennzeichnung von Zusatzstoffen in der Karte

Vom Gastronomen gegenüber seinem Gast zu beachten sind dagegen die Vorschriften zur Kennzeichnung von Zusatzstoffen. Zusatzstoffe dürfen nur eingesetzt werden, wenn sie gesetzlich zugelassen sind.
Die Kenntlichmachung von Zusatzstoffen erfolgt in der Speise- und Getränkekarte oder in Imbissbetrieben über entsprechende Tafeln oder Aushänge. Dies kann auch über Fußnoten (z. B. Kennziffern an der einzelnen Speise mit Erläuterung am Ende) erfolgen. Lose Ware (z. B. auf Büfetts) kann über Schilder gekennzeichnet werden.

Echtheit von Abbildungen

Der Begriff „artgerechte Tierhaltung" ist nicht gesetzlich definiert und nicht besonders geschützt. Wird aber z. B. in der Speisekarte darauf hingewiesen und dazu ein Foto von der Kuhweide des Lieferanten XY abgebildet, dann müssen Bild und Lieferant echt sein und bei der Haltung auf angeborene Verhaltensweisen der Tiere Rücksicht genommen werden.

Leitsätze

Die Leitsätze sind vollständig auf der Webseite des Bundesverbraucherschutzministeriums zu finden.
www.bmelv.de

Beispiele aus den Leitsätzen

- Ein „Wiener Schnitzel" ist ein paniertes Kalbsschnitzel. Wird ein Schweineschnitzel angeboten, ist die richtige Bezeichnung „Schnitzel Wiener Art".
- „Alkoholfreies" Bier darf bis zu 0,5 % vol Alkohol enthalten.
- Ein „Filet" ohne Angabe der Tierart stammt vom Rind. „Putenfilet", „Schweinefilet" etc. sind als solche zu benennen.
- Ein „Hamburger" (Fleischanteil) enthält außer Rindfleisch und ggf. Salz und Gewürzen keine weiteren Zutaten.

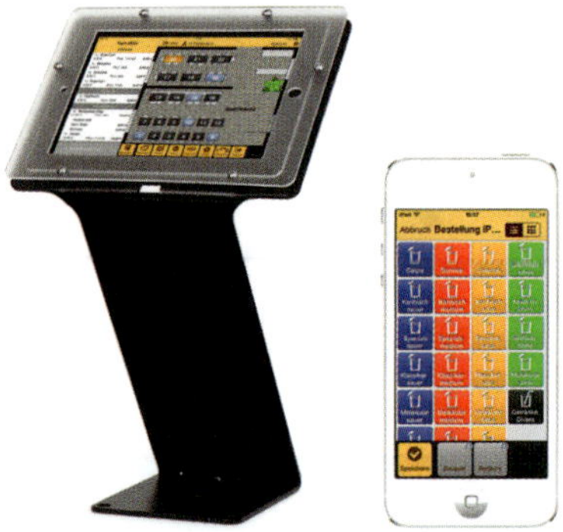

Kassensystem

6.8 Abrechnungs- und Zahlungssysteme

Kassensysteme

PC-Kassensysteme gehören bei vielen gastgewerblichen Betrieben zur Standardausrüstung. Sie bieten viele Vorteile, u. a.:

- Die antibakterielle Tastatur ermöglicht auch das Registrieren von Warengruppen über die Warengruppennummer. (Abb. 1).
- Die große, mehrzeilige LCD-Anzeige sorgt für gute Übersicht (Abb. 2).
- Der Bon lässt sich mit einem Grafik-Logo gestalten (Abb. 3).
- Eine integrierte Kundenanzeige, die ausziehbar und drehbar ist, ermöglicht es dem Kunden, den Kassiervorgang zu verfolgen (Abb. 4).
- Die Umsatzdaten lassen sich auf einer SD-Karte speichern (Abb. 5).

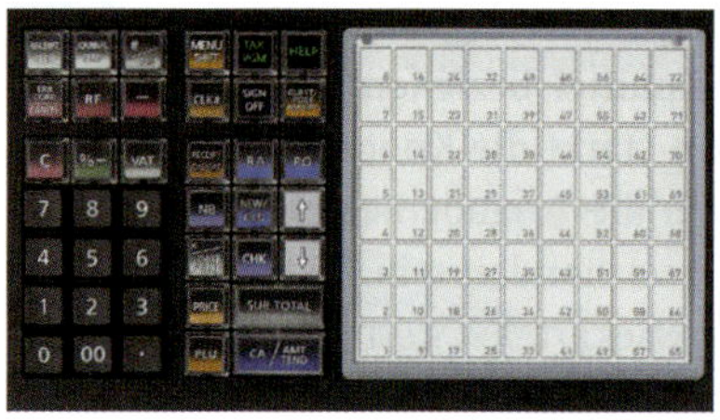

1

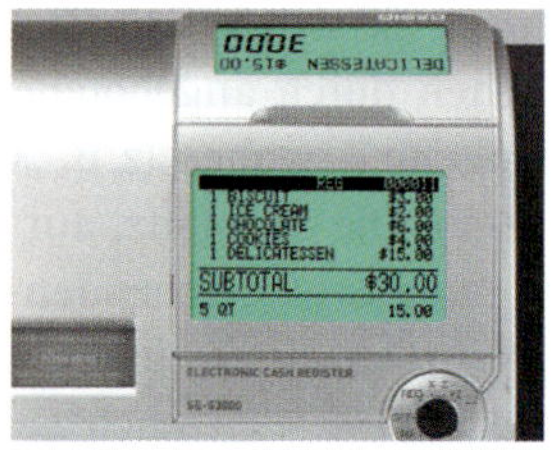

2

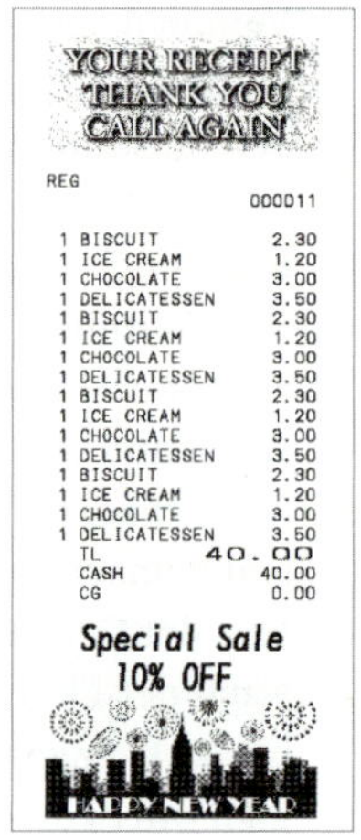

3

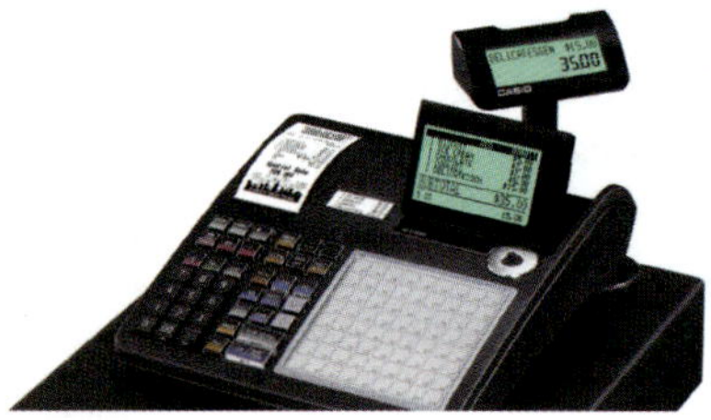

4

5

Orderbird Tablet Kasse

Viele elektronische Abrechnungssysteme verfügen über einen Touchscreen. Die Eingabe erfolgt durch das Antippen von Symbolen, Bildern oder Nummern auf dem Bildschirm.

Mobile Kassenlösungen sind heute im Trend. Die tragbare Hardware ist leistungsfähig und die Vorteile der To-go-Lösung sind umfangreich. Das Servicepersonal kann die Bestellung direkt am Gästetisch oder am Counter durch Eingabe von Artikelcodes und der Bestellmenge aufnehmen. Kasse oder Bondrucker, Kücheninfo und Büfettinfo werden ferngesteuert aktiviert. Dabei wird in der Kasse ein sogenannter Guestcheck für den Besteller (Tisch) angelegt. Bei größeren Außenbereichen mit entsprechenden Laufwegen oder bei einer großen Anzahl von Servicemitarbeitern (Staugefahr an der Kasse) sind diese mobilen Kassensysteme besonders vorteilhaft. Durch die mobile Lösung ist das Personal fast ständig am Gast. Somit kann sich diese teurere Anschaffung lohnen.

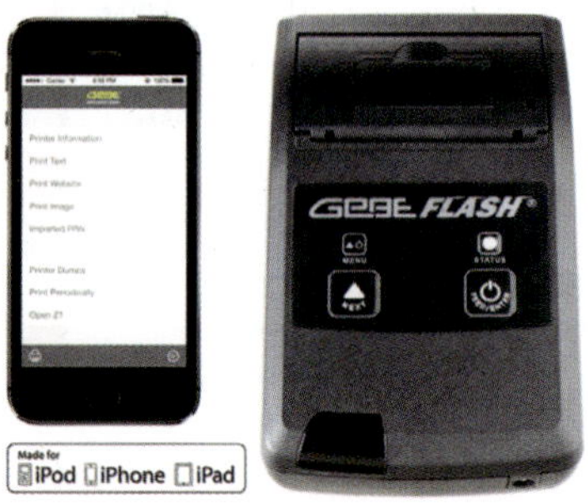

Mobiler Bondrucker

Meist verfügen die mobilen Kassensysteme über eine drahtlose Verbindung zum Internet. Die Daten werden in ein geschütztes Dashboard übertragen. Auf dem Dashboard werden Kennzahlen, Umsätze und unterschiedlichste Informationen über den aktuellen Stand des Betriebs ausgewertet und grafisch dargestellt. Außerdem können die Informationen ausgedruckt werden.

Rechnung

Rechnungen sollten maschinell erstellt werden, damit sie vom Finanzamt als Bewirtungsbelege anerkannt werden. Außerdem müssen für eine Anerkennung folgende Angaben aus der Quittung hervorgehen:

- Ort der Bewirtung (Name und Adresse der Gaststätte)
- Ausstellungsdatum und Tag der Bewirtung (auch, wenn beide Daten identisch sind)
- Registriernummer (Rechnungsnummer)
- Auflistung der Speisen und Getränke.
- Höhe der Aufwendungen und anzuwendende Steuersätze (auch Trinkgelder können direkt auf der Rechnung vermerkt werden)
- Angaben zum Anlass und zu den bewirteten (und bewirtenden) Personen
- genauer Anlass der Bewirtung
- Namen der bewirteten Personen
- Unterschrift des Bewirtenden, also des Gastgebers

Rechnungen über 150 €

Bei Beträgen über 150 Euro müssen folgende Angaben zusätzlich erfolgen:

- Rechnungsbetrag aufgeschlüsselt nach Steuersätzen sowie Mehrwertsteuersatz und Mehrwertsteuerbetrag in Euro
- Steuer- oder Umsatzsteueridentifikationsnummer der Gaststätte
- Name und Anschrift des Bewirtenden, das heißt des Gastgebers (handschriftliche Ergänzung durch Gastwirt)

AUFGABEN

1 | Beschreiben Sie die Besonderheiten elektronischer Abrechnungs- und Zahlungssysteme und zwar in Bezug auf:
a) die Rechnungserstellung
b) das Abrechnen mit dem Gast

2 | Wie muss eine Rechnung für einen Gast ausgestellt werden, die er als Nachweis für Bewirtungskosten dem Finanzamt vorlegen kann?

3 | Ermitteln Sie die noch aufzuschlagende Mehrwertsteuer von 19 % bei folgenden Beträgen:
a) 223,00 € b) 411,90 € c) 5,80 €
d) 4.455,98 € e) 25,70 € f) 222,50 €

Rechnungsübergabe

Rechnungen sollten vom Servicemitarbeiter präsentiert und gegebenenfalls erläutert werden, damit der Gast nicht das Gefühl hat, einfach „abkassiert" zu werden.

Bezahlung

In vielen gastronomischen Betrieben wird bar bezahlt, da sich so Kleinbeträge schnell begleichen lassen. Aber auch das bargeldlose Bezahlen am Point of Sale wird immer beliebter, weil es bequem ist. Für den Gastronomen ist es wichtig, die unterschiedlichen Gebühren der Zahlungsdienstleister zu berücksichtigen.

Wer dem Gast den Komfort des bargeldlosen Bezahlens ermöglichen möchte, braucht nicht nur ein Kartenterminal, sondern auch einen Netzbetreiber, der die Zahlungsdaten verarbeitet.

Bargeldlos bezahlt wird dann mit Autorisierung per Unterschrift oder per PIN-Eingabe, mit oder ohne Online-Kartenprüfung. Es gibt mehrere Karten mit jeweils unterschiedlichen Systemkosten.

Kartenzahlungen werden am Kartenterminal abgewickelt. Dies ist meistens eine mobile Einheit. Das Kartenzahlungsgerät sollte sowohl Magnetstreifen als auch Chipkarten lesen können. Eine Zifferntastatur, möglichst mit Sichtschutz, ermöglicht dem Gast die PIN-Eingabe.

Mobiles Kartenterminal

Bargeldloses Bezahlen

Folgende Symbole sind bei einer bargeldlosen Bezahlung üblich:

Mobile Payment

Für Gastronomen gibt es kleine drahtlose und über einen Akku betriebene Terminals, die über Bluetooth oder GPRS mit dem Hauptterminal verbunden sind. Sie können vom Servicepersonal in der Gürteltasche getragen und zur Kreditkartenbearbeitung mit Ausdruck direkt am Tisch benutzt werden.

Immer mehr Kartenherausgeber und Terminalhersteller bieten die Möglichkeit an, kontaktlos zu bezahlen. Dabei wird die Karte zum Bezahlen nur noch vor das Terminal gehalten.

Zahlungsarten:

- EC-Zahlung mit PIN.
- Prepaidkarte mit einem Geldbetrag x.
- Kreditkarte
- Mobile Payment mit scannen eines QR-Codes
- PayPal: Online-Bezahlsystem

…deutschen Kreditin-
…des Finanzrahmens
…g ohne Prüfung der
…e
…it Zahlungs-
…tphone oder Tablet,
…ung
…kann auch bargeld-

D… ein, denn das Verabschieden am Counter, am Tisch oder an der Garderobe ist genauso wichtig wie eine freundliche Begrüßung. Der Dank für den Besuch des Restaurants und eine freundliche Verabschiedung gehören zum Standard eines gastorientierten Verhaltens.

Der erste Eindruck ist der entscheidende, der letzte der bleibende! Das Gefühl, mit dem der Gast geht, bleibt in Erinnerung.

6.9 Reklamationen

Kein gastronomischer Betrieb der Welt kann so perfekt sein, dass jeder Gast zu jeder Zeit mit den Leistungen und Angeboten des Betriebs zufrieden ist. Aus diesem Grund gehören Beschwerden und Reklamationen zum Alltag eines jeden Betriebs.

Beschwerdemanagement ist die Art und Weise, wie mit Reklamationen umgegangen wird.

Entscheidend ist der professionelle Umgang mit Reklamationen. Obwohl Reklamationen oft als ärgerlich, unberechtigt oder unangenehm empfunden werden, steckt in jeder Reklamation eine große Chance. Gäste können dadurch gebunden und Schwachstellen im Betrieb aufgedeckt werden.

Jede Reklamation muss ernst genommen werden, denn der Gast verbindet die Behandlung der Reklamation mit der Qualität des Betriebs. Daher sollte jede Reklamationsbehandlung als Werbechance genutzt werden.

Bei der Bearbeitung einer Beschwerde ist es von Bedeutung, um welche Art von Beschwerde es sich handelt (siehe auch Kapitel 7.2.6).

Berechtigte Reklamation
Bei einer berechtigten Beschwerde handelt es sich um tatsächliche Beschwerdegründe, die den Gastronomen auf Schwachstellen in seinem Betrieb hinweisen.

Folgende Gründe können vorliegen:

- Der Gast erhält nicht die versprochene Qualität oder Menge.
- Der Gast erhält nicht das bestellte Produkt.
- Die Gastrechnung ist nicht korrekt.
- Das Geschirr ist nicht sauber.
- Der Service ist nicht angemessen.

Unberechtigte Reklamation
Stress, Ärger, Geltungsbedürfnis, aber auch private oder körperliche Probleme können Gründe für eine unberechtigte Reklamation sein.

Der Mitarbeiter sollte unterscheiden können, zwischen unberechtigten Reklamationen,

- die aus Unkenntnis des Gasts entstanden sind, weil dieser von falschen Voraussetzungen ausgegangen ist, oder
- die vom Gast wissentlich unter falschen Voraussetzungen vorgebracht werden, um sich Vorteile zu verschaffen.

Arten von Reklamationen

- berechtigte Reklamation
- unberechtigte Reklamation
- nicht geäußerte Reklamation

Entschädigungen

- Gutschein
- Alternativangebot
- Leistungsaustausch
- Nachbesserung
- Abhilfe
- Entschuldigungsschreiben
- Erstattung eines Geldbetrags

Erfolgreiches Beschwerdemanagement

Fachkompetenz
+
Persönlichkeit des Mitarbeiters

fachliche und persönliche Überzeugungskraft

Reklamationen sind ernst zu nehmen

Vorteile der Reklamationsdokumentation

- Mitarbeiter in jeder Schicht s… informiert.
- Eintragungen lassen sich sta… auswerten.
- Der Betrieb gewinnt einen Ü… über seine Schwächen aus S… Gasts.

Reagiert ein Gast auf die Einwendungen laut und beleidigend, dann sollte er auf das Hausrecht aufmerksam gemacht werden. Der Betriebsleiter darf … en Sicherheit und zur Durchsetzung … Polizei geschehen. Es muss aber ein … usverbots vorhanden sein. Hält sich … densbruch.

Essen ist zu kalt:

1. Das Gespräch suchen/ die Reklamation annehmen.
2. Dem Gast zuhören und Verständnis signalisieren
3. Aus der passiven Haltung raustreten und mit offenen Fragen den Sachverhalt konkretisieren.

… ation äußert, werden mit fachlichem … schick Signale der Unzufriedenheit … chen (z. B. Mimik, Gestik, Reste auf … Beschwerden durch Fragen bedeu… ommunikation zu testen. Auf diese … hrung gebracht werden kann.

… tivieren. Nicht geäußerte Beschwer… nce, Beschwerdegründe abzustellen … n. Betroffene Gäste kommen nicht … gativwerber auf.

- Haben Sie lange auf das Essen warten müssen,
- Wie viel Zeit haben Sie sich mit dem Essen gelassen ..

4. Sind die Gründe klar folgt eine Lösung
5. Danken
7. Dokumentieren
8. Follow-up-Gespräch.

„Kann ich noch etwas für Sie tun?“

… klamationen

… als berechtigt ansehen.
… önlich nehmen.
… vor den Gästen diskutieren.

… 5.3.

… sätze, die bei der Behandlung … nd.

2| Nach Erhalt eines Espressos beschwert sich ein Gast über die zu kalte Temperatur des Espressos. Formulieren Sie zwei unterschiedliche Antwortmöglichkeiten, mit denen Sie als Servicemitarbeiter auf diese Reklamation eingehen.

3| Nach dem Besuch Ihres Restaurants beschwert sich Frau Müller schriftlich über den unfreundlichen Service Ihrer Mitarbeiter. Sie habe über 40 Minuten auf ihr Pastagericht warten müssen. Außerdem seien die Nudeln versalzen gewesen. Erstellen Sie ein kurzes Antwortschreiben an Frau Müller.

4| Welche konkreten Maßnahmen können Sie ergreifen, um die in Aufgabe 1 und 2 beschriebenen Vorkommnisse in Zukunft zu vermeiden?

Die Phasen der Bearbeitung einer Reklamation

1. Annahme der Reklamation	Der erste Eindruck, den der Servicemitarbeiter zu Beginn eines Reklamationsgesprächs abgibt, ist entscheidend für den weiteren Verlauf. In den ersten Sekunden muss er den Gast auf der menschlichen Seite für sich gewinnen.
↓	
2. Verständnis signalisieren	Jetzt muss es dem Servicemitarbeiter gelingen, vom Gast als kompetenter Gesprächspartner akzeptiert zu werden. Dem Gast wird signalisiert, dass sein Problem verstanden wurde. Mit Ich-Botschaften und eigenen Worten wird beschrieben, wie die Reklamation des Gasts verstanden wurde. Es ist wichtig, freundlich zu bleiben und nicht laut zu werden, auch wenn der Gast den Mitarbeiter provoziert.
↓	
3. Sachverhalt konkretisieren	Zu diesem Zeitpunkt ist der Moment gekommen, an dem von der passiven Gesprächsführung durch Zuhören oder Wiedergabe des Gesagten zur aktiven Steuerung umgeschaltet wird. Durch offene Fragen (siehe Kapitel 6.2.2) werden die Hintergründe der Beschwerde herausgearbeitet.
↓	
4. Lösungen anbieten	Sind die echten Gründe der Reklamation herausgefunden, müssen im nächsten Schritt Lösungen angeboten werden. Der Gast muss über das weitere Vorgehen informiert werden. In dieser Phase ist es besonders hilfreich, wenn dem Mitarbeiter im Rahmen des Beschwerdemanagements für die wesentlichen Beschwerden Lösungsmöglichkeiten bzw. Reaktionsinstrumente bekannt sind. Der Zufriedenheitsgrad einer Reklamationsbehandlung hängt nicht nur von der Kompensationsleistung, also der Wiedergutmachung ab. Meist geht es in erster Linie um das Gefühl, ernst genommen zu werden. Die Servicekraft sollte die Kompensationsleistung nicht zu schnell und zu großzügig anbieten. Die Servicekraft sollte die Situation abwägen und dann entscheiden.
↓	
5. Entschuldigung	Auch hier muss der Gast anhand der Art und Weise, wie sich der Mitarbeiter entschuldigt, erkennen können, dass es ernst gemeint ist. Die Entschuldigung muss echt wirken, ein einfach hingeworfenes „Entschuldigung" reicht nicht!
↓	
6. Dank für die Reklamation	Auf keinen Fall sollte sich der Mitarbeiter persönlich angegriffen fühlen, sondern im Gegenteil sich für die Beschwerde als Chance zur Qualitätsverbesserung bedanken. Der Gast trägt mit berechtigten Beschwerden und Hinweisen dazu bei, das Image des Betriebs zu optimieren.
↓ **Nachbearbeitung im Betrieb**	
7. Reklamation auswerten/ Nachbearbeitung	Beschwerden müssen analysiert und ihre Ursachen dauerhaft ausgeschaltet werden. Reklamationen sollten in einem Reklamationsbuch festgehalten werden. Darüber hinaus werden im EDV-System Beschwerden, Maßnahmen zur Abhilfe und Vorschläge zur Wiedergutmachung/ Kompensation gesammelt und ausgewertet.
↓	
8. Follow-up-Gespräche	Wenn eine Reklamation vollständig bearbeitet ist, bedeutet dies nicht automatisch, dass der Gast zufrieden ist. In einem Follow-up Gespräch kann der Gastronom feststellen, wie weit der Gast die Reklamation und den damit verbundenen Ärger verarbeitet hat. Die wenigsten Gäste erwarten, dass sie nach einer Reklamation noch einmal vom Betrieb angesprochen werden. Das Follow-up-Gespräch sollte zeitnah durchgeführt werden, damit sich der Gast noch gut daran erinnern kann, wie positiv und professionell die Art der Problemlösung war. Durch solche Gespräche entsteht das Gefühl, dass dem Betrieb an einer weiteren Zusammenarbeit viel gelegen ist. Die Gespräche sind daher ein wichtiges Kundenbindungsinstrument. Weiterhin können bei Follow-up-Gesprächen Zusatzumsätze erzielt werden, denn diese Gespräche eignen sich hervorragend dazu, mit dem Gast über zukünftige Geschäfte intensiver in Kontakt zu kommen.

6.10 Aufgaben

1 | Erläutern Sie die Aspekte, die beim Führen eines Telefonats mit einem Gast zu berücksichtigen sind.

2 | Entwickeln Sie eine Checkliste mit Verhaltensweisen für Mitarbeiter beim Verkaufsgespräch.

3 | Erstellen Sie eine Liste mit Kriterien, die ein Restauranttester für Ihren Betrieb in Bezug auf die Servicefreundlichkeit überprüfen soll.

4 | Im Mai ist ein Aktionsgericht „Bagel mit Lachs und Avocadocreme" geplant. In Mitarbeiterschulungen lassen Sie die Mitarbeiter Verkaufsgespräche am Counter üben. Formulieren Sie zwei geeignete Beispielsätze für den gastorientierten Verkauf des Aktionsgerichts.

5 | Vor Ihrem Restaurant soll eine Werbetafel aufgestellt werden, um für den Verkauf des Aktionsbagels zu werben. Gestalten Sie ein werbewirksames Tafelbild für den Aktionsbagel und präsentieren Sie diesen Vorschlag an der Tafel im Klassenraum.

6 | Welche Vorteile haben mobile Kassensysteme im Restaurantgeschäft?

7 | Definieren Sie den Begriff Online-Marketing.

8 | Welche grundlegenden Informationen muss ein Newsletter enthalten?

9 | Welche Ziele werden mit Maßnahmen zur Verkaufsförderung verfolgt?

10 | Mit einer Aushilfskraft für den Service wurden 15 Prozent Umsatzbeteiligung vereinbart. Ihr Tagesumsatz beträft 525,00 € bei 19 Prozent MwSt. Berechnen Sie die Umsatzbeteiligung in €.

11 | Ihr Betrieb liefert ein rustikales Büfett für 1.545,00 € einschließlich der gültigen Mehrwertsteuer.
a) Welcher Mehrwertsteuersatz wurde berechnet?
b) Berechnen Sie die im Rechnungsbetrag enthaltene Mehrwertsteuer.

12 | Führen Sie den folgenden Test durch und nennen Sie Argumente zu den Fragen, die Sie mit „Nein" beantwortet haben.

Mein persönlicher Kommunikationscheck

	Ja	Nein
Beachten Sie Ihre eigene Körperhaltung, wenn Sie mit Gästen reden?		
Wählen Sie bewusst einen Gesprächseinstieg für ein Verkaufsgespräch?		
Berücksichtigen Sie bei Gesprächen mit Gästen die Distanzzonen?		
Achten Sie darauf, dass Sie Ihre Sätze positiv formulieren?		
Bemühen Sie sich, die Absichten und Wünsche eines Gasts zu erkennen?		
Wenn Sie einem Gast begegnen, achten Sie auf seine Körperhaltung?		
Fragen Sie den Gast, ob er alles verstanden hat?		
Machen Ihnen Gespräche mit Gästen Spaß?		
Besprechen Sie mit Kollegen Gespräche mit Gästen, die nicht zufriedenstellend gelaufen sind?		

Hier geht es um ein Einschätzen Ihrer Fähigkeiten im Gespräch mit Gästen. Das Bewusstmachen von eigenen Stärken und Schwächen ist die Voraussetzung für eine erfolgreiche Gesprächsführung.

Je mehr Fragen Sie mit „Ja" beantwortet haben, desto besser gehen Sie auf den Gast ein.
Haben Sie viele Fragen mit „Nein" beantwortet, können Sie Ihre Gesprächsführung noch mehr trainieren.

7 Servicemitarbeiter und Serviceausstattung

Servicegrundlagen

Servicekräfte sollten bestimmte Fähigkeiten und Eigenschaften besitzen oder erwerben, um verkaufsfördernd und dienstleistungsorientiert arbeiten zu können. Welche das sind, wird im Folgenden erläutert.

Außerdem wird die Ausstattung eines Betriebs beschrieben, die für Servicekräfte eine Grundvoraussetzung darstellt, um professionell arbeiten zu können. Hierzu gehören u. a.:

- Geschirr
- Besteck
- Gläser
- Servicegeräte

7.1 Servicemitarbeiter

Der Ruf eines Betriebs wird in besonderem Maße von seinen Servicemitarbeitern geprägt. Sie sind die direkten Ansprechpartner für die Gäste. Sie haben daher einen großen Einfluss darauf, ob diese sich wohlfühlen oder nicht.

Der erste Eindruck hat keine zweite Chance!

Äußeres Erscheinungsbild als Teil der Corporate Identity

Redegewandtheit
Professionelle Kommunikation ist ein Grundbestandteil für die Beratung der Gäste. Hier begegnen sich Gastwunsch und gastronomisches Angebot. Daher gilt:

- gezielte Fragen stellen und zuhören
- mitdenken und Auswahlmöglichkeiten präsentieren
- Entscheidungen veranlassen

Gepflegte Umgangsformen/höfliches, unaufdringliches Verhalten
Die Servicemitarbeiter verbringen mehr Zeit mit den Gästen als jeder andere Mitarbeiter. Sie sind verantwortlich dafür, dass die Gäste den Betrieb mit einer positiven Serviceerfahrung erlebt.

DISQ
Das Deutsche Institut für Service-Qualität verfolgt das Ziel, den Service in Deutschland zu verbessern. Es testet regelmäßig unterschiedliche gastronomische Betriebe und beurteilt deren Servicequalität.

www.disq.de

Service Ranking
Die ServiceValue GmbH, die Goethe-Universität Frankfurt am Main und DIE WELT erstellen regelmäßig Deutschlands größtes Service-Ranking für verschiedenste Bereiche.

www.service-champions.de
www.servicevalue.de

Körperliche und psychische Belastbarkeit

Flexible Arbeitszeiten bis in den frühen Morgen, der Umgang mit vielen unterschiedlichen Menschen, körperlich schwere Tätigkeiten beim Service (Tragen, Heben, langes Stehen) verlangen von jedem Servicemitarbeiter körperliche und geistige Fitness.

Äußeres Erscheinungsbild

Das Erscheinungsbild und die korrekte Berufskleidung haben für jeden Betrieb einen hohen Identifikationswert. Außerdem sind sie fester Bestandteil der Corporate Identity (Erscheinungsbild des Betriebs nach innen und außen, siehe Kapitel 14.3.2). Sie prägt die Unverwechselbarkeit des Betriebs. Ansprechende, individuelle Berufskleidung soll als Instrument des Personalmarketings auch dazu beitragen, dass die Mitarbeiter sich wohlfühlen. Eine angenehme Arbeitskleidung sorgt daher für Arbeitszufriedenheit, Motivation und Leistung.

Die traditionelle gastronomische Berufskleidung „schwarz-weiß" bzw. „schwarz-schwarz" wird in einigen gastronomischen Betrieben durch kreative Varianten ersetzt. Bistroschürzen, Shirts und Hauben mit Logo dienen dazu, einen zur Atmosphäre des Betriebs passenden Eindruck herzustellen.

Der Arbeitgeber ist berechtigt, eine Kleiderordnung für die Mitarbeiter festzulegen oder eine bestimmte Dienstkleidung/Uniform festzuschreiben. Meist sind Vorgaben dieser Art Bestandteil des Arbeitsvertrags, da sie gleichzeitig den Versicherungsschutz gewährleisten. Gibt es einen Betriebsrat, bestimmt dieser mit.
Besteht eine Kleiderordnung, kann auch festgelegt werden, dass der Mitarbeiter sein äußeres Erscheinungsbild daran anpasst (z. B. keine sichtbaren Piercings oder Tattoos).

Wer die Kleidung anzuschaffen, zu bezahlen und zu reinigen hat, ist meist im Tarifvertrag geregelt. Wo nur die berufsübliche Kleidung vorgeschrieben wird (z. B. weiße Bluse und schwarze Hose im Service), trägt in der Regel der Arbeitnehmer die Kosten. Bei Uniformen ist es meist der Arbeitgeber.

Vorgeschriebene Schutzkleidung schafft der Arbeitgeber an.

Das Umkleiden und Waschen zählt nicht zur Arbeitszeit.

Das Angebot an Kleidung für den gastronomischen Betrieb ist umfassend. Zum maßgeschneiderten Paket für den Betrieb gehören: Beratung zur Corporate Identity und zum Image, die Entwicklung hauseigener Kreationen, Reinigung, Umtausch und Lagerung der Textilien.

Einwandfreie persönliche Hygiene und Sauberkeit gehören zur Verpflichtung für jeden Servicemitarbeiter. Deren Einhaltung lässt oft Rückschlüsse auf die Führung eines Unternehmens zu (siehe Kapitel 4.5.3).

Besondere Bedeutung haben gepflegte Hände und Fingernägel. Sie werden von jedem Gast in Verbindung mit den servierten Speisen und Getränken gesehen.

Mietberufsbekleidungs-Service

Für einige Betriebe ist der Mietberufsbekleidungs-Service (Berufsbekleidungs-Leasing) eine professionelle Alternative. Der Betrieb spart damit einen großen Organisationsaufwand und kann flexibel auf Personalschwankungen reagieren.

Der Gastronom darf in der Kleiderordnung sichtbare Tattoos und Piercings verbieten

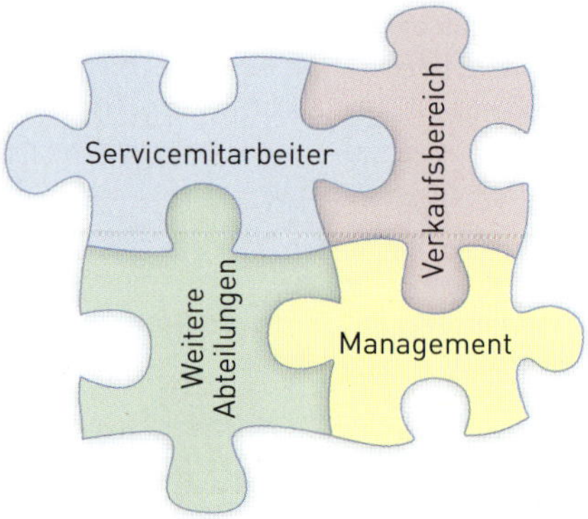

Serviceorganisation

Gepflegte Haare, unaufdringliches Make-up, korrekte Rasur und dezenter Schmuck sind in den meisten Betrieben Standard. Die Standards der Szenegastronomie unterscheiden sich teilweise davon.
Mund- und Körpergeruch wirken abstoßend. Deshalb sind regelmäßige Körperpflege und Wäschewechsel Grundvoraussetzungen für ein gepflegtes Auftreten.

Dienstleistungsbereitschaft
Jeder Servicemitarbeiter muss sich in der Gastronomie mit den verschiedensten Einstellungen, Ansichten und Ansprüchen von Gästen auseinandersetzen. Eine Grundvoraussetzung ist die Bereitschaft, sich auf unbekannte Menschen einzustellen. Nur so kann die Servicekraft die Bedürfnisse des Gasts erkennen. Eine besondere Herausforderung ist es dann, die Bedürfnisse des Gasts so zu erfüllen, dass seine Erwartungen übertroffen werden. Jeder Gast mit seiner Persönlichkeit erwartet eine dementsprechende persönliche Dienstleistung. Ein professioneller Servicemitarbeiter versucht, diese zu erfüllen.

Teamspirit

Teamfähigkeit
Mitarbeiter im gastronomischen Betrieb werden oft mit der Bewältigung einer gemeinsamen Aufgabe beauftragt. Hier ist der Teamgeist eine Grundvoraussetzung für erfolgreiches Arbeiten. Teamgeist bedeutet die gemeinsame Zielsetzung und Verantwortung,

Gelingt es der Betriebsleitung, die Teamarbeit erfolgreich zu gestalten, dann ist diese Form der Arbeitsorganisation anderen Formen vielfach überlegen. Arbeitsaufträge der einzelnen Teammitglieder sind so organisiert, dass sie sich gegenseitig beeinflussen und ergänzen. Dadurch entsteht eine allgemeine positive Wirkung aus der Vielzahl der Einzelleistungen.

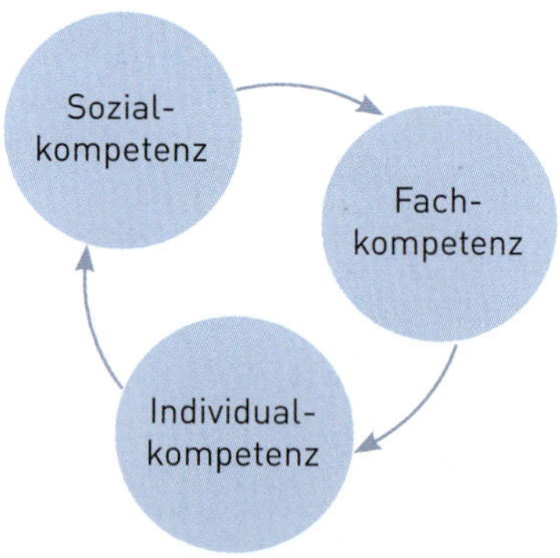

Ganzheitliche Serviceleistung

Fachkenntnisse
Für ein angemessenes Verkaufsgespräch sind Grundkenntnisse in der Speisen- und Getränkekunde eine wichtige Voraussetzung.
Servicemitarbeiter müssen Fragen der Gäste zur Zubereitung sowie zu Inhaltsstoffen und Zusammensetzung der Speisen und Getränke fachgerecht beantworten können. Dies betrifft beispielsweise die Allergieverträglichkeit der angebotenen Produkte.

Organisation im Restaurant siehe Kapitel 8.3.

AUFGABEN

1 | Das Erscheinungsbild der Servicemitarbeiter repräsentiert den Betrieb. Begründen Sie diese Aussage.

2 | Wesentliche Eigenschaften der Servicemitarbeiter können nicht vom äußeren Erscheinungsbild der Servicemitarbeiter abgeleitet werden. Geben Sie Beispiele.

3 | Für die Servicebrigade im Restaurant gelten Bekleidungsstandards. Was ist darunter zu verstehen?

7.2 Recht im Service

Der Servicemitarbeiter ist Gesicht und Stimme des gastronomischen Betriebs für den Gast: Der Gast identifiziert das Produkt und die Dienstleistung mit dem Servicemitarbeiter. Außerdem übernimmt der Service die meisten rechtlich bedeutenden Handlungen des Unternehmens gegenüber dem Gast.

Wer im Service professionell arbeitet, muss daher eine gewisse Sicherheit in der Anwendung der zugrunde liegenden Rechtsvorschriften entwickeln. Dies gilt insbesondere für Personen, die den Servicemitarbeitern vor Ort Anweisungen erteilen. Rechtliche Gesichtspunkte sind insbesondere:

- die Stellung des Gasts als Verbraucher, der geschützt werden muss,
- der Abschluss von Verträgen zwischen dem Gastronomen und dem Gast und die sich daraus ergebenden Rechte und Pflichten,
- die Haftung des Gastronomen gegenüber dem Gast, wenn Schäden eintreten.

Die Gastbeziehung ist auch rechtlich geprägt

7.2.1 Hausrecht, Vertragsfreiheit und deren Grenzen

Der Gastronom selbst bzw. die von ihm damit beauftragten Mitarbeiter vor Ort haben das Hausrecht. Das bedeutet, sie sind berechtigt, Gästen innerhalb der Unternehmensräume bestimmte Vorgaben über ihr Verhalten zu machen und diese auch durchzusetzen. Ob ein Gast bewirtet wird oder nicht und wie er bewirtet wird, ist rechtlich die Entscheidung des Unternehmens („Vertragsfreiheit").

Vertragsfreiheit
Vertragsfreiheit bedeutet, dass jede Person die Freiheit hat, zu entscheiden, ob und mit wem ein Vertragsabschluss vorgenommen wird (Abschlussfreiheit) Außerdem kann sie auch darüber bestimmen, wie der Inhalt eines Vertrags ausgestaltet wird (Inhalts- oder Gestaltungsfreiheit).

Beispiele für zulässige Entscheidungen:

- Eine Kneipe weist betrunkene Gäste schon am Eingang ab oder erteilt Randalierern ein Hausverbot. Ein Gast, der sich darüber hinwegsetzt, begeht Hausfriedensbruch. Dagegen kann sich der Gastronom mit Notwehrmitteln, d. h. notfalls mit Gewalt, wehren.
- Es ist die Entscheidung des Gastronomen, wie er damit umgeht, wenn Gäste ihr mitgebrachtes Essen verzehren. In bayerischen Biergärten ist es z. B. allgemein üblich, dass nur Getränke bestellt werden und dazu das mitgebrachte Picknick verzehrt wird. Der Wirt muss dies aber nicht dulden.
- Ein Edelrestaurant legt eine Kleiderordnung fest, die das Tragen von Mützen verbietet. Ein Club verfolgt eine Türpolitik, die Turnschuhe verbietet. Gäste, die sich an diese Vorgabe nicht halten, werden vom Türsteher am Betreten des Edelrestaurants bzw. des Clubs gehindert.
- Trotz vieler Nachfragen von Gästen lehnt ein Restaurant es ab, Kinderteller oder Kinderportionen auf die Karte zu setzen. Eine Weinstube hat nur Wein und Wasser im Getränkeangebot, kein Bier, keine Softdrinks, keine Spirituosen.
- Ein Fast-Food-Betrieb hat nur einen von vier Countern geöffnet, obwohl die Gäste Schlange stehen und genügend Mitarbeiter da sind.

Der Gastronom darf eine Kleiderordnung für die Gäste festlegen

Kussverbot
Erlaubt ist auch ein Kussverbot, das ein Wirt in Innsbruck erteilt hat. Auf einer Hinweistafel steht: „Aus Respekt vor unseren Mitarbeitern und internationalen Gästen bitten wir Sie, Zärtlichkeiten in unserem Lokal zu unterlassen." Paare, die sich nicht daran halten, werden rausgeworfen. So will der Wirt verhindern, dass Gäste, die sich gestört fühlen, den Bewirtungsvertrag kündigen.

Der Gastronom muss keine Kartenzahlung akzeptieren

AGB
AGB sind die allgemeinen Geschäftsbedingungen, zu denen ein Vertrag geschlossen wird.

AGG
Das Allgemeine Gleichbehandlungsgesetz verbietet sachlich nicht gerechtfertigte Benachteiligungen wegen der Rasse oder ethnischen Herkunft, des Geschlechts, der Religion oder Weltanschauung, einer Behinderung, des Alters oder der sexuellen Orientierung. Keine Diskriminierung ist dagegen, wenn durch die Ungleichbehandlung besondere Vorteile gewährt werden, wie z. B. bei einem Seniorenteller oder einem Studentenrabatt.

- In einem Restaurant, das sich der gesunden Küche verschrieben hat, sind Softdrinks dreimal so teuer wie üblicherweise.
- Ein Nobelhotel verkauft die Flasche japanisches Quellwasser für 80 €.
- „Auf der Terrasse nur Kännchen“: Ein Café bietet in der Außengastrono… …eutlich höheren Pre…
- Ein … …eöffnet, obwohl Gäs… …hen.
- Der … …nur Bargeld.

AGG!
Allgemeine
Gleichbehandlungsgesetz
z.B. Diskriminierung
von ausländischen
Gästen.

Die ge… …astronom muss jedoch … Das Hausrecht und di…

Die wi…

1. Ver… …ksam. Darunter fall… …n.
2. Nac… …AGB) sind Vertrag… …nt oder unklar form… …benachteiligen. Beis… …ung für grobe Fahrlässigkeit auszuschließen.
3. Die Ablehnung von Gästen darf nicht diskriminierend sein. Ein Verstoß gegen das Allgemeine Gleichbehandlungsgesetz (AGG) liegt z. B. vor, wenn Gäste wegen ihrer ausländischen Herkunft, ihrer Hautfarbe oder einer Behinderung abgewiesen werden.
4. Der Gastronom kann seine Vertragsfreiheit selbst vertraglich begrenzen, z. B. kann er sich in seinem Pachtvertrag zur Einhaltung bestimmter Öffnungszeiten verpflichten (typisch z. B. in Einkaufszentren oder in der Verkehrsgastronomie). Er kann auch Verträge oder Kooperationen abschließen, die ihn zur Freihaltung von Sitzplätzen, zur Gewährung von Rabatten oder zur Bereithaltung eines bestimmten Angebots verpflichten.
5. Das Wettbewerbsrecht verbietet unlautere (d. h. unfaire) Wettbewerbsmethoden und schützt so Gäste und Konkurrenten.
6. Spezielle Gebote und Verbote schützen die Gäste vor den besonderen Gefahren, die von Gaststätten ausgehen können. Dies betrifft insbesondere die Bereiche Alkohol, Rauchen und Glücksspiel (siehe Kapitel 7.2.2, 7.2.3 und 7.2.4).
7. Kinder und Jugendliche sind eine besonders schutzbedürftige Gästegruppe. Sie werden durch das Jugendschutzgesetz speziell in den Blick genommen (siehe Kapitel 7.2.5).
8. Die Speise- und Getränkekarte bzw. vergleichbare Instrumente bei den typischen Serviceformen der Selbstbedienung (z. B. Displays am Counter, Ausschilderung am Büfett, Tafeln beim Frontcooking) leiten typischerweise den Vertragsschluss mit dem Gast ein. Im Interesse des Verbraucherschutzes müssen daher die Wahrheit und Klarheit der Karte gewährleistet sein. Dafür sieht das Recht detaillierte Vorschriften vor, wie Speisen und Getränke zu bezeichnen und zu kennzeichnen sowie mit Preisen auszuzeichnen (siehe Kapitel 6.7.1) sind.

Der Verbraucherschutz in der Gastronomie betrifft insbesondere folgende Bereiche:

- Jugendschutz
- Diskriminierungsschutz
- Nichtraucherschutz
- Schutz vor Alkoholmissbrauch
- Speisekartenrecht

← Verbraucher-
schutz

Apfelsaftparagraf
↓

Das Konzept des Verbraucherschutzes beruht auf der Sicht, dass Ve… cher gegenüber den Anbietern von Produkten und Dienstleistungen … legen sind. Auch Gäste können aufgrund mangelnder Fachkenntnis, … mation oder Erfahrung benachteiligt sein. Ihnen drohen dadurch bes… Gefahren, z. B. für die Gesundheit, oder sie sind nicht in der Lage, als … diger Verbraucher" bewusste Entscheidungen zu treffen. Diesem Ungleichgewicht soll im Verbraucherschutz mit gesetzlichen Mitteln entgegengesteuert werden. Außerdem sollen Verbraucherbildung und -beratung für mehr Durchblick sorgen.

7.2.2 Bekämpfung des Alkoholmissbrauchs

Ausschank u.
Abgabeverbote:

Alkoholische Getränke
vorübergehend
verbieten oder für
einen Ort ganz
verbieten.
z.B Demonstrationen

Alkoholmissbrauch:

-Apfelsaftparagraf:
Ein alkoholfreies
Getränk darf nicht
teurer sein als ~~ein~~
das billigste alkoholische
Getränk.
Hochrechnung auf 1 Liter

…g des Gesetzgebers in
…bräuchlichen Alkohol-
…stättengesetz des Bun-
…nünftigen Umgang mit
…ene Gaststättengesetze
…ise übernommen, teil-

…teurer angeboten wer-
…vergleich erfolgt dabei
…für einen Liter der be-
…holfreies Getränk ein

Anwendung des „Apfelsaftparagrafen"

Eine Getränkekarte enthält folgende Preise für die jeweils günstigsten alkoholischen bzw. alkoholfreien Getränke:

0,2 l Pils	2,00 €
0,2 l Quellwasser	2,00 €
0,5 l Weizenbier	4,80 €

Diese Preisgestaltung ist nicht mit dem Gesetz vereinbar. Folgende Rechnung ist anzustellen:

0,2 l Pils	2,00 € ≙	Literpreis 10,00 €
0,2 l Quellwasser	2,00 € ≙	Literpreis 10,00 €
0,5 l Weizenbier	4,80 € ≙	Literpreis 9,60 €

Das Wasser hat also einen höheren Literpreis als die alkoholischen Getränke. Es reicht nicht aus, dass 0,2 l Wasser zum gleichen Preis wie 0,2 l Pils angeboten werden, da der Literpreis maßgeblich ist.

(Mit freundlicher Genehmigung und Unterstützung der Bundeszentrale für gesundheitliche Aufklärung – www.bzga.de)

Informationen über Alkohol: www.kenn-dein-limit.info

Geltung des „Taschengeldparagrafen"
§ 110 BGB greift nur dann ein, wenn
- das Taschengeld (auch) für Gastronomiebesuche oder zur freien Verfügung überlassen wurde. Geld, das Minderjährigen z. B. für Kino oder Bücher oder zum Sparen geschenkt wurde, kann rechtlich gesehen nicht auf diese Weise zweckentfremdet werden.
- der Minderjährige das Geld von den Eltern oder mit deren Zustimmung erhalten hat.
- der Minderjährige seinen Zahlungsanspruch gegenüber dem Gastronomen bereits vollständig erfüllt hat.

Bei der Bestellung durch Minderjährige sind besondere Vorschriften zu beachten

3. Auch eine Tischreservierung ist bereits ein Vertragsschluss, wenn sie verbindlich ist. Rechtlich gesehen kann der Gastronom, wenn der Gast nicht kommt und er den Tisch trotz Nachfrage nicht freigibt, den durchschnittlichen Verzehr als Schadensersatz berechnen. Praktisch ist dies aber meist nur bei festgelegten Menübestellungen im Vorfeld üblich.

4. Der Vertrag kommt zwischen dem Unternehmen und dem Gast zustande. Der Servicemitarbeiter, der die Bestellung aufnimmt, hat die „Vertretungsmacht", für das Unternehmen eine Willenserklärung abzugeben. Der Mitarbeiter selbst wird dadurch rechtlich nicht verantwortlich.

5. Bei Bestellungen durch Minderjährige ist zu beachten:
   - Vor Vollendung des siebten Lebensjahrs sind Kinder geschäftsunfähig, d. h., von ihnen abgeschlossene Verträge sind „nichtig".
   - Ein Minderjähriger, der das siebte Lebensjahr vollendet hat, ist beschränkt geschäftsfähig. Das bedeutet, er benötigt für Willenserklärungen, entweder die (vorherige) Einwilligung oder die (nachträgliche) Genehmigung seines gesetzlichen Vertreters. Gesetzliche Vertreter sind in der Regel die Eltern. Solange die Einwilligung bzw. Genehmigung fehlt, ist der Vertrag „schwebend unwirksam".
   - Davon gibt es eine wichtige Ausnahme, den „Taschengeldparagrafen" (§ 110 BGB): Ein von einem Minderjährigen geschlossener Vertrag ist von Anfang an wirksam, wenn dieser die Leistung mit Mitteln bewirkt, die ihm zu diesem Zweck oder zur freien Verfügung überlassen worden sind.

Rechte und Pflichten des Gastronomen und des Gasts sowie mangelhafte Leistungen
Die Rechte und Pflichten von Gastronom und Gast spiegeln sich wechselseitig.

Gastronom	Gast
Pflicht zur Lieferung mangelfreier Speisen und Getränke in angemessener Zeit, mit angemessenem Service.	**Pflicht** zur Prüfung des Produkts und Zahlung des vereinbarten Preises.
Recht auf Bezahlung. Wenn der Gast nicht zahlt, wird dies umgangssprachlich als „Zechprellerei" bezeichnet. Diese ist als Betrug strafbar, wenn der Gast von Anfang an vorhatte, die Zeche schuldig zu bleiben (und ihm dies auch nachzuweisen ist). Hat der Gast z. B. nur sein Portemonnaie vergessen, sollte sichergestellt werden, dass er nachträglich bezahlt. Dafür ist es wichtig, Beweise zu sichern (z. B. Zeugenaussage von Mitarbeitern/Gästen, schriftliches Schuldanerkenntnis des Gasts) und die Identität des Gasts festzustellen (Ausweis). Dafür darf der Gast festgehalten werden (Selbsthilfe). Gelingt dies nicht, sollte die Polizei gerufen werden. Zahlt der Gast auch nachträglich nicht, muss der Gastronom die Zeche einklagen.	**Recht** auf Verzehr in der Regel an Ort und Stelle. **Recht** auf Rückgabe mangelhafter Speisen und Getränke, Neulieferung, Minderung bzw. Schadensersatz. **Recht** auf Rücktritt bei verspäteter Leistung.

Rechte und Pflichten im Bewirtungsvertrag

Wenn bei der Bewirtung etwas „schiefgeht“, wird von Leistungsstörungen gesprochen. Die Leistungsstörung im Kaufvertrag wird im Zusammenhang mit dem Einkauf des Gastronomen bei seinen Lieferanten in Kapitel 9.1.7 behandelt. Im Folgenden wird daher nur auf den beim Bewirtungsvertrag häufig vorkommenden Fall der mangelhaften Leistung eingegangen.

Typische Beispiele für mangelhafte Leistungen:

- Das Essen ist nicht fachgerecht zubereitet, es ist z. B. versalzen, es befindet sich Sand im Salat, die Pasta ist verkocht oder das Fleisch verbrannt.
- Getränke sind zu warm oder zu kalt, schlecht gezapft oder falsch eingeschenkt, es befindet sich Kork im Wein oder Spülmittel im Bier.
- Gläser oder Besteck sind nicht sauber.
- Das servierte Essen entspricht nicht dem angebotenen und bestellten Essen. Beispielsweise bestellt der Gast das in der Karte ausgewiesene „Wiener Schnitzel“ (= Kalbfleisch), erhält aber ein Schweineschnitzel. Oder das Steak wird englisch bestellt und medium serviert. Problematisch können Fälle werden, in denen regionale Bezeichnungen oder Zubereitungsarten sich unterscheiden und deshalb Missverständnisse entstehen. Hier muss für Eindeutigkeit gesorgt werden. Beispiel: Der aus Düsseldorf kommende Gast bestellt in einem einfachen Magdeburger Restaurant ein „Jägerschnitzel“. Er freut sich auf ein Schweineschnitzel mit Pilzsauce – erhält aber panierte Jagdwurst mit Tomatensauce.
- Es fehlt eine zugesicherte Eigenschaft, z. B. ist das Essen nicht wie auf Nachfrage zugesagt vegetarisch, alkoholfrei oder glutenfrei.

Reklamiert der Gast in solchen Fällen und liegt der Mangel tatsächlich vor, hat der Gast zunächst einen Anspruch auf fehlerfreie Nacherfüllung. Das bedeutet, der Gastronom muss den Mangel beheben oder die Speise bzw. das Getränk gegen eine fehlerfreie Variante umtauschen. Erst wenn die Nacherfüllung verweigert wird oder fehlschlägt, kann der Gast stattdessen den Preis mindern oder vom Vertrag zurücktreten. Eine Nacherfüllung gilt nach dem zweiten Versuch als fehlgeschlagen.

Als Sonderformen von Bewirtungsverträgen sind besonders verbreitet:

- **Bankettvertrag:** Ein Bankett ist ein gemeinsames Festessen einer größeren Gruppe in einem feierlichen Rahmen. Das Essen wird meist als Menü eingenommen. Der Vertrag enthält die Zahl der Gäste, die Menüfolge und die zu servierenden Getränke. Hinzu kommen z. B. Absprachen über den Empfang, die Bestuhlung und die Dekoration.
- **Cateringvertrag:** Catering erfolgt häufig bei speziellen Events wie Groß- und Firmenveranstaltungen, Messen und Sportveranstaltungen. Die Verträge sind entsprechend unterschiedlich und beziehen meist die gesamte Veranstaltung mit ihrem Rahmenprogramm mit ein.

AUFGABEN

1 | Welche Absicht verfolgt das Jugendschutzgesetz?
2 | Erklären Sie den Begriff „Apfelsaftparagraf“.
3 | Erläutern Sie drei Beispiele für die Behandlung von Fundsachen.
4 | Um den Umsatz zu steigern, sollen bestimmte Hauptgerichte ausschließlich zusammen mit einer Flasche Wein zu einem Festpreis angeboten werden. Ist dieses Angebot zulässig?

Eine Raupe im Salat stellt eine mangelhafte Leistung dar

Persönlicher Geschmack und unberechtigte Beschwerden sowie Kulanz

In folgenden Fällen liegt kein rechtlicher Mangel vor, der zu einem Schadensersatz berechtigt:

- Einem Gast schmeckt das Essen nicht, ohne dass es dafür einen objektiven Grund gibt.
- Der Gast hat eine unangemessen hohe Qualitätserwartung.
- Der Gast bemängelt einen Fehler, der gar nicht existiert.

Auch bei unberechtigten Reklamationen handelt der Gastronom oftmals aus Kulanzgründen großzügig.

Ausrichtung eines Banketts

Event-Catering

7.3 Restaurantgestaltung

Moderne Restaurantgestaltung

Familienfreundliche Restaurantgestaltung

Die Gestaltung eines gastronomischen Betriebes ist je nach Betriebsart von vielseitigen Möglichkeiten gekennzeichnet. Tischkultur und Restaurantoptik spielen je nach Betriebsimage und Betriebstyp eine wichtigere oder unwichtigere Rolle. Die Restaurantgestaltung sollte immer auf viele verschiedene Gästegruppen zugeschnitten sein. So ist eine familiengerechte Ausstattung in der Freizeit- und Ausflugsgastronomie besonders erforderlich. Außerdem sollten diese Restaurants besonders auf die Bedürfnisse von Menschen mit Behinderungen zugeschnitten werden.

7.3.1 Familienfreundliche Gestaltung

Familien und damit Eltern und Kinder tragen besonders zum Umsatz in der Gastronomie bei. Für ein familienfreundliches Restaurant ist es sinnvoll, ein kindgerechtes Angebot und eine entsprechende Atmosphäre zu schaffen.

Besondere Einrichtungen machen Restaurants für Familien mit Kindern jeden Alters zu einem angenehmen Aufenthaltsort. Dazu gehören z. B.:

- Wickelräume und Kindertoiletten
- Tischsets zum Ausmalen, kleine Spiele, Puzzles
- Flatscreens mit Bastelprogramm, Sounddusche
- Tische mit integrierten Projektionsspielen
- Tablets mit kostenlosem Internetzugang
- WLAN/Steckdose an jedem Platz
- GYM-Club etc.

7.3.2 Barrierefreiheit

← Barrierefreiheit

…nd die sanitären Ein-
…son, unabhängig von
…schränkt und ohne
…rden die Vorschriften

…er die standardisierte
…efreier Angebote in
…rung haben sich der
…dem Hotelverband
…IK Deutschland, der
…dem Deutschen Ge-
…Sehbehindertenver-
…mmt Leben geeinigt.
…Bei Verwendung der
… müssen sämtliche Anforderungen einer Kategorie vollständig erfüllt werden.

Kategorie A: für Gäste mit einer Gehbehinderung, die zeitweise auch auf einen nicht motorisierten Rollstuhl oder eine Gehhilfe angewiesen sein können.

Kategorie A-i: für Hotels und Restaurants, die auf bestimmte Bedürfnisse von gehbehinderten Gästen eingestellt sind. Dies muss dokumentiert werden.

Kategorie B: für Gäste, die gehunfähig und ständig auf einen Rollstuhl angewiesen sind.

Kategorie C: für Gäste, die sehbehindert oder blind sind.

Kategorie D: für Gäste, die schwerhörig oder gehörlos sind.

Kategorie E: Die Anforderungen aller Kategorien werden erfüllt.

Piktogramm = grafisches Symbol mit oft international festgelegter Bedeutung.

7.3.3 Lichtdesign

Die Atmosphäre eines Restaurants oder Clubs ist in bedeutendem Maße von der Lichttechnik abhängig. Licht kann eine behagliche, wohnliche Atmosphäre schaffen. Wenn es aber zu grell ist, kann es einen Raum so verändern, dass sich kein Gast lange darin aufhalten möchte. Lichtdesigner sind die Fachleute in der Beleuchtungskunst. Drei Aufgaben der Beleuchtung sind zu beachten:

- **Licht zum Sehen:** Grundhelligkeit, um Waren und Umfeld sichtbar zu machen.
- **Licht zum Hinsehen:** Der Blick des Gasts wird gezielt auf hervorgehobene Bereiche gelenkt.
- **Licht zum Ansehen:** Es ist das atmosphärisch designte Gesamtkonzept.

LED-Beleuchtung ist das wichtigste Lichtmedium. Es ist sparsam und bietet für den kreativen Umgang mit Licht die meisten Möglichkeiten. Die kleinen Halbleiterleuchten sind flexibel einsetzbar.

Kontrollsysteme regeln und dimmen die Beleuchtung abhängig von Öffnungszeiten und Außenlicht. Dies verlängert die Lebensdauer der Leuchtmittel und senkt die Energiekosten. Bei Bedarf können feste Lichtszenen für bestimmte Tageszeiten oder Anlässe festgelegt und auf Knopfdruck abgerufen werden.

Direkte und indirekte Beleuchtung

LED = Lumineszenz-Diode/ Light Emitting Diode

Vorteile der LED-Leuchtmittel
- hohe Lebensdauer
- geringe Wartungskosten
- gute Farbwiedergabe
- kleine Abmessungen

7.3.4 Dekoration

Zur Raumkultur im Restaurant gehören Dekorationen wie Pflanzen, Blumen und Kerzen. Außerdem sind sie je nach Philosophie (z. B. Feng-Shui) maßgeblich an der Atmosphäre des Raums beteiligt.

Aspekte für die Verwendung von Blumen
- Blumenarrangements sollten dem Typ des Restaurants, dem Anlass der Veranstaltung oder der Jahreszeit entsprechen.
- Blumengestecke am Tisch sollten ausreichend Platz für die Gedecke lassen und nie so gesteckt sein, dass die Gäste sich nicht sehen können.
- Blumen dürfen nicht so intensiv duften (Hyazinthen, Maiglöckchen), dass sie für die Gäste störend wirken oder den Geruch der Speisen überdecken.
- Die Blumenfarbe sollte auf die Tischwäsche und Kerzen abgestimmt sein.

Aspekte für die Verwendung von Kerzen
- Kerzen müssen sicher stehen und gut fixiert werden, da jede Brand- oder Verbrennungsgefahr ausgeschlossen werden muss.
- Kerzen sollten vor dem Einsetzen in die Halterung einmal kurz angezündet werden, so wird das endgültige Anzünden einfacher.
- Tropfende Kerzen verschmutzen den Tisch oder die Tischwäsche. Es lohnt sich daher, hochwertige Kerzen einzusetzen.
- Kerzen oder Kerzenleuchter sollten nie den Blick zum Gegenüber beeinträchtigen.
- Im Innenbereich dürfen keine Duftkerzen verwendet werden.

Atmosphäre durch Tischdekoration

Music Manager
Ein Music Manager kann mehrere Bereiche zugleich mit unterschiedlicher Musik beschallen. Außerdem werden viele GEMA-freie Kompositionen mitgeliefert.

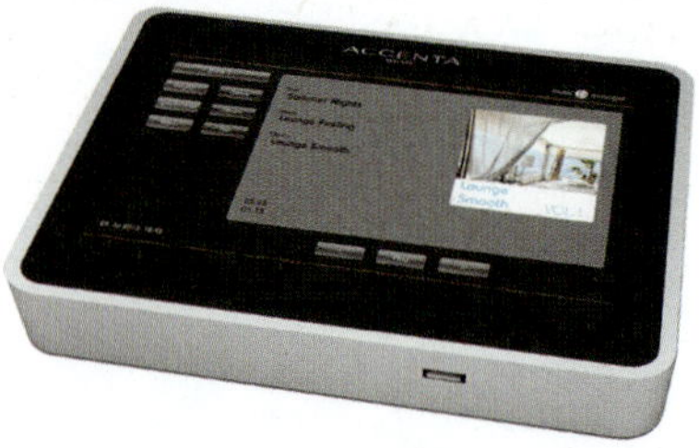

Music-Organizer/Music-Manager

Digitale Jukebox: Djukebox®

GEMA
Gesellschaft für musikalische Aufführungs- und mechanische Vervielfältigungsrechte
www.gema.de

GVL
Gesellschaft zur Verwertung von Leistungsschutzrechten mbH
www.gvl.de

7.3.5 Musikalische Unterhaltung

Die musikalische Gestaltung der Hintergrundmusik in Restaurants, Bars, Lobbys, Telefonwarteschleifen oder auf der Homepage hat einen nicht zu unterschätzenden Wert. Musik beeinflusst die Stimmung der Gäste, dient der Verkaufsförderung und ist die akustische Visitenkarte des Unternehmens.
Im Eventbereich spielen Unterhaltungs- und Tanzmusik oft auch als Livemusik eine bedeutende Rolle.

Music-Organizer/Music-Manager

Music-Organizer übernehmen die professionelle Gestaltung der Beschallung. Musik wird nicht automatisch z.B. per Internetleitung gestreamt, sondern individuell für verschiedene Bereiche mit unterschiedlichen Genres zusammengestellt (Chill-out, Lounge, Jazz, Piano usw.). Grundidee ist die Überzeugung, dass Räume und Dienstleistungen bestimmten Musikrichtungen zuzuordnen sind. Außerdem erfüllen Musiktitel bestimmte Aufgaben. Für jeden Betrieb kann so ein maßgeschneidertes Sound-Branding entwickelt werden.

Sound-Branding = Akustische Markenbildung
Klänge und Geräusche werden bewusst gewählt, damit der Kunde/Gast diese Klänge und Geräusche mit der Marke/dem Restaurant verbindet und im Gedächtnis behält.

GEMA-Anmeldung

Fast alle Formen der Musiknutzung in gastronomischen Betrieben müssen der GEMA (Gesellschaft für musikalische Aufführungs- und mechanische Vervielfältigungsrechte) gemeldet werden.

Rechtsgrundlage für die Melde- und Vergütungspflicht sind die Urheberrechte der Künstler und Produzenten an der Musik. Wer sie kommerziell nutzen will, z.B. ein Gastronom, braucht dafür die Erlaubnis des Rechteinhabers. Da es den Urhebern praktisch nicht möglich ist, mit allen Nutzern einzeln Verhandlungen zu führen und Verträge zu schließen, haben sie sich zu sogenannten Verwertungsgesellschaften zusammengeschlossen. Die wichtigste davon in Bezug auf Musik ist die GEMA, die die Rechte der Komponisten, Textdichter und Musikverleger vertritt.

Die Rechte der ausübenden Künstler werden durch die Verwertungsgesellschaft GVL vertreten, für die die GEMA allerdings den Einzug der Forderungen (Inkasso) durchführt. Für den Gastronomen ist daher immer die GEMA Vertragspartner.

Für die Erlaubnis zur Musiknutzung verlangt die GEMA vom Gastronomen eine Gebühr. Die Höhe der Tarife richtet sich nach der Intensität der wirtschaftlichen Nutzung (z.B. Live- oder Hintergrundmusik, Größe des Veranstaltungsraums, Höhe des Eintrittspreises).

Die Nutzung muss vorab angemeldet werden, ansonsten liegt eine unerlaubte Musikaufführung vor, die Strafzuschläge nach sich zieht. Die Anmeldung erfolgt bei den Bezirksdirektionen der GEMA.

Auch Live-Musik ist der GEMA zu melden und es muss dafür bezahlt werden (Ausnahme: es handelt sich ausschließlich um eigene Songs)

GEMA/GVL-vergütungspflichtig ist alle Musik, die zum GEMA-Repertoire gehört. Die Vergütungspflicht ist unabhängig von der Art der Nutzung. Das bedeutet, für das Abspielen von CDs oder Musikdateien aus dem Laptop ist ebenso zu bezahlen wie für Fernseh- oder Radiowiedergabe oder auch für Musik in der Warteschleife des Anrufbeantworters, auf der Toilette oder in der Tiefgarage.

Sogenannte „GEMA-freie" Musik ist solche Musik, für die GEMA und GVL die Nutzungsrechte nicht wahrnehmen. Das Repertoire ist begrenzt und in der Regel nur als Hintergrundmusik in weniger wichtigen Bereichen wie der Toilette oder einem Aufzug sinnvoll. Für „GEMA-freie" Musik gibt es spezialisierte Anbieter.

Ablauf des GEMA-Verfahrens

Liegt eine öffentliche, vergütungspflichtige Musiknutzung vor?

Beispiele:
Auftritt eines Musikers oder Abspielen von CDs in der Gaststätte,
Musik auf der Website,
Musik in der Telefonwarteschleife

→

Anmeldung der Musiknutzung bei der GEMA
GEMA berechnet den Tarif

Beispiele:
Tarife für Großbildschirme,
Wiedergabe von CDs

→

Lizenzerwerb durch Bezahlung der Rechnung, ggf. Rabatt durch Gesamtvertrag, z. B. mit DEHOGA

Rundfunkbeitrag

Neben den GEMA-Gebühren, müssen Gastronomen für Musik auch eine öffentlich-rechtliche Abgabe in Form des sogenannten Rundfunkbeitrags an den Beitragsservice von ARD, ZDF und Deutschlandradio zahlen.

Seit dem 1.1.2013 muss jeder Betrieb (genau wie jeder Privathaushalt) unabhängig vom Vorhandensein eines Rundfunkgeräts (Radio, Fernseher oder internetfähiger PC) und unabhängig von der tatsächlichen Nutzung Rundfunkbeiträge zahlen. Die Beitragshöhe richtet sich nach der Beschäftigtenzahl. Unternehmen mit mehreren Filialen müssen für jede Filiale einzeln Rundfunkgebühren bezahlen.

7.4 Einrichtungsgegenstände

Tische und Stühle als Blickfang

Einrichtungsgegenstände gehören zum Blickfang in einem Restaurant. Von der Art des Restaurants und somit vom Gästekreis ist es abhängig, in welcher Art und Qualität sie anzuschaffen sind. Dabei ist die Zweckmäßigkeit ein wichtiger Aspekt. Nur eine Einrichtungsgestaltung aus einem Guss erzeugt eine gemütliche und harmonische Atmosphäre.

Farben, Formen und Materialien von Essmöbeln werden stets nach individuellen Restaurantkonzepten umgesetzt. Die Kunst liegt im perfekten Zusammenspiel. Dabei werden allgemeine Standards berücksichtigt.

Bei den Tischen und Stühlen richtet sich das jeweilige Material nach der Art des Restaurants und ob sie im Innen- oder Außenbereich benutzt werden.

Modulare Systeme für Tische und Stühle

Tische und Stühle
Herkömmliche Restauranttische sollten ca. 75 cm hoch und die Sitzfläche der Stühle ca. 45 cm hoch sein. Diese Maße sind für Gäste mittlerer Größe ideal und für größere und kleinere Gäste akzeptabel.

Tische lassen sich durch Einlegeplatten oder Ansteckplatten erweitern. So können die unterschiedlichsten Tafelformen ohne Mühe gestaltet und aufgebaut werden.

Im Catering werden Tischfüße verwendet, auf die je nach Bedarf runde oder quadratische Platten aufgeschraubt werden können.

Tische

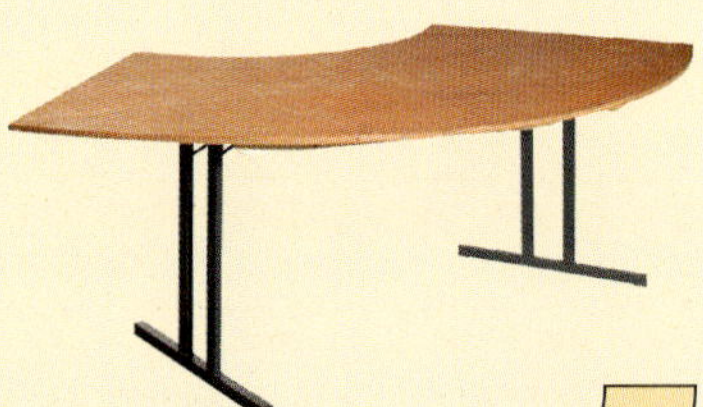

Anbautisch 1/4,
Ø 320 cm, H 76 cm

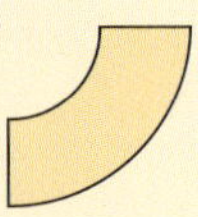

Anbautisch 1/2 oval,
80 x 150 cm, H 76 cm

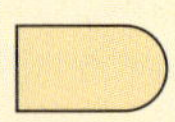

Anbautisch 1/2,
Ø 160 cm, H 76 cm

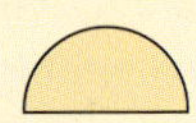

Tisch oval,
200 x 100 cm,
H 76 cm

Tisch, Ø 150 cm,
H 76 cm

Tisch 1/4, 120 x 80 cm,
H 76 cm

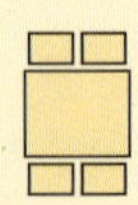

Tafelformen

Die Auswahl der Tafelform hängt von der Art der Veranstaltung ab, z. B. Tagung oder Familienfeier.

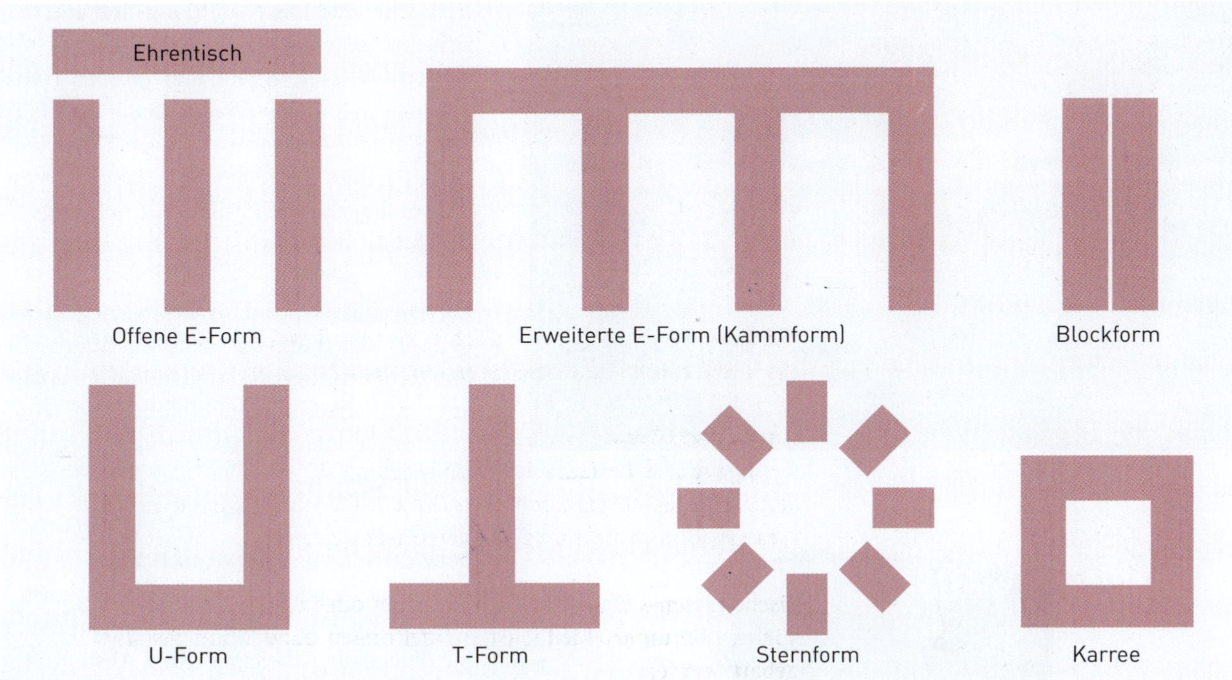

Stühle

Bei Stühlen ist der Sitzkomfort von besonderer Bedeutung. Die Sitzhöhe, eine ergonomisch geformte Sitzschale und Polsterung sowie Rückenlehnen und Sitzkissen sind zu beachten. Gleichzeitig legen Gastronomen großen Wert auf eine bestmögliche Raumausnutzung und wünschen individuelle und flexible Stell- und Kombinationsmöglichkeiten.

Zahlreiche Ausstattungsvarianten sind auf unterschiedlichste Raumkonzepte abgestimmt, wobei ein gutes Designkonzept letztendlich Funktion und Optik optimal vereinigt.

Auf die Lokalität abgestimmte Tische und Stühle

Beim Erwerb von Stühlen sollten die Stühle, die in der engeren Wahl sind, einige Tage zum Probesitzen zur Verfügung stehen. Unbequemlichkeiten machen sich oft nicht sofort bemerkbar.

Tische und Stühle für besondere Lokalitäten

Fahrbare Servicestation

Beistelltisch für den Tisch des Gasts

Einrichtungsgegenstände im Messe- und Event-Catering

Im Event- und Messe-Catering sind alle Einrichtungsgegenstände auf die Location und den Anlass abgestimmt und müssen transportabel sein. Daher werden in der Regel fast alle Einrichtungsgegenstände für den konkreten Anlass ausgeliehen. Es ist zu kostenaufwendig, die vielfältigen Einrichtungsgegenstände anzuschaffen und zu lagern.

Zu den klassischen Einrichtungsgegenständen für das Catering gehören Stehtische, Bierzeltgarnituren, Loungemöbel etc. Aber auch Strandkörbe, Leuchtmöbel oder Poolgarnituren müssen zur Verfügung gestellt werden können.

Servicetische und Serviceschränke

Servicetische oder -schränke werden zu Bereitstellung von Servicegeräten eingesetzt. Sie dienen als Arbeitsplatz und Abstellfläche in den einzelnen Stationen eines Restaurants. Eine Zone dient für Teller, Menagen, Tischgeräte und Tischwäsche, eine zweite Zone für Besteck und Gläser und die dritte Zone bleibt frei für letzte Handgriffe und zur Ablage. Sie ist jedoch kein Sammelplatz für benutzte Sachen.

Eine spezielle Form des Servicetischs ist der **Servant**. Es ist ein fahrbarer Servicetisch, meist nicht einsehbar. Er kann von Station zu Station gerollt werden.

Beistelltisch

Der Beistelltisch, auch **Guéridon** genannt, wird an den Tisch des Gasts gestellt und dient zum Tranchieren, Filetieren, Flambieren und Anrichten (englischer Service). Als Grundausstattung wird er mit einer Serviette und ausreichend Vorlegebesteck versehen. Aber auch der Getränkeservice für Wein oder Schaumwein kann hier stattfinden.

7.5 Geschirr

Geschirrteile werden aus verschiedenen Materialien hergestellt oder kreativ kombiniert. Porzellan, Holz, Metall, Glas, textile Bestandteile, Kunststoffe, aber auch Papier oder Pappe sind Elemente einer modernen Geschirrgestaltung. Den größten Anteil stellt immer noch Geschirr aus Porzellan, wobei Qualität, Ausführung und Dekor von der Betriebsart abhängen. Je nach Porzellanart ist die Rohstoffzusammensetzung mengenmäßig unterschiedlich.

Rohstoffe des Porzellans
- Kaolin
- Quarz
- Feldspat

Porzellanarten
- Hartporzellan
- Weichporzellan
- Feuerfestes Porzellan

Die Glasur gibt dem Porzellan eine glatte, versiegelte Oberfläche und vereinfacht damit die Reinigung. Bei der Dekoranbringung werden unterschieden:
- Auf- oder Unterglasurdekor, je nachdem, ob vor oder nach dem Glasieren aufgebracht
- Flächendekor mit Blumen, Obst, geometrischen Formen
- Randdekor mit kleinen Bildmotiven, Monogrammen oder Vignetten

Auswahlkriterien für Gastronomiegeschirr
- Hartporzellan, um Beschädigungen und Bruch niedrig zu halten.
- Harte Glasuren und Unterglasuren, da sie beim Essen und Spülen unempfindlicher sind.
- Ofenfestes Geschirr zum Garen und Überbacken und heißen Anrichten.
- Stapelbare und deshalb raumsparende Formen.
- Schlichte Dekors, da vielseitiger einsetzbar.

Glasiertes Geschirr aus Porzellan

Geschirrarten

Platzteller 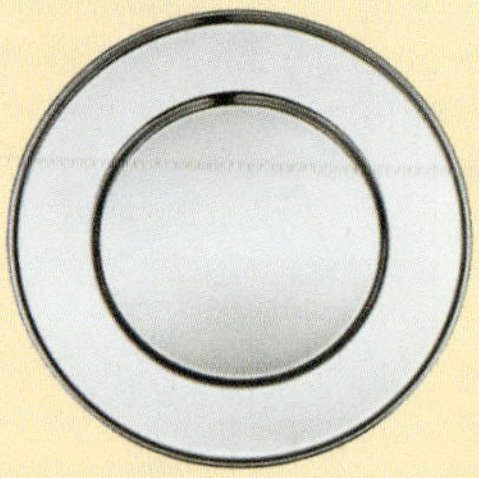	■ Große Teller, die den Gedeckplatz markieren. ■ Der Teller der Speisenfolge wird aufgesetzt. ■ Damit der Rand des Tellers sichtbar bleibt, sind Platzteller immer größer als der größte aufgesetzte Teller. ■ Platzteller werden spätestens mit dem letzten Gang ausgehoben.
Speisenteller 	■ Großer Teller bis 31 cm Durchmesser, auch Grillteller genannt, für komplette Gerichte aus Hauptbestandteil und Beilagen. ■ Großer Teller bis 26 cm Durchmesser, auch Menüteller für Vor-, Haupt- und Nachspeisen, als Ablageteller und Trageteller für tiefe Teller. ■ Mittelteller bis 21 cm Durchmesser, für Frühstück, Gebäck, Salate, Desserts, als Ablageteller für Vorlegebestecke und Trageteller für Cocktailgläser, Glasschalen, Tassen. ■ Kleiner Teller bis 17 cm Durchmesser, auch Brotteller genannt, für Brot, Brötchen, Butter oder Konfekt. ■ Tiefer Teller, auch als Suppenteller bezeichnet, für Speisen, bei denen ein höherer Tellerrand erforderlich ist. Für Suppen, Eintöpfe, Teigwarengerichte, Salatvariationen, warme Desserts und Frühstücksgerichte wie Cornflakes.
Suppentasse  **Essenztasse** 	■ Mit oder ohne Henkel und Untertasse (0,05 l–0,2 l Inhalt) für Suppen. ■ Kleine Spezialtassen für exotische Suppen und Essenzen.
Getränketassen/Getränkebecher 	■ Mit oder ohne Untertasse für Kaffee, Tee, Schokolade und Milch. ■ Espressotassen
Schüsseln  **Terrine** 	■ Verschiedene Größen für Gemüse- und Sättigungsbeilagen. ■ Terrinen mit Deckel für Eintöpfe und Suppen.
Kanne und Kännchen 	■ Mit und ohne Deckel für Kaffee, Tee, Schokolade, Milch und Kaffeesahne.

Die Reinigung und Pflege von Geschirr werden in Kapitel 13.3.2 Wirtschaftsdienst beschrieben.

7.6 Gläser

Schankgläser:
- Gläser aus Pressglas
- hohe Haltbarkeit
- spülmaschinenfest
- Füllstrich (waagerecht)
- Volumenangabe
- Prüfsiegel „CE“
- gut sichtbar →
- min. 10 mm lang

Für die Gastronomie werden Gläser unterschiedlicher Qualität, je nach Ver-
wendungszweck und Zweck
klasse oder jede Trinkkultur k
werden. Die Qualität eines G
der Form und der Wandstärke

Keinen Füllstrich:
- Kaffee, Tee, Schokoladengetränke
- Cocktailgläser
- Mixgetränke

Schankgläser

Schankgläser sind einfache
sind oft dickwandig und sp
einen Füllstrich, eine Volu
zeichen. Der Füllstrich und
wie weit die Gläser gefüllt w
ob sie die bestellte Menge e
der ausgeschenkten Getränke
viert. Das Herstellerzeichen d

Folgende Getränke dürfen in

- Kaffee-, Tee-, Kakao- oder
- alkoholhaltige Mischgetränke, die unmittelbar vor dem Ausschank aus mehr als zwei Getränken gemischt werden
- Kaltgetränke, die in Automaten durch Zusatz von Wasser hergestellt werden

Werden Getränke in geeichten Flaschen oder Karaffen bzw. Krügen mit Füllstrich serviert, so dürfen auch nicht geeichte Gläser verwendet werden. Dies trifft beispielsweise auf Weingläser zu, die an einem Tisch verwendet werden, für den eine Flasche Wein bestellt wurde.

AUFGABEN

1 | Beschreiben Sie, welche Auswirkungen die Glasform auf das Bukett/den Kohlensäuregehalt eines Getränks hat.

2 | Welche Anforderungen stellen Sie als Unternehmer an Geschirr, das Sie im Catering-Bereich einsetzen wollen?

orgaben für den Füllstrich
- gut sichtbar
- waagerecht verlaufend
- mindestens 10 mm lang
- mit Volumenangabe

ess- und Eichgesetz

it dem geänderten Eichgesetz, das am
Januar 2015 in Kraft trat, werden neue
aße für die Gastronomie zugelassen.
ußer den altbekannten Einheiten gibt
zwei neue Nennvolumen: Ein
15-l-Glas und ein 0,33-l-Glas.

ußerdem sieht das Eichgesetz vor, dass
transparentes Ausschankmaß bereit-
halten ist, wenn Getränke in Keramik-
er Tonbehältern ausgeschenkt werden.
f diese Weise kann eine Überprüfung
folgen.

Im Ausschank sind Ausschankmaße mit folgenden Nennvolumen zulässig:
- 1, 2, 4, 5 oder 10 Zentiliter oder
- 0,1, 0,15, 0,2, 0,25, 0,3, 0,33, 0,4, 0,5, 1, 1,5, 2, 3, 4 oder 5 Liter

Auf den Gläsern muss außerdem eine Herstellkennzeichnung unter dem Eichstrich angebracht sein und eine CE-Kennzeichnung.

Mess- und Eichgesetz
www.gesetze-im-internet.de/messeg/index.html

Mess- und Eichverordnung
www.gesetze-im-internet.de/messev/index.html

Tisch- und Tafelgläser

Tisch- und Tafelgläser sind qualitativ hochwertiger. Es handelt sich meist um Kristallgläser. Sie sind in vielfältigen Formen erhältlich. Auch sie müssen den Vorgaben des Eichgesetzes und der Eichordnung entsprechen.

Gläserformen

Getränke werden in unterschiedlichen Glasformen serviert. Die angegebenen Bezeichnungen variieren teilweise regional.

* Ein Nosingglas wird zum Verkosten von Spirituosen verwendet.

Die Reinigung und Pflege von Gläsern werden in Kapitel 13.3.2 Wirtschaftsdienst bechrieben.

7.7 B

Besteck aus Edelstahl:

Chromstahl = "Inox" Stempel

Chrom-Nickel-Stahl
18/8 oder 18/10
18% Chrom
8 oder 10% Nickel (Härte)

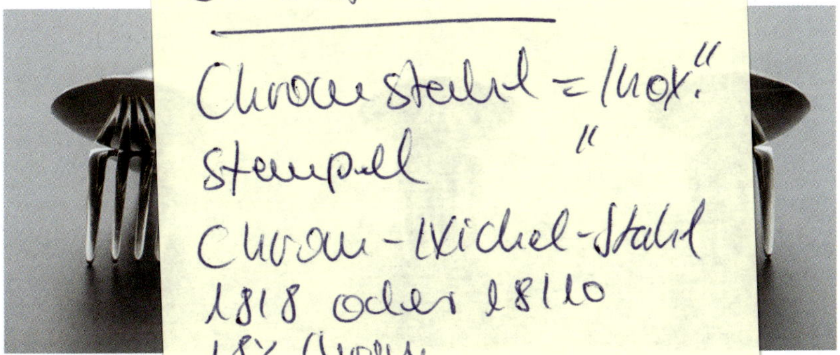

Bestecke trage … Gesamteindruck eines Restaurants bei.
Zweckmäßigkeit … Essen … kultur
des Betriebs ent…

Silberbesteck:

Silberanteil am Stempel zu erkennen

800 = 80% Silber-Anteil

Teilweise gehört … enut-
zung von Bestec … stand-
teil der Firmenpl … glich,
einen Burger ode…

Bestecke werden …

- Grundbesteck…
- Spezialbesteck…
- Servierhilfsbes…

Das Material der … ens-
dauer. Im gastron … aus
Metall. Das am hä … sta-
bil und hart ist. U … del-
stahl: rostfrei/stainless).

Die Festigkeit und … Le-
gierungen gewähr…

Besteckarten:

1) Chromstahl (Edelstahl)
2) Chrom-Nickel-Stahl (Edelstahl)
3) Silberbesteck
800 = 80% Silber-Anteil.

Chrom – Chromst…
Ideal für den tägli … nd-
lich gegen Speises … ung
rostfrei. Diese Bes … zu
erkennen.

Chrom und Nickel
Anspruchsvoller i … ist
umso härter und … gie-
rung ist.

Die Einprägungen … ng:
18 % Chromanteil…

Festlich gedeckter Tisch

Silberbesteck
In Fine-Dining-Restaurants wird auch versilbertes Besteck verwendet. Der Silberanteil ist am Stempel zu erkennen. Der Stempel 800 bedeutet z. B., dass 80 % aus Silber bestehen.

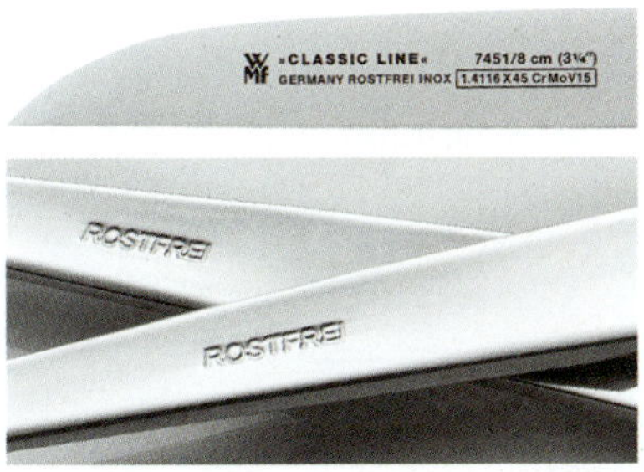

Rostfreier Edelstahl

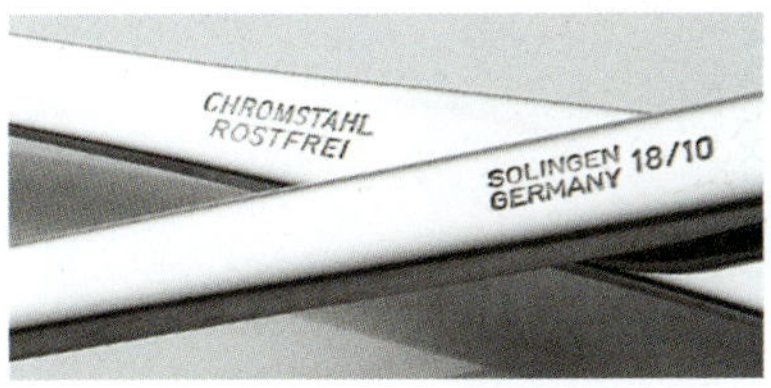

Chromstahl und Chromnickelstahl

Bouillonlöffel für Suppen aus Tassen. Bouillon ist eine Fleischbrühe aus Fondbrech.

Grundbesteck

Die Grundbestecke werden entsprechend ihrer Größe eingeteilt.

Grundbesteck und dessen Verwendung

Großes Besteck	Mittelbesteck	Kleines Besteck
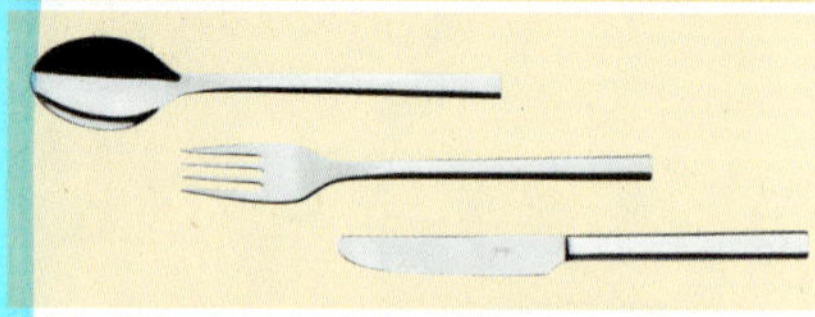	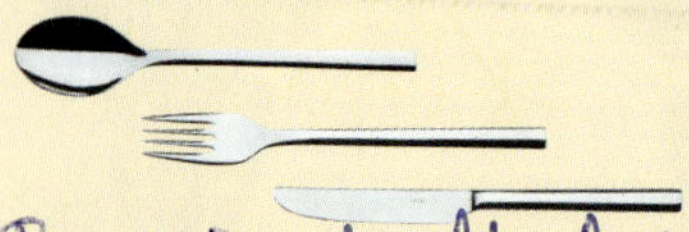 , Bouillonlöffel +	
▪ Löffel: für Suppen in tiefen Tellern ▪ Löffel: zum Vorlegen von Speisen ▪ Löffel und Gabel: als Vorlegebesteck ▪ Löffel und Gabel: für Gerichte aus Pasta. Im original italienischem Restaurant wird Pasa oft nur mit der Gabel gegessen. ▪ Messer und Gabel: für Hauptspeisen	▪ Löffel: für Suppen in der Suppentasse ▪ Löffel: für Frühstücksspeisen (Cornflakes, Müsli) ▪ Löffel und Gabel: für Desserts ▪ Löffel und Gabel: für Teigwaren (Ravioli, Cannelloni) ▪ Gabel und Messer: für Frühstück, Vorspeisen, Zwischengerichte, Käse ▪ Messer: für das einfache Frühstück	▪ Löffel: für Suppen in Spezialtassen ▪ Löffel: für cremige Speisen in Gläsern oder Schalen ▪ Löffel: für Heißgetränke wie Kaffee, Tee ▪ Löffel und Gabel: für Vorspeisen und Nachspeisen in Gläsern oder Schalen wie Shrimps- oder Gemüsecocktail, Obstsalat; für Kuchen

Spezialbestecke

Spezialbestecke und deren Verwendung

Buttermesser	Fischbesteck	Gourmetlöffel	Steakmesser	Maiskolbenhalter
	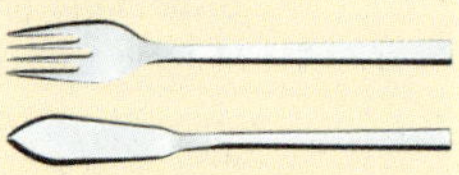	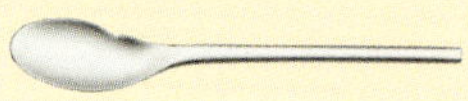		
für das Frühstücksgedeck/ das Kuvertgedeck	▪ für leicht zerteilbare Fischgerichte ▪ nicht für geräucherte oder marinierte Fischgerichte	▪ für alle Gerichte mit Saucen (auch Desserts) ▪ kann auch anstelle des Fischmessers bei Fischgerichten mit viel Sauce eingesetzt werden	für alle Steakarten und Speisen mit krosser Kruste (z. B. Haxe, Pizza, Burger)	für Maiskolben „am Stück“
Austernbrecher und Austerngabel	**Krebsgabel und Krebsmesser**	**Hummergabel und Hummerzange**	**Schneckenzange und Schneckengabel**	**Limonaden- oder Kaffeelöffel**
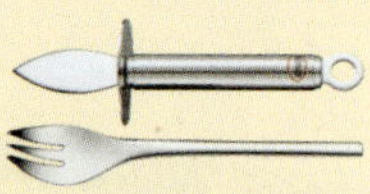	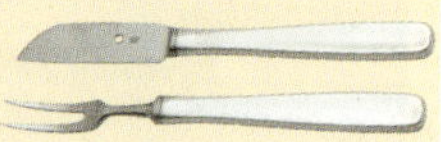	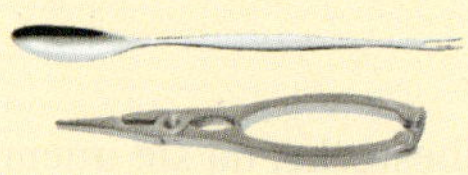	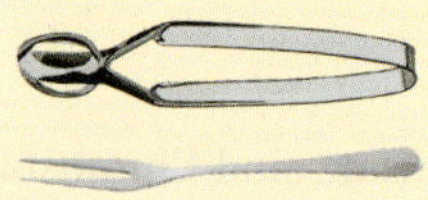	
▪ Austernbrecher: zum Öffnen der Austern ▪ Austerngabel: zum Lösen der Austern	zum Zerteilen von Krebsen	▪ Hummerzange: zum Aufbrechen der Scheren und Gelenke bei Hummern und Langusten ▪ Hummergabel: zum Auslösen des Fleisches bei Hummern, Langusten und Krabben	▪ Schneckenzange: zum Halten des Schneckenhauses ▪ Schneckengabel: zum Herauslösen der Schnecke aus dem Gehäuse ▪ auch für Schnecken ohne Gehäuse	für Getränke in hohen Gläsern

Happy Spoon

Ein beliebter Trend ist das „Flying Büfett" mit individuellem Service aus Löffelschalen oder Happy Spoons aus Porzellan oder Edelstahl. Happy Spoons sind auch als Spezialbesteck für Amuse-Gueule bzw. Amuse-Bouche, beim Stehempfang und für den Pausensnack einsetzbar.

ettkegel mit Happy Spoons

Essstäbchen

In asiatischen Restaurants
niges Besteck üblich. Esss
Stäbchen. Die Speisen we
spießt, sondern gegriffen

Essstäbchen

Servierhilfsbestecke

Ausgewählte Servierhilfsbestecke und deren Verwendung

Käsemesser	Tortenmesser	Tortenheber	Brotmesser	Salatvorleger
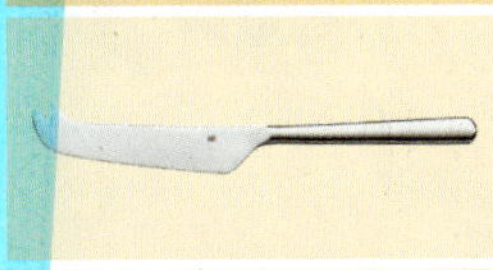	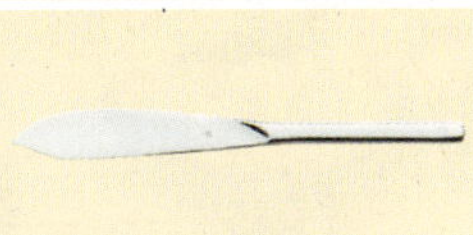	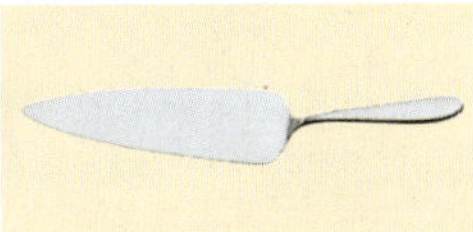	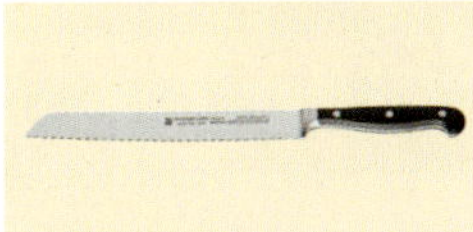	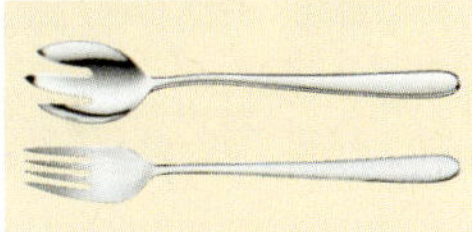
zum Schneiden, Portionieren und Anspießen von Käse	zum Schneiden von Creme- und Sahneschnitten oder Torten	zum Anrichten und Transportieren von Tortenstücken	zum Schneiden von Brot auf dem Brett	zum Mischen und Anrichten von Salat in der Schüssel
Tranchierbesteck	**Saucenkelle**	**Suppenkelle**	**Universalzange**	**Gebäckzange**
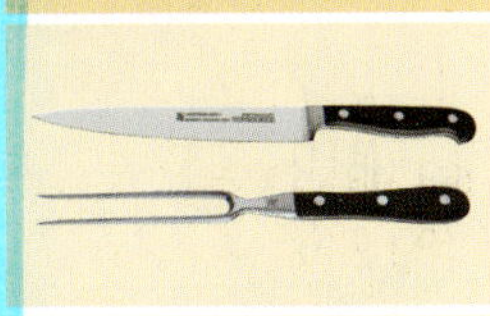	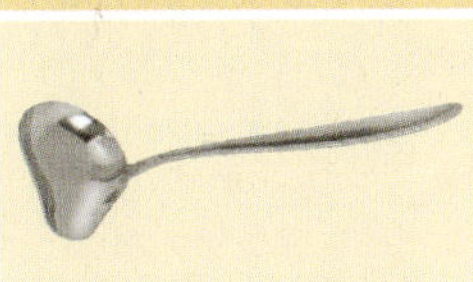	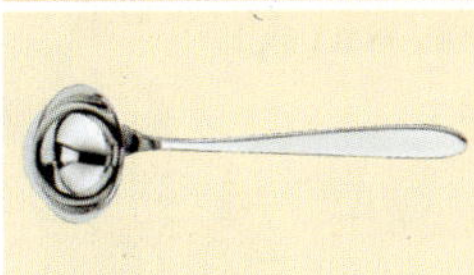	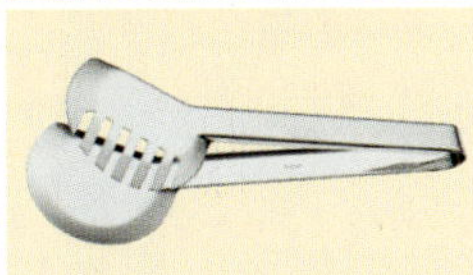	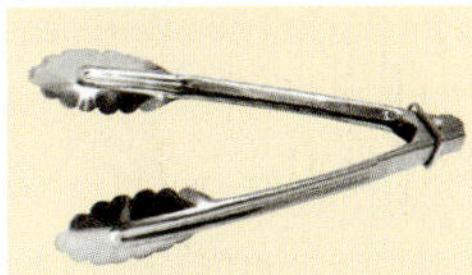
zum Tranchieren/ Zerlegen von Braten	zum Nappieren/Übergießen von Speisen mit Sauce aus der Sauciere	zum Ausschenken von Suppe aus der Terrine in den Teller	zum Greifen von Nudeln, aber auch Salaten oder anderen Vorspeisenbestandteilen	zum Anrichten und Transportieren von Gebäck, z. B. Cupcakes

Die Reinigung und Pflege von Besteck werden in Kapitel 13.3.2 Wirtschaftsdienst beschrieben.

7.8 Einweggeschirr, Einweggläser und Einwegbesteck

Einweggeschirr

Gastronomische Betriebe mit Take-away oder Außer-Haus-Geschäft stellen besondere Anforderungen an die Präsentation ihrer Produkte und somit auch besondere Anforderungen an das Geschirr.

Foodverpackungen als Komplettangebot von der Menüschale bis zur Siegelfolie oder transparentem Deckel sind als anspruchsvolle Verpackungslösungen insbesondere für die Systemgastronomie unverzichtbar.

Hochwertiges Einwegglas

Anforderungen an Kunststoffgeschirr

- kompakt und platzsparend
- einfach und effizient in der Handhabung
- ansprechende Warenpräsentation
- gut stapelbar und für den Transport geeignet
- tiefkühlgeeignet
- temperaturbeständig (–5 °C bis 60 °C)
- Antifog-Beschichtung, die das Beschlagen verhindert
- mikrowellengeeignet
- hygienisch und lebensmittelecht
- geschmacksneutral
- FCKW-frei
- ökologisch unbedenklich oder recycelbar

Achteckige Box zum Verpacken kalter und heißer Speisen

Kompostierbare Box zum Verpacken kalter und heißer Speisen

Salatschale für eine hochwertige Warenpräsentation

Stapelbarer Portionsbehälter

Menübox

Kartonverpackung für Suppe oder Salat

Umweltgerechte Kartonverpackung mit Sichtfenster

Sandwichbox aus recyceltem Material

Einwegtrinkgefäße

Hauptsächlich in der Systemgastronomie werden im Fast-Food-Segment oft Einweggetränkebecher verwendet. Der Getränkeservice erfolgt meistens in Trinkbechern und Trinkgläsern aus Kunststoff, Styropor oder Pappe.

Neutrale Thermobecher | Farbiger Thermobecher | Farbige Gläser | Edle Gläser

Einwegbesteck

Einwegbesteck gehört zur vollständigen Einweg-Zubehörausstattung dazu. Geringe Investitionskosten und Ersparnis beim Schwund von Besteckteilen im Restaurant oder beim Rücktransport im Catering sind eindeutige Vorteile. Deswegen ist Einwegbesteck eine interessante Alternative für Gastronomen.

Einwegbesteck in Metalloptik | Einzeln verpacktes Einwegbesteck | Besteckset | Rührstäbchen | Einweg-Essstäbchen

Umweltfreundlichkeit

In der modernen Gastronomie werden mehr und mehr umweltfreundliche Materialien als Einweggeschirr eingesetzt, die aus natürlichen, nachwachsenden und biologisch abbaubaren Rohstoffen hergestellt werden. Dies können z. B. Maisstärke, Papier- und Pflanzenfasern sein.

> Der Einsatz von umweltfreundlichem Einweggeschirr gehört für die meisten Betriebe zur Betriebsphilosophie.

Nachhaltiges Verpackungsmaterial

Arten von Tischwäsche
- Tischtuchunterlagen
- Tischtücher und Tafeltücher
- Deckservietten und Mundservietten
- Sets und Tischläufer
- Skirtings
- Hussen

Flüssigkeitsundurchlässige Tischunterlage aus PVC zum Zerschneiden

Tischtuch

7.11 Tischwäsche

Die Tisch- oder Tafelwäsche ist je nach Betrieb unterschiedlich. Sie wird auf die übrige Ausstattung abgestimmt, um ein harmonisches Gesamtbild zu erzeugen. Im Catering-Event-Bereich ist die Tischwäsche oft ein wichtiger gestalterischer Bestandteil des Konzepts, im Fast-Food-Bereich ist Tischwäsche in der Regel kein Thema.

Tischtuchunterlagen (Molton)

Tischtuchunterlagen bestehen überwiegend aus aufgerauter Baumwolle oder Synthetik. Sie werden entweder lose aufgelegt oder mithilfe der Gummibänder im Saum an den Tischbeinen befestigt oder fest verklebt.

Gründe für das Auflegen der Tischtuchunterlage:
- Durch die raue Beschaffenheit des Moltons kann das Tischtuch nicht verrutschen.
- Tischtücher lassen sich besser auflegen und auswechseln.
- Geräusche werden beim Einsetzen von Geschirr und anderen Tischgeräten durch „weicheres Aufsetzen" gedämmt.
- Tischtücher werden an den Tischecken und -kanten geschont.
- Beschädigungen an der Tischoberfläche durch heiße Teller oder Platten werden vermieden.

Tischtücher

Tischtücher sind weiß oder farbig. Das Material kann Zellstoff, Baumwolle, Halbleinen oder Leinen sein. Tischtücher sind der Größe des Tisches angepasst, wobei das Tischtuch 25–30 cm an jeder Seite überhängt.

Tischtücher haben Kanten und Brüche, die durch das Mangeln oder Bügeln entstehen. Beim Eindecken ist darauf zu achten, dass der Unterbruch zur Tür liegt. Deshalb sollte man beim Auflegen mit dem Rücken zur Tür stehen.

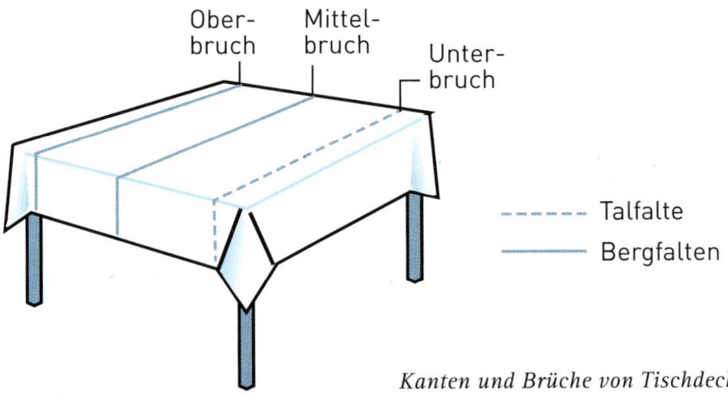

Kanten und Brüche von Tischdecken

Tafeltücher

Tafeltücher sind für zusammengestellte Tische (Tafeln) geeignet. Sie können maßgerecht angefertigt werden, sind in der Regel aber größere Tischtücher, die übereinandergelegt die Tafeloberfläche bedecken. Besonders praktisch ist das Auflegen, wenn das Tafeltuch aus Zellstoff von der Rolle kommt.

Skirtings

Skirtings (Büfettschürzen) sind Stoffe zum Umspannen von Büfetttischen. Sie sind mit Klettleisten, Klammern oder Druckknopfverschlüssen an der Tischkante befestigt. Aufbewahrt werden sie auf Skirtingbügeln.

Skirting

Hussen

Hussen sind Bezüge aus Stoff oder Vlies für Tische, Stühle und Bänke. Sie verleihen dem Mobiliar ohne viel Aufwand eine klassische Eleganz und können farbig auf das Ambiente angepasst werden.

Tischläufer und Tischsets

Tischläufer und Tischsets dienen als Ersatz für Tischtücher und werden verwendet, wenn dekorative oder edle Tischoberflächen sichtbar bleiben sollen.

Außerdem eignen sie sich im Fast-Food-Bereich als Einleger für Tabletts. Sets aus Zelltuch oder Papier können für Werbezwecke bedruckt werden, z. B. um die Kunden auf Aktionen aufmerksam zu machen oder um sie über Produkte zu informieren. Für Kinder sind sie auch als Malunterlage geeignet und haben somit eine vielfältige Verwendung im gastronomischen Betrieb.

Tischläufer

Tischsets

Husse

Mitteldecken

Mitteldecken (Deckservietten oder Napperons) werden auf die Tischtücher gelegt, um den Verbrauch an Tischwäsche zu reduzieren. Die Tischdecke wird vor Flecken bewahrt oder bereits vorhandene Flecken können überdeckt werden. Deckservietten aus Zellstoff werden oft farblich abgestimmt auf die Tischdecke und Serviette eingesetzt und sind dann Bestandteil der Tischdekoration bzw. des Gesamtkonzepts.

Gängige Größen für Deckservietten:

- 80 x 80 cm
- 90 x 90 cm
- 100 x 100 cm

Mitteldecke

Reinigung und Pflege von Tischwäsche

Die Verwaltung, Reinigung und Pflege von Tischwäsche wird häufig von Textilleasing-Firmen mit einem durchdachten Gesamtkonzept vorgenommen. Sie bieten einen umfassenden Wäscheservice mit Kosten- und Zeitersparnis für den Gastronomen an. Der Service ist bedarfsgerecht auf das Unternehmen zugeschnitten und lässt sich auf die Qualitätsstandards abstimmen.

Ausführliche Beschreibung der Reinigung siehe Kapitel 13.3.3 Wirtschaftsdienst.

Serviette falten: Dschunke

- Serviette zu einem Rechteck halbieren.
- Serviette nochmals halbieren, sodass wieder ein Quadrat entsteht. Serviette um 45 Grad drehen, damit die offene Seite der Serviette oben liegt.
- Serviette zu einem Dreieck falten, wobei der untere Teil nach hinten geschlagen wird.
- Die linke und die rechte Seite nun zur Mitte hin falten.
- Die frei liegenden unteren Ecken an der unteren Dreieckskante nach hinten falten.
- Die Serviette durch Nachhintenfalten beider Seiten des entstandenen Dreiecks halbieren. Dadurch werden die vier frei liegenden Enden sichtbar. Mit einer Hand die Serviette an der langen Seite halten und die Ecken von innen nach außen (siehe 1–4) nach oben ziehen.

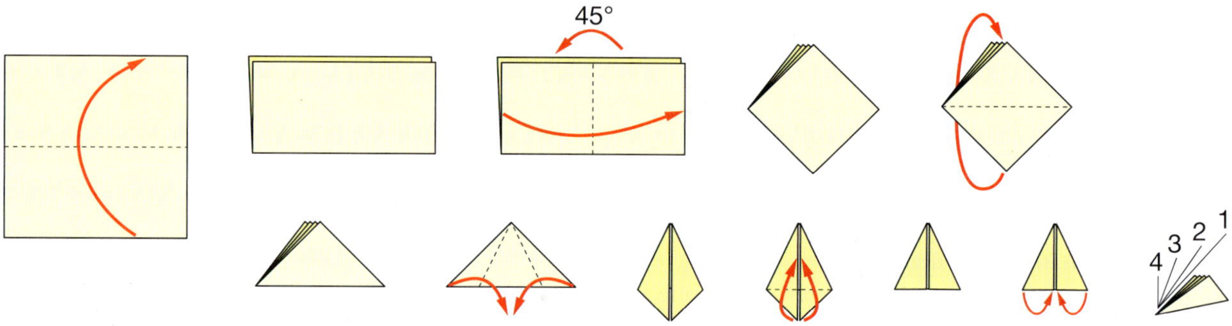

Serviette falten: Lilie

- Serviette diagonal falten, Ecke auf Ecke.
- Rechte und linke Ecke auf die obere Ecke zufalten. Die Mitte ist offen.
- Ecke drei Viertel nach oben knicken.
- Ecke zurückknicken, Faltkanten nachstreichen.
- Ecken nach hinten biegen und ineinanderstecken.
- Offene Zipfel zur Seite ziehen.

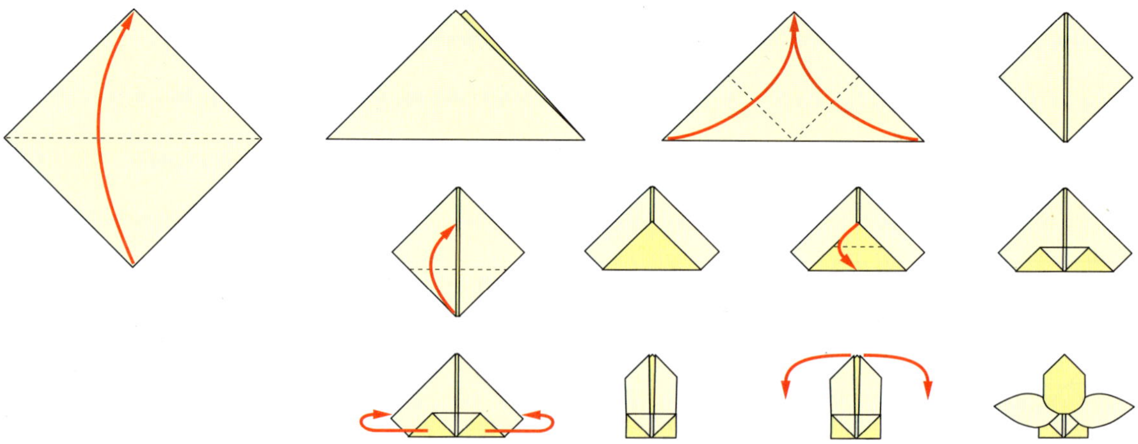

Serviette falten: Tafelspitz

- Serviette zu einem Rechteck falten. Die geschlossene Kante liegt oben.
- Linke obere Ecke zur Mitte unten falten.
- Rechte obere Ecke zur Mitte unten falten.
- Die Serviette in der Mitte zusammenfalten.
- Die Serviette aufstellen.

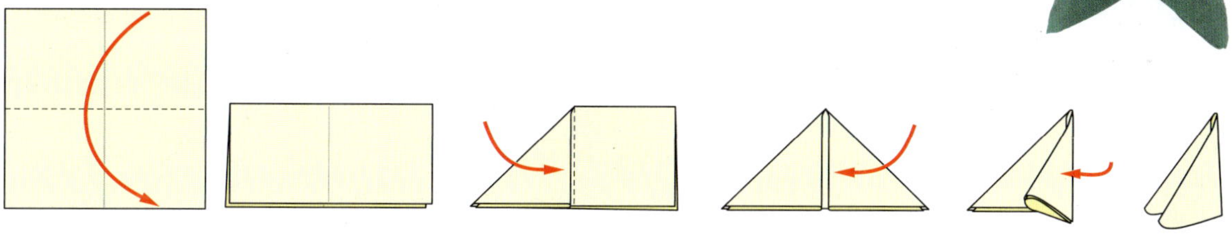

Serviette falten: Doppelter Tafelspitz

- Serviette zu einem Rechteck falten. Die geschlossene Kante liegt oben.
- Die obere Mitte mit dem linken Zeigefinger festhalten und die linke untere Ecke mit der anderen Hand zur rechten unteren Ecke ziehen.
- Die gefaltete untere rechte Spitze auf die linke Seite ziehen.
- Die obere Mitte mit dem linken Zeigefinger festhalten und die rechte untere Ecke mit der anderen Hand zur linken unteren Ecke ziehen.
- Die rechte Spitze auf die linke Spitze legen.
- Die Serviette aufstellen.

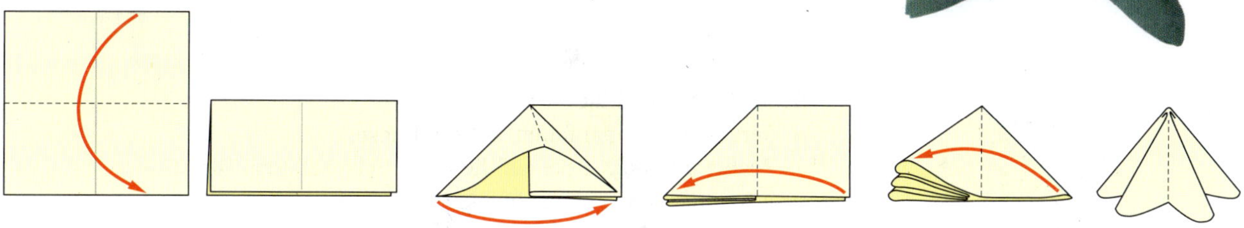

Serviette falten: Seerose, Lotusblüte, Artischocke (keine Mundserviette)

Sie wird verwendet, um z. B. Eiskübel und Schüsseln zu präsentieren.

- Serviette ausbreiten.
- Alle vier Ecken in die Mitte falten.
- Diesen Vorgang wiederholen und erneut die vier Ecken in die Mitte falten.
- Die Serviette umdrehen.
- Die vier Ecken erneut in die Mitte falten.
- Die vier Ecken in der Mitte der Servietten mit einer Hand festhalten und mit der anderen Hand die vier auf der unteren Seite eingefalteten Ecken nach oben zu einer Spitze ziehen.
- Die verbleibenden vier Ecken auf der unteren Seite nach außen ziehen.

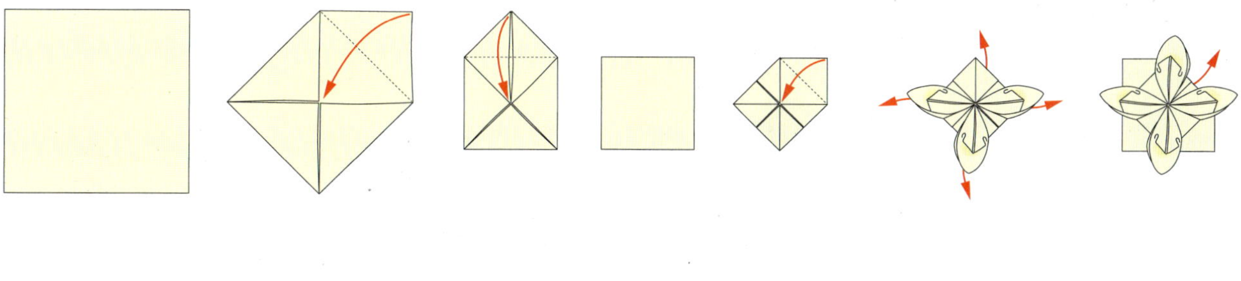

7.13 Aufgabe

1 | Übertragen Sie die abgebildete Raumskizze sechsmal in Ihre Unterlagen und zeichnen Sie für jede der genannten Veranstaltungen eine Tafelform und gegebenenfalls den Büfettstandort ein.

a) Goldhochzeitsfeier mit 40 Personen, ab 15 Uhr, Ende offen
   - mit Büfett
   - mit Menü

b) Sommernachtsfest mit 60 Personen, ab 19 Uhr, Ende offen
   - mit Büfett
   - mit Menü

c) Firmenjubiläum mit 50 Personen, von 11 bis 16 Uhr
   - mit Büfett
   - mit Menü

Folgende Tische stehen Ihnen zur Verfügung:

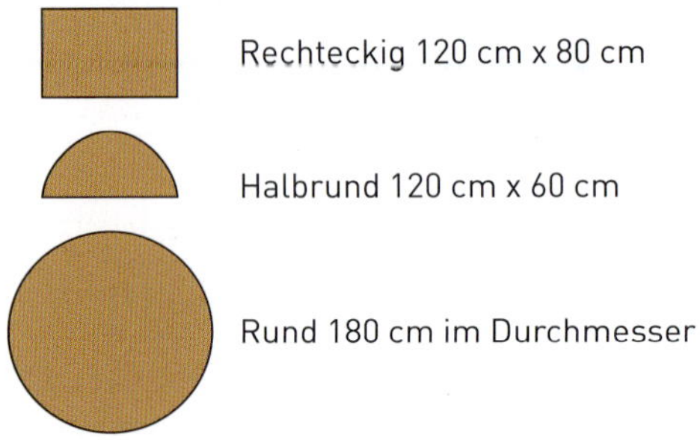

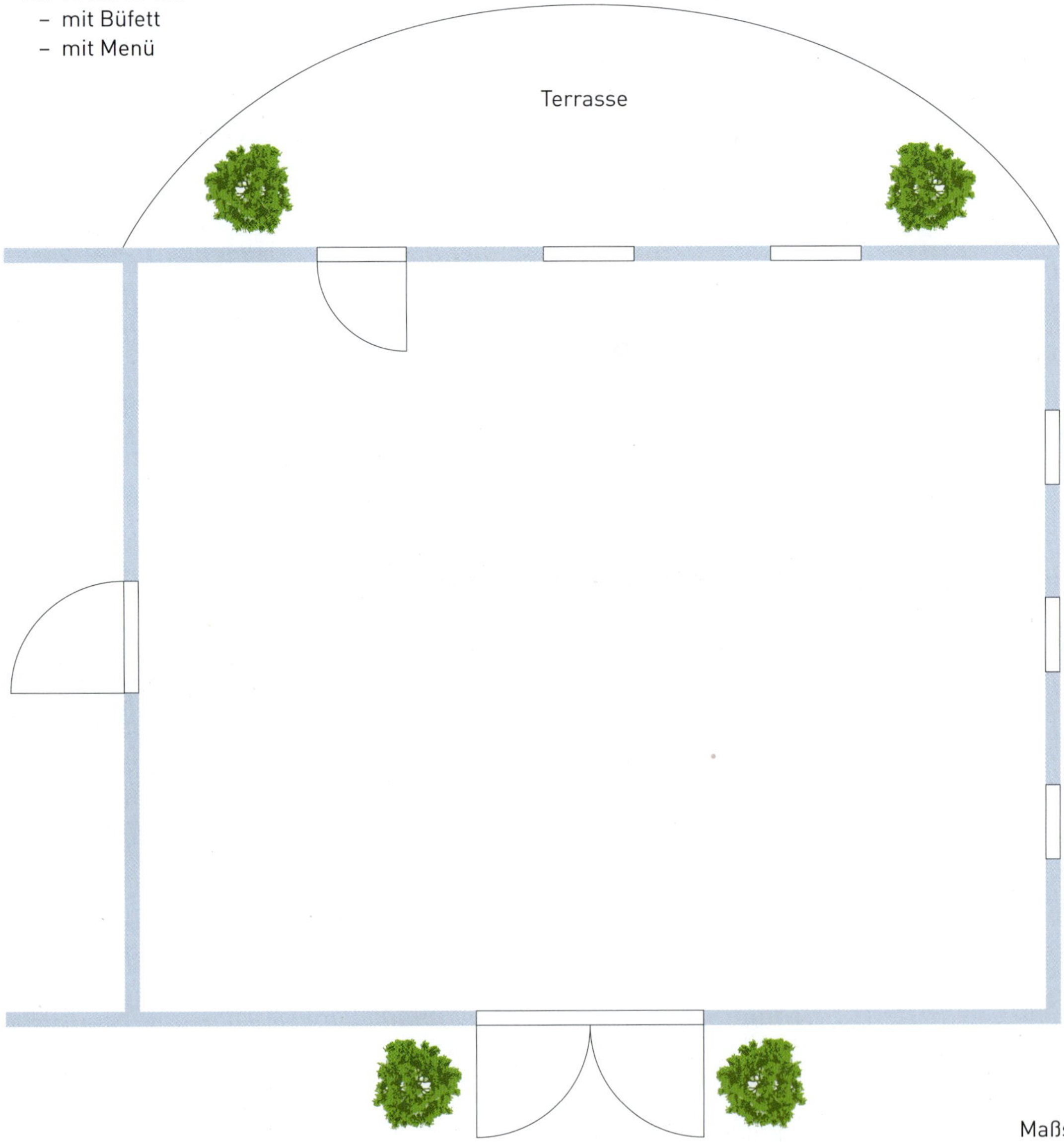

Maßstab 1:100

8 Organisation im Betrieb

Organisation im Betrieb

Jeden Tag besuchen in Deutschland hunderttausende Gäste Hotels und Restaurants. Um sie zufriedenzustellen, ist eine auf das jeweilige Unternehmen zugeschnittene Organisation erforderlich. Dabei unterscheidet man zwischen der Aufbau- und Ablauforganisation.

Die Aufbauorganisation beschreibt, wie ein Betrieb strukturiert ist. Hierzu gehören beispielsweise die Arbeitsbereiche aus denen er besteht und die Stellen, die den einzelnen Arbeitsbereichen zugeordnet sind.

Die Ablauforganisation dageben beschreibt die einzelnen Arbeitsabläufe, die zu erledigen sind.

8.1 Grundlagen der Organisation

8.1.1 Aufbauorganisation

Jedes Unternehmen und jeder Betrieb benötigt eine innere Organisation. Dabei wird zwischen **Aufbau-** und **Ablauforganisation** unterschieden. Die Aufbauorganisation beschreibt, wie ein Unternehmen strukturiert ist. Die kleinste organisatorische Einheit ist die **Stelle**, umgangssprachlich oft als Arbeitsplatz bezeichnet (siehe auch Kapitel 8.4).

Die Stelle als kleinste organisatorische Einheit eines Unternehmens

Jeder Stelle sind bestimmte Aufgaben, Rechte und Befugnisse (sogenannte Kompetenzen) sowie Verantwortlichkeiten zugeordnet. Diese sind in der Regel in der **Stellenbeschreibung** festgehalten. Die Stellenbeschreibung ist die schriftliche Beschreibung einer Stelle. Sie sollte einfach, klar und verständlich formuliert sein. Da sie allerdings immer nur den augenblicklichen Zustand darstellt, ist es sinnvoll, sie in bestimmten Zeitabständen zu überprüfen und gegebenenfalls anzupassen.

Stellenbeschreibung

In der Regel enthält eine Stellenbeschreibung folgende Angaben (siehe auch nächste Seite):

- Stellenbezeichnung
- Rang- oder Funktionsbezeichnung des Stelleninhabers
- Einordnung der Stelle in die Unternehmensstruktur mit Zuordnung zu einer Abteilung. Angabe des Vorgesetzten, des Stellvertreters und der direkt unterstellten Mitarbeiter
- Angabe der Lohn- oder Gehaltsgruppe bzw. der Tarifgruppe
- Zielsetzung der Stelle
- Nennung der Aufgaben und der damit verbundenen Tätigkeiten
- Anforderungen an den Stelleninhaber und erforderliche Kenntnisse
- Kompetenzen und Pflichten sowie besondere Befugnisse
- Auflistung der zur Verfügung stehenden Arbeitsmittel
- Unterschrift des Stelleninhabers, seines Vorgesetzten und eventuell des Personalleiters

Beispiel für eine Stellenbeschreibung

Unternehmen: **Einsatzort:**	**SEAFOOD GmbH** Store Düsseldorf	**Stellen-beschreibung** SEAFOOD restaurant
Stellenbezeichnung:	Küchenmitarbeiter/-in „kalte Küche"	
Stelleninhaber:	Frau Yilmaz	
Gehaltsstufe/Gehaltsbereich:	Entgelttarifvertrag für das Gaststätten- und Hotelgewerbe NRW Tarifgruppe 4	
Beschäftigungsumfang:	Vollzeitstelle	
Arbeitszeit:	flexibel, in Absprache mit Küchenleitung	
Vorgesetzte Stelle:	Postenleitung „kalte Küche" („Gardemanger")	
Unmittelbar untergeordnete Stelle:	–	
Stellenvertretung:	Küchenmitarbeiter/-in „Beilage"	
Funktion/Ziel der Stelle:	• Unterstützung bei der Herstellung sämtlicher kalter Speisen wie Vorspeisen, Salate und Büffets	

Detaillierte Aufgabenbeschreibungen:
- Vorbereitende Tätigkeiten im Bereich „kalte Küche" wie Putzen, Waschen und Schneiden der Zutaten
- Bedienen aller für die Vorbereitung der Speisen notwendigen Maschinen und Geräte
- Entsorgung der Abfälle
- Reinigungsarbeiten am Arbeitsplatz
- Zwischenlagerung aller Lebensmittel und der zubereiteten Speisen im Bereich „Kalte Küche"
- Reinigung der Lagerräume bzw. der Abstellflächen
- Verräumen der gelieferten Waren
- Warenpflege (z. B. Kontrolle des MHD bzw. des Verbrauchsdatums)
- Umsetzung aller hygienischen Anforderungen
- Umsetzung der Anweisungen des/der Vorgesetzten

Berufsbezogene Anforderungen:	Sonstige Anforderungen:
• Ausbildung zur Fachkraft im Gastgewerbe/ zur Fachpraktikerin/zum Fachpraktiker Küche • mindestens 1 Jahr Berufserfahrung nach Ausbildung • Infektionsschutzbelehrung	• Teamfähigkeit • Belastbarkeit • Hygienebewusstsein

Die Stellenbeschreibung wird jährlich überprüft und aktualisiert.

Datum und Unterschrift Vorgesetzter	Datum und Unterschrift Stelleninhaber

Leitungsstelle und Ausführungsstellen

Hierarchie
Als Hierarchie wird die Rangfolge bzw. Stufenfolge in einem System bezeichnet.

Organigramm
Das **Organigramm** ist eine grafische Darstellung der Aufbauorganisation eines Unternehmens.

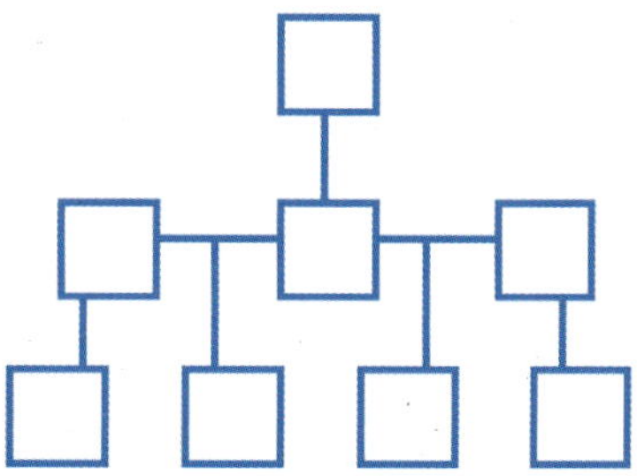

Die Erstellung bzw. die Überarbeitung einer Stellenbeschreibung ist zwar aufwendig und mit Kosten verbunden, sie gibt dem Stelleninhaber aber präzise Informationen über seine Aufgaben und Verantwortlichkeiten. Daher kann sie helfen, Kompetenzstreitigkeiten zu vermeiden. Außerdem erleichtert sie die Einarbeitung neuer Mitarbeiter. Insbesondere informiert sie über:

- Ziele, Aufgaben, Kompetenzen und besondere Befugnisse
- Anforderungen an den Stelleninhaber durch Auflistung der Tätigkeiten
- Beziehungen zu anderen Stellen (Über-/Unterstellung) und über die organisatorische Einbindung innerhalb eines Unternehmens

Hinsichtlich des Rangs lassen sich Ausführungsstellen und Leitungsstellen unterscheiden. **Ausführungsstellen** sind – wie der Name bereits sagt – mit ausführenden Tätigkeiten betraut. Sie haben keine Weisungsbefugnis. Allerdings haben sie innerhalb ihres Aufgabenbereichs bestimmte Entscheidungskompetenzen.

Leitungsstellen dagegen haben Weisungs- und Kontrollrechte. Sie weisen den untergeordneten Stellen Aufgaben zu und kontrollieren diese. Mehrere Ausführungsstellen mit ähnlichen Aufgaben bilden zusammen mit einer Leitungsstelle eine Abteilung.

Organisationsstrukturen

Für eine klare Organisationsstruktur ist es unerlässlich, die hierarchische Eingliederung aller Stellen und Abteilungen eines Unternehmens, ihre Aufgabenverteilung und ihre Kommunikationsbeziehungen untereinander zu erfassen. Dies geschieht grafisch mithilfe eines **Organigramms**.

Folgende Organisationsstrukturen sind möglich:

1. Einliniensystem

Das Einliniensystem ist die straffste Form der Organisation. Alle Stellen und Abteilungen sind an einen sogenannten **Dienstweg** gebunden. Es besteht von der Betriebsleitung bis zur untersten Stelle eine eindeutige Linie der Weisungsbefugnis und Verantwortlichkeit. Anweisungen, Aufträge und Informationen gehen von der Leitung an die jeweils unmittelbar unterstellte Abteilung weiter, von dort zur nächsten bis schließlich die ausführende Stelle erreicht ist. Auch von unten nach oben ist der Dienstweg einzuhalten. Einzelne Hierarchiestufen sollten nicht übersprungen werden. Ebenso wenig sind Querverbindungen zwischen gleichgeordneten Abteilungen erlaubt.

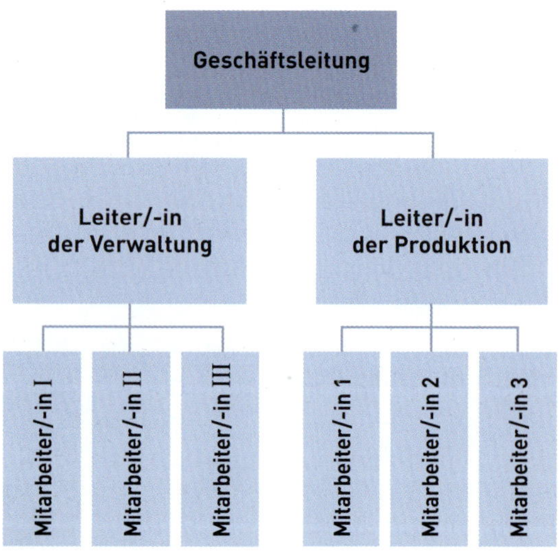

Einliniensystem

Vorteile des Einliniensystems	Nachteile des Einliniensystems
▪ klarer, übersichtlicher Aufbau ▪ eindeutige Abgrenzung von Zuständigkeiten ▪ keine Kompetenzüberschneidungen	▪ langer und schwerfälliger Dienstweg ▪ mögliche Überlastung der Betriebsleitung (insbesondere fachlicher Art)

Einliniensysteme sind aufgrund ihrer Schwerfälligkeit eher für kleinere Betriebe zweckmäßig. Sie werden etwas effizienter, wenn man für einzelne Vorgänge, wie z. B. für den Austausch von Informationen das Überspringen von Hierarchiestufen zulässt (sogenannte verkürzte Dienstwege).

2. Stabliniensystem

Das Stabliniensystem ist ein Einliniensystem, das durch Stabsstellen erweitert ist. Hierbei handelt es sich um Stellen, die bestimmte Aufgaben übernehmen, aber keine Weisungsbefugnis haben. Sie sind den Leitungsstellen beigeordnet, beraten und unterstützen diese. In der Regel werden sie von Spezialisten besetzt. Dadurch wird die Leitungsstelle entlastet.

Vorteile des Stabliniensystems	Nachteile des Stabliniensystems
▪ Einhaltung der Dienstwege ▪ spezielle Sachkenntnis der Stabsstellen führt zur Entscheidungssicherheit ▪ Entlastung der Leitungsstelle	▪ Abstimmungsschwierigkeiten zwischen Linie und Stab ▪ Stab muss Entscheidung, die er herbeigeführt hat, nicht verantworten

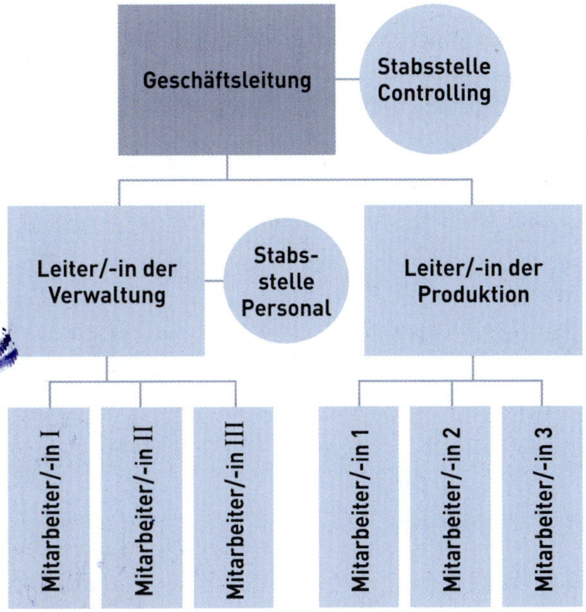

Stabliniensystem

3. Mehrliniensystem

Beim Mehrliniensystem können untergeordnete Stellen Anweisungen, Aufträge und Informationen von mehreren übergeordneten Instanzen erhalten. Dies führt dazu, dass die Kompetenzen für bestimmte Vorgänge geteilt werden. So können z. B. bei einer Neueinstellung in der Küche der Abteilungsleiter Produktion (in der Regel der Küchenchef oder Küchendirektor) und der Personalchef als Abteilungsleiter der Verwaltung ein gemeinsames Entscheidungsrecht haben.

Weder der Küchenchef bzw. Küchendirektor noch der Personalchef kann von sich aus alleine einen neuen Mitarbeiter einstellen, sondern beide müssen zusammen eine gemeinsame Entscheidung treffen.

Vorteile des Mehrliniensystems	Nachteile des Mehrliniensystems
▪ spezielle Sachkenntnisse der Vorgesetzten sind nutzbar ▪ kürzere Informationswege	▪ Überschneidungen oder Widersprüchlichkeiten von Anweisungen ▪ Kompetenzstreitigkeiten

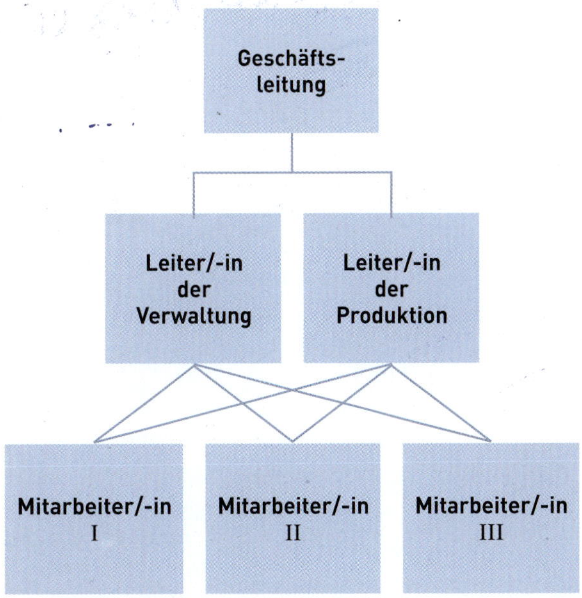

Mehrliniensystem

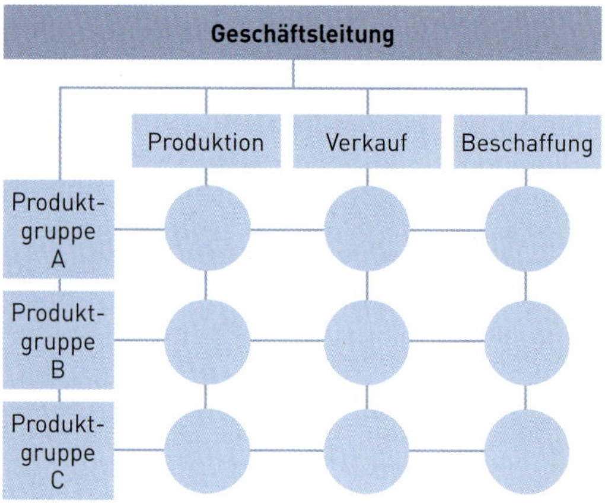

Matrixorganisation

4. Matrixorganisation

Die Matrixorganisation ist eine Form des Mehrliniensystems. Hier bestehen zwei voneinander unabhängige, gleichberechtigte Hierarchien. Die eine Hierarchie ist nach Funktionen (hier: Beschaffung, Produktion, Verkauf) gegliedert, die andere nach objektorientierten Sparten (hier: Produktgruppen A, B, C). Jeder Abteilungsleiter hat auf seinem Gebiet Weisungsbefugnis und Entscheidungsvollmacht.

Die Mitarbeiter stehen somit zugleich in zwei gleichrangigen Abhängigkeiten. Daher hängt bei der Matrixorganisation der reibungslose Betriebsablauf vor allem von der guten Zusammenarbeit der Entscheidungsträger ab.

Vorteile der Matrixorganisation	**Nachteile der Matrixorganisation**
▪ möglicher Synergieeffekt durch verschiedene Fachspezialisten ▪ Betonung der Teamarbeit	▪ eventuell zeitaufwendige Entscheidungsfindung ▪ Kompetenzprobleme ▪ großer Kommunikationsbedarf

Grundlage jeder Organisationsstruktur ist eine gute Teamarbeit

AUFGABEN

1 | Jeder Betrieb braucht eine innere Organisation.
- a) Erklären Sie den Begriff „Aufbauorganisation".
- b) Was versteht man unter einer Stellenbeschreibung?
- c) Nennen und erläutern Sie die wichtigsten Inhalte einer Stellenbeschreibung anhand des Beispiels auf Seite 185.
- d) Definieren Sie den Begriff „Organigramm".

2 | Worin bestehen die wesentlichen Unterschiede zwischen einem Einliniensystem und Mehrliniensystem?

3 | Beschreiben Sie die Funktion einer Stabsstelle.

8.1.2 Ablauforganisation

Die Aufbauorganisation beschäftigt sich mit der Struktur des Unternehmens und der Vernetzung der einzelnen Stellen und Abteilungen. Dagegen setzt sich die **Ablauforganisation** mit der Planung, Gestaltung und Steuerung von **Arbeitsprozessen** auseinander.

Um diese organisieren und manchmal auch – wie in der Systemgastronomie – standardisieren zu können, müssen zunächst alle anfallenden Aufgaben, Tätigkeiten bzw. Prozesse möglichst genau analysiert und beschrieben werden. Je besser dies gelingt, desto besser lassen sich die Arbeitsabläufe organisieren und standardisieren.

Folgende Punkte sind deswegen vorab zu klären:

- **Arbeitsinhalt bzw. Arbeitsauftrag:** Was ist zu tun? In welche Teilschritte kann der Arbeitsprozess zerlegt werden? Welche Schwierigkeiten und Besonderheiten sind bei der Aufgabenerfüllung zu berücksichtigen? Welche Materialien, Hilfsmittel und Maschinen sind jeweils einzusetzen? Wie soll das Arbeitsergebnis bzw. das fertige Produkt im Idealfall aussehen?
- **Zuständigkeit:** Welcher Mitarbeiter bzw. welche Stelle oder Abteilung ist für welche Tätigkeit zuständig? Arbeitet ein Mitarbeiter allein und eigenverantwortlich oder teilt sich ein Team die Aufgaben? Welche Abstimmungen unter den Mitarbeitern sind gegebenenfalls nötig?
- **Arbeitszeit:** In welcher Reihenfolge sind die einzelnen Arbeitsschritte zu erledigen? Wie lange soll/darf jeder Arbeitsschritt dauern? Bis zu welchem Zeitpunkt muss das Produkt fertig sein?
- **Arbeitsort/Arbeitsraum:** Wo finden die einzelnen Arbeitsprozesse statt? Wie müssen deshalb die Arbeitsplätze gestaltet sein? Wie sind die einzelnen Arbeitsräume sinnvoll anzuordnen? Wie müssen die Wege zwischen den einzelnen Arbeitsorten gestaltet sein?

Die Ergebnisse werden gesammelt und zur Information der Mitarbeiter und zur Organisation der Arbeitsprozesse schriftlich festgehalten. Sie stellen alle arbeitsplatz- bzw. tätigkeitsbezogenen Informationen dar, die in den einzelnen Betriebsbereichen gültig sind. Außerdem spiegeln sie die Standards des Unternehmens wider. Sinnvollerweise werden sie am jeweiligen Arbeitsplatz aufbewahrt.

Typische Informations- und Organisationsmittel sind:

- **Formblätter bzw. Formulare**, z. B. für Veranstaltungen (sogenannte Function-Sheets, siehe Kapitel 6.2.3) oder für Warenanforderungen (siehe Kapitel 9.3)
- **Pläne** wie Veranstaltungspläne, Raumpläne oder Ablaufpläne, z. B. für Reinigungsarbeiten (siehe Kapitel 13.4)
- **Merk- und Checklisten**, z. B. für den Wareneinkauf oder die Warenannahme, für Schulungen oder die Einstellung von Mitarbeitern
- **Arbeitsanweisungen** mit konkreten Erläuterungen der einzelnen Arbeitsschritte, oft verbunden mit Abbildungen oder mit Ablaufdiagrammen, z. B. für die Herstellung bestimmter Speisen

Aspekte, die bei der Ablaufplanung zu berücksichtigen sind

- hygienische Anforderungen
- Arbeitssicherheit
- ergonomische Gesichtspunkte
- Umweltschutz und Nachhaltigkeit
- Wirtschaftlichkeit
- Einhaltung von betrieblich vorgegebenen Standards

Pizza-Snack

Zutaten (für 10 Portionen):

5	Ciabattas
200 g	Remoulade
10	Tomaten
3	Paprika (grün, gelb, rot)
250 g	geriebener Käse

Zubereitung:

Brote halbieren und mit Remoulade bestreichen.

Tomatenscheiben und Paprikawürfel darauf verteilen.

Geriebenen Käse über den Belag streuen.

Snack überbacken, bis der Käse geschmolzen ist.

Arbeitsanweisung in Form eines Rezepts mit Fotos

Checkliste Warenannahme

SEAFOOD restaurant

Datum: **Uhrzeit:**

Lieferant: **Lieferantennummer:**

	Ja	Nein
➤ Liegt der Lieferschein vor?	☐	☐
➤ Stimmt die Lieferadresse?	☐	☐
➤ Stimmen die Angaben auf dem Lieferschein mit den Angaben auf dem Bestellschein überein?	☐	☐
➤ Stimmen die Angaben auf dem Lieferschein mit der gelieferten Ware überein?	☐	☐

Bemerkungen:

	Ja	Nein
➤ Ist die Sauberkeit des Lieferfahrzeugs ok?	☐	☐
➤ Liegt Temperaturlogger vor?	☐	☐

➤ Stichproben Temperatur bei folgen Waren — **Temperatur**

a) ______ ☐ °C

b) ______ ☐ °C

Sichtkontrolle der Waren	Ja	Nein
➤ Ist die Verpackung der Ware ok?	☐	☐
➤ Ist die Qualität der Ware ok?	☐	☐
➤ Sind das MHD bzw. Verbrauchsdatum ok?	☐	☐
➤ Ist die Ware frei von Schädlingen?	☐	☐

Bemerkungen:

Datum: Unterschrift:

Darüber hinaus werden – vor allem in der Systemgastronomie – in der Regel sogenannte **Handbücher** (engl. „manuals") verwendet. Diese enthalten die wichtigsten Informationen sowie die entsprechenden Vorgaben und Standards des Unternehmens. Nur so lässt sich gewährleisten, dass alle Mitarbeiter einheitlich im Sinne des Unternehmens handeln.

Da Handbücher ständig aktualisiert und weiterentwickelt werden, bestehen sie meist aus einem Ringordner mit losen Blättern, die schnell ausgetauscht bzw. ergänzt werden können.

Handbücher sollten ein Inhaltsverzeichnis enthalten sowie klar und übersichtlich aufgebaut sein. Die Informationen sollen präzise, aber gut verständlich sein. Der Einsatz von Bildern und Symbolen kann dabei helfen.

Handbücher

in der Gastronomie verwendete Handbücher	mögliche Bestandteile eines Mitarbeiterhandbuchs	
▪ Mitarbeiterhandbuch ▪ Handbuch Hygiene ▪ Handbuch Unfallverhütung ▪ Handbuch Personal ▪ Handbuch Produktionsabläufe ▪ Handbuch Verkauf ▪ Handbuch Technik ▪ Handbuch Controlling ▪ Handbuch Marketing ▪ Systemhandbuch	▪ Vorwort und Inhaltsverzeichnis ▪ Unternehmensphilosophie und Unternehmensstruktur ▪ Organisatorisches ▪ Rechte und Pflichten des Mitarbeiters ▪ Verhalten am Arbeitsplatz ▪ Aussehen und Dienstkleidung	▪ Arbeiten in der Küche ▪ Arbeiten im Service ▪ Arbeiten im Magazin ▪ Arbeitssicherheit und Erste Hilfe ▪ Hygiene ▪ Umweltschutz ▪ Sonstiges ▪ Schlusswort

AUFGABEN

1 | Erklären Sie den Begriff „Ablauforganisation".

2 | Erläutern Sie anhand eines selbst gewählten Beispiels wesentliche Merkmale einer Checkliste.

3 | Entwerfen Sie anhand eines selbst gewählten Beispiels eine Arbeitsanweisung in Text und Bild.

8.1.3 Büroorganisation

Ein Büro ist zunächst einmal ein Raum, in dem vor allem Verwaltungstätigkeiten ausgeübt werden und der deswegen mit geeigneten Büromöbeln und verschiedenen Kommunikationsmitteln wie Telefon, Faxgerät und PC/Internet ausgestattet ist. Im übertragenen Sinn bedeutet Büro aber auch die zentrale Einheit einer Abteilung, wo Informationen zusammenlaufen, bearbeitet, gespeichert oder weitergeleitet werden (z. B. Reservierungsbüro, Personalbüro, Küchenbüro, Verkaufsbüro).

Büro mit Kommunikationsmitteln

Zu den wichtigsten Tätigkeiten zählen:

- **Interner Schriftverkehr** zwischen den einzelnen Abteilungen oder mit einzelnen Mitarbeitern. Beispiele: Erstellen und Kopieren innerbetrieblicher Informationen, Verfassen von Dienstanweisungen, Erstellen von Speise- und Getränkekarten und das Führen von Listen oder bestimmten innerbetrieblichen Formularen.
- **Externer Schriftverkehr** mit Lieferanten, Gästen oder Behörden. Beispiele: das Erstellen, Bearbeiten und Verschicken von Angeboten, Anfragen, Bestellungen, Rechnungen, Mahnungen; das Entgegennehmen und Weiterleiten von Reservierungen oder Bewerbungen oder die Vervielfältigung und Versendung von Werbematerialien.
- **Führen von Karteien und Dateien. Beispiele:** Gästedatei/-kartei, Lieferantendatei/-kartei, Aufträge, Termine und Rezepturen.
- **Registrierung und Ablage** wichtiger Schriftstücke unter Berücksichtigung gesetzlicher Vorgaben für die Archivierung. Beispiele: das Abheften von Hygienebelehrungen der Mitarbeiter oder von HACCP-Unterlagen, das Sammeln und Registrieren von externen Unterlagen wie Angebote, Auftragsbestätigungen, Lieferscheine, Rechnungen oder Kündigungen, aber auch das Abheften interner Dokumente wie Aktennotizen, Protokolle oder Berichte. Dies kann elektronisch oder in Papierform geschehen.

Beispiele für Ablage- bzw. Ordnungssysteme

- EDV-gestützte Ablage
- Hängemappe und Hängeregistratur
- Klarsichthülle, Aktendeckel oder Mappe
- Ablagekasten
- Ordner
- Hefter

Aufbewahrungsfristen

Allgemein gelten folgende Aufbewahrungsfristen:

- 6 Jahre für alle Geschäftsbriefe mit Kunden oder Lieferanten und für alle steuerlich relevanten Unterlagen
- 10 Jahre für Rechnungen, Buchungsbelege, Geschäftsbücher, Jahresabschlüsse, Inventarlisten oder Bilanzen

8.1.4 Umgang mit Daten

Datenschutz

Jeder Mensch hat nach einer Entscheidung des Bundesverfassungsgerichts das Recht auf „informationelle Selbstbestimmung". Das bedeutet, nur er selbst entscheidet über die Verwendung und Freigabe seiner Daten. Er allein also legt fest, wem wann welche Daten zugänglich gemacht werden.

Verschiedene Gesetze schützen dieses Recht. Sie regeln den Umgang mit solchen **personenbezogenen Daten.** Dabei ist es egal, ob diese automatisiert (z. B. mihilfe von PCs) oder nicht automatisiert (z. B. mithilfe von Karteikarten) erfasst werden. Zu den Gesetzen gehören vor allem das Bundesdatenschutzgesetz und die Datenschutzgesetze der einzelnen Bundesländer. Gemäß dieser Gesetze ist das **Erheben, Verarbeiten und Nutzen** personenbezogener Daten prinzipiell nur dann zulässig, wenn es dazu eine bestimmte Rechtsgrundlage gibt oder die Person ausdrücklich zustimmt. Generell gilt aber, dass so wenig personenbezogene Daten wie möglich erhoben, verarbeitet oder genutzt werden.

Umgang mit Daten

- **Erheben** = Beschaffen von Daten
- **Verarbeiten** = Speichern, Verändern, Übermitteln, Sperren und Löschen von Daten
- **Nutzen** = Verwenden von Daten für bestimmte Zwecke

8.2 Organisation in der Küche

8.2.1 Räumlichkeiten

Einflussfaktoren auf die Küchenräumlichkeiten

- Art des Gastronomiebetriebs
- Gästeanzahl
- Speisen- und Getränkeangebot
- verwendete Lebensmittel
- Rezepturen
- Convenience-Grad der Lebensmittel
- Garmethoden
- Zubereitungstechniken
- Serviceart

Lagerung auf fahrbaren Regalen

Arbeitsbereiche

Die Anforderungen an Größe, Einrichtung und Ausstattung sind sehr unterschiedlich. Dennoch haben die meisten Küchen ähnliche Arbeitsbereiche. Im Rahmen der Allergenverordnung (siehe Kapitel 6.7.2 und 10.1) sind in allen Bereichen die Regeln für die Lagerung und Verarbeitung **allergenhaltiger** Lebensmittel zu beachten und entsprechende Maßnahmen zu ergreifen. Nur dann ist eine verlässliche Kennzeichnung der Speisen und Getränke auf den Angebotskarten möglich. Zu den Maßnahmen gehören u. a. die getrennte Lagerung und Verarbeitung von Produkten, die gründliche Reinigung von Arbeitsflächen und Arbeitsgeräten bzw. eine getrennte Verwendung von Arbeitsgeräten sowie Spül- und Trockentüchern. Handelt ein Gastronom hier fahrlässig, kann er wegen Körperverletzung angezeigt werden.

Einkauf und Verwaltung

Im Küchenbüro werden alle Vorgänge, die mit Einkauf, Lagerung und Verarbeitung der Lebensmittel zu tun haben, bearbeitet und verwaltet. Dies geschieht in der Regel mit elektronischen Küchenverwaltungsprogrammen.

Anlieferung

Alle für die Speisenproduktion benötigten Lebensmittel und Materialien sind bei ihrer Anlieferung zu kontrollieren (siehe Kapitel 9.1.9). Dafür müssen Zähl-, Mess- und Wiegeeinrichtungen vorhanden sein. Zudem müssen je nach Notwendigkeit Verlade- und Beförderungsmittel bereitstehen.

Lagerung

Produkte, die nicht direkt verarbeitet werden, sind sachgerecht und hygienisch zu lagern. Dabei richtet sich die Art und Größe der Lagerräume nach Art und Menge der zu lagernden Produkte (siehe Kapitel 9.2.3). Die Anordnung der Lagerräume sollte auf jeden Fall einen reibungslosen Arbeitsablauf gewährleisten. Erforderlich sind daher neben den eigentlichen Lagerräumen immer auch geeignete Lagermöglichkeiten in der Küche selbst. Dies können z. B. Kühlschränke, Tiefkühlfächer oder Vorratsschränke sein.

Speisenzubereitung

Vorbereitung

In der Vorbereitung werden aus den Rohwaren küchenfertige Lebensmittel. Dabei ist aus hygienischen Gründen auf eine strikte Trennung von tierischen und pflanzlichen Produkten zu achten. Die Vorbereitung kann teilweise oder ganz ausgelagert werden. Dies wird als **„Outsourcing“** bezeichnet.

Zubereitung
Hier werden die vorbereiteten Lebensmittel für den Gast zubereitet bzw. bereitgestellt. In der sogenannten warmen Küche werden die Lebensmittel unter Verwendung verschiedener Geräte zum Erhitzen sachgerecht gegart. In der kalten Küche werden kalte Produkte wie etwa Salate, Wurst- und Käsewaren, Brot- und Backwaren oder Desserts für die Ausgabe vorbereitet und bereitgestellt. Warme und kalte Küche sollten voneinander getrennt sein, da in der warmen Küche oft hohe Temperaturen und hohe Luftfeuchtigkeit herrschen, die den kalten Produkten schaden oder die Qualität beeinträchtigen könnten.

Wärmebrücke mit Infrarotstrahlern

Speisenausgabe
Dies ist der Bereich, in dem die fertigen Speisen zusammengestellt, präsentiert und an den Gast gebracht werden. In den Restaurants mit Fullservice liegt der Ausgabebereich („Pass") zwischen Küche und Gastraum. Normalerweise wird zwischen einer Ausgabestelle für kalte und einer für warme Speisen unterschieden.

Bei der Ausgabe von kalten Speisen ist sicherzustellen, dass die Temperatur zwischen 5 °C und 10 °C liegt. Deshalb sollten Kühlmöglichkeiten (z. B. Kühlfächer) vorhanden sein. Bei der warmen Ausgabe muss gewährleistet sein, dass die Gerichte bis zum Service beim Gast eine Temperatur von mindestens 65 °C haben. Hierfür sind eine genügend große Abstellfläche mit Warmhaltegeräten und Rechauds sowie eine Wärmebrücke, vor allem aber schnelles und aufeinander abgestimmtes Arbeiten der Servicekräfte erforderlich.

Frontcooking

Beim **Frontcooking** dagegen wird ein Teil der Speisen im Gastraum oder sogar am Tisch des Gasts zubereitet. Daneben finden sich als weitere Ausgabemöglichkeiten die **Schalterausgabe (Counterservice)** oder **Free-Flow-Systeme** (Ausgabestationen). In der Gemeinschaftsverpflegung sind darüber hinaus Tablett- und Bandsysteme verbreitet. Aber auch die Verteilung der Speisen mithilfe wärmeisolierter Transportwagen ist möglich.

Besonders wichtig ist es, Ausgabesystem und Speisenangebot aufeinander abzustimmen. Nur eine gute Organisation verhindert längere Wartezeiten und garantiert dem Gast warme Speisen.

Rücklauf
Benutztes Geschirr und Speisereste müssen in den Spül- und Entsorgungsbereich gebracht werden. Dabei dürfen sie aus hygienischen Gründen nicht mit den frisch produzierten Speisen in Kontakt kommen. In Full-Service-Restaurants übernimmt das Servicepersonal diese Aufgabe. In Restaurants mit (teilweiser) Selbstbedienung oder in Kantinen werden Geschirr und Tabletts entweder auf Hordenwagen oder mithilfe einer Bandanlage gesammelt und transportiert.

Hordenwagen

Entsorgungsbereich
Speisereste und Müll, der in den anderen Bereichen anfällt, werden in einen dafür vorgesehenen Lagerbereich geschafft, dort sortiert, getrennt gelagert und dann entsorgt (siehe Kapitel 3.2.5).

Spülstation

Spülzone

Der Spülbereich sollte – soweit möglich – aus zwei auch räumlich voneinander getrennten Stationen bestehen:

- **Spülstation für verwendete Werkzeuge und Geräte**
  Alle Werkzeuge und Geräte, die zur Vor- und Zubereitung der Speisen genutzt wurden, müssen zwischendurch gereinigt werden. Dies sollte in der Nähe der entsprechenden Arbeitsplätze geschehen. Die Spülstation sollte mindestens mit einem Waschbecken mit Handbrause, einem Schrank mit den entsprechenden Reinigungsmitteln sowie einem oder mehreren Regalen zum Abstellen des sauberen Geschirrs ausgestattet sein.
- **Spülstation für schmutzige Gläser und Geschirr**
  Bei der Reinigung der schmutzigen Gläser und des schmutzigen Geschirrs ist unbedingt auf eine Trennung zwischen reiner und unreiner Seite zu achten. Zudem ist es sinnvoll, Gläser und Geschirr getrennt voneinander zu spülen. Die Reinigung selbst kann diskontinuierlich oder kontinuierlich erfolgen. Bei der **diskontinuierlichen** Reinigung wird das Geschirr in Körbe gegeben. Diese werden nun in die Spülmaschine eingesetzt und dann gesäubert. Erst wenn das Programm beendet ist, können die Körbe entnommen und wieder neue Körbe eingesetzt werden. Bei der **kontinuierlichen** Reinigung lassen sich die Spülanlagen laufend mit schmutzigem Geschirr bestücken. Dieses wird nach und nach in die Reinigungszonen transportiert, dort gereinigt und schließlich getrocknet.

Personalraum

Personalräume

Pausen- bzw. Aufenthaltsraum

Dieser Raum dient vorrangig der Erholung in den Pausenzeiten, kann aber auch für Besprechungen genutzt werden. Er sollte hell und freundlich eingerichtet sein sowie über einen Tisch und genügend Sitzmöglichkeiten verfügen. Ein Getränkeautomat und/oder eine Kaffeemaschine sowie ein Kühlschrank und eine Spülecke sind weitere, oft übliche Ausstattungen.

Umkleideräume

Es müssen für Männer und Frauen getrennte Umkleideräume zur Verfügung stehen, die mit verschließbaren Schränken ausgestattet sind Außerdem müssen sie einen direkten Zugang zu den Sanitärräumen haben.

Sanitärräume

Sie dürfen nur vom Personal genutzt werden und sollten aus einer Toilettenanlage und Waschmöglichkeiten (Waschbecken und Dusche) bestehen.

AUFGABEN

1 | Erklären Sie, warum es sinnvoll ist,
a) in der Vorbereitung auf eine Trennung der pflanzlichen von den tierischen Produkten zu achten,
b) in der Zubereitung die kalte Küche von der warmen Küche zu trennen und
c) beim Spülen einen Spülbereich für schmutzige Gläser und schmutziges Geschirr und einen für schmutzige Geräte und Werkzeuge zu schaffen.

2 | a) Beschreiben Sie, wie die Arbeitsräume in Ihrem Unternehmen angeordnet sind.
b) Erläutern Sie, wie die Mülltrennung in Ihrem Unternehmen umgesetzt wird.

8.2.2 Ausstattung

Gargeräte und Küchenutensilien
Die Wahl der Gargeräte hängt in erster Linie von der zur Verfügung stehenden Energiequelle, den zu garenden Lebensmitteln, den Garmethoden und vom finanziellen Spielraum des Unternehmens ab.

Küchenausstattung
- Gar- geräte
- Küchen- geschirr
- Küchen- maschinen
- Küchen- werkzeuge

Hauptsächlich verwendete Gargeräte und deren Merkmale

Elektroherd

mit Kochplatten, Ceranfeldern und/oder Grillplatte

Induktionsherd

Erwärmung findet durch elektromagnetische Felder direkt im Topfboden statt; Voraussetzung: spezielle Töpfe

Gasherd

punktgenaues Garen durch eine stufenlose Einstellung; mit offenen Brennern, Ceranfeldern oder Zonenplatten

Heißluft- bzw. Kombidämpfer (oft auch als **Konvektomat** bezeichnet)

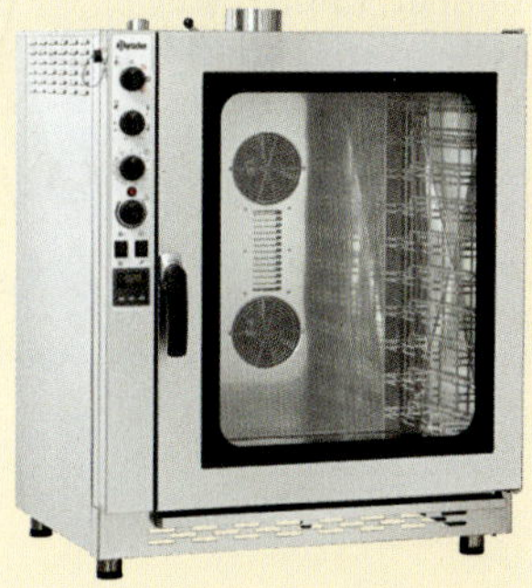

ermöglicht die Kombination von trockenen und feuchten Garverfahren; insbesondere geeignet zum Regenerieren von Speisen

Druckdampfgerät/ Steamer

Gargut wird bei Überdruck gedämpft; Funktion entspricht in etwa der des Dampfdrucktopfs

Fritteuse

zum Ausbacken in heißem Fett oder Öl; erfordert den Gebrauch pflanzlicher Spezialfette

Niedertemperatur-Gargerät

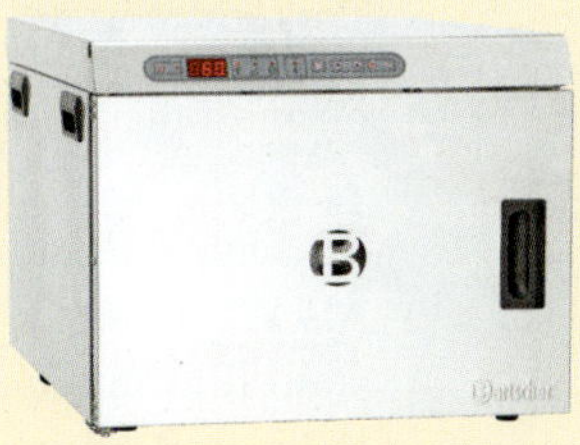

zum Garen im niedrigen Temperaturbereich bzw. zum Warmhalten von Speisen

Mikrowelle

Erwärmung der Lebensmittel durch elektromagnetische Felder

Pizzaofen	Salamander	Pastakocher	Wokstation
		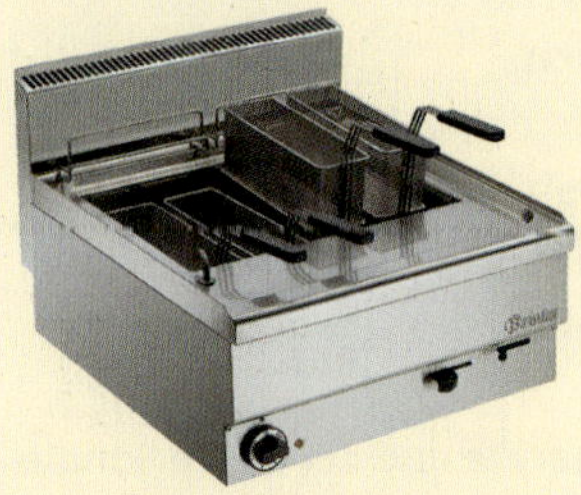	
meistens mit feuerfesten Schamottsteinen ausgekleidet; macht hohe Temperaturen möglich; gutes Warmhaltevermögen	zum Gratinieren	ähnlich aufgebaut wie Fritteusen; aber mit Wasser befüllt	Induktionswok mit Kochmulde für ein als Halbkugel geformtes Kochgefäß

Einteilung und Bezeichnung der Gastronormbehälter

(Quelle:© aid infodienst, Broschüre „Küche und Technik" [Best.-Nr. 3825/2005], www.aid.de)

Gastro-Norm

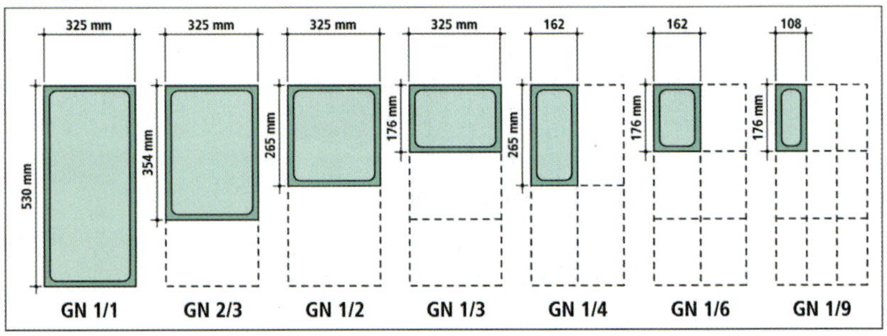

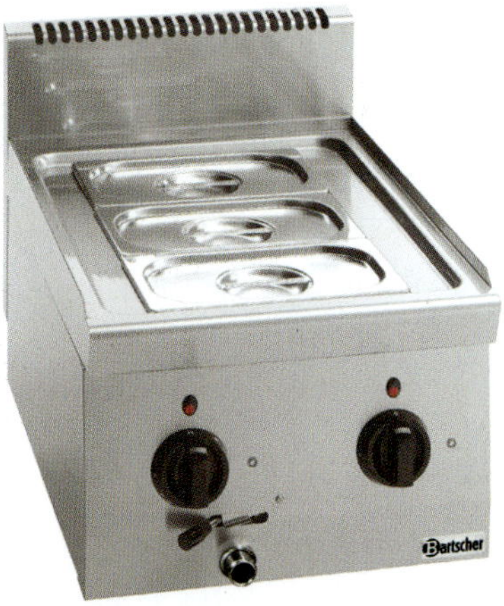

Bain-Marie mit Gastronormbehältern

Backformen und Backbleche aus Schwarzblech

Zudem sind manche Küchen mit Warmhaltemöglichkeiten für die Speisen ausgestattet. Hierzu zählt das Warmwasserbad oder Bain-Marie. Dieses kann in geeigneter Weise mit Gastronormbehältern befüllt werden. Gastronorm ist ein für Küchen entwickeltes Maßsystem für Behälter.

Für die Lagerung von Speisen kommen neben den Gastronormbehältern aus Edelstahl oft Kunststoffbehälter zum Einsatz. Auch diese sind in Gastronormgrößen erhältlich.

Küchengeschirr

Als Werkstoff für Kochgeschirr hat sich in der Küche weitestgehend Edelstahl (Chromnickelstahl) durchgesetzt. Edelstahl ist beständig gegen Hitze, Kälte und Säure. Zudem ist er leicht zu reinigen und lange haltbar. Bei Pfannen finden sich daneben noch Gusseisen und Teflon. Gusseisen leitet Wärme besonders gut und eine Teflonbeschichtung der Pfannen verhindert das Anbrennen des Garguts. Backformen und Backbleche dagegen bestehen meistens aus Schwarzblech. Dieses ist ein dünnes Stahlblech, das die Hitze gut an das Gargut abgibt. Ferner finden sich Porzellan (z.B. für Gratinformen) und feuerfestes Glas.

Küchenmaschinen und Küchenwerkzeuge

Küchenmaschinen und Küchenwerkzeuge werden im Rahmen der einzelnen Arbeitsabläufe besprochen (siehe Kapitel 8.2.3).

8.2.3 Arbeitsabläufe in der Küche

Arbeitsplanung

Die Arbeitsplanung übernimmt in der klassischen Gastronomie in der Regel der Küchenchef, in der Systemgastronomie der Betriebsleiter. Er organisiert die Einsatzzeiten seiner Mitarbeiter und weist ihnen die Arbeitsplätze zu. Dies geschieht so, dass alle zu erwartenden Arbeitsaufgaben in der vorgegebenen Zeit zu bewältigen sind. In der klassischen Gastronomie wird die Arbeitseinteilung dadurch erleichtert, dass einzelne Aufgaben Funktionsbereichen, den sogenannten **Posten**, zugeordnet sind. Für die Umsetzung dessen, was zu tun ist, ist dann der einzelne Mitarbeiter selbst verantwortlich.

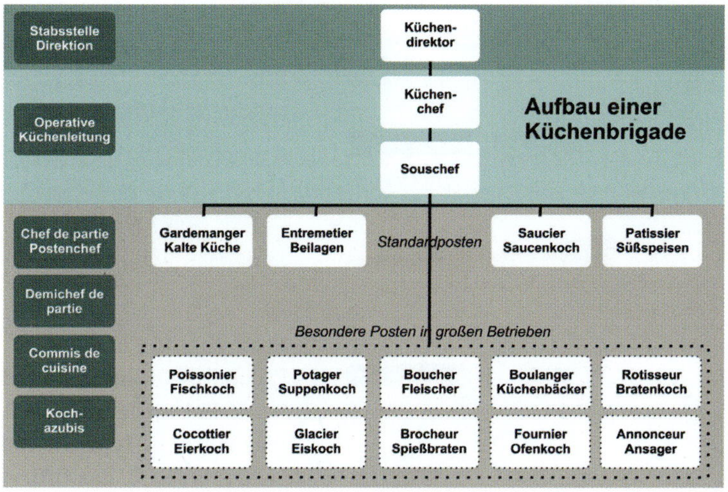

Aufbau einer Küchenbrigade
(Quelle: g-wie-gastro.de)

Zu den Arbeitsabläufen in der Küche gehören folgende Tätigkeiten:

a) Speisen vorbereiten
b) Speisen garen
c) Speisen warm halten und regenerieren
d) Speisen anrichten
e) Lebensmittel lagern und verwalten (siehe Kapitel 9.2)

Convenience-Produkte
Dies sind vorgefertigte Lebensmittel, bei denen der Nahrungsmittelhersteller bestimmte Verarbeitungsschritte durchgeführt hat (siehe Kapitel 10.19).

a) Speisen vorbereiten

Um Speisen zubereiten zu können, müssen aus den Rohwaren zunächst küchenfertige Lebensmittel werden. Dies geschieht mit einem hohen Personaleinsatz und unter Verwendung vieler Werkzeuge und Maschinen.

Typische Tätigkeiten sind:

- Waschen bzw. Wässern
- Schälen und Putzen
- Schuppen, Ausnehmen und Parieren
- Schneiden bzw. Zerkleinern
- Formen (Bridieren, Dressieren, Tournieren)
- Mischen (Mengen, Kneten, Rühren, Schlagen, Emulgieren)
- Panieren
- Marinieren
- Bardieren und Lardieren

Dieser Aufwand lässt sich durch den Einsatz von Convenience-Produkten enorm reduzieren, da dann viele Arbeitsschritte eingespart werden können.

Tiefgefrorener Teig für Muffins

Waschen

Das Waschen dient allgemein dem Säubern der Lebensmittel. Unerwünschte Bestandteile, die den Lebensmitteln anhaften, werden so entfernt.

Lebensmittel möglichst ungeschält und unzerkleinert kurz in kaltem Wasser abspülen.

Lebensmittel unzerkleinert waschen

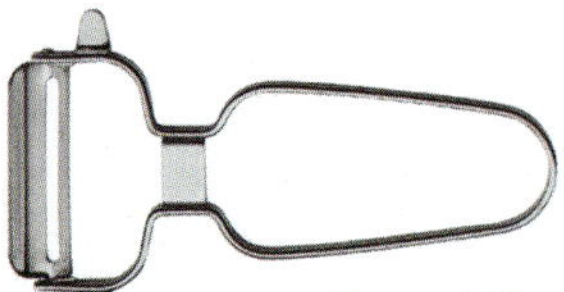

Sparschäler

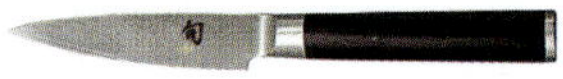

Officemesser

Fischschupper

Ausbeinmesser

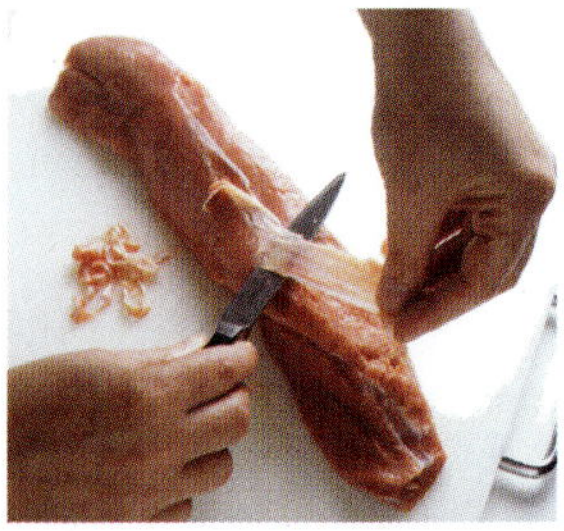

Parieren

Brotmesser

Kochmesser

Filetiermesser

Wetzstahl

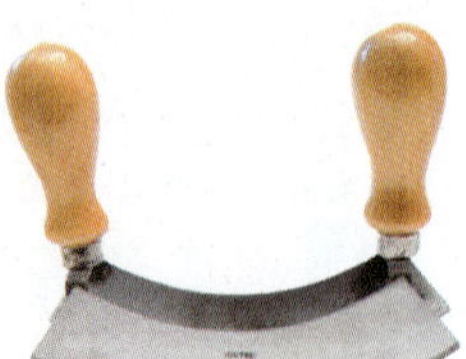

Wiegemesser

Wässern

Beim Wässern werden Lebensmittel (wie z. B. Innereien oder mit Salz konservierte Produkte) für einige Zeit in Wasser eingelegt. Dadurch werden ihnen schädliche oder den Geschmack beeinträchtigende Stoffe (wie z. B. Bitterstoffe) entzogen. Bei bestimmten rohen Lebensmitteln, wie z. B. Kartoffeln oder Obst, dient das Wässern auch dazu, die enzymatische Bräunung zu verhindern.

> Beim Wässern werden viele wasserlösliche Nährstoffe aus dem Lebensmittel ausgewaschen.

Schälen und P

Pflanzliche Ro … n unerwünschte sow … estandteile entfernt. … e spitze Messer wie z. …

Schuppen, Au

Viele Fische w … mithilfe eines Fischsch … rrücken unter fließend …

Beim Ausnehm … bei frischem Fisch u …

Tierische Lebe … in der Regel pariert. … ebe mit einem geeigne … en von Suppen und Sa…

Schneiden bzw. Zerkleinern

Das Zerkleinern von Lebensmitteln erfolgt aus verschiedenen Gründen. Hierzu zählen u. a.:

- Vergrößerung der Oberfläche der Lebensmittel (z. B. zur besseren Auslaugung der Inhaltsstoffe)
- Verkürzung der Garzeit (je kleiner das Gargut, desto schneller gart es)
- Veränderung des Aussehens (z. B. für Garniturzwecke; mithilfe eines Buntmessers)
- Veränderung der Beschaffenheit (z. B. der Konsistenz bei Hackfleisch oder Püree)
- Portionierung (d. h. das Aufteilen eines Lebensmittels in verzehrgerechte Größen)

> Besondere Methoden, etwas zu portionieren, sind das Filetieren und Tranchieren. Filetieren ist das Lösen der Fischfilets von den Gräten, Tranchieren das kunstgerechte Zerteilen von Fleisch, Geflügel oder Fisch.

Das Zerkleinern der Lebensmittel erfolgt häufig mit Messern. Dabei sind die Wahl des geeigneten Messers, seine Schärfe und die richtige Schnittführung von entscheidender Bedeutung.

Für das Zerkleinern ist auch der Einsatz von Maschinen denkbar, wie z. B. Aufschnittmaschine, Kutter, Mixer, Fleischwolf oder Pürierstab.

Kutter

Typische Schnittformen von Gemüse

Julienne (feine Streifen)

Batonetts (Stäbchen)

Brunoise (feine Würfel)

Paysanne (feine Blätter/Rauten)

Formen

Das Formen eines Lebensmittels kann auf unterschiedliche Weise geschehen. Vor allem Geflügel, das im Ganzen gebraten werden soll, wird mithilfe eines Bindfadens so gebunden, dass sowohl Flügel als auch Keulen eng anliegen, damit sie nicht verbrennen. Dieses Binden wird als **Bridieren** bezeichnet.

Cremes, aber auch Pürees werden oft mithilfe eines Spritzbeutels in Form gebracht und so auf dem Teller angerichtet. Diese Art des Formgebens wird **Dressieren** genannt. Insbesondere Gemüse und Kartoffeln erhalten durch Messer oder Ausstecher eine besondere Form. Hier wird von **Tournieren** gesprochen.

Kuchenmassen, Cremes, Füllungen, Sahne und Glasuren werden mit einer Palette glatt verstrichen.

Zerteilen / Aufteilen von im Ganzen Gebratenem Fleisch, Obst o. Gemüse kann auch tranchiert werden.

Tranchiermesser

Buntmesser

Tourniermesser

Palette

Typische Formen von Lebensmitteln

Bridiertes Geflügel

Mit Spritzbeutel dressiertes Kartoffelpüree

Geschnitztes Gemüse

Tournieren

Mischverfahren

Verfahren	Vorgang	Beispiele	Hilfsmittel	Besonderheiten
(Ver-) Mengen	Vermischen der Lebensmittel durch Unterheben	Salate, Gewürzmischungen, Gemüsezubereitungen	Hand, Besteck	
Kneten	Vermischen unter Druck, meist Zugabe von Flüssigkeit	Teige wie Hefeteig oder Mürbeteig	Hand, Knetmaschinen	Durch die Bewegung des Teigs entwickelt sich das Klebereiweiß.
Rühren	Vermischen von Flüssigkeiten, sodass alle Zutaten gleichmäßig verteilt sind	Dressings	Schneebesen, Rührlöffel, Handrührgerät, Mixer	Die Mischung ist meist nicht dauerhaft. Nach einer bestimmten Zeit setzt sich das Öl wieder ab.
Schlagen	Einarbeiten von Luft in Lebensmittel	Sahne, Eischnee	Schneebesen, Handrührgerät	Sahne muss kälter als 10 °C sein; dem Eiklar darf kein Eidotter anhaften, da Fett die Schaumentwicklung verhindert.
Emulgieren	dauerhaftes Vermischen von an sich nicht mischbaren Flüssigkeiten	Mayonnaise, Sauce Hollandaise	Schneebesen, Handrührgerät	Für die dauerhafte Vermischung von Fett und wässriger Flüssigkeit ist das Vorhandensein von Emulgatoren wie z. B. Lecithin (im Eigelb) erforderlich.

Klassische Panaden

Panade	Zutaten
Wiener Panade	Mehl – Ei – Semmelbrösel
Englische Panade	Mehl – Ei – Weißbrotkrume
Mailänder Panade	Mehl – Ei – Parmesankäse und Weißbrotkrume
Pariser Panade	Mehl – Ei, das mit Sahne vermischt ist

Panieren

Panieren ist das Umhüllen eines Lebensmittels mit einer Kruste. Dies geschieht insbesondere bei Lebensmitteln, die frittiert oder gebraten werden. Durch die Panade erhöht sich zum einen der Genusswert der Produkte, zum anderen fallen die Garverluste wesentlich geringer aus.

Neben den klassischen Panaden werden inzwischen auch Panaden mit vielen unterschiedlichen Zutaten (z. B. Kokos-Ingwer; Haferflocken, Chili-Koriander oder Erdnüssen) oder auch Ausbackteige (z. B. Tempura-Teig) verwendet.

Lebensmittel möglichst erst kurz vor dem Garen panieren, da ansonsten die Panade Flüssigkeit aufnimmt und sich auflöst.

Marinieren

Als Marinieren wird das Einlegen oder Beträufeln von Lebensmitteln mit einer säurehaltigen Lösung bezeichnet.

Ziele des Marinierens sind:
- bindegewebsreiches Fleisch mürbe zu machen (z. B. Wild)
- Verbesserungen in Geruch und Geschmack zu erzielen (z. B. Fisch oder Obst)
- enzymatisch bedingte Verfärbungen zu vermeiden bzw. die Farben intensiver wirken zu lassen (z. B. beim Obst)
- Lebensmittel kurzfristig haltbarer zu machen

Mariniertes Fleisch

Bardieren und Lardieren

Beim Bardieren wird das meist magere Lebensmittel (z. B. Fleisch oder Wild) mit dünnem Speck umwickelt, beim Lardieren werden Speckstreifen mithilfe einer Spicknadel in das Fleisch eingebracht.

Vorteile des Bardierens und Lardierens sind:

- Das fettarme Fleisch bleibt beim Braten saftig und wird vor Austrocknung geschützt.
- Der Bratenverlust
- Der Geschmack w
- Der optische Eind

Badieren mit Speck →

Lardieren mit Speck →

Bridieren mit faden.

AUFGABEN

1 | Zählen Sie die vi
lichen Arbeitsab

2 | Erläutern Sie de

3 | Nennen Sie typis

4 | Erklären Sie folg
a) panieren b
d) dressieren e

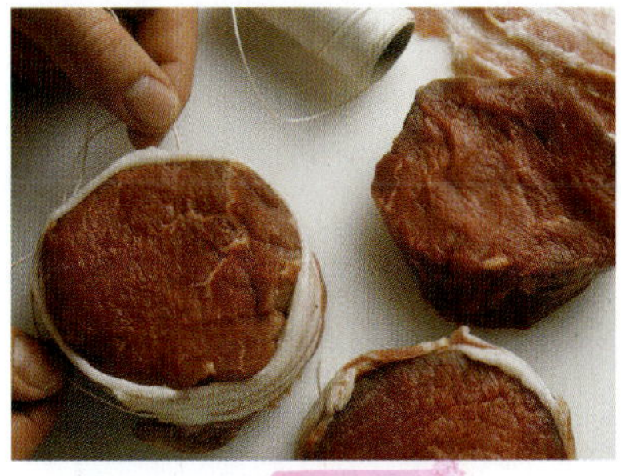

Fleisch mit Speck bardieren

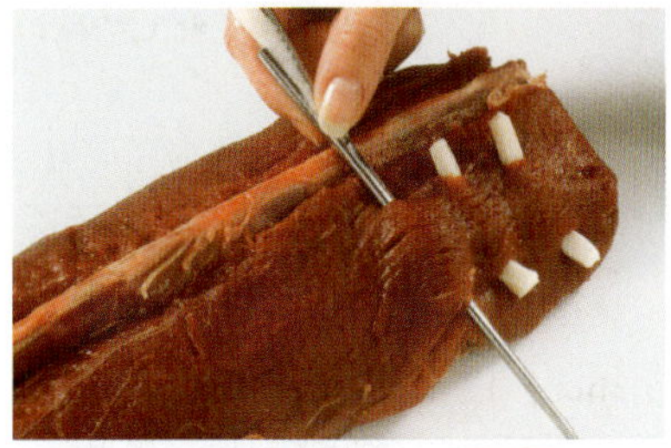

Wild mit einer Spicknadel lardieren

b) Speisen garen

Viele Lebensmittel m
von Hitze genusstauglich gemacht werden. Dies geschieht mit verschiedenen Garverfahren. Diese unterscheiden sich

- nach Art und Menge des Mediums, das die Wärme überträgt (Wasser, wässrige Flüssigkeit, Fett, Luft),
- nach der Gartemperatur bzw. dem Temperaturverlauf,
- nach der Art des Energietransports bzw. der Wärmeübertragung vom Gargerät zum Gargut.

Arten des Wärme- bzw. Energietransports

Wärmeleitung/ Energietransport durch Kontakt	Wärmeströmung/ Energietransport durch Konvektion	Wärmestrahlung/ Energietransport durch Strahlung

Transport der Energie geschieht mithilfe eines Wärmeleiters (Metall, Wasser oder Fett), der sich selbst erwärmt und die Wärme weitergibt. Die Wärmeübertragung erfolgt nur langsam.	Transport der Energie geschieht durch Strömung. Erhitzte Teilchen von Wasser, Fett oder Luft bewegen sich (strömen) und geben dabei Energie an das Gargut ab. Die Wärmeübertragung erfolgt schnell.	Transport der Energie geschieht durch Strahlung. Diese gibt ihre Energie beim Auftreffen auf das Gargut an dieses ab. Wärmeübertragung erfolgt schnell und ohne direkten Kontakt.

Beim Braten entstehen Röststoffe

Wärme bzw. Energie kann auf unterschiedliche Art und Weise von einem Ort zu einem anderen gelangen. Dabei gilt aber: Wärme geht selbst nur von einem Körper höherer Temperatur auf einen Körper mit niedriger Temperatur über.

Beim Garen verändert sich die Beschaffenheit der Lebensmittel (z. B. durch Eiweißgerinnung und Verkleisterung der Stärke).

Diese Veränderung hat folgende Auswirkungen:
- Die Lebensmittel werden besser verdaulich.
- Es entstehen Farb-, Geschmacks- und Aromastoffe (z. B. durch Karamellisierung von Zucker oder durch die Entstehung von Röststoffen). Diese regen die Verdauungssäfte an.
- Es werden Mikroorganismen abgetötet und lebensmitteleigene Enzyme inaktiviert.

Allerdings können auch unerwünschte Nährstoffveränderungen und Nährstoffverluste eintreten.

Im Wok gedünstetes Gemüse und Fleisch

Als schonend werden Garverfahren dann bezeichnet, wenn nur geringe Nährstoffverluste auftreten und das ursprüngliche Aroma der Lebensmittel erhalten bleibt. Zu den schonenden Garverfahren zählen das Blanchieren, Pochieren, Dämpfen und Dünsten sowie das Garen in der Mikrowelle.

Garverfahren können nach unterschiedlichen Kriterien eingeteilt werden. Eine klassische Einteilung ergibt sich daraus, ob die Einwirkung der Wärme in Verbindung mit oder ohne Wasser bzw. Wasserdampf erfolgt. Danach gibt es sogenannte feuchte, trockene und gemischte Garverfahren.

Garverfahren

Feuchte Garverfahren	Trockene Garverfahren	Gemischte Garverfahren
▪ Blanchieren ▪ Pochieren ▪ Kochen ▪ Dämpfen ▪ Dampfdruckgaren	▪ Kurzzeitbraten ▪ Langzeitbraten ▪ Niedrigtemperaturgaren ▪ Backen ▪ Sautieren ▪ Grillen ▪ Confieren ▪ Frittieren ▪ Garen in der Mikrowelle	▪ Dünsten und Poelieren ▪ Schmoren ▪ Garen im Kombidämpfer

Feuchte Garverfahren finden in einer wässrigen Flüssigkeit statt

Feuchte Garverfahren

Bei den feuchten Garverfahren erfolgt die Wärmeübertragung auf das Lebensmittel durch Wasser bzw. eine wässrige Flüssigkeit wie z. B. Brühe oder durch Wasserdampf. Die Gartemperaturen können deswegen – mit Ausnahme des Dampfdruckgarens – 100 °C nicht übersteigen. Es ist durchaus sinnvoll, die Garflüssigkeit – soweit möglich – für Brühen oder Saucen mitzuverwenden.

Blanchieren

Beim Blanchieren werden die Lebensmittel – vor allem Gemüse und Pilze – für kurze Zeit in siedendes Wasser gegeben. Dadurch wird verhindert, dass sie weiter reifen und Inhaltsstoffe abgebaut werden. Außerdem wird die Keimbelastung verringert. Nach dem Blanchieren wird das Gargut meistens in Eiswasser abgeschreckt. Dadurch wird der Garvorgang abrupt beendet. So bleiben Struktur, Aroma und Nährstoffe weitestgehend erhalten, zudem wird die Farbe der Lebensmittel intensiver.

Oftmals wird das Blanchieren nicht den Garverfahren zugerechnet. Es wird eher als vorbereitende Küchentätigkeit beschrieben. Dies liegt daran, dass nur wenige Gemüse wie z. B. Spinat nach dem Blanchieren bereits gar sind. Tatsächlich wird das Blanchieren in der Küche eher dazu genutzt, die Lebensmittel besser lagern und insbesondere einfrieren zu können. Bei Tomaten und einigen Obstsorten erleichtert es zudem das Enthäuten.

Blanchieren

Pochieren

Pochieren wird auch Garziehen genannt. Hierbei wird das Wasser oder eine Brühe auf eine Temperatur unterhalb des Siedepunkts, meistens auf 75 bis 90 °C, erhitzt. Dabei werden die Lebensmittel entweder direkt oder indirekt, d. h. in einer Schale oder in einer Folie, in die Flüssigkeit gegeben. Typische Lebensmittel sind solche mit einer lockeren Struktur, wie z. B. Fische und Meeresfrüchte, zartes Geflügel, Eier oder auch Terrinen. Zudem gibt es eine Vielzahl von Desserts, die pochiert werden (z. B. Crème brûlée).

Pochieren

Kochen

Kochen ist Garen in Wasser oder einer wässrigen Flüssigkeit beim Siedepunkt von 100 °C. Sinkt die Temperatur kurzzeitig unter 100 °C, wird dies als Sieden bezeichnet. Typische Lebensmittel sind Kartoffeln, Teigwaren, Reis, Hülsenfrüchte und Gemüse, aber auch Eier und bestimmte Fleischwaren. Wird das Gargut kalt angesetzt, können wasserlösliche Inhaltsstoffe in die Garflüssigkeit übergehen. Dies ist immer dann erwünscht, wenn die Garflüssigkeit weiterverwendet werden soll, z. B. für Brühen oder Suppen. Wird das Gargut dagegen in die heiße Flüssigkeit gegeben, können nur wenige Nährstoffe austreten. Dies ist dann von Bedeutung, wenn bei der Speise das Gargut im Mittelpunkt steht, wie z. B. bei Tafelspitz, Blankett und Nudeln.

Kochen

Dämpfen

Beim Dämpfen überträgt der Wasserdampf die Wärme. Die Lebensmittel liegen in einem Siebeinsatz und kommen mit der kochenden Flüssigkeit nicht in Berührung. So bleiben die Nährstoffe weitestgehend erhalten. Geeignete Lebensmittel sind Kartoffeln, Gemüse, Fisch und einige Fleischwaren.

Dämpfen

Dampfdruckgaren

Eine besondere Variante des Kochens oder Dämpfens ist das Dampfdruckgaren. Dies geschieht entweder im Dampfdrucktopf oder im Steamer. Durch den erhöhten Druck wird der Siedepunkt der Flüssigkeit erhöht. So können Temperaturen von etwa 120 °C erreicht werden. Dadurch verringert sich die Garzeit wesentlich.

Dampfdruckgaren

Sautieren

Kurzzeitbraten

Fleischgabel zum Wenden von großen Fleischstücken

Niedertemperaturgaren

Grillen auf einem heißen Stein

Trockene Garverfahren

Bei den trockenen Garverfahren erfolgt die Wärmeübertragung ohne Wasser. Die Hitze wird entweder durch heißes Fett, heiße Luft oder durch Strahlung übertragen. Die Temperaturen liegen dabei in der Regel zwischen 150 °C und 300 °C. Daher können sich **Röststoffe** bilden, die die Farbe und den Geschmack der Lebensmittel beeinflussen.

Sautieren

Sautieren ist eine besondere Form des Kurzbratens. Dünn geschnittenes Gargut, wie z. B. Fleisch („Geschnetzeltes") oder Pilze, wird mit etwas Fett unter ständigem **Schwenken** bei 160 °C – 200 °C gegart. Durch das Schwenken werden die Rohstoffe permanent gewendet. So kann die Hitze gut aufgenommen werden [illegible] Seiten schnell Farbe. S[illegible] minute").

K[illegible]

D[illegible] ierer Garstücke wie S[illegible] iner Pfanne Fett auf e[illegible]

L[illegible]

G[illegible] gel werden im Ofen m[illegible] rt. Die Wärmeüber- tr[illegible] g. Wichtig ist dabei, da[illegible] nden Bratensaft zu üb[illegible]

Sautieren: Kurzzeit-braten. 16°C – 200°C
Kurzzeitbraten: 200°C
Langzeitbraten: 220°C
Niedertemp. garen:
Fleisch wird angebraten und bei 60°C – 80°C weiter gegart.
Grillen: 350°C

Ni[illegible]

Au[illegible] les Bratens. Hierfür wi[illegible] angebraten, damit sich die gewünschten Röststoffe bilden. Anschließend wird das Gargut im Ofen bei einer Temperatur zwischen etwa 60° bis 80 °C weitergegart. Durch die niedrige Temperatur verlängert sich zwar die Garzeit um ein Vielfaches, aber das Fleisch trocknet nicht aus, sondern bleibt saftig und rosa. Der Gewichtsverlust gegenüber herkömmlicher Zubereitung ist ca. 60 % niedriger.

Grillen

Fast alles, was zum Braten geeignet ist, kann auch gegrillt werden. Dazu wird das Gargut eingefettet und gewürzt und anschließend entweder auf einen Grillrost bzw. eine Grillplatte gelegt oder auf einen Grillspieß gesteckt. Durch Strahlungswärme und Kontaktwärme können Temperaturen bis zu 350 °C entstehen.

Eine besondere Art des Grillens ist das Infrarotgrillen durch einen Infrarotstrahler (z. B. in einer Mikrowelle oder in einem Backofen).

> Beim Grillen über offenem Feuer muss darauf geachtet werden, dass das Fett nicht in die Glut tropfen kann. Tropfendes Fett, das verbrennt, ist gesundheitsschädlich.

Confieren

Ein Confit war ursprünglich das Fleisch von Enten, Gänsen oder Schweinen. Es wurde in deren eigenem Fett eingelegt und dann langsam über mehrere Stunden bei niedrigen Temperaturen gegart. Manchmal wurde es vorher mit Salz eingerieben, gepökelt oder kurz angebraten. Nach dem Garen wurde es dann über mehrere Wochen gelagert, wobei sich nach und nach ein typisches Aroma entwickelte. Inzwischen hat sich diese Art des Garens auch für andere Fleischarten durchgesetzt. Dabei wird in der Regel aber statt des Schmalzes von Ente, Gans oder Schwein Pflanzenöl verwendet.

Confieren

Auch bestimmte Gemüse- oder Fruchtzubereitungen werden heute als Confit bezeichnet. Beim Gemüse (z. B. Tomaten oder Zwiebeln) wird Essig, der mit anderen Zutaten verfeinert wird, bei den Früchten stattdessen Branntwein oder Zucke[…] verwendet.

Frittieren

Beim Frittieren w[…]cken. Das Gargut kann […] sein. Die Temperatur […]ollte umso niedriger s[…]ller-dings zu niedrig, […]ver-brennt es, währen[…]nell überträgt, sind di[…]

Frittieren

Die Qualität des […] Fett beginnt zu s[…] werden, da ans[…] Außerdem darf d[…] ebenfalls gesund[…]

Confieren: Fleisch wird in eigenem Fett eingelegt und gegart.
Frittieren: 150 °C – 180 °C
Backen: 150 °C – 250 °C
Mikrowelle: max. 70 °C.

Backen

Beim Backen im Ofen wird das Gargut durch trockene, heiße Luft gegart. Die Temperaturen liegen zwischen 150 °C und 250 °C. Gebacken werden Backwaren aus Teigen und Massen, aber auch Aufläufe/Gratins, Pizzen, Pasteten, Quiches oder Fleischstücke im Teigmantel.

Backen

Garen in der Mikrowelle

In der Mikrowelle werden elektromagnetische Wellen erzeugt, die in die Lebensmittel eindringen und dort die Wassermoleküle in Bewegung versetzen. So entsteht überall im Lebensmittel Reibungswärme. Das Gargut gart von innen nach außen. Garen mit der Mikrowelle ist schnell und schonend.

Bei der Verwendung von Metall in der Mikrowelle ist Vorsicht geboten. Hier sind die Anweisungen des Herstellers zu beachten. Beim Erhitzen von Flüssigkeiten kann z. B. ein Metalllöffel einen Siedeverzug mit plötzlicher Überhitzung verhindern. Die überhitzte Flüssigkeit könnte ansonsten beim Öffnen der Tür zu Verbrühungen führen. Allerdings sollte der Löffelstiel immer ausreichend Abstand zu der Wand der Mikrowelle haben. Auf Teller mit Goldrand in der Mikrowelle sollte man dagegen verzichten. Die dünne Goldschicht kann so heiß werden, dass sie sich auflöst.

Garen in der Mikrowelle

Dünsten

Gemischte Garverfahren

Bei den gemischten Garverfahren werden sowohl trockene als auch feuchte Garverfahren angewendet. Hierzu gehören das Dünsten und Schmoren.

> Dünsten ist eine Kombination aus Anschwitzen und Kochen.
> Schmoren ist eine Kombination aus Anbraten und Kochen.

Dünsten

Beim Dünsten werden die Lebensmittel zunächst mit wenig Fett angeschwitzt. Dann wird meistens etwas Flüssigkeit zugegeben und das Lebensmittel in dieser Flüssigkeit bei milder Hitze zugedeckt gegart. Bei stark wasserhaltigen Lebensmitteln braucht keine Garflüssigkeit zugegeben werden, da diese genügend eigene Flüssigkeit abgeben: „Sie garen im eigenen Saft". Geeignete Lebensmittel sind vor allem Fische und Geflügel, Obst, Gemüse, Reis und Pilze. Aber auch einige Fleischgerichte wie z. B. Gulasch werden gedünstet.

Eine besondere Form des Dünstens ist das **Garen in Folie**. Dazu wird die Folie leicht eingefettet, dann das Gargut zusammen mit Kräutern und Gewürzen darin eingewickelt und anschließend in einen vorgeheizten Backofen gegeben. Durch die Hitze tritt Flüssigkeit aus dem Lebensmittel aus und es gart bei diesem Verfahren im eigenen Saft.

Als **Poelieren** wird das Dünsten mit heller Farbgebung bezeichnet.

Schmoren

Schmoren

Beim Schmoren wird das Gargut zunächst in heißem Fett scharf angebraten, damit sich Röststoffe auf seiner Oberfläche bilden können. Gegebenenfalls werden Mirepoix und Tomatenmark zugegeben und mitgeröstet. Dann wird d [illegible] öscht. Dadurch löst sic [illegible] rd die Gartemperatur [illegible] sie sirupartig eingek [illegible] von Ablöschen und Ei [illegible] lich wird alles mit hei [illegible] Ofen bis zum Garpun [illegible]

Nach d [illegible] nen, die Sauce entfett [illegible] ne verfeinert. Typisch [illegible] und Schlachtfleisch [illegible]

Mirepoix

Mirepoix bezeichnet eine Röstgemüsemischung, die aus verschiedenen Gemüsen wie Möhren, Sellerie, Zwiebeln und Porree besteht. Diese sind in gleichmäßig große Würfel geschnitten.

Garen [illegible]

In viele [illegible] idämpfers trockene u [illegible] ren kann zielgericht [illegible] eine besonders schonende und einfache Art zubereitet. Zudem sind die Gewichtsverluste beim Garen geringer.

Garen im Kombidämpfer

Zusätzliche fertigstellende Garverfahren

Hierbei handelt es sich um Techniken zum Fertigstellen eines gegarten Gerichts. Es sind also Verf[ahren], die im Anschluss an die Zubereitung angewendet werden. Diese Te[chniken] … Sinn … den Garverfahren zugere[chnet werden].

Glasieren: Glanz glänzt mit Fett oder Bratensaft oder mit Zucker.

Gratinieren: überbacken z. B. mit einem Salamander.

Glasieren

Beim Glasieren wird das … Fett oder Bratensaft (bei … von Glasuren auf der B… Süßspeisen) geschehen. … mellisieren einer Zuckers…

Gratinieren

Gratinieren ist das Überb… starker Hitze. Das Grati… Kruste und der Entwickl… von Aufläufen mit eine… Salamander.

Glasieren

Gratinieren

AUFGABEN

1 | Worin besteht der Unterschied zwischen trockenen und feuchten Garverfahren?

2 | Beschreiben Sie stichwortartig folgende Garverfahren und nennen Sie jeweils für dieses Garverfahren geeignete Lebensmittel:
a) pochieren b) dämpfen c) dünsten

3 | Beschreiben Sie anhand der Herstellung einer Rinderroulade die einzelnen Arbeitsschritte beim Schmoren.

4 | a) Erklären Sie den Begriff Niedrigtemperaturgaren.
b) Welche Vorteile bringt dieses Verfahren mit sich?

Wichtig →

Ablauf der verschiedenen Produktionssysteme

(Quelle: © aid infodienst, Special „Cook & Chill" [Best.-Nr. 3759/2004], www.aid.de)

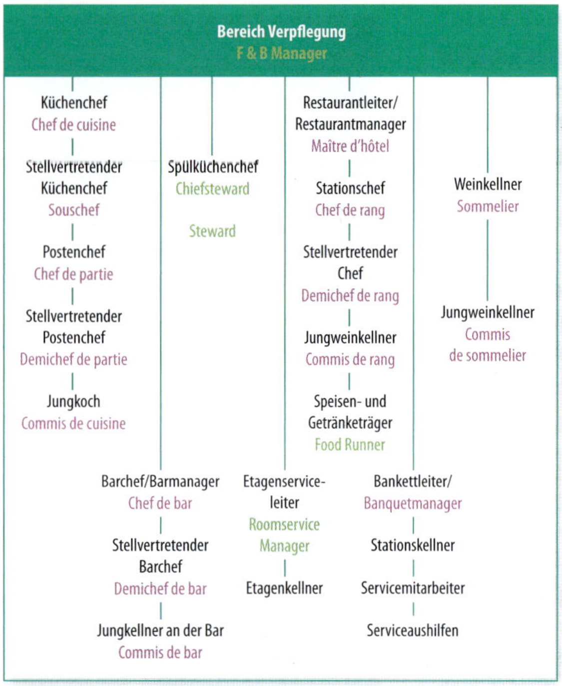

8.3 Organisation im Restaurant

Zu einer individuellen „Serviceorganisation" gehören:

- das Speisen- und Getränkeangebot
- die Speisenpräsentation
- die Servicemitarbeiter

Alle zusammen bilden die Grundlage für einen professionellen Service im gastronomischen Betrieb. Bei den Servicemitarbeitern stehen die Kompetenz und Freundlichkeit an erster Stelle.

Die Serviceorganisation hat viele Schnittstellen zu unterschiedlichen Bereichen (siehe auch Kapitel 8.4).

Restaurantmanagement siehe Kapitel 15.

8.3.1 Serviceformen

Im gastronomischen Betrieb sind unterschiedliche Serviceformen möglich, die die Organisation des Betriebs und das Managmement bestimmen.

Counter-Service

Die Speisen und Getränke werden über einen Tresen (Counter) gereicht.

Büfett-Service

Die Servicekräfte stehen hinter einem Büfett und bedienen, beraten und unterstützen die Gäste.

Selfservice

Die Speisen und Getränke stehen zur Selbstbedienung für den Kunden bereit.

Full Service

Die Speisen und Getränke werden am Tisch serviert, zuvor wird der Gast beraten.

Bankett-Service

Alle Gäste erhalten zu einem festgelegten Zeitpunkt das gleiche Menü. Eine geschlossene Gesellschaft, die gemeinsam ein Menü in einem abgesprochenen Rahmen verzehrt.

Home Delivery

Die Speisen und Getränke werden zum Kunden ins Haus geliefert.

Room Service

Speisen und Getränke werden auf das Zimmer gebracht

8.3.2 Serviceorganisation beim Full Service

Eindecken der Tische

Beim Full Service erfolgt der Service am Gästetisch.

Zuerst wird die Standfestigkeit des Tisches überprüft. Anschließend wird je nach Restauranttyp das Molton mit einem Tischtuch oder nur ein Tischläufer oder ein Tischset aufgelegt. Dann wird eingedeckt und es erfolgt je nach Bedarf (Tischform, Tischgröße) die Platzierung von

- Blumenschmuck,
- Kerzen,
- Menagen,
- Aufstellern mit Getränke- und Speisekarten sowie Aktionskarten.

Menagen bestehen meist aus Salz- und Pfefferstreuer und werden mit Würzsaucen ergänzt. Menagen ermöglichen den Gästen eine individuelle Würzmitteldosierung.

Korrigieren von „Wackeltischen"

Aus unterschiedlichsten Gründen kann die Standfestigkeit eines Tisches nicht mehr gegeben sein. Das Unterlegen von Korkteilen schafft Abhilfe. Besser sind Tische mit Korrekturrädern unter den Tischbeinen, sie können nach Bedarf verstellt werden.

Auf Bierdeckel als Unterlage ist aus optischen Gründen zu verzichten.

Die Anordnung der Tischausrüstung ist auf jedem Tisch gleich zu gestalten. So entsteht ein einheitlicher und ordentlicher Eindruck.

Beim Full Service werden folgende Arten unterschieden:

Full Service

Amerikanischer Service

Die Speisen werden im Produktionsbereich auf einem Teller angerichtet und im Restaurant am Tisch von der rechten Seite des Gasts eingesetzt. Dies kann mit oder ohne Clochen erfolgen.

Französischer Service

Die Speisen werden im Produktionsbereich auf Platten angerichtet und im Restaurant dem Gast von links präsentiert und vom Servicepersonal von links auf den Teller vorgelegt (Vorlegeservice).

Englischer Service

Die Speisen kommen auf Platten angerichtet aus der Küche ins Restaurant und werden auf einem Tisch neben dem Gästetisch abgestellt. Das Servicepersonal legt die Speisenkomponenten am Beistelltisch auf einen Teller vor und setzt diesen Teller von der rechten Seite des Gasts ein.

Russischer Service

Der Gast bedient sich von der dargebotenen Platte. Beilagen können auf dem Tisch eingesetzt werden (Darbieteservice).

Deutscher Service

Alle Speisen werden auf dem Tisch eingesetzt und der Gast bedient sich selbst.

Auflegen der Gedecke

Grundsätzlich wird zwischen drei Gedeckarten unterschieden:
1. Grundgedeck
2. erweitertes Grundgedeck
3. Menügedeck

> Couvert ist die Bezeichnung für das Tischgedeck. Zum Tischgedeck gehören das Geschirr und Besteck sowie die Serviette und Dekoration, die je Gast eingedeckt werden.

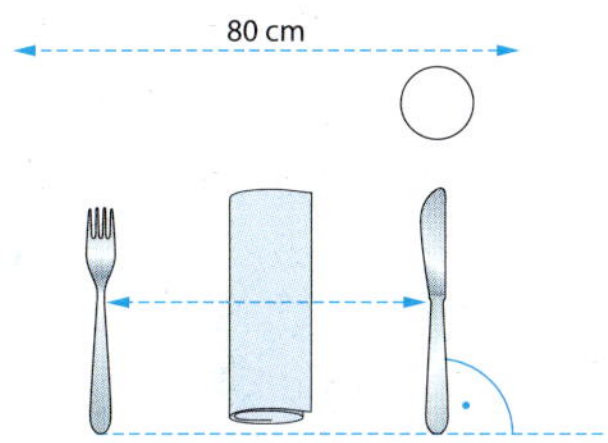

Grundgedeck

Das **Grundgedeck** besteht aus folgenden Komponenten:
- großes Messer
- große Gabel
- Universalglas
- Serviette

Erweitertes Grundgedeck

Das **Grundgedeck** wird aufgelegt, wenn die Verzehrwünsche der Gäste nicht im Voraus bekannt sind. Es richtet sich nach dem Restauranttyp und den durchschnittlichen Verzehrgewohnheiten der Gäste.

Das **erweiterte Grundgedeck** enthält außerdem einen großen Löffel und das Dessertbesteck sowie bei Menüvorgaben und wenn gewünscht einen Brotteller mit Brotmesser.

Menügedeck

Das **Menügedeck** wird in der gehobenen Gastronomie bei Speisenfolgen von mehreren Gängen eingedeckt. Hier entscheidet die Speisenauswahl des Gasts, wie das Grundgedeck erweitert oder ausgetauscht wird. Als Ergänzung werden Brotteller und Brotmesser, Mittelbesteck, Spezialbestecke, mehrere Weingläser etc. eingedeckt.

Auf der rechten Seite des Tellers dürfen bis zu vier, auf der linken Seite bis zu drei Besteckteile eingedeckt werden. Über dem Teller sollten höchstens drei Besteckteile eingedeckt werden. Hinzu kommt der Brotteller mit Brotmesser.

Das Wasserglas ist meistens das kleinste Glas. Es sollte vor den Stielgläsern stehen. So kann die Servicekraft das Wasser einfach einschenken.

Couvert max. 10 Besteckteile

…eranstaltungen im Catering- und Eventbereich mit einem mindestens …ngigen Menü und einer festgelegten Getränkefolge werden möglichst …esteckteile eingedeckt. Der Brotteller ist dabei ein fester Bestandteil.

…n für das Eindecken von Couverts

- …t einer Serviette, einem Platzteller oder Hauptgangteller die Gedeck…tte festlegen.
- …e Bestecke auf Sauberkeit prüfen.
- …r ein Couvert maximal zehn Besteckteile eindecken.
- …e Bestecke auf der rechten Seite haben einen Abstand von 1 cm zur …chkante, die mittlere Gabel auf der linken Seite kann höhenversetzt …ngedeckt werden. Bestecke werden entweder paarweise oder erst rechts …d dann links eingesetzt.
- …e Abstände der Besteckteile untereinander müssen gleich sein.
- …e Besteckteile müssen sichtbar sein und dürfen nicht durch Porzellan …er andere Gedeckteile verdeckt werden.
- Der Brot- oder Mittelteller befindet sich links neben den Gabeln. Der Brotteller kann mehrere Positionen haben, z. B. an der Grundlinie oder an der unteren oder oberen Gabelspitze.
- Das Butter- oder Mittelmesser liegt mit der Schneide nach links zeigend auf der rechten Seite des Brot- oder Mitteltellers.
- Die Gläser so einstellen, dass beim Entnehmen eines Glases kein weiteres, eingedecktes Glas gefährdet wird.
- Wird ein Glas eingedeckt, steht es in Verlängerung des Hauptgangmessers.
- Bei mehreren Gläsern ist das Glas, das zum Hauptgang eingedeckt wird, das Richtglas. Es wird oberhalb der Spitze des Messers für den Hauptgang in Höhe des Dessertbestecks platziert, die weiteren Gläser werden im Block oder als Linie gestellt.
- Gegenüberliegende Couverts genau auf gleicher Linie eindecken.

Richtglas über Messer!

Gläserpositionen als Linie/Reihe (oben) oder im Block/Traube (unten)

Ist das Restaurant fertig eingedeckt, sollte zum Schluss ein einheitlicher Eindruck entstanden sein. Dieser wird vom Serviceleiter überprüft.

Bestecke werden beim Eindecken an der jeweils schmalsten Stelle angefasst, um Fingerabdrücke zu vermeiden oder mithilfe einer Handserviette oder Handschuhen eingesetzt.

Beim Tragen von Besteck in Anwesenheit von Gästen sollte ein Tablett oder ein mit einer Serviette belegter Teller verwendet werden.

Das Eindecken der Gläser ist vom Tablett aus vorzunehmen. Eindecken aus der Hand führt unweigerlich zu Fingerabdrücken auf den Gläsern.

Regeln für den professionellen Speisen- und Getränkeservice

Es gibt es Serviceregeln, die weltweit angewendet werden und den Servicemitarbeitern die Zusammenarbeit erleichtern:

- Beim Aufdecken, Servieren und Ausheben ist es üblich, im Uhrzeigersinn zu gehen, und zwar immer vorwärts. Rückwärtsgehen ist unfallträchtig, da der Mitarbeiter nicht sieht, wer oder was hinter ihm steht.
- Der Service sollte möglichst geräuscharm erfolgen.
- Serviergegenstände im Gastbereich werden in der Regel auf einem Tablett und nicht in der Hand getragen.
- Der Service erfolgt in Abhängigkeit von der Serviceart von der linken bzw. rechten Seite des Gasts.

Table Tracker

Ein neuer Trend sind Table Tracker. Der Gast bestellt an der Theke und bekommt dort einen Table Tracker. Diesen legt der Gast auf eine entsprechende Markierung auf seinen Tisch. Das fertige Essen wird dann von „Food Runnern" gebracht. Der Gast kann also am Tisch sitzen bleiben und insgesamt ist es ruhiger im Restaurant.

Regeln für das Eindecken von der linken und der rechten Seite

von links →

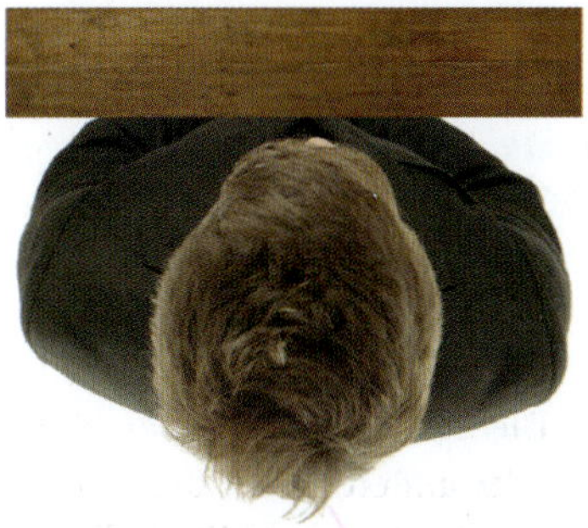

← von rechts

- Einsetzen von Brotteller, Ablageteller, Salaten, Beilagen, Fingerbowl
- Präsentieren von Speisen/Getränken
- Vorlegen von Speisen
- Ausheben der von links eingesetzten Gegenstände
- Auswechseln und Ergänzen der Besteckteile, die links liegen

- Einsetzen aller Speisen, die nicht von links eingesetzt werden
- Servieren der Getränke
- Ausheben der Teller und Gläser
- Auswechseln und Ergänzen der Besteckteile, die rechts liegen

Ausheben/Abdecken

Beim Ausheben von Gedecken sollen die Gäste möglichst wenig gestört werden. Daher arbeiten die Servicekräfte rationell und gleichzeitig umsichtig. Folgende Regeln gelten für das Ausheben von Gedecken:

- Mit dem Ausheben wird erst dann begonnen, wenn alle Gäste an einem Tisch mit dem Essen fertig sind.
- Teller und Suppengedecke mit abgelegten Besteckteilen und Speiseresten von der rechten Seite des Gasts im Uhrzeigersinn gehend ausheben. Dann folgen Schüsseln, Platten und Saucieren.
- Teller mit größeren Speiseresten aus ästhetischen Gründen direkt in das Office bringen. Die Speisereste nicht neben dem Gast auf den Trageteller schieben. Die Mülltrennung erfolgt nicht vor den Augen des Gasts.
- Brotteller nach dem Hauptgang von der linken Seite des Gasts mit der rechten Hand ausheben. Ausnahme: Es folgt ein Käsegang.
- Auf dem Servicetisch der Station Geschirr und Besteck auf Tabletts möglichst geräuscharm zusammenstellen.
- In der Spülküche oder der Abräumstation Teller stapeln und Bestecke und Gläser vorsortieren oder zusammenstellen.
- Nach dem Ausheben die Brotkrümel vom Tisch entfernen. Dies geschieht unter Zuhilfenahme einer sauberen Serviette oder eines Krümelschabers.
- Anschließend das Dessert- oder Käsebesteck „herunterziehen". Das Messer bzw. den Löffel rechts von oben auf die rechte Seite des Tellers ziehen, die Gabel von links auf die linke Seite (insbesondere im Bankettbereich).

Ramasse-miettes/Table crumbler (Krümelschaber)

Tragen von Tellern

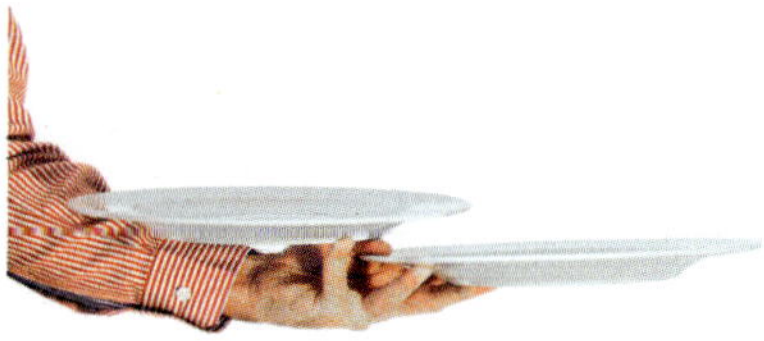

Obergriff mit zwei Tellern

Untergriff mit zwei Tellern

Abservieren von Tellern und Besteck

Ablegen der Bestecke

- Bei der Verwendung von Platztellern diese nach dem Hauptgang oder Dessert abräumen. Ausnahme: Die Größe oder Form des Desserttellers lässt eine Platzierung auf dem Platzteller nicht zu.
- Die Mund- oder Papierservietten nach dem Kaffeeservice abräumen.
- Stoffservietten evtl. auf einem Tablett einsammeln.

Erscheinen die Gäste zu einer Veranstaltung zu spät oder bleiben Plätze am Tisch im Restaurant unbesetzt, ist folgende Vorgehensweise angebracht: Ist es sicher, dass Plätze unbesetzt bleiben, wird das komplette Gedeck spätestens nach dem Einsetzten der Vorspeise ausgehoben. Bis zum Eintreffen verspäteter Gäste, werden die Besteckteile des bereits servierten Gangs mit ausgehoben, ab dem Hauptgang auch das restliche Gedeck.

Sind an einem Tisch mehr Gedecke vorhanden als Gäste und werden keine weiteren Gäste mehr erwartet, immer die überzähligen Gedecke entfernen.

Trage- und Serviertechniken

Für das fachgerechte Tellertragen gibt es mehrere Griffe. Grundsätzlich wird mit der linken Hand getragen und mit der rechten serviert und ausgehoben. Auch beim Servieren und Gläsertragen sind spezielle Techniken einzusetzen.

Tragen von Gläsern

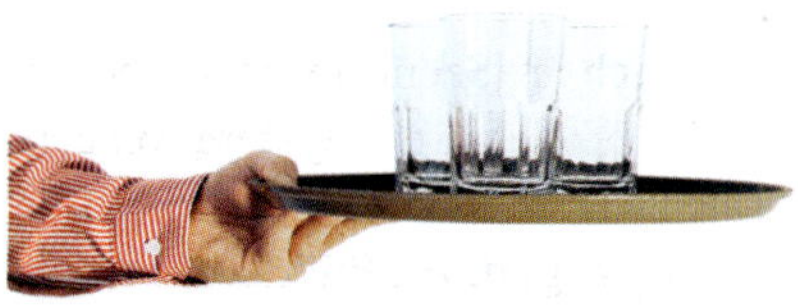

Falsch

Richtig

Servieren

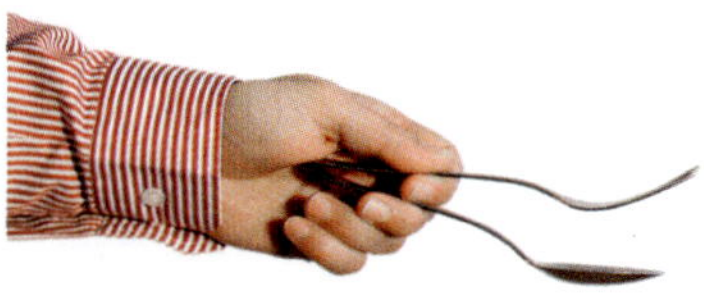

Vorlegegriff

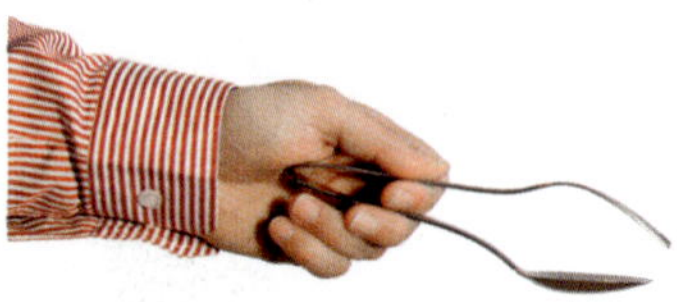

Zangengriff

AUFGABEN

1 | Wie werden Gedeckarten unterschieden?

2 | Was ist ein Couvert und welche Regeln sind beim Eindecken eines Couverts zu beachten?

3 | Nennen Sie vier Regeln, die beim Eindecken eines Couverts beachtet werden müssen.

8.3.3 Serviceorganisation am Getränke- und Speisenbüfett

Für jeden Gastronomen ist es selbstverständlich, dem [illegible] Gast Auskunft und Empfehlungen bezüglich der angebotenen Speisen und Getränke zu geben. Dabei sind wichtige Punkte zu beachten, die von der jeweiligen Produktpalette eines Betriebs abhängen.

Büffet:
- Linienform
- Inselform
- U-Form

Büfett in Inselform

Sowohl bei Free-Flow-K[illegible] nen, als auch im klass[illegible] Theke“ gilt folgende Gru[illegible]

Werden Speisen und Ge[illegible] ein großer Schritt für d[illegible]

Speisen- und Getränkep[illegible] am Büfett

Eine klare Einteilung am [illegible] Gästen. Hierfür sorgt auc[illegible] und hinten hoch. Eine U[illegible] und Backwaren, Kuchen, Snacks, Frontcooking sowie Kalt- und Heißgetränke bietet den Gästen einen schnellen Überblick. Sie erkennen problemlos, wo sie was bekommen.

Büfett in Linienform

Die einzelnen Bereiche können unterschiedlich in Szene gesetzt werden. Möglich ist eine SB-Ausgabestation an einer Theke oder ein System, bei dem der Gast sich die Zutaten seines Essens an Stationen selbst zusammenstellt. Diese werden dann oft vor seinen Augen frisch gegart. An Büfetts können je nach Tageszeit unterschiedliche Sortimentschwerpunkte angeboten werden.

In der Gastronomie sind für die Präsentation der Produkte professionelle Theken- und Büfettanlagen von großer Bedeutung:
- Speisen werden hinter verglasten Fronten präsentiert.
- Die Theken verfügen über verschiedene Temperaturzonen.
- Arbeits- und Laufwege für Mitarbeiter und Gäste sind optimiert.

Grundbestandteile der Einrichtung sind:
- Schankanlagen für Softdrinks/Bier
- Kühl- und Gefrierschränke/Eiswürfelbereiter
- Schankanlagen für Heißgetränke
- Thekenanlagen mit Vitrinen für Speisen und Getränke
- Reinigungsbereich mit Spülbecken und Spülmaschine

In gastronomischen Betrieben mit Free-Flow-Einheiten findet immer öfter die Produktion von Speisen vor dem Gast statt. Diese Angebotsform wird als Frontcooking bezeichnet. Auch im Casual Dining (höhere Qualität in entspannter Atmosphäre) ist diese Form immer verbreiteter. Dabei rücken auch Küchenmitarbeiter in den Vordergrund. Sie tragen dann ebenfalls im Servicebereich wesentlich zum professionellen Eindruck eines Betriebs bei.

Frische Zubereitung am Büfett

Speisenbüfetts

Die Mitarbeiter stehen hinter dem Büfett und arbeiten als serviceorientierte Fachkräfte. Die Gäste stehen oder sitzen an der Bartheke, am Büfett, greifen nach dem, was sie mögen und so lange wie sie es mögen. Die Servicekraft hinter der Theke bereitet die Speisen zu und berät produkt- und serviceorientiert bei der Speisen- und Getränkeauswahl.

Das **klassische Speisenbüfett** wird auf Tischen präsentiert. Die Tische sind meist bis zum Boden mit Tafeltüchern oder Skirtings eingekleidet. Das Dekorationsmaterial wird je nach Anlass oder Art des Büfetts gewählt. Bei großen Gesellschaften werden auch mehrere Büfetts im Raum verteilt. Das Servicepersonal hat folgende Aufgaben am Speisenbüfett

- bei der Auswahl beraten
- eventuell Speisen auf den Tellern anrichten
- geleerte Schüsseln und Platten wieder attraktiv auffüllen
- benutztes Geschirr abräumen

Aufbau eines Selbstbedienungs-Speisenbüfetts nach der Speisenfolge (siehe auch Kapitel 11.3)

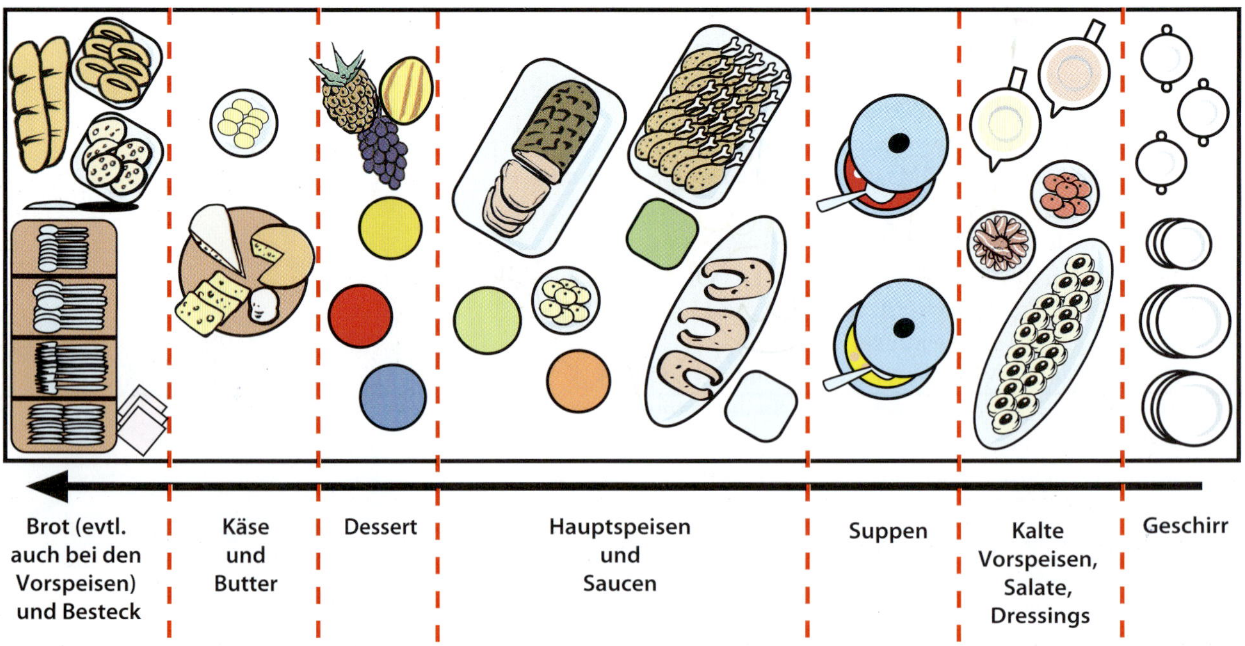

Bei der klassischen Büfettform kann der Gast in der Regel zu einem pauschalen Preis aus einem reichhaltigen Angebot auswählen. Deswegen wird es von Gästen gerne angenommen. Unterschieden wird meistens zwischen Frühstücksbüfett, Brunchbüfett, Mittags- oder Abendbüfett. Für die Gastronomie haben sich Bufetts zu wichtigen Marketinginstrumenten entwickelt.

Die Größe der Büfettfläche ist abhängig von der Gästeanzahl, der Raumgröße und vom Speisenangebot. Einen weiteren Einfluss hat der Preis (Wareneinsatz), der pro Person kalkuliert wurde.

Leider sehen Büfetts oft schnell unappetitlich aus, weil viele Menschen im schnellen Vorbeigehen selbstständig Speisen entnehmen. Daher geschieht es meist nicht fachgerecht. Die große Herausforderung für das Servicepersonal liegt hier darin, professionell für einen durchgehend einwandfreien optischen Eindruck zu sorgen und beratend zu unterstützen.

Die Planung und Versorgung eines Büfetts erfolgt im Teamwork von Küche und Service. In der Küche lassen sich viele Vorbereitungsaufgaben flexibel erledigen. Für große Veranstaltungen werden dann bei der Servicebesprechung (Briefing) alle notwendigen Details festgelegt.

Flying Büfetts

Außer dem regulären stationären Bufett kann auch ein sogenanntes Flying Büfett angeboten werden. Hier wird eine Auswahl an zubereiteten Speisen auf einem Tablett oder einem kleinen Tisch präsentiert. Der Gast kann sich die Speisen nehmen, die er mag. Die Speisen sind in kleinen Portionen oft mundgerecht arrangiert (Fingerfood). Dazu werden kleine Geschirr- und Besteckvarianten gewählt. Die Speiseneinnahme erfolgt meist an Stehtischen.

Flying Büfetts

AUFGABE

Die spanische Botschaft gibt zur Geburt des Thronfolgers einen Empfang mit Cava und einem Flying-Büfett.

Beschreiben Sie die Organisation der Veranstaltung, die im August im Park der Botschaft stattfinden soll und erstellen Sie ein Angebot für 15 Speisen.

Zusammenfassung der allgemeinen Anforderungen an Schankanlagen www.dortmund.ihk24.de

Suchbegriff: Schankanlagen

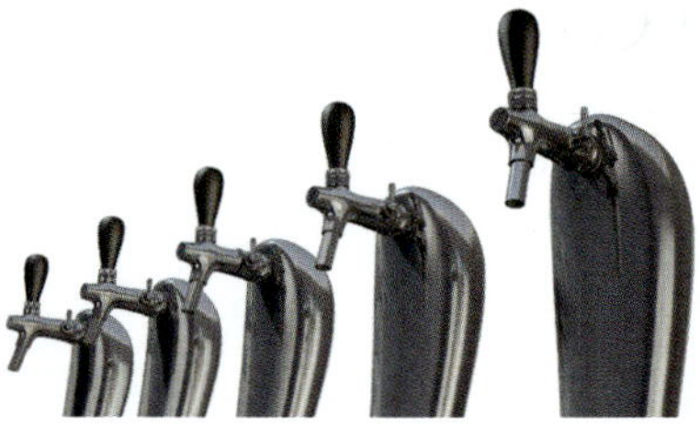

Schankanlage

Schankanlagen

In vielen gastronomischen Betrieben sind Ausschankanlagen üblich. Der geringe Lagerraumbedarf und die automatische Kühlung bieten für den gastronomischen Betrieb eindeutig Vorteile. Die Wartung und ein hygienisch einwandfreies Betreiben verursacht jedoch zusätzliche Arbeiten.

Die allgemeinen hygienischen Anforderungen werden durch folgende Verordnungen geregelt:

- Lebensmittelhygiene-Verordnung (LMHV)
- Lebensmittel-, Bedarfsgegenstände- und Futtermittelgesetzbuch (LFGB)
- Betriebssicherheitsverordnung

Diese Verordnungen enthalten jedoch keine konkreten Hinweise zu Schankanlagen. Daher liegt die alleinige Verantwortung beim Betreiber.
Nach DIN 6650-6 soll sich die regelmäßige Reinigung der Anlage (Zapfkopf, Getränkeleitung, Zapfarmatur) an folgenden Intervallen orientieren:

Getränke	Intervall
Fruchtsaft, Fruchtnektar, Fruchtsaftgetränk	täglich
stilles Wasser, alkoholfreies Bier	1–7 Tage
Bier (außer alkoholfreies Bier)	alle 7 Tage
Wein, kohlensäurehaltiges, alkoholfreies Erfrischungsgetränk, kohlensäurehaltiges Wasser	7–14 Tage
Getränkegrundstoff, Spirituosen	30–90 Tage

Der Betreiber ist immer für den hygienisch einwandfreien Zustand seiner Schankanlagen sowie die einwandfreie Pflege der Gläser und Gläserspüleinrichtungen selbst verantwortlich. Dies gilt auch, wenn Fremdfirmen die Wartung und Reinigung übernehmen.

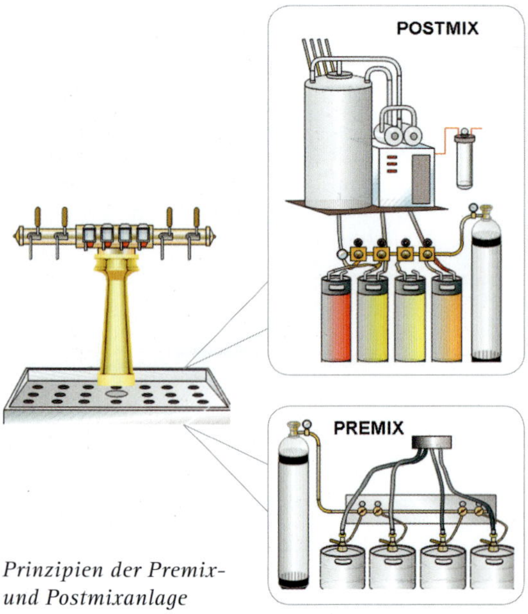

Prinzipien der Premix- und Postmixanlage

Zwei Typen von Schankanlagen werden unterschieden:

- **Postmixanlage (POM)**

Ein Container mit Sirup wird an das Zapfgerät angeschlossen. Beim Betätigen des Zapfhahns wird der Sirup mit Treibgas zum Zapfhahn getrieben und mit CO2-versetztem, gekühltem Wasser vermischt.
Die Postmixanlage sollte nur bei Betrieben mit gutem Abverkauf (mindestens 100 Getränke pro Tag) eingesetzt werden. Die Sirupbehälter sind sehr groß und die Sirupe nicht unbegrenzt haltbar.

- **Premixanlage (PEM)**

Bei dieser Anlage wird das fertige Originalgetränk mit Steckanschluss an die Schankanlage angeschlossen. Es kann dann mit CO_2-Druck portionsweise gezapft werden.

Kaffeemaschinen und Espressomaschinen

Aus dem breiten Maschinenangebot ist jeweils eine Lösung auszuwählen, die zu den Ansprüchen und Bedürfnissen des Betreibers und der Gäste passt. Kriterien für die Wahl einer Kaffeemaschine sind:

- Bedienbarkeit
- Service
- technische Dimensionierung
- ...ng
- ...pezialitäten
- ...enz

Barista:
Spezialist für die professionelle Zubereitung des Kaffees.

... r Service des Hersteller... abends und am Wo... fügung steht. Häufig ... Hotline beraten. Oft ... Wartungsvertrags ge... ngsangebote an.

... nd hierfür liegt darin, ... tigen Kaffeemaschine ... richtige Zubereitung ...

Barista ist der Spezialist, der für die professionelle Zubereitung des Kaffees verantwortlich ist.

Der perfekte Kaffee ist eine Kunst, bei der Mensch und Maschine harmonieren müssen. Zeit spielt keine so große Rolle, denn Qualität braucht oft Zeit.

Kaffeevollautomaten

Mit Kaffeevollautomaten können auch ungeübte Mitarbeiter diverse Kaffeespezialitäten zubereiten. Der Trend geht bei diesen Maschinen zu bedarfsgerecht kombinierbaren Modulen. Es gibt auch Betriebe, die mehrere Arten von Kaffeeautomaten einsetzen.

Zu den Modulen der Kaffeevollautomaten gehören:

- verschiedene Mahlwerke
- mehrere Brühgruppen/einstellbare Brühtemperaturen
- unterschiedliche Heißwassertemperaturen für Kaffee/Tee/grünen Tee
- seperater Dampfbezug
- Kaffeepads oder Kapselsysteme
- Filterkaffee-Mengenbrüher
- Milchaufschäumer
- Instantbehälter für Schokolade/Schokomodul
- Flavour-Station für Sirup
- Toppingbehälter
- Tassenwärmer
- Wassertank oder Festwasseranschluss
- automatische Spül-, Reinigungs- und Entkalkungsprogramme

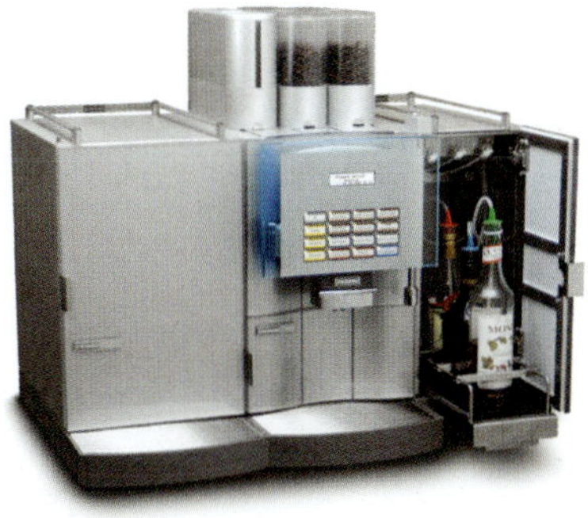

Kaffeevollautomat mit Aromastation

Kaffeevollautomat

Kaffeevollautomat

Standards für Filterkaffee

Die Speciaility Coffee Association of Europe (SCAE) entwickelte das Gold-Cup-Programm. Es legt internationale Standards für die Zubereitung von Filterkaffee in der Gastronomie fest. Die SCAE bietet außerdem eine Ausbildung zum „Brewmaster" (Brühmeister) mit SCAE-Zertifizierung an.

www.scae-deutschland.de

Kaffeevollautomaten bieten vielfältige Möglichkeiten:

- automatische Programme mit einfacher Handhabung (Display-Dialog-System und Produktwahltasten)
- Hygienemanagement
- Beistellgeräte wie Kühlschrank und Tassenwärmern

Manche Vollautomaten verfügen sogar über Anschlussmöglichkeiten an Abrechnungssysteme und Registrierkassen.
In einigen Barista-Schulen sind Kaffeevollautomaten tabu.

Betriebe, die einen Kaffeevollautomaten benutzen, setzen auf Schnelligkeit.

Filterkaffeemaschinen

Der klassische Filterkaffee ist aus der Gastronomie nicht wegzudenken. Daher muss seine Herstellung vom Servicepersonal beherrscht werden.

Gemahlenes Kaffeepulver wird in einen Filter gegeben und mit heißem Wasser übergossen. Bei modernen Maschinen lassen sich verschiedene Brühtemperaturen einstellen. So können in Abhängigkeit von der Kaffeesorte die Wassertemperatur, die Brühzeit und der Mahlgrad optimiert werden (siehe Kapitel 12.2.1).

Filterkaffeemaschine mit Isolierkanne

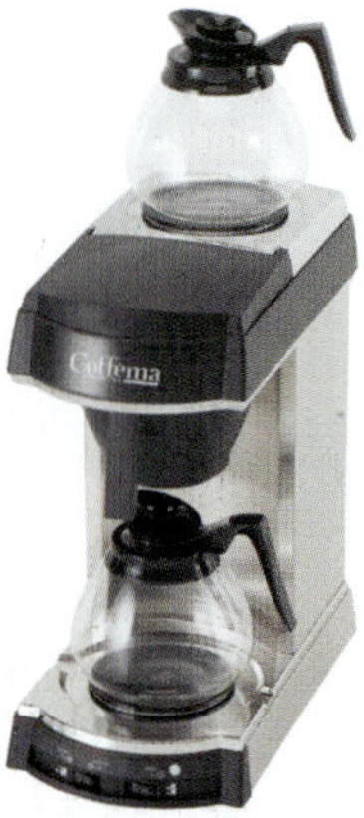

Filterkaffeemaschine mit Glaskanne

Die Brühmengen sind programmierbar. Sie reichen von der Einzeltassenbrühung über die Pumpthermoskannenbefüllung bis zur Vorratsfilterung mit Nachbrühprogramm im mehrere Liter fassenden Vorratsbehälter. Diese Flexibilität ist besonders attraktiv für das Catering und Großveranstaltungen.

Filterkaffee sollte immer frisch aufgebrüht werden, d. h. nicht älter als 30 Minuten sein. Durch die Technik der Nachbrühautomatik wird automatisch eine definierte Menge frischer Kaffee nachgebrüht, wenn der Inhalt im Vorratsbehälter eine Grenze unterschreitet.

Siebträgermaschinen

Siebträgermaschinen als Kaffeehalbautomaten haben wieder eine Chance auf dem Markt. Sie versprechen mehr Showerlebnis.

Bei einer Siebträgermaschine presst eine Pumpe das Wasser mit konstantem Druck bei einer bestimmten Temperatur durch den Kaffee, der sich im Siebträger befindet. Der Siebträger ist mit einem Bajonettverschluss am Gerät fixiert.

Siebträgermaschine

Die Brühtemperatur kann bei einigen Siebträgermaschinen jederzeit, auch während des Brühvorgangs, verändert werden. Damit kann der Barista für jede verwendete Kaffeesorte ein Temperaturprofil für den Brühvorgang erarbeiten. So wird das perfekte Aroma aus dem Kaffeepulver gezogen.

8.3.4 Serviceorganisation am Counter

Die meisten Fast-Food-Systeme verwenden den Counter-Service. Er verringert zwar das Servicemanagement, aber macht es nicht weniger anspruchsvoll. Grundelemente der Serviceorganisation am Counter:

- Verkaufsgespräch mit anschließender Bestellung
- Speisen- und Getränkebereitstellung, in der Regel auf Tabletts
- Rechnungsstellung und Kassieren

Das Verkaufsgespräch am Counter beginnt mit einer Begrüßung und sollte kurz gestaltet sein. Es ist oft standardisiert. Dies bedeutet, dass es aus sich wiederholenden Elementen besteht, die je nach Betrieb unterschiedliche Aspekte berücksichtigen (siehe Kapitel 6.2.1).

Bestellung am Counter

Kassensysteme sind für den Counter-Service ein bedeutender Faktor. Touchscreens erleichtern es der Servicekraft, das Verkaufsgespräch strukturiert zu führen und die Bestellung festzuhalten. Die Systeme können mithilfe ihrer individuellen Bedienoberfläche auf die speziellen Belange des Betriebs abgestimmt werden. Die Bildschirme sind spritzwasser- und staubgeschützt. Unterschiedliche Module können auf die jeweiligen Speisen- und Getränkeangebote zugeschnitten werden.

Während der Bestellaufnahme werden bereits Standards berücksichtigt und die verschiedenen Abteilungen informiert. Die Bestellung wird an die zuständigen Stationen weitergeleitet.

Die Speisen- und Getränkebereitstellung führt die Servicekraft durch. Hierfür ruft sie die unterschiedlichen Elemente der Bestellung aus den verschiedenen Bereichen der Zubereitung und des Getränkeangebots ab. Alternativ stellt sie die bestellten Komponenten selbst her und platziert sie auf einem Tablett.

Die Rechnungserstellung und die Bezahlung der georderten Speisen und Getränke erfolgen wiederum über das Kassensystem mit oder ohne Bon. In einigen Fast-Food Restaurants ist es üblich, erst zu kassieren und dann die Speisen und Getränke bereitzustellen und auszugeben. Über das Kassensystem ist jederzeit abrufbar, welche Warengruppen, Getränke und Speisen wie häufig verkauft wurden.

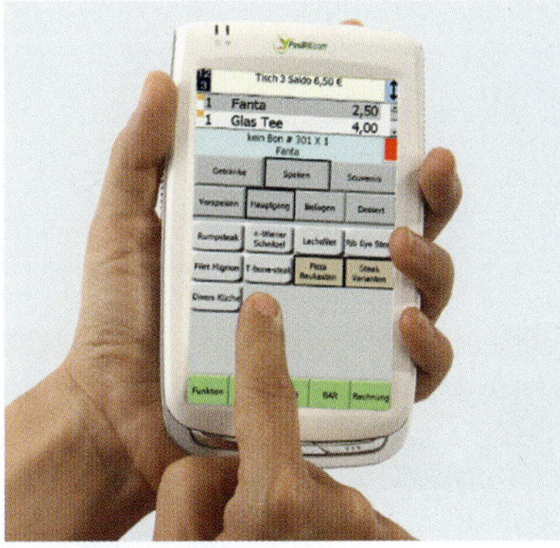

Modulares, mobiles Kassensystem mit Funkkasse

Pager (Kundenruf)
In Szenerestaurants wird oft mit Pagern gearbeitet. Der Gast bestellt sein Essen am Counter und erhält dort einen Pager. Wenn das Essen fertig ist, ertönt ein Signal oder der Pager blinkt oder vibriert. Der Gast holt sich dann sein Essen selbst an der Thekenausgabe ab.

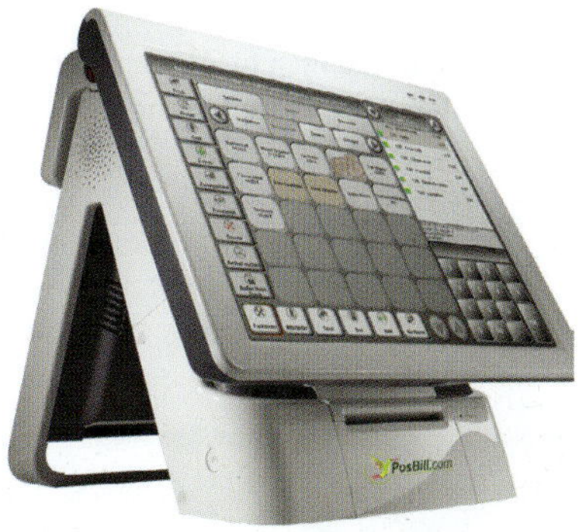

Kassensystem mit integriertem Bondrucker

8.3.5 Serviceorganisation beim Veranstaltungsservice/Catering

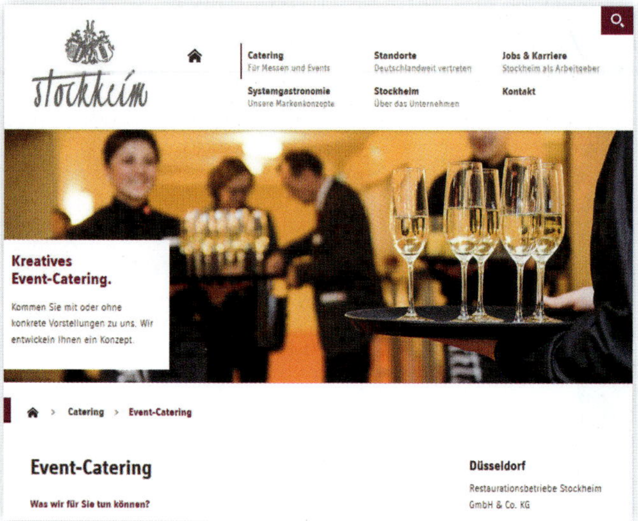

Cateringangebot

Die Geschäftsidee Veranstaltungsmanagement als Catering oder im Außer-Haus-Gastronomie-Bereich entwickelt sich als eigenständiger Bereich der Gastronomie. Dieser Bereich ist durch ein großes Wachstum gekennzeichnet. Auf Wunsch des Veranstalters wird fast alles ermöglicht. Dies ist eine große Herausforderung an das organisatorische Geschick des Betriebs.

Früher waren die Food-Caterer oft für die gesamte verwendete Ausrüstung verantwortlich. Heute gibt es hierfür Spezialisten – die Non-Food-Caterer. Modulartig werden das Material, die Technik etc. für die themenspezifische Ausstattung geliefert. Sogenannte Netzwerkpartner sind im modernen Catering unverzichtbar.

Der Gastronom kann sich dann ganz auf seine Kernkompetenz konzentrieren. Er sorgt für das Speisen- und Getränkeangebot und den Service. Sein Angebot sollte aus einer Kombination aus Kreativität, Kochkunst, Organisation und exzellentem Service bestehen. Hierbei sind dann die bereits beschriebenen Serviceformen zu berücksichtigen. Eine Catering-Veranstaltung kann am Tisch des Gasts, im Free Flow, aber auch mit Counter-Service oder mit Bar stattfinden. Diese Außer-Haus-Veranstaltungen können als große Home-Delivery-Veranstaltungen betrachtet werden.

Wie so oft in der Gastronomie, wird die angebotene Produktpalette in diesem Segment immer tiefer und breiter. Zum Segment gehören u. a.:

- der klassische Veranstaltungsservice (Event und Bankett)
- die Arbeitsplatz- oder Konferenzverpflegung
- die Versorgung im Krankenhaus oder Altenheim
- die Kinderhort- und Schulverpflegung
- Sport-Catering

DGE-Zertifizierungen für Unternehmen der Gemeinschaftsverpflegung

Vor diesem Hintergrund gewinnt das Angebot einer abgestimmten, gesundheitsfördernden Verpflegung auch für Caterer immer mehr an Bedeutung. Die Deutsche Gesellschaft für Ernährung e. V. (DGE) bietet Caterern zwei Möglichkeiten, ihr Angebot einer vollwertigen Verpflegung (siehe Kapitel 5.3.2) auszeichnen zu lassen: durch die DGE-Zertifizierung und die DGE-Premiumzertifizierung. Basis dafür bilden die DGE-Qualitätsstandards für Einrichtungen der Gemeinschaftsverpflegung.

Vor allem das Event-Catering bietet Herausforderungen, da hier viele ungewöhnliche Ideen und Konzept zu verwirklichen sind. Events sind einmalige Ereignisse, die sehr gut vorbereitet sein müssen (siehe Kapitel 16.4).

Catering-Angebot für besondere Anlässe

Catering-Bereiche

- Event-Catering: Inszenierung von Veranstaltungen mit Erlebnischarakter.
- Business-Catering: Betriebs- und Arbeitsplatzverpflegung
- Messe-Catering: Verpflegung auf Messen
- Airline-Catering: Verpflegung von Fluggästen für Airlines
- Sport-Catering: Verpflegung in Sportarenen
- Care-Catering: Versorgung von Krankenhäusern, Alten- und Pflegeheimen
- Schul-Catering: Verpflegung von Ganztagsschulen und Kindergärten

Bankettplanung siehe Kapitel 16.5.

Mit einem umfassenden Designkonzept, individuell auf Anlass und Location zugeschnitten, wird auch kulinarisch ein Geschmackserlebnis präsentiert. Die Servicemitarbeiter sind für die Gestaltung und Verwirklichung der Veranstaltung ein wichtiges Mitglied des Gesamtteams. Durch gute Zusammenarbeit werden solche Veranstaltungen zu einem Erfolg.

Grundlagen einer erfolgreichen Veranstaltung

Genaue Absprachen sind für das Gelingen einer Veranstaltung besonders wichtig. Der Kunde und der Caterer benötigen ein intensives Vorgespräch, um Vorstellungen und Erwartungen zu klären. Anschließend kann ein individuelles Paket geschnürt werden, das auf die Bedürfnisse und Möglichkeiten von Kunde und Caterer zugeschnitten ist.

Es muss ein detaillierter **Leistungskatalog** erstellt werden, der angibt, was vom Caterer erbracht wird und wofür der Kunde selbst sorgt.

Die meisten Gastronomen entwickeln ein **standardisiertes Angebot**, aus dem der Kunde Alternativen wählen kann. Dabei hilft ein klar definiertes Preis-Leistung-Verhältnis dem Kunden, die Alternativen zu vergleichen (Präsentationsmappen/Bankettmappen etc.).

Die Speisen- und Getränkezubereitung sowie der Service werden von einem **Kernteam** durchgeführt. Es wird je nach Bedarf durch Aushilfs- oder Leihkräfte erweitert. Die Zusammenarbeit mit Aushilfskräften setzt ein gut organisiertes Kernteam voraus, in dem Verantwortlichkeiten und Organisationsstrukturen geklärt sind. Nur so behält der Veranstalter den Überblick.

Am Ende eines Projekts sollte immer eine Nachbereitung/**Auswertung der Veranstaltung** durchgeführt werden. Schwachstellen, aber auch positive Erfahrungen müssen diskutiert und reflektiert werden. So lassen sich in Zukunft Defizite vermeiden.

Veranstaltungsorganisation per Funk

8.3.6 Serviceorganisation beim Home Delivery

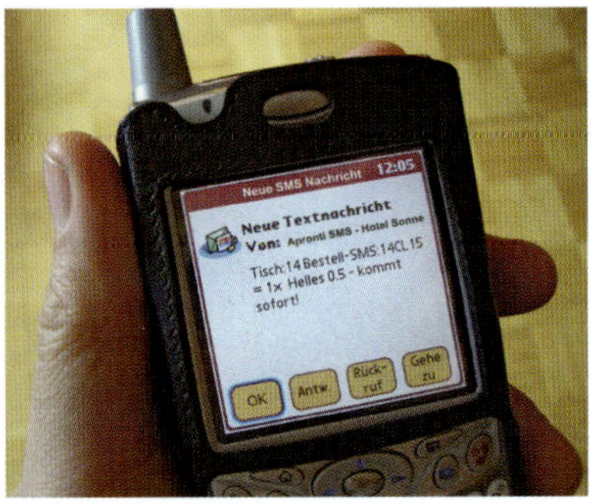

Bestelleingang per SMS

Das Servicemanagement beim Home Delivery besteht aus drei Schwerpunkten:
- Bestellannahme
- Speisen- und Getränkezubereitung
- Auslieferung der Ware

Die Bestellannahme erfolgt in der Regel telefonisch oder per Internet. Deshalb sind Fähigkeiten und Grundlagen der Kommunikation (siehe Kapitel 6.1) ein wichtiger Aspekt für einen erfolgreichen Auftritt. Kunden bekommen einen ersten Eindruck sowohl am Telefon als auch durch die Internetpräsentation. Überall sollten sie professionell beraten und behandelt werden.

Transportverpackungen für Speisekomponenten

Einer der Trends sind Plattformen für Online-Essensbestellungen. Bestellt ein Gast über die Homepage, sein Handy oder eine Smartphone-App, gelangt der Auftrag direkt an die Küchen- oder Servicemitarbeiter. Die Übertragung erfolgt per Funk. Lediglich Strom, ein SMS-Bon-Drucker und handelsübliche Bonrollen werden benötigt.

Ist die Speisen- und Getränkeherstellung vorgenommen, stellt sich die nächste Herausforderung an das Servicemanagment: Die Speisen und Getränke müssen mit der richtigen Temperatur zum Kunden transportiert werden.

Speisenauslieferung

Speisen, die kalt oder warm serviert werden, sind im Außer-Haus-Geschäft in geeigneten Behältern zu transportieren. Thermoboxen für kalte wie für heiße Speisen gehören zur Grundausstattung.

Isolier-Transportbehälter

Anforderungen an Thermoboxen sind:
- gute Isoliereigenschaften
- bruchstabil, langlebig, leicht, stapelbar
- hygienisch und spülmaschinenfest

Mit Lieferfahrzeugen, also Auto, Roller oder Fahrrad, werden die Speisen und Getränke in der jeweils passenden Verpackung zum Kunden transportiert. Verpackungen können beispielsweise ein Pizzakarton oder eine Pastaschale sein.

Transport auf dem Motorroller

Der Gesamtbereich der Speisen- und Getränkelieferung kann auch an einen Lieferdienst vergeben werden. Er stellt dann die gesamte Ausrüstung und ist für die Organisation der Auslieferung zuständig.

AUFGABEN

1 | Welche Schwerpunkte bestimmen das Servicemanagement beim Home-Delivery-Service?

2 | In Ihrem Restaurant soll eine Home-Delivery-Service angeboten werden. Stellen Sie Überlegungen zur Beschaffung passender Serviceausrüstung an. Fertigen Sie anschließend eine konkrete Liste an.

8.3.7 Serviceorganisation an der Bar

Für Gastronomen ist die Bar mit ihren vielen Gestaltungsmöglichkeiten eine willkommene Abwechslung, Serviceleistungen zu verwirklichen und zu präsentieren. Dies gilt insbesondere im Catering- und Eventbereich. Oft wird das Thema „Bar“ mit dem Trendthema „Lounge“ kombiniert. Der klassische Barbetrieb spielt sich fast ausschließlich in der American Bar ab. Die American Bar ist der Urtyp. Der Bartresen mit Barhockern bildet den eigentlichen Mittelpunkt. Es gibt kleine Tische im Gastraum.

Die Hotelbar wird überwiegend von Hotelgästen besucht und auch hier entscheidet der Stil des Hauses über das Angebot. Offene, transparente Konzepte mit Videoinstallationen oder als Kommunikationspunkt im Eingangsbereich stehen gediegenen, klassischen ehrwürdigen Hotelbars gegenüber, die ihre Hotelbar oft auch als Night-Club benutzen. Oft besteht auch die Möglichkeit zum Verzehr kleiner Speisen an der Bar.

Barsysteme

- After-Work-Bar
- American-Net-Bar
- Espresso-Bar
- Event-Catering-Bar
- Coffee-Shop-Bar
- Literatur-Bar
- Musik-Bar
- Pool-Beach-Bar
- Milch-Bar
- Schnee-Pisten-Bar
- Tropical Bar
- Walk-&-Talk-Bar

Der Begriff „Bar“ stammt vom französischen Wort „Barriere“. Diese sollte den Wirt und seine Waren vor Trinkgenossen schützen. Der Begriff entstand zur Zeit der Kolonisation Amerikas im 16. Jahrhundert. Der Alkohol spielte damals eine große Rolle und wurde „Strong Water“ genannt. Er wurde in den „Common Stores“ ausgegeben, allerdings war der Ausschank an bestimmte Zeiten gebunden. Geführt wurden diese Bereiche zunächst von Geistlichen und Offizieren. Erst viel später wurden in den Städten die Saloons eingerichtet, in denen zum Schutze des Barkeepers eine Barriere errichtet wurde. Aus diesen Saloons sind anschließend die ersten Bars entstanden.

Der Beruf des Bartenders bzw. Barkeepers (Servicekraft hinter der Bar) beinhaltet heute ein abwechslungsreiches und anspruchsvolles Aufgabengebiet. Das Berufsbild stellt hohe Ansprüche an Warenkenntnisse und Zubereitungstechniken. Aber auch Verkaufstechniken und der Umgang mit dem Gast müssen beherrscht werden (siehe auch Kapitel 15.6).

Flairtending: Bezeichnung für die artistische Präsentation (Show) der Getränkezubereitung an der Bar.

Die Vermittlung des Barwissens, die Förderung der Berufsinteressen und die internationale Kontaktpflege für Deutschland werden hauptsächlich von zwei großen Organisationen wahrgenommen:

- Deutsche Barkeeper-Union e. V. (www.dbuev.de)
- Internationale Barkeeper-Union/International Bartenders Association (www.iba-world.com)

Daneben gibt es zahlreiche private Barschulen. Für Barkeeper werden regelmäßig internationale Veranstaltungen, Landesmeisterschaften und Cocktailwettbewerbe durchgeführt.

Barstock

Barstock

Als Barstock wird die Gesamtheit aller alkoholischen und nicht alkoholischen Getränke in einer Bar bezeichnet. Sie lassen sich pur oder gemixt verwenden.

Basisgetränke

Die Basisgetränke sind die Grundausstattung an der Bar. Mit ihnen lassen sich in Kombination mit Säften, Limonaden, Sirupen oder Milch etwa 100 verschiedene Cocktails zubereiten. Hierzu gehören u. a.

- Cognac, Weinbrand, Brandy
- Whisky (Irish, American und Canadian, Scotch)
- Wodka
- Rum (braun und weiß)
- Gin
- Tequila
- Liköre (Orange/Kirsch/Crème de Cacao)
- Sekt und Champagner

Mixzutaten

Folgende Mixzutaten werden zur Geschmacksgebung und/oder Geschmacksabrundung an der Bar benötigt:

- Gewürz- und Fruchtsirupe, z. B. Kokos-, Limetten-, Vanille-, Karamellsirup
- Gemüse- und Fruchtsäfte, z. B. Tomaten-, Orangen-, Zitronen-, Ananassaft
- Limonaden, z. B. Coca-Cola, Bitter Lemon, Ginger Ale, Tonic Water
- Milchprodukte, z. B. Milch, Sahne, Eiscreme
- Zucker, z. B. Läuterzucker, brauner Zucker, Würfelzucker
- Gewürze, z. B. Muskat, Nelken, Zimt, Pfeffer, Salz
- flüssige Gewürze, z. B. Tabascosauce, Worcestershiresauce

Garnituren

Die Garnitur eines Getränks ist von besonderer Bedeutung für die Präsentation. Sie soll auf den Genuss einstimmen. Das ganzjährige Angebot an exotischen Früchten ermöglicht viele kreative Kombinationen. Bei der Verwendung von Garnituren sind folgende Regeln zu beachten:

- Grundsätzlich frische, essbare Früchte und Gemüse verwenden.
- Die Garnitur muss zur Geschmacksrichtung des Drinks passen.
- Die Garnitur muss von ihrer Größe zum Volumen des Drinks passen. In der klassischen Bar werden Garnituren zurückhaltend eingesetzt.
- Für die Garnitur werden Früchte oder Gemüse bzw. Früchte- oder Gemüsestücke an den Glasrand gesteckt, direkt in den Drink gegeben oder aufgespießt über den Rand gelegt. Auch Glasränder mit Salz oder Zucker (Crusta) sind Garnituren.
- Der Barkeeper berührt die Garnitur niemals mit den Händen, sondern nur mit einer Zange, Gabel oder der Spitze des Barmessers.
- Cocktails mit Garnitur mit Unterteller und Serviette reichen.

Garnituren

Arbeiten an der Bar

Bar-Setup/Mise en place

Bevor die Gäste eintreffen, müssen an der Bar Vorarbeiten geleistet werden:

- Bar lüften
- Barutensilien und Bareinrichtung auf Sauberkeit und Funktion prüfen
- Barstock kontrollieren und ggf. auffüllen
- Garnituren vorbereiten

Beratung

Der Barkeeper ist nicht nur für die Qualität der Cocktails verantwortlich, sondern muss außerdem den Gast fachgerecht beraten. Ist der Gast unschlüssig, erläutert er ihm die Bestandteile und Zubereitungsart eines Cocktails. So wird ihm die Auswahl erleichtert.

Cocktails mixen

Barleute, Bars und deren Cocktails gingen oft deshalb in die Bargeschichte ein, weil sie für bestimmte Anlässe den „idealen Cocktail" kreierten. Einige Mixgetränke lassen sich bestimmten Anlässen oder Gästegruppen eindeutig zuordnen. Andere Mixgetränke sind sehr unterschiedlich einsetzbar.

Der professionelle Barkeeper muss bei der Auswahl die unterschiedlichen Erfordernisse und Bedürfnisse seiner Gäste berücksichtigen. Das Angebot hängt u. a. ab von folgenden Faktoren:

- Anlass
- Ort
- Tageszeit
- Verweildauer der Gäste
- Alter der Gäste
- Geschmacksvorstellungen der Gäste
- gewünschter Alkoholgehalt der Drinks
- Trends

Cocktail to go (Sausalitos)

Inzwischen ist parallel zum Coffee to go auch der Cocktail to go ein Thema geworden. In Zusammenarbeit mit Verpackungsspezialisten wurde eine Tragetasche mit Tablett für Cocktails to go entwickelt. Gäste haben die Möglichkeit, mehrere Cocktails im Becher mit Strohhalm mitzunehmen.

Trinkfertige und vorportionierte Cocktails

Brandaktuell ist ein Trend, der insbesondere für die Systemgastronomie in Zukunft eine wichtige Rolle spielen könnte. Die ersten trinkfertigen und einzeln vorportionierten Cocktails überzeugen mit Geschmack und Barqualität. Einfach geschüttelt und auf Eis gegossen werden so schnell und perfekt Cocktails zubereitet. Der pfandfreie Cocktail in der Verpackung ist ungekühlt mehrere Monate haltbar.

Trinkfertige, vorportionierte Cocktails

Cocktailkreation

Volumen für alkoholische Mixgetränke

- Shortdrinks → bis 8 cl Inhalt
- Longdrinks → mehr als 8 cl Inhalt

Mixzutaten zur Geschmacksgebung und/oder Geschmacksabrundung

- Limonaden – Cola, Bitter Lemon, Ginger Ale, Tonic Water
- Milchprodukte – Milch, Sahne, Vanilleeis
- Zucker – Würfelzucker, brauner Zucker, Läuterzucker
- Gewürze und Gewürzsaucen – Muskat, Nelken, Zimt, Pfeffer, Salz, Tabasco
- Obst/Gemüse/Kräuter – Orangen, Zitronen, Staudensellerie, Pfefferminze
- Frucht- und Gemüsesäfte – Tomaten-, Orangen-, Zitronen-, Ananassaft

Bargetränke/Mixgetränke

Mixen ist keine Zauberei, obwohl es dem Gast an der Bar oft als solche präsentiert wird (Show-Bar-Keeping). Das Mixen aus der freien Hand ist eine Kunst, die nur wenige Barkeeper beherrschen, denn dazu gehört ein sicheres Gefühl für das richtige Maß. Da an der Bar mit teuren alkoholischen Zutaten gearbeitet wird, ist beim freien Mixen die Gefahr groß, dass sich der Gewinn bei einer nicht exakten Arbeitsweise reduziert bzw. dass er verloren geht.

Daher ist es empfehlenswert, ein Messglas oder einen Messbecher zu verwenden und die Zutaten exakt abzumessen. Der klassische Messbecher (Jigger) besteht aus einem Becher mit 2 cl und einem Becher mit 4 cl.

Weiterhin sollte der Barkeeper, bevor er mit dem Mixen beginnt, alle notwendigen Zutaten und Instrumente griffbereit auf die Arbeitsbank gestellt haben (Mise en place). Cocktailgläser sollten immer vorgekühlt sein. Dafür werden sie vor der Zubereitung der Cocktails mit Eis gekühlt oder aus dem Kühlschrank entnommen.

Grundsätzlich werden Mixgetränke in alkoholfreie und alkoholische Mixgetränke unterteilt. Außerdem werden Mixgetränke danach unterschieden, wann sie gereicht werden:

- **Before-Dinner-Drinks** oder **Aperitifs** sind trockene Mixgetränke, die nur wenig süße Zutaten enthalten. Sie wirken appetitanregend und werden deshalb vor dem Essen getrunken.
- **After-Dinner-Drinks** oder **Digestifs** sind süße, meist mit Likören, Sirup oder Sahne hergestellte Mixgetränke, die die Verdauung fördern sollen

Cocktailmaschinen

Cocktailmaschinen

„Schnell gemixt und schnell serviert", so werben Cocktailmaschinenhersteller. Servicekräfte ohne spezielles Fachwissen können mithilfe dieser Maschinen Cocktails mixen und servieren. Gleichbleibende Qualität bei voller Kostenkontrolle sind weitere Vorteile dieser Angebotsform, die besonders für Catering-Unternehmen praktisch einsetzbar ist.

Die Cocktailmaschine liefert entweder per Knopfdruck alle Zutaten (Ingredienzien), abgemessen nach einer festgelegten Rezeptur, die dann nur noch im Shaker oder Mixglas aufbereitet werden müssen, oder sogar den fix und fertigen Cocktail zum direkten Abfüllen in das passsende Glas.

AUFGABEN

1 | Erklären Sie den Begriff „Flairtending".

2 | Warum werden Cocktails mit Garnitur auf einem Unterteller oder einer Cocktailserviette serviert?

3 | Beschreiben Sie drei Eisarten und erläutern Sie deren Verwendung.

8.4 Organisation im Hotel

8.4.1 Interne Strukturen

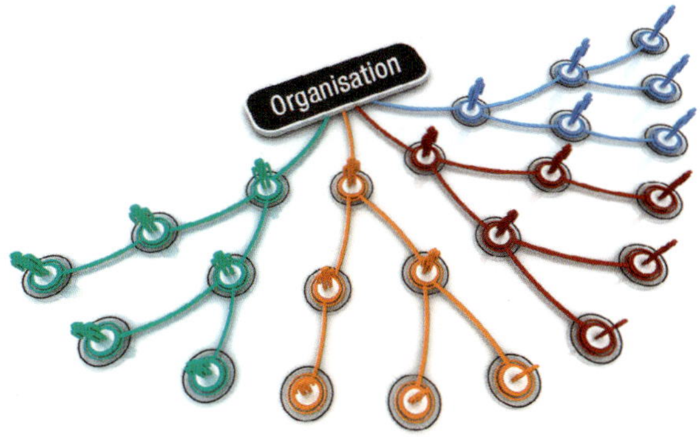

Hotels sind nach bestimmten Ordnungsgesichtspunkten aufgebaut und damit organisiert. In den meisten Hotels besteht eine funktionsorientierte Organisationsstruktur. Diese Struktur bringt in jeden Vorgang Ordnung.

Der Hotelbetrieb wird meist in vier Hauptbereiche gegliedert:

- **Verpflegung/Kost**
- **Beherbergung/Logis**
- **Verwaltung/Hilfseinrichtungen**
- **Verkauf**

Eine Organisationsstruktur für das Hotel zu entwickeln, bedeutet für den Hotelbesitzer, eine umfassende Planung vorzunehmen. Ziel ist es, die Verantwortlichkeiten innerhalb der verschiedenen Abteilungen festzulegen. Außerdem muss die Struktur dem Standard des Betriebs (Sterneklassifizierung) angepasst werden. Damit ist ein reibungsloser Ablauf des alltäglichen Betriebsgeschehens gewährleistet. Die Steigerung der Arbeitsleistung durch geplante und genau beschriebene Arbeitsteilung bringt zudem eine erhöhte Wirtschaftlichkeit.

Je besser die Organisationsstruktur, desto reibungsloser funktioniert das Hotel.

Einteilung der Mitarbeiter im Hotel

Front House: Mitarbeiter mit Kontakt zu den Gästen

Back House: Mitarbeiter ohne Kontakt zu den Gästen

Bei der Struktur der Organisation sind drei Elemente zu beachten:

- Aufgabenbeschreibung
- Stellenbeschreibung
- Beschreibung der Verbindungswege

Nachdem alle zu erledigenden Aufgaben erfasst wurden, wird jede einzelne Arbeitsstelle genau beschrieben. Diese Auflistung wird als Stellenbeschreibung bezeichnet (siehe Kapitel 8.1.1). Jede einzelne Arbeitsstelle sollte nach den Abteilungen/Bereichen unterteilt beschrieben werden. Mit dieser Hilfestellung wissen die Mitarbeiter, was jeder einzelne von ihnen am Tag zu erledigen hat. Daraus ergeben sich die persönlichen Verantwortungsbereiche. So wird durch eine Aufbauorganisation die Gliederung eines Hotels in arbeitsteilige Einheiten vorgenommen.

Die Stellenbeschreibung wird auch von der Personalabteilung im Haus genutzt, um Mitarbeitergespräche zu führen, Auswertungen vorzunehmen oder um Ausschreibungen für Stellenangebote zu formulieren.

Eine umfassende Zusammenstellung mit allen Stellenbeschreibungen darf in keiner Organisationsstruktur fehlen.

Gesamtstruktur eines Hotels

Hotelunternehmen
↓
Aufgaben der Abteilung
↓
Stellenbildung
↓
Aufgaben des Stelleninhabers

Beispiel für den Aufbau der einzelnen Bereiche/Abteilungen eines Hotels

Bereich Verpflegung

Food & Beverage (F & B)

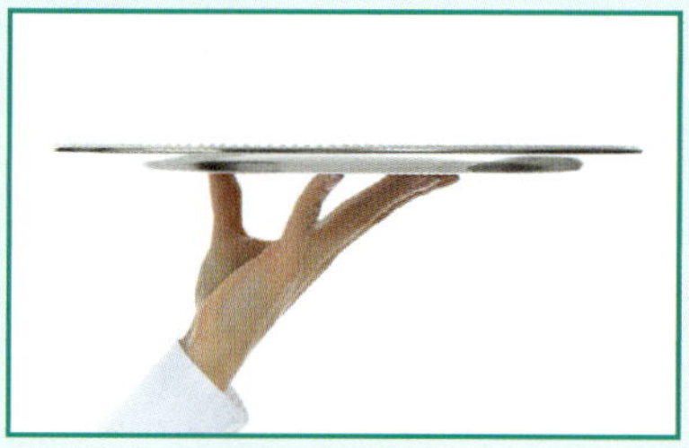

Restaurants, Bars → F & B Outlets

Küchen

Spülabteilung
Stewarding

Bankett- und Veranstaltungsabteilung

Zimmerservice
Room Service

Personalkantine

Bereich Beherbergung

Rooms Division

Rezeption
Frontoffice
Reservierung

Portier
Page
Concierge

Zimmerreinigung
Housekeeping
Wäscherei/Näherei

Hausmeister
Facility Management

Sport-, Fitness-, Spabereich

Bereich Verwaltung

Accounting/Human Resources/Controlling

Personalmanagement
Human Resources

Einkauf

Lager

Technik

Kaufmännische Abteilung
Finanzen
Buchhaltung

Bereich Verkauf

Sales/Marketing

Werbung/PR
Public Relations/Advertising

Marketing

Verkauf für Tagungen
MICE-Management

Zimmerverkauf
Revenue Management

Um die Aufbauorganisation zu veranschaulichen, wird in größeren Hotels ein sogenanntes Organigramm verwendet. Dieses Organigramm ermöglicht eine schnelle Übersicht über die hierarchischen Strukturen in der Hotelorganisation. Je nach Art und Größe eines Betriebs kann die Organisationsstruktur weit verzweigt oder eng gefasst sein. Die Aufgabenverteilung und Kommunikationsbeziehungen werden im Organigramm im Überblick verdeutlicht.

Aus einem Organigramm können folgende Informationen entnommen werden:

- **Anzahl der Führungsebenen**
  Top-Management (obere Führungsebene)/Middle-Management (mittlere Führungsebene)/Lower-Management (untere Führungsebene ohne Weisungsbefugnis)
- **Abteilungseinheiten**
  z. B. Personalabteilung/Verkaufsabteilung/Housekeeping
- **Bezeichnung der Stelle, wenn erwünscht mit Namen**
  z. B. Restaurantleiter/Hausdame
- **Über- und Unterstellungsverhältnisse**
  wer hat wem Anweisungen zu geben
- **Verbindungswege zwischen den Stellen**
  Transportwege und Informationswege

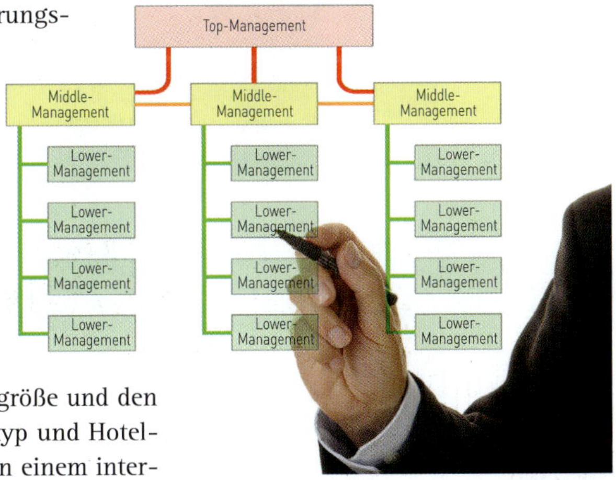

Das Organigramm eines Hotels hängt von der Unternehmensgröße und den sich daraus ergebenden Geschäftseinheiten sowie vom Hoteltyp und Hotelstandard ab. Daher ist es in einem Familienhotel anders, als in einem internationalen Hotelkonzern.

In den folgenden Organigrammen für die verschiedenen Bereiche sind neben den deutschen Bezeichnungen oft die englischen/amerikanischen Begriffe und die französischen Begriffe hinzugefügt. In der Küche und im Restaurant sind französische Bezeichnungen üblich (siehe nächste Seite). In den übrigen Abteilungen werden oft die amerikanischen Begriffe verwendet.

Auszubildende im Gastgewerbe
Das Gastgewerbe bietet in den unterschiedlichsten Bereichen Ausbildungsplätze:

- Koch/Köchin bevorzugt in Küche
- Restaurantfachmann/Restaurantfachfrau bevorzugt im Restaurant, aber auch in der Küche und auf der Etage
- Hotelfachmann/Hotelfachfrau in allen dargestellten Bereichen
- Hotelkaufmann/Hotelkauffrau bevorzugt im kaufmännischen Bereich
- Fachkraft im Gastgewerbe je nach Schwerpunkt in Küche, Restaurant oder Housekeeping

Während der Ausbildung ist es die Pflicht des Ausbildungsbetriebs, die Auszubildenden in möglichst viele Abteilungen und deren Arbeitsprozesse einzubinden (siehe auch Ausbildungsrahmenplan). Nur so ist gewährleistet, dass sie die umfassenden Strukturen eines Betriebs erleben und verstehen.

Einige Betriebe bieten außerdem Plätze für Praktikanten an, die entweder in das Berufsfeld hineinschauen möchten oder im Rahmen ihrer Ausbildung oder ihres Studiums ein Pflichtpraktikum absolvieren müssen.

Schulungskonzept
In jedem Unternehmen sollte ein Schulungskonzept vorhanden sein. Dieses beinhaltet einen Durchlaufplan für die gesamte Ausbildung sowie Fortbildungsmaßnahmen. Er wird meistens von der Personalabteilung erstellt.

TOP-MANAGEMENT

Generaldirektor/Geschäftsführer
General Manager

Bereich Verpflegung

Wirtschaftsdirektor
F & B Manager

Bereich Beherbergung

Empfangschef
Rooms Division Manager

Hausdame
Executive Housekeeper

Bereich Verpflegung
F & B Manager

- Küchenchef – Chef de cuisine
  - Stellvertretender Küchenchef – Souschef
  - Postenchef – Chef de partie
  - Stellvertretender Postenchef – Demichef de partie
  - Jungkoch – Commis de cuisine
- Spülküchenchef – Chiefsteward
  - Steward
- Restaurantleiter/Restaurantmanager – Maître d'hôtel
  - Stationschef – Chef de rang
  - Stellvertretender Chef – Demichef de rang
  - Jungweinkellner – Commis de rang
  - Speisen- und Getränketräger – Food Runner
- Weinkellner – Sommelier
  - Jungweinkellner – Commis de sommelier
- Barchef/Barmanager – Chef de bar
  - Stellvertretender Barchef – Demichef de bar
  - Jungkellner an der Bar – Commis de bar
- Etagenserviceleiter – Roomservice Manager
  - Etagenkellner
- Bankettleiter/Banquetmanager
  - Stationskellner
  - Servicemitarbeiter
  - Serviceaushilfen

Auszubildende/Praktikanten

Bereich Beherbergung
Rooms Devision

- Empfangschef
  - Rezeptionist Empfangsangestellter
    - Portier Nachtportier
  - Concierge
    - Hoteldiener Page/Türsteher Fahrer/Fuhrparkverwalter
- Hausdame/Housekeeper Stellvertretende Hausdame
  - Etagenhausdame Abendhausdame
    - Zimmermädchen/Roomboy/Maid/Chambermaid
    - Room Attendant
    - Hausdiener
    - Reinigungspersonal
  - Wäschereileiter
    - Wäscher
    - Bügler
    - Schneider
    - Florist
  - Hausmeister (siehe auch Verwaltung)

Auszubildende/Praktikanten

TOP-MANAGEMENT

Generaldirektor/Geschäftsführer
General Manager

Bereich Verwaltung

Technischer Leiter
Facility Manager

Personalchef
Human Ressources Manager

Kaufmännischer Direktor
Chief Account Manager

Bereich Verkauf

Verkaufsdirektor
Marketing/Sales Director

Bereich Verwaltung
Account/Human Resources

- Technischer Leiter / Facility Manager
  - Hausmeister
  - Gebäudereiniger
  - Betriebshandwerker
    - Elektriker
    - Maler
    - Gärtner
- Personalchef / Human Resources Manager
  - Ausbildungsleiter
  - Personalsekretär/Personalassistent
- Kaufmännischer Direktor / Chief Account Manager
  - Buchhalter
  - Einkäufer
  - Lagerist/Magaziner
  - Controller

Auszubildende/Praktikanten

Bereich Verkauf
Sales/Marketing

- Verkaufsleiter Tagungen / MICE-Manager Inbound/Outbound
  - Verkaufssekretär / Sales Assistant
- Marketingmanager
  - Marketingsekretär / Marketing Assistant
- Public Relations Manager / Public Relations Manager
- Revenuemanager
  - Verkauf- und Reservierungsassistent / Revenue Assistant

Auszubildende/Praktikanten

AUFGABEN

1 | Warum ist eine gut geplante Organisationsstruktur für den Erfolg eines Hotels so wichtig?

2 | Nennen Sie den Fachbegriff für die grafische Darstellung der Aufbauorganisation eines Betriebs.

3 | Wählen Sie eine Position aus dem hier abgebildeten Organigramm aus und beschreiben Sie die Tätigkeit der Person, die diese Position besetzt.

Technisierung
In der Yotel-Hotelgruppe werden Gepäckstücke automatisch von einem Roboter in Schließfächer transportiert.

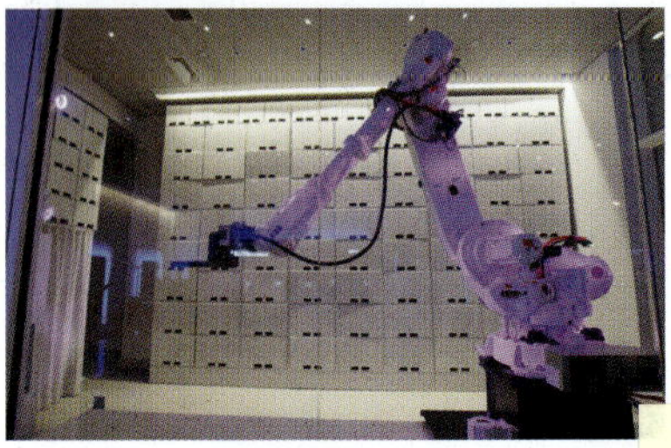

Beispiele für die Philosophien von Hotelketten:

www.motel-one.com/de/ueber-motel-one/philosophie/

www.hotel-bb.com/de/unsere-hotels-bb.htm

www.25hours-hotels.com/de/company/philosophie.html

Pfandrecht
Bei Verdacht auf Zechprellerei oder Nichtbezahlung des Hotelzimmers kann der Hotelier dem Gast verbieten, seine Sachen aus dem Hotel zu entfernen.

Der Hotelier haftet für Gegenstände im Hotelsafe

8.4.2 Standardisierte Hotelkonzepte

In Deutschland findet aktuell ein Strukturwandel des Hotelmarktes statt, der besonders die Organisation eines Hotels betrifft. Die verstärkte Nachfrage nach coolen, aber dennoch preisgünstigen Hotelzimmern in modernem Design beantworten bekannte Hotelmarken mit verlässlichen, günstigen standardisierten Produkten. In vielen dieser neuen Hotelmarken soll der Aufenthalt zum Hotelerlebnis werden.

Standardisierte Hotelketten geben dem Gast Halt und Sicherheit.

… us „Lean Luxury“ (zeitgemä-
… lisierten Zimmer (dicke Mat-
… Rainshower, cooles Design
… n.
… , qualitativ hochwertige Ge-
… Meist ist das Frontoffice für
… ants fehlen oft und werden

Wichtig!

… ahren reduzieren zusätzlich
… Vebsite, checkt bei Ankunft
… r Handy die Zimmertür öff-
… diese Vorgehensweise, denn
… n.

Haftung des Beherbergungswirts für eingebrachte Sachen
Beherbergungswirte haften bis zu einem bestimmten Höchstbetrag für Sachen, die vom Gast mitgebracht werden. Diese Haftung gilt nicht für Schank- und Speisewirte.

Als eingebrachte Sachen gelten:

- wenn sie sich im Zimmer des Gasts befinden
- wenn sie sich im Gepäckaufbewahrungsraum befinden
- wenn sie eine angemessene Zeit vor der Ankunft des Gasts eintreffen (vorausgeschickte Gepäckstücke)
- wenn sie eine angemessene Zeit nach der Abreise des Gasts noch im Hotel verwahrt werden
- wenn sie außerhalb des Betriebs vom Beherbergungswirt oder Personal in Verwahrung genommen werden, z. B. beim Transport vom Bahnhof zum Hotel

Beim Übernachtungsgast gilt auch die in das Restaurant mitgenommene Kleidung als eingebrachte Sache. Der Beherbergungswirt haftet also dafür, wenn von der Garderobe etwas verschwindet.

Fundsachen sind im Hotel ebenso wie im Restaurant zu behandeln (siehe Kapitel 7.2.8).

Beherbergungsvertrag

Der Beherbergungsvertrag ist – wie der Bewirtungsvertrag (siehe Kapitel 7.2.6) – nicht gesondert geregelt. Der Beherbergungsvertrag enthält vor allem Grundelemente des Miet- und Dienstvertragsrechts, aber auch Zusätze aus dem Kaufrecht, Verwahrungsrecht und Werkvertragsrecht.

Elemente des Beherbergungsvertrags

Mietvertrag	Dienstvertrag	Kaufvertrag	Verwahrungsvertrag	Werkvertrag
Beispiel: Vermietung von Räumen	Beispiel: Reinigung des Zimmers	Beispiel: Angebot von Mahlzeiten	Beispiel: Verwahrung [illegible]	Beispiel: [illegible]

Vertragsschluss

Wie jeder Vertrag kommt der Beherbergungsvertrag durch zwei übereinstimmende Willenserklärungen – Angebot und Annahme – zustande.

Für das Zustandekommen eines Beherbergungsvertrags gibt es verschiedene Möglichkeiten:

	Unverbindliche Anfrage	Verbindliches Angebot	Annahme
Persönliche Anfrage im Hotel	Gast fragt den Hotelier persönlich nach einem Zimmer	Angebot eines oder mehrerer Zimmer gemäß Preisaushang durch das Hotel	Gast nimmt eines der Angebote an
Schriftliche Anfrage im Hotel	Gast fragt schriftlich beim Hotel an, ob ein Zimmer zu einem bestimmten Termin frei sei	Hotel schreibt dem Gast, dass das gewünschte Zimmer zum gewünschten Termin frei sei	Gast bestellt das angebotene Zimmer in angemessener Frist
Anfrage an einen Reisevermittler	Gast fragt bei einem Reisevermittler/Reisebüro ein Zimmer für einen bestimmten Zeitraum an	Gast erhält für den gewünschten Zeitraum ein Zimmer vermittelt	Gast bucht verbindlich beim Reisevermittler/Reisebüro

	Verbindliche Bestellung	Annahme
Präzise Bestellung beim Hotelier	Gast bestellt beim Hotel z. B. per Internet, Telefon, Fax oder Brief ein bestimmtes Zimmer zu einem festen Termin	Hotel sendet dem Gast termingerecht eine Zimmerbestätigung

Mit dem Abschluss eines Beherbergungsvertrags haben Beherberger und Gast u. a. folgende Pflichten:

Pflichten des Hoteliers	Pflichten des Gasts
▪ Überlassen des bestellten Zimmers ▪ Bereitstellung von Gemeinschaftsräumen und sanitären Anlagen nach Vereinbarung ▪ Zimmerreinigung, Beleuchtung, Heizung usw.	▪ gute Behandlung von Zimmer und Zimmereinrichtung ▪ Zahlung des vereinbarten Zimmerpreises inklusive Bedienungsgeld und Mehrwertsteuer ▪ Haftung für das Verhalten anderer, die im Beherbergungsvertrag eingeschlossen sind (z. B. Kinder, Angehörige)

Die gegenseitige Leistungspflicht endet bei der Abreise des Gasts. Die Abreisezeit muss mit dem Gast vereinbart werden, da es keine allgemeingültige rechtsverbindliche Abreisezeit gibt.

8.5 Organisation im systemgastronomischen Betrieb

Standardisierter Aufbau eines Salatbüfetts

Merkmale der „Systemgastronomie“

Kennzeichen der Systemgastronomie sind drei Punkte:

1. Die Organisation und das Angebot sind **standardisiert**. Das bedeutet, dass sie in den Einzelbetrieben des Unternehmens weitgehend einheitlich sind.
2. Die Organisation und das Angebot können auf mehrere Einzelbetriebe übertragen werden. Das Konzept ist also **multiplizierbar**.
3. Die **Steuerung** des Unternehmens erfolgt **zentral**.

8.5.1 Standardisierung

Unternehmensstandard nach Systemvorgaben: korrekt eingedeckte Tische

Ein **Standard** ist so etwas wie eine Richtlinie, ein Maßstab oder eine Norm. Standards begegnen uns in unserer heutigen Welt überall und jeden Tag, sei es z. B. bei Steckdosen und Steckern, Glühlampen, Briefumschlägen, Autoreifen oder USB-Sticks. Aber auch viele komplexe Prozesse sind standardisiert, wie z. B. die Autoherstellung oder Feuerwehreinsätze.

Ebenso gibt es im Gastgewerbe viele Standards. So ist z. B. jedes Kochrezept von der Idee her ein Standard. Standardisiert sind auch die klassischen Regeln zum Eindecken von Besteck, Tellern und Servietten. Allerdings ist der Grad der Standardisierung in den einzelnen Unternehmen des Gastgewerbes sehr unterschiedlich ausgeprägt. Am stärksten ausgeprägt ist er in der Systemgastronomie. Hier sind viele wesentliche Arbeitsprozesse im Ablauf vorgeschrieben.

Speisenherstellung im System

Standardisierung erfolgt vor allem mittels **Handbüchern, Checklisten, Arbeitsanweisungen und Ablaufplänen** (siehe Kapitel 8.1.2). Vom Grundsatz her kann jeder Unternehmensbereich und jeder Arbeitsprozess der Systemgastronomie standardisiert werden.

Die Standardisierung hat für den Gast den Vorteil, dass er an jedem Standort genau weiß, was ihn erwartet. Der Wiedererkennungswert ist also hoch. Der Gastronom hat den Vorteil, dass er seine Standards schnell und einfach auf neue Standorte übertragen kann.

Bereiche mit standardisierten Arbeitsabläufen in der Systemgastronomie

Gästekontakt	Produktion	Warenwirtschaft	Personal	Administration
▪ Verkauf und Service ▪ Begrüßung und Verabschiedung ▪ Beratungsgespräch ▪ Reklamation ▪ Reservierung ▪ Kassiervorgang	▪ Art und Qualität der Rohstoffe ▪ Rezepturen ▪ Herstellungsverfahren ▪ Hygiene ▪ Anrichteweise/ Präsentation	▪ Bestellwesen ▪ Einkauf ▪ Eingangskontrollen ▪ Lagerung und Warenpflege ▪ Warenausgabe ▪ Inventur	▪ Personalbeschaffung und -einstellung ▪ Personaleinsatzplanung ▪ Mitarbeitergespräche ▪ Personalfreistellung	▪ Rechnungsbegleichung ▪ Lohnbuchhaltung ▪ Controllingberichte

8.5.2 Multiplikation

Multiplikation bedeutet Vervielfachung. Die Systemgastronomie bietet dem Gast ihre standardisierte Leistung an mehreren Orten an. Dabei kann der Aktionsradius des Unternehmens weltweit sein (wie z. B. bei den Burger-Ketten McDonald's oder Burger King) oder sich auf eine Stadt oder eine Region beschränken (wie bei dem im Ruhrgebiet aktiven American Food-System Road Stop oder das in Süddeutschland ansässige Unternehmen Rubenbauer mit seinen Bahnhof-Restaurants, Take-away-Konzepten und seiner Sportgastronomie). Entscheidend sind der **Wiedererkennungseffekt** der **Marke** und die Standardisierung zentraler Bestandteile des Angebots (Konzept, Produkte, Service).

Globale Systemgastronomie

8.5.3 Zentrale Unternehmenssteuerung

Ein weiteres Kennzeichen der Systemgastronomie ist, dass die Betriebe in wichtigen Fragen von einer **Zentrale** aus gesteuert werden. Die Zentrale wird in den Unternehmen z. B. als **Hauptverwaltung, Systemzentrale** oder **Headoffice** bezeichnet. In international tätigen Unternehmen oder Konzernen gibt es meist eine Konzernzentrale oder internationale Zentrale und weitere nationale Zentralen (z. B. Deutschland-Zentrale oder Zentrale für den deutschsprachigen Raum).

Bei der Frage der Unternehmenssteuerung muss zwischen Filial- und Franchisesystemen unterschieden werden.

Regionale Systemgastronomie

Filialsysteme

In **Filialsystemen** hat die Zentrale die Leitung und trägt die alleinige finanzielle und rechtliche Verantwortung. Sie steuert das Unternehmen und trifft die notwendigen strategischen Entscheidungen, z. B. Festlegung der Marketinginstrumente, Anpassung der Sortimente, Definition des Personalbedarfs.

Die Zentrale ist in der Regel auch Sitz der Verwaltung mit ihren typischen Aufgaben wie z. B. Finanz- und Lohnbuchhaltung. Aufgabe der Betriebe (= **Filialen**) ist das operative Geschäft, d. h. die Umsetzung des Konzepts, Produktion, Verkauf, Service, also die „Arbeit am Gast".

Das Filialsystem insgesamt ist hierarchisch strukturiert. Dennoch werden typischerweise die Regional- und/oder Betriebsleiter in bestimmte Entscheidungsprozesse der Zentrale eingebunden. Dabei können ihnen bestimmte Aufgaben von der Zentrale übertragen werden, wie z. B. die Bezahlung von Rechnungen oder die Einstellung von Mitarbeitern. Regional- und Betriebsleiter bleiben aber weisungsgebunden.

Filialen sind organisatorische, rechtlich unselbstständige Einheiten.

Typische Aufgaben eines Filialleiters:

- Umsetzung der Planungsziele der Zentrale bezüglich Umsatz und Kosten
- Kalkulation im Rahmen der Zentralvorgaben
- Personaleinsatzplanung (Dienstplan)
- Mitarbeiterqualifizierung (Trainings, ggf. in Zusammenarbeit mit der Zentrale)
- Einstellung und Entlassung von Mitarbeitern
- Warenbestellung bei Lieferanten
- Lagerhaltung unter Einhaltung der lebensmittelrechtlichen Bestimmungen
- Produktion des Sortiments nach Rezepturen der Zentrale
- Präsentation des Sortiments nach Anrichtevorgaben der Zentrale
- Serviceorganisation nach dem Servicekonzept der Zentrale
- Umsetzung zentral geplanter Aktionen

Franchisesystem (Joey's Pizza)

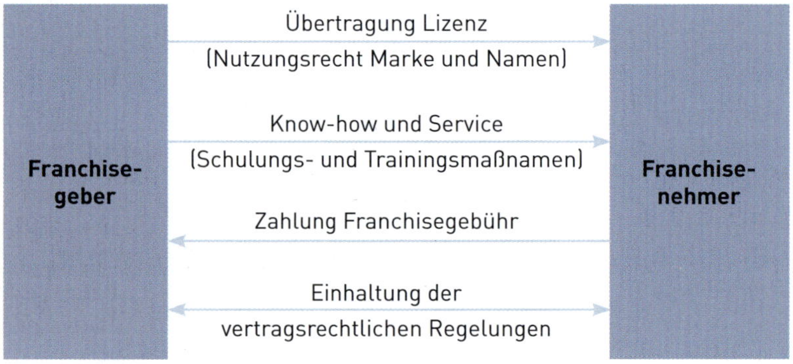

Werbemaßnahmen im System

Franchisesysteme

Ein Franchisesystem ist

- ein **Kooperationssystem** zwischen
- einem **Franchisegeber** und
- einem oder mehreren **Franchisenehmern.**

Dabei sind die einzelnen Franchisenehmer mit ihren Betrieben selbstständige Unternehmer. Diese **wirtschaften** auf **eigenen Namen**, mit **eigenen Rechten** und auf **eigenes Risiko.**

Basis der Struktur in einem Franchisesystem ist der **Franchisevertrag** zwischen Franchisegeber und Franchisenehmer (auch: Franchisepartner, Franchisee).

Der Franchisenehmer bezahlt dem Franchisegeber eine Franchisegebühr. Diese besteht aus einer Eintrittsgebühr sowie einer laufenden, oft umsatzabhängigen Gebühr. Dazu kommt in der Regel eine Werbekostenumlage. Der Franchisenehmer verpflichtet sich zur Einhaltung von Vereinbarungen, wie z. B. Bezugsverpflichtung von ausgesuchten Lieferanten oder bauliche Vorgaben.

Durch den Franchisevertrag „verkauft" der Franchisegeber dem Franchisenehmer ein sogenanntes „Franchise-Paket".

Dieses „Franchise-Paket" enthält:

- die Lizenz zur Nutzung der Markenrechte (insbesondere Konzept, Name, Logo) unter definierten Bedingungen (z. B. Pflicht- und Wahlsortiment, einheitliche Preisgestaltung, Verpflichtung auf Qualitätsstandards und Marketingaktionen)
- spezifisches Betriebs-Know-how (z. B. Rezepturen, Marketingkonzept, Qualitätsmanagementsystem)
- Serviceleistungen der Zentrale (z. B. technische und juristische Beratung, Personalschulungen, Durchführung von Betriebsvergleichen)
- häufig Unterstützung bei der Finanzierung (z. B. Darlehen, Tragen von Investitionskosten)

Das System ist somit partnerschaftlich strukturiert. Die finanzielle und rechtliche Verantwortung sind geteilt. Die zentrale Steuerung in der Realität entsteht über die Franchiseverträge und wirtschaftlichen Gegebenheiten.

Das richtige Maß an Zentralität und die Zusammenarbeit zwischen Zentrale und Betrieben ist das A und O des Erfolgs in der Systemgastronomie.

Top 100 Gastronomie-Unternehmen in Deutschland 2015 (Ausschnitt)

						Umsatz (o. MwSt.)		Zahl der Betriebe		
						Mio. €	Mio. €		davon	
R	**Vj.**	**Unternehmen**	**Kat.**	**Vertriebslinien**	**Netz**	**2015**	**2014**	**2015**	**FR 1)**	**'14**
1	1	**McDonald's Deutschland Inc., München**	QS	McDonald's, McCafé	g	3.080,0*	3.010,0*	1.478	1.289	1.477
2	2	**Burger King Beteiligungs-GmbH, München**	QS	Burger King	g	865,0*	830,0*	694	694	695
3	3	**LSG Lufthansa Service Holding AG, Neu-Isenburg 2)**	VG	LSG Sky Chefs	g	824,0	790,0	12	0	12
4	4	**Autobahn Tank & Rast GmbH, Bonn 3)**	VG	T&R Raststätten	n	621,0*	603,0*	400	389	397
5	5	**Nordsee Holding GmbH, Bremerhaven**	QS	Nordsee	m	297,9	297,9	320	96	332
6	6	**Yum! Restaurants International Ltd. & Co. KG, Düsseldorf**	QS	KFC, Pizza Hut	g	267,8	247,0	191	148	172
7	7	**Subway GmbH, Köln**	QS	Subway	g	215,0*	203,0*	610	610	598
8	8	**Aral AG (BP Europe SE), Bochum**	VG	PetitBistro	g	212,1	202,1	1.137	1.137	1.133
9	9	**Ikea Deutschland GmbH & Co. KG, Hofheim-Wallau**	HG	Ikea-Gastronomie	g	204,0	191,0	50	0	49
10	11	**Edeka Zentrale AG & Co. KG, Hamburg**	QS	Bäcker-Imbiss: Schäfer's, K&U, Wünsche usw.	n	198,0	180,0*	2.060	0	2.000*
11	12	**Vapiano SE, Bonn**	QS	Vapiano	g	190,8	175,1	70	26	62
12	10	**SSP Deutschland GmbH, Eschborn**	VG	Airport/Bahnhof/Straße: Gastro & Handel	g	170,0*	163,0	299	0	266
13	13	**Block Gruppe, Hamburg**	FS	Block House, Jim Block, Elysée-Gastro u. a.	m	160,4	153,8	55	0	54
14	19	**BackWerk Management GmbH, Essen**	QS	BackWerk	m	148,8	123,9	303	301	290
15	15	**Joey's Pizza Service (Deutschland) GmbH, Hamburg**	QS	Joey's Pizza Service	n	143,5	135,0	212	209	209

Fußnoten
* Schätzwert
1) FR = Fremdregie/Franchising
2) keine gastronomietypische Absatzsituation
3) Pachtbetriebe der Tank & Rast

Kat = Kategorie/Segmente
QS = Fast Food, Imbiss, Home Delivery
VG = Verkehrsgastronomie
HG = Handelsgastronomie
FZ = Freizeitgastronomie
FS = Fullservice-Gastronomie

Netz (räumlicher Radius)
g = global
m = multinational
n = national

(Quelle: Zeitschrift „food service"/Deutscher Fachverlag, weitere Informationen über http://www.dfv-archiv.de/)

AUFGABEN

1 | a) Erläutern Sie an einem konkreten Beispiel den Begriff „Standard" bzw. „Standardisierung".
b) Benennen Sie je zwei Arbeitsprozesse aus den Bereichen Küche, Service und Magazin, die sich gut standardisieren lassen.

2 | a) Was versteht man unter einem Filialsystem?
b) Welche Aufgaben und Rechte hat der Filialleiter?

3 | a) Was versteht man unter einem Franchisesystem?
b) Welche Aufgaben und Rechte hat der Franchisenehmer?

4 | Vergleichen Sie ein Filialsystem mit einem Franchisesystem.
Welche Vorteile hat jeweils das Filialsystem bzw. das Franchisesystem?

Einteilung nach Reichweite und Kooperationsform
Zur Einteilung nach Reichweite siehe Kapitel 8.5.2, zur Einteilung nach Kooperationsform siehe Kapitel 8.5.3.

8.5.4 Marktsegmente

Die Systemgastronomie lässt sich in verschiedene Segmente unterteilen. Dies kann nach verschiedenen Kriterien geschehen. Dabei ist allerdings zu beachten ist, dass sich die Zuordnungen auch überschneiden können.

Reichweite	Kooperationsform	Serviceform	Sortimentsgestaltung	Standort	Konzept
▪ lokal ▪ regional ▪ national ▪ multinational ▪ global	▪ Filialsystem ▪ Franchisesystem ▪ Mischformen	▪ Quickservice/ Fast Food ▪ Free Flow ▪ Full Service	▪ produktorientiert/ (Mono)Producter ▪ sortimentsorientiert/Sortimenter	▪ Verkehrsgastronomie ▪ Handelsgastronomie ▪ Freizeitgastronomie ▪ Event-/Messe-/ Sport-Catering ▪ Grenzformen	▪ Fast Casual ▪ Food Court/ Mall ▪ Frontcooking ▪ Drive-in ▪ Home Delivery

a) Einteilung nach Serviceform

Quickservice/Fast Food

Quickservice, auch als Fast Food bezeichnet, beinhaltet Konzepte für die schnelle, einfache Mahlzeit oder einen Snack. Charakteristisch sind vor allem ein schneller Bestell- und Verzehrvorgang, eine starke Produktspezialisierung bei einem häufigen Einsatz von Convenience-Produkten sowie ein hoher Standardisierungsgrad. Der Verkaufsvorgang findet in der Regel am Counter statt. Häufig werden die Produkte auch oder sogar nur zum Mitnehmen angeboten. Dieser Service wird als **Take away** oder **To go** bezeichnet.

Typischer Quickservice-Counter

Quickservice ist das mit Abstand größte Segment der Systemgastronomie. Zu den Quickservice-Systemen gehören klassisch die großen amerikanischen Ketten wie McDonald's, Burger King, Pizza Hut oder Subway, aber auch z. B. Coffeeshops wie Starbucks oder Tchibo oder der Fischspezialist Nordsee. Auch spezielle Konzeptformen wie Home Delivery oder Fast Casual werden dazugezählt.

Free Flow

Bei Betrieben mit Selbstbedienung ersetzt das Free-Flow-System durch einzelne Ausgabeeinheiten oder Büfettinseln, die frei stehen, die übliche lange Ausgabentheke bzw. den Counter. Die Ausgabeeinheiten und Büfettinseln sind in der Regel in die Bereiche kalte Speisen, warme Speisen, Desserts und Getränke unterteilt. Oft sind zusätzlich Automaten aufgestellt. Der Gast kann sich frei bewegen. Er stellt aus dem Sortiment seine Speisen- und Getränkekomponenten selbst zusammen und bezahlt schließlich an der Kasse.

Free-Flow-System

Free-Flow-Systeme finden sich vor allen in Kantinen sowie in den Restaurants von Warenhäusern (z. B. DINEA) und Einrichtungshäusern (z. B. IKEA).

Full-Service-Gastronomie

Zur Full-Service-Gastronomie gehören Bedienrestaurants wie Block House, Maredo, Café del Sol, Schweinske oder Wienerwald (außer Express). Dieses Segment der Systemgastronomie liegt am nächsten bei der klassischen Gastronomie. Der Gast erhält den kompletten Service am Tisch, vom Eindecken des Tisches über die Aufnahme der Bestellung, das Bringen von Getränken und Speisen bis zur Rechnung. Die Standardisierung ist aber auch hier – teilweise für den Gast gar nicht wahrnehmbar – weit fortgeschritten. Dies betrifft z. B. Qualitätssicherung, Einkauf, Serviceabläufe, Speisekarten, Vor- und Zubereitung der Speisen (z. B. Portionierung) bis hin zur Kommunikation mit dem Gast (z. B. Grußformeln).

Full-Service-Gastronomie

b) Einteilung nach Sortimentsgestaltung

Produktorientierte Systemgastronomie/(Mono)Producter

Das Angebot konzentriert sich auf ein Grundprodukt oder einen Produktbereich. Dies kann speisenorientiert geschehen (z. B. Pizza bei Hallo Pizza, Burger bei Hans im Glück, Fisch bei Nordsee oder Geflügel bei Mr. Chicken) oder getränkeorientiert (z. B. Kaffee bei Starbucks oder Woyton).

Sortimentsorientierte Systemgastronomie/Sortimenter

Hier ist das Angebot breiter, dennoch harmonisch aufeinander abgestimmt. Es finden sich Unternehmen mit unterschiedlichen Schwerpunkten wie z. B. Käfer, Mövenpick, Maredo oder LeBuffet.

Produktorientierte Systemgastronomie

c) Einteilung nach Standort

Verkehrsgastronomie

Verkehrsgastronomie bezeichnet gastronomische Standorte, die unterwegs aufgesucht werden, sei es auf dem Weg zur Arbeit oder in den Urlaub:

- Gastronomie an Bahnhöfen – Verpächter ist die Deutsche Bahn
- Gastronomie im Zug (Speisewagen, Bordbistro, meist betrieben von der Deutschen Bahn)
- Gastronomie am Flughafen – öffentliche Gastronomie landside und airside, d. h. vor und hinter der Sicherheitskontrolle (z. B. SSP, Wöllhaf, Stockheim) sowie die Lounges der Fluggesellschaften (z. B. Lufthansa Lounge)
- Flugcatering – das Essen im Flugzeug (z. B. LSG Sky Chefs, Gate Gourmet)
- Gastronomie an der Autobahn – Autobahnraststätten (Verpächter Tank & Rast) sowie Autohöfe
- sonstige Tankstellen

Verkehrsgastronomie für Reisende

Charakteristisch für die Verkehrsgastronomie ist vor allem:

- hohe Mieten/Pachten, daher oft sehr kleine Outlets (Imbissstände oft ohne Sitzmöglichkeit)
- Schnelligkeit hat für die meisten Gäste absolute Priorität, daher hoher und weiter wachsender Quickservice- und „To-go"-Anteil
- wenig Lager- und Produktionsfläche, daher hoher Conveniencegrad und straffe Sortimente
- lange Öffnungszeiten
- Verzehrimpuls sehr wichtig, daher große Bedeutung der Warenpräsentation
- an internationalen Standorten Mitarbeiter mit Fremdsprachenkenntnissen erforderlich

Verkehrsgastronomie auf kleinstem Raum; wegen hoher Pachten ein aktueller Trend

Dachterrasse des „Leonhard's" in der GALERIA Kaufhof in Frankfurt – Pilotprojekt einer neuen gastronomischen Generation bei DINEA

Handelsgastronomie

Typische Standorte für die Handelsgastronomie sind:

- Warenhäuser
- Einkaufszentren
- Einrichtungshäuser

Kleinere Outlets, z. B. Coffeeshops oder Snackbars, finden sich zunehmend auch im sonstigen Einzelhandel, beispielsweise in Buchläden, im Elektronikfachhandel oder in Modegeschäften.

Charakteristisch für die Handelsgastronomie sind in der Regel:

- Anlehnung an die Ladenöffnungszeiten des Einzelhandels
- starkes Mittagsgeschäft, kaum Abendgeschäft
- typische Serviceform in der Warenhausgastronomie ist Free Flow (Stationen mit einzelnen Speisekomponenten), in Einkaufszentren befinden sich oftmals sogenannte **Food-Courts**, teilweise gibt es einen Counter-Service
- beim Umsatz, bei der Kundenstruktur und bei der Geschäftspolitik hohe Abhängigkeit vom Einzelhandel (z. B. Warenhausgastronomie: hohes Durchschnittsalter der Gäste)

Lifestyle-Beach-Club

Freizeitgastronomie

Als Freizeitgastronomie wird die Gastronomie in Einrichtungen bezeichnet, bei denen das Freizeitvergnügen und der Wunsch des Gasts nach Spaß und Ablenkung den hauptsächlichen Anlass für den Besuch liefern. Die Konzepte sind sehr vielfältig und lassen sich nicht verallgemeinern.

In das Segment der Freizeitgastronomie gehören z. B.

- Party-/Bar-/Kneipen-/Bistro-Konzepte wie Sausalitos, Enchilada, Café Extrablatt, Alex oder Bolero. Hier sind Essen und vor allem Trinken zwar der zentrale Bestandteil, andere Komponenten wie Geselligkeit, Musik und Atmosphäre sind aber ebenso wichtig.
- Gastronomie in Freizeiteinrichtungen wie Kinos, Freizeitparks, Zoos, Theatern, Museen etc. Auch Gastronomie in Arenen oder Sportstadien können unter Freizeitgastronomie gefasst werden. Da die Gäste meistens nicht wegen der Gastronomie kommen, sondern lediglich als Nebenzweck zu Spaß, Freizeit und Kultur ihren Hunger und Durst stillen möchten, steht nicht das unverwechselbare gastronomische Angebot im Vordergrund. Hier sind Logistik, Preis und Handhabbarkeit die wichtigsten Aspekte. Insbesondere die zuverlässige Versorgung großer Menschenmassen in kürzester Zeit (z. B. in der Konzert- oder Theaterpause) stellt logistische Anforderungen. Gleichzeitig wächst der Qualitätsanspruch der Gäste bis hin zur Nachfrage nach VIP-Lounges oder hochkarätigen Banketts. Weil diese Anforderungen mit standardisierten Arbeitsabläufen besser zu bewältigen sind, schreitet in diesem Segment die Systematisierung stark voran.

Gastronomie im Multiplexkino (CINEWORLD CINEPLEX)

Event-/Messe-/Sport-Catering

Unter **Event-Gastronomie** fällt die F & B-Versorgung bei Großereignissen unterschiedlichster Art, z. B. Volksfeste, Galas, Firmenveranstaltungen. Wegen des damit verbundenen, hohen logistischen Aufwands und der unterschiedlichen Anforderungen der Gäste sind hier meist auf Events spezialisierte Unternehmen tätig, z. B. Feinkost Käfer oder Kofler & Kompanie. Das Angebot der Event-Unternehmen beschränkt sich nicht auf die gastronomische Dienstleistung, sondern umfasst auch Technik, Dekoration, Musik, Show etc. Oft kommt die Gesamtkonzeption der Veranstaltung hinzu.

Event-Gastronomie

Von der **Messegastronomie** werden große und kleinere Veranstaltungen und Kongresse auf Messen geplant und durchgeführt. Aber auch die alltägliche Versorgung der Messegäste in den Restaurants und an den Imbissständen in den Messehallen wird gewährleistet. Auch hier sind Logistik und Kostenkontrolle die zentralen Herausforderungen. Messegastronomie wird von spezialisierten Unternehmen wie Feinkost Käfer, der Stockheim-Gruppe, Aramark oder Accente betrieben.

Messe-/Kongressgastronomie

Ein stark wachsender Markt ist das **Sport-Catering** in Arenen und Stadien. Ging es hier früher nur um die Bratwurst in der Halbzeitpause und somit fast ausschließlich um logistische Anforderungen, so ist in den letzten Jahren, z. B. durch die VIP-Lounges, auch der Qualitätsanspruch der Gäste stark gestiegen.

Akteure sind hier zum einen die Sportvereine selbst (z. B. der FC Schalke 04) bzw. die Betreiber der Arenen (z. B. Arena One in München) und zum anderen auf Sport spezialisierte Caterer (z. B. Aramark, Eurest Sports and Food).

Sport-Catering

Grenzformen

Hierzu gehören alle Gastronomiebetriebe, die ursprünglich einem anderen Segment zuzuordnen sind, aber in der Praxis mit den gleichen oder ähnlichen Methoden wie die Systemgastronomie arbeiten. Hier sind vor allem das **Contract-Catering (Auftrags-Catering)**, bestimmte Unternehmen des **Lebensmitteleinzelhandels** und des **Lebensmittelhandwerks**, aber auch eine in vielen Bereichen systematisierte **Individualgastronomie** zu nennen.

Contract-Catering

Contract-Caterer, die Einrichtungen wie Werkskantinen, Schulen, Mensen oder Krankenhäuser versorgen, gehören formal in das Gastronomie-Segment „Kantinen und Caterer“. Meist arbeiten sie in der Praxis allerdings mit den gleichen Methoden wie die Systemgastronomie: Systematisierung, Standardisierung, Multiplikation, Zentralsteuerung. Personalmanagement, Produktion, Einkauf, Qualitätsmanagement u. a. sind daher weitgehend vergleichbar.

Immer „gastronomischer“ werden der Lebensmitteleinzelhandel (Supermärkte, Feinkostgeschäfte) sowie das Lebensmittelhandwerk (Bäcker, Metzger, Konditoren). Der gastronomische Anteil, d. h. der Verzehr an Ort und Stelle, wird gegenüber dem Handelsanteil in vielen Betrieben immer wichtiger. Vielfach kann sogar von einer Entwicklung vom „Einzelhandel mit Gastronomie“ hin zur „Gastronomie mit Einzelhandel“ gesprochen werden. Da im Lebensmitteleinzelhandel und Lebensmittelhandwerk die Filialisierung noch weit stärker voranschreitet als in der Gastronomie, ist „gastronomisch“ dort vielfach gleichbedeutend mit „systemgastronomisch“.

Lebensmittelhandwerk mit Gastronomie

Individualgastronomie

Individualgastronomen, insbesondere solche mit mehreren Betrieben, nutzen zunehmend die Systematisierung, z. B. im Personalwesen, im Einkauf oder im Marketing, um ihre Kosten im Griff zu behalten, ihre Arbeitsprozesse zu optimieren und ihre Qualität zu kontrollieren. Die Kunst besteht hier zumeist darin, nur solche Abläufe zu standardisieren, die der Gast nicht sieht und spürt. Es werden also betriebswirtschaftliche Vorteile der Systemgastronomie genutzt, ohne dabei die Individualität des einzelnen Restaurants aufzugeben.

d) Einteilung nach Konzept

Fast Casual

Die Wortschöpfung entstand Anfang der 2000er-Jahre aus einer Kombination von „Fast Food" und „Casual Dining". Gekennzeichnet sind Fast-Casual-Konzepte einerseits durch Schnelligkeit und Effizienz, andererseits durch Lifestyle, Aufenthaltsqualität und kulinarische Wertigkeit. Neben die SB-Counter treten Bar- und Lounge-Bereiche. Häufig spielen Frische und Gesundheit eine Rolle.

Fast Casual

Pionier und nach wie vor erfolgreichstes Unternehmen in diesem Segment ist der Pasta-/Pizza-/Salat-Spezialist Vapiano. Weitere Beispielmarken: Osteria (ebenfalls ein italienisch gefärbtes Konzept) sowie die asiatischen Konzepte MoschMosch und coa.

Food Court/Mall

Food Court ist die Bezeichnung für eine Zone innerhalb eines Gebäudes, in der es Verkaufsstellen verschiedener Restaurants und Imbisse gibt, die sich Sitzplätze teilen. Food Courts sind vor allem in Einkaufszentren/Malls, an Bahnhöfen und Flughäfen zu finden. Entweder bewirtschaftet ein einziger Betreiber mehrere Verkaufsstellen mit verschiedenen Marken (z. B. SSP am Hbf. Berlin oder Rubenbauer am Hbf. München) oder die Restaurants werden an unterschiedliche Pächter (Mix aus internationalen Ketten und lokalen Gastronomen) verpachtet, wie z. B. im CentrO in Oberhausen. Bei der dichten Konkurrenz ist es besonders wichtig, dass das einzelne Restaurant profilstark und unverwechselbar ist.

Food Court

Frontcooking/Fresh Flow

Beim Frontcooking bereitet der Koch die Speisen unmittelbar vor dem Gast zu. Dieser kann so Teile des Zubereitungs- und Kochvorgangs selbst beobachten. Da Frische und Transparenz immer wichtiger werden, spielt Frontcooking insbesondere in der Handels-, aber auch der Verkehrsgastronomie, im Catering und in Erlebnisrestaurants eine große Rolle. Ziel ist es, Vertrauen zu schaffen und die Beratung des Gasts zu verstärken. Wichtig sind die Warenpräsentation, gute Verständlichkeit des Systems, kommunikative Fähigkeiten des Kochs und eine geeignete Küchentechnik (z. B. Dunstabzug).

Frontcooking an der Wokstation

Besonders geeignet sind schnelle Garmethoden wie das Kochen mit dem Wok oder Grillen. In der modernen Handelsgastronomie gibt es oft verschiedenartige Frontcooking-Stationen in einem Restaurant, was auch als Fresh Flow bezeichnet wird.

Unternehmen, die in diesem Segment auftreten sind z. B. Vapiano und LeBuffet.

Drive-in

Der eigentliche englische Begriff lautet „Drive-thru“ (von to drive through = durchfahren). In Deutschland hat sich aber stattdessen der Begriff „Drive-in“ durchgesetzt.

Autoschalter

In einem Drive-in werden Dienstleistungen angeboten, ohne dass der Kunde dafür sein Auto verlassen muss. In Deutschland sind Drive-in-Restaurants üblich, in denen der Gast an einem extra für Autofahrer errichteten Schalter seine Bestellung aufgeben, das bestellte Essen entgegennehmen und im Auto (auf dem Parkplatz oder während der Fahrt) oder zu Hause verzehren kann.

Hauptsächlich findet man Drive-in-Schalter bei den amerikanischen Burger-Ketten, mittlerweile aber auch bei anderen Anbietern. Neben Standorten an Autobahnen und Landstraßen gibt es Drive-ins zunehmend auch innerstädtisch.

Home Delivery/Lieferdienst

Telefonische Bestellannahme

Fast alle Arten von Speisen werden heutzutage geliefert. Das beliebteste Bestellgericht in Deutschland sind Pommes frites. Systemgastronomisch arbeiten vor allem Pizza-Lieferservices wie Joey's Pizza, Hallo Pizza, Smiley's, Call a Pizza und Pizza Max als Lieferdienst. Geordert wird per Telefon, über die Unternehmens-Webseite oder **Lieferportale** wie lieferando.de, pizza.de, lieferservice.de oder lieferheld.de. Ausgeliefert wird meist per Auto oder Motorroller, teilweise per Fahrrad.

8.5.5 Küchenorganisation im System

Die Systemgastronomie zeichnet sich oft durch ein schmales, aber tiefes Sortiment aus. Die angebotenen Produkte sind weitestgehend standardisiert. Nur wenige Unternehmen verarbeiten frische Produkte, die alle Fertigungsstufen durchlaufen müssen. Oftmals werden Convenience-Produkte eingesetzt, die nur noch eine begrenzte Zahl von ebenfalls standardisierten Arbeitsschritten erforderlich machen: Garfertige Produkte können meistens ohne weitere Vorbereitung gegart werden. Viele Produkte sind regenerierfertig und müssen nur noch wiedererwärmt werden oder sie sind sogar tischfertig und somit direkt zum sofortigen Verzehr geeignet. Größe, Einrichtung und Ausstattung der Küchenräume sind entsprechend ausgerichtet. Die Küchen sind meist klein. Die Geräte, die für die Aufbereitung der Speisen benötigt werden, wie Kombidämpfer oder Konvektomat, Fritteuse, Grillplatte, Mikrowelle und Salamander, sind ergonomisch und praktisch angeordnet.

Küchenorganisation

Die Arbeitsabläufe sind optimiert, die Arbeitswege kurz. Es erfolgt keine Postenaufteilung wie in der klassischen Gastronomie. Stattdessen übernimmt jeder Mitarbeiter bei der Verarbeitung und Zubereitung der Lebensmittel eine begrenzte Anzahl von klar definierten, aufeinander abgestimmten Aufgaben. So kann effektiv und kostensparend gearbeitet werden.

8.6 Aufgaben

1 | Erläutern Sie die Begriffe „Aufbauorganisation“ und „Ablauforganisation“.

2 | Bezeichnen und beschreiben Sie die zwei folgenden Organisationsformen:

a)

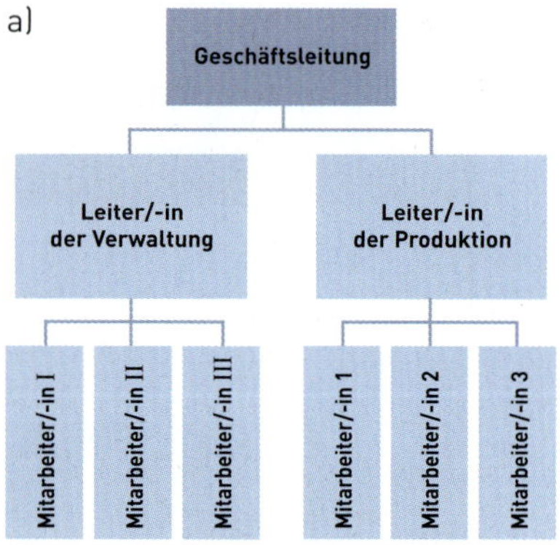

b)

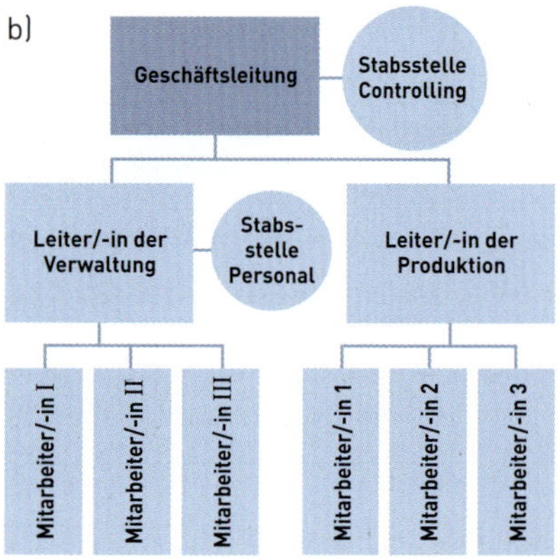

3 | a) Ergänzen Sie bei den folgenden Stellenbezeichnungen die fehlenden Buchstaben, indem Sie die kompletten Wörter in Ihr Heft schreiben. Bei den Bezeichnungen handelt es sich um leitende Funktionen.

K_CH_NC_ _F	R_ _ _AUR_NTLEI_ _ _
_AN_ _TT_ _ _TER	H_US_A_E
EM_ _AN_ _CH_ _	T_CH_ _SCH_R LE_ _ER
P_ _SO_ _ _ _HEF	V_ _KAUF_ _IR_K_O_
KA_F_ÄNN_ _CH_R D_ _ _ _TOR	

b) Beschreiben Sie die Tätigkeitsbereiche der genannten Stelleninhaber.

4 | a) Nennen Sie drei Regeln, die im Umgang mit Passwörtern auf jeden Fall zu beachten sind.
b) Wählen Sie aus folgenden drei Passwörtern das sinnvollste aus. Begründen Sie Ihre Antwort:
- Koeln0211
- computer
- dzA1-uM5

5 | Erklären Sie folgende Begriffe:
a) Bardieren, bridieren, emulgieren, lardieren und parieren
b) Batonetts, Brunoise, Julienne und Paysanne

6 | Erstellen Sie eine Tabelle mit 2 Spalten, in die Sie links die genannten Garverfahren eintragen und rechts die passende Erläuterung.
Garverfahren: braten, dämpfen, dünsten, pochieren, sautieren und schmoren
- Garen in Flüssigkeit unter 100 °C
- ständiges Schwenken des Garguts mit etwas Fett
- Gargut scharf anbraten, ablöschen und dann in Flüssigkeit im Ofen garen
- Garen im Wasserdampf
- mit Fett im Ofen bei hohen Temperaturen garen
- Gargut mit Fett anschwitzen, mit Flüssigkeit angießen und dann abgedeckt garen

7 | a) Beschreiben Sie stichpunktartig die Garverfahren dampfdruckgaren, frittieren und niedrigtemperaturgaren.
b) Erläutern Sie die Begriffe „glasieren“ und „gratinieren“.

8 | a) Benennen Sie die abgebildeten Geräte.

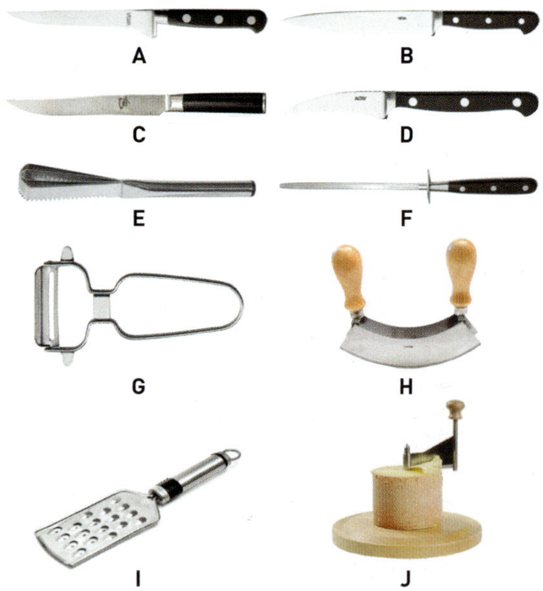

b) Erklären Sie kurz, wofür die Geräte jeweils verwendet werden.

9 | a) Nennen Sie die drei Hauptmerkmale der Systemgastronomie.
b) Erläutern Sie kurz folgende Begriffe:
- Home-Delivery
- Catering
- Quick-Servie
- Free-flow
- Frontcooking

9 Waren-wirtschaft

Organisation im Betrieb

Jedes gastgewerbliche Unternehmen braucht permanent neue Waren. Diese müssen regelmäßig bestellt werden. Sind sie geliefert, werden sie gelagert, verarbeitet und schließlich verkauft. Damit all dies sinnvoll und aufeinander abgestimmt geschehen kann, sind folgende Schritte erforderlich:

- Ermittlung des Bedarfs der einzelnen Produkte
- Bestellung bei ausgewählten Lieferanten
- Annahme der Waren
- Lagerung der Produkte in geeigneten Räumen
- Ausgabe und Verkauf der Waren

9.1 Waren beschaffen

Beispiele für Beschaffungsgüter

Zutaten	Hilfsstoffe	Betriebsstoffe	Handelswaren	Investitionsgüter
▪ Rohwaren ▪ Halbfertigwaren ▪ Fertigerzeugnisse	▪ Verpackungsmaterialien ▪ Dekorationsmaterialien	▪ Energie ▪ Wasser ▪ Kühlmittel ▪ Reinigungsmittel	▪ Tabakwaren ▪ Zeitschriften	▪ Maschinen ▪ Werkzeuge ▪ Einrichtungen

Der Beschaffungsprozess wird in diesem Kapitel vorrangig anhand der Beschaffung von Getränken und Lebensmitteln beschrieben. Er ist aber auch übertragbar auf die Beschaffung von z. B. Tischwäsche, Servietten, Kerzen oder auch Reinigungsmittel sowie Einrichtungsgegenstände und Mobiliar.

Das Prinzip der Warenbeschaffung gilt für alle Beschaffungsgüter.

9.1.1 Beschaffungsplanung

Beschaffungsgüter in unterschiedlichen Ausführungen

Damit es bei der Herstellung der Speisen nicht zu Produktionsverzögerungen oder Ausfällen kommt, müssen die benötigten Waren stets wie folgt zur Verfügung stehen:

- in der richtigen **Art**
- in der richtigen **Qualität**
- in der richtigen **Menge**
- zur richtigen **Zeit**
- am richtigen **Ort**
- zu **wirtschaftlich** möglichst **günstigen** Bedingungen

Um dies sicherzustellen, sind im Vorfeld folgende Punkte zu klären:

- Was und wie viel will ich bestellen (Berechnung des **Warenbedarfs**)?
- Bei wem bestelle ich (**Lieferantenauswahl**)?
- Wann und wie oft bestelle ich (Festlegung des **Beschaffungszeitpunkts**)?

9.1.2 Warenbedarf

Produktauswahl – was bestelle ich?
Die Produktauswahl ist in erster Linie davon abhängig, welche Speisen und Getränke auf der Karte angeboten werden sollen. Anhand der dazugehörenden Rezepturen lässt sich ermitteln, welche Zutaten benötigt werden. Danach müssen Entscheidungen über die **Qualität**, den **Verarbeitungsgrad** und die **Angebotsform** der Produkte getroffen werden.

So müssen in Bezug auf die **Qualität** der Produkte die im Unternehmen festgelegten **Standards** berücksichtigt werden. Hierzu gehören z. B. Handelsklassen, Produkteigenschaften, aber auch erforderliche Gütesiegel. Hinsichtlich des **Verarbeitungsgrades** gilt es zu entscheiden, ob die benötigten Produkte unverarbeitet, teilweise oder vollständig verarbeitet eingekauft werden sollen. Dies kann z. B. von den Rezepturen oder der Qualifikation der einzelnen Mitarbeiter abhängig sein. Schließlich gilt es, bezüglich der **Angebotsform** zu überlegen, ob die erforderlichen Produkte frisch, als Tiefkühlware oder als Konserve benötigt werden. Ausschlaggebend können in diesem Zusammenhang z. B. die vorhandenen Lagermöglichkeiten sein.

Ananas in unterschiedlicher Angebotsform

Eier in unterschiedlichem Verarbeitungsgrad

Bedarfsermittlung – wie viel bestelle ich?
Eine genaue Bedarfsermittlung ist immer nur dann möglich, wenn die Gästezahl und die gewünschten Speisen und Getränke im Voraus bekannt sind. Dies ist z. B. bei Sonderveranstaltungen wie Geburtstagsfeiern oder Firmenjubiläen oder auch im Catering der Fall. In der Regel aber kann der Bedarf an Rohstoffen und Waren, die ein Unternehmen innerhalb eines bestimmten Zeitraums braucht, meistens nur geschätzt werden. Selbst wenn man Verkaufsstatistiken führt und genauestens auswertet oder die Erfahrungswerte vergangener Zeiträume berücksichtigt, ist die zukünftige Absatzentwicklung nur grob vorhersehbar. Der Grund hierfür liegt darin, dass viele Faktoren auf die Nachfrage und den Verkauf einzelner Produkte Einfluss nehmen. Diese sind im Vorhinein teilweise gar nicht oder nur ungenau zu bestimmen.

Zudem muss bei der Mengenkalkulation der zu beschaffenden Waren berücksichtigt werden, dass manchmal Rezepturen nicht eingehalten werden. Außerdem können bei der Lagerung, Verarbeitung und Zubereitung einzelner Produkte Verluste unterschiedlichster Art anfallen. Zu den Verlusten gehören z. B.:
- Lagerverluste durch Verderb, Bruch oder Diebstahl
- Vorbereitungsverluste beim Schälen von Kartoffeln, Putzen von Salaten, Parieren von Fleisch oder Schneiden von Gemüse
- Zubereitungsverluste beim Garen
- Verluste durch nicht vollständig geleerte Behälter, z. B. von Salatsaucen
- Schankverluste bei Getränken

Beispiele für kurzfristige Einflussfaktoren auf die erwartete Absatzentwicklung
- Witterungseinflüsse
- Veränderungen am Standort, z. B. Baustellen
- kurzfristige Imageveränderungen, z. B. durch positive oder negative Schlagzeilen
- Veränderungen von Bedürfnisstrukturen oder Trends
- Produktneuerungen und Preisänderungen der Mitbewerber
- Kaufkraftveränderungen
- verändertes Konsumklima

AUFGABEN

1 | Unterscheiden Sie die verschiedenen Arten von Beschaffungsgütern.

2 | Beschreiben Sie stichpunktartig, wie Sie den Warenbedarf für eine Veranstaltung ermitteln.

3 | Warum wird ein Produkt mal mehr und mal weniger verkauft? Nennen und erläutern Sie drei konkrete Gründe.

9.1.3 Lieferantenauswahl

In der Regel bestehen zwischen einem gastronomischen Unternehmen und seinen Lieferanten feste vertraglich geregelte Beziehungen. Doch manchmal ist es sinnvoll, die bestehenden Beziehungen zu überprüfen, oder es ist aus anderen Gründen notwendig, neue Lieferanten zu suchen. Dies sollte dann möglichst sorgfältig und methodisch erfolgen.

Folgende Schritte sind sinnvoll:
- Festlegung von Auswahlkriterien (s. u.), eventuell in Form einer Rangfolge
- Ermittlung infrage kommender Lieferanten
- Bewertung der möglichen Lieferanten nach den festgelegten Kriterien
- Auswahl des/der geeigneten Lieferanten
- Verhandlung und Abschluss von Vereinbarungen und Verträgen
- dauernde Überprüfung der Zusammenarbeit mit Lieferanten

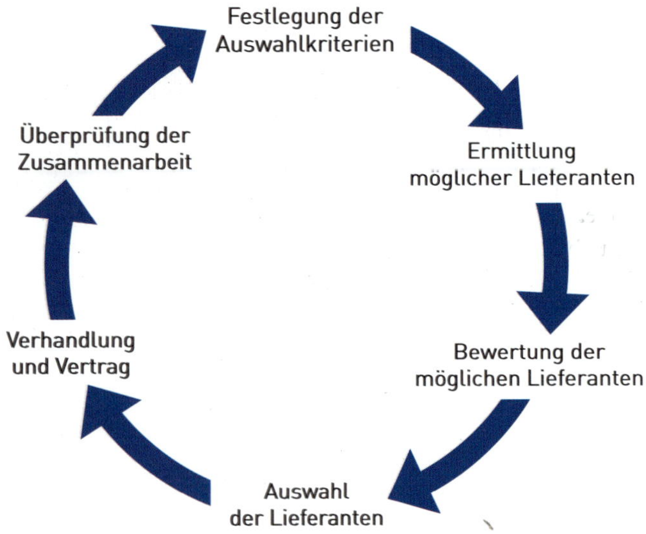

Schritte bei der Lieferantenauswahl

Kriterien für die Auswahl von Lieferanten
Bevor man mit möglichen Lieferanten Kontakt aufnimmt, sollte im Unternehmen geklärt werden, welche Kriterien für die Auswahl von Lieferanten wichtig bzw. entscheidend sind. Sinnvoll ist es, in diesem Zusammenhang eine Rangfolge der einzelnen Kriterien aufzustellen. Dies erleichtert später die Beurteilung der Lieferantenangebote und die Entscheidung für den geeigneten Lieferanten.

Folgende Auswahlkriterien sind denkbar:
- Einstandspreis mit
  - Preisnachlässen und
  - Bezugskosten
- räumliche Entfernung des Lieferanten
- Gebindegröße (Verpackungseinheit)
- Mindest- oder Höchstabnahmemengen für einzelne Produkte
- Sortimentsbreite und Sortimentstiefe des Lieferanten
- Zahlungsbedingungen
- Lieferzeiten und Lieferhäufigkeit
- Zuverlässigkeit
- Flexibilität
- Kulanz
- Gewährung zusätzlicher Garantieleistungen
- Zertifizierungen
- Image bzw. Werbewert des Lieferanten
- ethische Überlegungen

Beispiele für Quellen zur Ermittlung infrage kommender Lieferanten
- Internet
- Branchenverzeichnisse, Telefonbücher
- Fachzeitschriften, Tages- und Wirtschaftszeitungen
- Prospekte und Kataloge
- Messen, Ausstellungen und Veranstaltungen
- Markt- und Börsenberichte
- Berichte von Verbänden
- bestehende Lieferantendateien bzw. -karteien
- Kontakte, Gespräche mit „Altlieferanten"
- Vertreterbesuche/Gespräche mit Vertretern
- Mundpropaganda

Ein Kriterium für die Lieferantenauswahl: Frische der Produkte

a) Preis bzw. Einstandspreis

Der Preis für ein Produkt ist sicherlich eines der wichtigsten Entscheidungskriterien bei der Auswahl der Lieferanten. Dabei dient der sogenannte Einstandspreis (oft auch Bezugspreis genannt) als Vergleichsgrundlage. Zur Berechnung des Einstandspreises werden vom **Listenpreis** (manchmal auch Listeneinkaufspreis genannt) alle Preisabschläge wie **Rabatte** und **Skonto**, die zwischen den Vertragspartnern ausgehandelt wurden, abgezogen. Eventuell anfallende **Bezugskosten** werden hinzugerechnet. Zu beachten ist aber, dass im Einstandspreis keine Mehrwertsteuer enthalten ist. Der Einstandspreis dient

- dem Preisvergleich zwischen mehreren Lieferanten,
- als Berechnungsgrundlage für die Materialkosten und
- als Berechnungsgrundlage für die Kapitalbindung im Lager

	Listenpreis (netto)
–	Rabatte des Lieferanten
=	Zieleinkaufspreis
–	Skonto
=	Bareinkaufspreis
+	Bezugskosten
=	**Einstandspreis (oder Bezugspreis)**

Listenpreis

Der Listenpreis ist ein in einer Liste genannter Preis für ein Produkt. Er ist die Ausgangsbasis für Preisverhandlungen. In der Regel wird er netto (d. h. ohne Umsatzsteuer) angegeben.

Bei der Bestellung größerer Mengen sollte ein Mengenrabatt ausgehandelt werden

Rabatte und Skonto

Rabatte sind Preisnachlässe und dienen oft als Kaufanreiz. Rabatte werden meist in Prozenten (bezogen auf den Listenpreis) angegeben. Es gibt allerdings auch Rabatte in Güterform (sogenannter Naturalrabatt). Eine besondere Form des Rabatts ist der Skonto.

Beispiele für Preisnachlässe durch verschiedene Rabattformen

Mengenrabatt	Preisnachlass bei Abnahme größerer Mengen eines Artikels.
Treuerabatt	Preisnachlass für langjährige Kunden. Er fördert die Kundenbindung.
Einführungsrabatt	Preisnachlass bei Einführung eines neuen Produkts. Er soll das Interesse an dem neuen Produkt steigern und den Verkauf anregen.
Naturalrabatt	Statt eines Preisnachlasses erhält der Käufer zusätzlich bestimmte Mengen des Produkts unentgeltlich.
Sonderrabatte	Preisnachlässe aufgrund bestimmter Situationen, wie z. B. Erstbesteller-, Ausverkaufs-, Jubiläums- oder Saisonrabatt.
nachträglicher Rabatt	Gutschrift oder nachträgliche Rückvergütung eines Teils des Kaufpreises, wenn z. B. innerhalb eines bestimmten Zeitraums bestimmte Abnahmemengen oder ein bestimmter Umsatz erreicht wurden.
Skonto	Preisnachlass bei vorzeitiger Zahlung der Rechnung innerhalb einer vom Lieferanten vorgegebenen Frist.

Beispiele für die Formulierung von Zahlungsfristen

„Die Rechnung ist mit Erhalt der Ware sofort fällig. Bitte überweisen Sie den Rechnungsbetrag auf unser Konto."

„Bitte überweisen Sie den Rechnungsbetrag ohne Abzug bis zum tt.mm.jjjj."

„Zahlbar ohne Abzug innerhalb von 30 Tagen nach Erhalt der Rechnung. Bei Zahlung innerhalb von 10 Tagen gewähren wir 2 % Skonto."

e) Zahlungsbedingungen

Die Zahlungsbedingungen legen den Zeitpunkt der Zahlung fest. Ohne besondere Abmachungen ist die Ware sofort zu bezahlen. Allerdings können andere Zahlungstermine vereinbart werden. Übliche Zahlungsbedingungen sind:

Vorkasse/Zahlung vor der Lieferung

Diese Zahlungsbedingung erfordert eine Bezahlung des Kaufpreises vor der Lieferung – entweder in voller Höhe oder in Form einer Anzahlung. Vorauszahlung wird insbesondere von Käufern verlangt, die als wenig zahlungskräftig oder als unzuverlässig gelten. Vorteile ergeben sich bei dieser Zahlungsbedingung allein für den Verkäufer. Er schließt hierdurch das Risiko aus, für die Lieferung seiner Waren kein Geld zu erhalten.

Sofortzahlung/Zahlung bei der Lieferung

Die Sofortzahlung ist die übliche Form der Bezahlung. Sie erfolgt „Zug um Zug". Sie kann bar oder unbar erfolgen. Typische Formulierungen lauten: „gegen bar", „netto Kasse" oder „gegen Nachnahme".

Zielzahlung/Zahlung nach der Lieferung

Hier wird dem Käufer eine Frist eingeräumt, innerhalb derer er für die Lieferung zahlen muss. Bis zum Ende des Zahlungsziels finanziert der Lieferant also die Ware vor. Der Kunde könnte in dieser Zeit die Ware verkaufen und aus den Verkaufserlösen die Lieferung finanzieren. Ist kein Zahlungsziel vereinbart, muss die Zahlung spätestens 30 Tage nach Fälligkeit erfolgen.

Gewährt der Lieferant dem Käufer zusätzlich einen Barzahlungsrabatt (Skonto), verringert sich die Rechnungssumme, wenn sich der Käufer darauf einlässt (man sagt, er „zieht den Skonto"). Für den Lieferanten wiederum sinkt dadurch das Risiko eines Forderungsausfalls und er erhält eher sein Geld.

Für den Käufer ist es betriebswirtschaftlich sinnvoll, die Zahlung erst am letzten Tag der Zahlungsfrist vorzunehmen.

f) Lieferzeiten und Lieferhäufigkeit

Lieferzeit ist die Zeit zwischen Bestellung und Lieferung. Unter Lieferhäufigkeit versteht man die Anzahl der möglichen Lieferungen innerhalb eines bestimmten Zeitraums. Aus Unternehmenssicht sind gerade bei leicht verderblichen Produkten eine geringe Lieferzeit und hohe Lieferhäufigkeit sinnvoll.

Weitere Kriterien für die Auswahl eines Lieferanten

Weitere Kriterien für die Auswahl eines Lieferanten können sein:

- Zuverlässigkeit, gerade hinsichtlich Einhaltung der Lieferzeit und der abgesprochenen Produktqualität
- Flexibilität, vor allem in Bezug auf Sonderwünsche oder kurzfristig veränderte Absprachen, z. B. bei der Warenmenge oder dem Lieferzeitpunkt
- Entgegenkommen in Problemfällen
- Gewährung zusätzlicher Garantieleistungen
- Zertifizierungen, vor allem bezogen auf Hygiene- bzw. Umweltstandards
- verlässliche Informationen über die in den Waren enthaltenen Allergene
- Image und Werbewert, z. B. bezüglich seines nachhaltigen Wirtschaftens
- ethische Gesichtspunkte, z. B. Fair-Trade-Produkte

9.1.4 Beschaffungszeitpunkt

Im Gastgewerbe werden die benötigten Produkte in der Regel auf Vorrat beschafft und bis zu ihrem Verbrauch mehr oder weniger lange zwischengelagert. Diese Form der Beschaffung wird als **Vorratsbeschaffung** bezeichnet. Voraussetzung für die Vorratsbeschaffung ist allerdings, dass die Produkte lagerfähig sind. Außerdem müssen geeignete Lagermöglichkeiten zur Verfügung stehen.

Die **auftragsbezogene Beschaffung** findet vor allem bei Sonderveranstaltungen Anwendung. Sie erfolgt also immer, wenn ein besonderer Gästeauftrag vorliegt. Beschaffungsmenge und Beschaffungszeitpunkt sind dann direkt abhängig vom Gästeauftrag.

Bei der **Just-in-time-Beschaffung** wird immer genau die Menge gerade dann geliefert, wenn die entsprechenden Bestände verbraucht sind. Vor Ort werden nur solche Mengen zwischengelagert, die unbedingt nötig sind, die Produktion gerade noch aufrechtzuerhalten. Dies sind in der Regel nur kleine Lagermengen. So werden nur kleine Lagerflächen für die Rohstoffe gebraucht und die Lagerkosten sind gering. Die Just-in-time-Beschaffung erfordert eine standardisierte und gut planbare, möglichst gleichmäßige Produktion. In der Gastronomie findet sich die Just-in-time-Beschaffung teilweise in den Unternehmen der Systemgastronomie.

AUFGABEN

1 | Erläutern Sie an konkreten Beispielen folgende Begriffe:
- a) Sortimentsbreite und Sortimentstiefe
- b) Mengenrabatt und Naturalrabatt
- c) Skonto
- d) Zahlungsziel
- e) Just-in-time-Beschaffung

2 | Beim Kauf eines Weinkühlschranks werden auf den Listenpreis in Höhe von 3.600 € ein Rabatt von 15 % und 2 % Skonto gewährt. Wie viel Euro sind für die Maschine zu zahlen, wenn außerdem 19 % Mehrwertsteuer zu berücksichtigen sind?

3 | Vergleichen Sie die Angebotspreise zweier Lieferanten und berechnen Sie jeweils den Bezugspreis für einen Liter Mineralwasser.

	Lieferant A	Lieferant B
Verpackungseinheit	1 Kasten mit 12 Flaschen á 1 l	6 Einwegflaschen á 1,5 l
Listenpreis pro Verpackungseinheit	5,76 €	3,96 €
Pfand	3,30 €	1,50 €
Rabatt	3 %	–
Transportkosten	5 % des Listenpreises	8 % des Listenpreises

9.1.7 Leistungsstörungen und Gewährleistung

Werden vertragliche Regelungen nicht eingehalten, spricht man von Leistungsstörungen. Typische Leistungsstörungen sind:

- Lieferverzug
- Annahmeverzug
- Zahlungsverzug
- Sachmangel

Beispiele für die wichtigsten Störungen und ihre (gesetzlichen) Rechtsfolgen

Art der Störung	Was ist geschehen? Beispiel	Was ist die Rechtsfolge? Was kann der Käufer/Verkäufer tun?
Lieferverzug	Zum 21. März wurden Saucen für das Salatbüfett bestellt. Am 22. sind sie noch nicht da.	Wegen des bestimmten Termins gerät V automatisch in Verzug (eine **Mahnung** ist deshalb nicht erforderlich). K kann eine **Nachfrist** setzen und **Schadensersatz** wegen der Verzögerung fordern. Nach Verstreichen der Nachfrist kann K vom Vertrag **zurücktreten** oder **Schadensersatz statt der Lieferung** verlangen. So kann K einen Deckungskauf vornehmen, d. h. er kauft die Ware bei einem Dritten; die Mehrkosten können V in Rechnung gestellt werden.
Annahmeverzug	Für den 25. März ist die Lieferung von Fisch vereinbart. Als V wie vereinbart liefern will, findet er das Restaurant verschlossen.	K gerät durch die Nichtannahme in **Annahmeverzug**. Daher geht ein möglicher Verderb der Ware zu seinen Lasten. Um den Schaden klein zu halten, kann V einen **Notverkauf** an das Konkurrenzrestaurant vornehmen, auch zu einem schlechteren Preis. Den **Mindererlös** kann er von K verlangen. Bei lagerfähiger Ware kann V die Ware zurücknehmen und auf Kosten und Risiko von K die Ware einlagern.
Zahlungsverzug	Der K erhält am 23. April Ware, Lieferschein und Rechnung für eine Lieferung Spirituosen. Ein Zahlungsziel ist nicht genannt. Der K vergisst, die Rechnung zu bezahlen.	Der Kaufpreis wird, wenn nichts anderes vereinbart ist, mit Lieferung fällig. Wenn kein Zahlungsziel vereinbart ist, muss die **Zahlung spätestens 30 Tage nach Fälligkeit erfolgen**. Am 23. Mai gerät K also auch ohne Mahnung in Verzug (in der Praxis sind allerdings Zahlungserinnerungen üblich). V kann vom Vertrag zurücktreten und die gelieferte Ware wieder einfordern. Er kann aber auch **Zinsen** und Ersatz des Verzugsschadens verlangen.
Sachmangel	Geliefert werden 20 l Frischmilch. Als diese verwendet werden sollen, stellt der Service fest, dass die Milch sauer ist. Als der Betriebsleiter des K beim V anruft und eine Ersatzlieferung anfordert, verweist dieser darauf, dass der Fahrer bereits Feierabend habe.	K muss den Mangel unverzüglich nach Entdeckung **rügen**. Er hat ein Recht auf **Nacherfüllung**, d. h. in diesem Fall (da eine Nachbesserung nicht möglich ist) auf Nachlieferung. V kann die Ersatzlieferung verweigern, wenn sie nur mit unverhältnismäßigen Kosten möglich ist. Dann hat K entweder die Möglichkeit der **Minderung** (macht hier keinen Sinn, da die Milch unbrauchbar ist) oder des **Rücktritts** vom Vertrag. Außerdem kann er **Schadensersatz** verlangen. Dies gilt beispielsweise für die Ersatzbeschaffung von Milch im Supermarkt und z. B. auch für den entgangenen Gewinn für die Zeit, in der keine Milch ausgeschenkt werden konnte.

K = Käufer (= gastronomisches Unternehmen), V = Verkäufer (= Lieferant)

Offene und versteckte Sachmängel

Man spricht von **offenen** Sachmängeln, wenn sie direkt (z. B. bei der Warenannahme) sichtbar sind. **Versteckte** Sachmängel sind solche, die erst später auffallen können, wie z. B. ein Paket mit Kaffeebohnen, die verschimmelt sind.

Kaufleute müssen – sofern keine anderen Absprachen getroffen sind – offene Sachmängel unverzüglich, versteckte Sachmängel unverzüglich nach Entdeckung rügen. Anderenfalls gilt die Ware als genehmigt. Der Käufer verliert dann seine Rechte auf Gewährleistung, Schadenersatz und Irrtumsanfechtung. Etwas anderes gilt nur, wenn der Verkäufer den Mangel **arglistig verschwiegen** hat. **Privatleute** können Sachmängel bei einer Kaufsache innerhalb einer **Verjährungsfrist** von zwei Jahren geltend machen.

9.1.8 Besondere Formen des Kaufvertrags

Art	Merkmale	Beispiel
Kauf auf Probe	K kann die Kaufsache innerhalb einer vereinbarten Frist prüfen und ausprobieren. Erst wenn K die Sache nicht innerhalb einer Frist ablehnt oder zurückgibt, wird der Vertrag wirksam.	Insbesondere beim Versandhandel oder Kauf über das Internet (Fernabsatzvertrag).
Kauf nach Probe	V liefert zunächst eine kostenlose Probe. Dann erst wird der Kaufvertrag geschlossen. Dabei muss bezüglich Eigenschaften und Qualität der Kaufsache auf die Probe Bezug genommen werden. Die Probe ist für die Beschaffenheit verbindlich. Weicht die Kaufsache davon ab, liegt ein Mangel vor.	Nicht mehr gesetzlich geregelt, jedoch im Rahmen der Vertragsfreiheit weiterhin möglich, z. B. wenn mehrere Produkte verglichen werden sollen.
Kauf zur Probe	Es erfolgt zunächst ein Kaufvertrag über eine kleine Menge unter Hinweis darauf, dass K evtl. weitere Bestellungen tätigen wird. Fällt die anschließende Bewertung positiv aus, erfolgt eine weitere, größere Bestellung. Es werden also zwei Kaufverträge geschlossen.	Z. B. bei Einführung neuer Produkte, deren Akzeptanz beim Gast erst getestet werden muss.
Fixkauf	Es ist vereinbart, dass die Leistung genau zu einer bestimmten Zeit oder innerhalb einer bestimmten Frist erfolgen soll. Bei Nichteinhaltung kann K ohne Mahnung und Nachfrist vom Vertrag zurücktreten und Schadensersatz fordern.	Z. B. Lieferung von Fisch am 20. März für ein Event am selben Abend (absolutes Fixgeschäft).
Kauf auf Abruf	K kauft eine größere Menge und ruft Teilmengen der Kaufsache nach Bedarf ab.	Z. B. Wein, der durch K selbst nicht sachgerecht gelagert werden kann.

K = Käufer (= gastronomisches Unternehmen), V = Verkäufer (= Lieferant)

AUFGABEN

Alle wichtig!

1 | Wie kommt ein … le.

2 | a) Erläutern Si … g „Sachmangel".
b) Wie hat sich …
c) Welche Rech…

3 | Erklären Sie fol…
a) Kauf auf Abr…

4 | Überprüfen Sie … ltiger Kaufvertrag zustande gekom…
a) Ein Händler … e anbietet. Zwei Stunden spät… 0 Flaschen.
b) Ein Händler … ächsten Tag will der Restaurantle… bestellen.

Temperaturdatenlogger

9.1.9 Warenannahme

Bei der Warenannahme werden die bestellten Waren am vereinbarten Ort und zur vorgesehenen Zeit durch einen Mitarbeiter des Unternehmens vom Lieferanten übernommen. Folgende Punkte sollten hierbei berücksichtigt werden:

Keine Warenannahme ohne Lieferschein

Der Lieferschein ist als Warenbegleitpapier ein Dokument, das über die gelieferten Waren Auskunft gibt. In der Regel liegt er in zweifacher Ausfertigung vor (Original und Durchschlag).

Der Lieferschein enthält folgende Angaben:

- Name und Anschrift des Lieferanten
- Anschrift des belieferten Betriebs
- Datum der Lieferung
- Art und Menge der gelieferten Waren

Warenannahme:

- Vergleichen Bestellschein mit Lieferschein
- optische Kontrolle der Lieferfahrzeugs und Lieferanten
- Vergleich des Lieferscheins mit der Ware

der Empfänger den Er-
Möglichkeit, eventuelle

denen auf dem Liefer-
ie Artikel- oder Bestell-
adresse und des Liefer-
Waren, die nicht bestellt

enenfalls

lnung; wirkt das Liefer-
turen und die gesetzlich

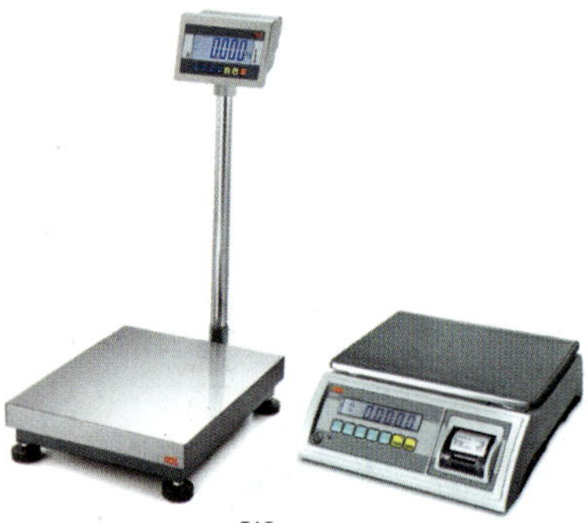

Waagen

Viele Lieferfahrzeuge sind mittlerweile mit einem Temperaturdatenlogger
speichert die Werte re-
eren des Lieferfahrzeugs

- Kontrolle der Ware
- Reklamationen von Mängeln
- Unterschreiben
- Wegräumen
- Erfassen des Wareneingangs
- Kontrolle der Rechnung

are
Handelsklasse und Güte,
geliefert worden?

ligt? Entspricht die Qua-
ler Produkte den Erwar-
Befall der Lebensmittel
tum bzw. Verbrauchsda-
mperaturen eingehalten?

Infratrotthermometer

Reklamation von Mängeln

Offene, d. h. sichtbare Mängel sind unverzüglich zu beanstanden. Die Mängel werden auf dem Lieferschein vermerkt und vom Lieferanten durch Unterschrift bestätigt. Mangelhafte Waren werden nicht angenommen.

Geschirrlieferung mit Mängeln

Unterschreiben des Lieferscheins

Nach Annahme der Ware und Kontrolle werden der Lieferschein sowie die Kopie des Lieferscheins unterschrieben; die Durchschrift des Lieferscheins erhält der Lieferant als Empfangsbestätigung. Das Original verbleibt im Unternehmen und dient als Vorlage für die Rechnungskontrolle.

Zeitnahes Wegräumen der Ware

Nach der Warenannahme werden zunächst die tiefgekühlten Lebensmittel, danach die gekühlten und zuletzt die Waren, die nicht gekühlt werden müssen, in die entsprechenden Lagerräume verräumt. Dafür werden geeignete Transportmittel verwendet.
Die neuen Waren werden gegebenenfalls umgepackt und mit Eingangsdatum versehen. Beim Einräumen von verderblichen Waren ist das **FiFo-Prinzip** zu beachten.

Das FiFo-Prinzip
FiFo bedeutet „First in – First out"; d. h., die neuen Waren sind hinter die älteren, bereits vorhandenen einzusortieren, sodass letztere zuerst verbraucht werden.

> Die Einhaltung der Kühlkette ist auch beim Verräumen der Waren unbedingt sicherzustellen!

Erfassung des Wareneingangs

Die gelieferte Ware muss buchtechnisch erfasst werden. Hierfür dienen das Wareneingangsbuch bzw. die Wareneingangsdatei, die Lagerfachkarte und die Lagerkarteikarte bzw. Lagerdateikarte (siehe Kapitel 9.2.5).

Kontrolle der Rechnung

Nach Erhalt der Rechnung ist diese zu kontrollieren. Dabei wird zunächst geprüft, ob die Angaben auf der Rechnung und auf dem dazugehörigen Lieferschein identisch sind.

Ferner ist zu überprüfen, ob die Einzelpreise auf der Rechnung den vereinbarten Bestellpreisen entsprechen und ob die ausgehandelten Konditionen (z. B. Bezugskosten, vereinbarte Rabatte oder Skonti) stimmen. Schließlich werden Gesamtpreis und die darin enthaltene Mehrwertsteuer kontrolliert. Ist alles in Ordnung, wird die Rechnung bezahlt.

AUFGABEN

1 Beschreiben Sie stichwortartig, wie bei Ihnen im Unternehmen die Warenannahme abläuft.

2 Wie verhalten Sie sich, wenn Sie bei der Warenannahme Mängel feststellen?

3 Erklären Sie den Unterschied zwischen Bestellschein und Lieferschein.

4 Warum ist es wichtig, den Lieferschein aufzubewahren?

5 Beschreiben Sie stichpunktartig, wie bei Ihnen der Wareneingang erfasst wird.

9.2 Waren lagern

9.2.1 Notwendigkeit einer Lagerhaltung

Magazin
Manchmal wird ein Lager bzw. Lagerraum auch als Magazin bezeichnet, z. B. Wäschemagazin oder Getränkemagazin.

Im Gastgewerbe ist es nicht möglich, Beschaffung und Verbrauch der Rohstoffe so aufeinander abzustimmen, dass immer genau die Mengen, die beschafft werden, auch sofort verbraucht werden. Daher müssen beschaffte sowie verarbeitete und zubereitete Produkte zwischengelagert werden. Allerdings sind mit der Lagerhaltung auch immer Kosten verbunden. Diese sind möglichst gering zu halten.

Aufgabe jeder Lagerhaltung ist es, alle in einem Betrieb benötigten Produkte vorrätig zu halten.

Vorteile einer Lagerhaltung	Kosten einer Lagerhaltung
▪ Vermeidung von Produktionsausfällen ▪ geordnete Vorratshaltung der notwendigen Rohstoffe ▪ Ausgleich von Angebotsschwankungen und bei Störungen im Beschaffungsprozess ▪ Ausgleich von Preisschwankungen und Ausnutzung möglicher Mengenrabatte ▪ Überbrückung von Saisonzeiten im Einkauf und Verbrauch ▪ Schutz der Waren vor Verderb bei geeigneter Lagerung ▪ Schutz der Waren vor Diebstahl bei gesicherter Lagerung ▪ Reifung und Qualitätssteigerung von Waren durch sinnvolle Lagerung (z. B. bei Käse, Obst, Wein) ▪ mögliche Wertsteigerung von gelagerten Waren (z. B. bei Wein, Spirituosen)	▪ Miete für die Lagerräume ▪ Einrichtungskosten ▪ Energiekosten ▪ Reinigungskosten ▪ Kosten für Instandhaltung, Wartung und eventuelle Reparaturen ▪ Kosten für die Lagerverwaltung ▪ Personalkosten ▪ Kosten für das in Form von Waren gebundene Kapital ▪ Kosten durch Verderb, Schwund oder Diebstahl ▪ Kosten durch Wertverluste ▪ Kosten für Versicherungsprämien

Geschirrlager

Weinlager

9.2.2 Arten von Lagerräumen

Erforderlich sind in der Regel folgende Lagerräume:

a) Für Food and Beverage-Artikel:

[illegible]

…Leergut, Gefahrstoffe wie z.B. Reinigungs- und Desinfektionsmittel sowie Flaschen mit Flüssiggas sein. Für diese Lagerräume gelten besondere Vorschriften.

Lager für Food and Beverage	Gekühlte Lagerräume	
	Tiefkühlhaus/ Tiefkühllager	
	Trockenlager	
	Getränkelager	
Lager für Non-Food	Trockenlager	
	Wäschelager	
	Möbellager	

Geeignete Lagerbedingungen gewährleisten die Haltbarkeit der Waren.
Zu beachten sind vor allem:

- Lagertemperatur
- Luftfeuchtigkeit
- Einstrahlung von Sonnenlicht
- Lagerdauer
- hygienische Erfordernisse der einzelnen Produkte (siehe Kapitel 4.5.5).

Kühlschrank-Sternekennzeichnung

Anzahl der Sterne	Bezeichnung	Temperaturen
❄	Eisfach	ab –6° C
❄❄	Frostfach	ab –12° C
❄❄❄	Tiefkühlfach	ab –18° C
✳❄❄❄	Tiefgefrierfach	ab –18° C

Kühllagerung

Leicht verderbliche Lebensmittel werden – möglichst nach Lebensmittelgruppen getrennt – in sauberen Behältern und abgedeckt in Kühlräumen und Kühlzellen gelagert. Eingebaute Ventilatoren sorgen für eine gute Luftzirkulation mit gleichmäßiger Kühlung und gleichbleibender Luftfeuchtigkeit. Die Temperaturen liegen – abhängig von den Lebensmitteln – zwischen 0 °C bis 10 °C. Bei diesen Temperaturen wird die Qualität der Lebensmittel nur geringfügig beeinträchtigt. Auch die für die Lebensmittel kritischen Mikroorganismen vermehren sich in diesem Temperaturbereich sehr langsam.

Die relative Luftfeuchtigkeit ist ebenfalls von der Art der gelagerten Produkte abhängig. So ist insbesondere für Obst und Gemüse eine hohe Luftfeuchtigkeit wichtig, um das Austrocknen bzw. Verwelken zu vermeiden.

Lagerung in getrennten Kühlzellen

Tiefgefrierschrank

Gefrieren (Frosten)
−12 °C und weniger

Tiefgefrieren (Tiefkühlen)
mindestens −18 °C

Gefrier- und Tiefkühllagerung

Durch Gefrieren und Tiefgefrieren wird eine langfristige Haltbarkeit erreicht. Allerdings muss darauf geachtet werden, dass die Lebensmittel gut verpackt sind. Ansonsten käme es zu Gefrierbrand (ausgetrocknete Randschichten) oder es wäre eine Übertragung von Mikroorganismen möglich. Auch die Luftzirkulation muss gewährleistet sein. Daher sollte bei der Lagerung der Waren ein Abstand von mindestens 10 cm vom Boden oder von den Wänden eingehalten werden. Nötigenfalls sind die Produkte auf Paletten oder Regalen zu lagern. Die Temperatur ist regelmäßig zu überprüfen. Sinnvoll sind eingebaute Alarmsysteme für den Fall, dass die Temperatur ansteigen sollte. Aufgetaute oder angetaute Lebensmittel dürfen keinesfalls wieder eingefroren werden (siehe Gefrierbrand S. 66).

In der Gastronomie werden neben Tiefkühlräumen auch Tiefkühlzellen und Tiefkühlschränke sowie Tiefkühlmöglichkeiten in haushaltsüblichen Kühlschränken verwendet.

> Lagereinrichtungen für tiefgefrorene Lebensmittel sollten regelmäßig abgetaut werden, um Energie zu sparen! NoFrost Gefrierschränke machen manuelles Abtauen überflüssig.

Trockenlager

Trockenlagerung

Weniger temperaturabhängige Lebensmittel und Non-Food-Artikel können in Lagerräumen ohne zusätzliche Klimatisierung gelagert werden. Die Lagerräume sollten kühl (optimal um 15 °C), aber frostsicher, trocken, gut belüftet und dunkel sein. Die relative Luftfeuchtigkeit sollte 50 % nicht überschreiten. In größeren Betrieben ist es oft sinnvoll, mehrere Trockenlagerräume zu haben. So können Lebensmittel (wie z. B. Konserven, Gewürze, Salz und Zucker oder auch Öle) möglichst verbrauchsnah und getrennt von Geschirr, Dekorationsmaterialen, Servietten und Kerzen, aber auch von Wäsche oder Ersatzmöbeln gelagert werden.

Getränkelager

Getränkelagerung

Bier … C gelagert werden.
Bier … rische. Daher kann
es b… rsorte ist eine ge-
son… apfhahn zu instal-
liere… rn. Zudem sollten
im I… siehe S. 410).
Wei… nperatur zwischen
8 °C … ptimale Luftfeuch-
tigk… ruchsfrei und gut
belü… Weißweine. Wein-
flas… a sonst der Korken
aust… eignen sich Wein-
klim… siehe S. 432).
Die … kt liegt zwischen
6 °C … gelagert werden,
müs… nktemperatur ge-
brac…

Bier: 5–8 °C
Sekt: 5–8 °C
Weiß-: 8–12 °C
Rosé
Rotwein: 16 °C

Lagermöglichkeiten für Gefahrstoffe

Als Gefahrstoffe gelten Stoffe oder Mischungen, die explosionsgefährlich, entzündlich, giftig, gesundheitsschädlich, ätzend oder die Haut reizend, krebserregend oder umweltgefährdend sind. Zu ihnen gehören viele Reinigungsmittel und Desinfektionsmittel. Diese müssen unter Beachtung der **Gefahrstoffverordnung** gelagert werden. In den Lagerräumen müssen entsprechende Sicherheitszeichen angebracht sein.

Lagerung von Reinigungsmitteln

Alle Behälter, die Gefahrstoffe enthalten, müssen eindeutig gekennzeichnet sein. Sie sind immer nur in den dafür vorgesehenen, verschließbaren Behältern aufzubewahren bzw. in solche umzufüllen. Sie dürfen keinesfalls in Behältern aufbewahrt werden, die zu einer Verwechslung mit Lebensmitteln führen können.

Gefahrstoffe dürfen nicht in Pausen- oder Aufenthaltsräumen gelagert werden. Eine Lagerung in Arbeitsräumen ist nur für kleine Mengen (bis max. 20 l) zulässig. Dabei ist darauf zu achten, dass sie nicht dem direkten Sonnenlicht ausgesetzt sind. Außerdem dürfen sie nie in unmittelbarer Nähe zu Lebensmitteln aufbewahrt werden. Größere Mengen sind in Sicherheitsschränken oder getrennt von anderen Produkten in abgeschlossenen, speziell ausgestatteten Räumen zu lagern.

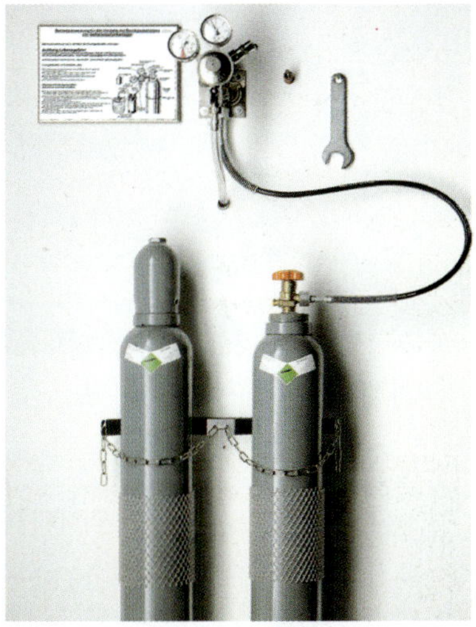

Aufrecht stehende und an der Wand befestigte Flüssiggasflaschen

Für alle Gefahrstoffe muss eine Betriebsanweisung vorhanden sein. In dieser müssen die möglichen Gefahren für Mensch und Umwelt genannt sein. Außerdem enthalten sie Anweisungen, wie man sich richtig verhält und wie man sich schützt. Hierzu gehört z. B. das Tragen von Schutzkleidung wie Handschuhe, Schutzbrille, Gummischürze und Schutzstiefel.

Lagermöglichkeiten für Flüssiggasflaschen

Flüssiggasflaschen müssen entweder im Freien oder in einem besonderen Raum aufgestellt werden, und zwar aufrecht stehend und standsicher (z. B. durch das Anbringen von Ketten oder Rohrschellen). Zusätzlich sind sie gegen Erwärmung zu schützen. Flüssiggasflaschen sind vor dem Zugriff von Unbefugten zu sichern. Mithilfe von Druckminderventilen, die an den Flaschen angebracht sind, lässt sich der benötigte Druck einstellen.

Leergutlager

Aufbewahrungsmöglichkeiten für Abfälle und Leergut

Müll, der im Unternehmen entsteht, ist zu trennen und dann getrennt zu entsorgen (siehe Kapitel 3.2.5). Hierfür müssen geeignete Behälter zur Verfügung stehen, die in separaten Räumen abgestellt werden. Dies gilt insbesondere für Sammelbehälter für Lebensmittelabfälle, die gut verschließbar und gekühlt (maximal 10 °C) gelagert werden. Die Räume und Abstellplätze für Abfälle müssen leicht zu reinigen und gut belüftet sein. Sie sollten so angeordnet sein, dass der Abtransport des Abfalls bzw. der Abfallbehälter möglichst gefahrlos und hygienegerecht erfolgen kann. Auch für Leergut sollten eigene Räumlichkeiten zur Verfügung stehen.

Magazine in den Abteilungen

Produkte für den Tagesbedarf sind am besten in den einzelnen Abteilungen zu lagern, so z. B. am Büfett und in der Bar Getränke in Flaschen und im Restaurant-Office Tischwäsche, Bestecke und Servietten.

Typische **Zwischenlager** können sein:
- die **Küche** mit ihren Kühlschränken und Regalen für Lebensmittel aller Art
- die **Bar** für Getränke, Servietten, Knabberartikel oder Ähnliches
- das **Restaurant** mit seinen Vorratsräumen, z. B. für Geschirr und Besteck, Rechauds, Tischwäsche, Servietten und Kerzen

Fachgerechtes Lager mit RIEDEL GEK Installation

Alarmknopf am Kühlhaus

Kunststoffboxen erleichtern das Stapeln unverpackter Produkte

Temperaturkontrolle

9.2.3 Einrichtung und Kontrolle der Lagerräume

Um Produkte lagern zu können, sind entsprechende Lagermöglichkeiten erforderlich. Ihre Temperatur, ihre Einrichtung und ihre Größe sind von der Art, der Beschaffenheit und der Menge des Lagerguts abhängig.

Allgemein gilt, dass alle Lagerräume so geräumig sein sollten, dass dort genügend Platz für die Produkte vorhanden ist. Außerdem muss man in den Räumen rationell und sicher arbeiten können. Gegebenenfalls müssen für das Arbeiten in Lagerräumen entsprechende Schutzvorrichtungen bzw. Schutzkleidung zur Verfügung stehen. Die Lagerräume sollten gut beleuchtet und stets in einem einwandfreien Zustand sein.

Die Produkte müssen so verräumt werden können, dass die Mitarbeiter z. B. durch Herabfallen oder Wegrollen des Lagerguts nicht gefährdet sind. Kühlräume muss man von innen verlassen können, wenn die Türen von außen verschlossen wurden. Sinnvollerweise sollten Kühl- und Tiefkühlräume mit Alarmschaltern ausgestattet sein.

Die Einrichtung der Lagerräume erfolgt entsprechend der zu lagernden Waren. Lose Waren (z. B. Kartoffeln) können im Lager auf dem Boden aufgeschüttet werden. Für die Lagerung von verpackten Waren sollten Schränke oder standsichere und tragfähige Regale vorhanden sein. Einige Produkte wie z. B. Reinigungs- und Desinfektionsmittel erfordern bestimmte Schutzvorrichtungen.

Lager können zentral oder dezentral geführt werden. Bei der dezentralen Lagerung werden die Produkte in Zwischenlagern gelagert. So können die Wegstrecken und die damit verbundenen Zeitverluste zwischen Lagerort und Verbrauchsort minimiert werden.

In den Lagerräumen müssen gegebenenfalls bestimmte Kühlsysteme sowie Zähl-, Mess- und Wiegeeinrichtungen vorhanden sein. Auch Verlade- und Beförderungsmittel gehören zur Lagereinrichtung.

Schließlich sollten zur Vorbeugung von Feuer und Einbruch Sicherheitseinrichtungen existieren, wie z. B. Stahltüren, Sicherheitsschlösser, Alarmeinrichtungen und Feuerschutzeinrichtungen.

Alle Lagerräume sollten regelmäßig auf folgende Punkte hin kontrolliert werden:

- Sauberkeit und Ordnung
- Funktionsfähigkeit aller Einrichtungen, technischen Geräte und Kontrollsysteme, wie z. B. der Thermometer
- Einhaltung der vorgeschriebenen Raumtemperatur und Luftfeuchtigkeit
- Befall von Schädlingen
- Bildung unerwünschter Gerüche

Eventuell müssen Gegenmaßnahmen eingeleitet werden. Hierzu gehören z. B. eine regelmäßige Reinigung, Entfernung von Schädlingen oder die Veranlassung nötiger Reparaturen.

9.2.4 Kontrolle der eingelagerten Waren

Geeignete Lagerbedingungen gewährleisten die Haltbarkeit der Waren. Die allgemeingültigen Regeln für verschiedene Lebensmittel sind in Kapitel 4.5.5 beschrieben.

Prinzipiell findet bei verderblichen Produkten das FiFo-Prinzip (First in – first out) Anwendung. Waren, die als erstes eingelagert wurden, sind auch als erstes zu verbrauchen. Allerdings kann von diesem Prinzip für Produkte mit einem Mindesthaltbarkeitsdatum (MHD) oder Verbrauchsdatum abgewichen werden. Für diese Produkte gilt, dass immer die Waren als erstes verbraucht werden, deren MHD bzw. Verbrauchsdatum zuerst abläuft. Daher sind MHD und Verbrauchsdatum regelmäßig zu überprüfen.

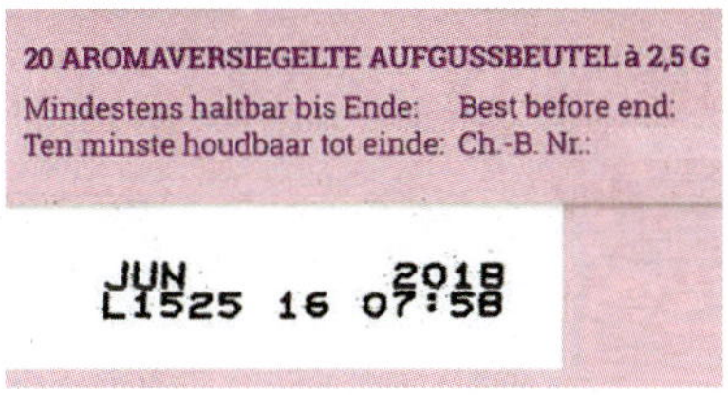

Kontrolle des Haltbarkeitsdatums

Daneben ist eine regelmäßige Kontrolle der einzelnen Produkte und ihrer Verpackungen notwendig. Hier sind u. a. folgende Punkte zu prüfen:

- sichtbarer Befall der Lebensmittel mit Mikroorganismen, insbesondere mit Schimmel
- Farb- oder Konsistenzveränderungen, Trübungen oder untypische Geruchsveränderungen
- Schnee- oder Eisbildung auf gefrorenen Lebensmitteln. Dies deutet auf eine Unterbrechung der Kühlkette hin. Durch kurzfristigen Anstieg der Lagertemperatur verdunstet aus dem Lebensmittel Wasser, das sich dann später als Schnee auf dem Lebensmittel oder auf der Verpackung absetzt.
- Beschädigung der Verpackung von eingelagerten und tiefgefrorenen Produkten. Dies könnte zu **Gefrierbrand** führen. Dabei trocknen die Randschichten von tiefgefrorenen Lebensmitteln aus. Gleichzeitig kommt es zum Abbau der Inhaltsstoffe und zu Farbveränderungen an den betroffenen Stellen. Struktur und Geschmack der Lebensmittel sind dadurch stark beeinträchtigt. Lebensmittel mit Gefrierbrand sind wertgemindert.
- fehlendes Vakuum (Luftzieher) bei vakuumierten Lebensmitteln
- Unversehrtheit von Verpackungen und Dichtigkeit von Behältnissen
- **Bombagen** oder Gläser mit losen Deckeln. Bombagen sind aufgeblähte Konservendosen oder Kunststoffverpackungen. Dies geschieht, wenn sich in der Verpackung durch Gärung oder Fäulnis Gase bilden. Meist ist das ein Zeichen von Verderb. Daher sollten Bombagen immer entsorgt werden.
- Vorhandensein von notwendigen Etiketten oder Aufklebern

Schnee- und Eisbildung auf Lebensmitteln

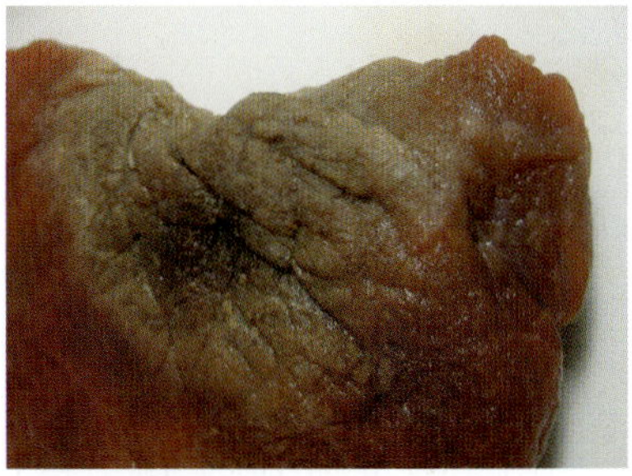

Gefrierbrand

Auch hier sind gegebenenfalls Gegenmaßnahmen bis hin zur Beseitigung und Entsorgung nicht mehr verwendbarer Waren einzuleiten.

AUFGABEN

1 | Nennen Sie fünf konkrete Möglichkeiten, wie sich die Kosten für die Lagerhaltung verringern lassen.

2 | Erläutern Sie, welche Sicherheitsmaßnahmen für das Personal bei der Arbeit in Lagerräumen zu ergreifen sind.

3 | Erklären Sie, wie sich die Lagertemperatur und Luftfeuchtigkeit auf die Qualität der gelagerten Lebensmittel auswirken kann.

4 | Beschreiben Sie, wie Gefahrstoffe gelagert werden müssen.

9.2.5 Lagerverwaltung

Erfassung der Lagerbewegungen in der Verwaltungsabteilung

Die wichtigsten verwaltungstechnischen Aufgaben im Lager sind:

a) Erfassung von **Wareneingängen** und **Warenausgängen** mithilfe von Wareneingangsbuch, Lagerfachkarten, Lagerkarteikarten oder Lagerdateien, sowie mittels Warenwirtschaftssystemen
b) Berechnung des **Sollbestands**, d.h. wie viel Ware im Lager sein sollte
c) Feststellung des **Istbestands**, d.h. wie viel Ware tatsächlich im Lager ist, mithilfe von Inventuren
d) Ermittlung von **Fehlbeständen** durch Vergleich von Soll- und Istbestand
e) Ermittlung des **Warenverbrauchs** und der **Wareneinsatzquote**
f) Überprüfung der Wirtschaftlichkeit des Lagers mithilfe der Berechnung der **Lagerkennzahlen**

a) Erfassung von Wareneingängen und Warenausgängen

Wareneingangsbuch bzw. die Wareneingangsdatei

Wareneingänge unterliegen der Buchführungspflicht. Sie müssen nach § 143 Abgabenordnung aufgezeichnet werden. Daher werden sie im Wareneingangsbuch mit Hinweis auf die entsprechenden Belege schriftlich bzw. in der Wareneingangsdatei elektronisch eingetragen. Die Aufzeichnungen im Wareneingangsbuch müssen zehn Jahre, die dazugehörenden Belege sechs Jahre aufbewahrt werden.

Bestandteile des Wareneingangsbuchs

- Warenart (handelsübliche Bezeichnung der Ware)
- Warennummer
- Lieferdatum bzw. Datum der Rechnung
- Firmenname und Anschrift des Lieferanten
- Menge und Preis
- Mehrwertsteuer und gegebenenfalls Rabatte und Skonti

Lagerfachkarte

Auch die **Lagerfachkarte** dient der Erfassung von Warenbeständen. Sie befindet sich normalerweise direkt bei den Waren am Lagerort (im sogenannten Lagerfach). Werden neue Waren geliefert und verräumt oder werden Waren ausgegeben, so sind auf der Lagerfachkarte entsprechende Vermerke zu machen. Für die Lagerfachkarte ist keine äußere Form vorgeschrieben. Meistens sind auf der Lagerfachkarte der entsprechende Artikel mit Artikelnummer sowie alle Zu- und Abgänge und der sich daraus ergebende Gesamtbestand (Sollbestand) verzeichnet. Die Lagerfachkarte ist nur dann sinnvoll, wenn jede Warenbewegung eingetragen wird. Sie ist nicht gesetzlich vorgeschrieben. Heutzutage wird sie immer seltener eingesetzt, weil die Warenbewegungen meistens elektronisch (z.B. mit Hilfe von Barcode-Scannern) erfasst werden.

Lagerfachkarte

Warenbezeichnung: Cool-Drink (Spirituose)
Warennummer: 25
Flaschengröße: 0,75 Liter

Datum	Zugang	Abgang	Gesamtbestand
02.05		5	18
05.05		6	12
08.05		5	7
11.05	25	6	26
14.05		4	22
15.05		1 (Bruch)	21
17.05		7	14

Lagerfachkarte manuell!

Die Lagerkarteikarte bzw. Lagerdatei

Im Gegensatz zur Lagerfachkarte ist das Führen einer Lagerkarteikarte bzw. einer Lagerdatei vorgeschrieben. Die Lagerkarteikarte bzw. Lagerdatei wird in der Buchhaltung geführt. Alle Warenzugänge sowie Warenabgänge sind hier festzuhalten. Gleichzeitig erfolgt eine Wertfeststellung des Warenbestands.

Lagerkarteikarte

Lagerort:	Trockenlager Food	Mindestbestand:	5 Flaschen
Warenbezeichnung:	Cool-Drink (Spirituose)	Meldebestand:	11 Flaschen
Warennummer:	25	Tagesverbrauch:	2 Flaschen
Flaschengröße:	0,75 Liter		
Einkaufspreis:	13,00 € je Flasche		
Bestellmenge:	25 Flaschen		
Lieferant:	Firma Kellermann		

Datum	**Zugang**	**Abgang**		**Gesamtbestand**	
		Menge	**Verbraucher**	**Menge**	**Warenwert**
02.05.		*5*	*Bar*	*18*	*234,00 €*
05.05.		*6*	*Bar*	*12*	*156,00 €*
08.05.		*5*	*Bar*	*7*	*91,00 €*
11.05.	*25*	*6*	*Bar*	*26*	*338,00 €*
14.05.		*4*	*Bar*	*22*	*286,00 €*
15.05.		*1*	*Bruch*	*21*	*273,00 €*
17.05.		*7*	*Bar*	*14*	*182,00 €*

Durch einen Vergleich der Daten der Lagerkarteikarte bzw. der Lagerdatei mit denen der Lagerfachkarte lassen sich Abweichungen schnell erkennen.

b) Berechnung des Sollbestands

Der Sollbestand gibt an, wie viel von jedem Artikel in den Lagerräumen vorhanden sein sollte. Er wird buchtechnisch, d.h. anhand von schriftlichen Unterlagen wie folgt ermittelt:

  Anfangsbestand
\+ Warenzugänge
− Warenabgänge (Lagerentnahmen)
= **Sollbestand**

Die Ermittlung erfolgt mithilfe folgender Dokumente:

- Wareneingangsbuch bzw. Wareneingangsdatei
- Lagerfachkarte
- Lagerkarteikarte bzw. Lagerdatei

Werden Waren z.B. aufgrund von Verderb oder Bruch entsorgt, muss ihre Entnahme ebenfalls dokumentiert werden.

Beispiel für die Berechnung des Sollbestands:
Berechnen Sie anhand folgender Lagerdatei den Sollbestand am 29.3.

Warenbezeichnung: Orangensaft im Tetrapak
Warennummer: 204

	Menge in Stück		
Datum	**Zugang**	**Abgang**	**Bestand**
28.2.			25
4.3.	30		25 + 30 = 55
8.3.		32	55 − 32 = 23
11.3.	30		23 + 30 = 53
15.3.		24	53 − 24 = 29
18.3.	30		29 + 30 = 59
22.3.		35	59 − 35 = 24
24.3.		1 (Bruch)	24 − 1 = 23
25.3.	30		23 + 30 = 53
29.3.		39	53 − 39 = 14

Lagerdatei am Computer!

Bestandteile einer Inventur

- **Körperliche Inventur:**
Ermittlung der Art und Menge der einzelnen Bestände sowie deren Bewertung durch Zählen, Messen, Wiegen oder Schätzen
- **Buchinventur:**
Erfassen aller nicht körperlichen Gegenstände, wie z. B. Bankguthaben, Forderungen, Verbindlichkeiten oder Schulden; hat für den Bereich Lager/Magazin keine Bedeutung
- **Anlageninventur:**
Erfassung und Bewertung aller Anlagegüter, wie z. B. Einrichtungen, Maschinen, Büroausstattungen; erfasst alle Einrichtungsgegenstände des Lagers/Magazins

Ablauf einer Inventur:

- Inventurtermin festlegen
- Team benennen und belehren
- Inventurliste ausdrucken
- Ware im Lager zählen und in die Liste eintragen
- Liste unterschreiben
- Die Werte aus der Liste werden danach in die Lagerdatei eingetragen. So können Ist- und Sollbestand miteinander verglichen und anschließend der Inventurwert berechnet werden.

Auch die Entsorgung von zerbrochenen oder verdorbenen Waren muss dokumentiert werden

c) Ermittlung des Istbestands

Der Istbestand ist die tatsächlich vorhandene Menge jedes Artikels. Er wird durch eine sogenannte „körperliche“ Inventur ermittelt. Die Bestandsaufnahme erfolgt durch Zählen, Messen oder Wiegen der einzelnen Produkte. Eine Schätzung ist erlaubt, wenn eine exakte Bestandsaufnahme nicht möglich oder unwirtschaftlich ist. Beispiele hierfür sind angebrochene Verpackungen von Strohhalmen oder Servietten. Zur Durchführung einer körperlichen Inventur wird eine Inventurliste ausgedruckt. Diese enthält die zu zählenden Artikel mit Artikelnummer und Verpackungseinheit. Die erfassten Bestände werden in die Liste eingetragen.

Inventur

Jedes Unternehmen ist nach § 240 HGB (Handelsgesetzbuch) bzw. §§ 140 und 141 Abgabenverordnung dazu verpflichtet, mindestens einmal jährlich eine Inventur durchzuführen. Anschließend ist daraus ein Inventar zu erstellen. Durch eine Inventur wird festgestellt, welches Vermögen bzw. welche Schulden ein Unternehmen hat.

Permanente Inventur

Eine besondere Form der Bestandsaufnahme ist die permanente Inventur. Bei ihr erfolgt die Ermittlung des Warenbestands durch eine laufende buchtechnische Bestandsfortschreibung. Dies geschieht in der Regel mithilfe eines Warenwirtschaftssystems.

Eine permanente Inventur ist immer dann sinnvoll und relativ einfach zu erstellen, wenn Rezepturen standardisiert sind. So kann mit dem Verkauf eines Produkts und dessen Erfassung in der Kasse sofort der augenblickliche Sollbestand der für das Produkt erforderlichen Rohstoffe ermittelt werden.

d) Vergleich zwischen Soll- und Istbestand

Abschließend werden Soll- und Istbestände verglichen. Im Idealfall sind die Werte gleich. Ergeben sich Differenzen, werden sie als Zugang bzw. Abgang in der Lagerfachkarte und Lagerkarte vermerkt bzw. in der Lagerdatei verbucht. Der Lagerbestand wird somit korrigiert. Der ermittelte Istbestand ist also der neue Anfangsbestand. Abweichungen zwischen Soll- und Istbeständen sind aufzuklären.

Gründe für Abweichungen zwischen Soll- und Istbeständen

Sollten Soll- und Istbestände voneinander abweichen, ist es sinnvoll, die Gründe hierfür zu untersuchen. Beispiele für mögliche Gründe sind:

- gelieferte Ware und/oder Warenausgabe wurde nicht oder falsch erfasst
- Bruch oder Verderb wurden nicht eingetragen
- von anderen oder an andere Filialen geliehene Produkte wurden nicht erfasst
- Personalessen wurde nicht erfasst
- Personalentnahme wurde nicht erfasst
- Diebstahl
- Rechenfehler oder Zählfehler bei der Inventur

e) Ermittlung des Warenverbrauchs bzw. des Wareneinsatzes und der Wareneinsatzquote

Nach der Inventur kann der **Verbrauch** der einzelnen Waren wie folgt berechnet werden:

Anfangsbestand (Anzahl)
\+ Warenzugänge (Anzahl)
– Endbestand laut Inventur (Anzahl)
= Warenverbrauch (Anzahl inkl. Verlust)

Aus dem **Warenverbrauch aller Waren** kann nun der **Wareneinsatz** abgeleitet werden. Der Wareneinsatz ist nichts anderes als der Wert in € der verbrauchten Waren während einer bestimmten Zeitspanne. Berechnet wird er auf Grundlage des jeweiligen Einstandspreises. Er berechnet sich entsprechend wie folgt:

Anfangsbestand (Wert in €)
\+ Warenzugänge (Wert in €)
– Endbestand laut Inventur (Wert in €)
= Wareneinsatz (Wert in € inkl. Verlust)

Daraus ergibt sich für die Berechnung der Wareneinsatzquote folgende Formel:

$$\textbf{Wareneinsatzquote (\%)} = \frac{\text{Wareneinsatz} \cdot 100}{\text{Nettoumsatz}}$$

Die Wareneinsatzquote ist gerade in der Gastronomie eine wichtige betriebliche Kennzahl. Sie gibt darüber Auskunft, wie hoch der Wareneinsatz bezogen auf 100 € Nettoumsatz ist. Wenn die tatsächliche Wareneinsatzquote über der vorgegebenen Quote liegt, wird mit einem zu hohen Wareneinsatz gearbeitet. Dann bleibt weniger Geld zur Deckung der anderen betrieblichen Kosten übrig.

Vereinfachte Möglichkeit zur Berechnung des Warenverbrauchs

Warenverbrauch = Summe aller Lagerentnahmen

Beispiel für die Berechnung des Warenverbrauchs

Für das Beispiel „Orangensaft im Tetrapak“ (siehe Seite 273) gilt

Anfangsbestand	25
+ Warenzugänge	120 (4 · 30)
– Endbestand	14
= Warenverbrauch	131 Pakete

Vereinfachte Rechnung (Summe aller Lagerentnahmen):
32 + 24 + 35 + 1 + 39 = 131 Pakete

Beispiel für die Berechnung der Wareneinsatzquote

Wareneinsatz laut Inventur für März: 11.760 €
Nettoumsatz für März: 42.000 €

Wareneinsatzquote =
$$\frac{11.760\ € \cdot 100}{42.000\ €} = 28\ \%$$

AUFGABEN

1 | Unterscheiden Sie die Lagerfachkarte von der Lagerkarteikarte.

2 | Erläutern Sie stichpunktartig, wie bei Ihnen im Unternehmen eine Inventur abläuft.

3 | Nennen Sie fünf Gründe, warum der Sollbestand kleiner als der Istbestand sein kann.

4 | Berechnen Sie den Wareneinsatz und die Wareneinsatzquote für folgende Situation:
- Wert des Anfangsbestandes im Lager: 2.000,00 €
- Wert aller Warenzugänge: 7.000,00 €
- Wert des Endbestandes im Lager: 1.000,00 €
- Nettoumsatz: 29.630,00 €

Schankverluste

9.5 Preise kalkulieren

9.5.1 Zuschlagskalkulation

Grundlagen
Die Zuschlagskalkulation ist ein Rechenverfahren, bei dem nach einem festen Schema bestimmte Aufschläge berücksichtigt werden. Im Gastgewerbe fließen folgende Faktoren in die Zuschlagskalkulation ein:
- Materialkosten bzw. Wareneinsatz
- Gemeinkosten, manchmal auch Betriebskosten genannt
- Gewinn bzw. Gewinnerwartung
- Bedienungsgeld, auch Servicezuschlag genannt
- Umsatzsteuer, bekannt auch unter dem Begriff Mehrwertsteuer

Materialkosten
Entscheidend für eine richtige Kalkulation ist die genaue Kenntnis über die Materialkosten. Sie werden manchmal auch Warenkosten genannt oder als Wareneinsatz bezeichnet. Diese müssen anhand der Rezepturen (Mengen) und der Wareneinkaufspreise (netto) ermittelt werden.

Besonders wichtig ist, dass bei der Berechnung der Materialkosten Zubereitungsverluste (z.B. Putz-, Filetier- oder Parierverluste) sowie Zapf- und Schankverluste (z.B. Anstich oder Bierleitungsreinigungsverluste) berücksichtigt werden. Aber auch Rabatte, Boni und Rückvergütungen müssen in die Berechnung mit einfließen.

Beispiel: Berechnung der Gesamtmaterialkosten für 6 Portionen Garnelencocktail

Zutaten	Garnelen	Champignons	Dill	Salz	Pfeffer	Zitrone	Eisbergsalat	Cocktailsauce	Gesamtkosten
Menge	300 g	90 g	12 g	½ TL	¼ TL	½ Stück	120 g	180 ml	
Materialkosten	6,36 €	0,27 €	0,30 €	0,01 €	0,02 €	0,14 €	0,44 €	0,86 €	**8,40 €**

Somit ergeben sich als Materialkosten für einen Garnelencocktail: 8,40 € : 6 = 1,40 € je Garnelencocktail

Beispiel 2: Berechnung der Materialkosten unter Beachtung von Schankverlusten

Sie wollen die Materialkosten für ein Glas Bier zu 0,4 l berechnen. Bier wird bei Ihnen in Fässern zu 30 Liter geliefert. Dafür zahlen Sie netto 59,75 €. Sie rechnen mit einem Schankverlust von 4 %.

Berechnung, wie viel Gläser Bier verkauft werden können:

a) Berechnung des Schankverlusts:

$$100\,\% \triangleq 30\text{ l}$$
$$1\,\% \triangleq \frac{30\text{ l}}{100}$$
$$4\,\% \triangleq \frac{30\text{ l}}{100} \cdot 4 = 1{,}2\text{ l}$$

Somit bleiben 30 l – 1,2 l = 28,8 l übrig.

b) Berechnung der Gläseranzahl

$$\frac{28{,}8\text{ l}}{0{,}4\text{ l je Glas}} = 72 \text{ Gläser können ausgeschenkt werden.}$$

Berechnung Materialkosten für ein Glas Bier:

$$\frac{59{,}75\text{ €}}{72\text{ Gläser}} = = 0{,}83\text{ € je Glas}$$

Die Materialkosten für 1 Glas Bier zu 0,4 l betragen 0,83 €.

Gemeinkosten

Gemeinkosten, die oft auch als Betriebskosten bezeichnet werden, ergeben sich aus dem Betriebsablauf und aus der Ausstattung des Betriebs. Zu ihnen gehören zum Beispiel:

- **Personalkosten:** z. B. Löhne, Gehälter, Zuschläge für Nachtarbeit, Sonntags-, Feiertagsarbeit, Sozialversicherungsbeiträge, Berufsgenossenschaftsbeiträge, betriebliche Altersversorgungsbeiträge
- **Raumkosten:** z. B. Miete, Pacht, Pachtnebenkosten (Betriebskostenumlagen des Vermieters), Energiekosten (Gas, Wasser/Abwasser, Strom)
- **Versicherungen:** z. B. Betriebsversicherung (Einbruch, Diebstahl, Betriebsunterbrechung), Haftpflichtversicherung
- **Beiträge:** z. B. DEHOGA, Industrie- und Handelskammer
- **Gebühren:** z. B. für Außenbestuhlung, GEMA
- **Werbe-/Reisekosten:** Anzeigen, Flyer, Gelbe Seiten, Messebesuche
- **Sonstige Betriebskosten:** z. B. Fremdreinigung, Reinigungsmittel, Gaststättenbedarf, Tischwäsche/Reinigung, Dekoration, Blumen, Arbeitskleidung, sonstiger Betriebsbedarf, Rundfunkgebühren, Zeitschriften, Bücher (Blumen, Tischwäsche, Kleidung usw. sind keine Materialkosten, da sie nicht direkt zu einem Umsatz führen.)
- **Verwaltungskosten:** z. B. Buchführungskosten, Rechts- und Beratungskosten, Bürobedarf, Postgebühren, Telefongebühren, Kreditkartenprovisionen, Aufwendungen Geldverkehr (z. B. Kontoführung)
- **Leasing:** z. B. Fahrzeugleasing, Geräteleasing
- **Instandhaltung:** z. B. Kosten für Hard- und Softwarewartung, Kassensoftware, Instandhaltung der Betriebs- und Geschäftsausstattung
- **Abschreibungen:** z. B. Abschreibungen auf Sachanlagen
- **Zinsen für Fremdkapital:** z. B. Bankzinsen für Kontokorrentinanspruchnahme (Negativsaldo auf dem Girokonto), Zinsen für Bankdarlehen, Zinsen für Gesellschafterdarlehen

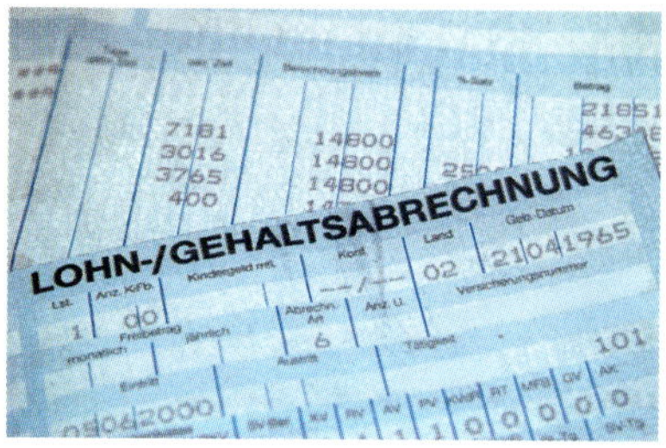

Personalkosten

Raumkosten: Miete

Betriebskosten für Geschirr, Tischwäsche, Dekoration

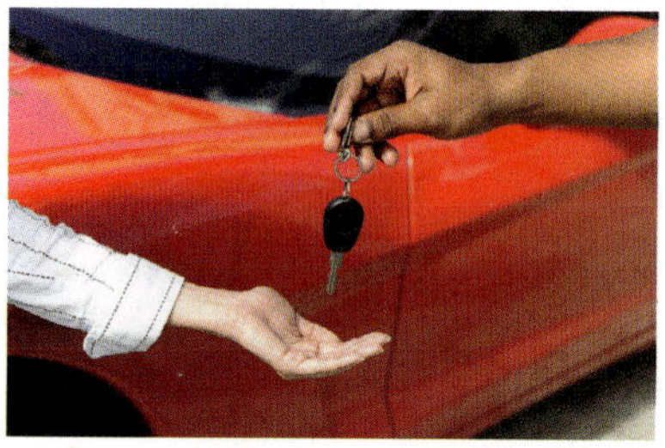
Leasingkosten für das Firmenauto

Für die Zuschlagskalkulation wird in der Regel der Gemeinkostenzuschlag als Prozentsatz der Materialkosten mithilfe folgender Formel berechnet:

$$\textbf{Gemeinkostenzuschlagsatz} = \frac{\text{Gemeinkosten}}{\text{Materialkosten}} \cdot 100\ \%$$

Beispiel 4: Berechnung des Gemeinkostenzuschlags
Im Rahmen der Kostenstellenrechnung werden in Ihrem Hause folgende Werte ermittelt: Materialkosten für Speisen pro Jahr: 61.443,60 €. Ermittelte Gemeinkosten im gleichen Jahr: 191.581,14 €.
Berechnung des Gemeinkostenzuschlags: $GKZ = \frac{191.581{,}14\ € \cdot 100}{61.443{,}60\ €} = 311{,}8\ \%$
Im Rahmen der Zuschlagskalkulation beträgt bei den Speisen in Ihrem Hause der Gemeinkostenzuschlag 311,8 %.

9.5.3 Bruttoaufschlag und Kalkulationsfaktor

Der Inklusivpreis setzt sich aus den Materialkosten und dem Bruttoaufschlag zusammen; dabei enthält der Bruttoaufschlag alle Aufschlagsbestandteile in einem Schritt zusammengefasst, d. h. Gemeinkosten, Gewinnerwartung, Bedienungsgeld und Umsatzsteuer.

Die Preisberechnung aller Speisen und Getränke mithilfe der Zuschlagskalkulation erscheint auf den ersten Blick sehr aufwendig.

Einfacher lässt sich der Inklusivpreis mithilfe des Bruttoaufschlags oder des Kalkulationsfaktors berechnen. Sowohl der Bruttoaufschlag als auch der Kalkulationsfaktor sind betriebliche Kennzahlen.

Inklusivpreis = Materialkosten + Bruttoaufschlag

Dabei geschieht die Berechnung des Inklusivpreises in zwei Schritten:
1. Berechnung des Bruttoaufschlags in €.
2. Addition des Bruttoaufschlags zu den Materialkosten.

Dies soll an einem neuen Beispiel verdeutlicht werden: Betragen die Materialkosten für ein Gericht 2,50 € und liegt der Bruttoaufschlag bei 450 % ist Folgendes zu rechnen:

1. **Ermittlung des Bruttoaufschlags in €:**

$$\frac{\text{Materialkosten} \cdot \text{Bruttoaufschlag (in \%)}}{100\ (\%)} = \text{Bruttoaufschlag (in €)}$$

Beispiel

$$\frac{2{,}50\ € \cdot 450\ \%}{100\ \%} = \mathbf{11{,}25\ €}$$

2. **Ermittlung des Inklusivpreises:**

Materialkosten + Bruttoaufschlag (in €) = Inklusivpreis

Beispiel

2,50 € + 11,25 € = **13,75 €**
Der Inklusivpreis liegt bei 13,75 €.

Eine andere Möglichkeit, die Preise schneller und leichter zu ermitteln, ist die Berechnung mithilfe des sogenannten **Kalkulationsfaktors.**

2. **Berechnung des Inklusivpreises:**

Materialkosten · Kalkulationsfaktor = Inklusivpreis

Beispiel

Liegen die Materialkosten bei 2,50 € und der Kalkulationsfaktor bei 5,5, beträgt der Inklusivpreis 2,50 € · 5,5 = **13,75 €**

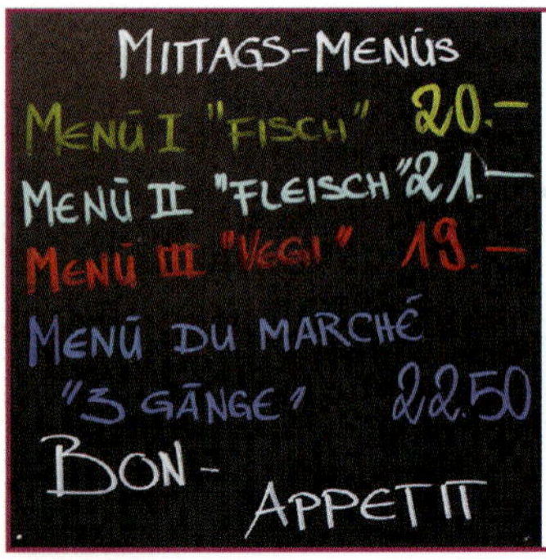

AUFGABEN

1 | Wie hoch ist der Inklusivpreis für ein Essen, wenn die Materialkosten 3,00 € und der Bruttoaufschlag 380 % betragen?

2 | Wie hoch dürfen die Materialkosten für ein Essen sein, wenn mit einem Kalkulationsfaktor von 4,5 gerechnet wird und der Inklusivpreis 22,50 € beträgt?

3 | Wie hoch sind der Bruttoaufschlag und der Kalkulationsfaktor, wenn bei einer Zuschlagskalkulation für ein Essen außer Haus mit 2,00 € Materialkosten, 250 % Gemeinkosten, einem Gewinn von 25 % und der gesetzlichen Umsatzsteuer gerechnet wird?

9.5.4 Rückwärtskalkulation

Manchmal ist es erforderlich, bei einem vorgegebenen Inklusivpreis die maximal möglichen Materialkosten zu berechnen. Dann wird die Rückwärtskalkulation eingesetzt.

Grundlage ist ebenfalls ein Stufenschema, das jedoch im Vergleich zur Zuschlagskalkulation umgekehrt ausgeführt wird. Bei der Berechnung ist darauf zu achten, dass immer vom erhöhten Grundwert ausgegangen werden muss. Also in unserem Beispiel von 119 %, 115 %, 110 % und 300 %.

Rückwärtskalkulation					
Inklusivpreis	119,00 %				15,80 €
– Umsatzsteuer	– 19,00 %				– 2,52 €
= Nettoverkaufspreis	100,00 %	115,00 %			13,28 €
– Bedienungsgeld		– 15,00 %			– 1,73 €
= kalkulierter Preis		100,00 %	110,00 %		11,55 €
– Gewinnerwartung			– 10,00 %		– 1,05 €
= Selbstkosten			100,00 %	300,00 %	10,50 €
– Gemeinkosten				– 200,00 %	– 7,00 €
= Materialkosten				100,00 %	**3,50 €**

Die Materialkosten dürfen bei einem Inklusivpreis von 15,80 € also 3,50 € nicht überschreiten.

Kennt man den für die Zuschlagskalkulation verwendeten Kalkulationsfaktor, ist die Rückkalkulation natürlich wesentlich schneller durchführbar. Hierfür stellt man obige Formel um und erhält dann:

$$\frac{\text{Inklusivpreis}}{\text{Kalkulationsfaktor}} = \text{Materialkosten}$$

Beispiel

$$\frac{15{,}80\ €}{4{,}514} = \mathbf{3{,}50\ €}$$

AUFGABEN

1 | Ein Restaurant kalkuliert mit einem Gemeinkostenzuschlag von 152 % und einer Gewinnerwartung von 15 %. Ein Menü steht mit einem Preis von 13,80 € auf der Karte.
a) Wie hoch dürfen die Materialkosten für dieses Menü sein?
b) Wie verändern sich die maximalen Materialkosten, wenn das Gericht zum Mitnehmen verkauft wird?

2 | Wie hoch dürfen die Materialkosten für ein Essen sein, wenn mit einem Bruttoaufschlag von 350 % gerechnet wird und der Inklusivpreis 22,50 € beträgt?

3 | Wie hoch dürfen die Materialkosten bei einem Inklusivpreis von 12,00 € und einem Kalkulationsfaktor von 4 sein?

4 | Wie hoch ist der Bruttoaufschlag, wenn der Kalkulationsfaktor 3,5 beträgt?

9.5.5 Deckungsbeitragsrechnung und Break-Even-Analyse

Variable Kosten: Materialkosten

Fixe Kosten: z. B. Miete

Die Deckungsbeitragsrechnung geht einen anderen Weg als die Zuschlagskalkulation. Hier werden zunächst alle Kosten, die in einem Unternehmen anfallen, in zwei Gruppen unterteilt, und zwar in:

- variable Kosten
- fixe Kosten

Variable Kosten sind alle Kosten, die bei der Herstellung und dem Verkauf eines Produkts anfallen. Hierzu gehören z. B. alle Materialkosten, Personaleinzelkosten, Energiekosten und Verpackungskosten, die für die Herstellung und den Verkauf der entsprechenden Speisen und Getränke entstehen. **Ihre Höhe ist** daher direkt **abhängig von der Anzahl** der produzierten und verkauften Speisen und Getränke. Allerdings ist es schwierig, ja manchmal fast unmöglich, die variablen Kosten exakt zu berechnen.

Fixe Kosten sind solche, die unabhängig von der Herstellung und dem Verkauf der Speisen und Getränke entstehen. Hierzu gehören z. B. Miete, Prämien für Versicherungen, Grundgebühren für Strom oder Telefon. **Die Höhe** der fixen Kosten ist gemäß ihrer Definition daher **unabhängig von der Anzahl** der produzierten und verkauften Speisen und Getränke.

Grafisch lassen sich die variablen und fixen Kosten wie folgt darstellen:

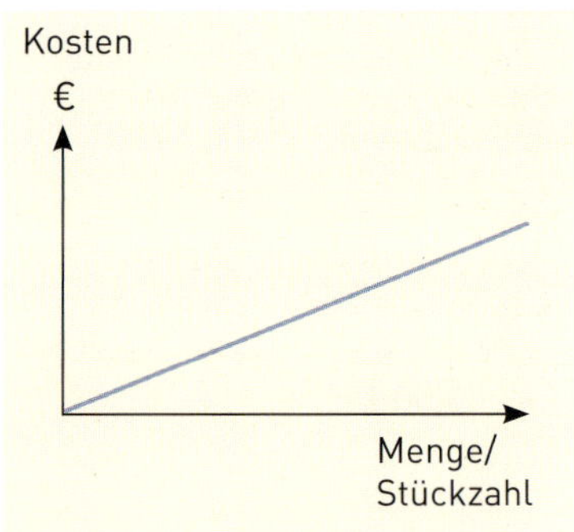

Gesamtkostenkurve variable Kosten

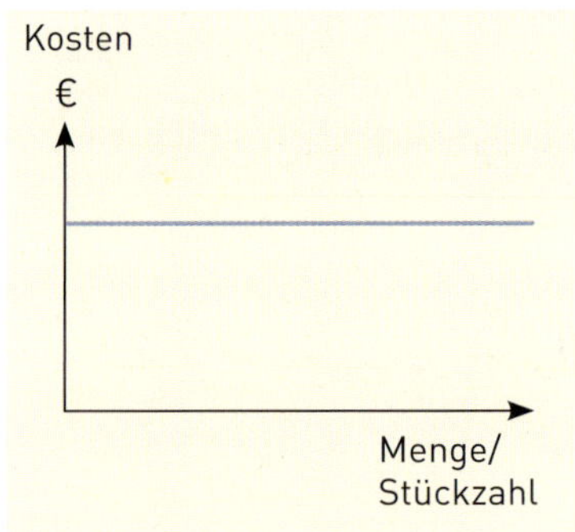

Gesamtkostenkurve fixe Kosten

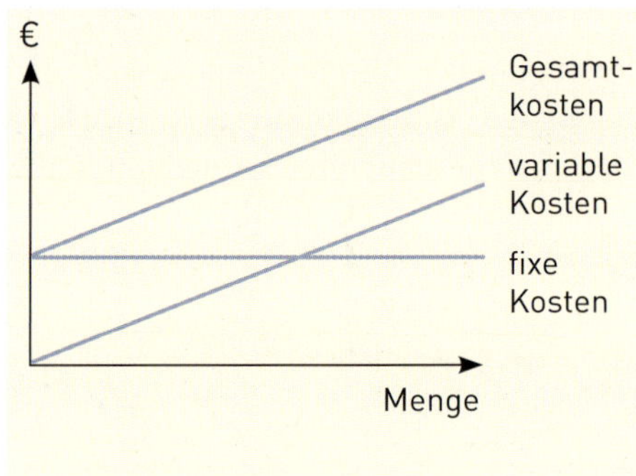

Gesamtkosten

Man erkennt an den Abbildungen deutlich, dass die variablen Kosten steigen, wenn mehr produziert wird, die fixen Kosten dagegen gleich bleiben.

Zumindest die variablen Kosten eines Produkts müssen durch seinen Nettoverkaufspreis gedeckt sein. Das heißt, der **minimale Nettoverkaufspreis** eines Produkts ist immer die **Summe der variablen Kosten** und der **minimale Inklusivpreis** immer die **Summe der variablen Kosten zuzüglich der Umsatzsteuer.**

Allerdings ist es nicht ratsam, alle Produkte zum minimalen Verkaufspreis anzubieten, da ja zusätzlich noch die fixen Kosten gedeckt werden müssen. Außerdem soll auch noch ein Gewinn erwirtschaftet werden. Daher liegt der Inklusivpreis für ein Produkt sinnvollerweise über dem minimalen Preis.

Diese Spanne zwischen minimalem Nettoverkaufspreis und tatsächlichem Nettoverkaufspreis nennt man **Deckungsbeitrag**. Dieser lässt sich wie folgt berechnen:

	tatsächlicher Nettoverkaufspreis pro Stück
–	minimaler Nettoverkaufspreis pro Stück (= variable Kosten pro Stück)
=	**Deckungsbeitrag pro Stück**

Beispiel für die Berechnung des Deckungsbeitrags

	Nettoverkaufspreis für eine Flasche Wein	20,00 €
–	variable Kosten (Wareneinsatz und Service)	– 9,00 €
=	Deckungsbeitrag der Flasche Wein	11,00 €

Der erwirtschaftete Deckungsbetrag kann dazu genutzt werden, die fixen Kosten zu decken.

Der Deckungsbeitrag gibt den Betrag an, der zur Deckung der fixen Kosten zur Verfügung steht.

Sind schließlich durch den Verkauf einer bestimmten Anzahl von Produkten alle fixen Kosten gedeckt, wird durch weitere Verkäufe Gewinn erwirtschaftet.

Der Punkt, d.h. die Anzahl an verkauften Produkten, bei dem alle fixen Kosten gedeckt sind, wird als Break-Even-Point oder Break-Even-Menge bezeichnet.

Diese **Break-Even-Menge** lässt sich wie folgt berechnen:

$$\textbf{Break-even-Menge} = \frac{\text{Fixkosten}}{\text{Deckungsbeitrag pro Stück}}$$

Beispiel für die Berechnung des Break-Even-Menge

Der Wein (siehe oben) soll monatlich 1.000 € Fixkosten erwirtschaften.

$$\frac{1.000\ (€)}{11\ (€\ \text{je Flasche})} = 90{,}9\ \text{Flaschen}$$

Es müssen also 91 Flaschen pro Monat verkauft werden. Ab der 91. Flasche würde Gewinn erzielt werden.

Grafisch ergibt sich der in der Zeichnung dargestellte Zusammenhang:

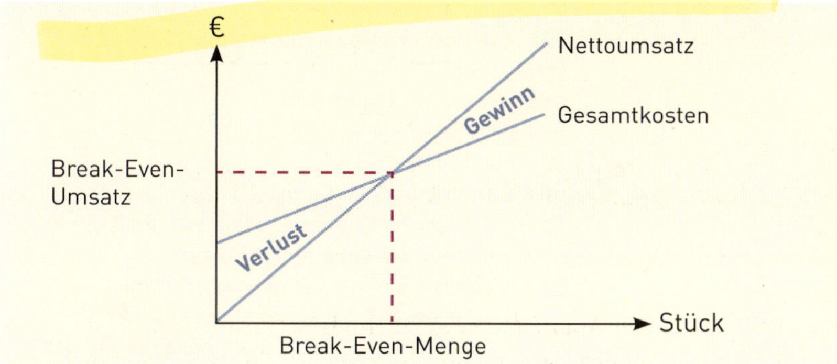

Break-Even-Analyse

Fasst man die Deckungsbeitragsrechnung zusammen, ergeben sich gegenüber der Zuschlagskalkulation vor allem folgende zwei Vorteile:

- Da die Preisuntergrenze bekannt ist, kann ein Preis innerhalb dieser Grenze angepasst werden, z.B. als Reaktion auf einen niedrigeren Preis beim Mitbewerber.
- Mithilfe der Deckungsbeitragsrechnung lässt sich der Gewinnpunkt berechnen, also der Punkt, bei dem alle Kosten gedeckt sind, und das Unternehmen Gewinn erwirtschaftet.

9.6 Aufgaben

1 | Um Waren beim Lieferanten bestellen zu können, müssen Sie zunächst den Warenbedarf ermitteln. Welche Informationen brauchen Sie, um den Warenbedarf und die Bestellmenge für eine Woche möglichst genau festlegen zu können?

2 | Für eine Veranstaltung haben Sie Angebote bei drei Lieferanten eingeholt. Nennen und erläutern Sie kurz zehn Punkte, die Sie bei einem Angebotsvergleich berücksichtigen würden.

3 | Überprüfen Sie, ob bei den folgenden Beispielen ein rechtsgültiger Kaufvertrag zustande gekommen ist. Begründen Sie Ihre Entscheidung.

a) Ein Lieferant schickt Ihnen eine E-Mail und bietet Ihnen einen Weinbrand zu 9,90 € je Flasche an. Am nächsten Tag schicken Sie ihm eine E-Mail und bestellen 5 Flaschen. Dabei geben Sie allerdings als Preis 8,90 € je Flasche an.

b) Sie bestellen per Mail bei einem neuen Lieferanten 10 kg Erdbeeren zu 8,00 € je kg. Der Lieferant liefert am nächsten Tag.

4 | a) Bringen Sie folgende Begriffe für die Berechnung des Bezugspreises bzw. Einstandspreises schriftlich in die richtige Reihenfolge:

- Bareinkaufspreis
- Bezugskosten
- Listenpreis
- Rabatte
- Skonto
- Zieleinkaufspreis

b) Berechnen Sie den Bezugspreis für 10 Flaschen Sherry. Es gilt:

- Listenpreis 8,90 € je Flasche
- Aktionsrabatt 10 %
- Skonto bei Zahlung innerhalb 10 Tage: 3 %
- Transportkosten: 15 €

5 | a) Beschreiben Sie stichpunktartig eine Warenannahme.

b) Erstellen Sie hierzu eine kurze Checkliste.

6 | Schreiben Sie die richtigen Aussagen in Ihr Heft. Verbessern Sie die anderen Aussagen so, dass auch diese richtig sind und notieren Sie diese ebenfalls.

- Für das Arbeiten im TK-Lager muss Schutzkleidung zur Verfügung stehen.
- Für die Lagerung von gesundheitsschädlichen Reinigungsmitteln gilt die Gefahrstoffverordnung.
- Behälter für Lebensmittelabfälle müssen verschließbar sein oder einen Deckel haben.
- Bei der Inventur wird der Istbestand an Waren ermittelt.
- Unter einem Sollbestand versteht man die Menge an Waren, die bestellt werden sollte.
- Der Meldebestand gibt an, wie viel beim nächsten Mal bestellt werden muss.
- Die Höhe des Meldebestands ist auch vom Mindestbestand abhängig.
- Verlängert sich die Lieferzeit, so sinkt der Meldebestand.
- Der durchschnittliche Lagerbestand ist von der Anzahl der Zählungen abhängig.
- Der durchschnittliche Lagerbestand steigt immer, je häufiger bestellt wird.
- Die Umschlagshäufigkeit ist direkt vom durchschnittlichen Lagerbestand abhängig.

7 | Nennen und erläutern Sie kurz fünf Gründe, warum

a) der Istbestand kleiner als der Sollbestand sein kann,

b) der Sollbestand kleiner als der Istbestand sein kann.

8 | Für ein Essen werden 50 Portionen Garnelencocktail benötigt. Sie kaufen die Garnelen tiefgefroren ein. Das Abtropfgewicht von 100 g tiefgefrorener Ware beträgt 80 g. Pro Garnelencocktail werden 60 g Garnelen benötigt.

a) Wie viel Garnelen müssen beim Lieferanten bestellt werden?

b) Der Listenpreis für ein kg Garnelen liegt bei 24,90 €. Wie viel ist für die Garnelen unter Berücksichtigung der Umsatzsteuer zu bezahlen?

9 | Für eine Portion Seezunge „Müllerin Art" sind erforderlich:
250 g Seezunge je kg 15,80 €,
200 g Kartoffeln je kg 0,90 €,
40 g Mehl je kg 1,40 €,
50 g Butter je kg 9,60 €,
Petersilie und Zitronen für zusammen 0,40 €.

a) Berechnen Sie die Materialkosten.

b) Berechnen Sie den Inklusivpreis für ein Essen im Haus bei 110 % Betriebskosten, 22 % Gewinnerwartung, 15 % Bedienungsgeld und der gesetzlichen Umsatzsteuer.

10 | Sie planen im Rahmen einer Aktion mit folgenden Zahlen für ein Gericht:

Summe der variablen Kosten für eine Portion:	4,50 €.
Fixe Kosten, die durch das Gericht im Monat zu erwirtschaften sind:	1.500 €.
Inklusivpreis für das Gericht:	11 €.

Wie viele Portionen müssen Sie nach der Deckungsbeitragsrechnung verkaufen, um Ihre fixen Kosten zu decken?

10 Lebensmittel

Lebensmittel

In der Küche entstehen aus einzelnen Zutaten fertige Speisen, die dann verkauft werden. Damit dies bestmöglich geschehen kann, sind Kenntnisse über die verwendeten Lebensmittel, deren Einkauf und Lagerung sowie über ihre Vor- und Zubereitung notwendig. Genauso wichtig für den Gastronomen sind aber auch Kenntnisse über lebensmittelrechtliche Grundlagen.

10.1 Lebensmittelrechtliche Grundlagen

Das Lebensmittelrecht, das aus mehr als 300 europäischen und nationalen Gesetzen, Verordnungen und Richtlinien besteht, hat vorrangig drei Ziele:

- Schutz des Verbrauchers vor Gesundheitsschäden
- Schutz des Verbrauchers vor Irreführung und Täuschung
- Information des Verbrauchers

a) Schutz des Verbrauchers vor Gesundheitsschäden

Lebensmittel sind „alle Stoffe oder Erzeugnisse, die dazu bestimmt sind oder von denen nach vernünftigem Ermessen erwartet werden kann, dass sie in verarbeitetem, teilweise verarbeitetem oder unverarbeitetem Zustand von Menschen aufgenommen werden". (Verordnung (EG) Nr. 178/2002)

LFGB – Lebensmittel-, Bedarfsgegenstände- und Futtermittelgesetzbuch:

www.gesetze-im-internet.de/lfgb/

Im Sinne des europäischen und deutschen Lebensmittelrechts müssen Lebensmittel so hergestellt bzw. behandelt werden, dass sie für den Verzehr durch Menschen geeignet und nicht gesundheitsschädlich sind. (VO (EG) Nr. 178/2002 Art. 14; LFGB § 5)

Was ist Genfood?
„Mit Gentechnik" gekennzeichnet werden müssen nach VO (EG) Nr. 1829/2003 und 1830/2003

- alle Lebensmittel, die aus genetisch veränderten Organismen hergestellt sind oder so hergestellte Zutaten enthalten (z B. Stärke aus genetisch verändertem Mais).
- alle Lebensmittel, die genetisch veränderte Organismen enthalten (z. B. Joghurt mit genetisch veränderten Milchsäurebakterien).
- alle genetisch veränderten Organismen, die zur Verwendung als Lebensmittel bestimmt sind (z. B. gentechnisch veränderter Lachs).

Was ist Novel Food?
Novel Food sind Produkte, die vor dem 15. Mai 1997 nicht in nennenswertem Umfang innerhalb der EU verzehrt wurden **und**

- die aus Mikroorganismen, Pilzen oder Algen bestehen (z. B. neuartige Schimmelpilzerzeugnisse) **oder**
- die nach einem neuartigen Verfahren hergestellt werden (z. B. enzymatische Konversionsverfahren) und bei denen dieses Verfahren eine bedeutende Veränderung der Zusammensetzung und Struktur bewirkt hat **oder**
- die eine neue oder gezielt veränderte Molekularstruktur haben (z. B. neuartige Fettersatzstoffe).

„Ohne Gentechnik" Siegel

Bedingungen für die Ohne-Gentechnik-Kennzeichnung von Lebensmitteln

- Verbot des Einsatzes von gentechnisch veränderten Organismen (GVO) oder Teilen davon
- Verbot des Einsatzes von Vitaminen, Aromen, Enzymen und anderen Lebensmittelzusatzstoffen, die mithilfe von gentechnisch veränderten Mikroorganismen hergestellt wurden
- Fütterung ohne gentechnisch veränderte Pflanzen. Dabei müssen strenge Fristen eingehalten werden.

- **Bezeichnung des Lebensmittels (Verkehrsbezeichnung):** Hierunter ist die sachlich richtige Bezeichnung für das Lebensmittel zu verstehen. Diese ist entweder in Verordnungen festgelegt oder kann mithilfe der Leitsätze des Deutschen Lebensmittelbuchs ermittelt werden. Fantasiebezeichnungen bzw. Hersteller- oder Handelsmarken können verwendet werden, müssen aber erklärt werden. Imitate müssen gekennzeichnet werden.
- **Zutatenliste** inklusive aller Aroma- und Zusatzstoffe: Sie gibt in absteigender Reihenfolge des Gewichtsanteils die verwendeten Zutaten an. Eine Mengenangabe ist nur erforderlich, wenn Zutaten in der Verkehrsbezeichnung genannt oder auf dem Etikett hervorgehoben sind.

Neue Lebensmittel müssen nicht extra zugelassen werden. Jedes Produkt darf in den Verkehr gebracht werden, solange es die lebensmittelrechtlichen Bestimmungen erfüllt. Nur Zusatzstoffe sowie bestimmte neuartige Lebensmittel (sogenanntes **Novel Food**) und gentechnisch erzeugte Lebensmittel (**Genfood**) müssen ein Zulassungsverfahren durchlaufen.

Vorrangig verantwortlich für die Sicherheit und Unbedenklichkeit der in den Verkehr gebrachten Lebensmittel ist nach der VO EG 178/2202 der Lebensmittelunternehmer. Er hat die Pflicht zur Rückverfolgbarkeit, d. h., er muss dokumentieren, woher er seine Rohstoffe/Lebensmittel bezieht und wohin er sie gegebenenfalls liefert. Für Gesundheits- und Sachschäden, die aus seinem nicht sicheren Produkt resultieren, hat er zu haften. Zudem ist er verpflichtet, das betreffende Produkt vom Markt zu nehmen, die Behörden zu informieren und gegebenenfalls mit ihnen zusammenzuarbeiten.

b) Schutz des Verbrauchers vor Irreführung und Täuschung

Nach LFGB §11 dürfen Lebensmittel nicht unter irreführender Bezeichnung, Angabe oder Aufmachung hinsichtlich

- Art,
- Beschaffenheit,
- Zusammensetzung,
- Menge,
- Haltbarkeit,
- Ursprung,
- Herkunft,
- Art der Herstellung bzw. Gewinnung,
- Wirkung oder
- Eigenschaft

in den Verkehr gebracht oder mit irreführenden Aussagen beworben werden.

Ferner dürfen Lebensmittel, die

- nachgemacht sind,
- hinsichtlich ihrer Beschaffenheit, ihres Nähr- oder Genusswerts oder in ihrer Brauchbarkeit nicht unerheblich gemindert sind oder
- eine bessere als die tatsächliche Beschaffenheit vortäuschen können,

nicht ohne besondere Kenntlichmachung in den Verkehr gebracht werden.

Außerdem ist beim Verkehr mit Lebensmitteln oder in der Werbung die Verwendung von Aussagen, die sich auf die Beseitigung, Linderung oder Verhütung von Krankheiten beziehen, verboten (siehe Kapitel 6.7.2).

c) Information des Verbrauchers

Lebensmittel können verpackt oder unverpackt/lose gehandelt werden. Damit der Verbraucher bzw. der Gastronom aus der Vielzahl der Angebote eine sachkundige Wahl treffen kann, hat der Gesetzgeber bestimmte Vorschriften erlassen, wie die Lebensmittel zu kennzeichnen sind.

Freiwillige Angaben auf Lebensmitteln

- „Ohne Gentechnik": Die Angabe ist warenzeichenrechtlich geschützt (siehe linke Seite).
- Bio-Kennzeichen: Die Lebensmittel stammen aus biologischem/ökologischem Landbau.
- „Geschützte Ursprungsbezeichnung": das Produkt ist nach einem anerkannten Rezept in einem bestimmten Gebiet erzeugt worden.
- „Geschützte geografische Angabe": Das Produkt verfügt über eine bestimmte Qualität, die mit dem bestimmten Gebiet verbunden ist.
- „Garantiert traditionelle Spezialität": Das Produkt wurde nach traditionellen Methoden und Rezepten hergestellt.

Lebensmittelunternehmen

Nach VO (EG) Nr. 178/2002 Art. 3 sind „Lebensmittelunternehmen alle Unternehmen, gleichgültig, ob sie auf Gewinnerzielung ausgerichtet sind oder nicht und ob sie öffentlich oder privat sind, die eine mit der Produktion, der Verarbeitung und dem Vertrieb von Lebensmitteln zusammenhängende Tätigkeit ausführen".
Gemäß dieser Definition gehören somit zu den Lebensmittelunternehmen alle Gaststätten, Restaurants, Imbisse, Bistros und Cafés sowie alle Einrichtungen der Gemeinschaftsverpflegung.

Lebensmittelimitate

Lebensmittelimitate, also Produkte, die andere Lebensmittel nachahmen (wie z. B. Analogkäse aus Pflanzenfett zur Verwendung auf Pizza, Schinkenimitate aus wurstartig zusammengeklebten kleinen Fleischstücken oder Surimi, ein Garnelenimitat), sind grundsätzlich erlaubt, müssen aber eindeutig gekennzeichnet sein.

Functional Food

Functional Food sind Nahrungsmittel, die mit zusätzlichen Inhaltsstoffen (z. B. Vitaminen, Mineralstoffen, Omega-3-Fettsäuren oder Präbiotika) angereichert sind und die deswegen mit einer positiven Wirkung auf die Gesundheit werben. Diese Werbeaussagen bewegen sich allerdings oft in einer rechtlichen Grauzone.

Deklarationspflichtige 14 Allergene

- glutenhaltiges Getreide
- Krebstiere
- Eier
- Fische
- Erdnüsse
- Soja
- Milch
- Sellerie
- Senf
- Sesamsamen
- Schwefeldioxid und Sulfite
- Süßlupinen
- Schalenfrüchte wie z. B. Mandeln, Nüsse oder Pistazien
- Weichtiere wie z. B. Schnecken, Muscheln oder Austern

nichts weiß

- Gerichte von Büfetts, weil bei ihnen die Gefahr einer allergenen Verunreinigung besteht

Die wichtigsten Pflichtangaben sind:

- **Allergene:** Es sind alle Zutaten und Hilfsstoffe zu nennen, die Allergien und Unverträglichkeiten auslösen.
- **Mindesthaltbarkeitsdatum** bzw. **Verbrauchsdatum**, bei eingefrorenem Fleisch, Fleischzubereitungen und unverarbeiteten Fleischerzeugnissen auch das **Einfrierdatum**
- **Netto-Füllmenge:** in Gramm bzw. Kilogramm oder in Milliliter bzw. Liter bzw. bei einigen Lebensmitteln als Mengenangabe in Stück
- **Name/Firma und Anschrift** des Herstellers, der Packstelle oder des Vertreibers
- **Los-/Chargennummer:** Ein Los oder eine Charge umfasst alle die Lebensmittel, die unter praktisch gleichen Bedingungen hergestellt oder verpackt worden sind.
- **Identitätskennzeichen:** bei Lebensmitteln tierischen Ursprungs
- **Herkunftsbezeichnung:** bei einigen Lebensmitteln, z. B. Rindfleisch, Eier, frisches Obst und Gemüse sowie Fisch
- **Botanische bzw. pflanzliche Herkunft:** bei raffinierten Ölen und Fetten
- **Alkoholgehalt** bei Lebensmitteln mit einem Alkoholgehalt von über 1,2 Volumenprozent

Zudem müssen für den Käufer der **Grundpreis** je Kilogramm oder Liter sowie der daraus berechnete **Endpreis** ersichtlich sein.

Die **Nährwertkennzeichnung** mit der Angabe des durchschnittlichen Nährwerts bezogen auf 100 g bzw. 100 ml ist ab Dezember 2016 Pflicht. Bis dahin ist sie nur erforderlich, wenn das Produkt nährwertbezogene Angaben enthält oder Werbung damit gemacht wird (z. B. „reich an Eiweiß").

… **unverpackte Lebensmittel**, wie z. B. für Produkte, die auf Wo… …kten, an der Käsetheke oder **im Restaurant** verkauft werden, gelten … …nnzeichnungsvorschriften. Dies betrifft z. B. den Hinweis auf ver… …Zusatzstoffe und die Angabe des Preises. Seit Dezember 2014 muss … …hinaus über alle Zutaten und Hilfsstoffe informiert werden, die … und Unverträglichkeiten auslösen (siehe Kapitel 6.7.2).

…mation kann schriftlich oder mündlich erfolgen. **Schriftliche** In…smöglichkeiten über Allergene sind z. B.:

- … und Getränkekarten sowie Preisverzeichnisse
- …nge im Restaurant bzw. in der Verkaufsstätte
- …e Allergikerspeisekarte
- …iche Übersicht in Form einer Kladde
- …nische Lösungen wie z. B. Apps

…mation muss jederzeit unmittelbar und leicht zugänglich … sollte deutlich und gut lesbar sein. Die Allergene sollen …st konkret benannt sein.

Erfolgt die Information **mündlich**, muss sie vor dem Bestellen, Servieren und Verzehren geschehen.

10.2 Eier

Sprechen wir von Eiern, verstehen wir darunter immer die Eier von Hühnern. Eier von anderen Tierarten müssen nach diesen benannt sein, z.B. Straußeneier, Enteneier oder Wachteleier.

Straußeneier	Enteneier	Hühnereier	Wachteleier
Gewicht: bis zu 1800 g; entspricht etwa 25 Hühnereiern der Größe L	Gewicht: 60 g – 75 g	Gewicht: 50 g – 80 g	Gewicht: 10 g – 12 g
Geschmack: kräftig	Geschmack: intensiver als bei Hühnereiern; höherer Dotteranteil	Geschmack: abgerundet	Geschmack: intensiv und würzig
Je nach Gewicht brauchen sie 45 Minuten, bis sie weich gekocht sind; bis sie hart gekocht sind, kann es 90 Minuten dauern.	Dürfen nur durchgegart verwendet werden; das Kochen dauert mindestens 10 Minuten.	Zubereitungszeit für ein Ei der Größe L: 5 Minuten für ein weiches Ei; mindestens 7 Minuten für ein hartgekochtes Ei.	Nach 2,5 Minuten ist ein Wachtelei noch weich; nach 4 Minuten ist es hart gekocht.

Straußenei, Entenei, Hühnerei und Wachtelei

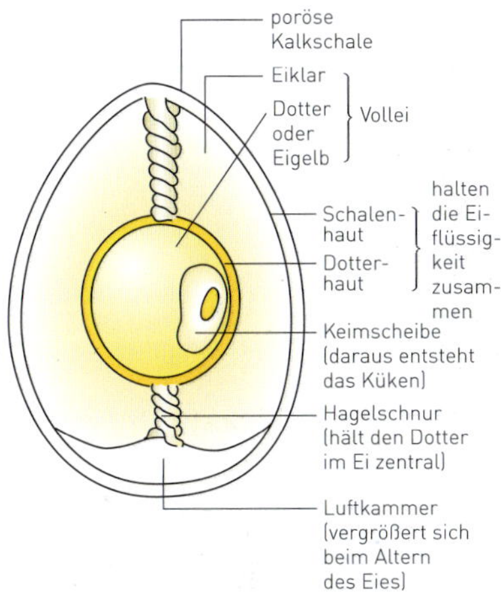

Aufbau des Eies

10.2.1 Nährwert und Eignung

Eier enthalten alle notwendigen Nährstoffe, die für die Entwicklung der Küken notwendig sind. Diese Nährstoffe können auch vom Menschen gut verwertet werden.

Verkaufsargumente für Eier und Eierspeisen

- Eier liefern Eiweiß mit einer hohen biologischen Wertigkeit.
- Eier sind reich an den fettlöslichen Vitaminen D und K sowie an dem wasserlöslichen Vitamin B_{12}.
- Eier enthalten viel Kalzium und Eisen.
- Eier enthalten viel Lecithin, das am Fettstoffwechsel des Menschen beteiligt ist.
- Eier und Eierspeisen sind in der Regel gut verdaulich.

Eier in der Kritik

- Eier enthalten viel Fett; die Zusammensetzung der Fettsäuren ist für den Menschen eher ungünstig.
- Eier haben einen hohen Gehalt an Cholesterin.
- Eier sind aus mikrobieller Sicht nicht unbedenklich; Eier können vor allem mit Salmonellen belastet sein.
- Eier enthalten oft Rückstände von Tierarzneimitteln (z.B. Antibiotika) oder Futtermittelzusatzstoffen. Auch Umweltgifte werden gelegentlich in Eiern nachgewiesen.

10.2.2 Einkauf

Eierverpackung

Erste Orientierungshilfe beim Einkauf ist die **Verpackung der Eier.** Hier finden sich unter anderem folgende Angaben:

- Name und Anschrift der Herstellers, Verpackers oder Verkäufers
- Kennnummer der Packstelle
- Angabe der Güteklasse (Klasse A „Extra“ oder Klasse A bzw. „frisch“)
- Angabe der Gewichtsklasse
- Anzahl der verpackten Eier
- Mindesthaltbarkeitsdatum (28. Tag nach dem Legen)
- Datum, ab wann die Eier im Handel kühl zu lagern sind (ab dem 18. Tag nach dem Legen)
- Hinweise für den Verbraucher: „Bei Kühlschranktemperaturen aufzubewahren“; „Nach Ablauf des Mindesthaltbarkeitsdatums durcherhitzen“
- Angabe der Haltungsart

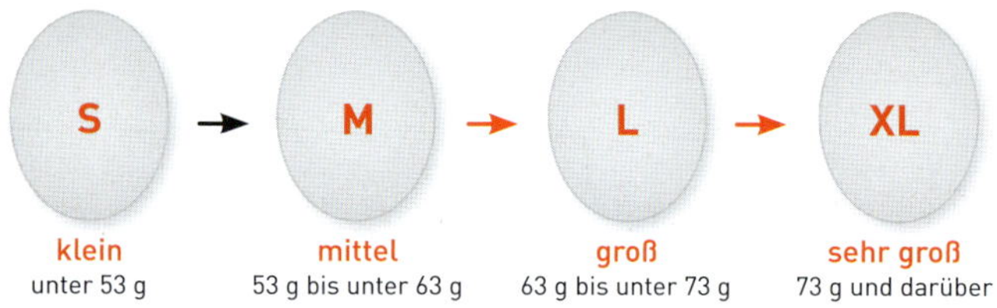

Gewichtsklassen

Zweite Orientierungshilfe beim Einkauf sind die **Eier selbst.** Die Schale sollte keine groben Verschmutzungen aufweisen und unversehrt sein. Der gesetzlich vorgeschriebene Stempel auf den Eiern gibt einen Hinweis auf die Art der Tierhaltung und das Herkunftsland der Eier.

Ei mit Stempel

Bedeutung des Stempels auf Eiern

Art der Tierhaltung	Herkunftsland	Betriebsnummer
0 = ökologische Haltung („Bio-Eier“) 1 = Freilandhaltung 2 = Bodenhaltung 3 = Käfighaltung oder Kleingruppenhaltung	AT = Österreich DE = Deutschland DK = Dänemark FR = Frankreich IT = Italien NL = Niederlande	Die beiden ersten Stellen geben das Bundesland an, die dritte bis sechste Stelle den Betrieb und die siebte Stelle den jeweiligen Stall.

Legehennen in Käfighaltung, in der EU verboten

Legehennen in Bodenhaltung

Legehennen in Freilandhaltung

10.2.3 Lagerung

Eier sollten möglichst schnell verwendet werden. Werden sie dennoch gelagert, gilt:

- Eier getrennt von anderen Lebensmitteln lagern. Aus Eierkartons auspacken und in Plastikbehälter legen.
- Eier vor Fremdgerüchen, Stößen und Sonneneinstrahlung schützen.
- Eier bei Temperaturen von +5 °C bis +8 °C lagern.
- Beschädigte Eier sofort aussortieren und verbrauchen.
- Eier vor dem Ende des Mindesthaltbarkeitsdatums (28. Tag) verarbeiten.

Beurteilungsmöglichkeiten für die Frische der Eier

Verfahren	frische Eier	ältere Eier
Schüttelprobe	kaum Schüttelgeräusche wahrnehmbar	starke Schüttelgeräusche wahrnehmbar
Durchleuchten	kleine Luftkammer	größere Luftkammer
Schwimmprobe	bleibt in Salzlösung unten liegen	das dicke Ende des Eies richtet sich nach oben auf
Aufschlagen	hoch gewölbtes Eidotter, zähes Eiklar	abgeflachtes Eidotter, Eiklar läuft auseinander

Während der Lagerung der Eier kommt es zu folgenden Veränderungen:

- Durch die poröse Kalkschale verdunsten Wasser und Aromastoffe. Die Luftkammer vergrößert sich, das Aroma der Eier verändert sich.
- Das zunächst zähflüssige Eiklar wird dünnflüssiger. Gleichzeitig lässt seine antimikrobielle Wirkung nach. Salmonellen und andere Bakterien können sich leichter vermehren.
- Bakterien und Enzyme bauen die Inhaltsstoffe des Eies zu Stoffwechselprodukten ab, die übel bzw. faul riechen.

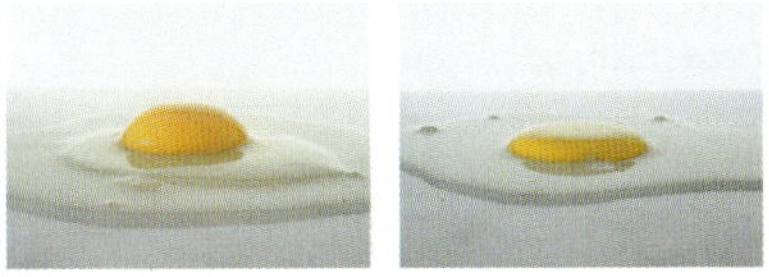

Eidotter eines frischen und eines alten Eies

10.2.4 Verarbeitung und Zubereitung

Verarbeitung

Bei der Verarbeitung von Eiern sind folgende Punkte zu beachten:

- Die Verarbeitung von Eiern sollte an einem separaten Arbeitsplatz erfolgen. Dadurch werden Eier von anderen Lebensmitteln ferngehalten.
- Eier sollten erst unmittelbar vor der Verarbeitung aufgeschlagen werden. Dabei darauf achten, dass keine Eierschalen in die Eiermasse geraten.
- Eierschalen nicht auskratzen. Wenn möglich die Eierschalen direkt in die Abfalltonne werfen; auf keinen Fall auf die Arbeitsfläche legen.
- Eiermassen müssen direkt nach dem Aufschlagen und vollständig verbraucht werden; Reste sind zu entsorgen.
- Nach dem Arbeiten mit Eiern sind die Hände gründlich zu reinigen und gegebenenfalls zu desinfizieren. Auch die Arbeitsgeräte und Arbeitsflächen, die mit rohem Ei, Eiermassen oder den Eierkartons in Berührung gekommen sind, sind sorgsam zu reinigen und eventuell zu desinfizieren.

Schwimmprobe:
frisches Ei, älteres Ei, verdorbenes Ei

Verwendung von Eiern

Die Verwendung von Eiern ist sehr vielseitig. Sie dienen als:

- Hauptrohstoff in Eierspeisen
- Garnitur oder Garniturbestandteil
- Lockerungsmittel (als Eischnee)
- Bindemittel (vor allem bei Backwaren oder Suppen)
- Färbemittel (z. B. bei Backwaren)
- Klärmittel (z. B. für das Klären von Suppen)
- Emulgator (z. B. bei Herstellung einer Mayonnaise)

Eischnee

Spiegelei

Beidseitig gebratenes Ei

Zubereitung

Typische Garmethoden für Eier sind:

- Kochen; z.B. hart oder weich gekochte Eier
- Pochieren; z.B. verlorene Eier oder Eier im Näpfchen
- Kurzbraten; z.B. Spiegelei; Rührei; Omelett

Eier können kalt oder warm gereicht werden. Man findet sie in unterschiedlicher Zubereitung auf Frühstückbüffets. Sie dienen ferner als Vorspeisen, Zwischengerichte und Snacks. Außerdem können sie Bestandteil von Suppen und Saucen, Salaten und Beilagen sowie Hauptgängen und Desserts sein.

Für Speisen, die unter Verwendung roher Bestandteile von Eiern hergestellt werden, gelten zusätzlich besondere gesetzliche Bestimmungen:

- **Warm** zu verzehrende Speisen (z.B. Sauce Hollandaise) müssen innerhalb von **zwei Stunden** nach der Herstellung abgegeben werden.
- **Kalt** zu verzehrende Speisen (z.B. Tiramisu, Mayonnaise oder Mousse au Chocolat) müssen innerhalb von **zwei Stunden nach der Herstellung** auf höchstens **+7 °C** abgekühlt werden und innerhalb von **24 Stunden** verkauft werden.
- Es sind **Rückstellproben** zu nehmen. Diese müssen mit Datum und Uhrzeit versehen werden. Sie müssen bei Temperaturen von maximal –18 °C für die Dauer von sieben Tagen gelagert werden. Auf Verlangen sind Rückstellproben den zuständigen Behörden auszuhändigen.

Diese Bestimmungen gelten nicht, wenn die Speisen einem Verfahren unterzogen wurden, das die Salmonellen sicher abtötet.

In Einrichtungen der Gemeinschaftsverpflegung, in denen besonders empfindliche, kranke oder alte Menschen leben, müssen Speisen, die rohe Eier enthalten, einem Verfahren unterzogen werden, das die Salmonellen sicher abtötet.

Achtung – hier ist Vorsicht geboten

- Suppen und Saucen, die mit rohen Eiern legiert sind
- Dressings, bei deren Herstellung rohe Eier verwendet wurden
- Speisen, bei denen rohe Eier (z.B. als Eischnee) untergezogen wurden, insbesondere Süßspeisen
- rohe Teige, die mit Eiern hergestellt wurden
- Tartar mit rohem Ei
- Cocktails mit rohem Ei/Eiweiß

Verwendung pasteurisierter Eiprodukte

Um der Gefährdung der Gäste durch Salmonellen vorzubeugen, ist es sinnvoll, auf pasteurisierte Eier oder pasteurisierte Eiprodukte zurückzugreifen. Sie werden meist in Tetrapaks angeboten und sind gut lagerfähig. Es sollte aber Folgendes beachtet werden:

- Produktinformationen (z.B. zu Lagerung/Verarbeitung) sorgfältig lesen
- solche Gebindegrößen wählen, die dem Bedarf eines Tages entsprechen
- Behälter immer gut verschließen
- angebrochene Behälter bei max. +4 °C lagern und schnell verbrauchen

AUFGABEN

1 a) Erläutern Sie Gründe, warum der Umgang mit frischen Eiern in der Küche aus hygienischer Sicht bedenklich ist.
b) Nennen und erklären Sie drei Maßnahmen, die bei der Lagerung und Verarbeitung von Eiern aus hygienischer Sicht sinnvoll sind.
c) Beschreiben Sie den Vorteil pasteurisierter Eiprodukte.

2 Eier werden in der Küche oft als Hilfsmittel bei der Zubereitung anderer Speisen verwendet. Erläutern Sie typische Verwendungsmöglichkeiten.

10.3 Milch und Milcherzeugnisse

Wird von Milch gesprochen, ist darunter immer Kuhmilch zu verstehen. Milch von anderen Tierarten muss nach diesen benannt sein, z. B. Schafsmilch. Milchersatzprodukte z. B. aus Soja oder Reis dürfen in der EU nicht als Milch bezeichnet werden. Die Begriffe „Sojamilch" bzw. „Reismilch" sind in Deutschland somit nicht erlaubt.

Kuhmilch

Ziegenmilch

10.3.1 Nährwert und Eignung

Da Milch ursprünglich für die Kälber bestimmt ist, enthält sie alle notwendigen Nährstoffe, die diese für ihre Entwicklung brauchen. Milch ist daher ein vollwertiges Lebensmittel. Ihre Nährstoffe können vom Menschen gut verwertet werden. Die Zusammensetzung schwankt jedoch in Abhängigkeit von der Fütterung. Milch ist eine Fett-in-Wasser-Emulsion (siehe Kapitel 5.1.3) und besteht zu etwa 87 % aus Wasser. Die festen Nährstoffe (13 %) schwimmen fein verteilt in ihr und werden als Trockenmasse bezeichnet.

Verkaufsargumente für Milch

- Milcheiweiß hat eine hohe biologische Wertigkeit.
- Das Milchfett ist gut verdaulich, da es in der Milch fein verteilt und emulgiert vorliegt.
- Der Milchzucker unterstützt die Verdauung. Er dient den Darmbakterien als Nahrung und fördert ihre Vermehrung und ihr Wachstum. So sorgt er für ein gesundes Darmmilieu.
- Milch ist ein bedeutender Lieferant von Kalzium, Phosphor und Jod.
- Milch enthält viel Vitamin A und fast alle Vitamine der B-Gruppe.
- Milch enthält zudem Lecithin, das am Fettstoffwechsel des Menschen beteiligt ist.
- Milchsäurebakterien stärken das Immunsystem und können der Entstehung von Darmkrebs entgegenwirken.

Laktoseintoleranz

Manche Erwachsene leiden unter einer Laktoseintoleranz. Sie können den Milchzucker nicht verdauen. Das führt zu Verdauungsstörungen mit Blähungen und Durchfall.

Milcheiweißallergie

Von der Laktoseintoleranz ist die Milcheiweißallergie zu unterscheiden. Diese geht mit einer aktiven Immunreaktion gegen das Kuhmilcheiweiß einher.

10.3.2 Einkauf

Kennzeichnung

Auf der Milchverpackung sind folgende Angaben zu finden:

- Bezeichnung des Lebensmittels (Verkehrsbezeichnung)/Milchsorte
- Angabe des Fettgehalts in Prozent
- europäisches Identitäts-/Genusstauglichkeitskennzeichen, das Auskunft über die Molkerei gibt
- Mindesthaltbarkeitsdatum
- Art der Wärmebehandlung (z. B. pasteurisiert)
- Füllmenge
- Nährwertkennzeichnung bei einer eventuellen Anreicherung mit Milcheiweiß, Mineralstoffen oder Vitaminen
- freiwillige Angaben, wie z. B. „homogenisiert" oder „ohne Gentechnik"
- das EU-Bio-Logo für Produkte, die nach der EG-Öko-Verordnung hergestellt wurden. Verbandszeichen von Betrieben, die einem ökologischen Anbauverband angehören.

Milchkennzeichnung

Homogenisieren
Beim Homogenisieren wird die Milch durch feine Düsen gespritzt. Dabei zerreißen die Fettkügelchen der Milch. Sie können sich nicht mehr zusammenballen und nicht mehr nach oben steigen (aufrahmen). So bleibt die Milch homogen.

Nicht homogenisierte Milch (links) und homogenisierte Milch (rechts)

Milchsorten, Handelsformen

Die beim Milchbauern auf dem Hof gewonnene Kuhmilch wird **Rohmilch** genannt. Sie wird lediglich gefiltert und gekühlt. Ansonsten ist sie völlig unbehandelt, d. h., sie besitzt noch die natürlichen Bakterien der Milch. Diese können für Menschen mit verminderten Abwehrkräften (wie z. B. Säuglinge, Schwangere oder alte Menschen) gefährlich werden. Daher gelten für den Verkauf von Rohmilch und Rohmilchprodukten besondere Hygienevorschriften. Rohmilch aus eigener Herstellung darf als **„Milch ab Hof"** direkt an den Verbraucher verkauft werden. In den Handel kommt sie als **„Vorzugsmilch"**.

Die meiste Milch wird allerdings an die Molkereien geliefert und dort zu standardisierten Milchsorten weiterverarbeitet. Diese lassen sich nach Art der **Wärmebehandlung** und nach ihrem **Fettgehalt** unterscheiden.

Unterscheidung nach Wärmebehandlung

pasteurisierte Milch	ESL-Milch	ultrahocherhitzte Milch	sterilisierte Milch
▪ Kurzzeitige Erhitzung der Milch auf etwa 75 °C; dadurch werden die meisten Mikroorganismen abgetötet. Geschmack und Konsistenz der Milch werden nur leicht verändert. Zudem geht nur ein geringer Teil der Vitamine verloren. ▪ Pasteurisierte Milch wird als **Frischmilch** verkauft. ▪ Ungeöffnet und bei etwa 6 °C gelagert bleibt sie bis zu 10 Tage genießbar.	▪ Kurzzeitige Erhitzung der Milch auf etwa 120 °C oder Mikrofiltration der Magermilch zur Bakterienentfernung mit anschließender Pasteurisierung. ▪ Kommt als **ESL-Milch** in den Handel; ESL-Milch steht für „Extended Shelf Life-Milch"; das bedeutet in etwa „ Milch mit verlängerter Haltbarkeit". ▪ Bei Lagertemperaturen von maximal 8 °C etwa drei Wochen haltbar.	▪ Kurzzeitige Erhitzung der Milch auf 135 °C bis 150 °C; wird direkt wieder abgekühlt und in Tetrapaks gefüllt. Enthält keine vermehrungsfähigen Keime mehr. Bis zu 20 % der Vitamine gehen verloren; es entsteht ein leichter Kochgeschmack. ▪ Wird als **H-Milch** (haltbare Milch) verkauft ▪ Ungeöffnet ohne Kühlung mehrere Wochen haltbar.	▪ Erhitzung der Milch für etwa 20 Minuten unter Überdruck auf etwa 135 °C; so gut wie alle Vitamine werden zerstört; auch die biologische Wertigkeit der Eiweiße wird herabgesetzt; Geschmack und Farbe der Milch verändern sich. ▪ Kommt als **Sterilmilch** in den Handel ▪ Ohne Kühlung über Monate haltbar.

Unterscheidung nach Fettgehalt

Landmilch	Vollmilch	teilentrahmte Milch	entrahmte Milch
Der Fettgehalt bleibt naturbelassen; sie ist pasteurisiert und homogenisiert. Kommt sie aus kontrollierter ökologischer Landwirtschaft, wird sie auch als „**Biomilch**" verkauft.	Sie hat einen Fettgehalt von 3,5 %, wird pasteurisiert und homogenisiert. Verkauft wird sie unter der Bezeichnung **„Frische Vollmilch"**.	Der Fettgehalt wird auf 1,5 % bis 1,8 % eingestellt. Sie wird auch als **„Fettarme Milch"** bezeichnet.	Der Fettgehalt beträgt höchstens 0,3 %. Alle fettlöslichen Vitamine gehen verloren. Die entrahmte Milch kommt als **„Magermilch"** in den Handel.

Neben den oben genannten Produkten gibt es weitere Milchprodukte:

- **laktosefreie Milch:** Auf enzymatischem Weg wurde die Laktose entzogen.
- **Kondensmilch: Die** Milch wird durch Verdampfen des Wassers eingedickt.
- **Trockenmilch:** Sie kommt als Pulver in den Handel. Bei ihr wurde das Wasser der Milch vollständig entzogen. Trockenmilch ist lange lagerfähig.

Was ist drin im Kaffeeweißer?
Kaffeeweißer ist kein Milchprodukt, sondern wird aus pflanzlichen Rohstoffen – meist Soja – hergestellt.

10.3.3 Lagerung

Frischmilch verdirbt leicht und nimmt schnell Fremdgerüche an. Daher wird sie vor Luft, Licht, Wärme und Fremdgerüchen geschützt. Am besten wird sie bei einer Temperatur von bis zu 8 °C aufbewahrt. Auf das Mindesthaltbarkeitsdatum ist zu achten.

Frischmilch kann unter ungünstigen Bedingungen schnell verderben. Sie wird dann sauer. Auch geöffnete H-Milch kann verderben. Dies geschieht allerdings ohne sichtbare Säuerung. Daher muss bei angebrochenen H-Milchpackungen immer kontrolliert werden, ob die Milch noch gut ist.

Milchkartons und matte Milchflaschen schützen die Milch besser als durchsichtige Flaschen

10.3.4 Verwendung

Milch wird als Grundlage für Eis und Süßspeisen verwendet. Daneben kann Milch auch Suppen und Saucen sowie Teigen und Massen für Gebäck zugesetzt werden. Auch bei Milchreis und Kartoffelpüree ist sie Rezeptbestandteil. Als Zutat zu einigen Gemüsegerichten trägt die Milch zu einem guten Verhältnis von tierischem und pflanzlichem Eiweiß bei.

Wird Milch erhitzt, beginnen sich bei etwa 70 °C die Inhaltsstoffe der Milch zu verändern. Die Eiweiße gerinnen und bilden auf der Milch eine Haut. Gleichzeitig reagiert der Milchzucker zusammen mit dem Eiweiß und setzt sich auf dem Boden ab: Die Milch brennt an. Dabei karamellisiert der Milchzucker und es kommt zu dem typischen Kochgeschmack der Milch.

Milchprodukte/Milcherzeugnisse

10.3.5 Milcherzeugnisse

Milch kann zu **Milcherzeugnissen** verarbeitet werden. Angeboten werden:

- **gesäuerte Milchprodukte** wie Sauermilch (Dickmilch), Buttermilch, Kefir und Joghurt. Hierfür werden der Milch Milchsäurebakterien oder bestimmte Säuerungskulturen (z. B. Joghurtbakterien oder Kefirknöllchen) zugegeben. Diese wandeln den Milchzucker in Milchsäure um. Gleichzeitig bilden sich weitere geschmacksbildende Inhaltsstoffe.
- **Sahneprodukte** wie Kaffeesahne, Schlagsahne oder Crème double. Bei der Herstellung von Sahneprodukten wird nicht homogenisierte Milch durch Zentrifugieren in Milchfett (Rahm) und fettarme Magermilch getrennt. Danach wird durch Rückmischung des Fetts und der Magermilch der gewünschte Fettgehalt der Enderzeugnisse eingestellt.
- **gesäuerte Sahneprodukte** wie Sauerrahm, Schmand und Crème fraîche. Hierfür werden der Sahne Milchsäurebakterien zugesetzt. Es entstehen Produkte mit einem leicht säuerlichen Geschmack und einer festeren, cremigen Konsistenz.

Aufschlagen von Sahne

Sahne kann erst ab einem Fettgehalt von 27 % steif geschlagen werden.

Milcherzeugnisse und ihr Fettgehalt

gesäuerte Milchprodukte	
• Dickmilch	0,3 – 10 %
• Joghurt	0,3 – 10 %
• Buttermilch höchstens	1 %
• Kefir	1,5 – 3,5 %

ungesäuerte Milchprodukte	
• Kaffeesahne	mind. 10 %
• Schlagsahne	mind. 30 %
• Crème double	mind. 40 %

gesäuerte Rahmprodukte	
• saure Sahne/Sauerrahm	mind. 10 %
• Schmand	mind. 20 %
• Crème fraîche	mind. 30 %

10.3.6 Butter

Butter wird aus Rahm, d. h. dem Fett der Milch hergestellt. Der Rahm wird geschlagen. Dabei reißen die Fettkügelchen auf und das Fett trennt sich von der Flüssigkeit. Diese bleibt als Buttermilch zurück. Das Fett dagegen verklebt. So entsteht das Butterkorn. Dieses wird intensiv geknetet, bis eine homogene, geschmeidige Masse entsteht, die Butter.

Nach dem Geschmack werden unterschieden:

- **Süßrahmbutter:** Der Rahm ist ungesäuert. Der Geschmack der Butter ist sahnig-mild.
- **Sauerrahmbutter:** Der Rahm wird vor dem Schlagen durch Zugabe von Milchsäurebakterien gesäuert. Sauerrahmbutter hat einen etwas säuerlichen, nussartigen Geschmack.
- **Mild gesäuerte Butter:** Der Rahm ist ungesäuert. Dem Butterkorn werden Milchsäure oder Milchsäurebakterien zugesetzt.

Die Zusammensetzung der Butter ist gesetzlich festgelegt. Sie muss mindestens 82 % Milchfett und darf höchstens 16 % Wasser enthalten. Der Gehalt an fettfreier Trockenmasse (Eiweiß, Milchzucker, Mineralstoffe) darf bei maximal 2 % liegen.

Butter ist eine Wasser-in-Fett-Emulsion. Sie schmilzt bei niedrigen Temperaturen und ist gut verdaulich. Butter enthält die fettlöslichen Vitamine A und D, Lecithin und Cholesterin. Ihr Aroma ist angenehm, ihr Genusswert hoch.

Butter wird in den Qualitätsstufen **Markenbutter, Molkereibutter, Kochbutter** gehandelt. **Landbutter** wird direkt im landwirtschaftlichen Betrieb hergestellt. Sie besteht aus Rohmilch, d. h. der Rahm ist nicht pasteurisiert.

Butter sollte luft- und lichtgeschützt gelagert werden sowie kühl, am besten bei Temperaturen zwischen 5 °C und 10 °C. Verpackt ist sie etwa drei Wochen haltbar. Sie wird als Brotaufstrich, zur Herstellung von Buttermischungen und Saucen sowie als Backzutat verwendet.

Halbfettbutter
Der Fettgehalt liegt zwischen 39 % und 41 %. Sie darf als **„fettarm"**, **„light"** oder **„leicht"** angeboten werden.

Dreiviertelfettbutter
Der Fettgehalt liegt zwischen 60 % und 62 %. Sie darf als **„fettreduziert"** angeboten werden.

Butterreinfett
Butterschmalz (Butterreinfett) ist ein Butterfett, dem Wasser, Milcheiweiß und Milchzucker entzogen wurden. Butterreinfett ist relativ hitzestabil und gut lagerfähig.

Verwendungsmöglichkeiten von Butter

	Brotaufstrich	Dünsten	Kurzbraten	Langbraten	Frittieren	Backen
Halbfettbutter	+	–	–	–	–	–
Dreiviertelfettbutter	+	o	o	–	–	o
Butter	+	+	o	–	–	+
Butterschmalz	–	+	+	+	+	+

+ geeignet o nur bedingt geeignet – nicht geeignet (Quelle: aid-Heft Nr. 1056 Richtig kochen – schonend zubereiten)

AUFGABEN

1 | Erläutern Sie, warum Milch ein hochwertiges Lebensmittel ist.
2 | Unterscheiden Sie zwischen Laktoseintoleranz und Milcheiweißallergie.
3 | Beschreiben Sie stichwortartig, wie Milch haltbar gemacht wird.
4 | Beurteilen Sie den Gesundheitswert von Butter.

10.4 Käse

Käse wird aus Milch hergestellt. Damit aus der Milch Käse werden kann, muss sie **dickgelegt** werden. Dies geschieht, indem man der Milch entweder Lab oder Milchsäurebakterien zusetzt. Dadurch gerinnt das Milcheiweiß und es entstehen flüssige Molke und ein fester Teil, der sogenannte Käsebruch. Die **Molke** besteht vorwiegend aus Wasser. Sie enthält außerdem wasserlösliche Vitamine und Mineralstoffe, etwas Eiweiß und wenig Fett. Molke wird als Getränk verkauft und von der Lebensmittelindustrie verwertet. Der **Käsebruch** enthält neben dem Milcheiweiß das Milchfett sowie Mineralstoffe und die fettlöslichen Vitamine. Er wird anschließend in mehreren Schritten zu Käse weiterbearbeitet. Dabei verändern sich seine Konsistenz, Farbe, Geruch und Geschmack.

Weltweit gibt es etwa 4000 Käsesorten

10.4.1 Nährwert und Eignung

Käse enthält so gut wie alle Nährstoffe der Milch in konzentrierter Form. Er ist somit ein hochwertiges Lebensmittel und meistens auch gut verdaulich.

Verkaufsargumente für Käse

- Käse ist ein eiweißreiches Lebensmittel. Das Eiweiß ist biologisch hochwertig und gut verträglich.
- Auch das Fett ist gut verdaulich. Es ist Träger der fettlöslichen Vitamine A und E.
- Käse enthält zusätzlich die wasserlöslichen Vitamine B_2 und B_{12} in nennenswerten Mengen.
- Käse ist neben der Milch und vieler Milchprodukte einer unserer wichtigsten Calciumlieferanten.
- Der Milchzucker wird während der Reifung des Käses zu Milchsäure abgebaut. Diese hat einen positiven Einfluss auf die Darmtätigkeit. Nach ca. drei Monaten ist der Milchzucker so gut wie vollständig abgebaut und der Käse kann dann als laktosefrei angeboten werden.
- Für kalorienbewusste Esser sind fettarme Sorten (Sauermilchkäse oder Frischkäse) sowie fettreduzierte Light-Produkte zu empfehlen.
- Pikante Käsesorten schmecken durch die Reifung so kräftig, dass auch ein kleines Stück Käse für einen großen Genuss sorgt.

Käse in der Kritik

- Manche Käsesorten sind sehr fettreich und haben einen hohen Kochsalzgehalt.
- Bestimmte Käsesorten erhalten eine Oberflächenbehandlung. Dabei werden teilweise verschiedene Konservierungsmittel eingesetzt. Daher ist es sinnvoll, die Rinde dieser Käsesorten nicht mitzuessen.
- Während weißer Edelschimmel auf Weichkäse unbedenklich ist, sollte die Rinde von Rotschmierkäsen vor dem Verzehr ebenfalls entfernt werden.
- Manche Käsesorten werden aus Rohmilch, d.h. ohne Pasteurisierung der Milch, hergestellt. Insbesondere bei Weichkäse aus Rohmilch kann dies zu Problemen führen. Diese Sorten können Krankheitskeime wie Listerien und EHEC-Bakterien enthalten. Menschen mit verminderten Abwehrkräften sollten daher Rohmilchkäse meiden.
- Rohmilchkäse enthält meistens mehr biogene Amine als Käse aus erhitzter Milch. Bei empfindlichen Menschen können allergische Reaktionen auftreten.

Käse kann aus der Milch unterschiedlicher Tiere gewonnen werden.

Lab
Lab ist ein eiweißspaltendes Enzym aus dem Kälbermagen.

Verschiedene Käsesorten

Mozzarella
Diese Käsespezialität wurde ursprünglich aus roher Büffelmilch hergestellt (Mozzarella di bufala). Heutzutage erfolgt die Herstellung meist aus Kuhmilch.

10.4.2 Einteilung

Käse lässt sich nach verschiedenen Kriterien einteilen. Die wichtigsten Unterscheidungen sind:

- **Milchart:** Käse kann unter anderem aus der Milch von Kühen, Ziegen, Schafen oder Büffeln gewonnen werden. Wird Käse aus einer anderen Milch als Kuhmilch hergestellt, dann muss auf diese hingewiesen werden.
- **Art der Gerinnung:** Wird der Milch Lab zugesetzt, entsteht **Süßmilchkäse.** Hierzu gehören die meisten bekannten Käsesorten (s. u.). Werden der Milch Milchsäurebakterien zugegeben, entsteht **Sauermilchkäse.** Sauermilchkäse ist besonders fettarm. Er wird nach dem ursprünglichen Herstellungsort (z. B. Harzer, Mainzer oder Olmützer Käse), nach der Form (z. B. Stangen- oder Spitzkäse) oder nach der Herstellungsart (z. B. Korb- oder Handkäse) benannt. Eine besondere Art des Sauermilchkäses ist der sogenannte **„Pasta-Filata-Käse“.** Dieser entsteht durch das Kneten des gesäuerten Käsebruchs in heißem Wasser. Er hat einen bedeutend höheren Fettgehalt. Typisches Beispiel ist der Mozzarella.
- **Herkunftsland:** Beispiele sind für:
  - **Deutschland:** Allgäuer Bergkäse, Harzer, Mainzer, Tilsiter
  - **Frankreich:** Camembert, Brie, Comté, Roquefort
  - **Italien:** Grana Padano, Pecorino, Ricotta, Bel Paese, Gorgonzola, Mozzarella
  - **Niederlande:** Gouda, Edamer
  - **Schweiz:** Emmentaler, Appenzeller, Greyerzer, Raclette
  - **Großbritannien:** Stilton, Chester, Cheddar
  - **Spanien:** Iberico, Manchego, Roncal
- **Reifezeit:** Die meisten Käsearten müssen reifen. Die Reifezeit kann zwischen wenigen Wochen und mehreren Jahren liegen. Durch die Reifung verliert der Käse an Wasser, d. h. sein Anteil an Trockenmasse steigt. Gleichzeitig bekommt er ein intensives Aroma und einen kräftigen Geschmack. Ebenso steigt seine Lagerfähigkeit. Käse, der nicht gereift ist, wird **Frischkäse** genannt. Hierzu gehören z. B. Quark, Ricotta und Mozzarella.
- **Fettgehalt:** Das Fett im Käse beeinflusst seinen Energiegehalt, seine Beschaffenheit und seinen Geschmack. Je höher der Fettgehalt, desto energiereicher, desto kremiger und desto aromatischer und sahniger ist der Käse. Es gibt acht unterschiedliche Fettgehaltsstufen.

Doppelrahmstufe	60 – 85 % Fett i. Tr.
Rahmstufe	mindestens 50 % Fett i. Tr.
Vollfettstufe	mindestens 45 % Fett i. Tr.
Fettstufe	mindestens 40 % Fett i. Tr.
Dreiviertelfettstufe	mindestens 35 % Fett i. Tr.
Halbfettstufe	mindestens 20 % Fett i. Tr.
Viertelfettstufe	mindestens 10 % Fett i. Tr.
Magerstufe	weniger als 10 % Fett i. Tr.

Bei allen Käsesorten muss der Fettgehalt bzw. die Fettgehaltsstufe angegeben sein, außer bei Sauermilchkäse, da er immer zur Magerstufe gehört.

Da der Käse bei der Reifung ständig an Wasser verliert, nimmt das Gewicht des Käses ständig ab. Gleichzeitig steigt natürlich der prozentuale Anteil des Fetts im Käse. Daher wird der Fettgehalt eines Käses meist auf die sogenannte Trockenmasse im Käse bezogen und als „% Fett i.Tr." angegeben. Unter der Trockenmasse eines Käses versteht man alle Bestandteile des Käses. Hierzu gehören also Eiweiß, Fett, Kohlenhydrate, Vitamine und Mineralstoffe, mit Ausnahme des noch im Käse befindlichen Wassers. Die Trockenmasse eines Käses bleibt während des Reifeprozesses weitestgehend gleich. Will man dagegen den absoluten Fettgehalt eines Käses berechnen, muss immer sein Wassergehalt berücksichtigt werden. Der absolute Fettgehalt liegt daher niedriger als der Fettgehalt in der Trockenmasse.

- **Wassergehalt:** Der Wassergehalt eines Käses bestimmt, wie hart ein Käse ist. Fünf Käsegruppen werden unterschieden:

Käsegruppe	Wassergehalt in der fettfreien Käsemasse
Frischkäse	mehr als 73 Prozent
Weichkäse	mehr als 67 Prozent
halbfester Schnittkäse	mehr als 61 bis 69 Prozent
Schnittkäse	mehr als 54 bis 63 Prozent
Hartkäse	maximal 56 Prozent

  - **Frischkäse:** Frischkäse ist ohne Reifung verzehrfertig. Hierzu gehören z.B. Speisequark, Schichtkäse, Cottage Cheese (auch Hüttenkäse genannt), Mascarpone und Ricotta.
  - **Weichkäse:** Typisch ist ein weißer Oberflächenschimmel oder eine Rotschmiere. Weichkäse schmecken aromatisch-säuerlich bis würzig-herzhaft. Zu den Weichkäsen gehören z.B. Camembert, Brie, Romadur, Limburger und Bavaria Blue, aber auch verschiedene Ziegenkäse und Weinkäse.
  - **Halbfester Schnittkäse:** Die Konsistenz von halbfesten Schnittkäsesorten ist weich, dennoch behalten sie ihre Form, wenn sie geschnitten werden. Sie können mild, aber auch würzig schmecken. Typische Beispiele sind Butterkäse, Roquefort, Feta, Gorgonzola, Danablue, Bel Paese und Stilton.
  - **Schnittkäse:** Schnittkäse haben eine Reifezeit von mindestens fünf Wochen. Je älter sie werden, desto kräftiger und würziger wird ihr Geschmack und desto fester ihre Konsistenz. Typische Vertreter sind Appenzeller, Gouda, Edamer, Tilsiter, Raclette, Danbo, Havarti, Stangenkäse und Pyrenäenkäse.
  - **Hartkäse:** Sie haben die längste Reifezeit, manchmal dauert diese sogar mehrere Jahre. Dadurch entwickeln sie einen kräftigen Geschmack. Zu den Hartkäsesorten gehören beispielsweise Emmentaler, Chester bzw. Cheddar, Greyerzer, Parmesan und Gran Padano, Pecorino und Comté.

Berechnung der Fettmenge im Käse

Um den absoluten Fettgehalt eines Käses berechnen zu können, werden Angaben zum Fettgehalt in der Trockenmasse und zum Wassergehalt des Käses benötigt. Erst dann lässt sich die absolute Fettmenge berechnen.

Beispiel:
Wie viel Fett werden bei einem Verzehr von 200 g Käse mit einem Fettgehalt von 40 % i.Tr. und einem Wassergehalt von 55 % aufgenommen?

1. Berechnung der Trockenmasse:
Dies sind 45 %
(= 100 % – 55 % Wasser)
Trockenmasse ist dann $\frac{45}{100} \cdot 200\text{ g} = 90\text{ g}$.

2. Berechnung der absoluten Fettmenge:
40 % von 90 g.
Dies sind $\frac{40}{100} \cdot 90\text{ g} = 36\text{ g}$.
Man hat also 36 g Fett zu sich genommen.

Frisch- und Weichkäse

Schnittkäse und halbfester Schnittkäse

Hartkäse

Schimmelpilzkäse und Käseschimmel
Schimmelpilzkäse wie z. B. Camembert wird mit bestimmten Edelschimmelkulturen versetzt. Diese Kulturen sorgen für die Reifung und das Aroma des Käses. Sie sind erwünscht und gesundheitlich unbedenklich.

Wächst allerdings Schimmel auf Frisch-, Weich- und Schnittkäse, ist der Käse verdorben und darf nicht gegessen werden. Am besten ist es, ihn vollständig zu entsorgen.

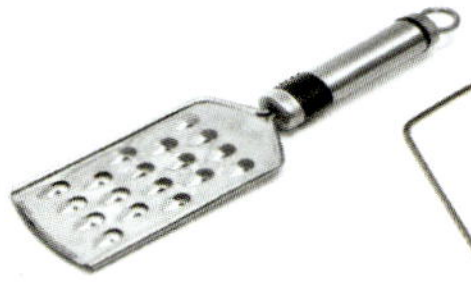

Käsereibe

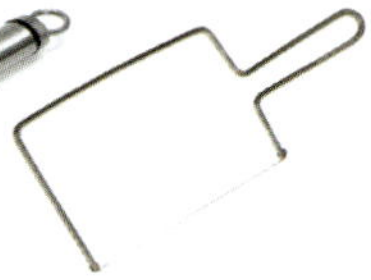

Käsedraht

Käsemesser, Käsespachtel, Käsegabel

Girolle

10.4.3 Lagerung

Käse ist ein empfindliches Lebensmittel und kann bei falscher Lagerung schnell an Qualität verlieren. Er sollte verpackt, d. h. vor Austrocknung geschützt, und dunkel gelagert werden. Die ideale Lagertemperatur ist vor allem vom Wassergehalt abhängig. Gleiches gilt für die maximale Lagerdauer. Bei verpacktem und portioniertem Käse, aber auch bei Frischkäse ist ein Mindesthaltbarkeitsdatum angegeben. Käsesorten mit einer Rinde sind länger haltbar als solche ohne Rinde.

Frischkäse und Quark werden am besten bei etwa 4 °C aufbewahrt. Werden sie zu lange gelagert, werden sie schnell bitter und beginnen zu schimmeln. Weichkäse kann bei Temperaturen zwischen 12 °C und 16 °C etwa eine Woche gelagert werden. Schnitt- und Hartkäse sind wesentlich länger haltbar. Sie vertragen Temperaturen bis 0 °C. Allerdings sind bei einer Temperatur unter 6 °C der Reifungsprozess und die damit verbundene Aromabildung verlangsamt. Seine beste Qualität erreicht der Käse kurz vor Abschluss des Reifungsprozesses. Um Käse nachreifen zu lassen, ist eine luftige und nicht zu kühle Lagerung, zum Beispiel unter der Käseglocke, zweckmäßig.

10.4.4 Verwendung

Die Verwendung von Käse ist sehr vielseitig. Er ist oft **Rezeptbestandteil**; z. B. von Suppen, Eintöpfen und Saucen, von Käsegebäck und Pasteten, aber auch von Salaten. Er kann zum **Gratinieren** (z. B. geriebener Parmesan) verwendet werden oder dient als **Garnitur** oder Bestandteil einer **Panierung** (Mailänder Panierung).

Käse gehört zum **Frühstücksbüfett** (z. B. Käsebrett bzw. Käseplatte), eignet sich als **Snack** zu Wein oder Bier, als **Dessert** (z. B. als Quarkzubereitung), als **eigener Gang** innerhalb eines Menüs (z. B. gratinierter Ziegenkäse als Vorspeise, frittierter bzw. überbackener Camembert als Hauptgang oder Käseteller am Ende eines Menüs) oder als **Spezialität** (wie z. B. Fondue oder Raclette).

Auf Käseplatten sollte der Käse möglichst wenig zerteilt serviert werden, da aufgeschnittene Scheiben schnell austrocken. Üblich ist es, mit dem mildesten Käse oben auf der Platte zu beginnen. Es folgen dann die pikanteren Sorten im Uhrzeigersinn. Zum Dekorieren eignen sich vor allem Früchte, aber auch Radieschen, Gurken und Nüsse.

Käse immer rechtzeitig aus dem Kühlschrank nehmen, denn nur bei Raumtemperatur entwickelt sich sein Aroma besonders gut.

AUFGABEN

1 | Nennen und erläutern Sie drei Möglichkeiten, wie sich Käse einteilen lässt.

2 | Erstellen Sie – nach Ländern geordnet – eine Übersicht über Käsespezialitäten.

3 | Nennen Sie mindestens zehn konkrete Gerichte, bei denen Käse ein Rezeptbestandteil ist.

10.5 Obst

10.5.1 Einteilung

Obst ist die Sammelbezeichnung für alle roh essbaren Früchte und Samen von Bäumen und Sträuchern. Früchte von Stauden wie Tomaten, Melonen und Kürbisse zählen dagegen nicht zum Obst, sondern zum (Frucht-)Gemüse. Obst kann angebaut werden oder als Wildform gesammelt werden. Es wird in verschiedene Sorten eingeteilt:

Kernobst

Apfel

Birne

Quitte

Steinobst

Aprikose

Kirsche

Mirabelle

Pfirsich

Pflaume/Zwetschge

Beerenobst

Brombeere

Erdbeere

Hagebutte

Heidelbeere

Himbeere

rote Johannisbeere

schwarze Johannisbeere

Moosbeere (Cranberry)

Stachelbeere

Weintraube

Beerenähnliche Früchte/Wildbeeren

Holunder

Maulbeere

Sanddorn

Schlehe

Schalenobst

Cashewnuss

Edelkastanie (Marone)

Haselnuss

Kokosnuss

Macadamia

Mandel

Paranuss

Pecannuss

Pistazie

Walnuss

Zitrusfrüchte

Bergamotte

Grapefruit

Kumquat

Limette

Mandarine

Orange

Pampelmuse

Pomelo

Zitrone

Südfrüchte und Exotische Früchte

Ananas

Banane

Cherimoya

Dattel

Feige

Granadille

Granatapfel

Guave

Kaki

Kaktusfeige

Kiwano

Kiwi

Litschi

Mango

Mangostane

Maracuja

Papaya

Physalis

Pitaya

Rambutane

Sternfrucht (Karambole)

10.5.2 Nährwert/Inhaltsstoffe

Obst hat – bis auf das Schalenobst – einen hohen Gehalt an Wasser, ist reich an Mineralstoffen und Vitaminen (vor allem Vitamin C sowie B_1 und B_2) und enthält auch Ballaststoffe (vor allem Zellulose und Pektin). Sein Energiegehalt ist relativ gering. Es enthält zwar teilweise viel Zucker (vor allem Trauben- und Fruchtzucker), allerdings kaum Eiweiß und Fett. Obst ist leicht verdaulich und regt durch seine Aromastoffe und Fruchtsäuren den Appetit und die Verdauung an.

Schalenobst dagegen ist sehr energiereich. Es enthält nur wenig Wasser, dafür viele Kohlenhydrate, Eiweiße und Fette. Die Fette sind allerdings für den Menschen sehr wertvoll. Sie haben einen hohen Anteil an einfach und mehrfach ungesättigten Fettsäuren. Vor allem Walnüsse enthalten viele Omega-3-Fettsäuren. Im Schalenobst sind zudem die Vitamine A und E reichlich vorhanden.

Viele Früchte – vor allem das Schalenobst – können bei manchen Menschen Allergien auslösen. Eine Hilfe für diese Menschen ist die Allergenkennzeichnung (siehe Kapitel 10.1).

Früchte mit einem hohen Vitamin-C-Gehalt
Besonders hoch ist der Vitamin-C-Gehalt bei Zitrusfrüchten, Johannisbeeren und Hagebutten.

Nüsse sind die essbaren Samenkerne unterschiedlicher Früchte. Man bezeichnet diese auch als Schalenobst.

10.5.3 Einkauf und Lagerung

Trotz seiner geringen Haltbarkeit wird Obst aufgrund der weltweiten Vermarktung das ganze Jahr über in guter Qualität angeboten.

Aus ökologischen, aber auch aus ökonomischen Gründen ist es dennoch sinnvoll,
- die Saisonzeiten der einzelnen Obstsorten zu berücksichtigen,
- Obst von regionalen Anbietern zu beziehen,
- Produkte aus biologischem/integriertem Anbau zu bevorzugen.

Beim Einkauf sind einige Punkte zu beachten. Obst sollte:
- ganz bzw. unversehrt, gesund, sauber und von frischem Aussehen,
- frei von Schädlingen und frei von Schäden durch Schädlinge,
- frei von fremdem Geruch bzw. Geschmack und
- frei von nicht normaler äußerer Flüssigkeit sein.

Wird es verpackt angeboten, sollte auch das Verpackungsmaterial sauber und geruchsneutral sein.

Entscheidend ist auch die Reife des Obstes. Manche Früchte reifen nach und können daher auch unreif eingekauft werden, wie z.B. Äpfel, Bananen, Kiwis, Mangos oder Pflaumen. Einige Obstsorten wie Ananas, Beerenfrüchte, Kirschen oder Zitronen reifen dagegen nicht nach und sollten daher vollreif bzw. annähernd vollreif eingekauft werden.

Obst enthält erst dann das ganze Aroma und die optimale Zusammensetzung an wertgebenden Inhaltsstoffen, wenn es vollständig gereift ist.

Saisonzeiten bei Obst beachten

Produkte aus der Region auswählen

Produkte aus biologischem Anbau bevorzugen

Verschimmeltes bzw. überreifes Obst und verschimmelte Nüsse

Obst sollte möglichst nur kurz gelagert werden. Überschreitet das Obst den Reifezustand, wird es weich und eventuell matschig. Außerdem kann es zu schimmeln oder faulen beginnen. Manche Obstsorten verlieren Wasser und trocknen dadurch aus. Ist die Lagerung des Obstes unumgänglich, sollte es bei 4 °C bis 12 °C und einer Luftfeuchtigkeit von ca. 90 % aufbewahrt werden. Allerdings gibt es auch kälteempfindliches Obst wie z. B. Ananas, Bananen und Mangos. Lagert man dieses bei zu niedrigen Temperaturen, treten Schäden auf. Die Früchte verfärben sich, werden wässrig oder bekommen glasige Stellen.

Schalenobst, das zu lange gelagert wird, kann aufgrund seines Fettgehalts ranzig werden. Problematischer ist allerdings die Gefahr der Schimmelbildung bei zu feuchter Lagerung, da die Schimmelpilze das giftige Aflatoxin bilden. Verschimmeltes Schalenobst muss auf jeden Fall entsorgt werden.

10.5.4 Verwendung

Obst sollte, wenn möglich, frisch verzehrt werden. Daher ist es sinnvoll, Obst als Frisch- bzw. Tafelobst anzubieten, z. B.:
- auf einem Obstteller als Nachtisch am Ende eines Menüs
- in einer Obstschale als Bestandteil von Frühstücks- oder Dessertbüfetts
- als Obstsalat auf Büffets oder als Menükomponente
- in einem Früchtekorb in Hotelzimmern oder an der Rezeption
- als Tafelobst für Erfrischungen bei Tagungen
- als Bestandteil von Reiseverpflegungen

Getrocknetes Obst

Obst kann aber auch anderweitig verwendet werden, z. B.:
- getrocknet (Rosinen, Trockenfrüchte)
- kandiert, d. h. mit einer Zuckerlösung behandelt bzw. glasiert oder als Belegfrucht haltbar gemacht (z. B. Belegkirschen)
- als Marmelade oder Konfitüre
- als Fruchtmark oder Smoothie
- als Fruchtsaft oder Fruchtnektar
- gedünstet als Kompott
- verarbeitet in Süßspeisen und Kuchen
- als Teil von Salaten
- als Beilage von Fleischgerichten oder
- als Garnitur

Kandierte Früchte

AUFGABEN

1 | Erklären Sie die Begriffe Kernobst, Steinobst und Schalenobst und nennen Sie jeweils drei Beispiele.
2 | Erläutern Sie, warum Obst ein sinnvolles Nahrungsmittel ist.
3 | Beschreiben Sie stichwortartig, wie Obst am besten zu lagern ist.
4 | Zählen Sie fünf konkrete Verwendungsmöglichkeiten für Obst in der Küche auf.
5 | Nennen Sie fünf typische Obstsorten, die im Sommer (Juni bis August) Saison haben.

10.6 Gemüse

10.6.1 Einteilung

Zum Gemüse gehören alle Pflanzen und Pflanzenteile ein- oder zweijähriger Pflanzen, die roh oder gegart gegessen werden können. Die übliche Einteilung der Gemüse geschieht nach den verwendeten Pflanzenteilen. Sie ist nicht verbindlich. Auch Überschneidungen sind nicht zu vermeiden.

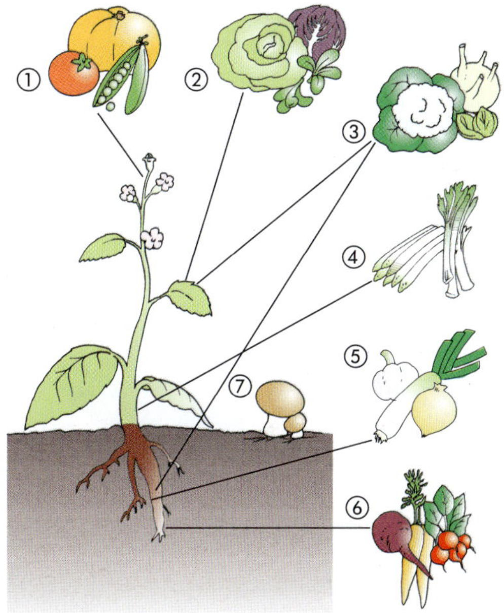

① Frucht- und Samengemüse
② Blattgemüse, Blattsalate
③ Kohlgemüse
④ Wurzelsprossen/Stängelgemüse
⑤ Zwiebelgemüse
⑥ Wurzel- und Knollengemüse
⑦ Speisepilze

Blattgemüse

Zu den Blattgemüsen zählen alle Salatpflanzen, wie z. B. Eisbergsalat, Feldsalat, Chicorée, Radicchio, Kopfsalat, Endiviensalat, Lollo rosso und Lollo bianco sowie Spinat und Mangold. Während die Salatpflanzen roh verzehrt werden, werden Spinat und Mangold meistens gegart, zumindest aber blanchiert.

Eisbergsalat

Feldsalat

Rucola/Rauke

Radicchio

Endiviensalat

Lollo rosso

Stängel- oder Sprossgemüse

Hierzu zählen insbesondere der Staudensellerie und der Rhabarber sowie der grüne und weiße Spargel. Weißer Spargel wächst unter der Erde. Er wird gestochen, bevor die Stangen aus der Erde stoßen. Bekommen die Köpfe Licht, färben sie sich zunächst violett bzw. bläulich, später werden sie grün. Grünspargel wächst dagegen über der Erde. Dabei lagert er Blattgrün (Chlorophyll) ein. Er schmeckt kräftiger und braucht – bis auf die Enden – nicht geschält werden. Die Spargelsaison geht in der Regel Mitte (am 24.) Juni zu Ende.

Staudensellerie

Rhabarber

Grüner Spargel

Weißer Spargel

Gemüse oder Gewürz?

Gemüse, das als Gemüse und Gewürz verwendet wird (z. B. Paprika), wird dann dem Gemüse zugerechnet, wenn es innerhalb einer Mahlzeit ein erkennbarer Hauptbestandteil ist.

Gemüse oder Obst?

Die Unterscheidung zwischen Gemüse und Obst ist nicht immer eindeutig. Oft ist sie traditionell oder kulturell bedingt.

Grobgemüse oder Feingemüse?

Gemüse kann auch in Grobgemüse und Feingemüse eingeteilt werden. Grobgemüse wie Rotkohl, Wirsing, Sellerie oder Grünkohl hat eine feste Zellwandstruktur, Feingemüse wie Tomaten, Spinat oder Spargel hat eine feine Zellwandstruktur.

Wurzel- und Knollengemüse

Manche Pflanzen speichern ihre Nährstoffe in verdickten Wurzeln oder in Knollen oberhalb der Wurzeln. Hierzu zählen Möhre bzw. Karotte, Schwarzwurzel, Knollensellerie, Pastinake, Meerrettich, Rote Rübe, Rettich und Radieschen. Auch die Kartoffel gehört dazu (siehe Kapitel 10.14). Wurzel- und Knollengemüse ist gut lagerfähig.

Möhre/Karotte

Schwarzwurzel

Knollensellerie

Pastinake

Rote Rübe

Fruchtgemüse

Beim Fruchtgemüse sind die Früchte, in denen die Samen der Pflanze heranwachsen, fleischig verdickt. Sie haben einen hohen Wassergehalt, enthalten aber kaum Eiweiß und Fett (bis auf die Avocado). Zum Fruchtgemüse zählen u. a. alle Kürbisgewächse wie Gurke, Kürbis und Zucchini, aber auch Paprika, Tomate, grüne Erbsen und Bohnen sowie Aubergine, Avocado und Okraschote.

Aubergine

Avocado

Kürbis

Okraschote

Zucchini

Kohlgemüse

Kohlgemüse wird typischerweise im Winter angeboten. Es enthält viel Vitamin C, aber auch blähende Substanzen. Bei der Zerkleinerung werden ätherische Senföle freigesetzt, die das typische Kohlaroma ausmachen. Zu den Kohlgemüsen gehören u. a. Blumenkohl, Brokkoli und Romanesco, Weiß-Grün- und Rotkohl, Wirsing und Rosenkohl sowie Chinakohl und Paksoi. Kohlrabi wird manchmal dem Kohlgemüse, manchmal dem Knollengemüse zugerechnet.

Brokkoli

Chinakohl

Grünkohl

Romanesco

Wirsing

Zwiebelgemüse
Zwiebeln sind Speicherorgane der Zwiebelgewächse. Obwohl sie einen hohen Gehalt an Zuckerstoffen haben und deswegen beim Anschwitzen karamellisieren können, schmecken sie aufgrund der in ihnen enthaltenen Schwefelverbindungen scharf und reizen die Tränendrüsen. Zu den Zwiebelgemüsen zählen die Küchen- und Gemüsezwiebel, die Perlzwiebel, die Schalotte, die Frühlings- und Lauchzwiebel sowie der Knoblauch.

Frühlingszwiebel

Lauch/Porree

Knoblauch

Zwiebel, Perlzwiebel, Schalotte

10.6.2 Nährwert/Inhaltsstoffe

Gemüse hat einen hohen Gesundheitswert und Genusswert: Es ist zum einen kalorienarm, da es viel Wasser, aber wenig Eiweiß, Kohlenhydrate und Fett enthält. Zum anderen ist es reich an Vitaminen und Mineralstoffen, oft auch an Ballaststoffen sowie sekundären Pflanzenstoffen. Viele Sorten enthalten intensiv wahrnehmbare und den Appetit anregende Geruchs- und Geschmacksstoffe.

10.6.3 Einkauf, Lagerung und Verarbeitung

Gemüse wird aufgrund der weltweiten Vermarktung das ganze Jahr über in guter Qualität angeboten.

Aus ökologischen, aber auch aus ökonomischen Gründen ist es sinnvoll,
- die Saisonzeiten der einzelnen Gemüsearten zu berücksichtigen, da das Gemüse dann ausgereift und geschmackvoll sowie preisgünstig ist,
- das Gemüse von regionalen Anbietern zu beziehen, da aufgrund kürzerer Transportwege die Umwelt geringer belastet wird,
- Produkte aus biologischem und integriertem Anbau zu bevorzugen.

Gemüse ist möglichst **kurz**, **dunkel**, **kühl** und bei **hoher Luftfeuchtigkeit** zu lagern. Eventuell kann es abgedeckt oder in feuchte Tücher eingewickelt werden. Gemüse wird für kalte und warme **Vorspeisen**, für **Suppen**, vor allem aber für **Beilagen** im Hauptgang verwendet.

Gemüseerzeugnisse
Neben den Gemüsen gibt es auch Gemüseerzeugnisse. Hierzu gehören u. a.:
- Gemüsesäfte
- Essiggemüse, wie z. B. Mixed Pickles und Essiggurken
- Gärungsgemüse, wie z. B. Sauerkraut

Mixed Pickles

Qualitätsanforderungen an Gemüse
Gemüse sollte mindestens folgende Eigenschaften haben:
- unversehrt und sauber
- frisch und entsprechend feucht
- reif
- keinen Fremdgeruch, keinen Fremdgeschmack
- keinen Schädlingsbefall

AUFGABEN

1 a) Erklären Sie den Begriff Gemüse.
b) Nennen Sie jeweils fünf Beispiele für Blatt-, Wurzel- und Fruchtgemüse.

2 Worauf ist bei dem Einkauf und der Lagerung von Gemüse zu achten?

3 Nennen Sie jeweils fünf typische Winter- bzw. Sommergemüse!

10.7 Pilze

Von den Speisepilzen ist nur der oberirdische Fruchtkörper essbar. Die eigentliche Pflanze, das sogenannte **Pilzmyzel**, liegt unter der Erde. Unterschieden werden Wild- und Zuchtpilze. Wildpilze werden zwischen Frühjahr und Herbst gesammelt und daher nur saisonal angeboten. Die Zuchtpilze dagegen sind während des ganzen Jahres erhältlich.

Wildpilze

Maronenröhrling

Morchel

Pfifferling

Steinpilz

Trüffel

Zuchtpilze

Austernseitling

Hallimasch

Kräuterseitling

Shiitake

Zuchtchampignon

Pilze haben einen vergleichbaren Nährwert wie Gemüse.

Verkaufsargumente für Pilze

- Pilze sind kalorienarm.
- Sie enthalten kaum Fett und nur wenig Kohlenhydrate.
- Sie enthalten Mineralstoffe in nennenswerten Mengen.
- Sie haben einen aromatischen Geschmack.

Pilze in der Kritik

- Wildpilze enthalten Schadstoffe, insbesondere Schwermetalle.
- Waldpilze haben oft eine erhöhte Strahlenbelastung.
- Pilze enthalten teilweise schlecht abbaubare Eiweißstoffe und sind deswegen nur schwer verdaulich.
- Pilze verderben schnell; dies kann zu Vergiftungen führen.
- Die versehentliche Verwendung von giftigen Pilzen kann zu schweren Vergiftungserscheinungen oder zum Tod führen.

Frische Pilze sollen von Erde bzw. Sand befreit, saftig, aber nicht überreif sein. Ihr Fleisch ist fest und hell, die Stielenden sind feucht. Pilze sind so frisch wie möglich zu verarbeiten. Man kann sie auch kühl (2 – 4 °C) und luftig lagern, jedoch nicht länger als ein bis zwei Tage. Bei falscher Lagerung werden sie schnell fleckig, trocken und weich. Vor der Verarbeitung sind Pilze sorgfältig und großzügig zu putzen und gut zu waschen. Danach müssen sie abtropfen. Keinesfalls dürfen sie im Wasser liegen bleiben. Wildpilze sollten nicht roh verzehrt werden, da an ihnen Eier des Fuchsbandwurms haften können!

Pilze sorgfältig waschen

Pilze verwendet man als Bestandteile von **Salaten**, als **Beilagen**, als Zutaten von **Suppen** und **Saucen**, oder als Zugaben für **Eier-**, **Reis-** und **Nudelgerichte**. Pilze können gedünstet, gebraten, gegrillt und frittiert werden.

Sollten Pilzreste noch einmal aufgewärmt werden, gilt:
Schnell abkühlen, kühl aufbewahren und danach gut durcherhitzen.

10.8 Hülsenfrüchte und Keimlinge

Als **Hülsenfrüchte** werden die reifen und getrockneten **Samenkerne** von Erbsen, Bohnen, Linsen sowie von Mungo- und Sojabohnen bezeichnet. Sie sind hochwertige Lebensmittel. Grüne Erbsen und Bohnen zählen nicht zu den Hülsenfrüchten, sondern zu den Fruchtgemüsen.

Kichererbsen

Mungobohnen

Rote Bohnen

Rote Linsen

Sojabohnen

Verkaufsargumente für Hülsenfrüchte

- Hülsenfrüchte enthalten hochwertiges Eiweiß, viele Vitamine und Mineralstoffe, gesundheitsfördernde sekundäre Pflanzenstoffe und viele Ballaststoffe.
- Hülsenfrüchte sättigen, sind aber kalorienarm, da sie nur wenig Fett enthalten.

Hülsenfrüchte in der Kritik

- Hülsenfrüchte sind oft schwer verdaulich. Bei dem Abbau durch darmeigene Bakterien entstehen unerwünschte Darmgase. Allerdings können längere Einweichzeiten die Verdaulichkeit verbessern.
- Hülsenfrüchte enthalten Inhaltsstoffe, die schädlich sind, wenn man sie roh ist.

Hülsenfrüchte sollen eine glatte, glänzende Schale haben. Sie sollten sauber sein und keine schwarzen Stellen aufweisen. Form und Größe sollen einheitlich, der Geruch frisch und würzig sein. Auf einen möglichen Schädlingsbefall ist zu achten.

Hülsenfrüchte können bis zu einem Jahr gelagert werden, am besten trocken, luftig, dunkel und unter 20 °C, sinnvollerweise originalverpackt.

Verwendung finden Hülsenfrüchte als **Gemüse** und **Pürees**, in **Salaten**, **Suppen** und **Eintopfgerichten**. Vor dem Garen müssen sie mehrere Stunden lang in Wasser eingeweicht werden. Das Einweichwasser sollte beim Garen möglichst mitverwendet werden, da es Vitamine und Mineralstoffe enthält. Hülsenfrüchte erst nach dem Garen würzen, ansonsten werden sie nicht weich.

Beim Einweichen quellen Hülsenfrüchte auf

Keimlinge bzw. Sprossen entstehen durch Keimung aus den Samen der Pflanzen. Es sind **Jungpflanzen**, die die Samenschale durchbrochen haben. Als Lebensmittel eignen sich vor allem die Keimlinge bzw. Sprossen von:

- Getreide
- Hülsenfrüchten
- Gartenkresse, Rettich, Radieschen und Sonnenblumen

Keimlinge und Sprossen enthalten Vitamine, Mineralstoffe und Ballaststoffe. Sie haben einen herzhaften Geschmack. Ihre Verdaulichkeit ist bedeutend besser als die der Hülsenfrüchte. Während die Keimlinge von Mungobohnen, oder Linsen roh gegessen werden können, sollten die Keimlinge von Soja, Erbsen oder Kichererbsen vor dem Verzehr in kochendem Wasser blanchiert oder schonend gedünstet werden. Verwendet werden Keimlinge bzw. Sprossen für **Salate**, als Einlage von **Suppen** oder zum **Garnieren**.

Keimlinge

10.9 Küchenkräuter, Gewürze und Würzmittel

Küchenkräuter sind Pflanzen, deren Blätter frisch oder getrocknet verwendet werden. In der Küche kommen sie vorwiegend aufgrund ihrer ätherischen Öle als würzende bzw. geschmacksgebende Zutat oder als Garnitur zum Einsatz. Es ist sinnvoll, frische Kräuter erst kurz vor dem Anrichten dem Essen zuzugeben. Sie sollten nicht mitkochen. Getrocknete Kräuter dagegen können ohne weiteres miterhitzt werden. Dabei ist darauf zu achten, dass die Kräuter nicht verbrennen.

Küchenkräuter können angebaut werden oder als Wildkräuter gesammelt werden. Die Abgrenzung zwischen Küchenkräutern und Gewürzen ist nicht immer eindeutig. Meistens aber gilt:

> Gewürze werden in geringen Mengen,
> Küchenkräuter in größeren Mengen verwendet.

Kräuter

Bärlauch

Basilikum

Brunnenkresse

Dill

Estragon

Gänseblümchen

Huflattich

Kerbel

Liebstöckel

Löwenzahn

Majoran/Oregano

Petersilie

Pfefferminze

Rosmarin

Salbei

Sauerampfer

Schnittlauch

Thymian

Die **Trockengewürze** werden meist nach den verwendeten Pflanzenteilen (Blüten, Samen, Früchte, Blätter, Rinden und Wurzeln) unterschieden. Aus unterschiedlichen Gewürzen können auch **Gewürzmischungen hergestellt werden.** Hierzu gehören z. B. Curry, Gulasch- und Lebkuchengewürz, verschiedene Suppengewürze oder auch Kräuter der Provence.

Gewürze

Blüten/ Blütenteile

Kapern

Nelken

Safran

Eigenschaften von Kräutern und Gewürzen

Küchenkräuter und Gewürze enthalten zwar nur wenig Nährstoffe, aber viele ätherische Öle. Diese verbessern den Geruch und Geschmack der Speisen und machen dadurch den Einsatz von Salz teilweise überflüssig. Gleichzeitig regen sie den Appetit an und fördern die Verdauung. Viele Speisen werden durch die Zugabe von Gewürzen bekömmlicher. Sie hemmen zudem das Wachstum der Mikroorganismen und haben somit auch eine konservierende Wirkung. In der Küche werden sie teilweise auch zum Färben von Speisen eingesetzt.

Manche Gewürze wirken allerdings schweißtreibend und blutdrucksteigernd. Außerdem können sich in Trockenkräutern und Gewürzen Keime anreichern, insbesondere dann, wenn sie nur selten gebraucht werden. Zudem gehören sie zu den Lebensmitteln, die relativ häufig eine Allergie auslösen.

Zu den **Würzmitteln** gehören:

- süße Würzstoffe, wie z.B. Zucker, Zuckeraustauschstoffe und Süßstoffe, aber auch Honig und Sirupe (Zuckerrübensirup, Ahornsirup)
- salzige Würzstoffe, wie z.B. Steinsalz, Siedesalz, Meersalz, Himalaya-Salz, aber auch jodiertes Speisesalz und Nitritpökelsalz
- saure Würzstoffe wie Essig (Tafelessig, Weinessig, Kräuteressig, Balsamicoessig) und Zitronensaft
- Würzsaucen wie z.B. Chilisauce, Ketchup, Tabascosauce, Sojasauce, Worcestershire-Sauce und Sambal Olek
- Senf in unterschiedlich intensiven Geschmacksstufen

Zuckersorten

Ahornsirup *Salz*

Essig *Sojasauce*

Senfpulver, Senfblüten, Senf, Senfsamen

Lagerung von Kräutern und Gewürzen

Frische Kräuter sollten immer ohne Blütenbildung eingekauft werden. Müssen sie gelagert werden, ist es am besten, sie gut eingepackt bzw. in einem verschlossem Behälter im Kühlschrank oder im Gemüsekühlhaus aufzubewahren. Sie können aber auch ohne Probleme eingefroren werden. Dann sind sie etwa ein halbes Jahr lagerfähig.

Vor der Verwendung sind sie kurz zu waschen, aber nie lange im Wasser liegen zu lassen. Eine starke Zerkleinerung sollte ebenfalls vermieden werden. Schließlich ist darauf zu achten, dass frische Kräuter – gerade wenn sie schon zerkleinert sind – nicht zu lange in der warmen Küche liegen. Am besten gibt man sie zu den Speisen erst kurz vor deren Fertigstellung.

Gewürze, die noch nicht gemahlen sind, sind über Jahre haltbar. Allerdings sollten sie in der Originalverpackung luftdicht, lichtgeschützt, trocken und kühl gelagert werden. Daher ist es wichtig, lose Gewürze in geeignete Behälter umzufüllen.

Sind die Gewürze dagegen gemahlen, verlieren sie schnell ihr Aroma. Die Pflanzenzellen sind durch das Mahlen zerstört. Daher gemahlene Gewürze immer nur in kleinen Mengen einkaufen und sie in aromadichten Spezialpackungen aufbewahren.

Salz, Zucker, Honig und **Sirupe** sind trocken zu lagern. Sollte beim Honig der Zucker auskristallisieren, das Glas kurz in warmes Wasser stellen und nach dem Öffnen den Honig umrühren.

Essig lässt sich lange lagern, am besten kühl und dunkel. Beim **Zitronensaft** ist zu unterscheiden, ob er konzentriert oder frisch gepresst ist. Konzentrierter Zitronensaft ist über Wochen haltbar, frisch gepresster in der Regel nur ein bis zwei Tage. Generell gilt für Essig und Zitronensaft: Werden die Würzmittel trüb, schleimig oder flocken sie aus, sollten sie entsorgt werden. Das gleiche gilt, wenn sie ungewohnt riechen oder einen Fremdgeruch angenommen haben.

Würzsaucen sind lange haltbar, selbst wenn die Packung geöffnet und angebrochen wurde. Ketchup sollte nicht länger als sechs Wochen verwendet werden.

Senf ist unbedingt kühl zu lagern. Wird er bei Raumtemperatur aufbewahrt, verliert er schnell seine Schärfe. Dies gilt auch, sobald er angebrochen wurde.

AUFGABEN

1 | Listen Sie zu jeweils fünf Küchenkräutern und Gewürzen jeweils drei typische Verwendungsmöglichkeiten auf.

2 | Welche Eigenschaften haben Küchenkräuter und Gewürze?

3 | Wie sind Küchenkräuter, Gewürze und Würzmittel am besten zu lagern?

10.10 Getreide

Zur Familie der Getreide gehören sieben Sorten:
Weizen, Gerste, Roggen, Hafer, Hirse, Mais und Reis. Dinkel ist mit dem Weizen verwandt, Grünkern ist unreif geernteter Dinkel, der geröstet und getrocknet wird. Einkorn oder Emmer, die oft als Bio-Getreide angeboten werden, sind Untersorten des Getreides Triticale, eine Kreuzung aus Weizen und Roggen.

Ölsamen
Sesam, Mohn, Leinsamen, Sonnenblumen- und Kürbiskerne sind besonders ölhaltige Samen verschiedener Pflanzen. Sie zählen nicht zu den Getreidearten.

Weizen

Gerste

Roggen

Hafer

Hirse

Mais

Reis

Dinkel

Grünkern

10.10.1 Aufbau und Nährwert des Getreidekorns

Die Früchte des Getreides werden als Körner bezeichnet. Ein Getreidekorn besteht im Wesentlichen aus der Randschicht, dem Keimling und dem Mehlkörper.

Die **Randschicht**, die auch als **Kleie** bezeichnet wird, umfasst die Frucht- und Samenschale sowie die direkt darunterliegende Aleuronschicht. Die Schalenteile enthalten viele Ballaststoffe, Vitamine und Mineralstoffe, die Aleuronschicht vor allem biologisch hochwertiges Eiweiß und verschiedene Enzyme.
Der **Keimling**, aus dem im Ackerboden eine neue Getreidepflanze heranwachsen soll, ist zudem reich an Vitaminen (insbesondere der B-Gruppe), Mineralstoffen und hochwertigem Eiweiß. Zusätzlich enthält er Fett mit vor allem ungesättigten Fettsäuren.
Der **Mehlkörper**, der etwa 80 % des Getreidekorns ausmacht, besteht hauptsächlich aus Stärke sowie etwas Eiweiß.

Weizen, Roggen, Gerste und Hafer enthalten ein Eiweiß, das Gluten oder Klebereiweiß genannt wird. Mais, Reis und Hirse sind glutenfrei.

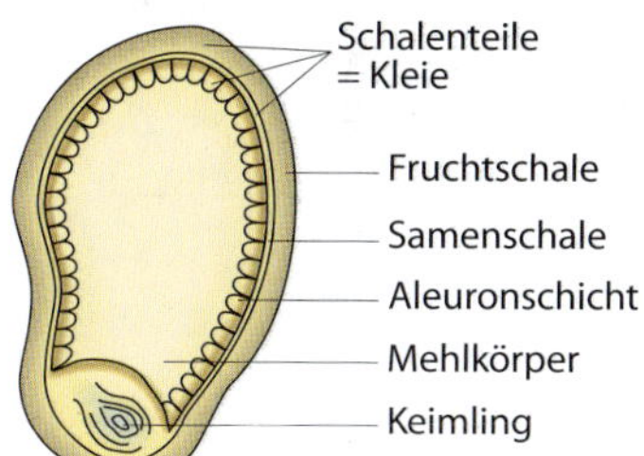

Aufbau des Getreidekorns

Verwandte des Getreides und getreideähnliche Pflanzen
Bulgur ist vorgekochter Weizen. **Couscous** wird aus dem Grieß von Weizen, Gerste oder Hirse hergestellt. **Quinoa** ist der Samen eines Gänsefußgewächses und **Amaranth** der Samen eines Fuchsschwanzgewächses. **Wildreis** ist der Samen einer nordamerikanischen Gräserart. Auch **Buchweizen** ist kein Getreide, sondern ein Knöterichgewächs. Er wird aber wie Getreide verwendet.

Schrot

Grieß

Mehl

10.10.2 Getreideprodukte

Wird das Getreidekorn gemahlen, entstehen je nach Feinheit des Mahlprozesses und Ausmahlungsgrad unterschiedliche Produkte.

Nach der **Feinheit des Mahlprozesses** werden unterschieden:

- **Schrot:** nur grob gemahlen; verwendet für die Herstellung von Schrotbrot
- **Grieß:** etwas feinkörniger gemahlen; verwendet für die Herstellung von Nudeln, Grießklößchen oder Desserts
- **Dunst:** griffig gemahlen; industriell verwendet für Teigwaren
- **Mehl:** fein gemahlen; das am häufigsten verwendete Mahlerzeugnis

Nach dem **Ausmahlungsgrad** werden unterschieden:

- **Vollkornerzeugnisse:** Sie enthalten bis auf die Fruchtschale alle Bestandteile des gereinigten Korns. Sie sind gesundheitlich sehr wertvoll, können aber aufgrund des enthaltenen Fetts schnell ranzig werden.
- **Auszugsmehle:** Je nachdem, wie viel von den Randschichten ausgemahlen wurde, entsteht mehr oder weniger helles Mehl. Der Ausmahlungsgrad wird durch die **Mehltype** bzw. Typenzahl des Mehls ausgedrückt. Diese gibt an, wie viel Milligramm Mineralstoffe in 100 g wasserfreiem Mehl enthalten sind.

Zusammenhang zwischen Mehltype, Ausmahlungsgrad und Farbe

Mehltype	Menge der Mineralstoffe in 100 g wasserfreiem Mehl	Ausmahlungsgrad	Bestandteile	Farbe des Mehls
405	405 mg Mineralstoffe	niedrig (ca. 50 %)	nur Mehlkörper	hell
1600	1 600 mg Mineralstoffe	hoch (ca. 85 %)	Mehlkörper und Teile der Randschichten	dunkel

Graupen

Grütze

Flocken

Weitere Getreideerzeugnisse

Aus dem Getreidekorn können auch andere Produkte hergestellt werden:

- **Graupen:** Abgerundete Körner, durch Schälen, Schleifen und Polieren des Getreidekorns (oft Gerste) hergestellt; Verwendung als Suppeneinlage.
- **Grütze:** Geschälte und zerschnittene Körner, meist von Hafer, Gerste oder Buchweizen; Verwendung für Suppen oder zur Herstellung von Breien.
- **Flocken:** Geschälte Körner (meistens vom Hafer), gedämpft, gequetscht und dann getrocknet; Verwendung für Müsli, Cornflakes (aus Maisflocken), Porridge oder Gebäck.
- **Stärke:** Durch Auswaschen des Mehlkörpers (meistens von Weizen, Mais oder Reis) mit Wasser gewonnen; dient als Bindemittel.

Lagerung und Verarbeitung von Mehl

Mehl und andere Getreideerzeugnisse sollen in verschlossenen Verpackungen bei Temperaturen von max. 20 °C, trocken, bei niedriger Luftfeuchtigkeit gelagert werden. Sie werden hauptsächlich zu Brot und Backwaren, aber auch zu Nudeln verarbeitet.

10.11 Brot und Kleingebäck

Um Brot und Kleingebäck zu produzieren, muss ein Teig hergestellt werden. Dieser besteht in der Regel aus gemahlenem oder geschrotetem Getreide und/oder Getreideerzeugnissen, Wasser, Salz und einem Lockerungsmittel wie Hefe oder Sauerteig. Außerdem können Fett, Milch und Milchprodukte, Nüsse, Trockenfrüchte, Zucker und Gewürze sowie Backmittel zugegeben sein. Geschnittenen Broten, Roggenbroten und abgepackten Broten dürfen als Schutz gegen Schimmel auch Konservierungsmittel wie Sorbin- oder Propionsäure zugesetzt sein.

Weizenbrot

In Deutschland gibt es viele hundert Brotsorten. Je nach ihrem Anteil an Weizen bzw. Roggen lassen sie sich grob in vier Gruppen unterteilen:

- **Weizenbrote:** mindestens 90 % Weizenanteile
- **Weizenmischbrote:** zwischen 50 und 89 % Weizenanteile
- **Roggenbrote:** mindestens 90 % Roggenanteile
- **Roggenmischbrote:** zwischen 50 und 89 % Roggenanteile

Weizenmischbrot

Darüber hinaus gibt es viele Spezialbrote. Dazu gehören z. B. Brote mit einem anderen Getreide als Weizen und Roggen, Diätbrote und Brote aus biologisch erzeugtem Getreide.

Kleingebäck unterscheidet sich vom Brot allein durch die Größe, die Form bzw. das Gewicht. Die Obergrenze für das Gewicht liegt bei 250 Gramm. Zum Kleingebäck gehören somit Brötchen, Hörnchen bzw. Croissants sowie Stangen und Brezeln. Zwieback ist ein Feingebäck, das in Scheiben geschnitten und geröstet wird. Es ist trocken und mürbe.

Roggenbrot

Brot und Kleingebäck enthält vorrangig Kohlenhydrate, aber auch Eiweiß, Vitamine der B-Gruppe sowie viele Mineralstoffe. Ballaststoffe sind ebenfalls vorhanden.

Wenn möglich, Vollkornprodukte verzehren. Diese enthalten wesentlich mehr Vitamine, Mineralstoffe und Ballaststoffe als Brote aus niedrig ausgemahlenen Mehlen.

Roggenmischbrot

Die Haltbarkeit von Brot und Kleingebäck ist sehr unterschiedlich. Unverpacktes Brot und Kleingebäck ist am besten bei Zimmertemperatur im Brotkasten oder anderen sauberen und trockenen Behältern zu lagern. Verpacktes Brot sollte man am besten in der Originalverpackung aufbewahren.

Nur bei hohen Temperaturen und einer hohen Luftfeuchtigkeit sollte man Brot und Kleingebäck im Kühlschrank oder Kühlhaus lagern. Das Brot trocknet dann zwar schneller aus, aber es schimmelt nicht so schnell.

Kleingebäck

Frisches Brot und Kleingebäck kann auch eingefroren werden. Bei -18 °C hält es sich bis zu ungefähr drei Monaten.

10.12 Nudeln/Teigwaren

Der Nudelteig besteht in der Regel nur aus Weizen(vollkorn)mehl oder Weizengrieß und Wasser, eventuell Eiern sowie etwas Salz und ein wenig Öl. Durch Zugabe bestimmter Rohstoffe kann seine Farbe variiert werden:

- schwarz: Sepiatinte (aus dem Tintenbeutel der Tintenfische)
- grün: Spinat, Petersilie oder Brennnessel
- rot: Tomaten, Paprika oder Rote Bete
- orange: Karotten oder Safran

Verschiedene Nudelsorten:
① Spaghetti ② Tagliatelle ③ Lasagneblätter ④ Pappardelle ⑤ Farfalle ⑥ Penne ⑦ Cannelloni ⑧ Fettuccine ⑨ Conchiglione ⑩ Fusilli

Gefärbte Nudeln

Gnocchi und Schupfnudeln

Gnocchi und Schupfnudeln zählen laut Lebensmittelrecht nicht zu den Teigwaren, da sie vorwiegend aus Kartoffeln bestehen.

Glasnudeln

Glasnudeln sind keine Teigwaren, da sie aus der Stärke von Sojabohnen, Mungobohnen oder anderen Hülsenfrüchten hergestellt werden.

Nudeln gibt es in vielen Formen, allein in Deutschland sind es über 100, z. B.:

- Schnüre oder Fäden: Spaghetti, Fedeli, Vermicelli
- Bänder oder Streifen: Tagliatelle, Linguine, Fettucine
- Spiralen: Fusilli
- Zylinder oder Röhren: Makkaroni, Penne, Canneloni, Rigatoni
- Muscheln oder Wellen: Conchiglie, Oreciette
- Schmetterlinge: Farfalle
- gefüllte Nudeln: Tortellini, Ravioli, Lasagne, Maultaschen; Wan-Tan-Nudeln

Eiernudeln müssen mindestens 100 g Vollei auf 1000 g Weizenmehl enthalten.

Spätzle sind Nudeln, die nicht bissfest, sondern zart und weich sein sollen. Sie werden deshalb nicht geformt und getrocknet, sondern direkt von einem Brett oder durch die Spätzlepresse in das kochende Wasser gegeben.

Nudeln enthalten vorrangig Kohlenhydrate in Form von Stärke und Ballaststoffen. Als Trockenprodukt sind sie bei richtiger Lagerung (trocken, luftig, Zimmertemperatur) lange haltbar. Bei frischen Teigwaren sind die empfohlene Kühltemperatur und das Mindesthaltbarkeitsdatum zu beachten.

Nudeln können als **Suppeneinlage**, als **Vorspeise**, **Sättigungsbeilage** oder selbstständiges **Hauptgericht** verwendet werden. Dann sind folgende Portionsgrößen sinnvoll:

- Suppeneinlage: 20 bis 30 Gramm
- Vorspeise: 50 bis 60 Gramm
- Sättigungsbeilage: 80 bis 100 Gramm
- selbstständiges Hauptgericht: 100 bis 150 Gramm

AUFGABEN

1 | a) Nennen Sie die sieben Getreidesorten.
b) Aus welchen Teilen besteht das Getreidekorn?
c) Was ist Gluten? Welche Probleme kann Gluten verursachen?
d) Beschreiben Sie den Unterschied zwischen Mehl und Grieß.

2 | Nennen Sie fünf typische Nudelformen mit entsprechenden Beispielen.

10.13 Reis

Reis ist ein Getreide, das vor allem in den Tropen und Subtropen angebaut wird. Das Reiskorn besteht aus Keimling, Mehlkörper und Silberhaut. (Die Silberhaut entspricht der Frucht- und Samenschale sowie der Aleuronschicht eines Getreidekorns). Reis enthält nur wenig Fett und Eiweiß, aber viel Stärke, B-Vitamine, Magnesium und Kalium. Reis ist vielseitig verwendbar. Einige Sorten haben allerdings ein intensives Eigenaroma (wie z.B. Basmati und Jasminreis). Üblicherweise wird Reis unterteilt:

- nach der Form bzw. Sorte
- nach der Bearbeitung des Reiskorns

Einteilung nach Form

Form bzw. Sorte	Eigenschaften	Verwendung
Langkornreis (z. B. Patna oder Basmati)	▪ langes, spitzes Korn ▪ hart und glasig ▪ enthält mehr Eiweiß ▪ bleibt nach dem Kochen locker und körnig	▪ Beilagen ▪ Suppeneinlage ▪ Salate ▪ Reisgerichte (wie Pilaw)
Mittelkorn- und Rundkornreis (wird oft auch Milchreis genannt) (z. B. Arborio, Vialone, Bomba)	▪ rundes Korn ▪ mattweiß ▪ quillt stark auf, verklebt leicht ▪ wird beim Kochen meistens weich und breiig (bis auf Bomba-Reis)	▪ Risotto (vor allem Arborio) ▪ Paella (vor allem Bomba) ▪ Süßspeisen

Einteilung nach Bearbeitung

Bearbeitung des Reiskorns	Eigenschaften
Vollkorn-, Braun- oder Naturreis	▪ ungeschält mit Silberhaut und Keimling ▪ enthält zusätzlich Ballaststoffe ▪ schmeckt kräftig ▪ hat eine längere Garzeit ▪ kann aufgrund des Fettgehalts ranzig werden
Weißreis bzw. geschliffener Reis	▪ geschält, geschliffen und poliert ▪ Silberhaut und Keimling sind entfernt ▪ enthält nur den Mehlkörper (Stärke) ▪ lange lagerfähig
Parboiled Reis	▪ Reis wird mit Druck und Dampf behandelt ▪ Vitamine und Mineralstoffe werden ins Innere gepresst, dann werden die Silberhaut und der Keimling entfernt ▪ Reiskorn ist kochfest
Schnell-kochreis	▪ vorgegart und getrocknet ▪ wird schnell gar
Kochbeutel-reis	▪ ist fertig portioniert ▪ er schwimmt beim Kochen im Beutel ▪ gibt es als Naturreis oder Parboiled Reis, auch als Mischung aus Langkornreis mit Wildreis

Langkornreis

Naturreis

Geschälter Reis

Parboiled Reis

Mittelkorn- bzw. Rundkornreis

Naturreis

Geschälter Reis

Wilder Reis

Wildreis ist kein Reis, sondern der Samen einer Grasart aus Nordamerika. Er ist dunkel und von leicht nussartigem Geschmack. Die Garzeit des vorgequollenen Wildreises liegt bei etwa 30 Minuten.

Schwarzer Reis

Schwarzer Reis ist ein Vollkornreis. Er enthält sehr viel Spurenelemente, Mineralstoffe (insbesondere Eisen) und Antioxidantien. Schwarzer Reis schmeckt leicht nussig. Er wird vor allem in Asien angebaut.

Roter Reis

Roter Reis ist ein Naturreis. Er erhält seine Farbe durch die tonhaltigen Böden, auf denen er wächst. Er hat einen leicht nussigen Geschmack. In Europa wird er vorwiegend in der Camargue/Frankreich und in der Poebene/Italien angebaut.

10.16.3 Einkauf, Lagerung und Verarbeitung

Lagerzeiten von tiefgefrorenem Wild

Tierart	Lagerzeit
Wildschwein	6–10 Monate
Hase und Wildkaninchen	8 Monate
Reh- und Hirschwild (mager)	12–18 Monate
Teilstücke (gespickt)	1–3 Monate

Bis auf Wildkaninchen und Hasen wird Wild heute in der Regel zerlegt und meistens tiefgefroren im Handel angeboten. Bevorzugte Teilstücke sind Rücken, Keule und Schulter, allerdings werden auch Hals, Brust und Bauch angeboten. Die beste Fleischqualität haben Tiere im Alter von etwa zwei Jahren, bei Wildkaninchen und Hasen Tiere im ersten Lebensjahr.

Wildbret muss ähnlich wie Schlachtfleisch einige Zeit abhängen: kleinere Tiere zwischen drei und fünf Tagen, größere ungefähr eine Woche. Nach der Reifung kann frisches, küchenfertiges Wildfleisch nur noch kurze Zeit (ein bis zwei Tage) aufbewahrt werden. Die ideale Lagertemperatur liegt zwischen 2 °C und 4 °C.

Die Lagerdauer von tiefgefrorenem Wildfleisch ist vom Fettgehalt der Tiere abhängig: je weniger Fett, desto länger die Lagerdauer. Tiefgefrorenes Wildbret ist mürber als frisches.

Nach der Lagerung erfolgt die Verarbeitung. Dabei können folgende **Schritte** anfallen:

- Parieren und Zuschneiden der Fleischstücke
- Marinieren des Fleisches älterer Tiere
- Spicken oder Bardieren magerer Fleischteile

Fleisch und Fleischprodukte aus Elchfleisch erfreuen sich immer größerer Beliebtheit

Wildknochen splittern leicht (Verletzungsgefahr!). Daher die Knochen immer sägen, nicht hacken.

Aufgetautes Fleisch darf nicht mariniert werden, da es ansonsten wegen der gelockerten Zellstruktur zu hohen Auslaugverlusten des Fleisches kommt.

Im Wildbret können sich die unterschiedlichsten Mikroorganismen befinden. Daher muss es immer gut durcherhitzt werden. Die Kerntemperatur sollte mindestens 10 Minuten lang 70 °C oder 3 Minuten 80 °C betragen.

Das Fleisch jüngerer Tiere ist zart und eignet sich zum Braten oder Grillen. Es wird entweder im Ganzen (z. B. gebratener Hasenrücken) oder zerteilt als Steak, Kotelett oder Geschnetzeltes zubereitet. Das Fleisch älterer Tiere sowie das Fleisch aus Hals-, Brust- und Bauchbereich wird bevorzugt geschmort (z. B. Hasenpfeffer, Hirschragout).

AUFGABEN

1 | Erklären Sie den Begriff Wild.

2 | Nennen Sie typische Zubereitungsmöglichkeiten von Wild.

3 | Formulieren Sie speisenkartengerecht eine Hauptspeise mit Wild als Hauptkomponente.

10.17 Hausgeflügel und Wildgeflügel

10.17.1 Einteilung

Beim Geflügel wird zwischen Haus- und Wildgeflügel unterschieden.

Huhn

Pute

Hausente

Hausgans

Perlhuhn

Fasan

Rebhuhn

Wachtel

Wildtaube

Wildente

Wildgans

Zum **Hausgeflügel** gehören Vögel, die als Nutztiere gehalten und gemästet werden. Hierzu zählen Hühner, Puten (Truthähne), Enten, Gänse und Perlhühner.

Als **Wildgeflügel**, das auch **Federwild** genannt wird, werden vor allem Fasane, Rebhühner, Wachteln sowie Wildtauben, Wildenten und Wildgänse angeboten. Auch Wildgeflügel wird mittlerweile oft wie Hausgeflügel auf Farmen gezüchtet. In den letzten Jahren wird auf dem deutschen Markt außerdem Straußenfleisch verkauft. Allerdings zählt Straußenfleisch rechtlich nicht zum Geflügel. Hier sind deshalb die allgemeinen Hygienevorschriften für Fleisch zu beachten.

Strauß

Jagdzeiten für Wildgeflügel

Wildgeflügel	Jagdzeit in Deutschland
Fasan	Oktober bis Januar
Rebhuhn	September bis November
Wachtel	ganzjährige Schonzeit
Wildtaube	November bis Februar
Wildente	September bis Januar
Wildgans	November bis Januar

10.17.2 Inhaltsstoffe und Eignung

Der Nährwert des Hausgeflügels schwankt nicht nur von Tierart zu Tierart, sondern er ist auch vom Alter der Tiere abhängig. So ist z. B. der Fettgehalt eines Suppenhuhns ungefähr dreimal so hoch wie der eines Brathähnchens. Selbst die Zusammensetzung der verschiedenen Fleischteile eines Tiers kann recht unterschiedlich sein. So enthält die Keule eines Tiers in der Regel mehr Fett als sein Brustfleisch. Schließlich nimmt auch die Art der Tierhaltung und der Fütterung Einfluss auf die Qualität des Fleisches, seinen Gehalt an Nährstoffen und seinen Geschmack. Das Fleisch des Wildgeflügels ist im Vergleich zum Hausgeflügel dunkler und wesentlich aromatischer.

Verkaufsargumente für Geflügel und Geflügelspeisen
- Hausgeflügel enthält viel hochwertiges Eiweiß.
- Der Fettgehalt ist bis auf den von Enten und Gänsen relativ niedrig. Insbesondere Wildgeflügel, aber auch Hühner und Puten eignen sich somit für Diätkost und leichte Vollkost.
- Das Fett der Enten und Gänse hat einen hohen Anteil an ungesättigten Fettsäuren.
- Hausgeflügel hat in der Regel wenig Bindegewebe. Insbesondere das helle Fleisch ist feinfaserig. Dadurch ist es leicht verdaulich.
- Hausgeflügel enthält als Mineralstoffe vor allem Eisen und Zink. Es ist zudem eine gute Quelle für Vitamine der B-Gruppe.
- Geflügelfleisch ist das ganze Jahr über in guter Qualität erhältlich. Es ist meistens preiswerter als Schlachtfleisch.

Geflügel in der Kritik
- Hausgeflügel wird oft intensiv gehalten. Viele Tiere leben auf engem Raum in Käfigen oder in Bodenhaltung.
- Geflügel ist aufgrund der Haltung anfällig für Krankheiten und Parasiten. Insbesondere die häufig vorkommende Belastung mit Salmonellen stellt eine große Herausforderung beim hygienischen Umgang mit Geflügel dar. In den letzten Jahren bereitete sich unter den Geflügelbeständen zudem die Vogelgrippe aus.
- Oft wird versucht, beim Tierfutter Kosten zu sparen. Es wird z. B. billiges Fischmehl verfüttert. Zudem werden dem Geflügelfutter häufig legal oder illegal Tierarzneimitteln (z. B. Antibiotika) oder Futtermittelzusatzstoffe zugesetzt.

10.17.3 Einkauf, Lagerung und Verarbeitung

Kriterien für den Einkauf von Geflügel
- vollfleischig
- gleichmäßiger Fettansatz
- sauber
- kein Fremdgeruch
- keine Verletzungen
- kein Gefrierbrand
- Federn oder Federkiele nur an Brust, Schenkeln oder Rumpf

Gänseschmalz ist ausgebratenes Gänsefett mit niedrigem Schmelzpunkt; es wird gern als Brotaufstrich verwendet.

Geflügelfleischetikett

Einkauf

Geflügel kann frisch, gefroren oder tiefgefroren sein. Man kann ganze Tiere erhalten oder nur Teilstücke/Geflügelteile. Daneben gibt es auch küchenfertige Zubereitungen, wie z. B. Steaks, Schnitzel oder Geschnetzeltes sowie Frikadellen, Nuggets oder Grillspezialitäten. Ebenfalls werden verzehrfertige Produkte, wie z. B. Geflügelwurst, -schinken oder Pasteten angeboten.

Zu unterscheiden sind beim Einkauf insbesondere:
- **Hähnchen (Broiler, Hendl, Poulet):** maximal 6 Wochen alt; ihr Gewicht liegt zwischen 800 g und 1200 g. Hähnchen können beiderlei Geschlechts sein.
- **Poularden:** Masthühner, die bis zu 10 Wochen gemästet sind und noch vor der Geschlechtsreife geschlachtet werden. Ihr Gewicht liegt bei mindestens 1200 g. Poularden haben ein günstigeres Fleisch-Knochen-Verhältnis als Hähnchen.
- **Suppenhühner:** Legehennen, die meist nach der ersten Legeperiode im Alter von 12 bis 15 Monaten geschlachtet werden. Ihr Gewicht liegt je nach Rasse bei 1,5 bis 2 kg.

Geflügel wird lose oder verpackt angeboten. Gesetzliche Vorschriften regeln, welche Informationen angegeben sein müssen. Hierzu gehören:
- Handelsklasse
- Verkehrsbezeichnung
- Angebotszustand
- Herrichtungsform
- Preis je Kilogramm, Gesamtpreis
- Herkunftsland
- Verbrauchsdatum bei frischem Geflügel, Mindesthaltbarkeitsdatum bei gefrorenem oder tiefgefrorenem Geflügel
- Gewicht
- empfohlene Lagertemperatur
- Zulassung des Schlacht- bzw. Zerlegebetriebs

Stammt das Geflügel aus biologischer bzw. ökologischer Erzeugung, kann dies auf dem Etikett vermerkt sein. Gleichzeitig ist das EU-Bio-Logo abgebildet und die Codenummer der verantwortlichen Kontrollstelle angegeben.

Lagerung

Frisches Hausgeflügel muss nach dem Schlachten nur ein bis zwei Tage abhängen. Danach kann es sofort verwendet werden. Die Lagerung erfolgt bei Temperaturen zwischen +2 °C und +4 °C. Dies muss unter Einhaltung aller notwendigen hygienischen Maßnahmen geschehen, denn viele Tiere sind mit Salmonellen oder Campylobacter-Bakterien belastet. Insbesondere die Geflügelhaut ist ein idealer Keimboden für die Bakterien. Um eine Kreuzkontamination zu vermeiden, muss rohes Geflügel möglichst abgedeckt immer getrennt von gegarten Geflügelspeisen, aber auch von anderen Lebensmitteln gelagert werden. Außerdem ist es spätestens bis zum Verbrauchsdatum zu verarbeiten.

Geflügelsortiment

Gefrorenes Geflügel ist durchgängig bei mindestens –12 °C, tiefgefrorenes bei mindestens –18 °C zu lagern. Dabei ist unbedingt auf die Einhaltung der **Kühlkette** zu achten. Abhängig vom Fettgehalt des tiefgefrorenen Geflügels ist etwa ab dem vierten Monat mit Qualitätsverlusten zu rechnen.

Im Gegensatz zum Hausgeflügel muss Wildgeflügel länger abhängen. Dies geschieht üblicherweise im Federkleid. Beim Abhängen entwickelt sich dann der typisch süßliche, strenge und intensive Verwesungsgeruch von Wildtieren. Er wird als **Hautgoût** bezeichnet. Heutzutage wird Wildgeflügel in der Regel küchenfertig angeliefert.

Die Kühlkette darf bei gefrorenem Geflügel nicht unterbrochen werden

Verarbeitung

Aufgrund möglicher mikrobiologischer Risiken sind bei der Verarbeitung von Geflügel hohe Anforderungen an die Arbeitsplatz- und Personalhygiene zu stellen.

Gefrorenes oder tiefgefrorenes Geflügel wird zur Verarbeitung zunächst aus der Verpackung genommen und im Kühlschrank oder Kühlraum bei Temperaturen bis max. +7 °C aufgetaut. Das Auftauwasser muss ungehindert abfließen können und darf keinen Kontakt zu anderen Lebensmitteln haben. Ist das Geflügel aufgetaut, wird es unter fließendem Wasser gründlich gewaschen und dann mit Küchenkrepp abgetrocknet.

Die Auftauflüssigkeit muss abfließen können

Die Verarbeitung von Geflügel muss getrennt von anderen Rohstoffen erfolgen. Am besten findet diese mit separaten Arbeitsgeräten an einem separaten Arbeitsplatz statt. Nach dem Arbeiten mit Geflügel sind die Hände sowie alle Arbeitsflächen und Arbeitsgeräte gründlich zu reinigen und gegebenenfalls zu desinfizieren.

Heutzutage wird Geflügel in der Regel garfertig angeliefert. Dennoch können vor dem Garen einige weitere Arbeiten notwendig sein. Dies ist insbesondere dann der Fall, wenn Geflügel im Ganzen eingekauft wird. Zu den Vorbereitungsarbeiten gehören:

- **Waschen:** Das Geflügel im Ganzen – gegebenenfalls nach dem Auftauen – innen und außen gründlich waschen. Danach mit der Bauchöffnung nach unten am besten in einen Durchschlag stellen. So kann das Waschwasser gut abtropfen.

Waschen von Geflügel

Geflügel einreiben
Statt Geflügel mit Speck zu umwickeln, kann man es vor dem Braten auch mit einer Mischung aus Öl und Gewürzen einreiben.

Karkasse
Das nach dem Auslösen zurückbleibende Knochengerüst wird in der Fachsprache „Karkasse" genannt.

Zerlegen von Geflügel

Kontrolle der Kerntemperatur
Bei der Temperaturkontrolle mit dem Kernthermometer ist darauf zu achten, dass der Knochen nicht berührt wird. Dieser ist in der Regel heißer als das umgebende Fleisch.

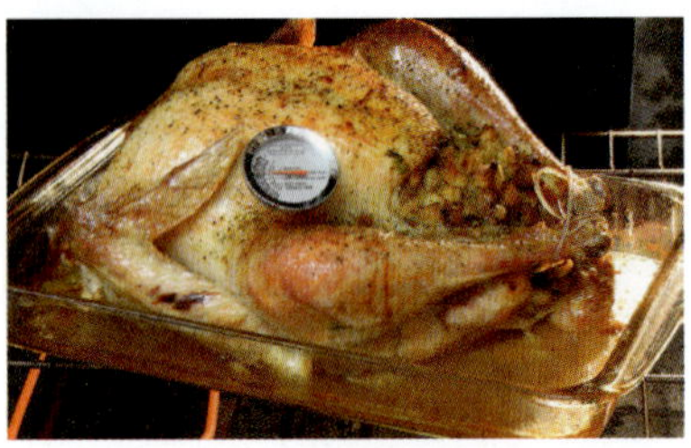

- **Binden (Bridieren):** Mithilfe von Küchengarn werden Flügel und Keulen fest an den Geflügelkörper gebunden, damit sie beim Garen, insbesondere beim Braten und Grillen, dieselbe Garzeit haben und nicht vorzeitig verbrennen.
- **Bardieren:** Das Geflügel, insbesondere die Geflügelbrust, wird mit Scheiben von dünnem Speck umwickelt. Dadurch wird das Austrocknen beim Braten verhindert. Dies ist vor allem bei Wildgeflügel und jungem, magerem Hausgeflügel erforderlich.
- **Auslösen und Füllen:** Insbesondere kleine Geflügeltiere, wie Stubenküken, Rebhühner oder Wachteln, werden oft gefüllt zubereitet. Dann ist es erforderlich, vor dem Füllen die Knochen auszulösen, d. h. herauszutrennen. Die Karkassen können zum Ansetzen von Brühen oder Saucen genutzt werden.
- **Spalten:** Werden Hähnchen gegrillt, werden sie vorher mit einem schweren stabilen Messer längsseits der Wirbelsäule in zwei Teile gespalten.
- **Zerlegen:** Für bestimmte Garverfahren, wie Frittieren oder Schmoren, werden die Flügel abgeschlagen, dann die Keulen abgetrennt und schließlich das Geflügel in Brust- und Rückenteile zerlegt.

Zubereitung
Innerhalb der Speisenfolge von Menüs ist Geflügel vielseitig einsetzbar. So kann es als **Fingerfood**, kalte oder warme **Vorspeise**, **Suppe**, **Zwischengericht** oder **Hauptgang** angeboten werden.

Das garfertig vorbereitete Geflügel kann im Ganzen oder in Teilen verwendet werden. Junges Geflügel eignet sich vor allem zum Grillen und Braten, ältere Tiere eher zum Kochen und Schmoren. Wildgeflügel wird typischerweise gebraten oder geschmort.

Wichtig ist aufgrund der Keimbelastung, dass das Geflügel bei allen Zubereitungsarten durchgegart ist. Der Garzustand wird immer an den Geflügelkeulen überprüft. Das Geflügel ist dann gar, wenn sich das Fleisch vom Beinknochen ablösen lässt und der beim Anstechen austretende Fleischsaft klar ist. Dies erfordert eine Kerntemperatur von 80 °C über mindestens 3 Minuten oder eine Kerntemperatur von 70 °C über mindestens 10 Minuten. Diese kann mit einem Bratenthermometer gut kontrolliert werden.

Hygieneregeln für Geflügel

- kühl lagern
- richtig auftauen
- hygienisch verarbeiten
- gut durchgaren

AUFGABEN

1 | Erläutern Sie den Unterschied zwischen Haus- und Wildgeflügel und nennen Sie zu jeder Gruppe jeweils vier Arten.

2 | Beschreiben Sie ausführlich, was aus hygienischer Sicht bei der Lagerung und Verarbeitung von Geflügel zu beachten ist.

10.18 Fische und Meeresfrüchte

10.18.1 Nährwert und Eignung

Fische sind Wirbeltiere, die durch Kiemen atmen und ihre Körpertemperatur der Umgebungstemperatur anpassen können. Bei uns werden etwa 100 Arten küchentechnisch genutzt und tragen somit zu unserer Ernährung bei.

Fische und Meeresfrüchte enthalten wertvolle Nährstoffe. Allerdings unterscheiden sich die einzelnen Fischarten im Gehalt an Fett, Eiweiß und Mineralien erheblich.

Fettgehalt
Der Fettgehalt der Fische verändert sich mit der Jahreszeit. Am höchsten ist er bei jugendlichen Fischen und bei fortpflanzungsfähigen Fischen kurz vor der Laichzeit.

Verkaufsargumente für Fisch

- Fische enthalten viel Eiweiß, das biologisch hochwertig und leicht verdaulich ist.
- Fische haben einen hohen Anteil an mehrfach ungesättigten Fettsäuren, vor allem an Omega-3-Fettsäuren.
- Fische enthalten fettlösliche Vitamine.
- Fische sind ein guter Lieferant für Jod.
- Fische haben nur wenig Bindegewebe und sind daher zart und leicht verdaulich.
- Fische (außer Fettfische) liefern weniger Energie als Fleisch.

Fisch in der Kritik

- Fische enthalten teilweise hohe Mengen an Schadstoffen, wie z. B. Schwermetalle und Dioxine. Diese können sich im Fisch anreichern.
- Fische können von Parasiten, wie z. B. Würmern, befallen sein.
- Fische enthalten viele Bakterien, wie z. B. Listerien. Diese können sich auch in gekühlten rohen Lebensmitteln vermehren.
- Fische haben einen hohen Gehalt an Histamin, das allergische Reaktionen und Herz-Kreislauf-Probleme verursachen kann.

10.18.2 Einteilung der Fische

Fische können nach verschiedenen Kriterien eingeteilt werden. Die wichtigsten sind Körperform und Lebensraum.

Kriterium	Einteilung	Beschreibung	Beispiele
Körperform	Rundfische	Körperform ist im Querschnitt rund	Forelle, Zander, Karpfen, Lachs, Makrele, Thunfisch, Kabeljau
	Plattfische	platte Körperform; Fische schwimmen in Seitenlage	Heilbutt, Steinbutt, Scholle, Seezunge, Flunder
Lebensraum	Süßwasserfische	leben in Binnengewässern, wie Seen, Bächen und Flüssen	Forelle, Karpfen, Zander, Hecht, Pangasius, Tilapia
	Salzwasserfische (werden oft auch als Seefische bezeichnet)	leben im Meer	Kabeljau/Dorsch, Schellfisch, Seelachs, Heringsfische, Red Snapper, Seeteufel, Drachenfisch, St.-Peters-Fisch, alle Plattfische
	Wanderfische (werden lebensmittelrechtlich den Süßwasserfischen zugeordnet)	leben in Binnengewässern und im Meer	Aal (laicht im Meer), Lachs (laicht in Flüssen)

Süßwasserfische

Bachforelle

Hecht

Karpfen

Pangasius

Tilapia

Zander

Wanderfische

Aal

Lachs

Salzwasserfische

Dorade

Hering

Kabeljau

Red Snapper

Rotbarsch

Seeteufel

Stör

Thunfisch

Plattfische

Heilbutt

Scholle

Seezunge

Steinbutt

10.18.3 Einkauf, Lagerung und Verarbeitung

Beim Einkauf von Fisch auf folgende Siegel achten:

Merkmale von frischem Fisch

Da Fisch ein empfindliches und leicht verderbliches Nahrungsmittel ist, ist es wichtig, schon beim Einkauf auf eine gute Qualität und die Frische der Fische zu achten. Die wichtigsten **Frischemerkmale** sind:

- **Geruch:** Frischer Fisch riecht kaum, auf keinen Fall tranig; am besten ist der Geruch in der Bauchhöhle oder am Kiemendeckel zu kontrollieren
- **Augen:** Die Augen sind prall und klar.
- **Haut:** Sie ist straff und weist keine Druckstellen oder Beschädigungen auf. Eine noch vorhandene Schleimschicht ist klar und durchsichtig.
- **Kiemen:** Bei frischem Fisch sind die Kiemen leuchtend rot und die einzelnen Kiemenblättchen gut erkennbar.
- **Fleisch:** Das Fleisch ist fest und elastisch.
- **Bauchhöhle:** Bei ausgenommenen Tieren muss die Bauchhöhle sauber und geruchsneutral sein.

Lagerung von frischem Fisch

Frischer Fisch wird im Kühlhaus in Thermoboxen auf zerstoßenem Eis bei 0 °C bis 2 °C gelagert. Der Fisch sollte dabei auf einem Gitter/Locheinsatz liegen und das Tauwasser muss abfließen können. Das Eis ist jeden Tag zu erneuern. Die maximale Lagerdauer sollte drei Tage nicht übersteigen.

Fisch kann leicht verderben. Da sich dabei das Eiweiß des Fischfleisches zersetzt, beginnt er, unangenehm zu riechen. Die Eiweißabbauprodukte können zu schweren Vergiftungen führen.

Frischer Fisch muss auf zerstoßenem Eis gelagert werden

Lagerung von tiefgefrorenem Fisch

Da Fisch schnell verdirbt, wird er oft schon auf hoher See direkt nach dem Fang verarbeitet. Dazu wird er geköpft, ausgenommen, eventuell filetiert und bei −40 °C schockgefrostet. So behält er seine optimale Qualität. Bei der Anlieferung ist zu überprüfen, ob die Verpackung intakt ist und die Tiefkühlkette eingehalten wurde. Tiefgefrorener Fisch ist bei −18 °C zu lagern.

Aufgetauten oder angetauten Fisch nicht wieder einfrieren!

Was ist drin in Fischstäbchen?

Für die Herstellung von Fischstäbchen werden in der Regel die Filets einer einzigen Fischart (meistens Seelachs) verwendet. Die geputzten Filets werden in Blöcken geschichtet und schockgefrostet. Aus den Blöcken werden dann die Fischstäbchen geschnitten. Diese werden gewürzt und paniert, kurz frittiert und wieder eingefroren. Bei der gesamten Verarbeitung bleibt eine Kerntemperatur von −18° C erhalten.

Verarbeitung von frischem Fisch

Wird frischer Fisch verarbeitet, sind meistens folgende Verarbeitungsschritte erforderlich:

- Entfernen von Kopf und Flossen
- Schuppen und Waschen der Fische oder
- Abziehen ihrer Haut (vor allem bei Plattfischen)
- Filetieren oder Portionieren der Fische
- Ziselieren, d. h. Einschneiden der Filets, um ein gleichmäßiges Garen zu gewährleisten

Verarbeitung von tiefgefrorenem Fisch

Tiefgefrorener Fisch kann im gefrorenen oder im aufgetauten Zustand verarbeitet werden. Außerdem werden verschiedene zubereitete Tiefkühlprodukte angeboten, wie beispielsweise Fischstäbchen, panierte oder unpanierte Fischfilets, Schlemmerfilets und fertige Fischmenüs.

Zubereitung von Fisch

Innerhalb der Speisenfolge von Menüs ist Fisch vielseitig einsetzbar. So kann er als **Fingerfood**, kalte oder warme **Vorspeise**, **Suppe**, **Zwischengericht** oder **Hauptgang** angeboten werden. Dabei kann Fisch roh oder gegart verzehrt werden. Typische Zubereitungsmöglichkeiten für rohen Fisch sind Carpaccio, Sushi und Sashimi. Wird Fisch roh verzehrt, muss er vorher immer tiefgefroren werden, damit eventuell vorhandene Parasiten zuverlässig vernichtet werden. Im Gegensatz zu den Parasiten sind die meisten Bakterien allerdings kälteresistent. Daher sollten Menschen mit einem geschwächten Immunsystem auf rohen oder nicht erhitzten Fisch verzichten.

Typische Garverfahren für Fisch sind Pochieren, Dämpfen, Dünsten, Garen in Folie, Braten, Grillen und Frittieren (siehe auch Kapitel 8.2.3).

Zubereitungsarten

Soll der Fisch **„blau gekocht"** werden, muss die Schleimhaut des Fisches erhalten bleiben und der Fischsud angesäuert werden.

Gedünsteter Fisch wird hinterher oft mit Sauce überzogen, mit Käse bestreut und dann gratiniert.

Angebraten wird immer auf der Hautseite. Im Backofen wird der Fisch häufig unter einer Kruste, einem Speckmantel oder in einem Teigmantel gebraten.

10.18.4 Fischkonservierung/Fischerzeugnisse

Trendfood mit Fisch und Fischcremes

Stockfisch

Surimi

Neben Frischfisch und tiefgefrorenen Fischen bzw. Fischprodukten gibt es im Handel viele haltbar gemachte und somit lange angebotsfähige Fischerzeugnisse. Übliche Konservierungsmethoden bei Fisch sind:

- **Salzen**, wie z.B. bei Matjes (Hering vor der Geschlechtsreife bzw. vor der Laichzeit), Salzhering (stark gesalzener und somit lange haltbarer Hering) oder Lachs
- **Trocknen**, wie z.B. bei Stockfisch und Klippfisch
- **Räuchern:** Typische Beispiele sind der Räucherlachs, die geräucherte Makrele und der Räucheraal. Als Schillerlocken werden die geräucherten Bauchlappen des Dornhais (gefährdete Fischart) bezeichnet, als Bückling die geräucherten Heringe.
- **Marinieren:** Marinierte Fische gibt es in Tunken, Mayonnaise oder Remoulade. Sie können auch pflanzliche Bestandteile wie Äpfel oder Gurken enthalten. Typische Beispiele sind der Rollmops (Salzhering ohne Kopf und Schwanz, gefüllt und dann gerollt) und Bismarckhering (sauer eingelegte, ausgenommene Heringe ohne Kopf).

Räucherlachs

Räuchermakrele

Rollmops

Ein häufig verwendetes Fischerzeugnis ist **Surimi.** Es besteht aus einer aus zerkleinertem und mehrmals gewaschenem Fischfleisch hergestellten weißen Fischmasse, die mit Salz oder Zucker und Gewürzen konserviert und dann geformt wird. Sie dient meist als Imitat für Krebs- oder Krabbenfleisch.

Kaviar

Kaviar ist der gereinigte und gesalzene Rogen vom Stör. Bei uns bekannt sind:

- Belugakaviar
- Sevrugakaviar
- Ossietrakaviar/Ossetrakaviar

Die ideale Lagertemperatur für Kaviar liegt bei -2 °C.

Belugakaviar

Sevrugakaviar

Ossetrakaviar

Ketakaviar

Forellenkaviar

Als preisgünstigere Alternative wird der Kaviarersatz angeboten. Hier werden z.B. der Ketakaviar vom Lachs, der Forellenkaviar, der Hechtkaviar und der deutsche Kaviar vom Seehasen unterschieden.

Qualitätsmerkmale für Kaviar sind die lockere Körnung und die zarte Schale. Da Kaviar schnell verdirbt, wird er meist gesalzen. Gesalzenen Kaviar bezeichnet man als „Malossol".

Kaviar wird immer eiskalt in der Originaldose oder in einer Glasschale auf Crushed-Eis angerichtet. Dazu reicht man meist Zitronenspalten, Butter und Toast oder Blinis mit saurer Sahne.

10.18.5 Meeresfrüchte

Die in der Küche verwendeten Meeresfrüchte werden unterteilt in:

- Krustentiere bzw. Krebstiere
- Muscheln
- Weichtiere bzw. Kopffüßer

Meeresfrüchte werden lebend oder konserviert gehandelt. Ihr Fleisch enthält wenig Fett, ist aber reich an biologisch hochwertigem, aber schnell verderblichem Eiweiß. Daher gelten für die Lagerung bzw. Verarbeitung der Meeresfrüchte folgende Regeln:

- Lebende Tiere im Kühlhaus bei Temperaturen zwischen +2 und +4 °C (keinesfalls auf Eis!) aufbewahren und innerhalb von zwei Tagen verarbeiten.
- Gegarte Meeresfrüchte innerhalb eines Tages verarbeiten.
- Aufgetautes Fleisch von Meeresfrüchten sofort verarbeiten und auf keinen Fall wieder einfrieren.
- Mit Meeresfrüchten zubereitete Speisen nicht wieder aufwärmen.

Krustentiere leben in allen Gewässern dieser Welt. Sie verfügen über einen Panzer, der regelmäßig abgeworfen und erneuert wird. Zu den Krustentieren gehören der Hummer, die Languste und der Kaisergranat sowie die Garnelen (spanisch: Gambas, englisch: Shrimps), Krabben und Taschenkrebse. Die kleinere **Nordseegarnele** aus dem Wattenmeer der Nordsee wird umgangssprachlich meist als **Nordseekrabbe** bezeichnet.

Muscheln sind durch harte Schalen geschützte Weichtiere. Die Schalen können mithilfe eines stark ausgeprägten Schließmuskels geschlossen werden. Muschelfleisch ist aufgrund seines Eiweißgehalts sehr hochwertig und gilt vielerorts als Delikatesse. Muscheln werden heutzutage meist in Aquakulturen gezüchtet. Zu den Muscheln gehören unter anderem die Auster, St.-Jakobs-Muschel, Miesmuschel und Venus- oder Herzmuschel.

Werden Austern roh verzehrt, ist darauf zu achten, dass sie vor dem Öffnen noch leben. Der Verzehr toter Tiere kann zu Vergiftungen führen. Der Verzehr von Miesmuscheln kann bei Menschen zu Vergiftungserscheinungen führen, wenn die Muscheln giftiges Plankton verzehrt haben. Manche Menschen reagieren allergisch auf das Muscheleiweiß.

Zu den **Kopffüßern** zählen Kraken, Tintenfische und Kalmare. Ihr Körper besteht aus einem Kopf mit Fangarmen und einem Rumpf mit den Eingeweiden und dem Tintenbeutel. Bei Gefahr können sie sehr schnell ihre Farbe wechseln und zur Verteidigung Tinte verspritzen. Die Tinte (Sepia) der Sepien (echte Tintenfische) dient zum Färben von Lebensmitteln (z. B. Nudeln).

AUFGABEN

1 | Zählen Sie jeweils fünf Süßwasserfisch und Salzwasserfische auf.

2 | Welche Bedeutung hat Fisch für die menschliche Ernährung?

3 | Nennen und erläutern Sie die typischen Frischemerkmale bei Fisch.

4 | Welche Regeln sind bei der Lagerung und Verarbeitung von Fisch zu beachten?

Krustentiere

Hummer

Languste

Kaisergranat

Garnele

Nordseekrabbe

Taschenkrebs

Muscheln

Auster

St.-Jakobs-Muschel

Miesmuschel

Herzmuschel

Kopffüßer

Kalmar

Tintenfisch

10.19 Convenience-Produkte

10.19.1 Definition und Einteilung

Convenience-Food
Der Begriff stammt aus dem Englischen und bedeutet soviel wie „bequemes Essen".

Convenience-Produkte sind vorgefertigte Lebensmittel. Sie weisen einen höheren Bearbeitungsgrad auf als Rohware. Meistens werden sie nach der Fertigungsstufe wie folgt eingeteilt:

Convenience-Stufe	Grad	Definition	Beispiele	mögliche Arbeitsschritte bis zur nächsten Fertigungsstufe
Grundstufe*	0	unbehandelte Ware	Tierhälften	entbeinen, parieren und zerlegen
küchenfertig	1	Lebensmittel müssen vor dem Garen noch vorbereitet werden	entbeintes und zerlegtes Fleisch	zerkleinern oder portionieren
garfertig bzw. zubereitungsfertig	2	ohne weitere Vorbereitung nach Rezeptur zu garen oder zuzubereiten	portioniertes Fleisch, sogenannte „ready cuts"	würzen, garen
regenerier- bzw. anrichtefertig	3	durch Wärmezufuhr werden die Speisen verzehrfertig	vorgegartes Fleisch	aufwärmen, regenerieren, anrichten
verzehr- bzw. tischfertig	4	zum sofortigen Verzehr geeignet	fertige Menü-komponenten	

* Beachte: Die Grundstufe im Sinne der Definition stellt kein Convenience-Produkt dar.

Convenience-Produkte

Vorteile der Convenience-Produkte

betriebswirtschaftliche Vorteile	küchentechnische Vorteile	hygienische Vorteile
▪ Zeitersparnis bei der Zubereitung ▪ weniger Abfall ▪ geringe Garverluste ▪ genaue Kalkulation ▪ geringe Preisschwankungen ▪ ständige Beschaffungsmöglichkeit ▪ geringer Lagerflächenbedarf	▪ geringes Zubereitungsrisiko ▪ standardisiertes Endprodukt ▪ kürzere Garzeiten ▪ hohe Sortimentsbreite und -tiefe über alle Fertigungsstufen hinweg ▪ geringer Maschinenpark erforderlich	▪ permanente Qualitätskontrollen der Lieferanten ▪ geringer Verderb bei der Lagerung ▪ geringeres hygienisches Risiko bei Lagerung und Zubereitung

Die **Nachteile** von Convenience Produkten bestehen vor allem in:
- der Vereinheitlichung des Angebots, auch bei unterschiedlichen Anbietern
- der mangelnden Originalität bei der Weiterverarbeitung der Produkte
- dem daraus resultierenden Problem eines „Einheitsgeschmacks"
- teilweise teuren und ökologisch wenig sinnvollen Einwegverpackungen
- höheren Einkaufspreisen

10.19.2 Produktbereiche und Produktentwicklungen

Derzeit kommen jedes Jahr etwa 4000 bis 5000 neue Convenience-Produkte auf den Markt. Diese werden in bestimmte Segmente eingeteilt:

Standard-Convenience-Produkte
Dies sind in der Regel frische Produkte mit niedriger Fertigungsstufe. Sie sind küchenfertig wie z.B. geputzte und gewaschene Salate oder garfertig wie z.B. geschälte, gewaschene und zerkleinerte Kartoffeln.

Standard-Convenience-Produkt

High-Convenience-Produkte
Hierbei handelt es sich um Fertigprodukte mit einer hohen Bearbeitungsstufe wie z.B. Tiefkühlprodukte zum Garen oder zum Regenerieren (sogenanntes „Chilled-Food"). High-Convenience-Produkte sind schnell und ohne größere Fachkenntnisse zuzubereiten.

High-Convenience-Produkt

Premium-Convenience-Produkte
Premium-Produkte sind in der Regel anspruchsvolle Feinkost-Spezialitäten wie Fingerfood, Vorspeisen oder Desserts. Sie sind in enger Zusammenarbeit zwischen Hersteller und Kunde gefertigt.

Premium-Convenience-Produkt

Convenience-Produkte nach Maß
Diese finden sich vor allem in der Systemgastronomie. Sie sind vom Hersteller speziell nach Vorgaben der Kunden entwickelt worden. So können sie den unterschiedlichen Ansprüchen der einzelnen Konzepte Rechnung tragen.

Convenience-Produkte nach Maß

Homemade-Touch-Convenience-Produkte
Hierunter fallen Produkte mit einem hohen Bearbeitungsgrad, die sich aber hinsichtlich Aussehen, Rezeptur und Geschmack an hausgemachten Speisen orientieren.

Clean-Label-Convenience-Produkte
Dies sind Convenience-Produkte ohne künstliche Aromen, ohne Geschmacksverstärker und ohne Farb- und Konservierungsstoffe. Beispiele sind Suppen und Saucen ohne Farbstoffe oder Geschmacksverstärker, Eis ohne Farbstoffe und Desserts ohne Farb- und Konservierungsstoffe. Clean-Label-Convenience-Produkte erfordern in der Regel höherwertige Rohstoffe.

Bio-Convenience-Produkte
Für Bio-Convenience-Produkte gelten die EU-Rechtsvorschriften für den ökologischen Landbau. Diese regeln die Erzeugung von Bio-Produkten, insbesondere die Qualität der Rohstoffe und erlaubten Zusätze bei der Verarbeitung. Außerdem sind die Kennzeichnung und die Kontrollverfahren festgelegt. Bio-Convenience-Produkte müssen mindestens 95 % Zutaten aus ökologischer Erzeugung enthalten.

Das Angebot an Bio-Convenience-Produkten entspricht mittlerweile in etwa dem konventionellen Bereich. Bio-Convenience-Produkte sind in allen Bearbeitungsstufen verfügbar.

Bio-Convenience-Produkt

Fair-Trade-Convenience-Produkte
Dies sind zertifizierte Produkte aus dem Fair-Trade-Handel (siehe Kapitel 12.2.1). Das Segment ist allerdings noch recht klein.

10.20 Aufgaben

1 | a) Nennen und erläutern Sie die drei wichtigsten Ziele des Lebensmittelrechts.
b) Zählen Sie anhand einer Packung Milch fünf Angaben auf, die auf verpackten Lebensmitteln stehen müssen, und erläutern Sie diese.

2 | Lebensmittel bzw. Zutaten, die Allergien auslösen können, werden als Allergene bezeichnet. Finden Sie im folgenden Rätsel 10 allergene Lebensmittel und schreiben Sie diese auf.

S	A	L	Z	A	A	L	L	A	M	M	A
E	N	T	E	I	U	G	R	E	G	O	R
L	A	F	L	U	S	S	K	R	E	B	S
L	N	H	N	U	T	I	S	Ü	R	E	O
E	A	M	F	S	E	N	F	H	S	L	J
R	S	I	S	S	R	E	H	K	T	L	A
I	O	L	I	R	N	Ü	S	S	E	O	A
E	E	C	Z	U	B	I	S	A	M	T	S
R	E	H	E	T	M	A	N	D	E	L	N

3 | a) Eier sind wichtige Grundnahrungsmittel. Erläutern Sie diese Aussage.
b) Was bedeuten die Zahlen und Buchstaben, die auf Eiern aufgedruckt sind?

4 | Auch Milch ist ein wichtiges Grundnahrungsmittel.
a) Erklären Sie stichpunktartig folgende Begriffe:
- Rohmilch
- pasteurisierte Milch
- ESL-Milch
- Vollmilch

b) Nennen Sie sechs Erzeugnisse bzw. Produkte, die aus Milch hergestellt werden können.
c) Wie lassen sich diese Produkte in der Küche verwenden?

5 | a) Benennen Sie die abgebildeten Früchte und ordnen Sie diese nach Sorten.

b) Zählen Sie zehn exotische Früchte auf.

6 | Benennen Sie die abgebildeten Gemüsearten und ordnen Sie diese nach den verwendeten Pflanzenteilen in Gruppen.

7 | Erstellen Sie in Ihrem Heft eine tabellarische Übersicht nach folgendem Muster. Vervollständigen Sie diese mit den Bezeichnungen für die männlichen und weiblichen Tiere sowie für die Jungtiere.

	Bezeichnung für männliches Tier	Bezeichnung für weibliches Tier	Bezeichnung für Jungtier
Rind			
Schwein			
Schaf			
Ziege			

8 | Sie sollen einen Kartoffelgratin für 6 Personen herstellen:
a) Welche Kocheigenschaft müssen die dafür verwendeten Kartoffeln haben? Begründen Sie Ihre Antwort.
b) Welche weiteren Zutaten brauchen Sie für die Herstellung?
c) Pro Person rechnen Sie mit 150 g Gratin. Davon sind 70 % Kartoffeln. Wie viel Gramm Kartoffeln sind im gesamten Gratin?
d) Wenn Sie beim Schälen und Putzen der Kartoffeln von 15 % Verlusten ausgehen, wie viel Gramm Kartoffeln müssen Sie dann einkaufen?

11 Speisen

Speisen

In der Küche entstehen aus einzelnen Zutaten fertige Speisen. Diese werden entweder für bestimmte Mahlzeiten zubereitet oder im Rahmen eines Menüs bzw. einer Speisenfolge als ein Gang angeboten.

Organisation in der Küche siehe Kapitel 8.2.

Im folgenden Kapitel befinden sich am Ende der jeweiligen allgemeinen Beschreibung der verschiedenen Mahlzeiten folgende Rezeptbeispiele:

Rezept	Seite	Rezept	Seite
Rührei	344	French Dressing	358
Omelette	345	Kartoffelsalat	359
Eierpfannkuchen	345	Eiersalat	359
Blaubeerjoghurt	346	Putensteak überbacken	373
Kräuterquark	346	Kartoffelgratin	373
Cocktailsauce	355	Grießflammerie	375
Garnelencocktail	355	Crème brûlée	375
Gurkensalat	357	Apfelkompott	376
Pesto	357	Obstsalat	376
Vinaigrette	358		

11.1 Mahlzeiten

Unter einer Mahlzeit versteht man den Verzehr von Speisen und Getränken zu einer bestimmten Tageszeit. **Hauptmahlzeiten** sind bei uns Frühstück, Mittagessen und Abendessen. Daneben gibt es verschiedene **Zwischenmahlzeiten** wie z. B. das zweite Frühstück oder den Nachmittagskaffee mit Gebäck. Ergänzt werden Mahlzeiten oft durch den Verzehr von **Snacks** oder kleinen **Imbissen.** Brotspeisen werden zu unterschiedlichen Mahlzeiten gereicht. Sie eignen sich ebenfalls als Snack.

11.1.1 Frühstück und Frühstücksbüfett

Das Frühstück ist die Mahlzeit, die morgens als erste eingenommen wird. Gastronomisch werden in der Regel das einfache Frühstück, das erweiterte Frühstück und das Frühstücksbüfett unterschieden.

Einfaches Frühstück

Einfaches Frühstück
Das einfache Frühstück besteht aus einem meist heißen Getränk (Kaffee, Tee oder Kakao), Brot, Brötchen oder Croissant mit Butter bzw. Margarine sowie Marmelade bzw. Konfitüre oder Honig. Es wird auch als **kontinentales Frühstück** bezeichnet. Manchmal gehören noch eine Scheibe Wurst und eine Scheibe Käse dazu. Man findet es heute noch in vielen Variationen, z. B. auf Speisekarten von Cafés.

Erweitertes Frühstück

Das erweiterte Frühstück besteht zusätzlich aus Fruchtsäften, Wurst, Käse und/oder Fisch (z. B. geräucherter oder gebeizter Lachs) sowie aus verschiedenen Eierspeisen (z. B. gekochte Eier, Rühreier oder Omeletts). Möglich sind auch Milcherzeugnisse (z. B. Quark oder Joghurt), frisches Obst und Gemüse sowie Müsli (Frühstücksflocken, Getreide, Rosinen, Trockenobst und Nüsse).

Erweitertes Frühstück

Englisches Frühstück

Das traditionelle englische Frühstück ist eine mehrgängige Mahlzeit. Es wird hauptsächlich in großen Hotels angeboten. Es besteht im Gegensatz zum kontinentalen Frühstück zusätzlich aus warmen Komponenten. Zu Beginn gibt es meist einen Fruchtsaft, Obst und Cerealien wie Cornflakes oder Haferbrei. Dann folgen die warmen Komponenten. So werden z. B. gebratene Würstchen und gebratener Frühstücksspeck, warme weiße Bohnen in Tomatensauce, gegrillte Tomaten und gebratene Champignons, aber auch unterschiedliche Eierspeisen angeboten. Während Lamm- oder Schweinenieren eher seltener zu finden sind, werden verschiedene Kartoffelspeisen wie z. B. Kartoffelecken, Pommes frites oder Hash Browns (ein Kartoffelgericht ähnlich dem Rösti) oft angeboten. Manchmal gehören außerdem in Scheiben geschnittene und gebratene Blutwurst, gesalzene Räucherheringe oder Kabeljau bzw. Schellfisch dazu. Zum Würzen werden Senf, Ketchup oder Brown Sauce, eine würzige braune Sauce, gereicht. Ergänzt wird das englische Frühstück mit Toast oder in der Pfanne geröstetem Brot mit Butter, Marmelade bzw. Konfitüre und Honig. Auch Wurstwaren und Käse sind möglich. Die Getränkeauswahl besteht wie beim kontinentalen Frühstück aus Kaffee, (schwarzem) Tee oder heißer Schokolade.

Englisches Frühstück

Frühstücksbüfett

Beim Frühstücksbüfett stehen Speisen und kalte Getränke zur Selbstbedienung bereit. Dabei wählt der Gast aus einem umfassenden Angebot. Da er sich selbst bedient, kann er die Art und die Menge der Speisen nach eigenem Belieben auswählen. Heiße Aufgussgetränke dagegen werden meistens am Tisch serviert. Allerdings setzt sich auch hier zunehmend Selbstbedienung am Automaten durch.

Das Frühstücksbüfett soll in der Zusammenstellung abwechslungsreich sein, appetitanregend wirken und auch den Ansprüchen internationaler Gäste genügen. Es muss für den Gast – aber auch für das Personal – zweckmäßig aufgebaut sein. Alle Speisen und Getränke sind permanent nachzufüllen. Dabei ist insbesondere auf eine einwandfreie Hygiene und ein ästhetisches Anrichten zu achten.

Frühstücksbüfett

Eine reichhaltige Käseauswahl darf bei einem Frühstücksbüfett nicht fehlen

AUFGABEN

1 | Erklären Sie den Unterschied zwischen einem einfachen und einem erweiterten Frühstück.

2 | Entwerfen Sie eine einfache Frühstückskarte.

3 | Welche Vor- bzw. Nachteile hat ein Frühstücksbüfett?
   a) aus Sicht des Gasts
   b) aus Sicht des Betriebs

Brotangebot

Getränkeangebot

Speiseangebot und Getränkeangebot beim Frühstücksbüfett:

- Brot und Brötchen mit unterschiedlichen Buttersorten und Margarine sowie weitere Backwaren wie Croissants oder Plundergebäck
- Konfitüre bzw. Marmelade, Honig und andere süße Brotaufstriche
- unterschiedliche Wurst- und Fleischwaren wie Geflügelsalat, gebratener Speck, gebratene Würstchen oder kleine Steaks
- verschiedene Käsesorten wie Gouda, Brie, Edamer und Mozzarella
- Zubereitungen von Fischen und Meerestieren wie Räucherlachs und Heringssalat
- verschiedene ausländische Spezialitäten
- gekochte Eier, Rühreier, Spiegeleier, pochierte Eier oder Omeletts
- Pfannkuchen bzw. Crêpes oder Waffeln
- unterschiedliche Salate und Gemüsezubereitungen wie Rohkostsalate, Grilltomaten und sautierte Pilze
- unterschiedliche Ceralien und Cornflakes für Müsli
- Milch und Milchgetränke wie Frischmilch, Buttermilch und Kefir
- verschiedene Milcherzeugnisse wie Joghurt und Quark
- verschiedene Obstsorten
- unterschiedliche Gemüse- und Obstsäfte, teilweise frisch gepresst
- Würzsaucen und Garniturmaterial wie Gewürzgurken, Kräuter, Radieschen und Eierscheiben
- Heißgetränke: am Tisch serviert oder zur Selbstbedienung an Automaten

Herstellung von Frühstücksangeboten

Rührei (6 Portionen)

Zutaten	Herstellung
18 Stück Eier 300 ml Milch/Sahne Salz 60 g Butter	■ Eier einzeln aufschlagen und Frische kontrollieren ■ Milch oder Sahne und Salz zugeben ■ alles verrühren ■ Butter in der Pfanne bei mäßiger Hitze schmelzen ■ Ei-Masse zugeben, unterste Schicht stocken lassen, mit einem Löffel zur Mitte schieben ■ restliche Masse zurücklaufen lassen und das ganze solange wiederholen, bis die gesamte Masse gestockt ist

Eier, Sahne und Salz verrühren

Schieben der Ei-Masse in der Pfanne

Rührei

Anrichten

Auf einem vorgewärmten Teller.
Zum Warmhalten im Chafing Dish immer einen Porzellanbehälter verwenden, damit das Rührei sich nicht verfärbt.

Variationen

Zugabe von Kräutern, Zwiebeln, Schinken, Käse, Räucherlachs, Garnelen usw.
Auf die Zugabe von Milch oder Sahne im Hinblick auf Gäste mit Lactoseintoleranz verzichten.

Omelette (6 Portionen)

Zutaten	Herstellung
18 Stück Eier Salz 120 g Butter	■ 3 Eier pro Portion und etwas Salz mit einer Gabel zu einer glatten Masse verrühren ■ Butter in einer Omelettepfanne bei mäßiger Hitze schmelzen ■ Ei-Masse zugeben ■ unterste Schicht stocken lassen und zu einer Seite schieben, restliche Flüssigkeit zurücklaufen lassen ■ mehrmals so wiederholen, dass zum Schluss noch genügend Masse zum Stocken übrig bleibt ■ eine Seite des Omelettes umschlagen ■ das Omelette nochmals umschlagen, während es aus der Pfanne gleitet ■ das Omelette sollte farblos und ohne Falten sein

Schieben der Ei-Masse

Omelette aus der Pfanne gleiten lassen

Zusammengeschlagenes Omelette

Anrichten
Auf einem vorgewärmten Teller.

Variationen
Kräuter, Schinken, Käse usw. in die rohe Ei-Masse geben.
Würzig mit Gemüse, Fleisch- oder Fischragouts füllen.
Süß mit Marmelade oder Früchten füllen.

Eierpfannkuchen (6 Portionen)

Zutaten	Herstellung
360 g Mehl 360 ml Milch oder Sahne 240 g Zucker 6 Stück Eier Prise Salz 120 ml Öl	■ Mehl in eine Schüssel sieben ■ Mehl, Flüssigkeit und Zucker zu einer glatten Masse verrühren ■ Eier trennen ■ das Eigelb zu der Mehlmasse geben und verrühren ■ Eiweiß mit dem Salz steif schlagen ■ das aufgeschlagene Eiweiß vorsichtig unter die Masse heben ■ Öl in der Pfanne erhitzen und 1/6 der Eierkuchenmasse zugeben ■ gold-gelb backen, wenden und die andere Seite ebenfalls gold-gelb backen

Aufgeschlagenes Eiweiß

Pfannkuchenmasse in der Pfanne

Gold-gelb gebackener Eierpfannkuchen

Anrichten
Auf einem vorgewärmten Teller.

Variationen
Süß: mit Staubzucker, Apfelmus, Früchten, Eis usw.
Herzhaft: mit Kräutern, Spargel, Schinken, Lachs usw.

Blaubeerjoghurt (6 Portionen)

Zutaten

- 60 g Zucker
- 240 g Blaubeeren
- 30 ml Zitronensaft
- 60 ml Fruchtsaft/Rotwein
- 600 g Joghurt

Herstellung

- Zucker in einem Topf erwärmen bis er flüssig wird
- die gewaschenen Blaubeeren zugeben
- mit Zitronensaft und Fruchtsaft/Rotwein ablöschen
- die Beeren weich kochen und die Flüssigkeit etwas einkochen
- entstandenes Fruchtpüree durch ein Sieb passieren
- Joghurt glattrühren und das abgekühlte Fruchtpüree unterrühren, abschmecken
- bei Verwendung von flüssigem Joghurt kann mit Gelatine gebunden werden

Fruchtpüree durchsieben

Verrühren von Fruchtpüree und Joghurt

Blaubeerjoghurt

Anrichten
Portionsweise in kleinen Schalen,
für ein Büfett in einer größeren Schale.

Variationen
Mit Erdbeeren, Himbeeren, Birnen usw.;
geschlagene Sahne unterheben.

Kräuterquark (6 Portionen)

Zutaten

- 30 g Petersilie
- 30 g Dill
- 30 g Schnittlauch
- 10 g Knoblauch
- 300 g Quark
- 100 ml Milch/Sahne
- 20 g Senf
- Salz, Pfeffer

Herstellung

- Petersilie fein hacken
- Dill und Schnittlauch fein schneiden
- Knoblauch reiben
- Quark, Flüssigkeit und Senf glattrühren
- zerkleinerte Kräuter und Knoblauch unterheben
- mit Salz und Pfeffer abschmecken

Geschnittene und gehackte Kräuter

Zutaten verrühren

Dekorierter Kräuterquark

Anrichten
Portionsweise in kleinen Schalen,
für ein Büfett in einer größeren Schale.

Variationen
Mit anderen Kräutern, Gewürzen, Meerrettich usw.

11.1.2 Brunch und Brunchbüfett

Brunch ist eine Angebotsform, die Frühstück und Mittagessen miteinander kombiniert und daher oft vom späten Vormittag bis zum frühen Nachmittag dauert. Meist wird er am Wochenende als kalt-warmes Büfett zu einem Pauschalpreis angeboten.

Brunch
Das Wort „Brunch" kommt aus dem Englischen und setzt sich zusammen aus:
Breakfast = Frühstück
L**unch** = Mittagessen

Für ein Brunchangebot wird das Frühstücksbüfett um Suppen (z. B. Tomatencreme oder Lauchcreme), warme Speisen (z. B. Ragouts, Braten vom Schwein oder Kalb oder Gemüsezubereitungen) sowie Salate und unterschiedliche Süßspeisen ergänzt. Auch das Angebot von Kuchen, Torten und weiterem Gebäck ist möglich. Die Getränkeauswahl ist ebenfalls groß. Kaffee- und Teezubereitungen gehören genauso dazu wie Frischmilch und Kakao, Frucht- und Gemüsesäfte sowie Mineralwasser. In der gehobenen Gastronomie wird manchmal auch Sekt gereicht.

Brunch

Brunch wird in der Regel als Büfett zur Selbstbedienung angeboten. Im Trend liegt derzeit das Angebot von Portionsspeisen im Glas.

11.1.3 Mittagessen/Lunch

Das Mittagessen ist eine sättigende Hauptmahlzeit, die in den Mittagsstunden eingenommen wird. Der Umfang des Mittagessens ist kulturell und individuell sehr unterschiedlich. Er kann aus nur einem Gang, aber auch aus mehreren leichten und einfachen, aufeinander abgestimmten Gängen bestehen (siehe Kapitel 11.2).

Mittagessen

In den letzten Jahren hat das klassische Mittagessen bei uns an Bedeutung verloren. Viele Restaurants halten aber eine Mittagskarte mit einer reduzierten Speisenauswahl bereit. Die Speisen sind meist leicht verdaulich, in kurzer Zeit zuzubereiten und vom Preis her günstig. Hauptbestandteil sind in der Regel eine eiweißhaltige Zutat wie Fleisch, Geflügel oder Fisch, ergänzt um Gemüse oder Salat und eine Sättigungsbeilage wie Kartoffeln, Nudeln oder Reis. Es finden sich aber auch vegetarische und vegane Gerichte, sowie besondere Angebote für Kinder und/oder Senioren.

Business-Lunch
Meist eine einfache Mahlzeit für die Mittagspause für Geschäftsleute.

11.1.4 Abendessen/Abendbrot

Das Abendessen ist eine Mahlzeit, die zur Abendzeit eingenommen wird. Zeitpunkt und Umfang des Abendessens sind kulturell und individuell sehr unterschiedlich. Früher bestand in Deutschland die letzte Mahlzeit des Tages meist aus Brot mit Wurst und Käse. Dazu wurden kalte, aber auch warme Getränke gereicht. Mittlerweile ist es üblich, am Abend die warme Hauptmahlzeit des Tages einzunehmen. Das Abendessen ersetzt also immer mehr das Mittagessen. Dabei sollte aber darauf geachtet werden, dass es in der Menge nicht zu reichlich und außerdem leicht verdaulich ist. Es sollte zudem spätestens zwei Stunden vor dem Schlafengehen verzehrt werden.

Klassisches Abendessen mit Brot, Wurst und Käse

11.1.5 Nachmittagskaffee und Teezeit

Nachmittagskaffee

Unterschied zwischen Teigen und Massen
Die Hauptzutaten von Teigen sind Mehl und Flüssigkeit. Ihre Konsistenz ist fest bzw. elastisch. Massen bestehen vor allem aus Eiern, Zucker und Fett. Dadurch sind sie eher weich und fließend.

Der Nachmittagskaffee ist in Deutschland eine traditionelle Zwischenmahlzeit zwischen Mittagessen und Abendessen. Dazu können neben verschiedenen Kaffeezubereitungen Kuchen, Torten und/oder verschiedene Gebäckstücke gereicht werden.

Die Teezeit („tea time") hat ihren Ursprung auf den britischen Inseln. Zu einer Tasse schwarzem Tee werden Kekse, Sandwiches, Scones oder Ähnliches gereicht. Zum „Cream Tea" werden neben dem Tee Scones, Clotted cream und Erdbeerkonfitüre angeboten.

Scones, Clotted cream und Erdbeerkonfitüre

Gebäck und Kuchen
Gebäck und Kuchen können aus verschiedenen Teigarten bzw. sogenannten Massen hergestellt werden. Diese unterscheiden sich in den verwendeten Rohstoffen, der Verarbeitung und der Art der Teiglockerung.

Hefeteig

Blechkuchen, wie Obst- oder Streuselkuchen, Bienenstich

Berliner Pfannkuchen

Plundergebäck, wie Rosinenschnecken oder Puddingteilchen

Donut (auch aus Rührteig)

Englischer Muffin

Mürbeteig

Torten- und Kuchenboden

Tortelett

Kekse

Kipferln

Spritzgebäck

Blätterteig

Croissant

Schweinsohr

Obsttasche

Cremeschnitte

Strudelteig

Apfelstrudel

Rührmasse

Rührkuchen

Brownie

Blechkuchen

Cupcake

Kranzkuchen

Biskuitmasse

Tortenböden

Biskuitschnitte

Biskuitrolle

Löffelbiskuit

Brandmasse

Windbeutel

Eclair

Spritzkuchen

Profiteroles

Makronenmasse

Makrone

Mandelhörnchen

Nussecke

Ochsenaugen

Hippenmasse

Hippenrollen

Schlotfeger

Mandelhippe

Eistüte

11.1.6 Brotspeisen

Canapés (Kanapees)

Brotspeisen eignen sich für Büfetts, als Snack, Fingerfood oder Vorspeise. Zu den Brotspeisen zählen vor allem:

- Canapés und Schnittchen
- Cocktailhappen
- Bruschetta
- Sandwiches
- Bagels
- Toasts

Canapés (Kanapees) sind dekorativ belegte, mundgerecht zubereitete Appetitschnittchen meistens aus (entrindetem) Weißbrot oder Pumpernickel. Sie werden auf Platten angerichtet und in der Regel zu Stehempfängen oder als festliche Imbissspeisen gereicht. Das Brot wird mit Butter oder einer Buttermischung bestrichen, mit Salat und hochwertigen Zutaten belegt und zuletzt ansprechend garniert. Klassische Canapé-Kombinationen sind z. B.:

- Räucherlachs mit Meerrettichsahne und Dill
- Shrimps auf einer pikanten Mayonnaise mit Olivenscheibe und Kresse
- Roastbeefröllchen mit Remoulade, Cornichons und Petersilie
- Geflügelbrust mit Weinbrandsahne und Mandarinenstückchen
- Roquefortcreme mit Weintrauben und Nüssen

Cocktailhappen

In ähnlicher Weise wie die Canapés werden **Schnittchen** hergestellt. Grundlage ist hier meistens Ciabatta oder Baguette. Das Brot wird in nicht zu dünne Scheiben geschnitten, zunächst mit einer Buttermischung bestrichen und schließlich mit Salat und hochwertigen Zutaten belegt.

Cocktailhappen sind kleine mundgerechte Bissen mit oder ohne Brot. Sie werden mit einem Spieß zusammengehalten.

Bruschetta

Eine mittlerweile weit verbreitete Brotspeise und Vorspeise ist **Bruschetta.** Das Brot – ursprünglich ein einfaches, frisch geröstetes Brot mit harter Kruste – wird mit Knoblauch eingerieben, dann mit Olivenöl beträufelt und anschließend mit fein geschnittenen Tomatenstücken und Basilikum belegt.

Sandwiches

Sandwiches bestehen aus zwei dünnen, eventuell getoasteten und dann in Recht- oder Dreiecke geschnittenen Brotscheiben. Sie werden mit Butter bestrichen, anschließend mit Schinken, Käse, Wurst oder Geflügelfleisch belegt und schließlich zusammengeklappt.

Bagels

Bagels sind runde Hefeteiggebäcke mit einem Loch in der Mitte. Bagels werden aufgeschnitten, meist mit einer Frischkäsecreme bestrichen und mit Salat, Käse, Wurst oder Lachs belegt.

Toasts werden meistens entrindet, goldgelb geröstet und anschließend z. B. mit Schinken, Roastbeef oder Wurst, Räucherlachs oder Forellenfilets belegt. Als warme (Vor-)Speisen werden sie mit einer Sauce Hollandaise überzogen, dann überbacken und anschließend ausgarniert.

11.1.7 Snacks/kleine Gerichte

Snacks sind meist kleine Gerichte aus verschiedenen Rohstoffen, pikante Gebäckzubereitungen oder nahrhafte Desserts. Sie sind schnell verfügbar und leicht „to go", d. h. aus der Hand zu verzehren. So stellen sie eine Möglichkeit dar, spontan den Appetit zu befriedigen bzw. den Hunger zu stillen.

Currywurst

Viele Snacks eignen sich außerdem bei Stehempfängen als **Fingerfood**, als Blickfang auf Büfetts oder als Auftakt (Vorspeise) eines Menüs.

Typische Angebote sind:

- **Brüh- und Bratwürste** wie Currywurst oder Hotdog (Wiener Würstchen im Brot, eventuell mit Sauerkraut)
- **Kartoffelzubereitungen** wie Pommes frites oder Wedges (gebratene Kartoffelspalten)
- **Burger:** weiches Brötchen mit gegrillter Scheibe aus Hackfleisch (sogenannter Pattie), Geflügelfrikadellen oder Fischfilets und weiteren Auflagen
- **Chicken Wings:** panierte und dann frittierte Geflügelschenkel
- **Döner Kebab:** auf den Drehspieß gestecktes und gegrilltes Fleisch, vom Hammel oder Lamm, aber auch vom Geflügel oder Kalb; dünn geschnitten und mit Gemüsen und einer Sauce in ein aufgeschnittenes Fladenbrot gegeben
- **Pizza:** ein dünner Teig aus einfachem Hefeteig mit unterschiedlichen Auflagen, bei hohen Temperaturen im Ofen gebacken
- **Wraps:** dünne Tortillas, mit einer Füllung aus Gemüse oder Salat, gebratenem Fleisch und einer Sauce aufgerollt; warm oder kalt angeboten
- **Brotzubereitungen** (siehe Kapitel 11.1.6) wie belegte Brötchen, Baguettes, Ciabatta, Sandwiches, Bagels, Bruschetta
- **Backwaren** (siehe Kapitel 11.1.5) wie Brownies, Donuts, Muffins oder Waffeln
- **Eiszubereitungen** wie Softeis oder Frozen Yogurt (siehe Kapitel 11.2.7)

Döner Kebab

Wrap

In der Systemgastronomie werden oft **Nachos** angeboten. Dies sind Tortilla-Chips, d. h. aus Maismehl hergestellte Chips. Sie werden in der Regel zusammen mit verschiedenen Dips verkauft.

Nachos mit Dips

AUFGABEN

1 | a) Erklären Sie den Begriff „Brunch".
b) Nennen Sie zehn warme Speisen, die beim Brunch angeboten werden können.

2 | a) Erstellen Sie eine kleine Kuchenkarte mit acht verschiedenen Kuchenarten.
b) Zählen Sie passende Getränke für den Nachmittagskaffee auf.

3 | Erläutern Sie die Begriffe Canapé, Cocktailhappen und Sandwich.

4 | Stellen Sie ein Angebot aus sechs unterschiedlich belegten Brötchen zusammen. Zu dem Angebot sollen mindestens zwei vegetarische Varianten gehören.

5 | Beschreiben Sie fünf unterschiedliche Snacks.

11.2 Speisenangebote/Gerichte

Abhängig von dem Konzept und der gastronomischen Ausrichtung eines Unternehmens findet man auf den Speisekarten eine große Vielfalt bei den Speisenangeboten. Aufgrund dieser Vielfalt ist eine Einteilung der einzelnen Speisen nur ansatzweise möglich. Eine gute Orientierungsmöglichkeit liefert die klassische Speisefolge.

Molekularküche
Die Molekularküche entstand Mitte der 1990er-Jahre. Abweichend von der klassischen Menufolge werden viele (in der Regel mehr als 20) kleine Gänge mit geschmacksintensiven Kreationen serviert. Hierzu gehören Schäume, Gelees, Extrakte und Destillate. Dabei nutzt sie die Möglichkeiten der modernen Lebensmitteltechnologie, um neue Gerichte mit neuartigen Eigenschaften zu entwickeln.

Gruß aus der Küche

11.2.1 Appetithäppchen

In vielen Restaurants wird vor dem Essen ein Appetithäppchen (Appetizer) gereicht. Das können z.B. Dips, Oliven oder einfach nur Brot mit Butter sein. Aus der französischen Küche stammt das Amuse Gueule bzw. Amuse Bouche. Der „Gruß aus der Küche" wird meist im Rahmen eines Menüs vor dem ersten Gang serviert wird. Der Kreativität sind hier keine Grenzen gesetzt. Oft werden die kleinen Speisen auf Löffeln oder in Gläsern serviert.

Appetithäppchen sollen den Appetit anregen, die Vorfreude auf das Essen steigern, aber auch die Zeit bis zum Essen überbrücken.

11.2.2 Kalte Vorspeisen

Mezedes

In der klassischen Speisenfolge wird zwischen kalten und warmen Vorspeisen unterschieden. Kalte Vorspeisen können bei Stehempfängen als **Fingerfood**, als Blickfang auf Büfetts oder als Auftakt eines Menüs angeboten werden. Sie sollen leicht und appetitanregend sein, aber gleichzeitig den ersten Hunger stillen. Die Portionen sind eher klein, die Speisen teilweise pikant gewürzt, oft farbenfroh und optisch ansprechend angerichtet und garniert. Fast alle Lebensmittel können als Grundlage einer Vorspeise dienen. Die Verzehrtemperatur liegt meisten zwischen 5 °C und 10 °C.
Antipasti, Tapas und **Mezes/Mezedes** sind die italienische, spanische bzw. griechische/türkische Bezeichnung für kalte, aber auch warme Vorspeisen bzw. Appetithäppchen.

Gefüllte Avocado

Cocktails

Vorspeisencocktails werden meist in gekühlten Cocktailgläsern serviert. Hochwertige, entsprechend zerteilte Zutaten werden auf fein geschnittenen Salatstreifen (der sogenannten Chiffonade) angerichtet und mit einer pikanten Cocktailsauce übergossen. Anschließend werden die Cocktails optisch ansprechend garniert. Klassische Beispiele sind Garnelencocktail bzw. Crevettencocktail und Geflügelcocktail. Alternativ können Cocktails mit frischem Gemüse oder Obst hergestellt werden (z.B. Avocadococktail, Melonencocktail).

Gefüllte Eier

Um Eier füllen zu können, müssen diese zunächst hart gekocht werden. Dann werden sie geschält, halbiert und das Eigelb ausgekratzt. Das Eigelb wird durch ein Sieb passiert und mit Butter oder einer Mayonnaise zu einer cremigen Füllung verarbeitet. Die Füllung wird je nach Geschmacksrichtung abgeschmeckt und in die Eihälften gespritzt. Zum Schluss werden die gefüllten Eihälften garniert, z. B. mit feinen Gemüsen (Spargelspitzen, Cocktailtomaten, Oliven) oder Meeresfrüchten (Sardellen, Crevetten, Kaviar).

Gefüllte Eier

Pasteten und Terrinen

Pasteten und Terrinen können aus Schlachtfleisch, Geflügel oder Wild sowie aus Fischen und Meeresfrüchten, aber auch verschiedenen Gemüsen hergestellt werden. Die Zutaten werden zunächst zu einer gleichmäßigen Füllung (fein gewolft) verarbeitet und pikant gewürzt. Bei Pasteten wird diese Farce in einen Teig gefüllt und im Ofen gebacken. Bei Terrinen hingegen wird die Farce in eine feuerfeste Form gefüllt und im Wasserbad pochiert. Nach dem Erkalten werden die Pasteten und Terrinen aufgeschnitten und meistens mit einem kleinen Salatbukett und einer Sauce angerichtet.

Pastete

Kalte Vorspeisen mit bzw. aus Schlachtfleisch, Wild und Geflügel

Typische kalte Vorspeisen aus Schlachtfleisch sind:

- rohe Fleischspeisen wie Tatar, Rindercarpaccio und Hackfleisch
- Wurstwaren wie Mettwurst, Leberwurst und Salami
- roher oder gekochter Schinken wie Lachsschinken, Serranoschinken, Parmaschinken und Bündnerfleisch
- gekochtes Fleisch wie Vitello tonnato
- gebratenes Fleisch wie Roastbeef, Medaillons vom Rinderfilet, Tranchen vom Schweine- und Kalbsbraten, Medaillons vom Kalbsfilet und Rehrücken, Geflügel- und Fasanenbrust
- Vorspeisencocktails
- Pasteten und Terrinen
- Salate mit Fleisch- oder Wurstzubereitungen

Tatar: Schabe- oder Hackfleisch vom Rind mit einem maximalen Fettgehalt von 6 %, mit rohem Eigelb, fein gehackten Zwiebeln, Cornichons und Sardellenfilets und Kapern sowie einer pikanten Sauce

Rindercarpaccio: pariertes, dünn aufgeschnittenes Rinderfilet, mit Öl bestrichen, mit Salz und Pfeffer gewürzt und mit etwas Zitronensaft mariniert, meist serviert mit gehobeltem Parmesan und mariniertem Rucola

Vitello tonnato: gekochtes Kalbfleisch, dünn aufgeschnitten und mit einer Thunfischsauce (aus Mayonnaise, Thunfisch, Kapern und Sardellen) überzogen

Gebratene Medaillons: aus dem Fleisch vom Kalb oder Schwein geschnitten, in Form gebracht, gebraten und garniert

11.2.4 Brühen, Suppen und Eintöpfe

Klare Suppe

Die Einteilung der Suppen kann nach verschiedenen Kriterien geschehen:

- nach **Bindung** in klar und gebunden
- nach **Temperatur** in warm und kalt
- nach **Herkunft** in regional, national und exotisch

Unterscheidung nach Bindung

Zu den **klaren Suppen** gehören die **Brühen** (z. B. Gemüsebrühe), die **Kraftbrühen** (z. B. Geflügelkraftbrühe), die **doppelten Kraftbrühen** (z. B. doppelte Rinderkraftbrühe) und die **Essenzen** (z. B. Rebhuhnessenz).

Gebundene Suppe

Klare Suppen enthalten viele Aromastoffe und ätherische Öle und wirken dadurch appetitanregend. Serviert werden sie in der Regel in Suppentassen. Die Portionsgröße liegt zwischen 150 bis 200 ml, bei Essenzen um 100 ml. Mögliche Einlagen sind:

- Würfel, Streifen, Rauten oder Perlen von Gemüse
- Reis oder Teigwaren
- Klößchen/Nocken aus Quark, Grieß, Fleisch- und Fischfarce
- Eierstich oder Eierflocken
- Pfannkuchenstreifen
- Röstbrot (Croûtons)
- Profiteroles

Beispiele für **gebundene Suppen** sind Tomatencreme- und Spargelcremesuppe, Kartoffelsuppe, Kürbissuppe und Eintöpfe. Die Bindung kann durch Auskochen von stärkehaltigen Produkten, durch Pürieren oder durch Zugabe von Mehl oder Stärke erfolgen. Gebundene Suppen können im Gegensatz zu den klaren Suppen durchaus sättigend wirken. Sie dienen daher auch als Ersatz eines Hauptgangs oder auch als komplette Zwischenmahlzeit. Dies gilt insbesondere für Gemüsesuppen und Eintöpfe.

Kalte Fruchtsuppe

Unterscheidung nach Temperatur

Neben den warmen Suppen gibt es auch solche, die kalt angeboten werden. Sie haben meist einen hohen Vitamin- und Mineralstoffgehalt. Insbesondere in der warmen Jahreszeit dienen sie als erfrischende Abwechslung. Zu den kalten Suppen gehören:

- **Milchkaltschalen:** Basis ist Milch und Zucker; eine Bindung kann durch Zugabe von Eiern erfolgen; oft gezuckerte und gegebenenfalls zerkleinerte Früchte als Einlage; z. B. Milchkaltschale mit Blaubeeren
- **Fruchtkaltschalen:** Basis sind zerkleinerte Früchte und Zucker; Flüssigkeit ist entweder Wasser und/oder Wein; eine Bindung kann durch Zugabe von Kartoffelstärke oder Fruchtmark erfolgen; z. B. Erdbeerkaltschale
- **geeiste Brühen:** Grundbrühen oder Kraftbrühen werden im Froster geeist; z. B. geeiste Rinderkraftbrühe
- **kalte Gemüsesuppen:** Gemüse wird nicht erhitzt, sondern direkt püriert; eventuell wird Öl, Gemüsesaft oder etwas Brühe zugesetzt, alles wird pikant gewürzt; z. B. Gazpacho
- **kalte Kartoffelsuppen:** Kartoffeln werden gekocht, püriert und abgekühlt; eventuell wird etwas Brühe zugesetzt; alles wird pikant gewürzt; z. B. Vichysoisse (kalte französische Kartoffel-Lauch-Suppe)

Gazpacho

Unterscheidung nach Herkunft

Suppen, die aus bestimmten Regionen Deutschlands stammen, werden als **Regionalsuppen** bezeichnet. Dabei versteht man unter einer Region entweder ein Bundesland (wie z.B. Berlin, Bayern oder Hamburg) oder einen bestimmten Landstrich (wie z.B. Schwaben oder das Rheinland). Suppen, die typisch für ein Land sind, werden dagegen als **Nationalsuppen** bezeichnet. Für die Gruppe der exotischen Suppen werden spezielle, teilweise ungewöhnliche Zutaten verwendet.

Flädlesuppe

Suppen nach Herkunft

Regionalsuppen	Nationalsuppen	exotische Suppen
▪ Berliner Löffelerbsensuppe ▪ Rheinische Kartoffelsuppe ▪ Bayerische Leberknödelsuppe ▪ Schwäbische Flädlesuppe ▪ Hamburger Aalsuppe ▪ Sächsische Warmbiersuppe	▪ Ungarische Gulaschsuppe ▪ Russische Borschtsch ▪ Italienische Minestrone ▪ Französische Bouillabaisse ▪ Englische Ochsenschwanzsuppe ▪ Japanische Misosuppe	▪ Känguruschwanzsuppe ▪ Schwalbennestersuppe ▪ Trepangsuppe ▪ Bihun-Suppe ▪ Haifischflossensuppe

Minestrone

Eintöpfe

Ursprünglich verstand man unter Eintöpfen alle Gerichte, die in einem Topf zubereitet werden. Bei uns werden als Eintöpfe Gerichte mit einem hohen Flüssigkeitsanteil bezeichnet. Eintopfgerichte entstanden meist regional und dienten meist der Resteverwertung von Lebensmitteln.

Eintopf

Eintöpfe bieten eine gemischte Kost. Sie bestehen vor allem aus Hülsenfrüchten, unterschiedlichen Gemüsen, Kartoffeln und/oder Getreideprodukten. Gelegentlich finden sich als Zutaten auch Fleisch, Wurst oder Speck – teilweise gepökelt oder geräuchert.

Eintöpfe sind aufgrund ihrer Zutaten sättigend. Sie eignen sich gut für die Gemeinschaftsverpflegung oder für größere Veranstaltungen.

Zu den bekannten Eintopfgerichten zählen Erbsensuppe, Linseneintopf, Pichelsteiner, aber auch Irish Stew oder Pot-au-feu.

Irish-Stew

Dieser Eintopf stammt aus Irland. Hauptzutaten sind Lammfleisch, Kartoffeln, Zwiebeln, Karotten, Pastinaken und Petersilie.

Pot-au-feu

Dieser Eintopf stammt aus Frankreich. Klassische Zutaten sind Rindfleisch und verschiedene Gemüse wie Möhren, Rüben, Sellerie und Zwiebeln.

AUFGABEN

1 | a) Erläutern Sie den Begriff „Klare Suppe".
b) Zählen Sie fünf unterschiedliche Einlagen für klare Suppen auf.

2 | Nennen Sie jeweils zwei typische Suppen, bei denen die Bindung durch folgende Herstellung stattfindet:
a) das Auskochen von stärkehaltigen Zutaten
b) durch Pürieren
c) durch Zugabe von Mehl oder Stärke

3 | Erläutern Sie den Unterschied zwischen einer Milch- und einer Fruchtkaltschale.

4 | Beschreiben Sie fünf typische Nationalsuppen.

Überbackener Spargel

Gegrilltes Gemüse mit Halloumi

Wedges

Gnocchi

Nudelgericht

11.2.5 Kleine warme Speisen/warme Vorspeisen

Das Angebot von kleinen warmen Speisen ist ähnlich groß wie bei den kalten Speisen. Einige von ihnen können in der klassischen Menüfolge als warme Vorspeise oder Zwischengericht gereicht werden und bilden dann die Verbindung zum Hauptgang. Sie sollen den Appetit anregen und nicht sättigen. Daher sind die Portionen eher klein.

Gemüse- und Pilzgerichte

Typische Angebotsformen sind:

- gekochtes, gedämpftes, oder nur blanchiertes Gemüse wie Spargel, Brokkoli, Blumenkohl oder Spinat; anschließend kann es mit einer Sauce Hollandaise bzw. einer Buttersauce überzogen, mit einer Rahmsauce verfeinert oder mit Käse überbacken (gratiniert) werden.
- gedünstetes Gemüse wie Ratatouille (Schalotten, Paprika, Zucchini und Auberginen gedünstet und dann tomatisiert).
- sautiertes Gemüse wie Paprikaschoten, Karotten, Lauchzwiebeln und Champignons: Das Gemüse wird kurz in der Pfanne geschwenkt oder wie in der Systemgastronomie häufig üblich, im Wok geschwenkt.
- gebackenes Gemüse wie Gemüsegratins: Die Zutaten werden mit Eigelb und einer Sahnesauce, eventuell unter Zugabe von etwas Käse, vermengt und dann in Auflaufformen im Ofen gebacken.
- gegrilltes Gemüse: Zerkleinertes Gemüse wird mit Knoblauch eingerieben und dann mit Fett bei hohen Temperaturen gegrillt.
- frittiertes Gemüse: Das Gemüse wie Champignonköpfe, Zucchinischeiben oder Zwiebelringe wird entweder nur paniert oder durch einen Ausbackteig gezogen und anschließend frittiert.

Kartoffelgerichte

Angeboten werden Gratins, frittierte Kartoffelspeisen wie Pommes frites und die im Ofen gebackenen Kartoffelecken bzw. Kartoffelspalten (englisch: Wedges) bzw. die klassische Ofenkartoffel, oft in Kombination mit Beilagen wie Räucherlachs und Dips wie Sour Cream, Aioli und Crème fraîche.
Auch **Gnocchi** und **Schupfnudeln** gehören im eigentlichen Sinne zu den Kartoffelspeisen, da sie aus Kartoffelteig geformt werden. Gnocchi sind klein und rundlich und werden im Salzwasser gar gezogen. Oft werden sie mit Salbeibutter oder einer herzhaften Sauce serviert. Schupfnudeln sind etwas länglich und an beiden Enden spitz zulaufend, werden in Salzwasser gegart und dann mit etwas Butter kurz in der Pfanne angebraten. Sie können mit einer pikanten Sauce oder süß, z. B. mit Zimt und Zucker, serviert werden.

Nudelgerichte/Pasta

Nudelgerichte sind in der Gastronomie weit verbreitet. Sie werden „al dente" (d. h. bissfest) gekocht und in Kombination mit anderen Lebensmitteln in vielen Variationen angeboten. Klassische Zugaben zu Nudeln sind Pesto (aus Basilikum, Pinienkernen, Knoblauch und Olivenöl, eventuell auch Parmesan), Pomodoro (aus Tomaten, Zwiebeln, Knoblauch, Basilikum und Olivenöl), Carbonara (aus Eiern, Sahne, Schinken oder Speck und Parmesan) oder nur über die Nudeln geriebener Parmesankäse.

Reisspeisen

Als typische Zubereitung ist Risotto in vielen Varianten auf den Speisekarten zu finden. In der Regel wird hierfür Rundkornreis – meistens sind es die Sorten Arborio oder Vialone – verwendet. Risotto kann mit weiteren Zutaten wie Gemüsen, Pilzen oder Meeresfrüchten angeboten werden. Eine andere typische Zubereitung ist die Paella, ein spanisches Nationalgericht, das neben Reis aus Fleisch, Fisch und/oder verschiedenen Gemüsesorten besteht.

Risotto mit St.-Jakobs-Muscheln

Speisen mit bzw. aus Teig

Diese sind gerade in der Systemgastronomie stark verbreitet und werden dort oft auch als Snacks „to go" verkauft.

Bei der **Tortilla** handelt es sich um ein dünnes, rundes Fladenbrot (ursprünglich aus Mittelamerika). Es wird typischerweise aus Mais bzw. Maismehl hergestellt. Tortillas können mit unterschiedlichen Zutaten wie Fleisch, Gemüse oder Käse belegt oder gefüllt werden. **Enchiladas** sind gefüllte Tortillas, die meistens mit einer Sauce überzogen sind. Die Füllung besteht aus Chili und Fleisch, Geflügel oder Gemüse. Werden die Tortillas vorher gegrillt, werden sie als **Quesadilla** bezeichnet.

Tacos sind Fladenbrote aus Mais- oder Weizenmehl, die nach Belieben mit unterschiedlichen Zutaten belegt, meist mit einer scharfen Salsasauce abgeschmeckt und dann geklappt werden. Tacos werden aus der Hand gegessen.

Bei den **Fajitas** handelt es sich um Tortillas, die allerdings aus Weizenmehl hergestellt sind. Sie werden meist mit gegrilltem Rind- oder Geflügelfleisch und verschiedenen Gemüsen belegt. Dazu werden mehrere Dips gereicht. In vielen Restaurants ist es heutzutage üblich, die Zutaten in einer Eisenpfanne bratend zu servieren, sodass der Gast sich die Tortillas selbst belegen kann. Gefüllte Fajitas sind **Burritos**.

Pfannkuchen werden in einer heißen Pfanne in Butter ausgebacken. Sie können süß (als Nachspeise) oder herzhaft belegt sein. Manchmal werden sie auch gefüllt angeboten. **Palatschinken** sind dünne Pfannkuchen aus der österreichischen Küche, **Crêpes** aus der französischen Küche.

Blinis, die aus der russischen Küche stammen, werden in Form dünner Fladen zubereitet. Diese werden von beiden Seiten gebacken. Manchmal werden sie auch eingerollt. Sie können sowohl mit Quark, Sauerrahm und Crème fraîche als auch mit Hackfleisch, geräuchertem Fisch oder Kaviar angeboten werden.

Tartes bestehen aus einem Mürbeteig, der weder Salz noch Zucker enthält. Sie können süß (als Nachspeise), aber auch herzhaft belegt sein und werden in einer typischen Tarte-Form gebacken. Tartes, die in kleinen Formen gebacken werden, heißen Tartelettes. Bei der **Quiche** handelt es sich um eine Variante der Tarte aus einem herzhaften Mürbeteig, der mit einer würzigen Füllung in einer runden Form gebacken ist. Klassisch ist die Quiche Lorraine, deren Füllung aus Speck und Zwiebeln, geriebenem Käse sowie Eiern und Milch und eventuell Sauerrahm besteht.

Teigspeisen

Teigart/ Hauptzutaten	Zubereitungs-möglichkeiten
einfacher Teig aus Maismehl	▪ Tortillas ▪ Enchiladas ▪ Quesadillas ▪ Tacos
einfacher Teig aus Weizenmehl	▪ Tacos ▪ Fajitas ▪ Burritos
Teig aus Weizenmehl mit Eiern und Milch	▪ Pfannkuchen ▪ Palatschinken ▪ Crêpes
Teig aus Buchweizenmehl mit Hefe, Eiern und Milch	▪ Blinis
Mürbeteig	▪ Tartes ▪ Quiches ▪ Flammkuchen
Hefeteig	▪ Pizza
Blätterteig	▪ Blätterteigtaschen ▪ Blätterteig-pastetchen
Ausbackteig	▪ Krapfen ▪ Fritto misto ▪ Tempura

Tacos

Fajitas

Flammkuchen

Blätterteigsnack

Gemüse im Tempurateig

Garnelenspieß

Chicken Wings und Drumsticks

Grundlage für **Flammkuchen** ist ein sehr dünner Boden aus Teig, der mit unterschiedlichen Zutaten belegt und dann im Ofen kurz bei starker Hitze gebacken wird. Tartes, Quiches und Flammkuchen stammen ursprünglich aus dem französischen Raum.

Die **Pizza** ist ein dünnes Fladenbrot aus einfachem Hefeteig mit Tomatensauce und Käse als Basis sowie mit unterschiedlichen Auflagen. Sie wird bei hohen Temperaturen im Ofen gebacken.

Blätterteigtaschen und **Blätterteigpastetchen** werden mit unterschiedlichen Füllungen wie Ragout aus verschiedenen Gemüsen, Kalbfleisch, Hühnerfleisch oder Meeresfrüchten angeboten. Eine klassische Zubereitung ist die Königinnenpastete, die mit **Ragoût fin** gefüllt ist. Ragoût fin ist ein feines Ragout aus gekochtem und in kleine Würfel geschnittenem Kalbfleisch und gedünsteten Champignons. Es wird mit einer hellen Sahnesauce gebunden und anschließend mit Käse gratiniert.

Krapfen sind Stückchen von gegartem Gemüse und Meeresfrüchten, die durch einen Ausbackteig gezogen und dann frittiert werden. Der Ausbackteig besteht vor allem aus Weizenmehl, Eiern und ein wenig Öl sowie Wasser, Wein oder Bier als Flüssigkeit. In Italien ist diese Zubereitungsart als **Fritto misto** bekannt. Die asiatische Variante ist der **Tempurateig**. Grundlage ist hier Reismehl. Besonders zum Ausbacken geeignet sind z.B. Zucchini, Spargelspitzen und Zwiebeln sowie Garnelen und andere Meeresfrüchte.

Eierspeisen

Während früher auf vielen Angebotskarten warme Vorspeisen aus Eiern, wie pochierte Eier und Spiegeleier, häufig zu finden waren, werden diese heute aufgrund möglicher mikrobieller Risiken nur noch selten angeboten. Omeletts und Rühreier stehen jedoch auf vielen Speisekarten, da bei ihnen aufgrund der höheren Gartemperaturen und längeren Garzeiten das Risiko vermindert ist. Zudem lassen sich Omeletts und Rühreier aus pasteurisierten Eiern herstellen.

Speisen mit bzw. aus Fischen und Meeresfrüchten

Neben kleinen Portionen von Fischgerichten werden vor allem Zubereitungen von Shrimps bzw. Gambas oder Riesengarnelen angeboten, eventuell zusammen mit Salat, Brot oder anderen Beilagen. Dabei werden die Meeresfrüchte gegrillt oder auf einen Spieß gesteckt und dann gebraten. Darüber hinaus finden sich auf den Tageskarten – saisonal oft in der Zeit von September bis ungefähr März – verschiedene Muschelgerichte (z.B. Muscheln in Gemüse- oder Weißweinsud).

Speisen mit bzw. aus Schlacht- und Geflügelfleisch

Auch hier ist die Angebotspalette eher klein und beschränkt sich vorrangig auf Ragouts, die mit Saucen gebunden und mit geeigneten Beilagen serviert werden. Außerdem werden knusprig gebratene (eventuell auf einen Spieß gesteckte) oder panierte und dann frittierte Flügel (Chicken Wings) und Schenkel vom Hähnchen angeboten.

11.2.6 Hauptgänge mit Saucen und Beilagen

Ein Hauptgang besteht klassisch aus folgenden Komponenten:
- Hauptzutat
- Sauce
- Gemüsebeilage
- Sättigungsbeilage

Aufgrund der großen Vielfalt sowohl in der klassischen als auch in der Systemgastronomie kann hier nur auf einige Beispiele eingegangen werden.

Klassischer Hauptgang

Saisonaler Hauptgang

a) Hauptzutaten

In der Regel sind die wichtigsten Hauptzutaten Zubereitungen von tierischen Produkten, d.h. solche von Schlachtfleisch, Geflügel, Wild und Fisch. Bei vegetarischen Gerichten sowie bei Gemüse- und Kartoffelgratins, einigen Nudel- oder Reisgerichten oder saisonal bedingt wie z.B. in der Spargelzeit stehen dagegen pflanzliche Rohstoffe als Hauptzutat im Vordergrund. Diese sind im Kapitel 11.2.4 „Warme Vorspeisen und Zwischengerichte“ besprochen.

Schlachtfleisch

Die Art der Zubereitung beim Schlachtfleisch ist vorrangig abhängig von seinem Anteil an Bindegewebe. **Bindegewebsreiches**, wenig zartes Fleisch wird gekocht, gedünstet oder geschmort. Hierzu gehört vor allem das Fleisch aus der Schulter, der Brust und dem Bauch der Tiere sowie aus manchen Abschnitten der Keule.

Zubereitungen von Fleischstücken mit einem hohen Anteil an Bindegewebe

Garart	Rind	Kalb	Schwein	Lamm
kochen, pochieren	▪ Tafelspitz ▪ Rinderbrust	▪ Kalbsblankett	▪ Pökelrippchen ▪ Eisbein	▪ Blankett vom Lamm
dünsten	▪ Rindergulasch	▪ Kalbsfrikassee	▪ Szegediner Gulasch	▪ Lammcurry
schmoren	▪ Rinderroulade ▪ Ochsenschwanzragout ▪ Rinderschmorbraten ▪ Sauerbraten	▪ Kalbsinvoltini ▪ Ragout	▪ Schweinekamm	▪ Lammragout ▪ Lammkeule

Die Fleischteile **mit wenig Bindegewebe** sind vor allem der Rücken, Teile aus der Keule (beim Schwein: Schinken) und das Filet. Damit sie nach dem Garen noch zart und saftig sind, müssen sie gut abgehangen sein.
Die wichtigste Zubereitungsart ist das Braten. Einzelportionen, d.h. kleine Stücke wie Steaks, Schnitzel oder Koteletts, werden in der Pfanne gebraten. Große Stücke werden über längere Zeit im Ofen gebraten. Geschnetzeltes wird nur kurz in der Pfanne geschwenkt (sautiert). Bei Steaks vom Rind sind die unterschiedlichen Garstufen zu beachten.
Werden große Stücke im Ganzen gebraten, werden diese zunächst scharf angebraten und im Ofen weitergegart. Hier gilt: Bratenstücke vom Schwein und Kalb durchbraten, Bratenstücke vom Rind und Lamm dagegen nur rosa braten. Dann ist das Fleisch saftig und hat seinen vollen Geschmack.

Unterschiedliche Garstufen beim Rind

Garstufen (deutsch / französisch / englisch)
stark blutig (blau) / bleu / rare
blutig / saignant / medium rare
rosa / rose / medium
auf den Punkt (halb rosa) / à point / medium well
durch / bien cuit / well done

Geschnetzeltes

Gegrillte Hähnchenbrust mit Beilagen

Geschnetzeltes ist eine Zubereitungsart, bei der das Fleisch in Streifen zerkleinert wird. Dadurch wird der Garprozess verkürzt. Damit es beim Garen nicht zu trocken wird, wird das Fleisch nur kurz angebraten und dann in der Pfanne geschwenkt. Dabei ist darauf zu achten, dass das Fleisch nicht zu kochen beginnt. Dadurch würde es trocken und hart werden. Beispiele sind „Zürcher Geschnetzeltes" (aus der Kalbskeule geschnitten) und Filetgulasch „Stroganow" (aus dem Rinderfilet geschnitten).

Hackfleisch
Hackfleisch kann als großes Stück im Ofen gebraten werden (Hackbraten) oder als Einzelportion in der Pfanne (Hacksteak bzw. Deutsches Beefsteak, Frikadelle oder Burger). Eine weitere Möglichkeit besteht darin, es in Brühe zu kochen (z. B. Königsberger Klopse).

Geflügel
Typische Garverfahren beim Hausgeflügel sind Kochen, Dünsten, Schmoren, Braten im Ofen oder in der Pfanne, Grillen und Frittieren. Wildgeflügel wird meistens gebraten oder geschmort.

Zubereitungsarten

Garmethode	Beispiele	Zubereitung	Beilagen	Besonderheit
Kochen	Blankett vom Suppenhuhn	in Brühe mit Wurzelgemüse garen, auslösen, in Würfel schneiden, in heller Sauce binden	zarte Gemüse und grüne Salate, dazu Salzkartoffeln oder Reis	wird auf Speisekarten oft als Frikassee angeboten
Dünsten	Frikassee von der Poularde	Poularde zerteilen, würzen und mit Butter anschwitzen, mit Mehl bestäuben, ablöschen und in Geflügelbrühe garen	Tomaten, Erbsen, Spargel, Champignons, dazu Kartoffeln, Reis oder Spätzle	kann auch poëliert werden, d. h. mit Farbgebung gedünstet werden
Schmoren	Coq au vin	Hühnchen zerteilen, anbraten, mit Rotwein ablöschen und schmoren	Einlage: Speckwürfel, Champignons, Perlzwiebeln, Kräuter; mit Brot servieren	vor allem auch für älteres Geflügel geeignet
Braten in der Pfanne	Putensteaks, Entenbrust	Geflügel würzen und von beiden Seiten braten	viele Kombinationen möglich	Entenbrust kann mit Haut gebraten werden
Braten im Ofen	Gänsebraten	gefüllte Gans mit warmem Wasser ansetzen, häufig begießen, zum Ende hin Brust knusprig braten	Rotkohl, Bratapfel, Klöße	keine Zugabe von Fett nötig, da genügend Eigenfett austritt
Grillen	Brathähnchen	Geflügel marinieren und würzen, unter Wenden knusprig grillen	pikante Sauce, frittierte oder gebackene Kartoffeln, Salate	kann auch am Spieß gegrillt werden
Frittieren	frittierte Hühnerbrust	scharf gewürzte Stücke von der Hühnerbrust in Mehl wenden und durch einen Ausbackteig ziehen, anschließend frittieren	Tomatensauce, Krautsalat oder Blattsalate, Kartoffelvariationen	je größer das Frittiergut, umso niedriger die Gartemperatur

Fische

Fische können auf unterschiedliche Weise gegart werden:

- **Pochieren:** Dies geschieht in einem geeigneten Fischsud. Soll der Fisch „blau gekocht" werden, muss die Schleimhaut des Fisches erhalten bleiben und der Fischsud angesäuert werden.
- **Dämpfen:** Die Fische eventuell vorher marinieren, dann in speziellen Gargefäßen mit Siebeinsatz oder im Konvektomaten im Dampf garen.
- **Dünsten:** Bei dieser Methode wird das Gargefäß ausgefettet und mit Zwiebelwürfelchen bestreut. Der Fisch wird aufgelegt, mit etwas Flüssigkeit begossen und zugedeckt gegart. Gedünsteter Fisch wird hinterher oft mit Sauce überzogen, mit Käse bestreut und dann gratiniert.
- **Garen in Folie:** Bei diesem Garverfahren wird der Fisch zugleich gedämpft und gedünstet. Der Fisch wird gewürzt, mit Öl bestrichen und eventuell zusammen mit Gemüse in Folie eingewickelt und dann im Backofen bei etwa 180 °C gegart. Durch die Hitze wird Flüssigkeit aus dem Fisch oder Gemüse abgegeben. Gleichzeitig entwickelt sich Dampf, der die Folie ballonartig aufbläht.
- **Braten:** Für das Braten in der Pfanne oder im Backofen werden Fische oder Fischfilets nach dem Würzen entweder nur gemehlt oder paniert. Angebraten wird auf der Hautseite. Im Backofen wird der Fisch häufig unter einer Kruste, einem Speckmantel oder im Teigmantel gebraten.
- **Frittieren:** Häufig wird der Fisch vorher paniert oder durch einen Teig gezogen. Die Gartemperatur sollte 175 °C nicht übersteigen. Nach dem Frittieren sollte der Fisch vorsichtig entfettet und direkt serviert werden.
- **Grillen:** Geeignet sind vor allem Fische mit einem festen Fleisch. Die Fische werden mariniert, gesalzen und dünn mit Öl bepinselt und dann auf dem vorgeheizten Grill gegart.

Als Beilagen für pochierten, gedämpften oder gedünsteten Fisch eignen sich leichte Gemüse und Pilze, Blattsalate, gekochte Kartoffeln oder Reis. Dazu werden oft Senf-, Kräuter- bzw. Fischsaucen oder Buttermischungen gereicht. Als Garnitur dienen meist Zitronenstücke und Dill.

Als Beilagen für gebratenen, frittierten oder gegrillten Fisch eignen sich mediterranes Gemüse, ausgebackene Zwiebelringe und gebratene oder frittierte Kartoffelzubereitungen. Oftmals werden Kräuterbutter oder Buttermischungen gereicht. Als Garnitur dienen Tomaten und ausgebackene Kräuter.

Pochierter Lachs mit Beilagen

Fisch in Folie

Forelle Müllerin Art

Frittierter Fisch

AUFGABEN

1 a) Nennen Sie fünf unterschiedliche Kurzbratgerichte vom Schlachtfleisch.
b) Erläutern Sie, warum es wichtig ist, Schweinefleischgerichte durchzubraten.

2 Nennen und erläutern Sie anhand von konkreten Beispielen typische Garverfahren von a) Geflügel und b) Fisch.

3 Was ist aus hygienischen Gründen bei der Zubereitung von a) Geflügel und b) Fisch zu beachten?

Rehkoteletts

Wild

Das Fleisch jüngerer Tiere ist zart und eignet sich zum Braten oder Grillen. Es wird entweder im Ganzen (z. B. gebratener Hasenrücken) oder zerteilt als Steak, Kotelett oder Geschnetzeltes zubereitet.

Das Fleisch älterer Tiere sowie das Fleisch aus Hals-, Brust- und Bauchbereich wird bevorzugt geschmort (z. B. Hasenpfeffer, Hirschragout).

typische Gewürze für Wild	geeignete Beilagen zu Wild
▪ Petersilie ▪ Thymian ▪ Rosmarin ▪ Estragon ▪ Wacholderbeeren	▪ Pilze ▪ Rotkohl, Rosenkohl, Wirsing, Maronen, Nüsse ▪ gefüllte Birnen, Trauben, Bratäpfel, Preiselbeeren ▪ Kartoffelpüree, Kroketten und Klöße ▪ Nudeln und Spätzle

b) Saucen

Saucen müssen zu dem jeweiligen Gericht passen. Sie sollen vom Geschmack her mit ihm harmonieren, appetitlich aussehen und eine angenehme Konsistenz haben.

Lagerung von Mayonnaise
Wird Mayonnaise oder eine ihrer Ableitungen aus frischen Eiern hergestellt, sollte sie gekühlt werden und innerhalb von 24 Stunden verwendet werden.

Bei der Vielzahl der Saucen ist folgende Einteilung möglich:
- **Temperatur** (kalt und warm)
- **Farbe** (braun und weiß bzw. dunkel und hell)
- **Ausgangsmaterial** (Fonds, Milch bzw. Sahne, Ei und Fett, andere Rohstoffe)

Kalte Saucen

Grundlage vieler kalter Saucen ist die **Mayonnaise**. Sie ist ähnlich wie die Holländische Sauce eine Emulsion. Grundbestandteil ist ebenfalls Eigelb, das unter Zugabe von Öl kalt aufgeschlagen wird. Abgeschmeckt wird die Mayonnaise mit Essig, Zitronensaft und Salz.

Aus der Mayonnaise können u. a. folgende Saucen (Ableitungen) hergestellt werden:
- **Remouladensauce** (Zugabe von gehackten Gewürzgurken, Kapern und Sardellen sowie Senf, Pfeffer und frisch gemahlenen Kräutern)
- **Cocktailsauce** (Zugabe von Tomatenketchup, geriebenem Meerrettich, Worcestershiresauce, Cognac und Zitronensaft)
- **Chantillysauce** (Zugabe von Cayennepfeffer, Zitronensaft und geschlagener Sahne)

Remouladensauce

Verwendung finden Mayonnaise und ihre Ableitungen bei Gerichten mit Ei, Fisch und Krustentieren sowie bei manchen Gemüsen. In der kalten Küche werden sie zum Anmachen verschiedener Salate oder als Basis für einige Dressings eingesetzt. Sie werden aber auch zu kalten Fleisch- oder Fischgerichten gereicht.

Kalte eigenständige Saucen

Hierzu gehören:

- Cumberlandsauce: zu Pasteten und Terrinen, kaltem Braten und kalten Wildgerichten
- Sahnemeerrettich: für kalte und warme Fischzubereitungen, kalte und warme Eierspeisen, Grillgerichte sowie kalte und warme Gerichte vom gekochten Rindfleisch
- Minzsauce: für Hammel- und Lammgerichte
- Salsa rossa bzw. Salsa verde: für Wraps, Brathähnchen und Pasteten
- Tsatsiki: meist als Beigabe zu Hackbällchen, Fleisch oder frittiertem Gemüse
- Chutney: zu gebratenem oder gegrilltem Schlachtfleisch, zu Wild oder Geflügel; beliebt sind sie auch als Beigabe zu panierten Schnitzeln
- Pesto: für Nudeln und andere Teigwaren
- Essig-Öl-Saucen: als Dressing für Salate
- Dip-Saucen: als Dips für Rohkost und verschiedene Snacks

Kalte Saucen

Dips

Warme Saucen

Bei den warmen Saucen kann zwischen braunen, weißen, aufgeschlagenen und Spezialsaucen unterschieden werden.

braune Saucen	weiße Saucen
▪ Demi-glace ▪ Madeirasauce/Rotweinsauce ▪ Jägersauce ▪ Wildsauce	▪ Béchamelsauce ▪ Senfsauce ▪ Dillsauce ▪ Meerrettichsauce ▪ Pilzrahmsauce ▪ Käsesauce
aufgeschlagene Saucen	**Spezialsaucen**
▪ Holländische Sauce ▪ Berner Sauce ▪ Choronsauce ▪ Dijonsauce ▪ Schaumsauce	▪ Tomatensauce ▪ Currysauce ▪ Fruchtsaucen, wie z. B. Apfel- und Preiselbeersauce

Warme Sauce

Buttermischungen

Buttermischungen können nicht direkt den Saucen zugerechnet werden. Sie dienen der optischen wie geschmacklichen Ergänzung von Speisen. So werden sie z.B. zu kurzgebratenen Schlachtfleischgerichten, aber auch zu verschiedenen Fischen und Meeresfrüchten gereicht. Außerdem sind sie als kalte Buttermischung Grundlage für Canapés, Sandwiches oder belegte Brote.

warme Buttermischungen	kalte Buttermischungen
▪ zerlassene Butter ▪ braune Butter ▪ Bröselbutter ▪ Zitronenbutter	▪ Kräuterbutter ▪ Knoblauchbutter ▪ Colbertbutter ▪ Tomatenbutter

Steak mit Kräuterbutter

Ratatouille

c) Gemüsebeilagen

Gemüsebeilagen sollen die Speisen optisch und geschmacklich ergänzen. Sie werden – wenn möglich – mit frischen Kräutern gewürzt, ihr Eigengeschmack sollte aber erhalten bleiben.

In der Regel hat Gemüse nur wenig Kalorien, dafür aber einen hohen Vitamin- und Mineralstoffgehalt. Deshalb sollte es wenn möglich schonend, am besten direkt vor dem Servieren („à la minute") zubereitet werden.

Warmhalten von Gemüsebeilagen ist zu vermeiden. Besser ist es, Gemüse nach dem Garen abzukühlen und bei Bedarf wieder zu erwärmen. Eine Portionsgröße Gemüse beträgt ca. 80–120 g.

Zubereitungsart	Beispiele	Besonderheiten
Blanchieren	Spinat, Mangold	als Vorbereitung auch für Wirsing, Weißkohl und Zwiebeln möglich
Kochen	Blumenkohl, Brokkoli, Spargel, Bohnen, Grünkohl, Hülsenfrüchte	Gemüse sollte nach dem Kochen noch knackig sein; Kochwasser eventuell weiterverwenden; Hülsenfrüchte vor dem Kochen in reichlich Wasser einweichen
Dämpfen	Blumenkohl, Spargel, Kohlrabi	Gemüse sollte nach dem Dämpfen noch knackig sein. Dämpfen ist das schonendste Garverfahren, um möglichst viele Vitamine zu erhalten.
Dünsten	fast bei allen Gemüsen möglich	Gemüse können naturell, glasiert, in Sahnefond oder mit Sauce gebunden angeboten werden
Sautieren	vor allem Pilze, aber auch andere, bereits vorgegarte Gemüse	Pilze unbedingt vorher gut waschen
Schmoren	Zwiebeln, Gemüsepaprika, Wirsing, Kohlarten	Schmoren wird insbesondere für feste Gemüsesorten und gefüllte Gemüsezubereitungen angewendet
Frittieren	Auberginenscheiben, Champignons, Zucchinischeiben, Blumenkohlröschen	Gemüse kann roh oder vorgegart, paniert oder im Ausbackteig sein; frittiertes Gemüse abtropfen lassen und sofort servieren
Grillen	Auberginen, Gemüsepaprika, Zucchini, Maiskolben	rohe Gemüse vorher mit Öl bepinseln

Gegartes Gemüse kann anschließend gratiniert, d.h. mit Sauce und Käse überbacken, oder auch, wie z.B. Karotten, Sellerie, Maronen und Hülsenfrüchte, püriert werden.

AUFGABEN

1 | Welche Saucen werden auf der Speisenkarte bei Ihnen im Betrieb zu Schlachtfleisch, Geflügel und Fisch angeboten?

2 | Nennen und erläutern Sie drei Buttermischungen. Greifen Sie dabei auf die Speisenkarte Ihres Betriebes zurück.

3 | Nennen Sie mindestens fünf unterschiedliche Gemüsebeilagen, die auf der Karte Ihres Betriebs angeboten werden.

d) Sättigungsbeilagen

Typische Sättigungsbeilagen sind
- Kartoffeln
- Reis
- Nudeln

Trotz ihres hohen Stärke- und teilweise auch Eiweißgehalts haben sie (bis auf wenige Zubereitungsarten) eine niedrige Energiedichte von unter 1,5 kcal pro Gramm.

Eine Portionsgröße beträgt 100–200 g.

Kartoffeln

Kartoffeln können auf unterschiedliche Weise zubereitet werden und sind daher vielseitig verwendbar. Neben den vielseitigen Zubereitungsarten bieten sie folgende Vorteile:
- Sie sind preiswert.
- Sie sind das ganze Jahr über verfügbar.
- Bei ihrer Verarbeitung entsteht nur eine geringe Menge an Abfall.
- Sie sind gut lagerfähig.
- Sie haben einen neutralen Eigengeschmack.
- Sie passen deshalb harmonisch zu vielen anderen Speisebestandteilen.

Zubereitungsart		Beispiele
gekochte Zubereitungen aus ganzen Kartoffeln		▪ Salzkartoffeln ▪ Pellkartoffeln
gebratene oder frittierte Zubereitungen aus geschnittenen Kartoffeln		▪ Bratkartoffeln ▪ Schlosskartoffeln ▪ Kartoffelgratin ▪ Pommes frites ▪ Kartoffelchips ▪ Waffelkartoffeln
gebratene Zubereitungen aus geriebenen oder geraspelten Kartoffeln		▪ Kartoffelpuffer/ Reibekuchen ▪ Rösti
Zubereitungen aus gekochten und pürierten Kartoffeln		▪ Kartoffelpüree ▪ Herzoginkartoffeln ▪ Kartoffelplätzchen ▪ Schupfnudeln ▪ Gnocchi ▪ Kartoffelklöße ▪ Kroketten
gebackene oder frittierte Zubereitungen aus ganzen Kartoffeln		▪ Folienkartoffeln ▪ Kartoffelecken („Wedges")

Nur entfernt verwandt mit der Kartoffel, aber ebenso wie sie als Sättigungsbeilage verwendbar, ist die **Süßkartoffel.** Sie wird auch Batate genannt. Die Knollen werden gewaschen und gegebenenfalls geschält. Dann können sie gekocht, gebraten, gebacken oder frittiert werden. Ebenfalls wie die Kartoffel können sie auch mit Schale im Ofen gebacken werden.

AUFGABEN

1 a) Erarbeiten Sie einen Überblick über die wichtigsten Nährstoffe von Kartoffeln und Reis.
b) Nennen Sie fünf Vorteile von Kartoffeln, Nudeln und Reis als Sättigungsbeilage.

2 Beschreiben Sie ausführlich die Herstellung von
- Kartoffelpuffern,
- Kartoffelklößen.

Gebratene Süßkartoffeln

Spaghetti mit Lachs und Bohnen

Langkornreis mit Wildreis gemischt

Polenta

Bulgur

Couscous

Quinoa

Nudeln

Nudeln werden aus Weizenmehl, Hartweizengrieß oder aus Vollkornmehlen von Weizen, Roggen und Dinkel mit oder ohne Eiern unter Zugabe von Wasser hergestellt. Als Sättigungsbeilage umfasst eine Portion etwa 60 g Rohgewicht. Nudeln werden in sprudelndem Salzwasser bissfest („al dente“) gekocht. Sind sie selbst hergestellt, beträgt die Garzeit in Abhängigkeit von der Art des verwendeten Mehls und der Dicke der Teigwaren 2 bis 5 Minuten, bei industriell gefertigten Nudeln sind die Packungsbeilagen zu beachten.
Öl im Kochwasser verhindert zwar das Zusammenkleben der Nudeln, gleichzeitig aber auch ein Benetzen der gegarten Nudeln mit Sauce.

Reis

Reis benötigt zum Garen viel Flüssigkeit. Als Beilage beträgt das Gewicht einer Portion 60–70 g. Folgende Zubereitungen sind möglich:

- gekochter Reis: Der Langkornreis wird mit kaltem Wasser abgewaschen und in kochendem Salzwasser (für 1 kg Reis rechnet man etwa 10 l Wasser) gegart. Ist er gar, wird er durch ein Sieb abgeschüttet. Eventuell wird etwas Butter untergezogen bzw. Fleisch, Fisch oder Gemüse zugegeben.
- Pilawreis: Zunächst werden Zwiebelwürfel angeschwitzt. Dann wird Langkornreis zugegeben und so lange mit angeschwitzt, bis er glasig ist. Nachdem der Reis mit Brühe abgelöscht wurde (für 1 kg Reis etwa 2,0 l Brühe), wird er zugedeckt fertig gegart. Zum Schluss wird eventuell etwas Butter untergezogen, evtl. auch Fleisch oder Gemüse zugegeben.
- Risotto: Dies ist eine Zubereitung aus Rundkornreis; man rechnet für 1 kg Reis mit etwa 3 l Brühe.

Polenta

Polenta ist ein fester Brei, der aus Maisgrieß, regional auch aus Buchweizen- oder Esskastanienmehl hergestellt wird. Sie wird meistens als Beilage zu geschmorten Fleischgerichten wie z. B. zu Ragout oder Gulasch serviert.

Bulgur

Bulgur, der auch Perlweizen genannt wird, ist ein vorgegarter Weizen. Er wird ähnlich wie Reis gekocht oder gedämpft und dann vor dem Servieren mit etwas Butter angeschwitzt.

Couscous

Couscous, ein Gericht aus Nordafrika, wird aus Grieß von Weizen, Gerste oder Hirse hergestellt. Couscous wird nicht gekocht, sondern gedämpft oder für Salate mit Brühe übergossen. Couscous eignet sich als Salat und als Beilage für Gerichte von Rind, Lamm und Geflügel. Er wird oft mit Gemüse vermischt.

Quinoa und Amaranth (Amarant)

Im Gegensatz zu Bulgur und Couscous ist Quinoa kein Getreide. Dennoch werden die senfkorngroßen Samen ähnlich wie Reis zubereitet. Man gart sie in kochendem Wasser und lässt sie dann im Topf weiter quellen. Alternativ lassen sie sich anbraten. Auch Amaranth ist kein Getreide, dennoch können seine Samen wie Getreide verarbeitet werden.

Herstellung von Hauptgerichten und Beilagen

Putensteak überbacken (6 Portionen)

Zutaten	Herstellung
720 g Putenbrust 120 ml Öl Salz, Pfeffer 300 g Ananas frisch/aus der Dose 50 g Butter 360 g Käse (Gouda oder Edamer)	▪ Putenbrust in Scheiben schneiden (ca. 120 g/Scheibe) ▪ Fleischscheiben leicht plattieren ▪ Putensteaks in Öl von beiden Seiten braten und würzen ▪ Ananas in Stücke schneiden und mit der Butter erwärmen ▪ warme Ananasstücke auf das Putensteak legen und mit Käsescheiben bedecken ▪ unter Obergrill (Salamander) oder im Backofen überbacken

Rohes, geschnittenes Putensteak

Steak mit Ananas und Käse

Putensteak überbacken

Anrichten
Mit Pommes frites, Kartoffelkroketten oder Herzoginkartoffeln.

Variationen
Mit Schinken oder Tomate und Mozzarella überbacken.

Kartoffelgratin (6 Portionen)

Zutaten	Herstellung
1200 g Kartoffel 1 Zehe Knoblauch 50 g Butter 600 ml Sahne Salz, Muskatnuss	▪ den Einsatz mit Knoblauch und danach mit Butter einreiben ▪ Kartoffeln waschen, schälen und in dünne Scheiben schneiden ▪ Sahne mit Salz und Muskatnuss abschmecken ▪ Kartoffelscheiben mit der Sahne vermengen, in den Einsatz füllen und leicht andrücken ▪ im Ofen bei 180 °C etwa 40 Minuten backen

Kartoffelscheiben mit Sahne

Kartoffelgratin

Kartoffelgratin ausgestochen

Anrichten
Ausgestochen als einzelne Portion oder im Einsatz für ein Büfett.

Variationen
Mit Kräutern, Gemüse, Pilzen usw.;
mit Käse oder Holländischer Sauce überbacken.

Fingerfood
Immer größerer Beliebtheit erfreut sich das Angebot kalter Vorspeisen als Fingerfood. Dabei werden die Vorspeisen als kleine Häppchen so zubereitet, dass sie bequem mit den Fingern gegessen oder aus kleinen Gläsern mit kleinen Löffeln entnommen werden. Diese Präsentationsform ist besonders für Stehempfänge zu empfehlen.

Salate
Einige Restaurants bieten ihren Gästen Salatbüfetts zur Selbstbedienung an. Diese Salatbüfetts stehen am besten gut sichtbar an einer für den Gast leicht erreichbaren Stelle im Restaurant. Sie sollten ein umfangreiches Angebot an verschiedenen Salaten bieten. Hierzu gehören neben den Blatt- und Rohkostsalaten auch angemachte Salate und Gemüsesalate. Salatsaucen für Rohkostsalate werden extra bereitgestellt. Sinnvoll ist eine Kennzeichnung der einzelnen Salate und Dressings. Wichtig ist, dass alle Salate regelmäßig nachgefüllt werden. Außerdem ist auf eine stets gute Kühlung, einwandfreie Hygiene und ein ästhetisches Anrichten zu achten.

Die Abrechnung bei Salaten zur Selbstbedienung kann auf verschiedene Weisen erfolgen:
- durch unterschiedliche Tellergrößen
- durch Wiegen
- durch Pauschalpreise

Oft ist der Salat bereits im ausgewählten Gericht einkalkuliert.

Präsentation von Fingerfood

Präsentation von Salaten

Warme Speisen
Warme Büfetts werden meist zu einem bestimmten Anlass zusammengestellt. Der Anlass bestimmt dann in der Regel die Auswahl und Zusammenstellung der Speisen sowie den Büfettaufbau. Dekorative Elemente wie Schaustücke oder Schauplatten werten die Optik des Büfetts auf.

Das warme Büfett ist in erster Linie auf die Selbstbedienung der Gäste ausgerichtet. Das Servicepersonal hat folgende Aufgaben:
- in Bezug auf das Speisenangebot beraten
- bei der Auswahl der Speisen unterstützen
- beim Vorlegen der Speisen auf den Teller behilflich sein

Präsentation einer Suppe

Präsentation von Hauptgerichten

Manchmal ist es sinnvoll, spezielle warme Speisen direkt am Büfett zuzubereiten (z. B. Eiergerichte wie Omelett) oder Fleischstücke und Fischzubereitungen vor den Augen der Gäste zu tranchieren bzw. zu filetieren und vorzulegen (siehe Kapitel 15.3).

Frische Zubereitung am Büfett

Filetieren eines Fischs am Büfett

Desserts

Auch Desserts lassen sich gut im Rahmen eines Büfetts präsentieren. Dabei können sowohl warme als auch kalte Nachspeisen angeboten werden. Allerdings ist bei kalten Nachspeisen immer auf eine gute Kühlung zu achten. Dies gilt insbesondere, wenn Eisspeisen angeboten werden.

Bei der Garnitur von Büfetts sind der Kreativität keine Grenzen gesetzt.

Präsentation von Desserts

Präsentation von Obst

Orange filetieren

Oben und unten eine Scheibe von der Orange abschneiden. Schale mit weißer Haut von oben nach unten abschneiden, Filets zwischen den Trennhäuten herausschneiden (siehe Kapitel 15.3.4).

11.4 Aufgaben

1 | Erläutern Sie die wesentlichen Unterschiede zwischen einem
a) erweiterten kontinentalen und
b) einem englischen Frühstück.

2 | Benennen Sie die abgebildeten Gebäckarten und den Teig bzw. die Masse, aus der sie hergestellt sind.

A

B

C

D

E

F

G

H

I

3 | Schreiben Sie die richtigen Aussagen in Ihr Heft. Verbessern Sie die anderen Aussagen jeweils so, dass auch diese richtig sind und notieren Sie diese ebenfalls.
- Tartar ist Hackfleisch vom Schwein mit einem maximalen Fettgehalt von 6 %.
- Unter einem Carpaccio versteht man dünn aufgeschnittenes und mariniertes Fleisch.
- Canapés sind mundgerecht zugeschnittene Schnittchen, die dekorativ belegt sind.
- Sushi wird immer aus Reis und Fisch hergestellt.
- Bruschetta ist eine klassische spanische Brotspeise mit Tomaten, Basilikum und Olivenöl.
- Vorspeisen aus Spanien werden auch als Tapas bezeichnet.
- Terrinen werden in einer feuerfesten Form im Ofen gebacken.
- Der Hauptbestandteil von French-Dressing ist Mayonnaise.
- Guacamole besteht vor allem aus Avocado.

4 | Schreiben Sie folgende Tabelle mit der richtigen Zuordnung in Ihr Heft.

Land	Suppe
Italien	Borschtsch
Frankreich	Bouillabaise
Russland	Gazpacho
Spanien	Miso-Suppe
Japan	Minestrone

5 | a) Schreiben Sie in Ihrem Heft zu folgenden Zubereitungen die jeweilige Garmethode auf.

Tafelspitz	Hühnerfrikassee
Kalbsinvoltini	Forelle blau
Lammragout	Forelle Müllerin Art
Coq au Vin	Hasenpfeffer

b) Beschreiben Sie stichpunktartige die Herstellung einer dieser Zubereitungen.

6 | Ihnen liegt folgendes Menü vor:

Blätterteigpastete mit Kalbsragut
***
Spargelrahmcreme
***
Räucherlachs mit Sahnemeerettich, Toast und Butter
***
Frikassee vom Mastperlhuhn mit Champions, Spargelspitzen und Pommes Lorette
***
Vanilleeis mit Weinbrandtkirschen

a) Notieren Sie die Fehler, die Ihnen auffallen.
b) Verbessern Sie das Menü.

7 | Sie sollen 15 Portionen Grießflammeri herstellen.
a) Schreiben Sie ausgehend vom Rezept auf S. 386 alle Geräte und Hilfsmittel auf, die Sie für die Herstellung des Flammeris benötigen.
b) Erstellen Sie eine Materialanforderung für 15 Portionen.
c) Berechnen Sie die Materialkosten für 15 Portionen. Nutzen Sie hierzu folgende Übersicht:

Zutat	Kosten
Milch	0,90 € je Liter
Zucker	1,10 € je kg
Grieß	1,50 € für 500 g
Vanilleschote	1,80 € je Stück
Sahne	0,60 € je 200 ml
Gelatine	0,70 € für 6 Blatt
Salz	Insgesamt 0,05 €

d) Wie hoch müssen Sie den Inklusivpreis **pro Portion** ansetzen, wenn Sie mit einem Bruttoaufschlag von 180 % rechnen?

12 Getränke

Getränke

Das Getränkeangebot ist ein bedeutender Bestandteil eines gastronomischen Konzepts. Getränke gehören zu den wichtigsten Lebensmitteln, denn für eine gesunde Ernährung ist eine ausreichende Flüssigkeitszufuhr unabdingbar. Weiterhin liefern Getränke Energie, lebenswichtige Mineralstoffe und Vitamine. In diesem Kapitel behandeln wir:

- Alkoholfreie Getränke
- Alkoholhaltige Getränke
- Heißgetränke
- Misch- und Mixgetränke

12.1 Sortimentsgestaltung

Das Getränkeangebot ist nicht nur ein bedeutender Bestandteil eines gastronomischen Konzepts, sondern Getränke sind ein wichtiger Faktor für Umsatz und Gewinn. Im gastronomischen Betrieb sollte das Getränkeangebot immer auf die angebotenen Speisen abgestimmt sein. Einige Getränke werden vor bzw. nach dem Essen gereicht.

Aperitif = Getränk, das vor dem Essen getrunken wird. Das Getränk regt den Appetit an.
Digestif = Getränk, das nach dem Essen getrunken wird. Das Getränk kann die Verdauung fördern und ein Völlegefühl beseitigen.

Ein erkennbarer Trend ist, dass sich das Getränkesortiment immer mehr in die Breite entwickelt und immer anspruchsvoller wird, damit für jeden Gast etwas dabei ist.

Alkoholfreie wie alkoholhaltige Mischgetränke ermöglichen eine breite Angebotspalette und die Einbeziehung aktueller Trends in die Angebotsgestaltung des Betriebs. Spaß- und Genussfaktoren, Wellness und Nachhaltigkeit, aber auch Fertigprodukte (Coffee to go/ready to drink) liegen im Trend.

Kaffee, Tee, Kakao und alkoholhaltige Getränke gehören zu den Genussmitteln, da sie nicht wegen ihres Nährwertes, sondern wegen des besonderen Geschmacks bzw. der anregenden Wirkung verzehrt werden.

Trendgetränke

Getränkeverbrauch in Deutschland (Liter pro Kopf)
Der Vergleich des Pro-Kopf-Verbrauchs an Getränken zeigt, dass Kaffee, Erfrischungsgetränke, Mineralwässer und Bier am häufigsten konsumiert werden.

Getränkeart	2011	2012
Alkoholgetränke	**139,6**	**137,8**
davon: Bier	109,3	107,3
Wein	20,6	20,8
Schaumwein	4,2	4,2
Spirituosen	5,5	5,5
Alkoholfreie Getränke	**301,6**	**301,1**
davon: Wässer	143,4	143,4
Erfrischungsgetränke	122,5	123,9
Fruchtsäfte	35,7	33,8
Heiß- und Hausgetränke	**314,8**	**317,5**
davon: Bohnenkaffee	154,6	154,3
Schwarzer Tee	25,6	26,2
Kräuter-/Früchtetee	49,6	52,2
Milch	85,0	84,8
Insgesamt	**756,0**	**756,4**

(Quelle: ifo Institut)

12.2 Alkoholfreie Getränke

12.2.1 Kaffee

Kaffee ist das meistkonsumierte Getränk Deutschlands. Laut Deutschem Kaffeeverband lag der durchschnittliche Pro-Kopf-Verbrauch 2015 bei ca. 162 Litern im Jahr. Der durchschnittliche Verbrauch von Bier betrug laut Deutschem Brauer-Bund im selben Zeitraum zum Vergleich ca. 106 Liter. Daher ist es nicht verwunderlich, dass Deutschland weltweit der drittgrößte Kaffeemarkt nach den USA und Brasilien ist.

Kaffee ist ein Modegetränk. Ein markantes Beispiel hierfür ist das Wachstum deutscher Kaffeebar-Marken. So hat z.B. McCafé im Jahr 2014 laut food-service (03/2015) 15 neue Einheiten eröffnet. Coffee to go erfreut sich weiter wachsender Beliebtheit. Trendige Cafés werden in immer neuen Kombinationen eröffnet, z.B. im Waschsalon. 25 % des Kaffees werden über den Außer-Haus-Marktbereich verkauft.

Kaffeeröster bringen ständig neue Konzepte und Kaffeevollautomaten auf den Markt, die oft sämtliche Gästewünsche erfüllen. Im Vordergrund stehen dabei Produktqualität, die Vielfalt der Spezialitäten, Bedienungsfreundlichkeit, Hygiene und Design. Kaffeespezialitäten gelten als Zauberwort, wenn es um zusätzlichen Umsatz im Gastgewerbe geht. Besonders viele Unternehmen der Systemgastronomie haben eigene Konzepte entwickelt.

Kaffeebar-Konzepte in Deutschland 2014

R	Vj.	Marke	D-Start	Units	R	Vj.	Marke	D-Start	Units
1	(1)	McCafé	2003	862	15	(16)	Cafetiero	1998	18
2	(2)	Tchibo	1955	496	16	(19)	Samocca	2003	16
3	(3)	Starbucks	2002	159	17	(20)	Einstein	1998	15
4	(5)	chicco di caffè	2003	87	17	(18)	sfcc	1999	15
4	(4)	Segafredo	1989	87	17	(14)	Coffeeshop Company	1999	15
6	(6)	Coffee Fellows	1999	72	20	(21)	Caffeetante	2007	12
7	(8)	Caffè Dallucci	2008	43	20	(16)	World Coffee	1997	12
8	(7)	Gastro-Kanne	1990	41	22	(25)	pano	2011	11
9	(10)	Balzac Coffee	1998	37	22	(22)	aran	1998	11
10	(9)	Primo Espresso	2003	34	22	(22)	Black Bean	1998	11
11	(10)	Burger King Café	2009	31	25	(24)	Cup&Cino	2002	10
12	(13)	Aspretto	2011	30	25	(25)	coffreez	1999	10
13	(12)	Campus Suite	2004	27			Gesamt		2.184
14	(15)	Meyerbeer Coffee	2003	22					

(Quelle: Zeitschrift „food-service/Deutscher Fachverlag. Weitere Informationen über www.dfv-archiv.de)

Kaffeebars sind auf Expansionskurs

Geschichte

Kaffee kommt ursprünglich aus Äthiopien, aus den Bergwäldern des alten Königreichs Kaffa, und wurde dann in Mittel- und Südamerika kultiviert.

Einer Legende nach wurde der Kaffee dadurch entdeckt, dass ein Maronitermönch eine Viehherde beobachtete, die sich sonderbar bewegte. Die Hirten aus Kaffa in Abessinien beklagten, dass die Tiere ungewöhnlich lebhaft waren, bis spät in die Nacht keine Ruhe fanden und keine Anzeichen von Müdigkeit zeigten.

Inhaltsstoffe und deren Wirkung
Neben Rohfasern, Eiweiß, Fett und Gerbstoffen enthalten Kaffeebohnen weitere Bestandteile:

- **Koffein** ist das anregende, in größeren Mengen schädliche Alkaloid Trimethylxanthin. Wird zu viel Koffein aufgenommen, kann es zu Herzklopfen, Schweißausbrüchen und nervösem Zittern kommen.
- **Trigonellin** hat eine ähnliche Wirkung wie Koffein. Es wird jedoch während der Röstung stark abgebaut und zwar zum Vitamin Niacin.
- **Chlorogensäuren** fördern die Magensäureproduktion und können zu Sodbrennen führen, wirken aber auch antioxidativ. Auch Chlorogensäuren werden durch das Rösten stark abgebaut.
- **Röststoffe** (Aromastoffe) werden während des Röstens gebildet und regen die Darmtätigkeit und den Appetit an.

Die wichtigsten Kaffee-Anbaugebiete

- Brasilien (ca. 45 % der Weltproduktion)
- Kolumbien
- Mittelamerika
- Ostafrika
- Vietnam

Aufbau der Kaffeekirsche

Kaffeeblüte und Kaffeekirsche

Der Mönch fand auf der Weide der Tiere eine dunkelgrüne Pflanze mit kirschähnlichen Früchten. Aus diesen Früchten bereitete der Mönch einen Sud, den er trank. Er stellte fest, dass seine Müdigkeit schwand und er problemlos nachts wach bleiben konnte, um seinen Gebeten nachgehen zu können. Die in dieser Legende angesprochene Region Kaffa im abessinischen Hochland Äthiopiens ist vermutlich die Urheimat der Kaffeepflanze und gab dem Getränk seinen Namen.

Die ersten Kaffeehäuser eröffneten im 16. Jahrhundert in Konstantinopel (Istanbul), dann in Venedig und um 1675 in Bremen, Hamburg und Wien.

Kaffeepflanzen
Es gibt ca. 80 Arten von Kaffeepflanzen. Wirtschaftlich bedeutend davon sind Coffea Arabica und Coffea Robusta.

Unterschiede zwischen Coffea Arabica und Coffea Robusta

	Coffea Arabica	Coffea Robusta
Anteil an der Weltproduktion	75 %	24 %
Anbauländer	ursprüngl. Äthiopien, heute hauptsächlich Brasilien und Kolumbien	afrikanische Länder, Indonesien
Pflanze	hohe Ansprüche an Boden und Klima	widerstandsfähig und ertragreich
Bohneneinschnitt	gewellt	gerade
Geschmack	volles Aroma, edel und rassig	würzig, robust; doppelt so viel Koffein

Eine Besonderheit ist **Kopi Luwak**, die seltenste und teuerste Kaffeesorte (bis zu 1.000 €/kg) der Welt. Schleichkatzen fressen Kaffeekirschen und scheiden die Bohnen aus. Durch Fermentation der Bohnen im Darm der Katzen entsteht ein besonderer Geschmack.

Anbau
Die Kulturpflanze Kaffee wird heute in über 80 Ländern der Erde angebaut. Kaffee wächst ausschließlich im tropisch-äquatorialen Klima, im sogenannten „Kaffeegürtel“. Je nach Gebiet und Lage der Kaffeeplantage wird zwischen Hochland- und Tieflandkaffee unterschieden. Hochlandkaffee wächst in einer Höhe zwischen 600 m und 2000 m und Tieflandkaffee unter 600 m.

Die Kaffeepflanze kann als Baum eine Höhe von bis zu 15 m erreichen. In den Plantagen werden aber meist 2 bis 3 m hohe Sträucher kultiviert. Aus den strahlend weißen fünfgliedrigen Blüten der Pflanze entwickeln sich die Fruchtansätze und anschließend die Kaffeekirschen.

Ein Kaffeezweig kann gleichzeitig Blüten sowie unreife und reife Früchte tragen. Von der Saat des Kaffeebaums bis zur ersten Blüte vergehen drei Jahre, bis zur ersten richtigen Ernte mindestens fünf Jahre.

Kaffeeanbau im Kaffeegürtel (helle Bohnen) und Konsumländer (dunkle Bohnen)

Ernte und Aufbereitung

Nach dem Pflücken der Kirschen, werden diese aufbereitet: Der Kern der Kaffeekirsche – die zwei Bohnen – sind trocken oder nass herauszutrennen:

- **Trockenverfahren** (vorwiegend für Robusta-Bohnen): Die Kirschen werden auf Trockenplätzen ausgebreitet und zwei bis drei Wochen täglich bewegt und gewendet. Anschließend werden die trockenen Früchte vom Fruchtfleisch getrennt.
- **Nassverfahren** (vorwiegend für Arabica-Bohnen): In einem Wassertank sinken die schwereren reifen Kirschen auf den Grund und die unreifen Kirschen können abgeschöpft werden. Das Fruchtfleisch wird von Maschinen entfernt.

Nach der Aufbereitung der Kaffeekirschen wird der Rohkaffee geröstet.

Röstung

Die Röstung findet im Bestimmungsland statt, wo die nationalen Vorlieben berücksichtigt werden. Bei der Röstung verliert die Bohne an Gewicht, wächst aber bis auf das Doppelte ihrer ursprünglichen Größe. Die Bohne wechselt ihre Färbung von Grün über diverse Gelbtöne bis hin zur gewünschten Kaffeebräune.

Die eigentliche Geschmacksbildung und Aromaentfaltung setzen am Ende der Röstung ein. Hier kommt es auf die richtige Sekunde an, um die Röstung zu beenden, bevor die Bohne verbrennt. Nur die perfekte Balance aus Temperatur und Zeit ergibt eine hervorragende Qualität. Nach der Röstung muss die Bohne sofort abgekühlt werden, damit sie nicht nachröstet.

Röstungen

- **Filterkaffeebohnen** werden kurz und heiß geröstet.
- **Espressobohnen** werden lange geröstet und sind deshalb dunkel.
- Eine **Mischröstung** ist eine Mischung grüner Bohnen, die dann geröstet wird. Oder die Sorten werden zuerst einzeln geröstet und dann gemischt.
- Eine **Provenienzenröstung** ist eine individuelle Röstung einzelner Provenienzen (Herkünfte), die danach gemischt wird.

Verschiedene Röstgrade

Das Rösten der Bohne bewirkt, dass

- das Wasser in der Bohne verdampft und die Bohne bis zu 1/5 ihres Gewichts verliert,
- die Zellen der Bohne aufplatzen und daher ihr Volumen fast verdoppeln,
- Duft- und Geschmacksstoffe entstehen,
- der Zucker in der Bohne karamellisiert und die Bohne braun wird.

Mahlung

Die Mahlung der Kaffeebohnen ist ein weiterer wichtiger Aspekt für die Qualität einer guten Tasse Kaffee. Am besten werden die Bohnen unmittelbar vor dem Brühen in der benötigten Menge frisch gemahlen, damit die flüchtigen Aromastoffe nicht verloren gehen.

Der Mahlgrad des gerösteten Kaffees muss auf das jeweilige Zubereitungsverfahren abgestimmt werden: Für Filterkaffee werden die Bohnen auf eine Kornstärke von 0,3 bis 0,5 mm gemahlen, Espressozubereitungen benötigen einen Mahlgrad von 0,2 mm.

Kaffee-/Espresso-Vollautomaten stellen die benötigte Menge Kaffeemehl mit einem integrierten Mahlwerk her und justieren den Mahlgrad individuell, damit die Geschmacks- und Aromastoffe optimal extrahiert werden.

Mahlwerk einer Kaffeemaschine

Lagerung von Kaffee

Kaffee sollte in verschließbaren Behältern wie folgt aufbewahrt werden:

- trocken
- licht- und luftgeschützt
- kühl

Kaffeemehlmenge

Damit Kaffee weder zu stark noch zu wässrig schmeckt, wird von den meisten Kaffeeexperten eine Kaffeemehlmenge von 6 bis 8 g/Tasse empfohlen. Kaffeelote vereinfachen die richtige Dosierung.

Brühen

Für schmackhaften Kaffee ist die **Wasserqualität** von großer Bedeutung. Das Wasser sollte

- mineral- und sauerstoffhaltig sein,
- einen Härtegrad zwischen 7 und 14 Grad haben,
- über einen pH-Wert von 6,5 bis 7,5 verfügen.

Zu weiches Wasser begünstigt eine Überextraktion und führt zu einem bitteren Kaffeegeschmack. Zu hartes Wasser oder Wasser mit viel Chlor führt zu einer Beeinträchtigung der Aroma- und Geschmacksentfaltung. Beim Brühen entfaltet sich die Vielfalt der Aromen. Die ideale Aufgusstemperatur liegt bei 90 bis 95 Grad.

Die **Brühzeit** variiert je nach Geschmacksintensität. Milder Kaffee sollte vier bis sechs Minuten, voll aromatischer Kaffee mindestens sechs Minuten gebrüht werden. Eine zu lange Brühzeit trägt dazu bei, dass der Kaffee bitter wird, eine zu kurze, dass sich das Geschmacksaroma nicht vollständig entfalten kann.

Kaffeelot

Zubereitungsverfahren in der Gastronomie

- **Filterkaffeemaschine:** Der gemahlene Kaffee wird in einem Papier- oder Metallfilter mit ungefähr 90 °C heißem Wasser aufgegossen.
- **French Press:** Dieses traditionelle Verfahren für die Zubereitung des Heißgetränks garantiert die optimale Extraktion von Kaffee. Vor dem Gast zubereitet, ist es ein besonderes Genussritual, das in Erinnerung bleibt.
- **Siebträgermaschine mit Dampfdruck/halbautomatische Kaffeemaschine:** Der Kaffee/Espresso wird unter Druck stark konzentriert zubereitet. Gut zubereitet hat dieser Kaffee/Espresso immer eine „Crema".
- **Portionskaffeemaschinen:** Verschiedene Kaffeespezialitäten werden schnell und einfach mithilfe von Portionskapseln oder -pads hergestellt. Insbesondere die Kapselmaschinen verursachen jedoch viel Abfall.

Kaffeevollautomat

Crema bezeichnet den dichten, bräunlichen Schaum, der sich an der Oberfläche des richtig zubereiteten Espressos oder Kaffee Crema bildet. Die Crema bindet einen großen Teil des Aromas.

French Press

- **Vollautomatische Kaffeemaschine:** Sie garantieren eine gleichbleibende Qualität des Kaffees, da die genaue Einstellung des Mahlgrads, die Pulver- und Wassermenge, die Brühtemperatur etc. automatisch erfolgen. Einfache Bedienung und eindeutige Menüführung sowie HACCP-Zertifizierung vervollständigen das professionelle Profil und machen diese Maschinen speziell im Free-Flow- und Catering-Bereich einsetzbar, da sich die Gäste ganz unkompliziert selbst bedienen können.

Weitere Beschreibung von Kaffeemaschinen siehe auch Kapitel 8.3.3.

Für viele Gäste bedeutet der Kaffeegenuss eine kurze Auszeit. Wenn dann das Heißgetränk nicht nur gut schmeckt, sondern auch ansprechend präsentiert wird, ist der Kaffee-Kult perfekt. Auf folgende Punkte ist zu achten:

- Die Form macht's, denn neben dem Geschmack ist eine gelungene Präsentation verkaufsfördernd.
- Auch die Wahl der Milch ist von Bedeutung. Der Fettgehalt ist für das Aufschäumen weniger wichtig, auf den Eiweißgehalt kommt es an. Milchschaum aus Milch von Bio-Bauern aus der Region erlaubt ein verkaufsförderndes Storytelling. Die H-Milch aus anonymer Massenproduktion ist hierfür ungeeignet. Für Milchkaffeefreunde mit Laktoseunverträglichkeiten sollte Soja-, Hafer- und Mandelmilch Standard sein.
- Latte Art (von italienisch „latte" = Milch und englisch „art" = Kunst) bezeichnet die kreative Gestaltung der Milchschaumoberfläche mit Motiven. Es gibt zwei Möglichkeiten: Entweder durch geschicktes Gießen der Milch, dabei wird die Strömungskraft des Milchschaums beim Eingießen ausgenutzt oder durch die Verwendung von Hilfsmitteln wie Zahnstocher oder Schablonen. Zusätzliche Effekte können mit Kakaopulver oder Sirup erzielt werden.

- Einige Hoteliers und Restaurantbesitzer sind auch Kaffeeröster und bieten selbstgerösteten und frisch gemahlenen Kaffee. Andere Hoteliers haben extra einen Barrista eingestellt, um das Kaffeegeschäft anzukurbeln.

Regeln für die Kaffeezubereitung

Gute Kaffeequalitäten erfordern:

- fachgerechte Lagerung
- optimalen Mahlgrad
- richtige Dosierung des Kaffeemehls
- gute Wasserqualität
- optimale Brühtemperatur und -zeit
- sauberes und vorgewärmtes Geschirr
- frische Zubereitung

Barista

- Ein Barista ist zugleich Kaffeespezialist und Kaffeekünstler. Er kennt sich im Umgang mit Espressomaschinen und mit den verschiedenen Kaffeesorten aus.
- Die Bezeichnung Barista ist das italienische Wort für Bartender.

GEPA®
The Fair Trade Company

www.gepa.de

Die GEPA ist ein Fair Handelsunternehmen, das Produkte und Rohstoffe von auf dem Weltmarkt benachteiligten Produzenten der südlichen Länder zu fairen Bedingungen importiert und in Deutschland vermarktet. Die GEPA hat 1986 als erstes Unternehmen fair gehandelten Biokaffee auf dem deutschen Markt angeboten. Sie geht in vielen Punkten über die internationalen Fair-Handelsstandards hinaus.

FAIRTRADE®

www.fairtrade-deutschland.de

Absatz von Fairtrade-Kaffee

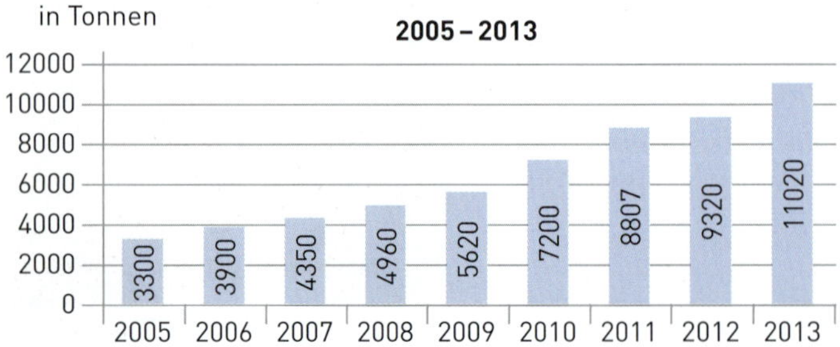

Handelsformen/Kaffeesorten

Der klassische Filterkaffee ist aus der Gastronomie nicht wegzudenken. Bedarfsgerecht frisch gebrüht, ist er ein verlässlicher Umsatzbringer und wird aus Bohnenkaffeemischungen oder sortenreinen Bohnenkaffees im Aufgussverfahren mit Filter hergestellt.
Außerdem werden spezielle Kaffeesorten angeboten. Hierzu gehören:

- **Entkoffeinierter oder koffeinarmer Kaffee:** Vor dem Röstprozess wird das Koffein mithilfe von Wasserdampf, Kohlenstoffdioxid oder anderen Lösungsmitteln aus den rohen Kaffeebohnen herausgelöst.
- **Schonkaffee:** Die Rohkaffeebohnen werden so vorbehandelt, dass wenige Röststoffe entstehen.
- **Kaffeeextrakt:** Durch Wasserentzug wird ein Auszug aus Röstkaffee hergestellt. Er wird meist als Instant-Kaffee gefriergetrocknet, aber auch als flüssiger Kaffeeextrakt für Automaten angeboten.
- **Aromatisierte Kaffeemischungen:** Die Bohnen werden nach dem Rösten mit natürlichen oder naturidentischen Aromen besprüht. Die zusätzlichen Aromen (Amaretto, Haselnuss etc.) runden den Kaffeegeschmack ab.
- **Kaffee-Ersatzmittel/Surrogate** sind Röstprodukte aus anderen Pflanzen, wie Gerstenmalz (Caro-Kaffee), Feigen oder Zichorien.
- **Convenience-Kaffee-Drinks:** Sie bestehen aus Kaffeeextrakt, Milchpulver, Kakaopulver oder anderen Geschmacksstoffen (Vanille, Marzipan, Zimt) und werden mit heißem Wasser aufgegossen.

Nachhaltigkeitssiegel

Viele Kaffeesorten sind mit Nachhaltigkeitssiegeln gekennzeichnet, z. B. GEPA, Fairtrade, UTZ Certified, Rainforest Alliance. Außerdem sind das EU-Bio-Logo und das deutsche Bio-Siegel auf vielen Kaffeesorten zu finden.

Das weit verbreitete, unabhängige Fairtrade-Siegel gibt die Sicherheit, dass damit ausgezeichnete Produkte die internationalen Standards für einen fairen Handel erfüllen. Fairtrade ist ein ganzheitliches Konzept, das Kleinbauern mit folgenden Zielsetzungen unterstützt:

- Fairtrade-Kaffeeproduzenten sind Kleinbauern, die sich in demokratisch organisierten Kooperativen zusammenschließen.
- Festgelegte Mindestlöhne, eine zusätzliche Prämie und ein Bioaufschlag bilden ein Sicherheitsnetz für die Bauern.
- Im Fairtrade-System haben die Produzenten ein fünfzigprozentiges Mitspracherecht bei allen Entscheidungen.
- Angebot von Beratungen, Trainings und Informationen und Partner in Notsituationen, wenn Bauern ihre Ernte verloren haben.

Es gibt 416 Fairtrade-zertifizierte Kaffeekooperativen weltweit.
Fairtrade-Kaffee hat jedoch nur einen Anteil von 2 % am Gesamtmarkt.

(Quelle: TransFair – Verein zur Förderung des Fairen Handels mit der „Dritten Welt" e.V., Köln)

Vollautomatische Zubereitung von Kaffeespezialitäten

Kaffeezubereitungen/Spezialkaffees

Mit der Entstehung der Kaffeekonzepte in der Systemgastronomie hat sich eine unendliche Vielfalt von Kaffeezubereitungen entwickelt. Ein Beispiel sind die Flavoured Coffees, eine Kombination von Kaffee und Sirup, z.B. Vanille, Haselnuss, Karamell, Minze oder Banane. Hier ist das Angebot meist saisonal gestaltet, Kokos- und Erdbeersirup werden im Sommer angeboten, Eierlikör zu Ostern, während der Wintermonate sind Zimt- und Lebkuchensirup beliebt. Sirup mildert die Röstaromen und spricht besonders Gäste an, die Kaffee nicht gerne pur trinken.

Flavoured Coffee = aromatisierter Kaffee

Trendgetränke wie Frappuccino oder Frappé aus Kaffee und Eiscreme mit Flavour sind aus dem Angebot nicht mehr wegzudenken. Hier sind die Kenntnisse des Personals hinsichtlich der Produkte und der fachgerechten Zubereitung gefragt, um Fantasie und Kreativität professionell zu kombinieren.

Verbände, Zulieferer, Schulen und private Dozenten veranstalten Workshops und Seminare rund um den Kaffee. Als anerkannte Instanz für Ausbildung und Zertifizierung gilt die SCA (Speciality Coffee Association of Europe) in London, aber auch viele Kaffeekonzepte haben eigene Schulungszentren.

Die Grundlage des Kaffeeangebots bilden die folgenden Kaffeezubereitungen:

- **Espresso:** dunkel geröstetes Kaffeemehl im Dampfdruckverfahren hergestellt
- **Espresso macchiato:** Espresso mit einem Schuss Milchschaum
- **Ristretto:** konzentrierter Espresso mit weniger Wasser zubereitet
- **Cappuccino:** Espresso mit heißer Milch und Milchschaum
- **Flat White:** doppelter Ristretto mit feinporigem Milchschaum aufgegossen und häufig mit Latte Art verziert
- **Caffè Latte:** heiße Milch oder Milchschaum über den Espresso gegeben
- **Café Crème:** Espresso, der mit mehr Wasser und viel Crema hergestellt wird
- **Latte macchiato:** Espresso in die Milch und den festen Milchschaum gegeben, sodass drei Schichten entstehen
- **Café au Lait (Milchkaffee):** Filterkaffee und heiße Milch im Verhältnis 1:1
- **Caffè mocha:** Espresso mit heißer Milch, Kakao, Schokoflavour und ggf. Sahne
- **Caffè doppio:** doppelter Espresso in großer Tasse
- **Caffè fredo:** Espresso mit viel kalter Milch und Eiswürfeln
- **Espresso granita/Café granitée:** Espresso, gezuckert, gefroren und dann zerstoßen im Glas, ggf. mit Sahne
- **Eiskaffee und Eis-Macchiato:** Kaffeespezialitäten mit Eiscreme

Außerdem werden häufig folgende alkoholhaltige Heißgetränke angeboten:

- **Irish Coffee:** Kaffee mit braunem Zucker, Irish Whiskey und halb geschlagener Sahne
- **Pharisäer:** brauner Rum mit Zucker, heißem Kaffee und Sahnehaube
- **Rüdesheimer Kaffee:** Würfelzucker mit Weinbrand Asbach Uralt flambiert, heißem Kaffee und Sahnehaube

Espresso

Cappuccino

Café Crème

Latte macchiato

Caffè mocha

Eis-Macchiato

12.2.2 Tee

Tee ist ein Aufgussgetränk aus aufbereiteten
- Blättern,
- Blattknospen und
- zarten Stielen des Teestrauchs.

Tee wird in der Gastronomie in einer großen Geschmacks- und Aromavielfalt angeboten. Heiß oder mit Eis getrunken passt Tee zu jeder Tages- und Jahreszeit. Mehr noch als beim Kaffee kommt es beim Tee auf gastronomische Inszenierung und passende Mischungen an. Ein neuer Trend und eine gänzlich neue Form der Darreichung – typisch für die Systemgastronomie – ist der Tea to go.

Teesträucher

Der Teestrauch ist eine der ältesten Kulturpflanzen der Welt. Sein Aufguss wurde in China als Heilmittel und Genussmittel getrunken. Fast 5000 Jahre alt, wurde Tee erst im 17. Jahrhundert in Europa bekannt. Im Jahr 1610 importierten die Holländer Tee nach Amsterdam und so kam der Tee auch rasch nach Deutschland.

Die Schriftzeichen für Tee stammen aus dem Mandarin. Einige Länder übernahmen das Mandarin-Wort Chai, bekannt in der Gastronomie z. B. als Chai Latte für Tee mit aufgeschäumter Milch

Teeanbaugebiete

Wie beim Kaffee sind auch für die Charakteristik des Tees die Pflanze, das Anbaugebiet und Klima, die Bodenbeschaffenheit und Lage von Bedeutung. Je nach Lage des Anbaugebiets werden unterschieden:

Teegarten

- **Hochlandtee:** zart duftender Tee mit feinem Aroma, z. B. aus Darjeeling am Himalaya im Norden Indiens. Die besten Hochlandtees stammen aus Höhenlagen um 2000 bis 2500 m über dem Meeresspiegel.
- **Mittellandtee:** wächst auf 300 bis 1200 m über dem Meeresspiegel und hat ein stärkeres Aroma und einen kräftigen Geschmack.
- **Tieflandtee:** kräftig im Geschmack. Die Teesträucher wachsen schnell und mehrere Ernten im Jahr sind möglich. Tieflandtee wird hauptsächlich für Teemischungen und aromatisierte Tees verwendet.

Die wichtigsten geografischen Teeanbaugebiete sind:
- Indien (Assam, Darjeeling)
- Sri Lanka (Ceylon)
- China, Japan
- Indonesien (Sumatra, Java)
- Afrika (Kenia)
- Georgien

Jüngste Teeblätter

Teeernte

Oft werden nur die jüngsten, ersten zwei Blattreihen und die Blattknospe, geerntet. Sie werden als **two leaves and a bud** bezeichnet. Je jünger die Blätter sind, desto feiner ist der Teegeschmack. Wird auf Quantität gesetzt, werden auch ältere Blätter geerntet.

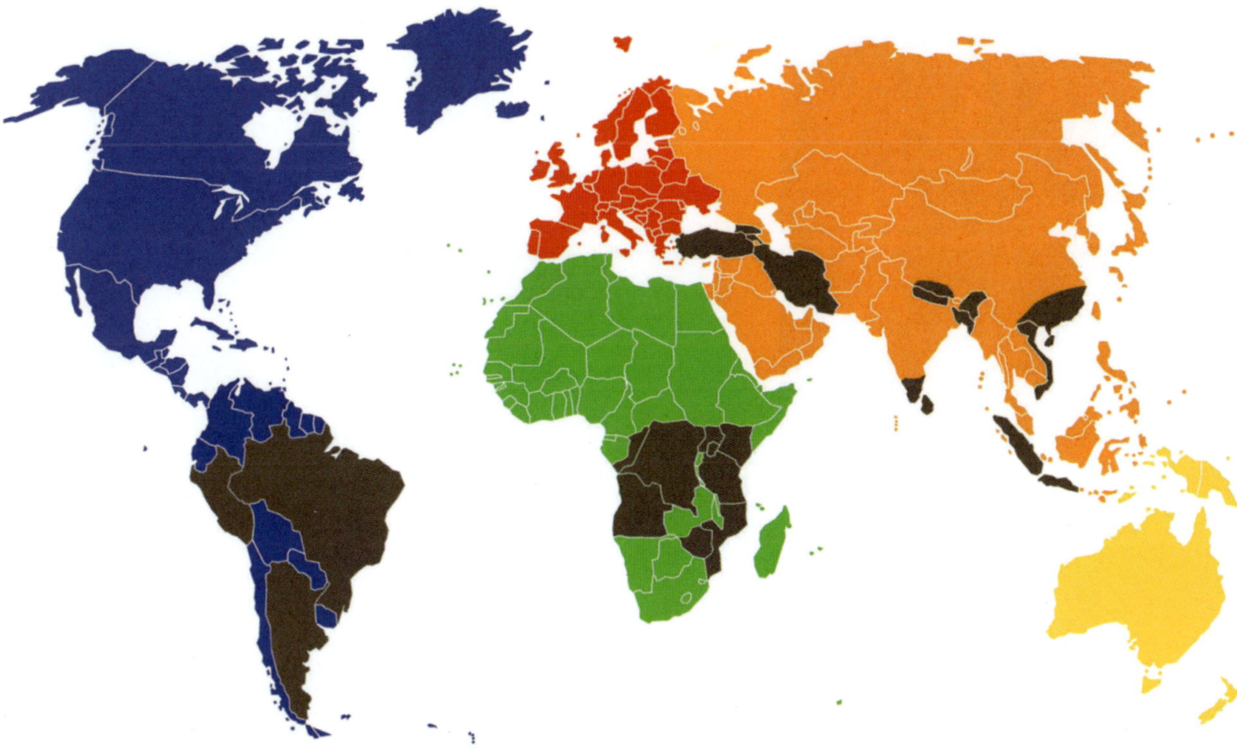

Teeanbaugebiete (braun gekennzeichnete Länder)

Aufwendige und zeitintensive orthodoxe Teeherstellung

Schwarzer Tee und Oolong Tee

Pflücken
↓
Welken
↓
Rollen
Zellstruktur wird aufgebrochen,
Aromen entwickeln sich
↓
Fermentieren (schwarzer Tee) | Halb fermentieren (Oolong Tee)
↓
Trocknen
↓
Sortieren nach verschiedenen Blattgraden

Grüner Tee

Pflücken
↓
Dämpfen
↓
Rollen
↓
Trocknen
↓
Sortieren nach verschiedenen Blattgraden

Erntezeiten der Teeblätter

- **First Flush:** die ersten Tees nach der Winterzeit, die ersten Triebe, heller Tee mit herb-bitterem Aroma
- **Inbetween:** Ernte zwischen der First-Flush- und Second-Flush-Periode
- **Second Flush:** von Ende Mai bis Anfang Juli, der zweite Trieb, dunkler Tee mit würzigem Aroma
- **Autumnal:** von August bis Oktober, während der Regenzeit geerntet, Inbetween und Autumnal erreichen Gebrauchsqualität und sind günstiger

Automatisierte Teeherstellung

Bei der automatisierten Teeherstellung werden die Blätter nach dem Welken maschinell zerkleinert. Dies wird als CTC-Verfahren bezeichnet:
Crushing = Zerbrechen/Zermalmen, Tearing = Zerreißen, Curling = Rollen

Blattgrade

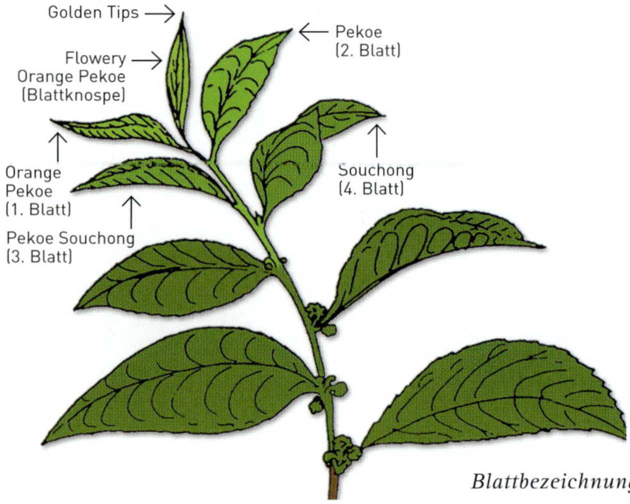

Blattbezeichnungen

Blattgrade

- **Blatttee:** Die Teeblätter werden bei der Aufbereitung möglichst wenig gebrochen. Der Tee besteht daher aus ganzen Blättern und/oder Blattfragmenten. Bei der Zubereitung kann das Wasser diese nur wenig auslaugen und der Tee wird leicht und aromatisch.
- **Broken Tee (B):** Die Teeblätter werden bei der Aufbereitung mehrmals gebrochen. Dadurch werden beim Zubereiten mehr Geschmacks- und Aromastoffe gelöst, die den Tee intensiver und aromatischer schmecken lassen.
- **Fannings (F):** Kleine Blattteilchen, die beim Sieben der eben beschriebenen Sortierungen anfallen. Sie färben den Tee intensiv und werden aus diesem Grund beigemischt und für Teebeutel verwendet.
- **Dust (D):** Kleinstblättriger Tee und Teeteilchen. Sie eignen sich gut für Teebeutel.

Inhaltsstoffe und deren Wirkung

- Das **Koffein** putscht nicht auf, sondern regt an. Es wirkt nicht über Herz und Kreislauf, sondern direkt auf das Gehirn und das zentrale Nervensystem. Die Konzentrationsfähigkeit wird deutlich erhöht.
- Die **Gerbsäure (Tannin)** beruhigt den Magen und Darm und sorgt dafür, dass der Körper das Koffein erst langsam aufnimmt. Dies erklärt die lang anhaltende, belebende Wirkung von Tee.
- **Spurenelemente** sind für den gesamten Organismus wichtig.
- **Fluorid** ist besonders wichtig für gesunde Zähne.
- **Ätherische Öle** geben Aroma und sind gesund.

Teesorten

- **Schwarzer Tee:** voll fermentierte Teeblätter in unterschiedlicher Qualität
- **Schwarzteemischungen:** Die meisten im Handel befindlichen Sorten sind Mischungen (Blends), um einen gleichbleibenden Geschmack zu gewährleisten. Klassische Teemischungen sind:
  - englische Teemischung aus Darjeeling, Assam und Ceylontees
  - Ostfriesenmischung aus Assam-, Java- und Sumatratee
- **Oolong Tee:** halb fermentierter Tee mit mildem Geschmack
- **Grüner Tee:** unfermentierter Tee, die Blätter werden gedämpft und behalten ihre grüne Farbe. Grüner Tee hat ein feines Aroma, schmeckt aber durch den hohen Gerbsäureanteil (keine Fermentation) etwas bitter.
  Bekannte Grünteesorten sind **Gunpowder** (Teekügelchen) und **Chun Mee** (kleines, geschnittenes Blatt).
  Matcha ist ein pulverisierter Grüntee. Er liegt sehr im Trend. Teekenner trinken Matcha nicht nur als Tee, sondern auch als „Matcha Latte" mit Milch. Der Tee ist dunkelgrün und ausgeprägt aromatisch. Er wird bis heute auch für eine japanische Teezeremonie verwendet.
- **Weißer Tee:** nicht fermentiert und gedämpft, besteht ausschließlich aus weißsilbrigen Blattknospen und den ersten beiden nachstehenden Blättchen.

- **Rauchtee:** große Blätter, über harzreichen Hölzern geröstet, auch der Tee bekommt ein rauchiges Aroma (Lapsang Souchong)
- **Aromatisierte** Tees: Zur Geschmacksvielfalt werden Tees aromatisiert. Bei grünem Tee geschieht dies z. B. mit Jasminblüten, bei schwarzem Tee mit ätherischen Ölen, z. B. der Bergamotte (**Earl Grey Tee**).
- **Jasmintee:** In der Regel wird Jasmintee aus unfermentiertem Grüntee, dem Jasminblüten beigemengt werden, hergestellt. Als Spezialität werden die sogenannten Jasmin Dragon Pearls angeboten. Die Jasmintee-Kugeln werden aus Grüntee-Blattknospen und sehr jungen Blättern mit der Hand zu Kügelchen gerollt und mehrfach mit Jasminblüten aromatisiert.

Jasmin Dragon Pearls

Die Geschmacksvariationen bei aromatisierten Tees sind zahlreich und reichen heute über Orangen, Ingwer, Vanille, Zimt, Lemongrass bis hin zu Chili und Schokolade. Die Aromatisierung wird entweder durch natürliche oder naturidentische, aber auch künstliche Aromen vorgenommen. Aromatisierte Tees werden besonders für kalte Getränke gerne verwendet.

Geschmacksvarianten: Chai Powder green und spiced

Teeähnliche Getränke

Für diese Getränke werden Aufgüsse von stark aromatischen Pflanzenteilen von Früchten, Blüten, Blättern und Wurzeln zubereitet. Bekannte Sorten sind z. B.: Hibiskustee, Fencheltee, Kamillentee, Hagebuttentee, Orangenblütentee, Holundertee, Sanddorntee, Mangotee, Apfeltee.

Kamillentee

Teeähnliche Getränke enthalten weder Alkaloide noch Gerbstoffe und sind deshalb für Kinder gut geeignet. Außerdem wird ihnen oft eine beruhigende oder heilende Wirkung zugeschrieben. Kräuter- und Wohlfühltees werden immer mehr zu Trendgetränken. Für die Gastronomie typisch sind der

- **Pfefferminztee** aus gezupften und gewaschenen Minzeblättern oder ganzen Stängeln, die mit siedendem Wasser übergossen einen Kräutertee mit besonderer Farbe und besonderem Duft ergeben.
- **Rotbuschtee/Rooibostee** aus den Blättern und Ästen eines südafrikanischen Strauchs hergestellt. Aufgegossen hat er eine rotbraune Farbe und schmeckt süßlich-aromatisch. Er ist auf jeder Teekarte vertreten.

Pfefferminztee aus frischen Minzeblättern

Entkoffeinierte Tees, Teeextrakte, Instant-Teeprodukte und Eistee zählen zu den speziell behandelten Teegetränken. Eistee wird direkt mit Tee oder mit Teeextrakten (mindestens 0,12 % Teeextrakt), die auch mit Fruchtsaft vermischt sein können, hergestellt.

LeafCup
Dies ist ein ganz besonderer Teebeutel für maximalen Genuss bei minimalem Zeitaufwand. Es handelt sich um portionierten losen Blatttee für die Tasse in einem Netz aus Naturfasern.

Teepyramide
Die transparenten Pyramidenbeutel bieten folgende Vorteile:
- biologisch abbaubar
- geschmacksneutral
- optimale Entfaltung des Tees
- maximaler Wasserkontakt

Teedisplay

Teemaschine für Teekapseln

Teezubereitung
Von der richtigen Zubereitung hängt es ab, ob der Tee sein Aroma voll entfalten kann. Frisches, reines Wasser wird kurz aufgekocht und sprudelnd über den Tee gegossen. Wasser, das schon zehn Minuten gedampft hat, ist „totgekocht". Nur sehr hartes oder chlorhaltiges Wasser sollte zwei bis drei Minuten kochen, damit sich der Kalk absetzt und das Chlor entweicht.

Schwarzer Tee entwickelt sein Aroma nur in kochendem Wasser. Bei grünem, weißem und Oolong Tee das kochende Wasser vor dem Aufguss auf ungefähr 80 °C abkühlen lassen.

Tee muss ziehen und entwickelt sich im Laufe der Minuten ganz unterschiedlich. Soll beispielsweise schwarzer Tee anregend wirken, sind bis zu drei Minuten Ziehzeit angemessen, soll er beruhigend wirken, bis zu fünf Minuten. Nach dem Ziehen den Portionsbeutel herausnehmen bzw. den Tee durch ein Sieb abgießen und ansprechend präsentieren und servieren.

Es ist wichtig, den Gast nach seinen Teewünschen zu fragen. Am Frühstücksbüfett bedient sich der Gast meistens selbst.

Bei der Dosierung des Tees schmälert Sparsamkeit den Genuss!
Als Regel gilt: ein Teelöffel bzw. ein Teebeutel mit 2 g Tee je Tasse.

Schwarzer Tee sollte nicht länger als fünf Minuten ziehen, sonst wird das Getränk bitter. Deshalb ist ein Teatimer zu verwenden.

Teesorten und ihre Ziehdauer

Teesorte	Ziehdauer
schwarzer Tee	3 – 5 Minuten
weißer Tee	5 – 7 Minuten
chinesischer Grüntee	2 – 3 Minuten
japanischer Grüntee	1 – 1,5 Minuten
Früchte- und Kräutertee	5 – 10 Minuten

Tee im Trend der Zeit
Tee hat sich als stilvolles Getränk etabliert, sei es im Lounge-Bereich oder als To-go-Getränk. Zum Grundangebot gehören mindestens zwei schwarze und ein grüner Tee sowie eine Auswahl an Früchte- und Kräuterteesorten.

Die Teeherstellung wird immer einfacher, z.B. mit Teekapseln. Aber Teetrinker schätzen Rituale. Gastronomische Betriebe, die dies erkennen und außerdem Tee als „Naturprodukt" in den Vordergrund stellen, haben deutlich mehr Umsatz mit diesem Heißgetränk.

Ein Afternoon-Tea beispielsweise kann den Stil eines Hauses unterstreichen. Ein Automat, der per Knopfdruck einen trinkfertigen Darjeeling in die Tasse presst ist hierfür ungeeignet. Der Teeservice verlangt ein Minimum an Inszenierung und einen professionellen, liebevollen Service. Neben den Teespezialitäten werden dann z. B. Spezialitäten aus der hauseigenen Patisserie, die je nach Saison variieren, angeboten. Das Servicepersonal berät und ist in der Regel speziell geschult. Einige Teehersteller bieten Schulungen und eine Ausbildung zum Tea-Master an (z. B. www.althaustea.de/tea-campus).

Stilvoll ist auch die English-Tea-Time. Traditionsgemäß werden zum schwarzen Tee Scones (Gebäck), Jam (Konfitüre) und Clotted Cream (angedickte Sahne) serviert. Immer häufiger werden auch andere süße und pikante Snacks zur English-Tea-Time serviert.

Während es beim Nachmittagstee in der Tea-Lounge stilvoll zugeht, wird im Wellness- und Spa-Bereich eines Hotels Tee eher auf unkomplizierte Art genossen. Zur Grundausstattung einer Teebar, an der sich jeder Gast bedienen kann, gehört hier ein Samovar und verschiedene Kräuter-, Früchte- und Rotbuschtees, aber auch gerade im Trend liegende Wellness-Teesorten. Besonders beliebt sind außerdem diverse Eisteesorten. Meist wird der Tee im Ruheraum nach einer Anwendung oder einem Saunagang getrunken.

Neu auf dem Markt sind Teekapseln. Die extrem vereinfachte Art der Teezubereitung ist im Hotel meist im Tagungs- und Frühstücksbereich oder in der Lobby zu finden.

Teelagerung

Tee wird kühl und dunkel, trocken und luftdicht verschlossen gelagert. Da Tee schnell fremde Gerüche annimmt, darf er nicht neben anderen, stark riechenden Dingen gelagert werden.
Lose Tees oder Teebeutel werden am besten in Dosen aufbewahrt.

Tee als Zutat

Insbesondere in der Top-Gastronomie wird Tee als Würz- und Küchenzutat immer beliebter, z. B. zum:

- Backen und für Pastateige
- Garziehen von Fisch und Meeresfrüchten
- Aromatisieren von Suppen und Saucen
- Marinieren und Räuchern von Fleisch
- Zubereiten von Desserts und Speiseeis
- Aromatisieren von Cocktails

Samovar

Der Samovar ist eine ursprünglich russische Teemaschine. Der eigentliche Tee wird in einer separaten Kanne mit einer großen Menge an Teeblättern als Konzentrat hergestellt und auf dem Samovar heiß gehalten. Der trinkbare Tee besteht aus einer kleinen Menge Teekonzentrat, die mit heißem Wasser aus dem Samovar verdünnt ist.

English-Tea-Time

AUFGABEN

1 Beschreiben Sie die fachgerechte Zubereitung einer „guten Tasse Tee".

2 a) Vergleichen Sie die Preise für verschiedene Teeangebote, z. B. Teebeutel, Teepyramiden, Teekapseln.
b) Bewerten Sie die Ergebnisse.

12.2.3 Kakao

Kakaopflanze

Kakaofrüchte mit Kakaobohnen

Fermentierte Kakaobohnen

Anbau und Verarbeitung

Kakao ist ein Aufgussgetränk aus dem Pulver von Kakaobohnen, das aus den aufbereiteten Samen der Kakaofrucht hergestellt wird. Das Ursprungsland des Kakaos ist Mexiko, wobei heute auch Venezuela, Kolumbien und Ecuador sowie die afrikanischen Staaten Ghana, Guinea, Nigeria und Kamerun von Bedeutung sind. Die Kakaobohnen werden in die Verbraucherländer exportiert und dort weiterverarbeitet. Die Bohnen werden

gereinigt → geröstet → gebrochen → gemahlen

Es entsteht eine breiige, dunkelbraune Kakaomasse. Diese Masse lässt sich durch Pressen in Kakaobutter und Presskuchen trennen. Der Presskuchen wird zu Pulver zermahlen. Kakaobutter und -pulver dienen als Ausgangsprodukt für die Schokoladenerzeugung und die Kakaopulverherstellung.

Kakaosorten

Ursprünglich gab es wohl zwei Sorten:

- Die Sorte CRIOLLO ist in Venezuela beheimatet und bedeutet Einheimische. CRIOLLO-Kakao ist mild im Geschmack, verfügt über viele Nebenaromen und ist wenig bitter.
- Die Sorte FORASTERO wurde später eingeführt und bedeutet Fremdling. FORASTEROS haben nur wenig Aroma, sind bitter und säuerlich im Geschmack, dafür jedoch robust im Anbau und ertragreich.
- Die Mischung beider Sorten, die aus Trinidad eingeführt wurde, wird als TRINITARIO bezeichnet. TRINITARIO-Kakaos besitzen ausdrucksstarke Aromen, einen kräftigen Geschmack und sind leicht säuerlich.
- Kakao aus Ecuador gehört eigentlich zu den TRINITARIO-Kakaos, wird aber NACIONAL genannt und gilt als exklusiver Kakao.

Kakaolagerung

Kakaopulver trocken und vor Geruchseinwirkung geschützt aufbewahren. Kakaopulver darf nicht feucht werden, es schimmelt und entwickelt einen muffigen Geruch.

Kakaoerzeugnisse

- **Kakaopulver:** Je nach abgepresster Menge Kakaobutter wird zwischen schwach entöltem Kakaopulver mit vollem Aroma und stark entöltem Kakaopulver mit vermindertem Aroma unterschieden. Kakaopulver ist frei von Zucker und zugesetzten Aromen.
- **Schokoladenpulver:** Fertigpulver mit dem meisten Kakao (ab 32 %) mit Zucker und Zusätzen. Das Schokoladenpulver ist leichter löslich und wird auch als Trinkschokolade bezeichnet.
- **Kakaohaltige Getränkepulver:** Diese Pulver sind durch eine Spezialbehandlung (Instantisierung) leicht in Milch löslich. Sie enthalten einen hohen Anteil an Zucker (bis 80 %). Oft wird diesen Produkten Lecithin als Emulgator zugefügt, um die Auflösung zu optimieren, damit sie auch in kalten Flüssigkeiten löslich sind.

- **Kakaotrunk:** Milchmischgetränke, die aus Milch unter Zusatz von Kakaopulver und Zucker hergestellt werden und als pasteurisiertes, ultrahocherhitztes (H-Kakaotrunk) oder sterilisiertes Produkt erhältlich sind.

Mit dem Fairtrade-Siegel ausgezeichnete Trinkschokoladen ergänzen das nachhaltige Angebot.

Kakaozubereitung

Bei der Zubereitung von Kakaogetränken gibt es unterschiedliche Verfahren, je nach Kakaoerzeugnis. Kakao unterscheidet sich von der Zubereitung von Kaffee und Tee in der Regel aufgrund seiner Zubereitung mit Milch. Außerdem wird das Kakaopulver mitverzehrt. Das Kakaopulver löst sich nicht in der Flüssigkeit, sondern wird aufgeschwemmt.

Niemals mit feuchtem Löffel das Kakaopulver aus der Dose entnehmen → Gefahr von Schimmel!

Der klassische Kakao wird zubereitet, indem das Pulver mit kaltem Wasser angerührt wird (mit oder ohne Zucker). Anschließend wird es mit heißer Milch aufgegossen oder aufgekocht und mit geschlagener Sahne garniert.

Für die Gastronomie sind Trinkschokoladen besonders attraktiv. Als Pulver, Granulat oder Drops müssen sie leicht löslich und für den Dispenser geeignet sein. Trinkschokoladen bestehen aus Schokoladenpulver, Kakaobestandteilen, Voll- und Magermilchpulver, Salz und Vanillin und sind aus diesem Grund nicht so bitter wie der klassische Kakao.
Trinkschokoladen werden in den Sorten Vollmilch, dunkle und weiße Trinkschokolade angeboten. Idealerweise sollten die Produkte sowohl von Hand als auch mit der Maschine zubereitet werden können.
Um Geschmacksnuancen zu erzeugen, können die Produkte auch mit Aromasirup verfeinert werden. Aber auch fertig aromatisierte Sorten mit z. B. Karamell-, Vanillenoten oder Aromen von Orangen werden angeboten.

Für Gäste mit einer Laktoseintoleranz ist es wichtig, dass sich das Produkt auch nur mit Wasser herstellen lässt.

Kakaospezialitäten

- **Eisschokolade:** Vanilleeis mit kalter Trinkschokolade
- **Schokoladenkaffee:** Milchschokolade und heißer Kaffee
- **Trinkschokolade:** Bitterschokolade mit heißer Milch aufgegossen
- **Schokolade zum Löffeln:** Angedickte Trinkschokolade mit einer festeren Beschaffenheit

Kakaoheißgetränk mit Alkohol

- **Russische Schokolade:** Trinkschokolade mit Wodka/Rum und Sahnehaube
- **Tote Tante/Lumumba:** Trinkschokolade mit Rum und Sahnehaube

Schokolade auf Knopfdruck

Inhaltsstoffe und deren Wirkung

An anregenden Stoffen enthält Kakao neben geringen Mengen an Koffein das **Theobromin.** Allerdings hat das Theobromin keine zentral anregende Wirkung wie z. B. das Koffein. Deshalb ist Kakao auch als Getränk für Kinder geeignet.

Geschmacksvarianten

Karamell

Orange

Weiße Schokolade

Zimt

Schokolade zum Löffeln

12.2.4 Wässer

Getränke-Selfservice
In vielen Ländern ist es üblich, den Gästen zu den Mahlzeiten kostenlos Karaffen oder Krüge mit Trinkwasser zu servieren. In der Systemgastronomie werden Getränke je nach Anbieter als „all you can drink" präsentiert und für den Gast gekühlt aus einer Zapfanlage zum Selfservice angeboten.

Mineralwässer

Pro-Kopf-Verbrauch von Mineral- und Heilwasser

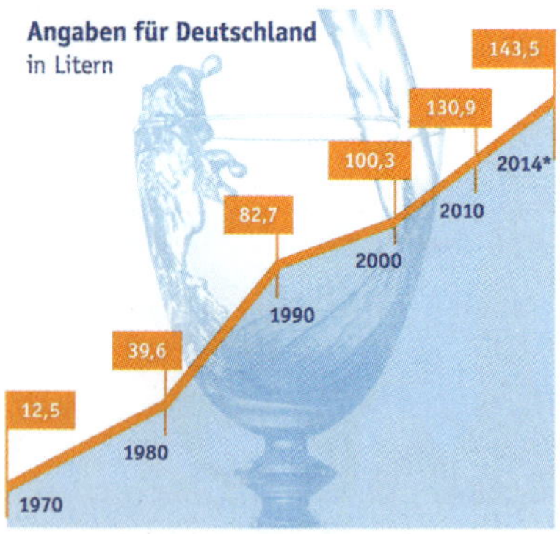

(Quelle: Verband Deutscher Mineralbrunnen e.V., Januar 2015)

Mineralwasser ist das beliebteste alkoholfreie Kaltgetränk der Deutschen.

Trinkwasserverordnung
www.gesetze-im-internet.de/bundesrecht/trinkwv_2001/gesamt.pdf

Wasser ist ein neutraler Begleiter zu allen Speisen. Außerdem ist es ein idealer Durstlöscher und auch für Diäten und Schonkost geeignet, da es energiefrei ist (keine Kalorien enthält).

Einige Gäste haben schon vor dem Essen großen Durst und möchten ihn erst mal schnell sowie alkoholfrei und ohne Völlegefühl stillen. Darüber hinaus neutralisiert Wasser die Geschmacksrezeptoren der Zunge und erlaubt einen unverfälschten Geschmack von Speisen und Wein.

Wässer sind also fester Bestandteil gepflegter Gastlichkeit, dabei sind Wässer und erfrischende Getränke nicht länger nur ein Durstlöscher, sondern ein Lifestyle-Getränk.

Betriebswirtschaftlich ist Mineralwasser ein deckungsbeitragsstarkes Element, da keine Maschinen, kaum Energie und kein zeitaufwendiger Service notwendig sind.

Enteisent/entschwefelt bedeutet, dass das ursprünglich im Wasser enthaltene Eisen/der enthaltene Schwefel herausgefiltert wurde.

Trinkwasser
Trinkwasser wird zum direkten Genuss, zur Zubereitung von Speisen, zur Herstellung von Lebensmitteln und zur Reinigung verwendet. Trinkwasser oder Leitungswasser wird in Deutschland aus Grundwasser und Oberflächenwasser (Seen, Talsperren, Uferfiltrat von Flüssen) gewonnen und kann somit zahlreichen Umwelteinflüssen ausgesetzt sein.

Das Wasser kann zur Aufbereitung – gemäß Trinkwasserverordnung – mit einer Reihe von Chemikalien versetzt werden. Vor der Einspeisung durch die Wasserversorger ins Rohrnetz wird es aber kontrolliert. Kommt das Trinkwasser aus einem eigenen Brunnen oder Quelle, muss das Wasser, wenn es für die Zubereitung von Speisen und Getränken sowie für die Geschirrreinigung verwendet wird, von einer Gesundheitsbehörde überprüft werden.

Die Grundanforderungen an Trinkwasser sind:
- frei von Krankheitserregern und schädlichen Stoffen
- farblos, klar, geschmacklos
- angenehmer, erfrischender Geschmack

Bei der Aufbereitung sind chemische Zusätze, wie z. B. Chlor, zugelassen.

Die detaillierten Anforderungen an Trinkwasser sind in der „Verordnung über die Qualität von Wasser für den menschlichen Gebrauch (Trinkwasserverordnung)" geregelt.

Wassersorten

- **Tafelwasser** ist einwandfreies Trinkwasser mit unterschiedlichen Zusätzen, die das Wasser vor allem geschmacklich verbessern. Auf dem Etikett muss „Tafelwasser“ stehen und die Zusätze müssen auf dem Etikett genannt werden. Für die Gastronomie hat Tafelwasser im Gegensatz zu Mineralwasser den großen Vorzug, offen ausgeschenkt werden zu können. So kann der Gast sich auch selbst an Zapfanlagen bedienen.
- **Quellwasser** ist Wasser aus unterirdischen Wasservorkommen. Es bedarf keiner amtlichen Anerkennung, sondern muss nur den Trinkwasserkriterien entsprechen.
- **Sodawasser** ist Wasser mit Kohlensäure versetzt (ab 4 g pro Liter) und wird in der Gastronomie aus der Flasche oder einem Sodastreamer bzw. Sodasiphon (siehe Kapitel 8.3.7) zum Mischen mit alkoholfreien und alkoholhaltigen Getränken eingesetzt.

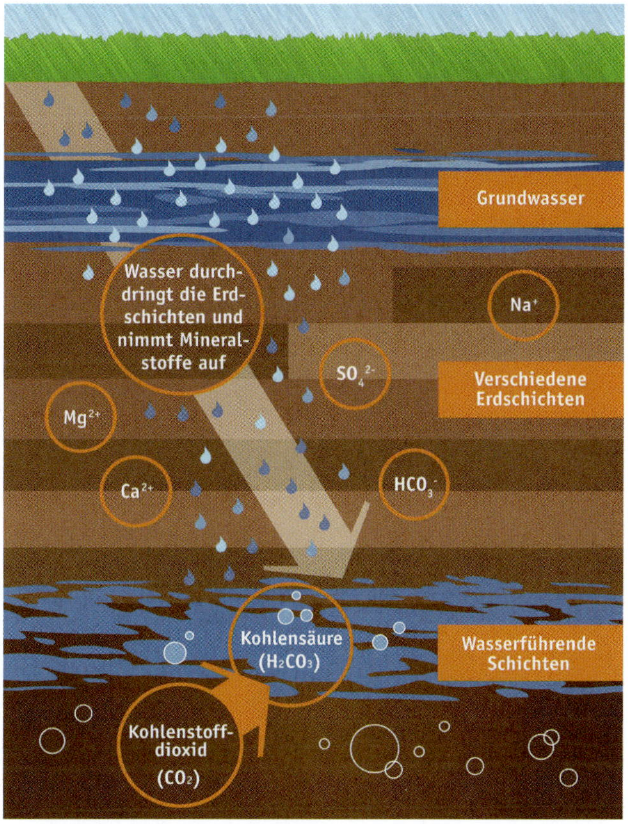

Entstehung von Mineralwasser

Natürliches Mineralwasser

Entstehung: Regenwasser sickert durch die verschiedenen Boden- und Gesteinsschichten und nimmt die darin enthaltenen Mineralstoffe und Spurenelemente auf. In kohlenstoffdioxidhaltigen Böden, die vor allem in vulkanischen Gebieten vorkommen, wird das Wasser mit Kohlensäure angereichert. Je langsamer das Wasser in die Tiefe sickert, desto mehr Mineralstoffe, Spurenelemente und Kohlensäure kann es aufnehmen. Gleichzeitig wird es durch die Gesteinsschichten gereinigt und gefiltert. Das Wasser sammelt sich tief unter der Erde in Quellen als natürliches Mineralwasser. Die unterschiedliche Zusammensetzung der Inhaltsstoffe bestimmt den individuellen Geschmack des jeweiligen Wassers.

Abfüllung: Die Abfüllung muss direkt am Quellort sein, in die für den Endverbraucher bestimmten Gefäße mit dichtem Verschluss. Ein natürliches Mineralwasser kommt aus unterirdischen, vor Verunreinigungen geschützten Wasservorkommen und ist so von natürlicher Reinheit.

> Für ein natürliches Mineralwasser ist eine amtliche Anerkennung erforderlich.

Wassersommelier (siehe auch Kapitel 15.4.2)

Das Wissen um das richtige Wasser zum Essen oder Wein gewinnt immer mehr an Bedeutung und damit auch die Ausbildung zum Wassersommelier:

www.doemens.org/de/genussakademie/wassersommelier.html

Von der Quelle bis zum Konsumenten

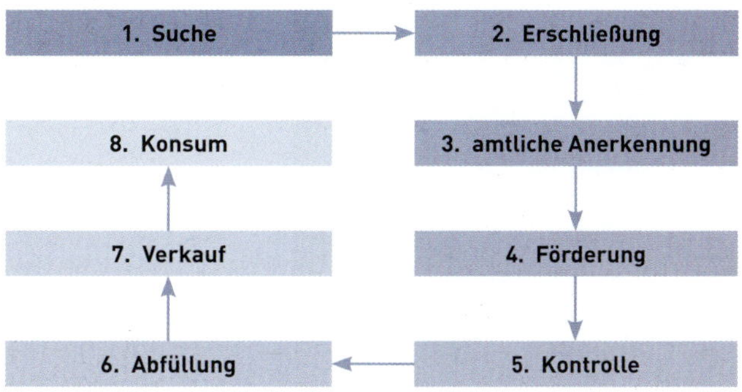

Mineralwasseretikett

Kennzeichnung: Das Flaschenetikett ist die Visitenkarte eines Mineralwassers und enthält alle gesetzlich vorgeschriebenen Angaben (siehe links):

- Herkunft, d. h. Quellname und Ort der Quellnutzung
- Name des Abfüllers
- Verkehrsbezeichnung „natürliches Mineralwasser“
- charakteristische Inhaltsstoffe
- Hinweis auf Analysedatum
- Mindesthaltbarkeitsdatum

Liegt der Kohlensäuregehalt besonders hoch (natürlich oder hinzugefügt), wird das Wasser als Säuerling bezeichnet. Häufig werden das Analysedatum und der Zusatz „enteisent“ angegeben. Beide Angaben sind gesetzlich nicht mehr vorgeschrieben.

Getränke auf Basis von Mineralwasser

Darüber hinaus gibt es weitere, nicht gesetzlich geschützte Angaben für Mineralwasser, die von den Anbietern unterschiedlich eingesetzt werden. Hierzu gehören z. B.:

- naturelle (geschützt ist nur der Begriff natürliches Mineralwasser), still, leicht, medium
- Flavoured Water für natürliches Mineralwasser, das mit Auszügen von Früchten aromatisiert ist
- Near-Water-Produkte für Getränke auf Wasserbasis, die mit Aromen, Kräutern oder Mineralstoffen versetzt sind
- Biomineralwasser
  Es gibt die „Qualitätsgemeinschaft Biomineralwasser e.V.“, die einen Anforderungskatalog für Biomineralwasser erstellt hat. Der Bundesgerichtshof hat klargestellt, dass die Kennzeichnung „Bio-Mineralwasser“ auf dem Etikett gestattet ist.

Mineralwasser muss in der Originalflasche serviert werden!

Heilwasser

Heilwasser

Heilwasser stammt wie natürliches Mineralwasser aus unterirdischen und vor Verunreinigung geschützten Wasservorkommen. Es besitzt aufgrund seiner Inhaltsstoffe nachweisbar vorbeugende, krankheitslindernde oder heilende Wirkungen, die anhand wissenschaftlicher Studien nachgewiesen werden müssen. Während Mineralwasser der Lebensmittelgesetzgebung unterliegt, ist Heilwasser ein Arzneimittel im Sinne der Arzneimittelverordnung.

AUFGABEN

1 | Erklären Sie den Unterschied zwischen einem Tafelwasser und einem Mineralwasser.

2 | Auf den Etiketten von Mineralwasserflaschen befindet sich eine „Analyse“. Was wird in dieser Analyse dargestellt?

3 | Erläutern Sie den Begriff „Biomineralwasser“.

12.2.5 Frucht- und Gemüsesäfte

Frucht- und Gemüsesäfte sind gute Vitamin- und Mineralstofflieferanten und somit fester Bestandteil einer gesunden Ernährung. Sie sind ideale Begleiter zu Vollwertgerichten und Speisen aus der vegetarischen Küche, dürfen aber auch zum Frühstück nicht fehlen. Frisch gepresste Gemüse- und Fruchtsäfte, oft zusammengestellt nach den Wünschen des Kunden, werden häufig in Saftbars angeboten. Ein leicht gesalzener Tomatensaft ist ein beliebtes Gemüsegetränk im Air-Catering.

Lieblingssäfte
Am liebsten trinken die Deutschen Orangensaft. Auf Platz 2 rangiert Apfelsaft, gefolgt von Multivitaminsaft. Neue Trendsetter sind Rhabarbernektar, Smoothies und Gemüsecocktails.

Frucht- und Gemüsesäfte werden unterschiedlich hergestellt:
- Die Früchte/das Gemüse werden direkt gepresst (Direktsaft).
- Früchte oder Gemüse werden in einer Mühle zerkleinert und gepresst oder passiert. Das Gemüse wird meist vorher blanchiert. Der entstandene Saft wird gefiltert (außer bei naturtrüben Säften), pasteurisiert und abgefüllt.
- Die Früchte/das Gemüse werden zu Saft verarbeitet und dann unter Vakuumbedingungen konzentriert. Zuerst wird das Aroma und dann das Wasser entzogen. Das Fruchtsaftkonzentrat wird tiefgekühlt und ist gut transportierbar. Zur Aufbereitung werden dem Konzentrat die natürlichen Aromen und Wasser zugefügt. Abschließend erfolgt die Pasteurisierung zur Haltbarmachung. Dank diesem Verfahren sind Säfte von allen Früchten auf der ganzen Welt das ganze Jahr erhältlich.

Fruchtsaft darf weder mit Konservierungsstoffen, Farbstoffen oder Zucker versetzt sein und muss zu 100 % aus dem Saft der Frucht bestehen, die auf dem Etikett angegeben ist (EU-Fruchtsaftrichtlinie).

Multivitaminsäfte sind Fruchtsäfte aus mehreren Fruchtsorten, die meist mit Vitaminen angereichert wurden.

Auch Gemüsesaft enthält 100 % Gemüse, wobei der Saft aus unterschiedlichen Gemüsesorten bestehen kann. Die Gemüsesorten werden auf dem Etikett nach ihrem Gewichtsanteil absteigend aufgezählt. Gemüsesaft darf mit Zutaten wie Salz, Zucker, Gewürzen, Kräutern und natürlichen Säuren verfeinert werden.

Die ideale Serviertemperatur für Frucht- bzw. Gemüsesäfte liegt zwischen 8 und 12 °C, da sich in diesem Bereich Aroma und Textur des Safts optimal ergänzen. Eiswürfel werden nur auf Wunsch des Gasts dazugegeben, da sie das Getränk und den Geschmack verwässern.

Smoothies (smooth = fein, cremig)
Basis für dieses Lifestyle-Getränk ist das Fruchtpüree der entsprechenden Frucht, welches mit Säften gemischt eine fein-cremige Konsistenz erhält. Darüber hinaus können Smoothies mit Joghurt, Milch oder Eiscreme geschmacklich variiert werden.

Smoothies

Unterschiedlicher Fruchtgehalt in Erfrischungsgetränken

Fruchtsaftlimonaden

Colalimonaden

Bitterlimonade *Malzlimonade*

12.2.6 Frucht- und Gemüsenektare

Fruchtnektar ist eine Mischung aus Fruchtsaft oder Fruchtmark, Wasser und Zucker bzw. Süßstoff. Aroma-, Farb- und Konservierungsstoffe dürfen nicht hinzugefügt werden. Der Fruchtanteil liegt zwischen 25 % und 50 %.

Gemüsenektar ist eine mit Wasser verdünnte Aufbereitung aus Gemüsesaft oder Gemüsemark. Zur Geschmacksverbesserung ist der Zusatz von Zucker bzw. Süßstoff zulässig, auch in Form von Flüssigzucker oder Sirup. Der Gemüseanteil liegt bei mindestens 40 % (bei Rhabarbernektar beträgt er 25 %).

12.2.7 Fruchtsaftgetränke, Limonaden und andere Erfrischungsgetränke

Fruchtsaftgetränke

Fruchtsaftgetränke bestehen aus Fruchtsaft, Wasser, Zucker, Fruchtsäuren, natürlichen Aromastoffen und evtl. Kohlensäure. Fruchtsäuren und Aromastoffe sind zusammen mit dem Zucker wesentlicher Bestandteil des Geschmacks bei diesen Produkten. Der Vitamin- und Mineralstoffgehalt ist durch die Verdünnung mit Wasser erheblich geringer als bei Fruchtsaft.

Limonaden, Brausen und biologische Erfrischungsgetränke

Limonaden bestehen aus Trinkwasser, natürlichem Mineralwasser oder Quell- und/oder Tafelwasser, das mit Aromaextrakten und/oder natürlichen Aromastoffen und Fruchtsäuren versetzt wird. Als Süßungsmittel kann Zucker oder Zuckercouleur verwendet werden.

Zur Herstellung von Limonaden wird Wasser mit Kohlensäure versetzt und dann mit Limonadengrundstoff und Süßungsmittel vermischt und in Flaschen oder Dosen abgefüllt. Der Limonadengrundstoff ist für die jeweilige Limonadensorte typisch und seine Rezeptur daher ein Herstellergeheimnis.

Brausen werden nicht nur aus natürlichen Stoffen hergestellt, sondern können auch mit künstlichen oder naturidentischen Aroma- und Farbstoffen hergestellt werden. Der Begriff Brause wird oft als Synonym für den Begriff Limonade verwendet. Ein aktuelles Beispiel ist das In-Getränk Fassbrause, bei dem es sich meist trotz des Namens um eine Limonade handelt. Als der Begriff Fassbrause zum ersten Mal auftauchte, wurde das Getränk aus Wasser, Zucker und Malzaromen hergestellt. Einige Brauereien mixen es heute aus Limonade und alkoholfreiem Bier. Im gastronomischen Betrieb werden Limonaden und Brausen oft mit Zapfanlagen ausgeschenkt.

Bionaden durchlaufen einen anderen Herstellungsprozess, denn sie werden aus Wasser und Malz gebraut (siehe nächste Seite).

Außerdem gibt es Limonaden auf Milchserumbasis, z. B. Rivella.

Fruchtsaftlimonaden

Sie enthalten einen Saftanteil, der als Mindestfruchtgehalt auf dem Etikett angegeben ist. Natürliche Aromen und Fruchtfleisch können den Geschmack abrunden, z. B. Fanta, Sinalco, Orangina oder Bluna.

Kräuter- und Ingwerlimonaden
Der Limonadengrundstoff ist geschmacklich durch natürliche Kräuterauszüge geprägt, z. B. Almdudler oder Ginger Ale.

Kräuter- und Ingwerlimonaden

Colalimonaden
Der Limonadengrundstoff enthält als Säuerungsmittel Phosphorsäure und als anregenden Stoff Koffein (max. 250 mg/l), z. B. Coca-Cola, Pepsi Cola, afri cola, fritz-kola.

Bitterlimonaden
Sie enthalten Bitterstoffe, z. B. Chinin, aus der Rinde des Chinabaums. Sind mehr als 15 mg Chinin je Liter in der Limonade vorhanden, wird sie als Tonic bezeichnet, z. B. Tonic Water oder Bitter Lemon.

Energiereduzierte Erfrischungsgetränke
Bei energiereduzierten Fruchtsaftgetränken, Limonaden und Brausen wird der Zucker ganz oder teilweise durch Süßstoff ersetzt. Sie werden oft auch als Lightprodukte vermarktet. Die Süßung auf der Basis von Stevia hält auch bei Getränken ihren Einzug.

Mit Stevia gesüßte Getränke

Biologische Erfrischungsgetränke
Eine Limonade, die als Lifestyle-Getränk bezeichnet werden kann. Wie bei Bier werden für ihre Herstellung nur die Ausgangsstoffe Wasser und Malz verwendet. Bei der Gärung entsteht dann durch ein patentiertes Verfahren kein Alkohol, sondern der Zucker wird in Gluconsäure umgewandelt. Diese milde Fruchtsäure in Kombination mit natürlichen Frucht- oder Kräuteraromen bestimmt den Geschmack dieses Getränks, z. B. Bionade.

Energydrinks
Sie sind über einen kurzen Zeitraum leistungssteigernd für mentale und körperliche Fitness. Die Effekte sind mit der Koffein- oder Guaranawirkung zu erklären. Guarana ist eine koffeinhaltige Pflanze aus Südamerika. Auch die spezielle Kombination der Inhaltsstoffe (schnell verwertbare Kohlenhydrate und der Stoffwechselbeschleuniger Taurin) kann dazu beitragen.

Energydrinks

Isotonische Getränke
Bei diesen Getränken entspricht das Verhältnis von Nährstoffen zu Blut dem des menschlichen Körpers, z. B. Isostar.

Erfrischungsgetränke aus Tee

Eistee
Eistee wird direkt aus Tee oder mit Extrakten aus Tee hergestellt. Nach traditionellem Rezept wird ein Aufguss aus Schwarztee mit Zitronensaft und Zucker bereitet. Die im Handel angebotenen Eistees sind meist Variationen mit Grün-, Früchte- oder Kräutertee in Kombination mit Fruchtsaft. Sie müssen mindestens 0,12 % Teeextrakt enthalten. Beliebt sind Sorten wie Granatapfel (Pomegranate), Pfirsich (Peach) und Eistees auf Grüntee-Basis.

Eisteekreationen

Kombucha
Kombucha ist eine gesüßte Teemischung, vergoren mit Hefe, Milchsäurebakterien und dem Kombuchapilz.

12.2.8 Sirupe

Verwendung von Sirup

Sirupe werden beim Mischen sowohl zum Süßen als auch zur Geschmacksverbesserung und zum Erreichen schöner Farben verwendet. Sirupe entstehen durch Kochen oder spezielle Techniken aus zuckerhaltigen Flüssigkeiten wie Zuckerwasser, Zuckerrübensaft, Fruchtsäften und Pflanzenextrakten (Dicksaft). Der erhaltene Sirup gewinnt dann durch das Versetzen mit unterschiedlichsten Aroma- und Farbstoffen eine weitere Variationsmöglichkeit. Daher ist die Sirupvielfalt enorm.

Verwendungsmöglichkeiten für Sirupe:
- für die Verfeinerung von Heißgetränken
- für die Aromatisierung von Milchmischgetränken und Smoothies
- für die Herstellung unterschiedlichster Bargetränke
- für die Herstellung von Saucen, Dressings, Desserts und Kuchen

12.2.9 Alkoholfreie Mischgetränke

Alkoholfreie Cocktails

Alkoholfreie Mischgetränke sind aus einem modernen, gastorientierten Getränkeangebot nicht mehr wegzudenken, da sie im Rahmen einer gesunden Ernährung nicht nur für Kinder und Schwangere, sondern auch für gesundheitsbewusste Gäste eine wichtige Alternative darstellen.

Alle beschriebenen alkoholfreien Getränke können zur Herstellung von Mischgetränken verwendet werden. Damit besteht eine große Variationsbreite für den gastronomischen Betrieb. Frucht- und Gemüsesäfte, Limonaden und Sirupe lassen sich hervorragend z. B. zu **Cocktails** verarbeiten, die als frische, alkoholfreie Getränke gerne bestellt werden.

Die Zubereitung vieler alkoholfreier Mischgetränke wird gerne vor dem Gast durchgeführt und dann auch als To-go-Variante angeboten. Die Zubereitung ist dabei wie bei den alkoholischen Mischgetränken und erfolgt durch Rühren, Schütteln oder Mixen.

Beispiele für alkoholfreie Cocktails sind:
- **Florida:** Maracujasirup, Zitronensaft, Ananassaft, Orangensaft, Grapefruitsaft
- **Virgin Caipirinha:** Limetten, Rohrzucker, Crushed Eis, Zitronenlimonade, Ginger Ale
- **Virgin Colada:** cremiger Mix aus Kokossirup, Sahne, Ananassaft
- **Karotten Mary:** Karottensaft, Tomatensaft, Zitronensaft, Selleriesalz, Tabasco, Worcestershiresauce, frisch gemahlener Pfeffer

Milchmischgetränk

Milchmischgetränke

Milchmischprodukte sind im To-go-Angebot in der Systemgastronomie ein fester Bestandteil. Sie werden kalt oder warm serviert und oft als kleine Zwischenmahlzeit verzehrt. Die Herstellung erfolgt unter Verwendung von Obst, Säften, Speiseeis, Kakaoprodukten oder Kaffee, aber auch mit Kräutern, Gewürzen oder Honig. Drei unterschiedliche Gruppen sind zu unterscheiden:
- Fruchtmilch
- Milchshakes/Milch mit Eiscreme
- Milch-Frappés/Milch mit Crushed Eis

12.3 Alkoholhaltige Getränke

12.3.1 Bier

Jährlicher Pro-Kopf-Konsum von Bier 2013
Quelle: Zahlen auf Grundlage des Deutschen Brauer-Bundes e.V.)

Biermarkt in Deutschland
Bier ist in Deutschland ein beliebtes alkoholisches Getränk, sodass viele Gastronomen die unterschiedlichsten Biersorten im Angebot haben. Der Bierkonsum in Deutschland hat in den letzten Jahren abgenommen, umso wichtiger ist es für den Gastronomen, ein breites „Bier-Portfolio" anzubieten.

Die meisten Brauereien versuchen, mit Biermixgetränken dem Trend gegenzusteuern und sich den veränderten Trinkgewohnheiten anzupassen. Aber auch internationale Marken sind gefragt und für die Gastronomie mit internationalen Speisen und internationalen Konzepten ein wichtiger Erfolgsfaktor.

Craft Biere

Weiterhin ergeben sich große Chancen, insbesondere für regionale Marken, durch sogenannte „Craft Biere". Die Biere weisen meist einen außergewöhnlichen Geschmack auf, der durch aufwendige Handarbeit, seltene und ausgefallene Zutaten entsteht. Oft haben diese Biere eine besondere Flaschenform und -größe.

Mit der Ausbildung zum Biersommelier werden Servicekräfte für die gehobene Bierkultur qualifiziert, die dem Gast fachlich die Biervielfalt und den Biergenuss näherbringen. Siehe auch Kapitel 15.5.

Bier liegt in Deutschland zusammen mit seinem Sorten- und Markenreichtum und höchsten Qualitätsansprüchen in historischer Verantwortung. Herzog Wilhelm IV. verkündete 1516 das Reinheitsgebot. Es bestimmt, dass Bier nur aus den Rohstoffen Wasser, Hopfen und Malz hergestellt werden darf. Im Jahr 1551 wurde der Begriff Hefe in den Gesetzestext integriert.

Die Freien Brauer – ein Verbund führender unabhängiger Privatbrauereien
www.die-freien-brauer.de

Ausbildung zum Biersommelier
www.biersommelier.de

Bierbestandteile
Brauwasser ist der Hauptbestandteil des Biers. Zum Brauen wird nur besonders hochwertiges Wasser verwendet. Aus diesem Grund gibt es deutsche Brauereien, die auch einen eigenen Brunnen besitzen.

Malz entsteht in der Mälzerei durch Keimen der für das Bier bestimmten Getreidesorten. In der Regel werden Gerste, aber auch Weizen und Roggenkörner verwendet. In der Mälzerei werden die Inhaltsstoffe der Körner aufgeschlossen. Zuerst werden die Körner eingeweicht, damit sie dann bei 15–18 °C keimen können (Grünmalz). Anschließend werden sie bei hohen Temperaturen von 85–120 °C gedarrt (geröstet) und die Wurzelkeime abgerieben. Es entsteht das Braumalz.

Gemälztes Getreide

Brauhopfen

Die beim Maischen entstandene Maltose (siehe Kapitel 5.1.2) macht eine Gärung überhaupt erst möglich. Das Malz gibt dem Bier seine Geschmacksfülle und seine Farbe. Stark gedarrtes Getreide für dunkle Biere, schwach gedarrtes Getreide für helle Biere.

Hopfen ist die „Seele des Biers", denn durch den Hopfen bekommt das Bier seinen herb-aromatischen Geschmack. Der Hopfen sorgt für die Haltbarkeit des Biers und gibt dem Bierschaum seine Stabilität.

… tränk, denn sie bringt die
… ärung verantwortlich. Es
… ten unterschieden:

… rung gekühlt unter 10 °C
… nsis) sinken nach Been-

… n (15 °C bis 22 °C) erfor-
… ıd der Gärung die ober-
… berfläche.

… ltere Methode, denn die
… e Methode benötigt wer-
… im Winter vor.

Obergärige Biere	**Untergärige Biere**
Altbier	Pils
Malzbier/Malztrunk	Helles Lagerbier
Berliner Weiße	Bockbier
Stout	Dunkles
Porter	Schwarzbier
Weizenbier	Exportbier
Kölsch	Diätbier

Der Brauprozess

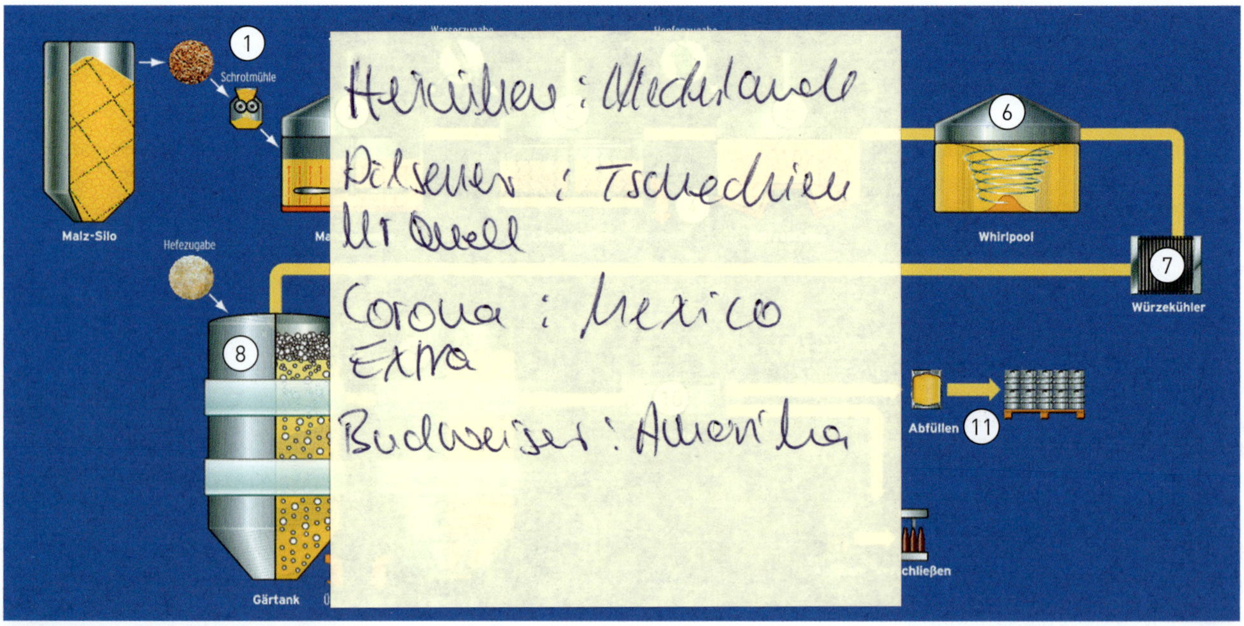

Quelle: Deutscher Brauer-Bund e.V.

Brauprozess

1. Mahlen des gemälzten Getreides (Braumalz) in der **Schrotmühle.** Es entsteht das Malzschrot.
2. Vermischen des Malzschrots in der **Maischpfanne** mit Wasser zur Maische und Erhitzen der Maische, damit sich durch die natürlichen Enzyme des Getreides die Stärke in vergärbaren Malzzucker umwandelt.
3. Trennung der festen Bestandteile der Maische von der Flüssigkeit im **Läuterbottich.**
4. Verwendung des Rückstands, dem **Malztreber,** als Viehfutter.
5. Die geläuterte Würze fließt in die **Würzpfanne.** Zugabe von Hopfen und Kochen der Würze für 1 bis 2 Stunden.
6. Entfernung noch verbliebener Trübstoffe im **Whirlpool.**
7. Kühlen der Würze im **Würzekühler.**
8. Zugabe der Hefe in den **Gärtank.** Die Hefe wandelt den Zucker in Alkohol und Kohlensäure um. Abzug der überschüssigen Hefe.
9. Lagerung des fertigen Jungbiers im **Lagertank.** Hier rundet sich der Geschmack des Biers ab, die Kohlensäure wird gebunden, die restliche Hefe setzt sich auf dem Boden oder an der Oberfläche ab (unter- bzw. obergäriges Bier) und das Bier wird klar.
10. Filtration des Biers im **Bierfilter** (Ausnahme: hefetrübes Bier).
11. Abfüllung des fertigen Biers in **Flaschen oder Fässer.**

Stammwürze ist der Gehalt an gelösten Stoffen in der Würze (Biersud) vor der Gärung. Die Stammwürze wird in Prozent angegeben und bestimmt den Alkoholgehalt des Biers.

Der Alkoholgehalt wird in Volumenprozent, abgekürzt % vol, angegeben. Dieser Wert gibt an, wie viel Milliliter reiner Alkohol in 100 ml Flüssigkeit enthalten sind.

Alkoholfreies Bier

Auch alkoholfreies Bier wird streng nach dem deutschen Reinheitsgebot hergestellt. Es gibt zwei unterschiedliche Herstellungsverfahren:

- Die Bildung von Alkohol wird während des Gärprozesses gestoppt, was auch bei der Herstellung von Malzbier/Malztrunk geschieht.
- Der Alkohol wird dem Bier nach abgeschlossenem Brauvorgang entzogen.

Bier darf als alkoholfreies Bier bezeichnet werden, wenn der Alkoholgehalt höchstens 0,5 % vol beträgt. Mittlerweile reicht die Palette des Angebots von Pils über Weizenbier bis hin zu regionalen Bieren wie Kölsch und Alt. Beträgt der Alkoholgehalt 0,5–1,5 % vol, wird es als alkoholarmes Bier bezeichnet.

Leichtbier/Lightbier

Auch Leichtbier wird nach dem deutschen Reinheitsgebot hergestellt. Es enthält weniger Alkohol und somit auch weniger Energie. Mithilfe eines speziellen Brauverfahrens wird ein großer Teil des bei der Gärung entstandenen Alkohols entzogen oder es wird die Alkoholbildung während der Gärung vermindert. Der Alkoholgehalt liegt bei 2,0–3,2 % vol und der Energiegehalt ist um 30–40 % reduziert.

Biergattungen

- Bier mit niedrigem Stammwürzegehalt von 1,5 % – 6,9 %
- Schankbier mit einer Stammwürze von 7,0 % – 10,9 %
- Vollbier mit einer Stammwürze von 11,0 % – 15,9 %
- Starkbier mit einer Stammwürze von mindestens 16 %

Weitere Biersorten siehe Kapitel 15.5.

Virtuelle Brauereiführung
www.brauer-bund.de

Bierflaschenformen

Longneckflasche, Bügelflasche, Infinium-Flasche (Champagnerflasche)

Alkoholfreies Bier

Leichtbier

Kohlenhydratreduziertes Bier

Glutenfreies Bier

Mischgetränke mit Bier

Kohlenhydratreduziertes Bier

Bei diesen Bieren werden beim Brauprozess die Kohlenhydrate zu fast 100 % vergoren. Diese Biere haben daher sowohl einen um mindestens 30 % bis hin zu 60 % geringeren Anteil an verwertbaren Kohlenhydraten und daraus resultierend auch einen geringeren Energiegehalt. Auf den Alkoholgehalt hat dieser Brauprozess keinen Einfluss.

Glutenfreies Bier

In diesen alkoholhaltigen oder alkoholfreien Getränken, die wie Biere eingebraut werden, wird das in Gerste, Roggen oder Weizen enthaltene Gluten (Eiweißgemisch) entfernt. Diese Biere sind zum Konsum für Menschen, die an Zöliakie (siehe Kapitel 5.4.2) erkrankt sind, geeignet.

Mischgetränke mit Bier

Biermischgetränke bestehen meistens aus Bier, vermischt mit Erfrischungsgetränken oder Fruchtsäften oder exotischen Beigaben wie Tequilaaroma oder Energiegetränken. Sie sind für die Gastronomie als Lifestyle- oder Trendgetränk ein Umsatzbringer, aber als Trendgetränk häufig nur kürzere Zeit aktuell. Die Vielfalt am Markt wächst rasch und unterliegt einer zeitgeistgesteuerten Schnelllebigkeit. Biermischgetränke müssen nicht dem Reinheitsgebot entsprechen. Aus diesem Grund dürfen sie nur unter der Bezeichnung „Biermischgetränk" auf den Markt gebracht werden.

Folgende Biermischgetränke werden häufig angeboten:

- **Alsterwasser:** helles Bier mit Orangen- oder Zitronenlimonade
- **Radler:** helles Bier mit Zitronenlimonade
- **Berliner Weiße:** Berliner Weißbier mit Waldmeister- oder Himbeersirup

Bierpflege – Fassbier

Bierpflege fängt im Keller, d. h. bei der Lagerung, an. Die richtige Kühlung und ein optimal eingestellter Kohlensäuredruck garantieren die Frische und eine perfekte Schaumkrone.

Fachgerechte Lagerung

- Der Kühlraum darf aus hygienischen Gründen nicht zur Lagerung von anderen Lebensmitteln genutzt werden, auch nicht für Leergut.
- Im Bierkeller sollte eine Wasserzapfstelle vorhanden sein. Zudem sollte der Boden wasserundurchlässig mit einem Senkschacht versehen sein.
- Bier ist immer kühl zu lagern. Die Kellertemperatur sollte 5–8 °C betragen.
- Für jede Biersorte ist eine gesonderte Leitung mit eigenem Zwischendruckregler und Zapfhahn zu installieren.
- Die Leitungen verlaufen immer erst steigend und dann waagerecht, damit sich keine Kohlensäureblasen darin festsetzen können und keine hygienischen Probleme entstehen.
- Die Kühlmaschine des Bierkellers steht in einem separaten Raum, nur der Verdampfer befindet sich im Bierkeller und auch die Kohlensäureflaschen stehen separat, abseits von Wärmequellen (Explosionsgefahr).

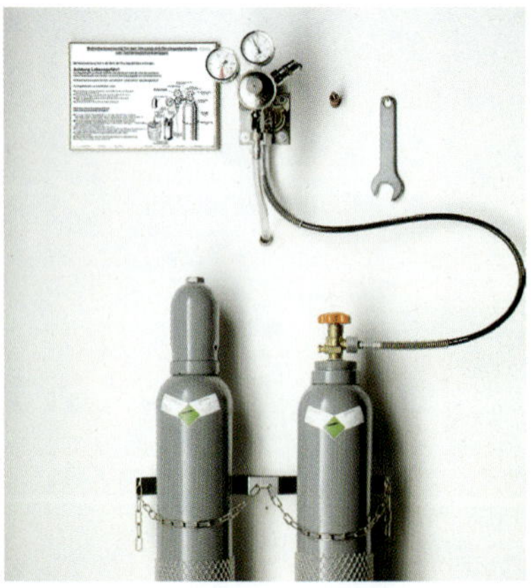

Richtig angeschlossene Druckgasflasche

Kohlensäuredruck

- Um eine gleichbleibende Qualität anbieten zu können, muss der Betriebsdruck ermittelt und eingestellt werden. Dies geschieht fachgerecht in Abhängigkeit von Sättigungsdruck und Förderdruck. Ist der Betriebsdruck einmal vom Fachmann festgestellt, sollte die Einstellung nicht mehr verändert werden. Die Kohlensäure hat folgende Aufgaben:
- Die durch die Gärung entstandene biereigene Kohlensäure bestimmt die Frische und Schaumkrone des Biers. So muss beim Fassbierausschank Kohlensäure aus der Kohlensäureflasche das Bier herausdrücken, damit nicht die Kohlensäure aus dem Bier entweicht (Sättigungsdruck).

Druckminderer zur Druckregelung

Jede Biersorte braucht ihren eigenen Betriebsdruck.

- Außerdem dient die Kohlensäure dazu, das Bier vom Fass zum Zapfhahn zu befördern (Förderdruck).

Kohlensäureflaschen dürfen nie liegend betrieben werden (Explosionsgefahr) und sind deshalb zwingend gegen Umfallen zu sichern.

Fachgerechter Anschluss der Fässer

Das übliche Keg-System erlaubt einen einfachen Anschluss der Bierfässer an die Leitungen.

Keg-System

Schutzkappe abnehmen

Fitting und Zapfkopf mit fließendem Wasser und speziellen Bürsten reinigen

Anschlag über den Verschluss schieben

Hebel nach unten drücken. Dadurch werden die Ventile für Bier und Kohlensäure geöffnet und es kann gezapft werden. Wenn der Zapfkopf einen Absperrhahn hat, muss dieser nach dem Aufsetzen des Zapfkopfs geöffnet und vor dem Abnehmen geschlossen werden.

Zum Abnehmen des Zapfkopfs den Hebel nach oben ziehen und den Zapfkopf vom Verschluss nehmen. Danach Schutzkappe wieder auflegen.

Bier zapfen

Das Glas schräg unter den ganz geöffneten Zapfhahn halten, sodass das Bier die Wandung entlanglaufen kann, damit möglichst wenig Kohlensäure verloren geht.

Das zu 2/3 gefüllte Glas zugunsten der Schaumhaltbarkeit für eine kurze Zeit abstellen.

Beim Nachzapfen den Hahnauslauf nicht ins Bier eintauchen, sonst wird Luft hineingedrückt und die Kohlensäure entweicht.

Nach dem Aufsetzen der Schaumkrone ist ein Bier nach maximal zwei bis drei Minuten servierfertig.

Ein sauberes Bierglas ist die Grundvoraussetzung für ein frisch gezapftes Bier. Dazu wird das Glas in warmem Wasser mit Gläserbürste und Reinigungsmittel grundgereinigt und anschließend in kaltem Wasser nachgespült. Biergläser müssen fettfrei sein, da sonst keine einwandfreie Schaumkrone entsteht. Im offenen Ausschank genügt es, wenn die Gläser auf dem Gläserrost abtropfen, sie sollten innen nicht abgetrocknet werden. Auf keinen Fall sollte in warme, trockene Gläser gezapft werden, da die Schaumbildung dann zu stark ist.

Zapfhähne

Kolbenhahn

Kugelhahn

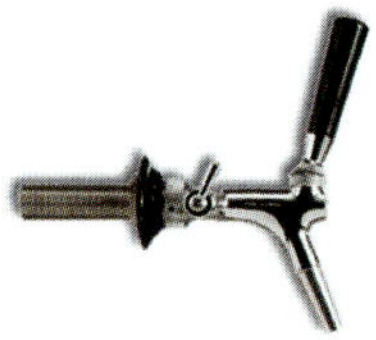

Kompensatorhahn

Zapfdauer

Das Vorurteil, dass ein perfekt gezapftes Pils sieben Minuten braucht, stammt von früher, als die Temperatur höher war und das Bier stärker gehopft war. Ein Bier mit dem richtigen Kohlensäuregehalt und perfekter Schaumkrone sollte jedoch in maximal drei Minuten gezapft sein. Es schmeckt besser, weil es noch seinen ursprünglichen Gehalt an Kohlensäure aufweist.

Den „Nachtwächter", das Bier, das nachts in der Leitung geblieben ist, sowie den ersten „Schuss" nach dem Fasswechsel immer weggießen.

Informationen über mobile Zapfsysteme
www.brauer-bund.de/ausschank-pflege/mobiler-ausschank.htm:
Flyer mobiler Ausschank
Broschüre Mobile Schankanlagen
Dokumentation für den mobilen Ausschank

Hygieneleitfaden – Getränkeschankanlagen
www.brauer-bund.de/download/Archiv/PDF/ausschank/hygieneleitfaden.pdf

Mobile Zapfsysteme

Ob im Biergarten oder beim Catering, mobile Zapfgeräte sind zum festen Bestandteil in der Gastronomie geworden. Beim mobilen Ausschank sind Besonderheiten zu beachten, da oft große Schankmengen innerhalb kurzer Zeit und besondere technische Anforderungen berücksichtigt werden müssen.

Bierhygiene

Für die Reinigung der Schankanlage ist der Gastronom selbst verantwortlich. Er hat die Verpflichtung zur Durchführung, kann sich aber von betrieblichen Fachkräften oder externen Dienstleistern unterstützen lassen. Es gelten die Betriebssicherheitsverordnung und die Grundätze der Europäischen Lebensmittelhygiene-

Beim Reinigen sind auch de
anlage zu reinigen sowie d

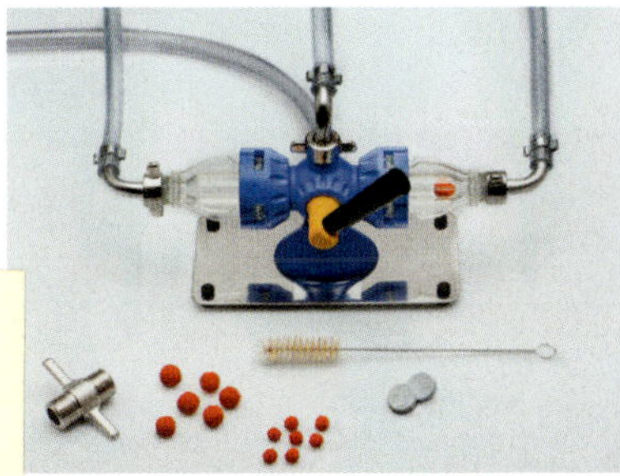

ерät für die chemisch-mechanische
einigung der Leitungen

Bierpflege – Flaschenbier

Auch Flaschenbier wird kü
Biermischgetränke werden
schenhals oder auch mit St
ein Glas. Wird ein Flasche
einwandfrei sein. Es benötig

Beim Einschenken von We
werden, sodass das Bier lan
wird bis auf einen kleinen R
die sich am Boden abgesetzt
teilt sich die Hefe im Glas u

Beim Einschenken von Weizenbier das Glas schräg halten

Fehlerquellen beim Bierausschank

Fehler	Ursachen
das Bier läuft nicht	▪ das Fass oder die Kohlensäureflasche ist leer ▪ die Bierleitung ist geknickt, verstopft oder eingefroren ▪ der Keg-Zapfkopf ist defekt
das Bier läuft trüb	▪ das Bier ist zu kalt (Kältetrübung) ▪ Bierleitungen oder Armaturen sind nicht sauber ▪ die Schankanlage hat zu viel Druck (CO_2-Trübung)
das Bier schäumt zu stark	▪ das Bier oder die Gläser sind zu warm ▪ in den Leitungen ist Belag von Bierstein ▪ der Kohlensäuredruck ist zu hoch
das Bier schäumt zu wenig	▪ das Bier ist zu kalt ▪ der Kohlensäuredruck ist zu niedrig ▪ die Gläser sind nicht sauber ▪ das Reinigungsmittel ist ungeeignet

Angaben auf dem Bieretikett

- Verkehrsbezeichnung/Handelsmarke
- Biersorte
- Brauerei bzw. Abfüller
- Füllinhalt
- Alkoholgehalt
- Zutaten
- Mindesthaltbarkeitsdatum

Einschenken von Bier

Das Glas mit frischem kalten Wasser spülen.

Das auf ca. 5 °C gekühlte Bier zügig ins Glas einschenken.

Etwa eine Minute setzen lassen.

Dann nachschenken.

12.3.2 Wein

Rotschiefer

Mergel

Kies

Kalkstein

Wein ist ein Getränk mit Tradition. Bereits seit der Antike ist der Genuss von Wein fester Bestandteil einer gepflegten Ess- bzw. Trinkkultur. Die bedeutendsten Weinanbaugebiete liegen immer noch in Europa. Die „Neue Welt", d.h. Anbaugebiete in Übersee, gewinnen jedoch immer mehr an Bedeutung. Der Beruf des Weinsommeliers (siehe Kapitel 15.4) wird immer häufiger erlernt.

Der Weinberg

Der Weinberg mit den Einflussfaktoren Boden, Klima und Lage ist eine wichtige Voraussetzung für einen perfekten, vielfältigen Weinbau.

Boden

Der Boden prägt den Charakter eines Weins. Tief wurzelt der Rebstock im Boden, aus dem er Nahrung zieht. Daher gibt es Böden, die besonders gute Weine oder besonders große Mengen von Wein hervorbringen. Auf z.B. felsigen Böden, Schiefer, Kies oder Sand gedeihen die Reben unterschiedlich und werden nachhaltig beeinflusst. Aufgrund der unterschiedlichen Bodenbeschaffenheit schmecken gleiche Rebsorten in jedem Anbaugebiet anders.

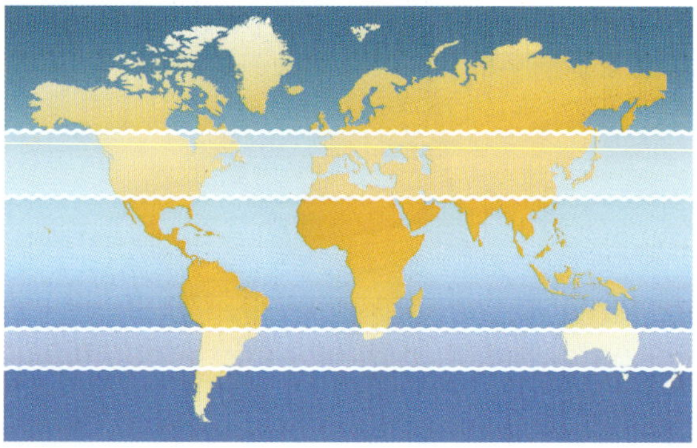

Die Klimagürtel für den Weinanbau

Klima

Weinanbau findet in der Regel auf der Welt nur zwischen dem 30. und 50. Grad nördlicher Breite (europäische und nordamerikanische Anbaugebiete) sowie dem 30. und 40. Grad südlicher Breite (Chile, Argentinien, Südafrika, Australien und Neuseeland) statt. Es darf weder zu kalt noch zu heiß und trocken sein. Weiterhin hat auch das „Kleinklima" eines Weinbergs einen Einfluss auf den Weinanbau. Faktoren wie der Winkel der Sonneneinstrahlung, die Nähe zum Wasser, ob Fluss, See oder Meer, aber auch eine schützende Hügel- oder Gebirgskette sind zu beachten.

Lage

In den kühlen Weinanbaugebieten Europas werden zum Weinanbau Berghänge bevorzugt, die nach Süden gerichtet sind. Hier treffen die Sonnenstrahlen konzentriert auf und erwärmen den Boden. In Südeuropa und Übersee sind Flachlagen üblich, denn die Trauben reifen fast automatisch aufgrund des Klimas mit viel Sonne. So wird je nach Anbauland und Klima in Hanglagen, Steillagen, Tallagen, Kessellagen, Flachlagen, gelegen an Wäldern, Seen oder auch in Meeresnähe Wein angebaut.

Optimaler Winkel der Sonneneinstrahlung beim Weinanbau

Weinrebe und Rebsorten

Die Weinrebe war eine wild wachsende Kletterpflanze, die im Laufe der Zeit kultiviert wurde. Sie kann 10 bis 20 m hoch werden. An einem Rebstamm mit einem tief greifenden, stark verästelten Wurzelstock gedeihen, in dichten Rispen angeordnet, die Weinbeeren/Trauben.

Die Traube besteht aus der Schale mit Gerb- und Farbstoffen, dem Fruchtfleisch mit Saft und den Kernen, die ebenfalls Gerbstoffe und Öle enthalten.

Wie viele Rebsorten es gibt, ist nicht genau feststellbar, es sind wohl einige Tausend. Die Rebsorte ist grundsätzlich für den Geschmackstyp des Weins verantwortlich. Deshalb wird die Rebsorte oft auf dem Etikett genannt. Darüber hinaus werden auch Weine aus mehreren Weinen unterschiedlicher Rebsorten verschnitten (Cuvée) und so eine Qualitätsverbesserung (Geschmack und Farbe) erreicht. In den gesetzlichen Bestimmungen einiger Länder sind die für die Erzeugung von Qualitätsweinen zugelassenen Rebsorten festgelegt.
(Beschreibung ausgewählter Rebsorten siehe Seite 418).

Weinrebe

Weinherstellung (Vinifikation oder Vinifizierung)
Während der Hauptlese werden die gesunden, vollreifen Trauben geerntet. Für die Lese ist das Mostgewicht entscheidend, denn es gibt den natürlichen Zuckergehalt vor der Gärung an. Dieser ist für den Winzer von Bedeutung, denn so kann er einschätzen, wie die Qualität der Trauben ist und wie er die Vinifizierung vorzunehmen hat. In Deutschland wird das Mostgewicht in Öchsle (° Oe) angegeben. Der natürliche Zuckergehalt kann mit einer Mostwaage oder einem Refraktometer gemessen werden.

Die Trauben werden zunächst maschinell oder von Hand von ihrem Stielgerüst (Kämme) getrennt, d. h. entrappt.

Querschnitt durch die Weintraube

Anschließend werden sie durch Walzen gequetscht, damit der Saft austreten kann. Die erhaltene breiige Flüssigkeit wird Maische genannt. Für Weiß- oder Roséweine wird die Maische bereits nach kurzer Standzeit abgepresst. Sie sind hell gekeltert. Bei der Rotweinherstellung wird die Maische vorgegoren oder erhitzt, damit die erwünschten Farb- und Geschmacksstoffe, die sich in der Schale befinden, herausgelöst werden.

In einer Presse (Kelter) wird die Maische gepresst und dabei die Traubenrückstände (Trester) vom Saft getrennt. Dieser Saft wird als Most bezeichnet.

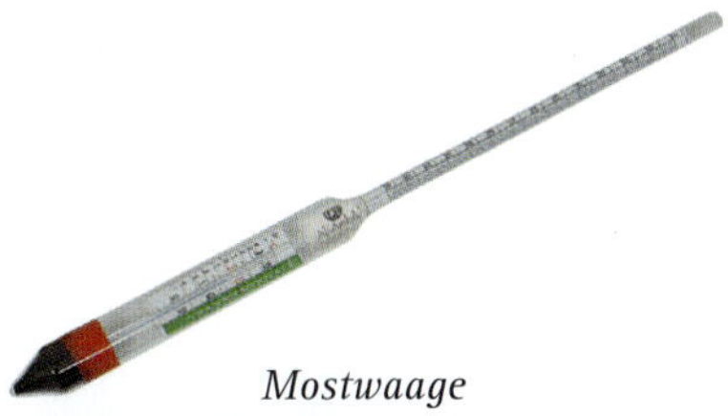

Mostwaage

Der Most kann nun mit Zucker oder Traubendicksaft angereichert werden, damit der Wein bei der Gärung einen höheren Alkoholgehalt erreicht.
Der Most wird oft geschwefelt, um eine Oxidation, eine Bräunung und unerwünschtes Wachstum von Mikroorganismen zu verhindern.

Jetzt findet die Gärung statt. Hefen, die sich schon auf den Trauben befanden und/oder zugegebene Reinzuchthefen wandeln Zucker in Alkohol und Kohlensäure um. Durch die Gärung wird der Most zum Jungwein.

Refraktometer

Abschließend wird der Jungwein durch Filtration von der Hefe getrennt und kann dann nachgären, reifen und ausgebaut werden. Die Lagerung erfolgt im Stahltank oder Holzfass (z. B. Barrique). Mit optimalem Ausbaustadium wird der Wein möglichst steril in Flaschen gefüllt.

Weißweinherstellung

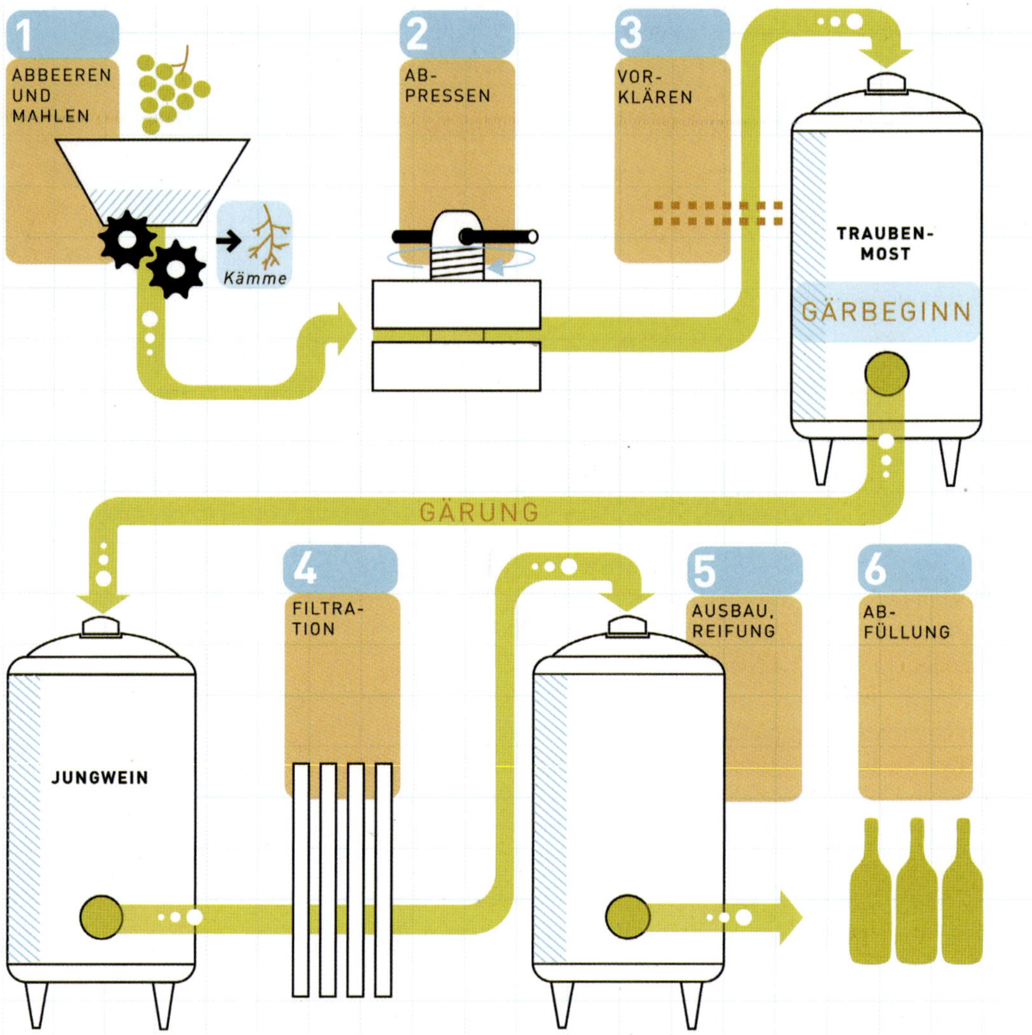

(Quelle: www.deutscheweine.de)

Auf der ganzen Welt ist es ein beliebtes und immer mehr in Mode kommendes Verfahren, aus blauen Trauben einen Weißwein zu keltern, einen **Blanc de Noirs.** Diese Bezeichnung ist im Weinrecht nicht definiert, wird aber von der Weinkontrolle geduldet. Der Traubensaft hat in der Regel eine graugrüne Farbe, egal von welcher Traubenart er stammt.

Ausfeuern (toasting) eines Fasses

Barrique ist ursprünglich ein Fass aus der französischen Allier- oder Limousineiche, heute werden auch andere Eichensorten verwendet, bzw. in der EU auch Holzspäne im Tank. Die Füllmenge beträgt 225 Liter.

Toasting ist das Ausfeuern eines Fasses. Viele Barriquefässer werden bei der Herstellung ausgebrannt. Durch dieses Toasten bekommt das Fass Röstaromen, die auch den Geschmack des Weins beeinflussen.

Rotweinherstellung

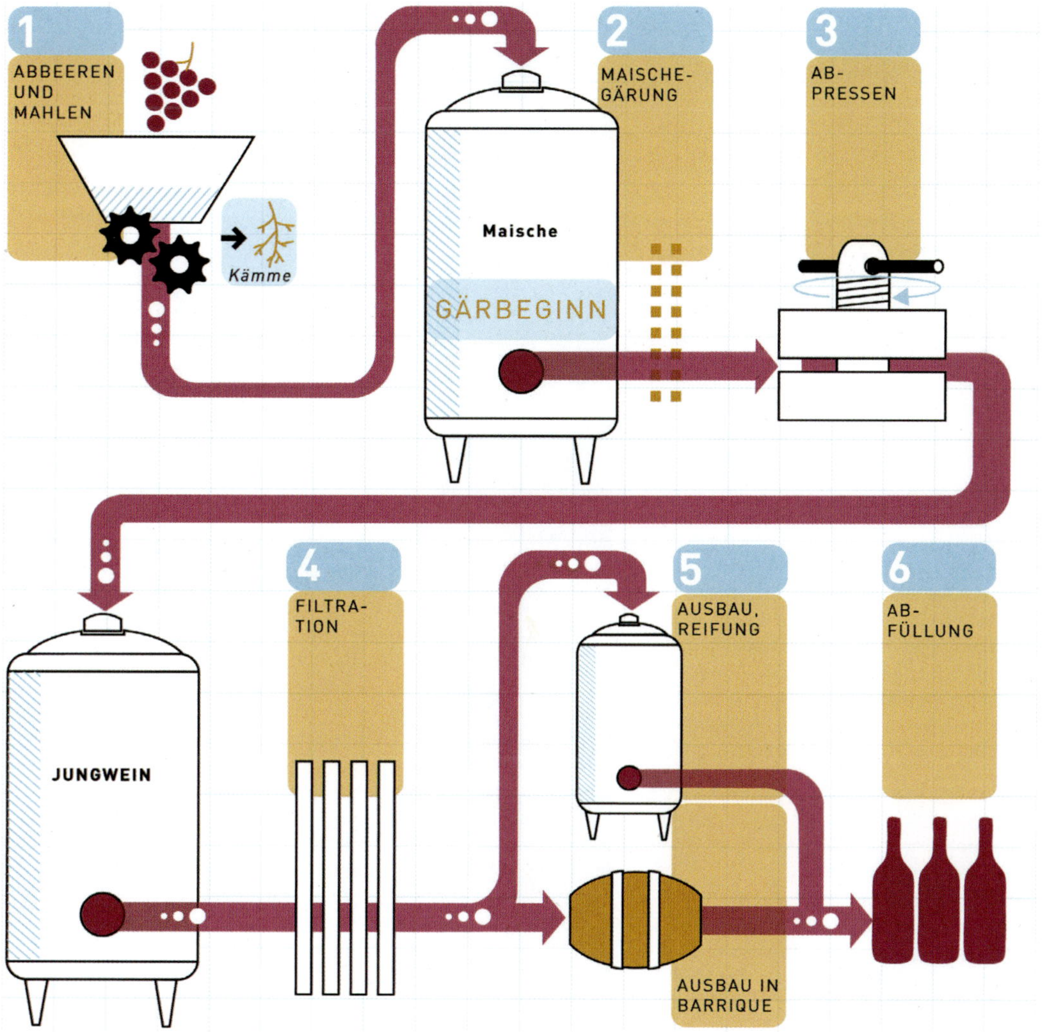

(Quelle: www.deutscheweine.de)

Spezielle Weinarten

Neben der Vinifikation der oben beschriebenen Weinarten Weiß-, Rosé- und Rotwein gibt es in Deutschland einige spezielle Weine:

- **Rotling**: ein Wein mit blass- bis hellroter Farbe. Hierfür werden weiße und rote Trauben oder deren Maischen nach dem Rotweinverfahren verarbeitet.
- **Schillerwein**: Rotling aus Württemberg
- **Badisch Rotgold**: Rotling aus Baden
- **Schieler**: Rotling aus Sachsen
- **Weißherbst**: Roséwein aus nur einer Rebsorte, meist blauer Spätburgunder oder blauer Portugieser. Die Rebsorte muss auf dem Etikett angegeben werden.

Traubenfarben für die Weinherstellung

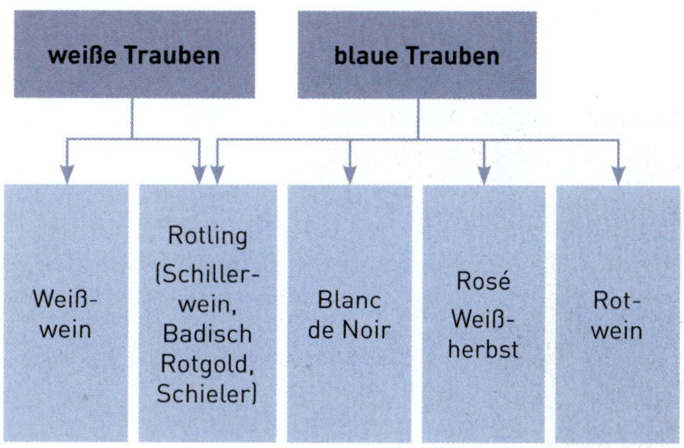

Kurzbeschreibung ausgewählter Rebsorten

Cabernet Sauvignon
Diese Rebsorte wird heute auf der ganzen Welt angebaut, hat ihre Heimat aber im Bordeaux-Gebiet. Grundsätzlich bietet Cabernet Sauvignon kräftiges Tannin, eine dunkle Farbe bei später Reife.

Blaufränkisch/Lemberger
Blaufränkisch, oft aus dem Burgenland in Österreich, taucht als Lemberger aus Württemberg in Deutschland auf. Aus dieser Rebsorte lassen sich leichte und fruchtige, manchmal auch tanninreiche Weine mit einer intensiven rot-lila Farbe ausbauen.

Merlot
Auch der Merlot hat seine Heimat in Frankreich. (Merlot stammt aus dem Französichen: Merle = Amsel. Der Name weist auf die Vorliebe der Amseln für rote Rebsorten hin.) Merlot spielt heute in fast allen Weinbauregionen der Welt eine Rolle. Der Merlot ist weich, hat ein leichtes Pflaumenaroma und besticht durch seine dunkelrote Farbe.

Sangiovese
Eine der wichtigsten und häufigsten Rebsorten in Italien (z. B. für Chianti). Sangiovese-Weine haben eine kräftige Farbe und eine ausgeprägte Struktur von Tanninen und Säuren.

Pinot noir
In Deutschland als Spätburgunder, in der Schweiz und Österreich als Blauburgunder bezeichnet, ist der Pinot noir die hochwertige Rebsorte der kühleren Weinanbaugebiete. In der Neuen Welt ist der Pinot noir in Neuseeland, Kalifornien und Australien nicht mehr wegzudenken. Je nach Anbauland entwickelt der Pinot noir komplexe Fruchtaromen.

Syrah
Eine klassische Rebsorte, die zunächst im Rhônetal in Frankreich kultiviert wurde, aktuell aber auch als Shiraz bezeichnet, in Australien, USA, Chile und Südafrika eine Rolle spielt. Diese Rebsorte liefert ein würziges Beerenaroma mit ausgeprägtem Tanningehalt.

Tempranillo
Diese spanische Rebsorte ergibt tiefdunkle, trockene, bukettreiche und langlebige Rotweine. Im Duorotal ist Tempranillo eine der meistangebauten Trauben und wird zur Portweinherstellung verwendet. Auch in Argentinien, Chile, Israel und Marokko ist diese Rebsorte beliebt.

Chardonnay
Chardonnay gehört zu den am meisten angebauten Weißweintrauben. Ursprünglich aus Burgund wird der Chardonnay heute bevorzugt auch in Übersee angebaut. Charakteristisch sind Körperreichtum und Nussaroma, das oft auch als rauchig bezeichnet wird.

Sauvignon blanc
Diese weiße Rebsorte ist in der ganzen Welt verbreitet. Charakteristisch ist ihr pikantes Johannisbeer- und Stachelbeeraroma, je nach Anbauland mit Mineraltönen und ausgeprägter Säure.

Pinot blanc
Der weiße Burgunder wird in vielen europäischen Ländern angebaut, vor allem in Frankreich. Apfel- oder birnenfruchtiges Aroma mit dezenter Säure ist charakteristisch für Spitzenqualitäten aus Europa.

Pinot gris
In Deutschland als Grauburgunder, in Italien als Pinot grigio bezeichnet, gehört diese Rebsorte, obwohl die Haut der Beeren rötlich gefärbt ist, zu den weißen Rebsorten. Kräftige und säurebetonte Weißburgunder aus Deutschland stehen leichten und spritzigen Pinot grigios aus Italien gegenüber.

Riesling
Der Riesling wächst in fast allen deutschen Anbaugebieten, wird aber auch auf der ganzen Welt gerne angebaut. Riesling stellt besonders hohe Anforderungen an die Lage, bringt dafür aber rassige, aromatische Weine mit charakteristischer Säure sowie hochwertige edelsüße Weine hervor

Güteklassen europäischer Weine

Nachdem die europäischen Weinanbauländer bereits im 20. Jahrhundert ein gemeinsames Weingesetz mit einheitlichen Güteklassen formuliert haben, hat die EU im 21. Jahrhundert ein neues EU-Weinrecht erlassen. Grundgedanke des neuen EU-Rechts ist ein Dreistufensystem mit zwei Siegeln.

Geschützte geografische Angabe (Quelle: Amtsblatt der Europäischen Union)

Güteklassen
- Weine ohne geschützte Herkunftsangabe (ohne Siegel)
- Weine mit geschützter geografischer Angabe (mit Siegel)
- Weine mit geschützter Ursprungsbezeichnung (mit Siegel)

Geschützte Ursprungsbezeichnung (Quelle: Amtsblatt der Europäischen Union)

Was nationale Qualitäts- und Prädikatsangaben betrifft, hatten die Mitgliedsländer bis 31. Dezember 2011 Zeit, traditionelle Bezeichnungen EU-gemäß zu definieren und bei der EU zum Schutz einzureichen, damit sie weiter gelten. So konnten Erzeugergemeinschaften und Einzelproduzenten den Schutz einer geografischen Angabe oder Ursprungsbezeichnung beantragen.

Zusammenfassend bleibt zu bemerken, dass sich das neue Gesetz bewähren muss. Es kann erst in Kraft treten, wenn jedes Land eine Liste seiner verschiedenen Herkunftsbezeichnungen und regionalen Besonderheiten erarbeitet und festgelegt hat. Dies wird erfahrungsgemäß noch dauern.

Bedeutende Weinanbauländer in Europa sind
- Deutschland
- Frankreich
- Italien
- Österreich
- Spanien

Deutschland

Deutschland zählt zu den nördlichsten europäischen Weinanbauländern und hat 13 Anbaugebiete. Jeder deutsche Wein muss mit einer Güteklasse gekennzeichnet sein. Die Voraussetzungen dafür sind von unterschiedlichen Faktoren abhängig:
- Einhaltung der festgelegten geografischen Herkunft
- Herstellung nur aus hierfür geeigneten Rebsorten
- Lesetermin
- Leseart
- Hektarhöchstertragsbegrenzung
- festgelegte Mindestmostgewichte
- ausschließliche Anwendung zulässiger Herstellungsverfahren
- Berücksichtigung analytischer Grenzwerte

Deutsche Gütebezeichnungen nach neuer Verordnung	Deutsche Gütebezeichnungen nach alter Verordnung
Deutscher Wein – Wein ohne Siegel	Tafelwein
Wein mit geschützter geografischer Angabe – g. g. A.	Landwein
Wein mit geschützter Ursprungsbezeichnung – g. U.	Qualitätswein bestimmter Anbaugebiete – QbA (13 Anbaugebiete)
	Qualitätswein mit Prädikat oder Prädikatswein – QmP

Gefrorene Trauben – Eiswein

Prädikatsstufen in aufsteigender Reihenfolge

Kabinett	reife Trauben mit geringem Alkoholgehalt
Spätlese	vollreife Trauben, in später Lese geerntet
Auslese	vollreife Trauben, kranke und unreife Trauben wurden vor der Weinbereitung entfernt
Beerenauslese	überreife, edelfaule Weintrauben
Eiswein	Trauben, die ausschließlich in gefrorenem Zustand (–7 °C) gelesen und gefroren gekeltert werden
Trockenbeerenauslese	rosinenartig eingeschrumpfte, edelfaule Trauben

Deutsches Weinsiegel

Einige deutsche Weine tragen das von der DLG vergebene Weinsiegel mit unterschiedlichen Farben für drei Geschmacksrichtungen:

gelb	**grün**	**rot**
trockene Weine	halbtrockene Weine	liebliche Weine

Bezeichnung „Classic“
Wein aus einer klassischen, gebietstypischen Rebsorte, der einem gehobenen Anspruch entspricht. Dieser Wein ist gehaltvoll, kräftig, aromatisch und schmeckt trocken.

Bezeichnung „Selection“
Ausgewählte Standorte, Ertragsbegrenzung und Handlese sind für eine überragende Qualität verantwortlich. Im Rheingau werden diese trockenen Spitzenweine auch als **„erstes Gewächs“** bezeichnet.

Wein aus Trauben aus ökologischem Anbau und Öko-Wein

Immer mehr Gastronomen bieten auch Weine an, die ein Bio-Logo tragen, denn diese Weine stellen ein wachsendes Segment im deutschen Weinangebot dar. Die Trauben dafür wurden nach den EU-Rechtsvorschriften für den ökologischen Landbau produziert. Ab der Weinlese 2012 muss außerdem die Kellerwirtschaft zertifiziert sein. Ökologischer Landbau hat für deutsche Winzer schon seit Jahrzehnten Tradition. 1985 gründete sich in Deutschland der erste und heute größte Verband von Ökowinzern „ECOVIN“ mit heute mehr als 220 Mitgliedern. Es gibt noch weitere Verbände, in denen biologisch arbeitende Betriebe organisiert sind (siehe auch Kapitel 3.2.2).

DE-ÖKO-000
EU-Landwirtschaft

EU-Bio-Logo: Ab dem 01.08.2012 hergestellter Wein kann als ökologischer/biologischer Wein bezeichnet werden und muss dann mit dem EU-Bio-Logo gekennzeichnet werden. Er muss dafür nach bestimmten zugelassenen Verfahren der ökologischen/biologischen Weinbereitung hergestellt werden. Außerdem dürfen nur die für die Weinherstellung erlaubten Erzeugnisse und Stoffe verwendet werden. Der frühere Hinweis „Wein aus Trauben aus ökologischem Anbau“ ist nur für Weine zulässig, die bis zum 31.07.2012 nach den Vorgaben produziert wurden.

ECOVIN

Ecovin: Der Verband ist der einzige Verband, der sich ausschließlich um Weinbau kümmert, und verfügt daher über eine maßgebliche Richtlinienkompetenz.

Bioland

Bioland: Für Weine mit strengeren Anbauregeln als die EU-Öko-Verordnung sowie speziellen Vorgaben für die Verarbeitung der Trauben.

Naturland

Naturland: Ökolandbau weltweit – aktives Qualitäts-, Boden- und Begrünungsmanagement führen zu Öko-Trauben und Öko-Wein höchster Qualität.

demeter

Demeter: Verband für biodynamische Wirtschaftsweise mit strengen Vorschriften für den Weinbau und lockeren Vorschriften für die Kellerarbeit.

Österreich

Österreich gehört heute zu den innovativsten und dynamischsten Weinländern der Welt, denn es hat in den vergangenen zwei Jahrzenten einen eindrucksvollen Richtungswechsel vollzogen. Nach dem Weinskandal 1985, bei dem Glykol in Weinen nachgewiesen wurde, haben die Winzer auch international anerkannte Spitzenweine gekeltert. Grüner Veltliner als Weißwein und Blaufränkisch in der Cuvée oder Pur sind vom internationalen Weinangebot nicht wegzudenken.

Weinbezeichnungen	Geschmacksstufen
Weißwein	trocken
Roséwein	halbtrocken
Rotwein	lieblich
	süß

Weinanbaugebiete	blaue Rebsorten	weiße Rebsorten
Niederösterreich:	Blauer Zweigelt	Grüner Veltliner
Carnuntum	Blaufränkisch	Welschriesling
Kamptal DAC	Blauer Portugieser	Müller-Thurgau
Kremstal DAC	Blauburger	Weißburgunder
Thermenregion	Sankt Laurent	Riesling
Traisental DAC	Blauburgunder	Chardonnay
Wachau	Merlot	Sauvignon blanc
Wagram		
Weinviertel DAC		
Burgenland:		
Neusiedlersee DAC		
Leithaberg DAC		
Mittelburgenland DAC		
Eisenberg DAC		
Steiermark:		
Vulkanland Steiermark		
Südsteiermark		
Weststeiermark		
Wien:		
Wiener Gemischter Satz DAC		
Bergland		

Banderole zur Kennzeichnung der österreichischen Qualitätsweine (Informationen unter www.oesterreichwein.at)

Heuriger

- Bezeichnung für den Wein der letzten Ernte, der jung und spritzig ist. Dieser darf bis 31. Dezember des der Ernte folgenden Jahres an Wiederverkäufer und bis 31. März des darauf folgenden Jahres an Endverbraucher abgegeben werden.
- Bezeichnung von Lokalen, in denen ausschließlich Wein aus eigener Produktion sowie einfache kalte Speisen angeboten werden.

Österreichische Gütebezeichnungen nach neuer Verordnung

Wein ohne geografische Angabe oder geschützte Ursprungsbezeichnung = Wein

Wein mit geografischer Angabe (g. g. A.) = Landwein

Wein mit geschützter Ursprungsbezeichnung (g. U.), mit roter Banderole = Qualitätswein (Kabinett, DAC – Districtus Austriae Controllatus, Prädikatswein)
DAC-Weine stammen aus einem bestimmten Gebiet mit regionaltypischen Sorten und genau definiertem Geschmack

Österreichische Gütebezeichnungen nach alter Verordnung

Tafelwein

Landwein

Qualitätswein bestimmter Anbaugebiete – QbA

Qualitätswein mit Prädikat oder Prädikatswein – QmP

DAC Wein

Weinanbau in Burgund

Frankreich

Frankreich, die „Grande Nation" des Weinbaus, besitzt zahlreiche Anbaugebiete, aus denen exzellente, international geschätzte Weine kommen. Deshalb ist für viele Weinfreunde Frankreich das Weinanbaugebiet schlechthin. Klassische Weine aus dem Bordeaux, aus dem Burgund, aus der Champagne, von der Loire gelten als Vorbild für viele Winzer und die Rebsorten Chardonnay, Sauvignon blanc, Cabernet Sauvignon Merlot und Syrah haben weltweite Verbreitung gefunden.

Weinbezeichnungen
Vin blanc = Weißwein
Vin rosé = Roséwein
Vin rouge = Rotwein

Geschmacksstufen
sec = trocken
demi-sec = halbtrocken
doux = süß

Weinanbaugebiete	blaue Rebsorten	weiße Rebsorten
Bordeaux	Cabernet Sauvignon	Aligoté
Bourgogne/Burgund	Cabernet Franc	Chardonnay
Corse/Korsika	Cinsault	Chenin blanc
Val de Loire/Loiretal	Gamay	Gewürztraminer
Alsace/Elsass	Grenache	Muscadelle
Provence	Malbec	Pinot blanc
Côtes du Rhône	Merlot	Pinot gris
Languedoc-Roussillon	Petit Verdot	Sauvignon blanc
	Pinot noir	Sémillon
	Syrah	Viognier

Französische Gütebezeichnungen nach neuer Verordnung

Vin de France = Wein aus Frankreich

Indication Géographique Protégée – **IGP** = Wein mit geschützter geografischer Angabe

Appellation d´Origine Protégée – **AOP** = Wein mit geschützter Ursprungsbezeichnung

Französische Gütebezeichnungen nach alter Verordnung

Vin de table = Tafelwein

Vin de pays = Landwein

Vin délimité de qualité supérieure – **VDQS** = Wein mit höherer Qualität aus bestimmten Anbaugebieten

Appelation d´Origine contrôlée – **AOC** = Wein mit kontrollierter Herkunft

Italien

In keinem anderen Land der Welt ist der Wein so allgegenwärtig wie in Italien. Jede der 20 Provinzen Italiens verfügt über Rebflächen und produziert Wein. Vor allem die Vielfalt der einheimischen (autochthonen) Rebsorten begründen die Klasse und Rasse der italienischen Weine. Piemont und Toskana sind die beiden bekanntesten Anbaugebiete, aber auch im äußersten Süden auf Sizilien werden heute klassische Gastronomieweine gekeltert.

Weinbezeichnungen
Vino bianco = Weißwein
Vino rosato = Roséwein
Vino rosso = Rotwein

Geschmacksstufen
secco = trocken
amabile = lieblich
dolce = süß

Weinanbaugebiete	blaue Rebsorten	weiße Rebsorten
Emilia Romagna	Barbera	Chardonnay
Friuli/Friaul	Cabernet Sauvignon	Cortese
Lazio/Latium	Canaiolo nero	Dolcetto
Lombardia/Lombardei	Dolcetto	Malvasia
Piemonte/Piemont	Lambrusco	Moscato
Sardegna/Sardinien	Merlot	Pinot bianco
Sicilia/Sizilien	Montepulciano	Pinot grigio
Alto Adige/Südtirol	Nebbiolo	Prosecco
Trentino/Trentin	Nero d'Avola	Sauvignon blanc
Toscana/Toskana	Pinot nero	Trebbiano
Umbria/Umbrien	Primitivo	Verdicchio
Veneto/Venetien	Sangiovese	Vernaccia bianco

Weinanbau in der Toscana

Italienische Gütebezeichnungen nach neuer Verordnung

Vino = Wein aus Italien

Indicazione Geografica Protetta – **IGP** = Wein mit geschützter geografischer Angabe

Denominazione di Origine Protetta – **DOP** = Wein mit geschützter Ursprungsbezeichnung

Italienische Gütebezeichnungen nach alter Verordnung

Vino da tavola = Tafelwein

Vini da tavola indicazione geografica tipica – **IGT** = Tafelwein mit typischer geografischer Herkunft

Denominazione di origine controllata – **DOC** = Qualitätswein mit kontrollierter Ursprungsbezeichnung

Denominazione di origine controllata et garantita – **DOCG** = Qualitätswein mit kontrollierter und garantierter Ursprungsbezeichnung

Spanien

Spanien hat weltweit die größte Rebfläche aller Weinanbauländer, liegt aber bei der erzeugten Menge hinter Italien und Frankreich. In den führenden Anbaugebieten wie Ribera del Duero, Rioja und Navarra sind viele Bodegas (kommerzielle Weinkellereien, Weinhandlungen und Weinstuben) zu finden.

Weinbezeichnungen	Geschmacksstufen
Vino blanco = Weißwein	seco = trocken
Vino rosado = Roséwein	abocado = halbsüß
Vino tinto = Rotwein	dulce = süß

Weinanbaugebiete	blaue Rebsorten	weiße Rebsorten
Andalucía/Andalusien	Garnacha tinta	Garnacha blanca
Cataluna/Katalonien	Garciano	Malvasia
Aragón/Aragonien	Moscadel	Macabeo
Navarra	Tempranillo	Palomino
Rioja		Pedro Ximénez
Ribera del Duero		
Alicante		
Levante		
Kastilien		
Balearen		
Kanarische Inseln		

Bodega in Spanien

Spanische Gütebezeichnungen nach neuer Verordnung

Vino = Wein aus Spanien

Indicación Geográfica Protegida – **IGP** = Wein mit geschützter geografischer Angabe

Denominación de Origen Protegida – **DOP** = Wein mit geschützter Ursprungsbezeichnung

Spanische Gütebezeichnungen nach alter Verordnung

Vinos de Mesa = Tafelwein

Vinos de la Tierra = Landwein

Vinos de Calidad con Indicación Geografica – **IG** = Qualitätswein eines bestimmten Anbaugebiets

Denominación de Origen – **DO** = Qualitätsweine mit kontrollierter Ursprungsbezeichnung

Denominación de Origen Calificada **DOCa** = Qualitätswein mit besonders kontrollierten Bestimmungen

Portugal

Neben den weltbekannten Likörweinen Portwein und Madeira hat Portugal eine große Vielfalt an hochwertigen Weinen zu bieten. Portugal hat sich besonders mit der Erzeugung von Roséweinen (z.B. Mateus Rosé) einen Namen gemacht. Aktuell gewinnen schwere, taninreiche Rotweine aus dem Douro-Tal und rassige Vinho Verdes aus dem kühlen Norden Portugals an Bedeutung und begründen einen neuen Stil.

Weinbezeichnungen	Geschmacksstufen
Vinho branco = Weißwein	seco = trocken
Vinho rosado = Rosewein	meio seco = halbtrocken
Vinho tinto = Rotwein	doce = süß

Weinanbau im Douro-Tal

Weinanbaugebiete	blaue Rebsorten	weiße Rebsorten
Vinho Verde	Baga	Alvarinho
Douro/Porto	Castelão	Antão Vaz
Madeira	Tinta Cão	Arinto
Alentejo	Tinta Franca	Fernão Pires
Bairrada	Trincadeira	
Dão	Touriga Nacional	

Portugiesische Gütebezeichnungen nach neuer Verordnung

Vinho do Portugal = Wein aus Portugal

Indicação Geográfica Protegida – **IGP** = Wein mit geschützter geografischer Angabe

Denominação de Origem Protegida – **DOP** = Wein mit geschützter Ursprungsbezeichnung

Portugiesische Gütebezeichnungen nach alter Verordnung

Vinho de mesa **VDM** = Tafelwein

Vinho Regional **VR** = Landwein

Denominação de Origem Controlada **DOC** = Wein aus kontrolliertem Ursprungsgebiet

Griechenland

Griechenland ist das älteste europäische Weinanbauland. Eine besondere Sorte des griechischen Weins ist der Retsina, ein einfacher geharzter Weißwein (Tafelwein). Von der EU wurde dem Retsina eine traditionelle Bezeichnung zuerkannt, die Rebsorten sind Roditis und Savatiano.

Die griechischen Weinstandards sind nach dem französischen Vorbild aufgebaut. Es gibt Appellationen, Landweine und Tafelweine. Auf vielen griechischen Etiketten gehobener Weine finden sich zum besseren Verständnis die französischen Abkürzungen AOC oder neu AOP. Auf Griechisch bezeichnet als Onomasia Proeléfseos Anotéras Piótitos, abgekürzt OPAP (heutige Bezeichnung: PAP). Die OPAPs sind nach Namen von Städten (Nemea, Naoussa) nach Flüssen oder Bergen (Côtes de Meliton) benannt. In den jeweiligen OPAPs ist genau festgelegt, welche Rebsorten zugelassen sind und wie sie angebaut werden müssen. Außerdem ist der Höchstertrag definiert Die Weine haben eine rote Banderole, die über den Korken unter die Kapsel geklebt werden muss.

Weinbezeichnungen	**Geschmacksstufen**
Oinos lefkos...... = Weißwein	**xiros= trocken**
Oinos kokineli = Rosewein	**imiglykos= halbtrocken**
Oinos erythros = Rotwein	**glykós = süß**

PAP-Wein

Oinos ist die griechische Bezeichnung für Wein.
Daher stammt der Begriff Oenologie = Wein(bau)kunde
Oenologe = Fachmann für Weinkunde

Autochthone Rebsorten
Der Begriff autochthon kommt auch aus dem Griechischen und kann mit alt eingesessen übersetzt werden.
Eine autochthone Rebsorte wächst also da, wo sie entstanden ist, und ist nicht aus anderen Gebieten oder Ländern eingeführt.

Griechische Weine

Für Tafel- und Landweine gelten lockerere Bestimmungen, was Anbaugebiet und Sortenreinheit angeht. Winzer, die also mit internationalen Sorten arbeiten (Chardonnay, Sauvignon Blanc, Cabernet Sauvignon, Syrah usw.), dürfen ihre Weine nur unter diesen Bezeichnungen vermarkten. Daher kommt es vor, dass gelegentlich ein Landwein teurer und hochwertiger ist als ein Appellationswein.

Kalifornien/USA

Die Winzer in Kalifornien stellen ihre Weine nach den Standards der kalifornischen Weingesetzgebung her, die unter dem EU/US-Weinabkommen ihre Gültigkeit behalten. Dies ist umso wichtiger, da über 90 % der aus den USA importierten Weine aus Kalifornien stammen. Wichtiger Standard ist der AVA-Wein (American Viticultural Area). Mindestens 85 % der in einem AVA-Wein verarbeiteten Trauben müssen aus der angegebenen Region/dem angegebenen Gebiet stammen. Die AVAs beziehen sich ausschließlich auf die geografische Herkunft des Weins, nicht aber auf die Art der Herstellung.

In Kalifornien werden die einzelnen Weinbauregionen in Countys (Verwaltungbezirke) unterteilt, denen Anbaugebiete zugeordnet sind. Ist eine Weinlage angegeben, muss der Wein zu 95 % aus dieser Lage stammen.
Entspricht die Herkunftsbezeichnung dem Namen eines Bundesstaats (z. B. Kalifornien), so müssen 100 % der Trauben im Wein aus dem Gebiet innerhalb der Grenzen dieses Bundesstaats kommen.

Der Ausdruck „estate bottled" (Erzeugerabfüllung) ist dann zulässig, wenn das abfüllende Weingut und die Weinberge, aus denen sämtliche Trauben für diesen Wein stammen, in ein und demselben Weinanbaugebiet liegen.

Weinanbauregionen mit Gebieten	blaue Rebsorten	weiße Rebsorten
North Coast mit Mendocino, Sonoma, Lake and Napa Valley **Central Coast** mit Alameda, Santa Clara, Santa Cruz, Monterey, San Benito, San Luis Obispo, Santa Barbara **South Coast** mit San Bernardino, San Diego, Riverside, Los Angeles **Central Valley** mit San Joaquin, Sacramento, Yolo, Madera und Fresno **Sierra Nevada/Foothills** mit Amador, El Dorado, Yuba	Cabernet Sauvignon Cabernet Franc Merlot Syrah Zinfandel	Chardonnay Chenin Blanc Sémillon Viognier

Pionier im Weinanbau
Die eigentliche Revolution und Erneuerung des kalifornischen Weinanbaus ging vom Napa Valley aus. Einen großen Anteil daran hatte Robert Mondavi.

Argentinien

Zu Füßen der Anden wurde wie in Chile mit der Besiedlung der spanischen Eroberer der Weinbau eingeführt. Die Weinbaugebiete liegen hauptsächlich an den Ausläufern der Anden. Zentrum des Weinanbaus ist die Stadt Mendoza. Die besten Weine sind Rotwein und vor allem die Rebsorte Malbec steht für Qualität und Erfolg.

Weinanbaugebiete	blaue Rebsorten	weiße Rebsorten
Catarmarca Mendoza La Rioja Rio Negro Salta San Juan	Barbera Bonarda Cabernet Sauvignon Malbec Pinot noir Sangiovese Tempranillo	Chardonnay Chenin blanc Pedro Ximénez Torrontés Weißburgunder

Unterteilung nach dem argentinischen Weingesetz

Vinos Communes = Wein ohne Ursprungsbezeichnung

Vinos Finos = Weine mit geschützter Ursprungsbezeichnung

DOC Denominación de Origen Calificada =
Weine mit geschützter Ursprungsbezeichnung

Weinanbau bei Mendoza

Chile

Chile ist ein Paradies für Rotwein, denn an Sonne mangelt es nicht. Daher überzeugen die chilenischen Rotweine durch eine unkomplizierte, leichte, freundliche Art, niemals zu tanninreich. Die Weine können bereits jung getrunken werden. Der Weinanbau in Chile geht auf die spanischen Eroberer im 16. Jahrhundert zurück und bis heute spielt das europäische Engagement im Weinbau eine wichtige Rolle. Es spiegelt sich z. B. in Kooperationen wie der von Rothschild oder Torres wider.

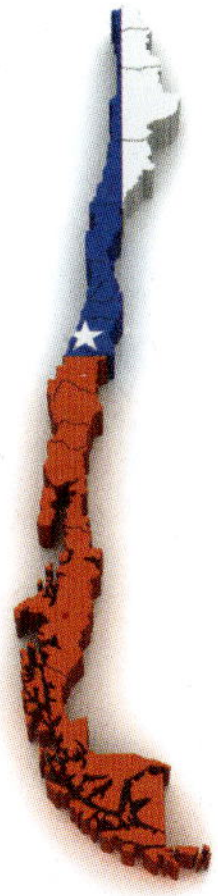

Weinanbaugebiete	blaue Rebsorten	weiße Rebsorten
Aconcagua Valle central Region del Sur	Cabernet Sauvignon Carignan Carménère Merlot Pinot noir	Chardonnay Sauvignon blanc Sauvignon vert Sémillon

Die drei wichtigsten Weinbaugebiete Chiles verfügen über weitere Unterregionen. Diese beginnen in der Regel mit der Bezeichnung „Valle“ (Tal).
Im chilenischen Weinbau wird an einem Konzept der geschützten Herkunftsbezeichnungen gearbeitet.

Weinanbau im Valle Central

Australien

Die einzelnen Weinbauregionen sind in kleinere Gebiete eingeteilt. So ist z. B. das Barossa Valley ein wichtiges und weltweit bekanntes Gebiet in der Region Südaustralien. Der hier beheimatete Weinerzeuger Penfolds zählt wohl zu den berühmtesten Rotweinkellereien Australiens.

Das australische Weingesetz ist tolerant und industriefreundlich. Die Weinproduktion wird von wenigen Großkonzernen bestimmt.

Weinanbaugebiete	blaue Rebsorten	weiße Rebsorten
Neusüdwales/ New South Wales Südaustralien Victoria Westaustralien	Cabernet Sauvignon Merlot Pinot noir Shiraz	Chardonnay Riesling Sauvignon blanc Sémillon

China

China gehört zu den Top-Nationen der Weinproduktion. Wein wird in China schon seit Jahrtausenden produziert. Viele Kellereien haben sich Fachwissen eingekauft und erfahrene Önologen aus Europa, vor allem aus Frankreich, Italien und Deutschland eingestellt.

Die Anzahl der Rebsorten in China ist sehr groß. Es gibt viele Rebsorten, die nur in China vorkommen. Diese einheimischen Rebsorten spielen jedoch für die Weinproduktion eine immer geringere Rolle, sondern werden für die Erzeugung von Rosinen und Tafeltrauben verwendet.

Chateau Changyu Moser aus China

Weinanbaugebiete	blaue Rebsorten	weiße Rebsorten
Provinz Jilin Tonghua Bohai Bay North Eastern Plateau Shandong/Hebei	Cabernet Sauvignon Gamay Malbec Merlot Pinot Noir Syrah	Chardonnay Müller-Thurgau Riesling Sauvignon Blanc Sémillon Silvaner Weißburgunder

Sake (Reiswein) aus Japan

Sake wird in Deutschland meist als Reiswein bezeichnet. Dabei hat Sake mit dem westlichen Wein nicht viel gemeinsam.
Sake wird aus erlesenem Reis und reinem Quellwasser der japanischen Berge hergestellt.

Sake wird gebraut und ist maßgeblich von drei Faktoren abhängig:
- Reissorte
- Wasserqualität
- Brautechnik

Es gibt aktuell über 100 in der Regel familiengeführte Brauereien, die diese 2000-jährige Brautradition der Sakeherstellung pflegen und weiterentwickeln. Im Gegensatz zu den klassischen Weinanbauländern gibt es bei japanischen Reiswein keine Unterteilung in Anbaugebiete. Da Reis in ganz Japan angebaut wird, gibt es im ganzen Land größere und kleinere Brauereien

Sake

Es werden zwei Arten von Sake unterschieden:

- Standard-Sake: etwa 80 % der Produktion. Bei der Herstellung darf Alkohol in größeren Mengen hinzugefügt werden. So lässt sich schneller und preiswerter sehr viel Sake herstellen.
- Premium-Sake: Hierbei handelt es sich um Sake höherer Qualität, der nach einem Reinheitsgebot nur aus Wasser und Reis hergestellt werden darf. Ein Alkoholzusatz ist nur in einer geringen, reglementierten Menge erlaubt.

Für hochwertigen Sake wird der Reis vor dem Verarbeiten poliert, damit ein möglichst hoher Anteil der im Reiskorn konzentrierten Stärke erreicht werden kann. Je kleiner der Poliergrad, desto feiner und aromatischer wird der Sake.

Umami = Proteingeschmack (z. B. von Sojasoße), geht auf Glutaminsäure zurück, die in jedem proteinreichen Lebensmittel enthalten ist.

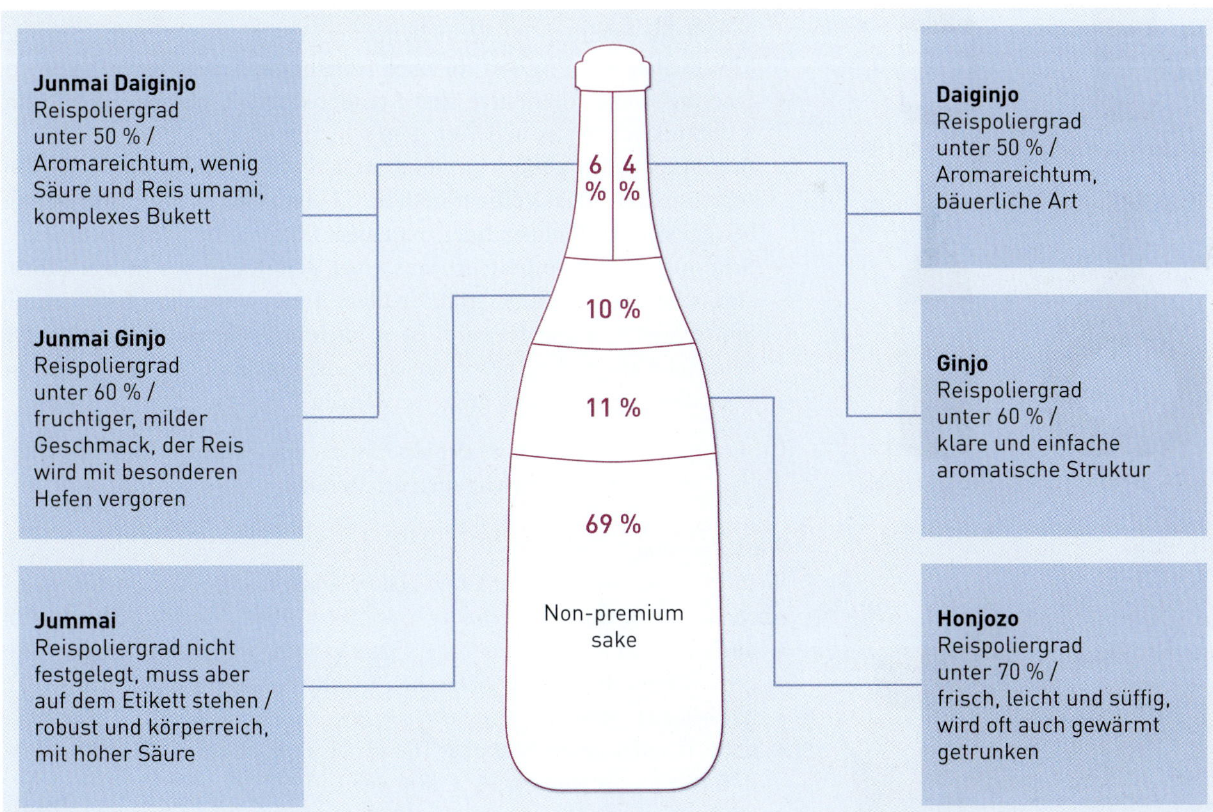

Qualitätsbezeichnungen für Premium-Sake

Weinetikett

Weinetikett

Das Weinetikett kann als „Visitenkarte" eines Weins bezeichnet werden. Der Gast erfährt alle wichtigen Informationen und auch das Servicepersonal wird in die Lage versetzt, mithilfe des Etiketts, dem Gast eine fachgerechte Empfehlung zu geben.

Weinflaschen

Wein wird in unterschiedlichen Flaschenformen und Flaschengrößen angeboten:

- 0,2 l Miniflasche
- 0,375 l Halbe Flasche
- 0,5 l Halbe Flasche
- 0,75 l Ganze Flasche
- 1,0 l Ganze Falsche
- 1,5 l Magnumflasche
- 3,0 l Doppelmagnum-Flasche

Flaschenformen

Schlegelflasche

Burgunderflasche

Bocksbeutel

Bordeaux-Flasche

> Je dunkler eine Weinflasche ist, desto besser wird der Wein vor der schädlichen UV-Strahlung geschützt.

Weinkorken

- Die klassische Weinflasche ist mit einem **Naturkorken** verschlossen. Die Korkeiche liefert mit ihrer Rinde den Grundstoff. Oft muss der Naturkork jedoch für Fehltöne im Wein herhalten. Wenn Wein korkig schmeckt („Korkschmecker"), ist dies auf einen fehlerhaften Korken zurückzuführen.
- Eine preiswerte Alternative sind **Synthetikkorken**, die inzwischen dem Naturkorken in Optik und Verhalten sehr ähnlich sind.
- Der **Glasstopfen** gehört zu einer weiteren Alternative auf dem Verschlussmarkt. Das Vollmaterial mit eingearbeiteter Kunststofflippe bewegt sich auf Daumendruck mit einem Klick aus dem Flaschenhals.
- **Schraubverschlüsse** bestehen aus einer Blechkappe mit einem Kunststoffpolster als Dichtmaterial. Seitdem dieser Verschluss teilweise für Spitzenweine verwendet wird, ist er auch beim Verbraucher und damit beim Gast akzeptiert. Dieser Verschluss ist praktisch und wird somit im gastronomischen Betrieb gerne verwendet.

Die Frage, welcher Verschluss der beste ist, ist eine Frage der Praktikabilität, der Gewohnheit und vielleicht auch des Gefühls.

Korken

Weinlagerung

Wein ist ein sensibles Getränk und bedarf somit einer professionellen Lagerung. Die ideale Lagerung erfolgt

- dunkel,
- geruchsfrei/mit guten hygienischen Voraussetzungen,
- gut belüftet,
- ohne Temperaturschwankung. Die ideale Temperatur liegt zwischen ca. 8 °C (Weißwein) und ca. 16 °C (Rotwein).
- Weine, die mit Naturkork verschlossen sind, müssen liegend gelagert werden, da sonst der Korken austrocknet und schrumpft.

Für eine optimale Lagerung und Präsentation **im Restaurant** eignen sich Weinklimaschränke oder professionelle Flaschenkühlschränke. Hier liegen die Flaschen in unterschiedlichen Temperaturzonen (von unten nach oben, zwischen 5 °C bis 6 °C und 17 °C bis 18 °C) je nach Bedarf richtig gekühlt. Bei Weinen, die zu warm gelagert werden, setzt eine frühzeitige Alterung ein.

Weinlager

Weinkühlschrank

Weinservice

Der professionelle Service beim Wein (siehe auch Kapitel 15.4.1) bestimmt den Umsatz, denn nur mit korrektem Handling schmeckt der Wein dem Gast. Zudem zeigt der Betrieb erneut die nötige Kompetenz, die für sein Image nicht zu unterschätzen ist.
Grundsätzlich ist zu unterscheiden, ob Weine im offenen Ausschank oder in Flaschen angeboten werden.

Wird der Wein offen ausgeschenkt, geschieht dies in Gläsern (0,1 l/0,2 l), manchmal in Karaffen (0,2 l bis 1,0 l). Ein neuer Trend in der Systemgastronomie sind Selfservice-Weinstationen, an denen der Gast selbst „zapft". Im offenen Ausschank müssen die Gläser oder Karaffen mit einem Füllstrich versehen sein (siehe Kapitel 7.6).

Korkenzieher

Schmetterling

Gewindekorkenzieher

Glockenmodell

Korkenspange

Kellnermesser

Kapselschneider

Leverpull

Weine, die als Flaschenweine angeboten werden, sollten am Tisch des Gasts geöffnet werden. Hierzu werden folgende Materialien benötigt:

- Weinflasche
- Weinkühler oder eventuell Weinkorb (Rotwein)
- Korkenzieher/Kellnermesser
- kleiner Teller für den Korken
- Serviette
- Probierglas

Serviceschritte:

- Die Flasche präsentieren, dabei das Etikett zu dem Gast drehen, der bestellt hat. Eine kurze Weinbeschreibung (Herkunft, Rebsorte etc.) geben.
- Die Flasche auf dem Tisch/Servicetisch abstellen.
- Bei vorhandener Staniolkapsel diese vorher entfernen.
- Die Flasche entkorken oder aufdrehen.
- Den Flaschenmund falls nötig mit der Serviette säubern.
- Bei Rotwein eventuell den Flaschenhals mit einer Manschette aus einer Serviette oder einem Flaschenausgießer versehen, um Tropfen aufzufangen.
- Wenn erforderlich, den Wein dekantieren.

Weinkorb

Weinkaraffe

Dekantieren = Umfüllen in eine Dekantierkaraffe

Vorteile des Dekantierens:

- Ablagerungen (Depot) im Wein werden entfernt.
- Der Wein „atmet", der Sauerstoff verbessert Bukett und Geschmack.

- Dem Gastgeber/Besteller einen Probeschluck einschenken und nach dessen Zustimmung den anderen Gästen einschenken. Zum Schluss das Glas des Gastgebers/Bestellers auffüllen. Das Flaschenetikett ist auch beim Einschenken für den Gast sichtbar.

Serviettenmanschette

Flaschenausgießer (Drop Stop)

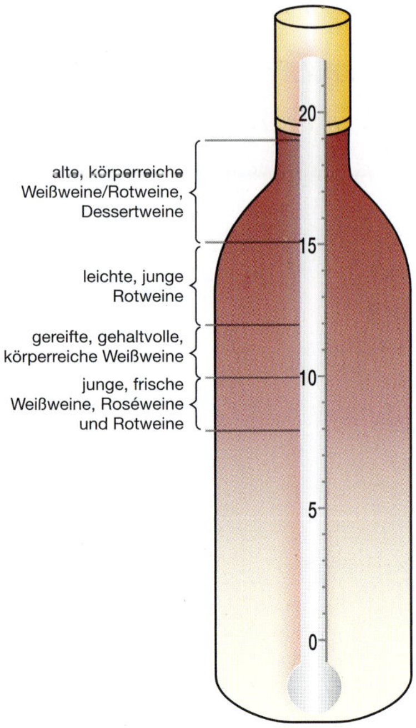

Ideale Trinktemperaturen

Wein vorsichtig und nicht mit einem großen Schwall ins Glas gießen.

Die eingeschenkte Weinmenge sollte nie mehr als die Hälfte des Glases füllen.

Die richtige Serviertemperatur gewährleistet den optimalen Trinkgenuss.

frappieren = herunterkühlen
chambrieren = auf Zimmertemperatur bringen

Weingläser

Das Weinglas ist die „Bühne“ für den Wein, auf der der Wein seine Charaktereigenschaften präsentiert. Material und Form eines Glases haben erheblichen Einfluss auf Farbe, Bukett und Geschmack:

- Ein einwandfreies Glas ist durchsichtig, damit der Gast die Farbe des Weins unverfälscht beurteilen kann.
- Dickwandige Gläser sind ungeeignet, sie beeinflussen Temperatur und Geschmack.
- Die Größe des Glases ist verantwortlich dafür, dass sich die Weinaromen entfalten können (siehe Kapitel 7.6).
- Die richtige Glasform und die Beschaffenheit des Glasrands bestimmen, an welcher Stelle der Zunge der Wein ankommt. Erst dann kann der Gast den tatsächlichen Geschmack des Weins wahrnehmen.

Weißwein, meist kühl serviert, sollte in Gläsern mit kleinerem Kelch ausgeschenkt werden, da sich die Temperatur darin nicht so schnell erhöht wie z. B. in bauchigen Rotweingläsern.

Weingläser

Mischgetränke mit Wein

Für diese Getränke wird Wein mit Erfrischungsgetränken, Fruchtsäften oder Aromen gemischt:

- **Weinschorle:**
  Eine Schorle wird süß mit Limonade oder sauer mit Mineralwasser „gespritzt“.
- **Bowle:**
  Das Mischgetränk besteht aus einem Gemisch aus Wein, Sekt, manchmal auch Spirituosen (meist Likör), Fruchtsäften, Mineralwasser, Früchten und Kräutern.
- **Glühwein:**
  Rotwein mit Gewürzen (Zimt, Nelke usw.) und Früchten (Zitrone, Orange usw.) wird erhitzt und mit Zucker abgeschmeckt.
- **Punsch:**
  Wein und Spirituosen (original mit Rum und Arak) – manchmal auch Tee oder Fruchtsäfte – und Gewürze werden erhitzt.

Wein kann aber auch mit diversen Spirituosen und Fruchtsäften zu einem Aperitif oder Longdrink gemischt werden.

Mischgetränke mit Wein

Wein-Sensorik
Die sensorische Beurteilung von Wein hat drei Schwerpunkte, dabei sind die Sinnesorgane die Sensoren.
Die Aromaräder des Deutschen Weininstituts für Weißwein und Rotwein zeigen, wie Geruchs- und Geschmacksempfindungen beschrieben werden können.

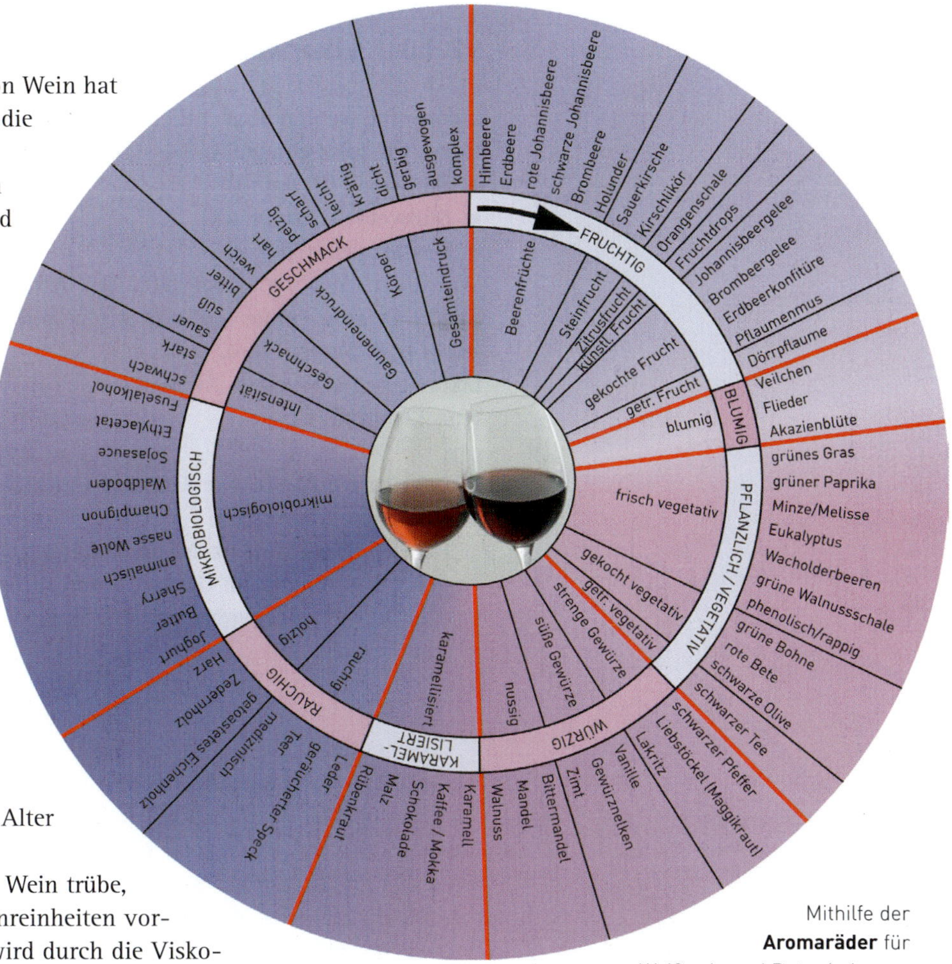

Mithilfe der **Aromaräder** für Weißwein und Rotwein lassen sich Weine einfacher beschreiben.

Der Sehsinn
Mit dem Auge werden die Farbe, die Klarheit, die Konsistenz und der evtl. vorhandene Kohlensäuregehalt wahrgenommen.
Der Farbton gibt an, wie alt und in welchem Zustand sich der Wein befindet. Junge Weißweine sind hellgelb, mit zunehmendem Alter goldgelb. Junge Rotweine kräftig rot bis rot-violett, mit zunehmendem Alter entsteht ein rostiges Rot.
Die Klarheit beschreibt, ob der Wein trübe, blind oder blank ist und ob Unreinheiten vorhanden sind. Die Konsistenz wird durch die Viskosität charakterisiert und beschreibt den Wein mit Eigenschaften wie wässrig, dicht, ölig oder zähflüssig.

Der Geruchssinn
Mit der Nase werden die Aromen und das Bukett des Weins wahrgenommen. Jeder Wein duftet, zeigt eine Vielfalt von Aromen und unterschiedlichen Geruchskomponenten. Zunächst wird das Weinglas ohne Bewegung gehalten und das Primärbukett erschlossen. In einem weiteren Schritt wird das Glas geschwenkt, Aromen und Bukettstoffe können sich von einer größeren Oberfläche entfalten (Sekundärbukett). Das Bukett beschreibt den Geruch eines Weins.

Der Geschmackssinn
Gaumen, Rachen und Zunge sind mit Geschmacksknospen versehen, wobei die Zunge eindeutig den Hauptanteil des Geschmacks liefert. Dabei werden auf der Zunge fünf Geschmacksrichtungen in verschiedenen Zonen wahrgenommen (süß, salzig, sauer, bitter, umami). Die Gesamtheit aller Geschmacksstoffe wird als „Körper" bezeichnet. Bei der Geschmacksprüfung wird ein Schluck Wein aufgenommen, im Mund gut verteilt (kauen) und dann heruntergeschluckt oder ausgespuckt. Der Nachgeschmack (Abgang) gehört auch zum Geschmackserlebnis.

Weinsensorik: Aussehen – Geruch – Geschmack

12.3.3 Likörwein

[illegible] ıres Geschmacks oder Ein- [illegible]

[illegible] ıen sich als Digestif (z. B. [illegible] ls anregender Aperitif ge- [illegible]

[illegible] esten 15 % vol und höchs- [illegible]

[illegible] ɛn:

[illegible] ıgeist (Weindestillat) zuge- [illegible] Es entsteht ein alkoholrei- cher, meist trockener Wein mit geringem Zucker- und Extraktgehalt.
- **Konzentrierte Likörweine**
  Die Trauben trocknen schon am Weinstock oder nach dem Lesen auf Stroh. Danach werden sie mit Most, Wein oder eingedicktem Traubensaft versetzt. Es entsteht ein sehr süßer Wein mit hohem Zucker- und Extraktgehalt (z. B. Malaga aus Spanien).

Europäische Likörweine

Bezeichnung	Herkunft	Herstellungsart
Madeira	Portugal/ Insel Madeira	gespritet
Malaga	Spanien	konzentriert
Marsala	Italien/ Insel Sizilien	gespritet
Portwein	Portugal	gespritet
Samos	Griechenland	gespritet
Sherry	Spanien	gespritet
Tokajer	Ungarn	konzentriert

Sherry

Sherry gehört zu den beliebtesten Likörweinen, er ist ein echter Spanier aus Andalusien und einer der ältesten Weine der Welt. Er darf ausschließlich in der Region zwischen den drei Städten Jerez de la Frontera, Sanlúcar de Barrameda und El Puerto de Santa Maria produziert werden. Hier sind die klimatischen Gegebenheiten einzigartig und nicht kopierbar.

Sherry wird aus den Rebsorten Palomino, Pedro Ximénez und Moscatel gekeltert. Im Jungwein wird der Alkoholgehalt durch Zugabe von Weingeist auf mindestens 15 % vol erhöht.

Das magische Sherry-Dreieck

Sherrytypen: Cream, Oloroso, Manzanilla Passada, Amontillado, Palo Cortado, Fino, Manzanilla

Sherryservice

Trockener Sherry wird als Aperitif gekühlt (ca. 8 °C) serviert, z. B. Manzanilla, Fino, Amontillado

Lieblicher, süßer Sherry wird als Digestif (ca. 18 °C) serviert, z. B. Oloroso oder Cream Sherry

Das typische Glas ist die Copita oder ein Likörglas mit 5 cl.

Die Sherry-Weine lagern in hohen kathedraleähnlichen Bodegas, die der Wind vom nahen Atlantik belüftet. Diese Luftzufuhr ist wichtig, damit sich eine Florschicht aus Hefe (Blume) auf der Oberfläche des Weins bilden kann. Die Hefen, die bei der Sherry-Herstellung verwendet werden, steigen während des Gärungsprozesses an die Oberfläche. Sie brauchen Sauerstoff, um sich vermehren zu können, und bilden dann eine dicke Hefeschicht (Flor oder Blume). Diese Hefeschicht deckt den Wein luftdicht ab und schützt ihn vor Oxidation und bräunlicher Verfärbung.

Weine, auf deren Oberfläche sich eine dicke Florschicht gebildet hat, werden zu einem „leichten, eleganten Fino". Der Sherry Fino ist sehr trocken, leicht und sehr hell. Weine mit vollem Körper und weniger Flor werden zu einem süßen, dunklen „Oloroso". Beide Grundarten des Sherrys lagern zunächst als unverschnittene Weine eines Jahrgangs.

In einer weiteren Phase durchläuft der Sherry ein System, das weltweit einmalig ist, das Solera-Verfahren. In langen Reihen liegen die Fässer dreioder vierstöckig übereinander. Aus der untersten Fassreihe wird mehrmals im Jahr etwas Wein zur Fertigstellung entnommen. Die gleiche Menge wird aus der darüberliegenden Reihe nachgefüllt, diese wiederum wird aus der dritten Reihe vervollständigt und so fort. In die oberste Reihe wird frischer Wein eingefüllt. Der ältere Sherry gibt so Geschmack an den jüngeren Sherry weiter und sorgt für eine gleichbleibende Qualität. Durch die Vielfalt der Kombinationsmöglichkeiten entsteht die große Variationsbreite. Für alle Sherrys ist eine Lagerzeit von mindestens drei Jahren vorgeschrieben.

Der Zeremonienmeister: der Venenciador

Füllung der Fässer

Die Oberfläche des Weins muss Kontakt zur Luft haben, damit sich die Hefen vermehren können. Daher werden die Fässer nicht ganz gefüllt.

Fass mit Flor

Je trockener ein Sherry, desto heller seine Farbe.
Je süßer ein Sherry, desto dunkler seine Farbe.

Solera-Verfahren

AUFGABEN

1 | Beschreiben Sie die einzelnen Schritte beim Weinservice.

2 | Welche Aspekte sind bei einem Weinglas zu beachten?

3 | Nennen Sie drei Mischgetränke mit Wein und erklären Sie konkret (mit Rezept) die Herstellung eines dieser Getränke.

4 | In welche zwei Gruppen können Likörweine unterschieden werden?

5 | Erläutern Sie, welche Sherrys als Aperitif und welche Sherrys als Digestif angeboten werden.

Anbaugebiet für Portwein

Süßegrade bei weißem Portwein

Bezeichnung	Süßegrad
muito doce	very sweet
doce	sweet
meio seco	medium dry
seco	dry
extra seco	extra dry

Portweinservice

Roter Portwein wird mit ~18 °C angeboten und weißer Portwein mit ~8 °C. Er wird wie Sherry im kleinen bauchigen Likörglas mit 5 cl serviert.
Trockener Portwein wird als Aperitif serviert, lieblicher, süßer Portwein als Digestif oder zum Käse.

Vermouth/Wermut Bianco, Rosso und D'oro

Portwein

Dieser Likörwein hat seinen Namen von der nordportugiesischen Hafenstadt Porto. Die Trauben wachsen jedoch im 100 Kilometer entfernten Dourotal. Die dortigen Terrassenlagen sind ideal für die sortenrein angebauten Grundweine. Nach Ernte, Weinbereitung und kurzer Lagerung in Holzfässern gelangt der Wein in die Stadt Vila Nova de Gaia, gegenüber der Stadt Porto.

Hier wird der Wein umgefüllt. Es beginnen der Reifeprozess von mindestens zwei Jahren und die anschließende Vermählung von Weinen aus verschiedenen Lagen und Jahrgängen.
Jeder Portwein lagert für mindestens zwei Jahre im großen Fass und wird dann je nach Qualität in ein kleines Fass (Pipe) oder in eine möglichst luftdichte, dunkle Flasche zur Alterung und Reifung umgefüllt.

Geschmacksrichtungen bei Portwein

- **White Port:** aus weißen Trauben, trocken bis halbtrocken
- **Pink Port:** aus Roséwein, leicht und fruchtig
- **Ruby Port:** aus roten Trauben mit rubin-kirschroter Farbe, junger Port mit jungem, fruchtigem Geschmack
- **Tawny Port:** lagert wie alle roten Portweine zunächst im großen Fass, wird dann aber in kleine Fässer (Pipen) umgefüllt, bekommt eine hellere Farbe und einen gewichtigen Geschmack, auch mit Nuancen von Gewürzen, Honig und Trockenfrüchten
- **Vintage Port:** sehr alter, schwerer, vollmundiger Port aus roten Trauben, der immer in der Flasche reift. Nur die besten Jahrgänge werden zu Vintage-Jahrgängen erklärt.

12.3.4 Wein-Aperitif

Wermut/Vermouth

Der Ursprung des Wermuts liegt in Italien, im Piemont. Hier werden bis heute hervorragende Grundweine mit Alkohol aufgespritet und mit Zucker und aromatischen Pflanzenteilen versetzt. Geschmacksgebender Bestandteil und Namensgeber ist das Wermutkraut. Die weiteren Kräuterauszüge (z. B. Salbei, Melisse, Thymian, Schalen von Bitterorangen oder Zitronen etc.) sind streng gehütete Firmengeheimnisse.

Die Schreibweise „Vermouth" wird nur für italienische und französische Produkte verwendet.

Lillet

Leichter und floraler Weinaperitif, benannt nach den Gründern der Firma, den Brüdern Lillet. Seit 1872 werden die Weine aus dem Bordelais mit Extrakten von Zitrusfrüchten und Kräutern im Holzfass mit einem unvergleichlichen Geschmack und Aroma hergestellt. Lillet sollte stets gekühlt serviert werden.

12.3.5 Schaumwein

Schaumwein ist die Sammelbezeichnung für alle schäumenden Weine. Dabei ist die Herstellung nach verschiedenen Verfahren möglich.
Basis für die Schaumweinherstellung sind „Jungweine“, das sind Weine, die gerade die erste Gärung vollzogen haben (Stillweine). Diese Stillweine – je nach Produkt aus unterschiedlichen Rebsorten, Lagen und Jahrgängen – werden zu einer Cuvée vermischt.

Champagner im Rüttelpult

Dieses Verschneiden der Grundweine/Stillweine wird auch als Assemblage bezeichnet. Die Assemblage wird nur von erfahrenen Kellermeistern durchgeführt, denn hierbei wird der Charakter des Schaumweins festgelegt.

Ein weiteres Merkmal der Schaumweinherstellung ist meistens die zweite Gärung. Die Cuvée wird eine sogenannte Fülldosage zugegeben, die aus gelöstem Zucker und Hefe besteht. Es entstehen Alkohol und Kohlensäure und so wird aus dem stillen Wein ein prickelnder Schaumwein.

Qualitätsschaumwein und **Sekt** sind nach der EG-Verordnung identisch. Sie müssen mindestens einen Alkohohlgehalt von 10 % vol und einen Druck von mindesten 3,5 bar haben.

Zweifache Gärung

- Flaschengärung
  Die Cuvée wird mit der Fülldosage in drucksichere Schaumweinflaschen abgefüllt, damit die zweite Gärung stattfinden kann. Es entwickeln sich Alkohol und Kohlensäure. Nach dieser Gärung reift der Schaumwein auf der Hefe in der Regel ein Jahr lang. Die Flaschen lagern auf schrägen Rüttelpulten mit dem Hals nach unten und müssen gedreht und gerüttelt werden (in modernen Kellereien machen das Rüttelmaschinen). Die Hefe setzt sich so am Flaschenhals unter dem Korken ab. Nach Abschluss des Rüttelns wird der Flaschenhals in eine Gefriersalzlösung von minus 20 °C eingetaucht. Die Heferückstände gefrieren und beim Öffnen der Flasche schleudert der Druck der Kohlensäure den Eispfropfen heraus (Degorgieren).
  Der fehlende Flascheninhalt wird mit der Versanddosage (Mischung aus Zucker und Wein) aufgefüllt. Diese Versanddosage bestimmt die Geschmacksrichtung des Schaumweins und gibt den endgültigen Geschmack.
  Jetzt wird die Flasche verkorkt, mit einer Agraffe (Drahtkorb) gesichert und mit einem Etikett versehen.

Flaschengärung

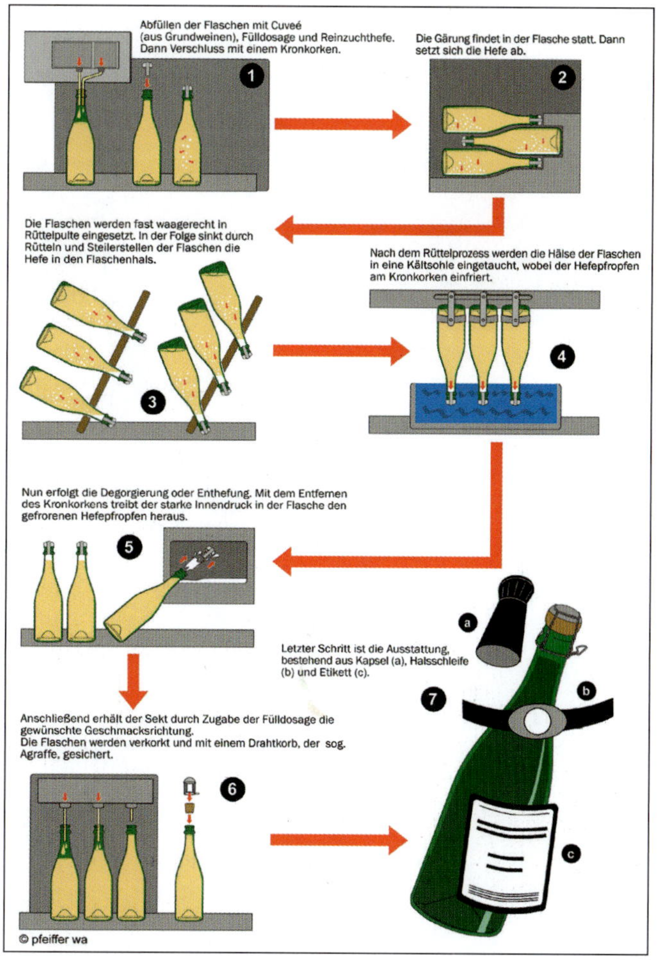

Transvasierverfahren

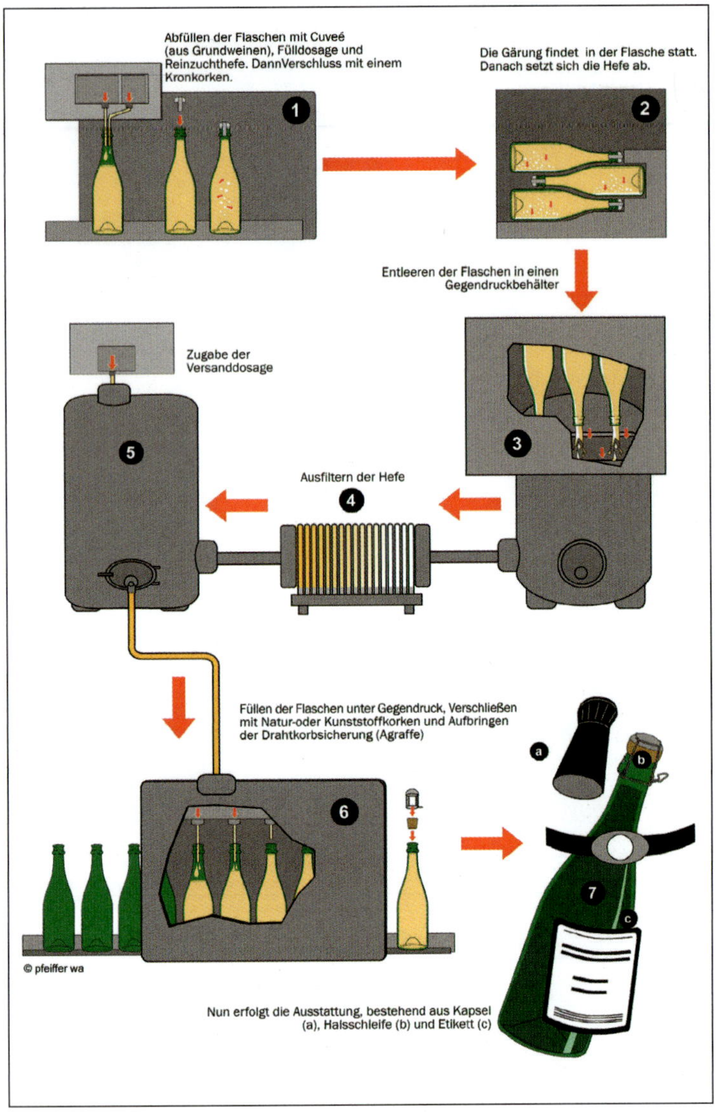

Schaumweinfarben

- **Transvasierverfahren**
  Der Wein gärt in der Flasche zu Schaumwein. Ist die zweite Gärung abgeschlossen, werden die Flaschen in einen Gegendruckbehälter entleert, das aufwendige Flaschenrütteln entfällt. Jetzt wird die Hefe ausgefiltert, die Versanddosage hinzugegeben und wieder in Flaschen abgefüllt.
  Auf dem Etikett kann „Flaschengärung" angegeben werden.

- **Großraumgärung**
  Die Cuvée wird mit der Zucker-Hefe-Lösung in große Edelstahltanks von bis zu 250 000 Liter Inhalt gefüllt. Mithilfe von Rührwerken werden Wein und Dosage gemischt und eine zweite Gärung erfolgt. Nach 3–8 Wochen wird die Hefe ausgefiltert und der Schaumwein auf Flaschen gezogen (siehe Abbildung rechte Seite).

Einmalige Gärung

Hier werden die Moste, die bei der Weinbereitung entstehen, vor Ende der alkoholischen Gärung durch Hefeentfernung und Kaltlagerung süß gehalten. Der zuckerhaltige Jungwein wird in Flaschen gefüllt, um dann bis zum höchstmöglichen Druck weiterzugären (z. B. Asti Spumante, Clairette de Die).

Imprägnierverfahren

Die Grundweine werden bei dieser Methode mit einem Dosagelikör und CO_2 versetzt (z. B. Perlwein, Frizzante).

Champagner ist eine geschützte Herkunftsbezeichnung für Schaumweine aus der Champagne. Die zugelassenen Rebsorten (Chardonnay, Pinot noir, Pinot meunier) müssen aus der Champagne stammen und dort verarbeitet werden.

Schaumweine sind ideale Aperitifs. Sie schmecken erfrischend und wirken appetitanregend.

Großraumgärung

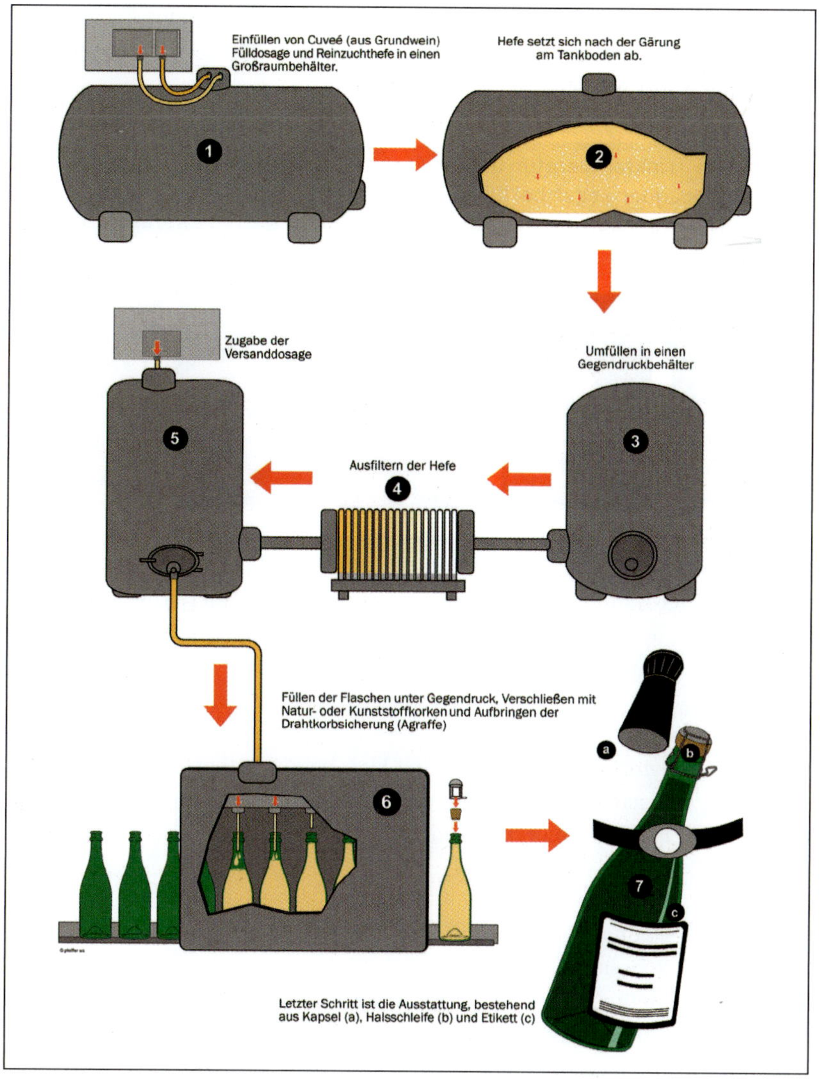

Schaumweine weltweit

Champagner:
Frankreich (Champagne), traditionelles Flaschengärverfahren/ méthode champenoise

Vin Mousseux:
Frankreich, Oberbegriff für alle Schaumweine (außer Champagner), z. B. **Crémant**, Blanquette

Sekt:
- Deutschland, Oberbegriff für Qualitätsschaumweine
- Österreich und Schweiz, Oberbegriff für Schaumweine

Spumante/Prosecco:
Italien, Oberbegriff für Schaumweine

Cava:
Spanien, Oberbegriff für traditionelles Flaschengärverfahren

Krimsekt:
Halbinsel Krim, traditionelles Flaschengärverfahren

Sparkling Wine:
USA, mit einer zweiten Gärung hergestellt („classic method")

AUFGABEN

1 | Welche Rebsorten sind für die Herstellung von Champagner zugelassen?

2 | Erklären Sie die Begriffe Fülldosage und Versanddosage.

3 | Beschreiben Sie die Unterschiede in der Herstellung bei der Flaschengärung im Gegensatz zur Großraumgärung.

4 | Welche ideale Temperatur wird bei Schaumwein vorgeschlagen?

5 | Warum sind Schaumweine ideale Aperitifs?

Geschmacksstufen und Restzuckergehalt bei Schaumweinen

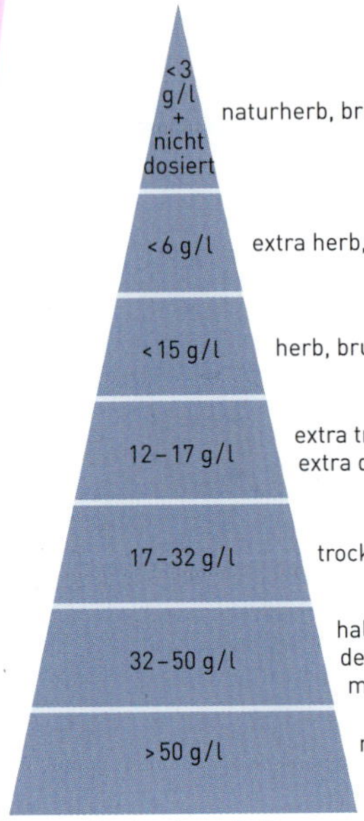

Brut = Herb!

… und müssen nicht mehr … 12 °C), dunkel und lie-

… °C, für hochwer- … erviert werden.

Zuerst die Agraffe (Drahtkorb) entfernen. Dann die Flasche am unteren Ende mit einer Hand halten, gegebenenfalls auf einen Guéridon stellen. Den Korken in die andere Hand nehmen und die Flasche drehen. So löst sich der Korken von allein.

Flaschengrößen

Schaumwein wird in unterschiedlichen Flaschengrößen angeboten:

- 0,2 l Piccolo
- 0,375 l Halbe Flasche/Demi/Filette
- 0,75 l 1/1 Flasche/Imperial
- 1,5 l Magnum
- 3,0 l Doppelmagnum oder Jerobéam
- 4,5 l Rehobéam
- 6,0 l Methusalem oder Imperial
- 9,0 l Salmanazar
- 12 l Balthasar
- 15 l Nebukadnezar

Agraffe/Schaumweinverschluss

12.3.6 Spirituosen

Als Spirituose gilt eine alkoholische Flüssigkeit, die zum menschlichen Verzehr bestimmt ist und mindestens 15 % vol aufweist (Ausnahme: Eierlikör). Weiterhin sind bestimmte organoleptische Eigenschaften (Geschmack, Geruch, Farbe, Aussehen und Konsistenz) zu erfüllen.

Zur Erzielung eines Alkoholgehalts über 15 % vol müssen alkoholhaltige Flüssigkeiten destilliert werden.

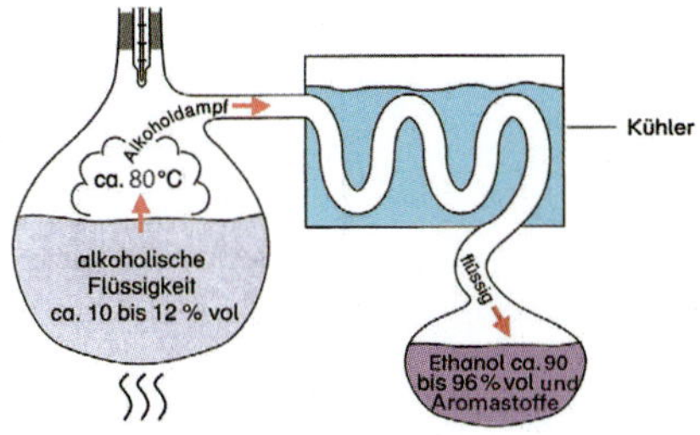

Prinzip der Destillation

Unter Alkohol wird in der Gastronomie das für den Menschen genießbare Ethanol verstanden.

Alkohol ist ein natürliches Produkt, das durch Gärung entsteht. Die Bildung von Alkohol (Ethanol) aus Zucker durch Hefen wird als alkoholische Gärung bezeichnet. Enthält das Ausgangsprodukt keinen Zucker, sondern Stärke, muss diese erst zu Zucker abgebaut werden. Jetzt kann die Hefe mithilfe von Enzymen Zucker in Alkohol und Kohlenstoffdioxid umwandeln. Das Kohlenstoffdioxid, gelöst in Flüssigkeit, wird zu Kohlensäure. In der Getränkeindustrie wird das Verfahren der alkoholischen Gärung durch den gezielten Einsatz spezieller Bier-, Wein- oder Brennereihefen eingesetzt.

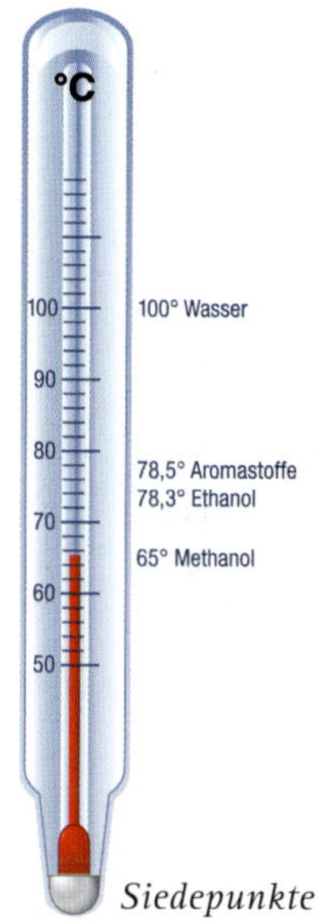

Siedepunkte

Alkoholische Gärung

Zucker —Enzyme der Hefe→ Alkohol + Kohlensäure

Die Hefen bilden nicht unbegrenzt Alkohol, denn bei 15 bis 16 % vol sterben die Hefezellen durch die Alkoholeinwirkung ab und die Gärung kommt zum Stillstand. Getränke mit einem höheren Alkoholgehalt müssen destilliert werden.

Alkoholische Destillation

Unter dem Begriff Destillation wird hier die Gewinnung hochprozentigen Alkohols aus einer schwach alkoholhaltigen Flüssigkeit verstanden. Da Alkohol einen niedrigeren Siedepunkt als Wasser aufweist, kann durch Erhitzen der schwach alkoholhaltigen Flüssigkeit der früher verdampfende Alkohol extrahiert und anschließend verflüssigt werden. Der gewonnene Rohalkohol/Raubrand kann weiterhin in aufwendigen Verfahren mehrmals feiner destilliert werden. Das hochprozentige Feindestillat, meistens hoch konzentriert, wird dann mit speziell aufbereitetem Wasser auf Trinkstärke reduziert.

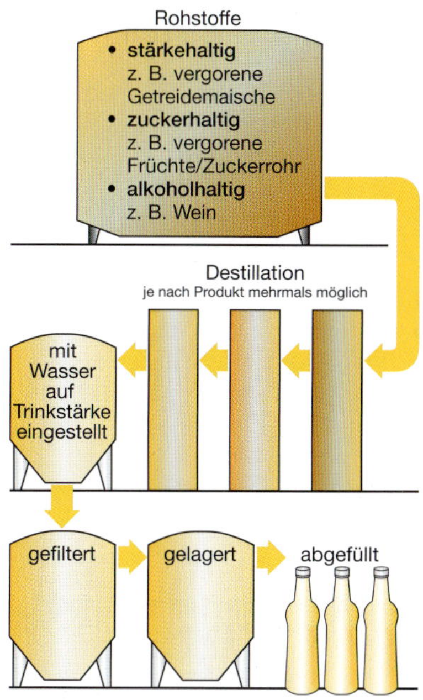

Herstellung von Spirituosen

Die Mindestalkoholgehalte einzelner Spirituosen (z. B. Korn, Rum, Whisky) sind in der EU-Spirituosenverordnung von 2008 festgelegt. Der in % vol angegebene Gehalt ist der Mindestalkoholgehalt. Höhere Alkoholgehalte sind länderspezifisch zugelassen.

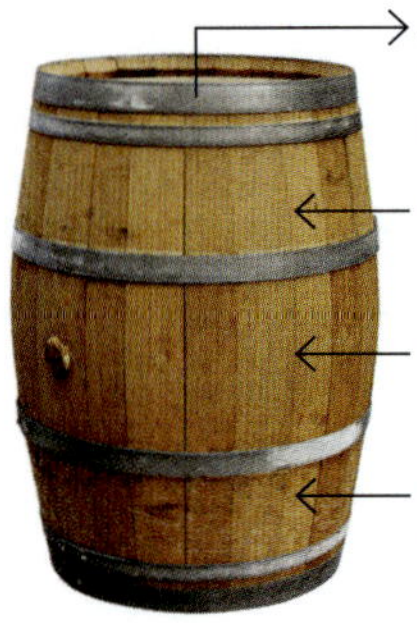

Je nach den verwendeten Rohstoffen unterscheidet sich der Prozess der Destillation, d. h. die Herstellung der Spirituose:

- **Zuckerhaltige Rohstoffe (Obst, Zuckerrohr):**
  Die Rohstoffe werden zerkleinert und dadurch der in den Rohstoffen enthaltene Zucker in Flüssigkeit gelöst (Maische). Die Maische wird durch Zugabe von Hefe vergoren und anschließend destilliert.
- **Stärkehaltige Rohstoffe (Getreide, Kartoffeln):**
  Die Stärke muss zunächst in gärfähigen Zucker umgewandelt werden. Die Rohstoffe werden gekeimt oder ungekeimt zerkleinert und eingeweicht. Die Stärke wird in Zucker umgewandelt. Die jetzt süße Maische wird mit Hefe vergoren und anschließend destilliert.
- **Alkoholhaltige Rohstoffe (Wein, vergorener Obstmost):**
  Sie können direkt destilliert werden.

Ballon-Cognacglas

Tulpen-Cognacglas

Destillate aus Wein

Weinbrand/Brandy sind Produkte aus Weindestillat, die Bezeichnungen werden weltweit für verschiedenartigste Spirituosen verwendet. Weinbrand stammt meist aus Österreich oder Deutschland, Brandy aus Spanien, Italien, Griechenland oder Portugal. Weinbrand und Brandy reifen mindestens 6 Monate im kleinen Fass (unter 1000 l), im großen Fass mindestens 12 Monate.

Weinbrand und Brandy haben eine ideale Trinktemperatur bei 18 °C, sonst werden die Aroma- und Geschmacksentfaltung beeinträchtigt.

Nur in bauchigen Schwenkern, die sich nach oben verengen und so die aufsteigenden Bukettstoffe verdichten, entfaltet sich das volle Bukett.

- Asbach Uralt
- Osborne Veterano
- Metaxa
- Vecchia Romagna

Cognac ist ein Destillat aus Weinen, das ausschließlich aus Frankreich aus dem Weinanbaugebiet Charente stammt. In dieser Region um das Städtchen Cognac wird nach einem besonderen Destillationsverfahren (charentaiser Brennverfahren) aus drei zugelassenen Rebsorten (Ugni blanc, Colombar, Folle blanche) der zunächst klare Brand hergestellt, der dann in Eichenfässern lagert, reift und Farbe bekommt. Die Reifung des Cognacs wird unter anderem durch die Porosität des Holzfasses beeinflusst. Es besteht ein indirekter Kontakt zur umgebenden Luft, sodass der Cognac einerseits Sauerstoff aufnehmen, aber auch Sauerstoff und Flüssigkeit abgeben kann. Dieser Teil hat die Bezeichnung „Engel". Nach Lagerung und Reifung werden die unterschiedlichen Cognacs verschnitten (Vermählung/Mariage) Es ist eine besondere Kunst des Kellermeisters, die Destillate so zu vermischen, dass eine einheitliche Qualität oder eine neue Kreation entsteht.

- Camus
- Courvoisier
- Hennesy
- Hine
- Otard
- Remy Martin

Altersangaben bei Cognac

- V.S. (very special) = mindestens 2 Jahre alt
- V.S.O.P. (very special old pale) = mindestens 4 Jahre alt
- X.O. (extra old) = mindestens 6 Jahre alt, oft werden 20- bis 40-jährige Cognacs angeboten

Armagnac ist das älteste französische Weindestillat aus dem Südwesten Frankreichs, der Gascogne. Der zu brennende Wein kann mit Kräutern, Haselnüssen und Pflaumen versetzt werden, die dem Armagnac sein besonderes Aroma verleihen.

- Clés des Ducs
- Marquis de Montesquieu
- Samalens

Tresterbrand, Grappa, Marc sind Destillate aus vergorenem Trauben- oder Obsttrester (Pressrückstände bei der Mostbereitung). Neben rebsortenreinen Tresterbränden werden Tresterbrände auch aus Trester-Cuvées hergestellt. Die Destillate entstehen glasklar oder werden in Holzfässern manchmal bis zu zehn Jahren und länger gelagert und nehmen einen goldbraunen Farbton an. In Deutschland und Österreich sind es meist die Winzer, die ihre eigenen Tresterbrände herstellen. In Frankreich (Marc) und Italien (Grappa) haben sich große Unternehmen etabliert, die ausschließlich Tresterbrände produzieren.

- Barbero
- Julia
- Frattina
- Nonino
- Moet&Chandon Marc de Champagne

Calvados wird in Frankreich (Normandie und Bretagne) aus Apfelwein (Cidre), oft mit einem kleinen Anteil Birnenwein hergestellt. Calvados ist eine geschützte Bezeichnung (kontrollierte Ursprungsbezeichnung). Der Cidre wird ein bis zwei Jahre gelagert, bevor er destilliert wird und dann mindestens ein Jahr in Holzfässern reift.

- Busnel
- Père Magloire
- Château du Breuil
- Papidoux
- Gilbert

Destillate aus Obst

Destillate aus Obst unterscheiden sich in der Herstellung:

- Für **Obstwasser (z. B. Kirschwasser, Zwetschgenwasser, Sliwowitz)** werden frische Früchte oder deren Most vergoren und destilliert.
- Für **Obstgeist (z. B. Himbeergeist)** werden in der Regel zuckerarme Früchte in Ethanol eingemaischt (Mazeration oder Digestion). Die Aromastoffe der Früchte gehen dabei in den zugesetzten Alkohol über. Anschließend wird destilliert.

Mazeration
Früchte oder Kräuter werden in kaltem, hochprozentigem Neutralalkohol eingelegt, damit Aroma-und Geschmacksstoffe in den Alkohol übergehen.

Digestion
Früchte oder Kräuter werden in warmem, hochprozentigem Neutralalkohol eingelegt, damit Aroma- und Geschmacksstoffe in den Alkohol übergehen.

Werden Destillate aus Obst zu kalt serviert, können sich die Aromen der Spirituose nicht entfalten. Die Trinktemperatur für Destillate aus Obst liegt daher zwischen 15 °C und 18 °C.

- Etter
- Rouyer
- Fassbind
- Schladerer
- Morand
- Ziegler
- Nussbaumer

Destillate aus Getreide

Destillate aus Getreide sind Spirituosen, die ausschließlich durch Destillation einer vergorenen Maische aus dem vollen Korn von Getreide gewonnen werden.

Korn/Doppelkorn ist ein typisch deutsches Destillat, das aus Getreide hergestellt wird (Roggen, Weizen, Gerste, Hafer und Buchweizen). Der Alkoholgehalt von Korn muss mindestens 32 % vol, der von Doppelkorn mindestens 38 % vol betragen.

- Berentzen Korn
- Echter Nordhäuser
- Doornkaat
- Fürst Bismarck

Ist der Korn mit Kümmel aromatisiert, wird er als Kümmel oder Kümmelkorn bezeichnet. Korn kann auch mit Wacholderbeeren oder Wacholderdestillat aromatisiert werden.

Kümmel

Wacholder

Whisky-Brennblasen

Whisky/Whiskey wird durch Destillation einer Maische aus gemälztem Getreide mit oder ohne das volle Korn anderer Getreidearten hergestellt.
Die Schreibweise hängt vom Erzeugerland ab:
Schottland und Kanada → Whisky
Irland und USA → Whiskey

Blended Whisky ist der Verschnitt von verschiedenen Whiskys, z. B. Malt- und Grain-Whiskys.

Whiskybezeichnungen nach ihrem Ausgangsstoff
- Malz/Malt Whisky aus Gerste
- Korn/Grain Whisky aus verschiedenen Getreidesorten zum Verschneiden
- Bourbon Whisky aus mindestens 51 % Mais
- Rye Whisky aus mindestens 51 % Getreide

Whiskybezeichnungen bezogen auf ihre Herstellung
Single = Der Whisky kommt aus einer einzigen Destillerie.
Vintage = Der Whisky ist ein Jahrgangswhisky.
Single Cask = Der Whisky stammt aus einem einzelnen Fass.

- Ardberg
- Ballantine's
- Chivas Regal
- Dimple
- Glenlivet
- Glenmorangie
- Johnnie Walker
- White Horse

Scotch Whiskys sind bekannt für ihren typischen Rauchgeschmack, der sich beim Darren des Getreidemalzes über dem Torffeuer entwickelt. Das verwendete Berg- oder Moorwasser stellt eine weitere Geschmackskomponente dar.

- Bushmills
- Paddy
- Tullamore Dew

Irish Whiskeys werden aus ungemälzter und gemälzter Gerste bereitet, die in einem Heißluftofen gedarrt wird. Irish Whiskey hat deshalb keinen Rauchgeschmack. Irish Whiskeys sind meistens Blended Whiskeys.

- Four Roses
- Jack Daniels
- Jim Beam
- Wild Turkey

American Whiskeys stammen meist aus den Bundesstaaten Kentucky (Bourbon Whiskey) und Tennessee. Sie bestehen als Grundmaterial aus Mais und sind deshalb schwerer, kräftiger und in der Regel ein wenig süßlich.

- Black Velvet
- Canadian Club
- Crown Royal
- Glenville
- Seagram's

Canadian Whiskys haben als Ausgangsstoff vorwiegend Roggen und Mais, aber auch andere Getreidesorten. Weiterhin sind Zusätze von Sherry oder Obstwein in geringem Maße erlaubt. Canadian Whiskys sind leicht, geschmacksneutral und oft heller als die anderen Whiskys.

Wodka
Grundmaterialien für Wodka sind meistens Getreidemischungen, aber auch Kartoffeln und Melasse finden Verwendung. Durch mehrmaliges Destillieren verliert der Wodka fast alle Geschmacksstoffe und wird zu einer neutral schmeckenden Spirituose. Diese Geschmacksneutralität erklärt seine außerordentliche Vielseitigkeit im gastronomischen Angebot.

- Absolut
- Belvedere
- Grasovka
- Moskovskaja

Aromatisierte Destillate

Aromatisierte Spirituosen werden aus Ethanol landwirtschaftlichen Ursprungs (Neutralalkohol), der natürlich aromatisiert wird, hergestellt.

Gin ist ein Destillat aus Getreide (Gerste und Roggen), das sein besonderes Aroma in erster Linie durch Zugabe von Wacholderbeeren erlangt. Dieser Wacholderbeerengeschmack muss gemäß EU-Verordnung vorherrschen.

- Beefeater
- Bombay
- Finsbury
- Gordon's
- Tanqueray
- Seagram's

Genever hat keinen so markanten Wacholderbeerengeschmack, wird aber auch aus Getreide mit Wacholderbeeren destilliert. Das holländische Nationalgetränk wird in den aromatischen „oude" (alten) und den weniger aromatischen „jonge" (jungen) Genever unterschieden.

- Bols
- De Kuyper

Aquavit ist die Bezeichnung für eine Spirituose, deren Aromatisierung aus der Destillation mit Kümmelsamen und/oder Dillsamen stattgefunden hat. Besonders in Dänemark, aber auch in den anderen skandinavischen Ländern ist Aquavit sehr beliebt.

- Aalborg
- Bommelunder
- Linie Aquavit
- Malteserkreuz

Kümmelsamen

Dillsamen

Anisgetränke sind Anisspirituosen, die mit Extrakten aus Anis, Sternanis, Fenchel und anderen Pflanzenteilen aromatisiert werden. Das aus Anis, Sternanis und Fenchel destillierte Ethanol ist für das klassische Anisaroma der Spirituosen verantwortlich.

- Molinari Sambuca
- Pernod
- Ricard
- Ouzo 12
- Yeni Raki

Anis

Sternanis

Fenchel

Zu den Anisgetränken zählen folgende Anisdestillate und Anisliköre:

- **Absinth** – Mazeration mit Wermut, Anis, Fenchel und weiteren Kräutern
- **Ouzo** – Destillat aus Anissamen, Fenchel und Gewürzen
- **Pastis** – Mazeration oder Destillat aus Sternanis, Fenchel, natürlichen Extrakten von Süßholz und Kräuteressenzen
- **Raki** – Destillat aus Trauben, Rosinen und Anissamen
- **Anisette/Anisados/Sambuca** – Anisliköre aus Frankreich, Spanien, Italien

Destillate aus Agaven

Agaven sind Pflanzen, die auch als Jahrhundertpflanze bezeichnet werden. Sie wachsen oft Jahrzehnte, blühen ein einziges Mal und sterben dann.

Tequila ist die bekannteste Spirituose aus der Agave. Die Herzstücke der Agaven werden zu Sirup verarbeitet, dieser fermentiert und destilliert. Die Produktion findet in Mexiko in der Provinz Jalisco um die Stadt Tequila statt und ist per Gesetz als „Denominación de Origen (DOC)" weltweit geschützt.

Tequila: Destillat aus Agaven

Servieren von Tequila

- Junger klarer Tequila wird mit Salz und Limette/Zitrone genossen.
- Junger goldfarbener Tequila harmoniert mit Orange und einer Prise Zimt.

Der klare Tequila mit frischem Geschmack steht dem in Eichenfässern gelagerten braunen Tequila mit schwerem, rauchigem Aroma gegenüber:

- **Tequila silver oder blanco** – klarer, direkt nach der Destillation abgefüllter Tequila
- **Tequila golden oder joven oder orr** – eingefärbter Tequila (Zuckersirup/Karamell oder durch Eichenholzfasslagerung)

- Montezuma
- Sauza
- Sierra
- Silla

Mezcal wird aus dem Fruchtfleisch verschiedener Agavenarten hergestellt, hat jedoch keine DOC. Manchmal wird Mezcal mit einer Mottenraupe in der Flasche angeboten (fälschlicherweise oft als Wurm bezeichnet).

Destillate aus Zuckerrohr

Rum wird in den meisten Fällen aus Zuckerrohrmelasse (dunkelbrauner Zuckersirup) hergestellt (mindestens 37,5 % vol). Lediglich frischer Zuckerrohrsaft sowie gehäckseltes Zuckerrohr und Gewürzmischungen werden als geschmacksgebende Zutaten der Maische zugefügt und dann destilliert.

- Bacardi
- Captain Morgan
- Havana Club
- Meyer's

Der frische Brand lagert mindesten sechs Monate bis mehrere Jahre, ja sogar Jahrzehnte auf unterschiedlichste Weise. Für weißen Rum werden Stahltanks verwendet oder behandelte Fässer, die keine Farbe abgeben. Brauner Rum lagert in Holzfässern, die Geschmack und Farbe abgeben. Es kann auch Zuckercouleur oder Karamellsirup hinzugefügt werden.

Zuckerrohr

Original-Rum muss aus dem Herstellungsland stammen und darf nicht verändert werden.

Echter Rum ist ein Original-Rum, der in Deutschland auf eine Trinkstärke von mindestens 37,5 % vol herabgesetzt wurde.

Rum-Verschnitt ist eine Mischung aus Original-Rum (mindestens 5 %) und neutralem Alkohol.

Grog: vorgewärmter Rum mit heißem Wasser und Kandiszucker

Eierpunsch: Rum mit Eierlikör bzw. Eiern und Zucker

Eierpunsch

Grog

Cachaça wird aus dem Saft des grünen, frisch geernteten Zuckerrohrs hergestellt. Cachaça darf nach brasilianischem Recht nur in Brasilien hergestellt werden und muss mindestens 38 % vol und höchstens 48 % vol enthalten. Produkte mit höherem Alkoholgehalt (bis 54 % vol) werden als Aguardente/Aguardiente (Feuerwasser) bezeichnet. Die Destillation erfolgt durch ein besonders schonendes Verfahren, damit der fruchtige, herbsüße Geschmack des Zuckerrohrs erhalten bleibt. Hochwertiger Cachaça reift in Holzfässern. Cachaça wird meist zum Mixen verwendet. Hier ist er die Basis für alle Batidas, passt gut zu Säften und ist Bestandteil des Kultcocktails Caipirinha.

- Canario
- Nêga Fulô
- Pitú

Liköre

Liköre sind Spirituosen aus aromatisierten Destillaten mit Zusatz von Zucker. Für die meisten Liköre ist ein Mindestzuckergehalt von 100 g Invertzucker (Gemisch aus Traubenzucker und Fruchtzucker) je Liter vorgeschrieben. Beinahe unüberschaubar ist die Vielfalt an Sorten und Marken im Likörsegment. Es werden verschiedene Likörsorten unterschieden.

- Andalö: Sanddornlikör
- Esprit de June: Weinblütenlikör
- St. Germain: Holunderblütenlikör

Methoden zur Aromatisierung

- **Infusion:** Früchte, Kräuter etc. werden zur Aromatisierung in Alkohol getränkt und der aromatisierte Alkohol destilliert.
- **Perkolation:** Auf einem Filter liegen zerkleinerte Früchte, Gewürze etc. Aufsteigende Alkoholdämpfe dringen durch den Filter durch, wobei sie aromatisiert und anschließend kondensiert werden.
- **Emulsion:** Herstellung einer emulgierten Mischung von Ethanol, Zucker, Wasser und Geschmacksstoffen.
- **Kompositionsmethode:** Ethanol wird mit künstlichen Essenzen und Kompositionen versetzt.

Cocktails siehe Kapitel 15.5.

Fruchtsaftliköre werden mit dem Saft der namensgebenden Fruchtart durch Maischegärung hergestellt.

Fruchtaromaliköre werden aus Früchten, Fruchtteilen oder natürlichen Fruchtaromen gewonnen. Bei der Mazeration wird kalter Alkohol mit Früchten angereichert, gelagert, gepresst und gefiltert.

Fruchtbrandys entstehen aus Fruchtsaft- oder Fruchtaromalikören unter Zugabe von Obstdestillat aus der namensgebenden Frucht.

Kräuter-, Gewürz-, Bitterliköre sind Spirituosen, die aus Fruchtsäften und/oder natürlichen ätherischen Ölen, natürlichen Essenzen und Zucker hergestellt werden.

Emulsionsliköre sind Liköre, die mit Sahne, Milch oder Schokolade/Schokoladenpulver und Eiern zusammen mit Alkohol und Zucker homogenisiert werden. Je nach Geschmack werden Gewürze und Aromen zugefügt. Alle Zutaten werden so verbunden, dass eine Emulsion entsteht.

Sonstige Liköre lassen sich in keine der genannten Gruppen einordnen.

Fruchtsaftliköre
- Eckes Edelkirsch
- Guyot Crème des Cassis
- Heering Cherry

Fruchtaromaliköre
- Cointreau
- Curaçao
- Grand Marnier
- Grüne Banane
- Southern Comfort

Fruchtbrandys
- Apricot Brandy
- Cherry Brandy
- Maraschino

Kräuter-, Gewürz-, Bitterliköre
- Fernet Branca
- Jägermeister
- Campari
- Aperol

Emulsionsliköre
- Amarula
- Baileys
- Eierlikör
- Batida de Coco

Mischgetränke mit Spirituosen

Diese Getränke werden umgangssprachlich oft als „Alcopops" bezeichnet. Es sind fertig abgefüllte Getränke, in denen Limonaden mit Spirituosen (z.B. Wodka, Rum, Cachaça, Tequila, Gin) vermischt sind. Sie schmecken meist fruchtig und sind aufgrund des Kohlensäuregehalts erfrischend. Der Alkoholgehalt ist kaum zu schmecken und daher sind die meisten Flaschen/Dosen mit einem Hinweis versehen, dass die Abgabe an Personen unter 18 Jahre verboten ist.

Alkoholische Mischgetränke mit Spirituosen

AUFGABEN

1 | Nennen Sie Liköre, die Sie einem Gast
a) als Aperitif,
b) als Digestif anbieten können.

2 | Whiskey oder Whisky? Erläutern Sie die unterschiedliche Schreibweise.

3 | Benennen Sie die Basisstoffe von Calvados, Grappa, Gin und Cachaça.

12.4 Aufgaben

1 | Nennen Sie fünf wichtige Anbauländer für Kaffee und erläutern Sie die wesentlichen Unterscheidungsmerkmale zwischen Hochland- und Tieflandkaffee.

2 | Welche wesentlichen Veränderungen erfährt die Kaffeebohne beim Röstvorgang?

3 | Erklären Sie den Unterschied zwischen Espresso macchiato, Latte macchiato und Cappuccino.

4 | Beschreiben Sie zwei alkoholhaltige Kaffeezubereitungen.

5 | Tragen Sie die Begriffe und das Lösungswort für das Kreuzworträtsel in Ihr Heft ein.
Das senkrechte Lösungswort ist eine andere Bezeichnung für Brandy.

1 Schottische oder kanadische Spirituose aus Getreide
2 Spirituose aus der Agave
3 Mit Kümmel aromatisierte Spirituose
4 Französische Spirituose aus Weinen
5 Obstgeist
6 Obstwasser
7 Spirituose aus Traubentrester
8 Spirituose mit Wacholdergeschmack
9 Geschmacksneutrale Spirituose

6 | Nennen Sie zu jeder Spirituose aus dem Kreuzworträtsel ein Markenprodukt.

7 | Beschreiben Sie für jede Spirituose aus dem Kreuzworträtsel ein Getränk, wie es in der Getränkekarte stehen könnte.

8 | Für eine Sonderveranstaltung mit 150 Personen sind 200 Caipirinhas als Aperitif geplant. Für jeden Cocktail sind als Basis 4 cl Cachaça erforderlich. Wie viele Flaschen mit 0,7 l sind anzufordern?

9 | Eine Flasche Grappa enthält 0,75 l. Bestimmen Sie, wie viele Gläser mit 0,2 cl Inhalt rechnerisch ohne Berücksichtigung der Schankverluste ausgeschenkt werden können.

10 | Das Hotel „Steiger Alm" bezieht Obstwasser direkt aus einer heimischen Destillerie. Es sind 4 Ballons mit je 2,5 Liter angeliefert worden. Zum Ausschank wird das Obstwasser in Steinkrüge mit 0,7 Liter Inhalt umgefüllt.

a) Wie viele Krüge müssen bereitgestellt werden?
b) Wie viele Krüge können verkauft werden?

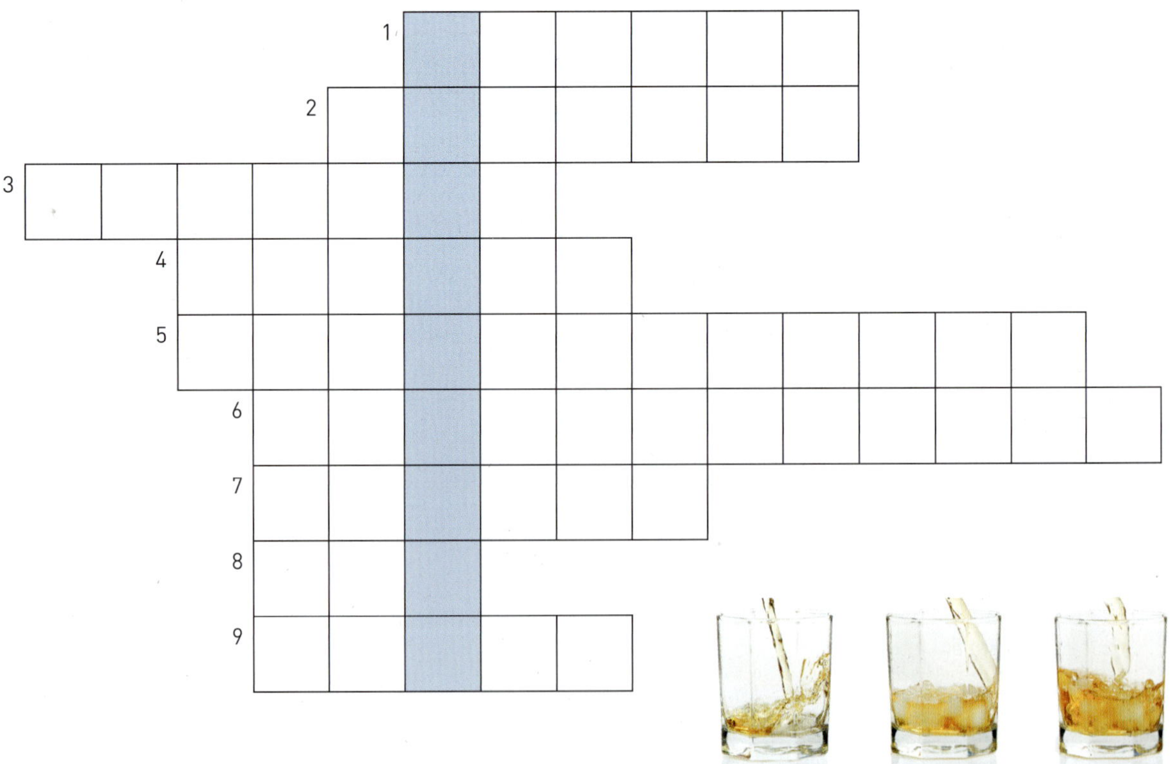

13 Wirtschafts-dienst

Wirtschaftsdienst

Sauberkeit und Hygiene in allen Räumen und aller Geräte sind Grundvoraussetzungen für jeden gastronomischen Betrieb. Zu den zentralen Aufgaben des Wirtschaftsdienstes gehören daher die professionelle Reinigung, Pflege und Wartung der Räumlichkeiten, der Einrichtungsgestände sowie aller Geräte und Maschinen.

Zur Wahrnehmung dieser Aufgaben sollte der Mitarbeiter sich mit folgenden Punkten auszukennen:
- Materialkunde
- Reinigung und Desinfektion von Räumen und Gegenständen
- Umweltverträglichkeit der Maßnahmen
- Wirtschaftlichkeit der der Maßnahmen

13.1 Materialkunde

Für den Wirtschaftsdienst werden die Materialien hinsichtlich der anzuwendenden Reinigungs- und Pflegemethoden eingeteilt.

13.1.1 Metalle, natürliche und synthetische Materialien

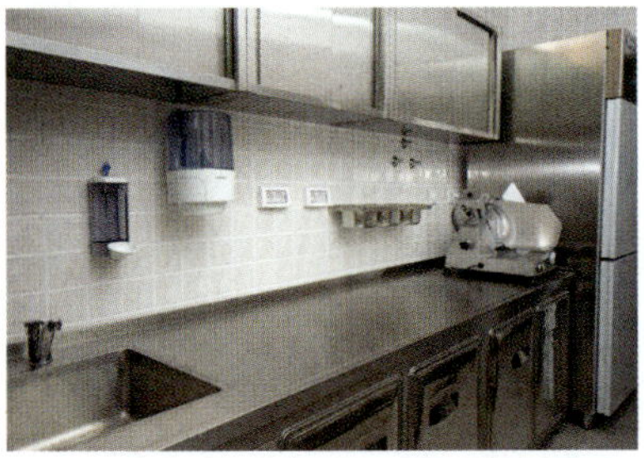

Edelstahlküche

Metalle
- **Eisenmetalle:** Stahl/Stahlblech/Edelstahl/Schmiedeeisen/Gusseisen
- **Nichteisenmetalle:** Gold/Silber/Kupfer/Bronze/Zinn/Zink/Aluminium
- **Legierungen:** Messing/Bronze/Cromargan/Alpaka

Alpaka (Neusilber) besteht aus Kupfer mit Zinn und Nickel.

Restaurant mit Holzfußboden

Natürliche Materialien
- **Holz:** Hartholz/Weichholz
- **Leder:** Rauleder/Glattleder/Lackleder
- **Stein:** Marmor/Granit
- **Kork:** Korkeiche

Steinzeug im Sanitärbereich

Synthetische Materialien
- **Glas:** Natronglas/Kaliglas/Bleikristall/Borosilikatglas (hitzebeständig und feuerfest)
- **Porzellan:** Einteilung nach der Härte, Glasur und Hitzebeständigkeit
- **Steingut:** Keramik, die ohne Glasur wasserundurchlässig ist
- **Steinzeug:** wasserundurchlässige Keramik
- **Kunststoffe:** Thermoplaste (nicht hitzebeständig und verformbar)/Duroplaste (formstabil und hitzebeständig)/Elastomere (gummielastisch und flexibel)

13.1.2 Faserstoffe/Textilien

Fasern sind die Grundstoffe für die Herstellung von Textilien, die in gastgewerblichen Betrieben an vielen Stellen verwendet werden (Uniform, Tischwäsche, Bettwäsche, Handtücher usw.).

Naturfasern werden aus folgenden natürlichen Rohprodukten gefertigt:

- tierische Fasern: Wolle und Seide
- pflanzliche Fasern: Baumwolle, Flachs (Leinen), Jute, Hanf, Kokos und Sisal

Seidenraupen und Seidenkokons

Warenzeichen für Textilkennzeichnung

Reine Baumwolle (Pflanze)	Rein Leinen – Reinleinen (Pflanze)	Halb Leinen – Halbleinen mit mind. 40 % Leinen (Pflanze)	100 % Seide (Tier)
WOOLMARK – reine Schurwolle, also erstmals verwendete Wolle vom lebend geschorenen Schaf	WOOLMARK BLEND – schurwollreiche Fasermischung mit mindestens 50 % Schurwolleanteil und 50 % nichtwollenen Fasern	WOOL BLEND – Fasermischungen mit 30 % bis 49 % Schurwolleanteil	

Baumwollpflanze

Flachspflanze

Leinen

Chemiefasern werden mittels einer chemischen Behandlung aus folgenden Rohstoffen zu spinnbaren Materialien verarbeitet:

- Fasern aus Cellulose: Acetat, Viskose, Modal, Cupro, Vlies
- Synthetische Fasern aus Erdöl, Erdgas und Steinkohle: Nylon, Polyacryl, Polyamid, Polyester, Elastan

Schadstoffprüfung von Textilien
Im Zuge der Nachhaltigkeit von Produkten gibt es Maßstäbe, nach denen Textilien bewertet werden. Ein Beispiel ist das internationale OEKO-TEX®System.

Gewebeausrüstung von Textilien

Bei der Gewebeausrüstung werden veredelnde Maßnahmen an Textilien vorgenommen, um sie zweckgerichtet auszustatten und ihren Gebrauchswert zu erhöhen. Hierzu gehören beispielsweise folgende Maßnahmen:

- **Farbechte Ausrüstung:** Behandlung mit Indanthren garantiert absolute Farbechtheit.
- **Schmutzabweisende Ausrüstung:** Durch diese Behandlung wird Schmutz vom Gewebe abgestoßen, auch anhaftender Schmutz kann schlecht in das Gewebe eindringen.
- **Antimikrobielle Ausrüstung:** Das Gewebe ist gegen den Befall von Mikroorganismen ausgerüstet und meist auch desodoriert, um Geruchsbildung zu verhindern.
- **Flammschutz-Ausrüstung:** Das Gewebe wird durch chemische Behandlung schwer entflammbar.
- **Imprägnieren:** Das Gewebe wird beschichtet und damit wetterfest, wasserdicht und schmutzabweisend.
- **Antistatische Ausrüstung:** Die elektrostatische Aufladung synthetischer Fasern wird verhindert.
- **Sanforisieren:** Das Gewebe bleibt formbeständig und läuft kaum ein.
- **Eulanisieren:** Das Gewebe wird unverdaulich für Motten und Käfer.

Schmutzabweisende Ausrüstung

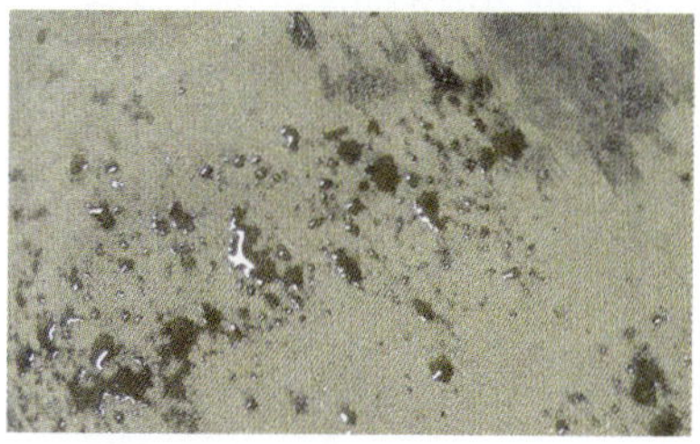

Stoff ohne schmutzabweisende Ausrüstung

13.2 Reinigungsmittel, Pflegemittel und Desinfektionsmittel

Tenside
Tenside sind Substanzen, die die Oberflächenspannung einer Flüssigkeit herabsetzen. Dadurch kann sich das Reinigungsmittel besser mit anderen Substanzen vermischen. Tenside unterstützen so das Ablösen und Entfernen der Schmutzteilchen von festen Oberflächen.

Eine gründliche, regelmäßige und hygienische Reinigung ist für den gastronomischen Betrieb vorgeschrieben (siehe Kapitel 4.5.4). Außerdem ist sie eine Grundvoraussetzung für professionelles Arbeiten in der Gastronomie.

13.2.1 Reinigungsmittel

Reinigungsmittel lassen sich nach ihrer Zusammensetzung wie folgt einteilen:

- Lösungsmittelreiniger wie Aceton, Nitroverdünnung oder Terpentin: Diese Reinigungsmittel werden unverdünnt eingesetzt. Mit ihnen lassen sich z. B. Verschmutzungen mit Fetten, Ölen oder Teer entfernen.
- Lösungsmittelhaltige Reiniger wie Fensterreiniger, Sanitär- und Badreiniger: Diese Reinigungsmittel enthalten Tenside und Lösungsmittel und werden immer mit Wasser eingesetzt.
- Lösungsmittelfreie Reiniger mit oder ohne Scheuermittelanteil, aber oft mit Tensiden: Sie dienen zur Entfernung von weniger hartnäckigem Schmutz auf fast allen Flächen.

Reinigungsmittel lösen und entfernen den Schmutz.

Pflege von Holz mit einem trockenen, weichen Tuch

Wird die Reinigung sachgerecht durchgeführt, lässt sich die Zahl der Krankheitserreger bzw. Verderbniserreger erheblich reduzieren.

13.2.2 Pflegemittel

Entsprechend ihrer Zusammensetzung werden folgende Pflegemittel unterschieden:

- Lösungsmittelhaltige Pflegemittel enthalten Wachse und Lösungsmittel. Sie werden oft zur Holz- und Möbelpflege verwendet, da sie in die Materialien einziehen.
- Lösungsmittelfreie Pflegemittel wie Wischglanzmittel oder Wischwachse sind gut geeignet für Kunststoff- und Ledermaterialien, versiegelte oder lackierte Flächen. Sie hinterlassen einen glänzenden und schützenden Film und ersparen das Nachpolieren.

Pflege von Edelstahl mit Spezialreiniger und Handschuhen

Pflegemittel sorgen für ein ansprechendes Aussehen und schützen vor weiteren Verschmutzungen.

Beim Umgang mit Reinigungsmitteln müssen unbedingt die Gefahrensymbole (siehe Kapitel 2.1.1) auf den Verpackungen beachtet werden. Nur so lassen sich Gesundheitsschädigungen vermeiden.

Gift-Notruf

Vorwahl der Stadt
+
19240

Bei Anwendung lösungsmittelhaltiger Reinigungs- und Pflegemittel muss der Raum gut gelüftet werden, da Lösungsmittel flüchtig sind. Dies bedeutet, dass sie teilweise als Gas in die Umgebungsluft übergehen.

13.2.3 Desinfektionsmittel

Desinfektionsmittel dienen zum Abtöten von Mikroorganismen. Zu den Oberflächen, die regelmäßig desinfiziert werden sollten, gehören vor allem häufig berührte Flächen. Dazu zählen Türgriffe, Handläufe, Flächen im Sanitärbereich sowie Fußböden und Arbeitsflächen. Bei der Anwendung ist es wichtig, dass die Einwirkzeit des Desinfektionsmittels eingehalten wird. Nur in diesem Fall kann die keimreduzierende Wirkung stattfinden.
Für die Desinfektion gibt es verschiedene Möglichkeiten:

- chemische Desinfektionsmittel
- Heißwasserdesinfektion
- Dampfstrahldesinfektion

Desinfektion mit einem Dampfstrahl

Da Desinfektionsmittel Allergien verursachen können und die Haut beschädigen können, ist besondere Vorsicht geboten. Daher sind die Dosierungsvorschriften und Schutzmaßnahmen bei der Anwendung zu beachten.

Desinfektionsmittel sind chemische Substanzen zur Flächen- oder Hautdesinfektion. Bei Anwendung von Desinfektionsmitteln werden Mikroorganismen getötet.

Reinigungs- und Desinfektionsmittel haben entsprechend ihrer Zusammensetzung unterschiedliche Einsatzgebiete

Für eine zweckmäßige Arbeit werden häufig kombinierte Produkte eingesetzt. Sie sind sowohl Reinigungs- und Pflege- als auch Desinfektionsmittel. Die zu reinigende Oberfläche wird in einem Arbeitsgang gesäubert, schützend versiegelt und gleichzeitig desinfiziert.

13.2.4 Auswahl und Lagerung

Die Auswahl der entsprechenden Produkte erfolgt im Betrieb je nach Ausstattung. Bei der Auswahl ist es wichtig, die vom Fachhandel und der Herstellerfirma gegebenen Reinigungs- und Pflegehinweise sowie die Warnsymbole zu beachten (siehe Kapitel 9.2.3).

Außerdem dürfen nur Reinigungs- und Desinfektionsmittel verwendet werden, die für Lebensmittelbetriebe geeignet sind. Es ist darauf zu achten, dass sie keinesfalls mit Lebensmitteln in Berührung kommen. Daher sind die Mittel im Putzmittellager zu lagern und dürfen nicht in Lebensmittelbehälter umgefüllt werden. Nach dem Umfüllen oder Abfüllen in neutrale Behälter sind diese deutlich zu kennzeichnen.

Nach Möglichkeit keine gesundheitsgefährdenden Reinigungsmittel verwenden

Sicherheitsdatenblätter für die einzelnen Produkte mit ihren Gefahrenstoffen müssen übersichtlich in einer Mappe geordnet oder auf dem Computer gespeichert sein.
Mitarbeiterunterweisungen zu den einzelnen Gefahrstoffen müssen durchgeführt, dokumentiert und wiederholt werden.

AUFGABEN

1 | Beschreiben Sie die Verwendung von Allzweck- und Universalreiniger, Aceton, Desinfektionsmittel, Scheuermittel.

2 | Nennen Sie vier Grundsätze für den Einsatz von Reinigungs- und Desinfektionsmitteln.

EU-Ecolabel

Dosiergeräte mit externer Steuerungseinheit

Umweltschädigende Schussdosierung

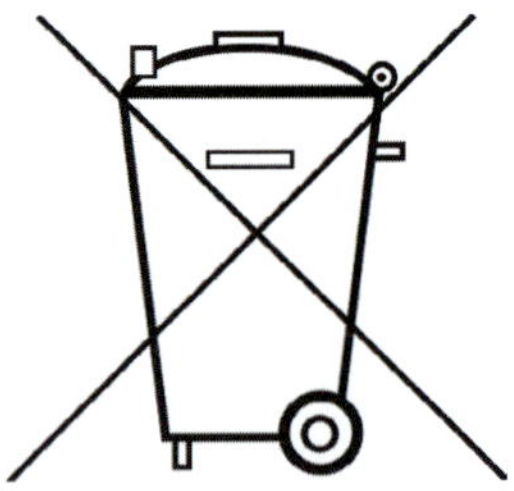

Verpackungen und Produkte, die mit diesem Symbol gekennzeichnet sind, dürfen nicht über den Hausmüll entsorgt werden

13.2.5 Nachhaltiger Umgang

Umweltfreundliche Reinigungs- und Pflegemittel

Umweltfreundliche Reinigungs- und Pflegemittel belasten die Umwelt möglichst wenig. Der Wasserkreislauf wird nicht durch schwer abbaubare Stoffe belastet. Die Atmosphäre wird nicht durch fluorierte Gase, z. B. aus der Spraydose, erwärmt.

Umweltfreundliche Reinigungs-und Pflegemittel sind oft mit dem EU-Ecolabel (EU-Blume) gekennzeichnet.

Reinigungs- und Pflegemittel mit möglichst wenig umweltbelastenden Substanzen verwenden!

Mit dem Einsatz alternativer Reinigungsmittel kann ebenfalls die Umwelt entlastet werden. Beispiele hierfür sind:

- Essigessenz und Essigwasser für die Sanitärreinigung und Kalkentfernung
- Kernseife und Schmierseife als Allzweckreiniger
- Salz als Fleckenentfernungsmittel
- Soda als Allzweckreiniger
- Schlämmkreide als Sanitärreiniger
- Spiritus als Glasreiniger und Fleckenentfernungsmittel

Dosierung und Anwendung von Reinigungs- und Pflegemitteln

Die Einhaltung der Dosierangaben ist aus umweltschonender und wirtschaftlicher Sicht von großer Bedeutung. Die Sicherheits- bzw. Produktdatenblätter geben Auskunft über Anwendung, Dosierung und Lagerung. Eventuell vorhandene Gefahrensymbole (siehe Kapitel 2.1.1) sind unbedingt zu beachten.

Die „Schussdosierung" führt fast immer zur Überdosierung. Dies ist unwirtschaftlich, bringt keinen zusätzlichen Erfolg und ist für Material und Umwelt schädlich.

Entsorgung von Reinigungs- und Pflegmitteln

Die Entsorgung der leeren Verpackungen muss verantwortungsvoll und umweltschonend geschehen. Verpackungen mit Gefahrenzeichen sind grundsätzlich Sondermüll und müssen entsprechend entsorgt werden (siehe Kapitel 3.2.5).

Nachfüllpackungen und Konzentrate von Reinigungs- und Pflegemitteln helfen, den Müll zu verringern.

AUFGABEN

1 | Der Umweltschutz ist beim Gebrauch von Reinigungs- und Pflegemitteln ein wichtiger Aspekt. Worauf ist zu achten, um einen möglichst umweltschonenden Reiniger zu verwenden?

2 | Warum sollen Spülmittel maßvoll eingesetzt werden?

3 | a) Erklären Sie den Begriff „Schussdosierung".
b) Begründen Sie, warum eine Schussdosierung nicht empfehlenswert ist.

13.2.6 Wirkungsweise

Temperatur

Die Reaktionstemperatur von Reinigungsmitteln liegt in der Regel bei ca. 40 °C. Bei zu hohen Wassertemperaturen können bestimmte Stoffe aus dem Reinigungsmittel austreten, wodurch die Wirksamkeit geringer wird oder verloren geht.

Bei starken Verschmutzungen können jedoch bei bestimmten Verfahren durch eine Erhöhung der Wassertemperatur Zeit und Chemie eingespart werden. Hierzu gehören z. B. Hochdruckgeräte und Heißdampfreiniger.

Hochdruckreinigung

Zeit

Einwirk- und Trocknungszeiten sind für eine fachgerechte Anwendung bei vielen Produkten von Bedeutung. Dies gilt insbesondere bei hartnäckigen und starken Verschmutzungen. Weiterhin haben die eingesetzten Reinigungsverfahren und Geräte einen Einfluss auf die benötigte Zeit.

Nassreinigung

> Die angegebene Einwirkzeit ist unbedingt zu beachten. Durch das Einweichen werden die Dosiermenge und die eigentliche Reinigungszeit verringert.

Mechanische Wirkung

Reinigungsmittel entfalten ihre Reinigungskraft in der Regel durch eine chemisch-mechanische Wirkung. Der Einsatz maschineller Reinigungsgeräte erfordert genaue Fachkenntnisse.

Für die unterschiedlichen Erfordernisse werden Reinigungsmaterialien (Schwämme, Tücher, Pads) sowie Reinigungsgeräte und Reinigungsmaschinen angeboten. Ihr Einsatz hängt von den Materialien und baulichen Gegebenheiten ab.

Chemische Wirkung

Der Einsatzbereich eines Reinigungsmittels hängt entscheidend von seinem pH-Wert ab.

> Der pH-Wert ist ein Maßstab für die saure, neutrale oder alkalische Wirkung einer Lösung. Der Messbereich für den ph-Wert wird auf einer Skala von 1–14 dargestellt.

Messbereich der pH-Werte

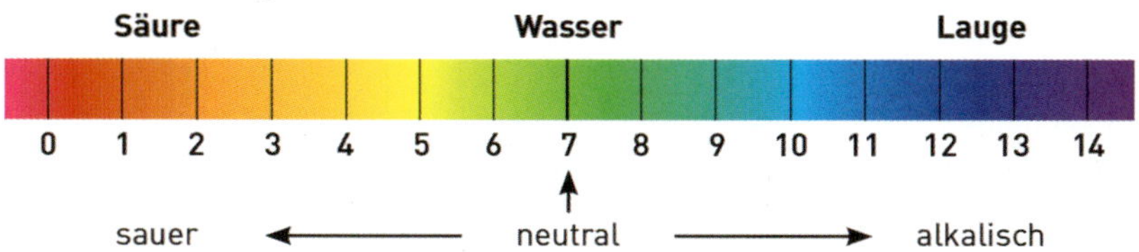

Im Datenblatt jedes Reinigungsmittels wird der pH-Wert angegeben. Diese Angabe lässt Rückschlüsse auf die speziellen Reinigungseigenschaften zu.

pH-Wert verschiedener Reinigungsmittel

- saurer Bereich:
  Sanitärreiniger, z. B. Essigsäure/Zitronensäurereiniger
- neutraler Bereich:
  Unterhaltsreiniger, z. B. Wischpflegemittel/Allzweckreiniger
- alkalischer Bereich:
  Grundreiniger, z. B. Schmierseife, Salmiakgeist

Wasserhärte

Der Härtebereich wird in der internationalen Einheit Millimol Calciumcarbonat je Liter (mmol/l) angegeben.

Härte	Millimol Calciumcarbonat je Liter (mmol/l)	deutsche Härte*
weich	weniger als 1,5	weniger als 8,4
mittel	1,5 – 2,5	8,4 – 14
hart	mehr als 2,5	mehr als 14

* früher übliche Maßeinheit

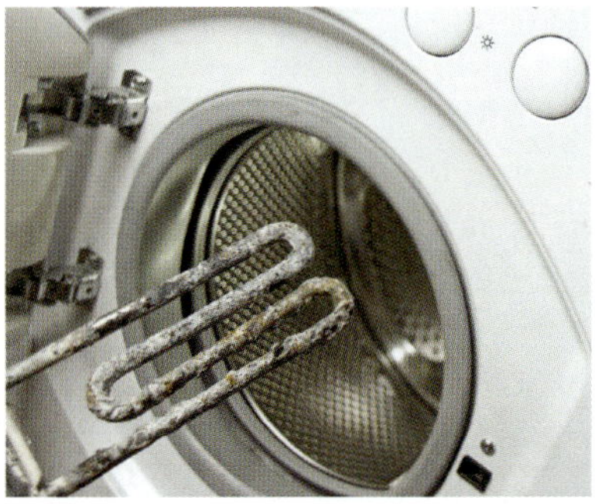

Verkalkter Heizstab einer Waschmaschine

Vorbereitung für die Reinigung

Fliesenreinigung

Außerdem ist die Wasserhärte für ein optimales Reinigungsergebnis von Bedeutung. Die Wasserhärte hängt vom Gehalt an Calcium- und Magnesiumverbindungen ab. Der Gehalt an kalkbildenden Salzen ist je nach der örtlichen Beschaffenheit des Wassers unterschiedlich und kann beim zuständigen Wasserversorger erfragt werden.

Je höher der Gehalt an Calcium- und Magnesiumverbindungen im Wasser, desto härter ist das Wasser.

Die kalkbildenden Substanzen im Wasser behindern einen optimalen Reinigungsprozess, weil diese Stoffe unlösliche Verbindungen mit Schmutzsteilchen bilden. Daher wird die Reinigungswirkung vermindert.

Außerdem entsteht bei Hitzeeinwirkung Kalkstein, der sich auf den unterschiedlichsten Materialien festsetzt und zum schnelleren Verschleiß der Reinigungsmaschinen führt.

Je weicher das Wasser, desto intensiver wirkt das Reinigungsmittel.

13.3 Reinigung von Böden, Geschirr und Wäsche

Welche Maschinen, Reinigungsgeräte und Arbeitsmittel in den Betrieben zum Einsatz kommen, ist nach folgenden Gesichtspunkten zu entscheiden:

- örtliche und bauliche Gegebenheiten
- vorhandene Materialien
- Reinigungskonzept
- Raumnutzung

In der Gastronomie werden die Räumlichkeiten meist in drei Bereiche unterteilt:

- Produktionsräume
- Gäste- und Servicebereich
- Sanitärbereich

13.3.1 Bodenreinigung und Flächenreinigung

Die Boden- und Flächenreinigung gehört gerade im Produktionsbereich eines gastronomischen Betriebs zur Grundaufgabe im Wirtschaftsdienst. Hier ist nicht nur sichtbare Sauberkeit, sondern auch mikrobiologische Reinheit erforderlich.

Fliesen und PVC

Die Böden im Küchenbereich sind meist mit rutschhemmenden Sicherheitsfliesen mit Noppen ausgelegt. Daher lässt sich die Oberfläche nur mit einer Scheuermaschine oder einem Hochdruckgerät säubern. Die Scheuermaschine gelangt mit Bürstenwalzen in die Struktur der Fliese und in die Fugen hinein und entfernt den Schmutz.

Bei Feinsteinzeug-Bodenbelägen werden Mikrofaserwalzen eingesetzt.

Es gibt im Küchenbereich auch Bodenbeläge aus PVC (Sicherheitsbodenbeläge mit Rutschhemmung). Diese können mit einem Wandbelag aus PVC zu einem wannenähnlichen System kombiniert werden. Dadurch können sich weder Flüssigkeit noch Keime in Fugen oder Stoßkanten festsetzen.

Bodenbeläge und Wandbeläge aus PVC

Grundreinigung

Eine Grundreinigung muss je nach Betriebsart und Verschmutzung regelmäßig durchgeführt werden. Sie erfolgt in folgenden Schritten:

- Kehren bzw. Staub saugen
- mit einem alkalischen Reinigungsmittel die Fette entfernen
- mit Wasser nachspülen
- mit einem sauren Reinigungsmittel die Reinigung fortsetzen, um zum Bespiel Kalk und Rost zu entfernen
- mit Wasser nachspülen, insbesondere die Fugen wässern, damit die Säure die Fugen nicht angreift

Abschließend kann eine Desinfektion durchgeführt werden.

Die Grundreinigung erfolgt mit der Zweischritt-Methode: Die Reinigungsflotte wird zunächst aufgelegt und nach einer entsprechenden Einwirkzeit wieder aufgenommen.

> Als **Reinigungsflotte** wird das Reinigungs-, Pflege- oder Desinfektionsmittel bezeichnet bzw. ein Gemisch aus dem Mittel und Wasser.

Unterhaltsreinigung

Die tägliche Reinigung wird auch als Unterhaltsreinigung bezeichnet. Sie erfolgt in der Regel mit der Einschritt-Methode: Die Reinigungsflotte wird in einem Arbeitsgang aufgelegt und abgesaugt. Im Servicebereich erfolgt sie auch mit dem Wischmopp.

Hochdruckreinigung

Bei der Hochdruckreinigung kann nicht der gesamte Schmutz abgesaugt werden. Er muss mit einem geeignetem Gerät in den Abfluss geschoben werden. Für Küchen ohne Abfluss ist eine Scheuersaugmaschine erforderlich, die auch absaugt.

Im gesamten Beherbergungs- und Servicebereich sind je nach Material und Aufbau der Fußböden und Wände unterschiedliche Reinigungs- und Pflegemittel anzuwenden. Hier findet zunächst das Entfernen von lockerem Schmutz durch Fegen oder Moppen als Vorreinigung statt. Anschließend wird die Reinigung nach Material unterschieden.

Besen, Scheibenmaschine und Scheuersauger

Parkett, Dielen, Laminat und Kork

Die Böden außerhalb der Küche wie Flure, Eingangsbereiche, Schulungsräume und Gasträume sind häufig mit Holzfußbodenarten ausgelegt. Die Oberfläche ist oft mit einer lackähnlichen Schutzschicht überzogen (versiegelt). Diese Böden dürfen nur feucht und nicht nass gereinigt werden. Außerdem dürfen keine Scheuermittel verwendet werden.

Reinigung von Böden

Material	Reinigung und Pflege
Holz-Parkett versiegelt	mit Allzweckreiniger oder Neutralreiniger feucht reinigen und mit Emulsion oder Parkettpflege behandeln
Holz-Dielen	schonend mit Schmierseife reinigen und mit wachshaltigem Wischpflegemittel als Oberflächenschutz pflegen
Laminat und Kunststoffböden	mit Neutralreiniger oder Allzweckreiniger wischen und mit Wischglanz oder Glanzemulsion pflegen
Natursteinfliesen oder Kunststeinfliesen	mit milder Reinigungslösung feucht wischen (nie saure Reiniger verwenden), gelegentlich mit Wischpflegemittel behandeln
Keramikfliesen	mit starker Reinigungslösung nass wischen oder sogar schrubben und mit klarem Wasser nachspülen

Reinigung von Wänden

Material	Reinigung und Pflege
wischfeste Tapeten und Wände mit Dispersionsfarbe	mit einem mäßig feuchten Tuch reinigen
Anstrich mit Ölfarbe und abwaschbare Tapeten	mit milder Reinigungslösung abwaschen und gegebenenfalls desinfizieren und trockenreiben
nicht abwaschbare Tapeten und Stoffbespannungen	mit Bürste oder Staubsauger vorsichtig abstauben oder absaugen
keramische Fliesen oder Kunstoffbeschichtungen	mit heißer Reinigungslösung abwaschen, gegebenenfalls desinfizieren, mit klarem Wasser nachspülen und trockenreiben

PRODIS-Label für textile Bodenbeläge: mit Informationen über Einsatzbereiche, mit dem GUT-Verbandszeichen und einer Prüfziffer

Textile Bodenbeläge

Die Reinigung und Pflege von textilen Belägen erfordert gute Fachkenntnisse, denn sie werden häufig unterschiedlichen Schmutzarten ausgesetzt, z. B. Straßenschmutz, Essensreste und Getränke. Der Strapazier- und Komfortwert eines textilen Belags ist von dem Einsatzbereich abhängig. Im Restaurant und im Gästezimmer sind die speziellen Anforderungen unterschiedlich.

Verschiedene Symbole geben Auskunft über die Eignung der Teppichböen. Das GUT-Verbandszeichen von der Gemeinschaft umweltfreundlicher Teppichböden e.V. bescheinigt, dass

- die Produktionsverfahren umweltverträglich sind,
- keine gesundheitsgefährdenden Substanzen im Produkt sind,
- neue Teppichböden minimale Emissionen und Gerüche haben,
- Altteppiche und Produktionsabfälle wiederverwertet werden.

Textile Bodenbeläge, die für das Gastgewerbe geeignet sind, werden in der Regel mit Faserschutzausrüstungen ausgestattet, die einer Schmutzanhaftung entgegenwirken und das Entfernen von Verschmutzungen erleichtern. Durch jede Grundreinigung wird diese Schutzausrüstung schrittweise entfernt und damit das Anschmutzungsvermögen der Belagsoberfläche erhöht.

Eignung und Eigenschaften von Teppichböden

Starke Beanspruchung | Lichtechtheit | Schwer-entflammbar | Rutsch-festigkeit | Antistatik | Treppe | Stuhlrolle | Fußboden-heizung

Professionelle Reinigung

Beim Reinigen wird immer von links nach rechts und von oben nach unten gearbeitet. So werden keine Gegenstände übersehen und herabsinkender Restschmutz wird beim Reinigen der unteren Flächen restlos entfernt. Kleinmöbel und Ähnliches wie Stühle, Stehlampen, Papierkorb hochstellen bzw. während der Reinigung verschieben. Beim Saugen darauf achten, dass der Teppich in Florrichtung (nicht „gegen den Strich“) gesaugt wird.

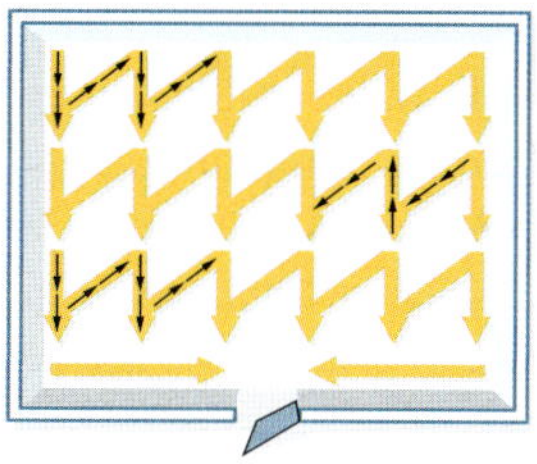

Flächen fegen/kehren

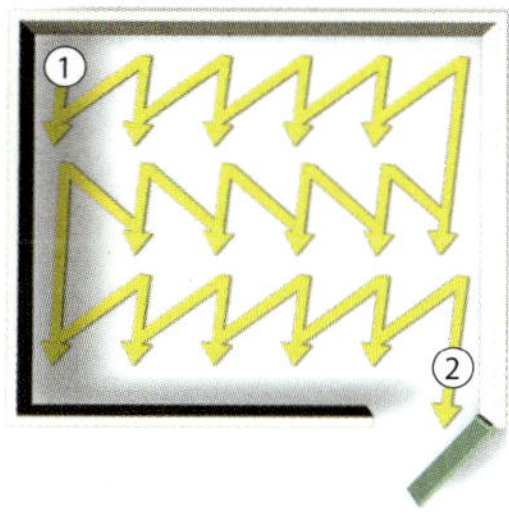

Freie Flächen saugen

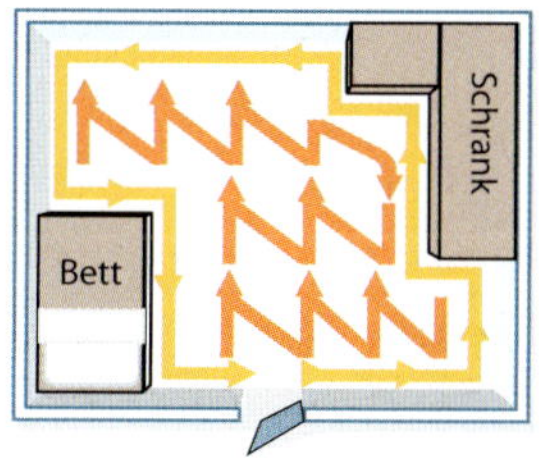

Flächen mit Mobiliar saugen

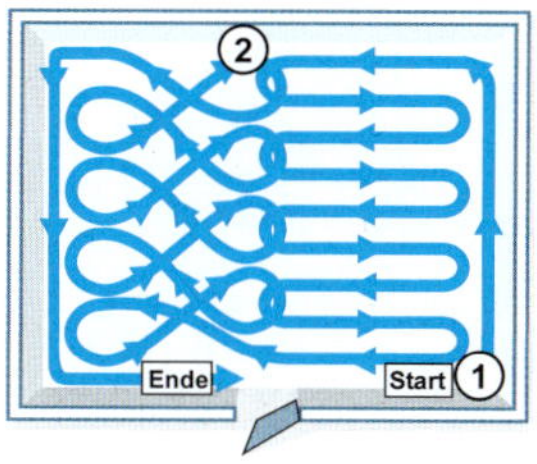

Breite Flächen feucht oder nass wischen

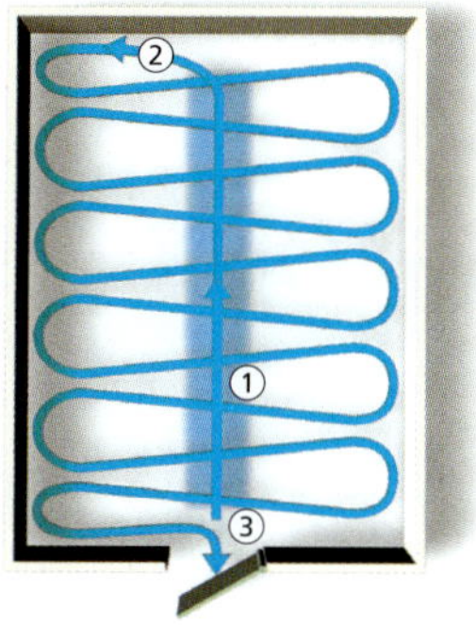

Schmale Flächen feucht oder nass wischen

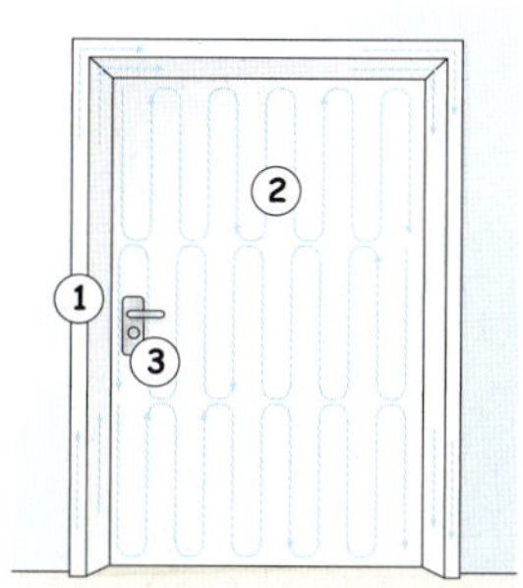

Türen reinigen

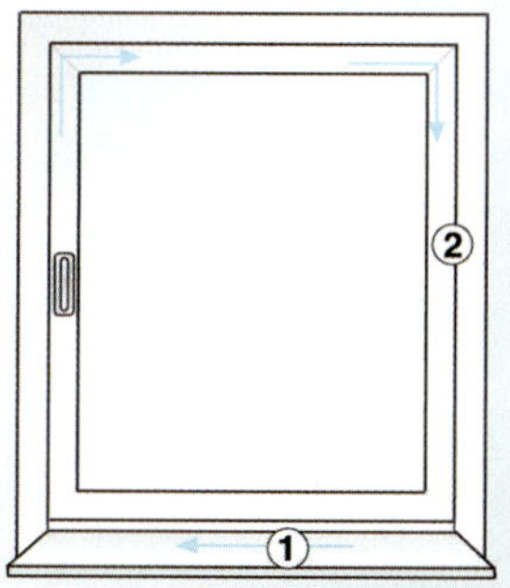

Fensterbank und -rahmen reinigen

Fenster innen und außen mit dem Bezug des Wischers reinigen

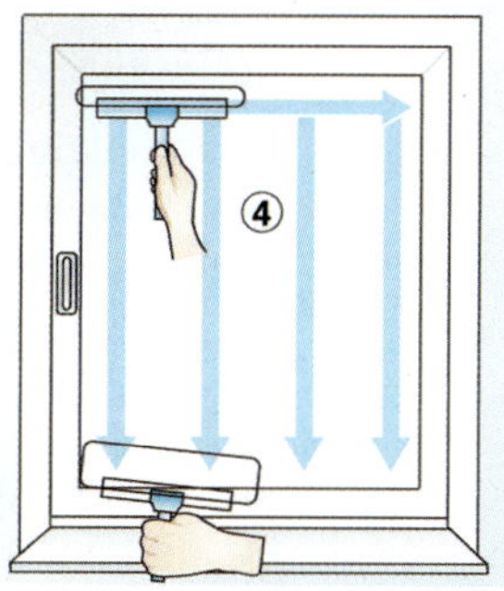

Fenster mit der Gummilippe abziehen

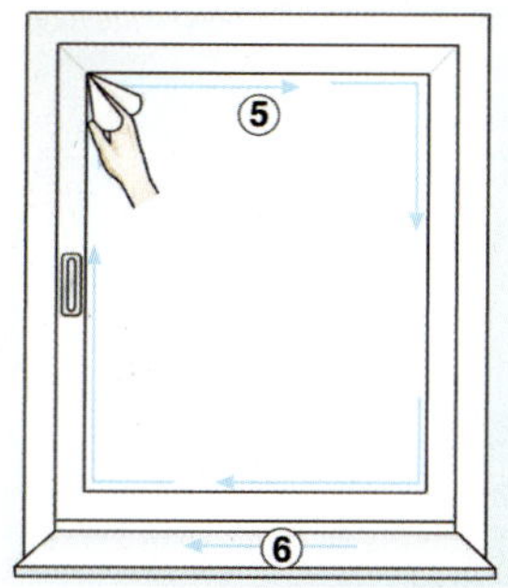

Restliche Feuchte am Rand und in den Ecken trocknen

Unterhaltsreinigung

Der textile Bodenbelag wird mit einem Staubsauger gesaugt. Hierbei ist darauf zu achten, dass die Saugleistung auf die zu saugende Oberfläche abgestimmt wird. Bei anhaftenden Verschmutzungen kann ein geeigneter Teppichreiniger eingesetzt werden. Ein Fleck wird von außen nach innen mit kreisender Bewegung entfernt.

Grundreinigung

Eine Grundreinigung kann trocken mit Reinigungspulver oder Granulat aber auch feucht durch Shampoonieren oder Sprühextraktion vorgenommen werden. Hierbei wird die Gesamtfläche gereinigt und es ist darauf zu achten, dass der Belag nach dem Reinigungsvorgang restlos abtrocknen kann.

Reinigungsempfehlung

Die Reinigungsmethode muss auf das Material und die Verschmutzungsart abgestimmt werden. Der Fußbodenverleger ist nach DIN 18365 verpflichtet, eine schriftliche Reinigungsempfehlung zur Verfügung zu stellen.

Sprühextraktion

Reinigungsmittel werden in einem Arbeitsgang aufgesprüht und aufgesaugt.

13.3.2 Geschirrreinigung

Ein gutes Spülergebnis fängt mit einer durchdachten Planung der Spülküche an. Dabei sollten Raumnutzung, Spülabläufe und Geschirrmenge berücksichtigt werden. Außerdem sind die Geschirrarten, deren Mengen und Verschmutzungsgrad zu beachten. Je nach Art des Betriebs gehören z. B. neben dem Geschirr auch große Teile wie Bleche und Tabletts zum Spülgut.

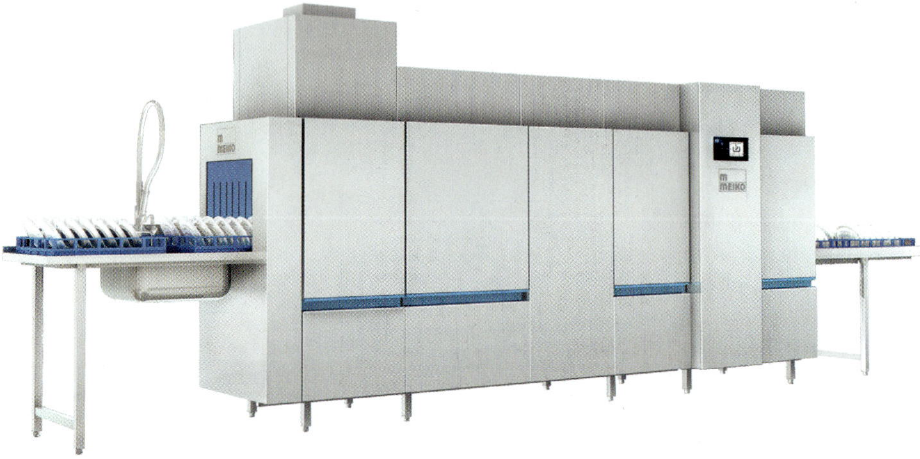

Spülmaschine mit Durchlaufsystem

Faktoren einer professionellen Geschirrreinigung

Wasserqualität
Zum Spülen wird immer Wasser mit einem niedrigen „Gesamtsalzgehalt" empfohlen. Damit wird verhindert, dass auf dem Spülgut Kalk und Schlieren sowie Flecken zurückbleiben. Außerdem wird Reinigungsmittel gespart.

> Die Mineralstoffe im Wasser binden einen Teil des Reinigungsmittels Daher gilt: Je härter das Wasser, desto höher der Bedarf an Reinigungsmittel.

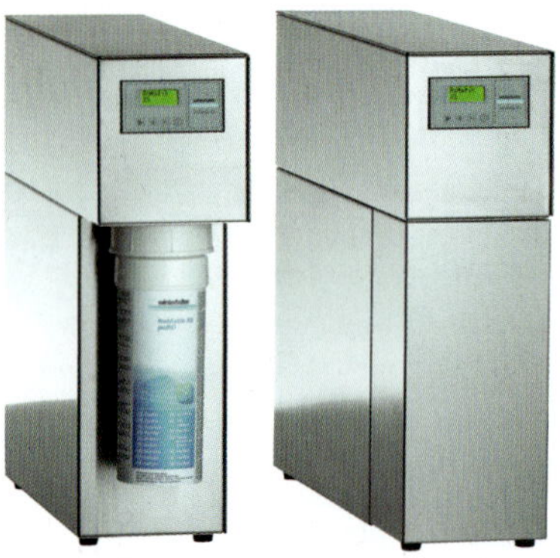

Umkehrosmose-System

Mit einer entsprechenden Wasseraufbereitung (Umkehrosmose-Systeme) sind einwandfreie Spülergebnisse möglich. Kompakte Wasseraufbereitungselemente können genau an die Wasserqualität vor Ort angepasst werden. Sie sorgen zudem für eine erhöhte Wirksamkeit von Reiniger und Klarspüler sowie für mehr Hygienesicherheit. Es entfällt jegliches Nachpolieren von Gläsern und Bestecken.

> Umkehrosmose-Systeme verfügen über eine Membran, die so fein ist, dass alle gelösten Stoffe wie Mineralien und Salze herausgefiltert werden. Dadurch kommt das Spülgut sauber und glänzend aus der Maschine. Polieren von Hand ist überflüssig.

Spülfelder
Die Verteilung der Wasserdüsen muss eine maximale Flächendeckung erzielen. Außerdem muss die Reinigung von oben und unten gewährleistet sein. Nur eine maximale Flächendeckung garantiert ein vernünftiges Spülergebnis bis in jeden Winkel.

Sonderprogramme
Viele Geschirrspülmaschinen bieten Sonderprogramme wie z. B.:
- Kurzprogramme
- Intensivprogramme
- Entkalkungsprogramme
- Selbstreinigungsprogramme

Wasserdruck
Spülgut mit hartnäckigen Verschmutzungen muss mit besonders hohem Wasserdruck gereinigt werden. Nur so wird ein hygienisch einwandfreies Ergebnis erzielt.

Für besonders leichtes Geschirr sollte der Spüldruck regulierbar sein, damit das Spülgut sicher in der Position in der Maschine bleibt.

Wirtschaftlichkeit
Beim Kauf einer Spülmaschine sollten Gastronomen nicht nur auf die Leistung, sondern auch auf den Wasser- und Stromverbrauch achten. Auch der Verbrauch an Spülmittel ist von nachhaltiger wirtschaftlicher Bedeutung.

Spülmaschine für Töpfe, Bleche, Schüsseln usw.

Spülmaschinen für unterschiedliche Anwendungsbereiche

Geschirrspülmaschinen/Spülmaschinen für Arbeitsgeschirr und Behälter sowie Teller und Tassen
Arbeitsgeschirr und die verschiedensten Behälter sind in der Regel am stärksten und hartnäckigsten verschmutzt. Deshalb garantieren nur ein hoher Druck und eine hohe Nachspültemperatur die spurenlose Beseitigung von Eiweiß, Fett oder Stärkeresten.

Besonders effektiv ist eine Spültechnik mit Granulat. Hierbei wird die Kraft aus der Kombination von Granulat (kleine Kunststoffkörner) und Wasser genutzt. Auf diese Weise wird Schwarzgeschirr (Backbleche, Töpfe usw.) schnell und ohne Kraftaufwand mechanisch gereinigt. Das Spülgut wird bei hohen Temperaturen hygienisch rein. Wasser, Energie und Chemie werden gespart.

Kombinierte Allroundspülmaschinen/Bistrospülmaschinen
Bei diesen Spülmaschinen stellt das unterschiedliche Spülgut besonders hohe Anforderungen an die Technik und Wasserqualität. Das Spülgut reicht vom Teller über das Glas bis hin zum Besteck. Schwebeteilchen wie Fleisch- oder Gemüsereste, Tee- und Kaffeerückstände müssen möglichst schnell herausgefiltert werden. Dies ist erforderlich, damit das Wasser sauber bleibt und somit sauber gespült werden kann.

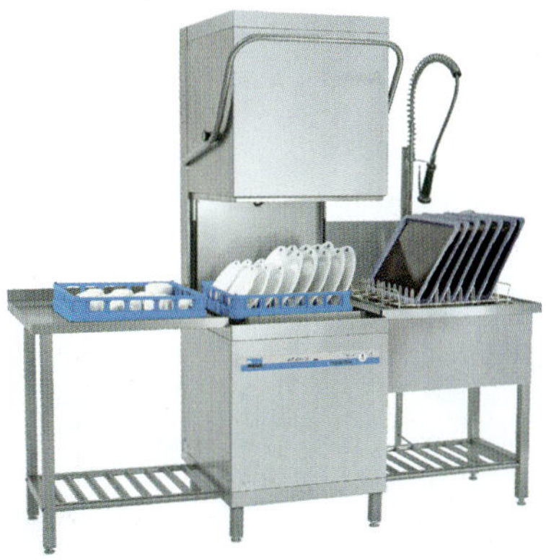

Korbdurchschubmaschine mit stationärem Waschverfahren für Geschirr und Tabletts

Bei Spülmaschinen gibt es in Bezug auf die Arbeitsweise zwei Verfahren:
- handbeschickte Programmautomaten mit stationärem Waschverfahren. Dies sind meist Fronttürmaschinen und Korbdurchschubmaschinen.
- Spülmaschinen mit Transport- oder Durchlaufsystem. Dies sind meist Band- und Korbtransportmaschinen.

Glaskorrosion

Gläser nicht nachtrocknen oder nachpolieren

Zum Thema Gläserspülen hat die VGG „Vereinigung gewerbliches Geschirrspülen" eine Broschüre herausgegeben. Darin wird darauf hingewiesen, dass nach DIN 10511 Gläser weder maschinell nachgetrocknet noch poliert werden sollen, da der hygienische Reinigungserfolg durch erneutes Aufbringen von Keimen gefährdet würde.

www.vgg-online.de

Gläserspülmaschinen

Der Anspruch an hygienische und optische Sauberkeit ist bei Gläsern besonders hoch. Hier ist die Qualität des Spülwassers wichtig, um eine Trübung der Oberfläche zu verhindern. Diese Trübung wird auch als Glaskorrosion bezeichnet.

Zur Reinigung von Gläsern ist ein spezieller Gläserreiniger zu empfehlen. Es sollten keine intensiven Spülmitteln wie sie zur Reinigung von Geschirr Verwendung finden, eingesetzt werden. Ihr Gebrauch wirkt sich negativ auf die Lebensdauer des Glases und seines Dekors aus. Nach dem Spülvorgang ist die Spülmaschine sofort zu öffnen, damit der Dampf schnell entweichen kann. Gläser sollten zudem nicht über Nacht in der Spülmaschine verbleiben.

Standardprogramme zum Gläserspülen

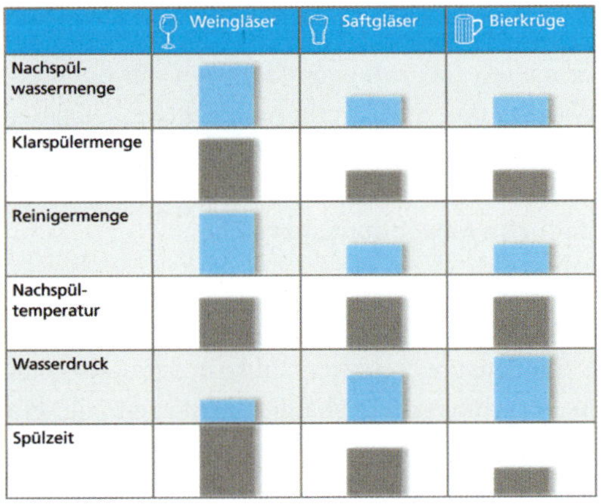

(Quelle: Winterhalter Gastronom GmbH)

Besteckspülmaschinen und Poliermaschinen

Im gastronomischen Betrieb werden oft Besteck sowie Koch- und Vorlegeteile maschinell gereinigt. Dabei muss gewährleistet sein, dass selbst über Stunden angetrocknete Speisereste ohne manuelle Vorreinigung zuverlässig entfernt werden.

Die sauberen Besteckteile können dann für den Großverbraucher sogar maschinell mit einer Serviette in einen Papierbeutel oder Folienbeutel eingepackt werden, z. B. für Fluggesellschaften. Dies stellt gerade für den Cateringbereich und Kantinen eine wirtschaftliche Alternative dar.

Reinigungsstufen bei der mechanischen Besteckreinigung mit Granulat und Wasser

1. mechanisches Säubern

2. Spülen

3. Trocknen und Polieren

13.3.3 Wäschepflege

Wäsche ist in allen Bereichen ein wichtiger Gebrauchsgegenstand. Daher hat sie eine zentrale Bedeutung im Wirtschaftsdienst. Hierzu gehört auch die Beschaffungs- und Reinigungsplanung der Berufsbekleidung.

Zur Wäsche gehören insbesondere folgende Wäschearten:

- Bettwäsche
- Frottierwäsche
- Tischwäsche
- Berufsbekleidung

Unterschiedliche Textilien

Wäschebedarf

Der Wäschebedarf hängt von mehreren Faktoren ab:

- Betriebsart: Konzept, Größe, Lagerkapazitäten, Standort
- Wirtschaftlichkeit: Langlebigkeit, Preis, Umweltfreundlichkeit
- Tauglichkeit: Gebrauchseigenschaften, Reinigungs- und Pflegeeigenschaften
- Aussehen: Design, Wirkung

Reinigung und Pflege der Wäsche

Die meisten Betriebe reinigen die unternehmenseigene Wäsche nicht selbst, sondern verwenden Leasingwäsche. Alternativ wird die unternehmenseigene Wäsche von einer Fremdfirma gereinigt und gepflegt.
Die vorherige Wäschetrennung/Sortierung erleichtert die Organisation der unterschiedlichen Behandlung der verschiedenen Wäschestücke.
Die Schmutzwäsche ist trocken und luftig und kühl zu lagern, damit vorhandene Mikroorganismen sich nicht vermehren und feuchte Stellen keine zusätzlichen Flecken verursachen (Stockflecken). Außerdem sind eingetrocknete Flecken schwerer zu entfernen.

Behälter zur Wäschetrennung

Die wichtigsten Arbeitsschritte bei der Reinigung und Pflege sind:

- Waschen bzw. professionelle Trocken- oder Nassreinigung
- Trocknen
- Bügeln

Waschen

Wäsche wird fast ausschließlich in Waschvollautomaten gereinigt. Diese Maschinen waschen, spülen und schleudern die Wäsche. Ausnahme bei besonderen Stoffarten ist die Handwäsche.

Durch Waschmittel wird bei der Wäschereinigung die Reinigungswirkung des Wassers verstärkt.

> Wasser und Waschmittel = Waschflotte

Stockflecken

13.5 Aufgaben

1 | Erläutern Sie den Unterschied zwischen mechanischer und chemischer Wirkungsweise von Reinigungsmitteln.

2 | Die Reinigungsintervalle sind je nach Geräten und Anlageteilen unterschiedlich. Geben Sie Beispiele für vorgeschriebene Reinigungsintervalle bei unterschiedlichen Anlageteilen bzw. Geräten.

3 | Beschreiben Sie das Prinzip der Grundreinigung am Beispiel eines Restaurantraums in Ihrem Betrieb. Wer reinigt was, wann, wo, womit ...?

4 | a) Nennen Sie zu den Metallen Silber, Kupfer und Edelstahl je 2 Gebrauchsgegenstände aus dem Restaurant.
b) Beschreiben Sie jeweils das Verfahren zur Reinigung und Pflege dieser Gegenstände.

5 | Beschreiben Sie die Vorbereitungen, die Sie treffen, bevor Sie mit der Reinigung des Barbereichs beginnen.

6 | Erläutern Sie mögliche Folgen einer Falschanwendung eines Reinigungsmittels für den Anwender und das Material.

7 | Erklären Sie den Unterschied zwischen Reinigungsmittel und Desinfektionsmittel.

8 | Nennen Sie Beispiele für pflegeleichte und pflegeaufwendige Bodenbeläge.

9 | Erläutern Sie die unterschiedlichen Aspekte beim Polieren von Gläsern.

10 | Geben Sie Tipps zum nachhaltigen Umgang mit Reinigungsmitteln.

11 | Was ist bei der Entsorgung von Reinigungs- und Pflegemitteln zu beachten?

12 | Zählen Sie die in Ihrem Betrieb verwendeten Teile der Restaurantwäsche auf.

13 | Was ist bei der Lagerung der Wäsche zu beachten?

14 | Geben Sie Beispiele für Gewebeausrüstungen bei Servicewäsche, die in Ihrem Betrieb eingesetzt wird.

15 | Welche Vor- und Nachteile haben Stoffe aus synthetischen Fasern?

16 | Welche Schutzmaßnahmen sind erforderlich, um gesundheitliche Gefahren für die Mitarbeiter bei Reinigungsarbeiten zu vermeiden?

17 | Erstellen Sie eine Checkliste für Reinigungsarbeiten im Restaurant nach Dienstschluss.

18 | Weshalb gehören die Reinigung und Pflege einer Restaurantterrasse zur täglichen Arbeitsroutine einer Reinigungskraft? Welche Faktoren sind hierbei besonders zu berücksichtigen?

19 | Entwickeln Sie einen Reinigungsplan für die Kaffeestation in Ihrem Restaurant. Tragen Sie alle erforderlichen Angaben in diesen Plan ein.

20 | Wie stellen Sie sicher, dass alle Reinigungs- und Desinfektionsarbeiten durchgeführt werden?

21 | Mit welchen Maßnahmen sorgt ein mit der Reinigung beauftragter Mitarbeiter für seinen eigenen Schutz während der Reinigungs- und Desinfektionsarbeiten in der Küche?

22 | Sie haben in Ihrem Restaurant eine Cocktailkarte eingeführt. Ihre Gäste sind begeistert vom Angebot und bestellen jetzt oft als zusätzliches Getränk einen Cocktail. Daher benötigen Sie dringend eine neue Gläserspülmaschine für den Thekenbereich. Bei der Wahl der Spülmaschine ist genaues Hinsehen und Vergleichen unerlässlich.
- Informieren Sie sich im Internet bei den Online-Produktberatern der Hersteller, z. B.:
- www.meingeschirrspueler.de
- miele.de/professional/index.htm
- www.glaeser-geschirrspueler.ch
- www.grimm-gastrobedarf.de/spuelen.html

und fertigen Sie eine Vergleichsübersicht zu 3 Alternativen an.
Präsentieren Sie ihre Auswahl und begründen Sie ihre Entscheidung für das Modell, das Sie für das beschriebene Restaurant ausgesucht haben.

23 | Für die Reinigungslösung zum Reinigen des Fußbodens werden 0,4 l Reinigungskonzentrat mit Wasser auf 1 l gebrauchsfertige Lösung aufgefüllt. Wie viel Liter verdünnte Reinigungslösung lassen sich aus einer 5-l-Flasche herstellen?

24 | Die Geschirrspülmaschine, die einen Energieverbrauch von 1,2 kW/h hat, ist für einen Spülgang 45 Minuten in Betrieb. Wie viele kWh werden für einen Spülgang verbraucht?

food
network
MARKETING

Marketing

Mit über 220.000 umsatzsteuerpflichtigen Unternehmen im Gastgewerbe bietet der deutsche Markt ein großes und vielfältiges Angebot.

Unternehmerische Grundeinstellung und Denkweise sind notwendig, um am Markt zu bestehen. Mit einem Konzept, das auch die unterschiedlichen Bereiche eines Betriebs erfasst, können dann die Bedürfnisse und Wünsche des Gasts optimal berücksichtigt werden.
Schwerpunkte für ein Marketingkonzept sind:

- Marktforschung
- Marketingplan
- Marketinginstrumente
- Marketingcontrolling

Werbung und Online-Marketing werden in Kapitel 6.3 und 6.4 beschrieben

Marketing per Homepage

14.1 Grundlagen

Die Grundlagen zum „Marketing für das Gastgewerbe" müssen nicht gänzlich neu erfunden werden, denn sie basieren auf dem allgemeingültigen bzw. branchenunabhängigen Wissen zu Marketing. Seit über 100 Jahren beschäftigt sich die Wissenschaft zunächst an den Universitäten in den USA mit dem Begriff *Marketing* bzw. mit der Vermarktung von Produkten.

Die Anwendung von Marketinginstrumenten kann dazu beitragen, dass ein gastronomischer Betrieb von Anfang an erfolgreich ist. Die Systemgastronomie ist bei der Anwendung der Marketinginstrumente ein Vorreiter, denn ab einer gewissen Unternehmensgröße und Komplexität nimmt die Bedeutung bzw. Nutzung moderner Management- und Marketingmethoden zu. Zunehmend erkennen auch Betreiber der Individualgastronomie die große Bedeutung der Marketinginstrumente und nutzen erfolgreich die Bandbreite der Marketingmöglichkeiten wie Werbung, Anzeigen, Öffentlichkeitsarbeit und Social Media.

Erfolgreiche Konzeptentwicklung
Hierzu gehört eine Kombination aus:

- Instinkt/Bauchgefühl
- Kreativität
- Marktforschung/Trendforschung

Grundvoraussetzung für ein professionelles Marketing ist zunächst das gastronomische Konzept des Betriebs. Durch ein schriftlich ausgearbeitetes Konzept ist es möglich, eine Vorstellung des Angebots zu erhalten. Die Besonderheit der Systemgastronomie besteht dann darin, dass dieses Angebot sich bewährt hat und dann multipliziert wird, d. h. mehrere Filialen, Outlets gegründet werden.

Marketing umfasst somit die Planung, Umsetzung und Kontrolle von Strategien und Maßnahmen in einem gastronomischen Betrieb. Das Ziel ist, ein für bestimmte Gäste möglichst interessantes und unverwechselbares Angebot zu schaffen, dieses Angebot bekannt zu machen und als positives Image zu verankern.

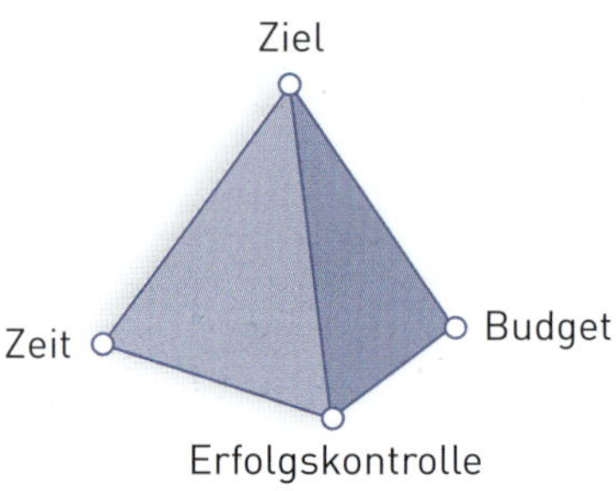

Magisches Projektdreieck

Für die erfolgreiche Planung, Umsetzung und Kontrolle der Marketingmaßnahmen sind Erfahrungen und Methoden aus dem Projektmanagement hilfreich. Mittels des sogenannten magischen Projektdreiecks können die Projektziele einer Marketingmaßnahme definiert werden.

14.2 Marktuntersuchung

14.2.1 Markterkundung und Marktforschung

Die Marktuntersuchung hat das Ziel, Informationen über Märkte zu sammeln und abschließend einen Markt zu beurteilen.

> Eine Marktuntersuchung führt immer zu einer Marktprognose = Abschätzung und Vorausberechnung der zukünftigen Marktverhältnisse.

Die Untersuchungsergebnisse helfen also dabei, richtige Entscheidungen zu treffen, z. B. in der Unternehmensgründung, beim gastronomischen Konzept oder bei der Standortwahl, aber auch bei notwendigen Konzeptverbesserungen, wenn der Umsatz nicht mehr stimmt.

Für die Beschaffung von Informationen zur aktuellen Marktsituation gibt es vielfältige Quellen und zwei unterschiedliche Untersuchungsarten:

- **Markterkundung** = unsystematisches, gelegentliches Sammeln von Informationen. Dies geschieht z. B. auf Fachmessen oder im Gastgespräch.
- **Marktforschung** = systematische, mit wissenschaftlichen Methoden durchgeführte Untersuchung des Markts.

Marktforschung
In der Marktforschung wird bei den wissenschaftlichen Methoden zwischen Primär- und Sekundärerhebungen unterschieden:

- Bei der Primärforschung werden Informationen erstmals und aktuell gewonnen. Hier werden eigene Erhebungen vorgenommen oder Erhebungen durch Marktforschungsinstitute in Auftrag gegeben.
- Bei der Sekundärforschung werden bereits bestehende Informationen und vorhandene Daten genutzt. Sie werden für die eigene Problemstellung ausgelegt und angewendet.

Für die Gastronomie tut sich somit ein weites Feld von Untersuchungsmöglichkeiten auf. Der Markt im gastronomischen Bereich besteht einerseits aus den möglichen oder vorhandenen Gästen, den bereits bestehenden gastronomischen Betrieben, Konkurrenten und dem gesamten Umfeld der gastronomischen Betriebe, wie z. B. Behörden, die Richtlinien und Gesetze erlassen, die in einem gastronomischen Betrieb berücksichtigt werden müssen.

Exemplarisch sollen deshalb in den folgenden Unterkapiteln die wichtigsten gastronomischen Aspekte der Marktforschung dargestellt werden. Dabei gibt es erneut zwei Alternativen: Marktforschung als

- **Marktanalyse** = Zeitpunktbezogene Untersuchung der Marktforschung (einmalig oder in bestimmten Abständen). Hier wird schwerpunktmäßig untersucht.
- **Marktbeobachtung** = Zeitraumbetrachtung. Hier wird kontinuierlich das Marktgeschehen beobachtet und untersucht, um Veränderungen festzustellen und Ursachen zu erkennen.

Fragen zur Gästeorientierung

- Welche Bedürfnisse haben meine Gäste?
- Wie alt sind meine Gäste?
- Warum kommen Gäste in meinen Betrieb – bzw. werden die Bedürfnisse der Gäste in meinem Betrieb befriedigt?
- Was unterscheidet mich von anderen gastronomischen Betrieben?
- Wie zufrieden sind meine Gäste?

Fragen der Marktforschung

Welche Bedürfnisse haben diese Gäste?

Welche Gäste will ich ansprechen?

Welche gastronomischen Betriebe wollen diese Gäste ebenfalls ansprechen?

Wie sind insgesamt die wirtschaftlichen Rahmenbedingungen für einen gastronomischen Betrieb?

Methoden der primären Marktforschung

- Gästebefragung (telefonisch, persönlich, per Internet usw.)
- Wettbewerbsbeobachtung
- Testessen/Testbesuche
- Teilnahme an Trendtouren bzw. sogenannten Gastroexpeditionen

Methoden der sekundären Marktforschung
Auswertung von Informationen bzw. Daten aus

- Fachliteratur
- Branchenzeitschriften
- Internet
- Verbänden
- Statistiken

Veröffentlichung von Marktdaten der Gastronomie
aus Sicht der Unternehmen: Umsatzsteuerstatistik des Statistischen Bundesamts:

www.destatis.de
www.dehoga-bundesverband.de

aus Sicht der Gäste: Befragung einer repräsentativen Anzahl von Konsumenten: The NPD Group Deutschland GmbH

www.npd.com

Studie zur zukünftigen Marktentwicklung

Gastronomische Chancen durch den grundlegenden Strukturwandel in der deutschen Gesellschaft
- kleinere Haushalte
- mehr ältere Menschen
- mehr arbeitende Frauen
- zunehmender Bevölkerungsanteil mit Migrationshintergrund

Coffee to go – ein Trend der Zeit

14.2.2 Gäste und Gästewünsche

Die Marktforschung zum Gästeverhalten liefert Informationen über die aktuellen und zukünftigen Konsumgewohnheiten der gewünschten Gäste.
Zur Eingrenzung der Information ist es sinnvoll, sich sowohl regional oder lokal als auch auf bestimmte Zielgruppen (siehe Kapitel 14.3.3) zu konzentrieren. Es geht um Gäste, die möglicherweise den gastronomischen Betrieb besuchen könnten.

Marktdaten Gastronomie
Der Deutsche Hotel- und Gaststättenverband e.V. (DEHOGA Bundesverband) veröffentlicht Marktdaten der Gastronomie, die auf den Daten des Statistischen Bundesamtes in Wiesbaden basieren.
Das Verbraucherpanel Crest Online (NPD Group) befragt Verbraucher regelmäßig zu ihren Ausgaben im Außer-Haus-Konsum (Marktbeobachtung).
Eine weitere Informationsquelle für Marktdaten zur Entwicklung im Gästeverhalten bieten die Fachzeitschriften des Deutschen Fachverlags (dfv) einschließlich der Plattform Foodservice-Forum sowie Veröffentlichungen des DEHOGA Bundesverbands.

Veränderungen der Gästewünsche
Für die Entwicklung von gastronomischen Konzepten ist die Entwicklung des Verbraucherverhaltens ein erster Hinweis. Das Verbraucherverhalten verändert sich stetig und durch die Analyse der Veränderung ergeben sich Chancen, neue gastronomische Konzepte zu verwirklichen. Diese Tatsache soll an aktuellen Beispielen verdeutlicht werden:

1. Statt der traditionellen drei Mahlzeiten am Tag werden von vielen berufstätigen Menschen Snacks und Getränke unterwegs und schnell konsumiert. Da immer mehr Menschen wechselnde Tagesabläufe haben, also keiner bestimmten Struktur unterliegen, wird gegessen, wenn Zeit dafür ist. Erfolgsfaktoren sind daher dort, wo Verbraucher unterwegs sind und den Bedarf schnell bzw. zum Mitnehmen befriedigen wollen.
2. Auch zu Hause verändern sich die Konsumgewohnheiten! Für nur eine Person wird z.B. nicht gekocht, sondern beim Lieferservice bestellt oder im kleinen Restaurant nebenan eine Kleinigkeit gegessen. Parallel dazu entwickeln sich ständig neue Geschmackstrends.
3. Aktuell rückt auch die regionale deutsche Küche wieder in den Vordergrund. Regionale oder biologische Zutaten, verbunden mit dem Wunsch nach gesunden und natürlichen Produkten, die möglichst nachhaltig vermarktet werden, liegen im Trend.
4. Zuletzt spielen die neuen Medien (Facebook, Twitter etc.) eine Rolle. Dies gilt nicht nur für die Vermarktung gastronomischer Betriebe (siehe Kapitel 6.4), sondern auch bei der Frage nach der Freizeitgestaltung der potenziellen Gäste. Steht diese Zeit im Wettbewerb zu gastronomischen Besuchen oder können die sozialen Netzwerke in den gastronomischen Besuch integriert werden?

Aus den dargestellten geänderten Gegebenheiten und den daraus resultierenden Gästewünschen lassen sich im Markt unterschiedliche Entwicklungsmöglichkeiten ableiten.

Ermittlung der Gästewünsche

Wollen wir für die Entwicklung eines gastronomischen Konzepts noch näher an die Wünsche der bestehenden bzw. potenziellen Gäste kommen, sind zusätzliche Informationen im Rahmen von Primärerhebungen sinnvoll.

Primärdaten können beispielsweise bei bestehenden Betrieben durch eine Gästebefragung über einen standardisierten Fragebogen erhoben werden. Je nach Ziel der Befragung kann die Gästezufriedenheit mit dem bestehenden Angebot an Speisen und Getränken ermittelt werden.

> Die Motivation der Gäste, einen Fragebogen auszufüllen, wird erhöht, wenn die Bearbeitung mit einem Preisausschreiben oder einer Verlosung kombiniert wird.

Diese einfache Art der Befragung (siehe Fragen 1 und 2 im abgebildeten Fragebogen) gibt Hinweise darauf, wo ggf. Anpassungen notwendig sind. Allerdings kann in der Regel nicht ermittelt werden, welche Maßnahmen dazu führen, die Defizite zu beheben. Um auch dazu Informationen zu bekommen, können offene Fragen (Frage 7) gestellt werden. Weiterhin können bereits Überlegungen zu Optimierungsmaßnahmen im Hinblick auf die Bedeutung für den Gast abgefragt werden (siehe Kapitel 6.2 Fragenkompass).

Um die Bedürfnisse der Gäste besser zu verstehen, führt die Compass Group Deutschland einmal jährlich eine Gästebefragung durch. 2015 erstmalig online mit der BHM Media Solutions GmbH (www.compass-group.de und www.bhmms.com).

Fragebogen zur Ermittlung der Gästezufriedenheit

Liebe Gäste,

wir bitten Sie um Ihre Meinung, damit wir unsere Angebote weiter verbessern können. Bitte kreuzen Sie Zutreffendes an. Die Auswertung erfolgt anonym.

Wir danken Ihnen für Ihre Unterstützung.

1 Weshalb haben Sie sich heute **hauptsächlich für einen Besuch** im ______________________ entschieden?

Bitte 1 Kreuz:

☐ Speiseangebot ☐ Getränkeangebot ☐ freundliche Mitarbeiter

☐ Ambiente ☐ zentrale Lage

☐ Sonstiges: ______________________

2 **Wie gefällt es Ihnen hier?**

	sehr gut	gut	durchschnittlich	weniger gut	schlecht
Ambiente/Atmosphäre	☐	☐	☐	☐	☐
Service/Mitarbeiter	☐	☐	☐	☐	☐
Einrichtung innen	☐	☐	☐	☐	☐
Außenbereich	☐	☐	☐	☐	☐
Sauberkeit	☐	☐	☐	☐	☐
Speiseangebot	☐	☐	☐	☐	☐
Getränkeangebot	☐	☐	☐	☐	☐
Angebote für Kinder	☐	☐	☐	☐	☐
Preis-Leistungs-Verhältnis	☐	☐	☐	☐	☐

3 Sind Sie ☐ Einheimischer ☐ Besucher/Tourist ☐ Studierender?

4 Sind Sie ☐ zum ersten Mal ☐ ab und zu ☐ regelmäßig hier?

5 Alter: ☐ unter 30 Jahre ☐ 30 bis 50 Jahre alt ☐ über 50 Jahre alt?

6 Mit wem sind Sie hier?

☐ Partner/-in ☐ Familie ☐ Kollegen ☐ Freunde ☐ allein

☐ Sonstiges: ______________________

7 Welche Verbesserungsvorschläge haben Sie für unsere Gastronomie?

Vielen herzlichen Dank für Ihre Unterstützung!

Entwicklungsmöglichkeiten, die sich aus den Gästewünschen ergeben

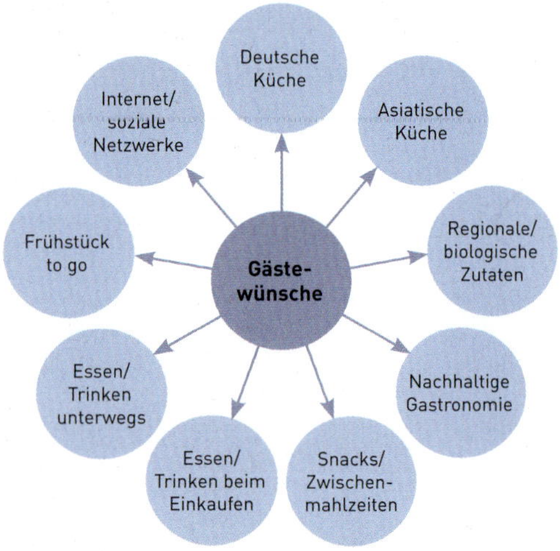

Gastronomische Trendmetropolen
- New York
- London
- Paris
- Istanbul
- Kopenhagen
- Barcelona
- Amsterdam

14.2.3 Gastronomische Wettbewerber

Im Gastronomiemarkt ist es üblich und sinnvoll, Marktinformationen durch die direkte Beobachtung von Wettbewerbern zu gewinnen. Art und Umfang hängen davon ab, wie weit die Planungen des gastronomischen Konzepts bereits fortgeschritten sind. Sofern das Konzept so offen ist, dass eventuell noch nicht einmal feststeht, ob am Ende der Marktforschung überhaupt ein gastronomischer Betrieb eröffnet werden soll, kann eine Wettbewerbsbeobachtung auf angesagte Objekte in Trendmetropolen der Welt ausgedehnt werden. Stehen die Stadt und das Konzept fest, so können die Beobachtungen auf die Betriebe konzentriert werden, die eine ähnliche Zielgruppe ansprechen bzw. die sich in derselben Stadt oder Region befinden.

Durch Wettbewerbsbeobachtung kann ausgewertet werden, inwieweit das vorhandene Angebot und das vorhandene Gästepotenzial insgesamt genügend Luft für eine weitere Gastronomie bieten. Außerdem kann die Wettbewerbsbeobachtung dazu dienen, bestehende Wettbewerber zu verdrängen.

Neben der Wettbewerbsbeobachtung ist die Lektüre von Veröffentlichungen zum Markt bzw. zu Wettbewerbern sinnvoll. Allgemeine Wirtschaftsfachzeitschriften und Gastronomiefachzeitschriften berichten ausführlich über neue Marktteilnehmer und Maßnahmen bestehender Unternehmen.

Checkliste Wettbewerbsbeobachtung

Kriterien	**Beschreibung positiv/negativ**	**Ggf. Note**
Qualität der Lage (je nach Uhrzeit und Wochentag inkl. Parkplatzsituation, Frequenzen)		
Optik von außen (wirkt die Außendarstellung einladend?)		
Welche Zielgruppe wird angesprochen?		
Besondere Zielgruppen wie Kinder, mobilitätseingeschränkte Personen etc.		
Wie ist die Auslastung nach Tageszeit/Wochentag/Saison?		
Qualität im Service		
Qualität und Auswahl der Speisen		
Qualität und Auswahl der Getränke		
Ambiente (inkl. Einrichtung, Licht, Belüftung, Musik, Dekoration)		
Erlebnis, besondere Highlights		
Sauberkeit		
Preis-Leistungs-Verhältnis		
Marketing (Homepage, Facebook, Anzeigen, Öffentlichkeitsarbeit, Events etc.)		
Sonstiges		

14.2.4 Standorte

Die Qualität des Standorts eines Betriebs ist ein zentraler Erfolgsfaktor bei gastronomischen Betrieben, denn die Gäste müssen in der Regel den Ort der gastronomischen Leistung aufsuchen, sofern es sich nicht um ein Konzept mit Lieferservice handelt. Der Aufwand, der mit dem Besuch aus Gästesicht verbunden ist, beeinflusst meist die Häufigkeit eines Besuchs.

Die Festlegung von geeigneten gastronomischen Standorten kann zunächst grob im Bereich der sogenannten Makrostandorte nach Region oder Stadt erfolgen. Mit dieser Entscheidung sind Aspekte wie Kaufkraft einer Region oder bestimmte regionale Präferenzen verbunden.

Die detaillierte Festlegung des Mikrostandorts bezieht sich auf die Qualität eines Standorts innerhalb einer bestimmten Stadt. So sind systemgastronomische Konzepte häufig von spontanen Besuchern abhängig. Die potenziellen Gäste sind ohnehin unterwegs und entscheiden sich kurzfristig vor Ort für einen Besuch in diesem Restaurant. In diesem Zusammenhang sind die Frequenzen der Fußgänger, der Autos oder der Nutzer von öffentlichen Verkehrsmitteln am Standort entscheidend.

Werbung zur Neueröffnung

Falls Gäste gezielt einen bestimmten gastronomischen Bereich aufsuchen, ist die Entfernung zwischen dem Wohn- oder Arbeitsort zur Gastronomie relevant. Die Erreichbarkeit zu Fuß bzw. mit unterschiedlichen Verkehrsmitteln ist entscheidend. Vor Ort sind bei einer Anreise mit dem Auto vorhandene Parkplätze wichtig.

Die Art der Frequenz beeinflusst nicht nur das Gästepotenzial, sondern auch das Angebot und somit die Entscheidung für ein geeignetes Konzept. Ein Standort mit hoher Frequenz von morgens bis in die Nacht hinein, verlangt nach einer Produktpalette für Frühstück, Mittagessen sowie Abendessen und ggf. einer Getränkeorientierung am Abend.

Bei der Systemgastronomie entscheiden die Standortkriterien auch über die Anzahl der denkbaren Betriebe in einem Land bzw. einer Region. Damit muss für eine langfristige Planung der Expansion beachtet werden, inwieweit überhaupt eine entsprechende Anzahl geeigneter Standorte vorhanden ist.

Definition Makrostandort

Der Makrostandort umfasst einen großflächigen Bereich, z. B.:

- Bundesland
- Stadt
- Region

Definition Mikrostandort

Der Mikrostandort umfasst die nahe Umgebung, z. B.:

- Stadtteil
- Straße/Straßenseite
- angrenzende Flächen

Standortbeschreibung einer Gastronomie

- Makro-/Mikrostandort
- Art der Frequenz (nach Wochentag, Uhrzeit, Art der Kontakte)
- Umfeld (Wettbewerber, Frequenzbringer)

Arten der Frequenz an verschiedenen Standorten

Art der Frequenz	Beschreibung	Gastronomiebeispiele
Auto	Viele Autos fahren täglich an diesen Standorten vorbei, eine direkte Zufahrt und Parkplätze sind wichtig.	Freestander von McDonald's, Burger King, Café del Sol an Ausfallstraßen bzw. Autobahnen
öffentliche Verkehrsmittel	Nutzer von öffentlichen Verkehrsmitteln passieren den Standort, förderlich sind Wartezeiten der Reisenden.	Le CroBag, Ditsch, Yorma's an Bahnhöfen mit teilweise mehreren Hunderttausend Reisenden/Besuchern pro Tag
Fußgänger in einer Fußgängerzone	Bedingt durch eine Ballung von Einzelhandelsgeschäften, aber häufig auch von Büros, sind Passanten zu den Öffnungszeiten der Geschäfte vor Ort, nach Ladenschluss kann die Frequenz allerdings deutlich nachlassen.	Subway, Nordsee, Block House, Vapiano, Enchilada in Einkaufsstraßen mit teilweise über 10 000 Passanten pro Stunde
Fußgänger in einer Shoppingmall	Die Kunden der Shoppingmall nutzen die Einkaufspausen für den Besuch einer gastronomischen Einrichtung.	Nordsee, McDonald's, Ditsch, Segafredo, Pham „Asia Hung" in Shoppingcentern mit mehreren Millionen Besuchern pro Jahr

14.2.5 Prognosen

Die angesprochenen Erhebungen aus Primärforschung oder Sekundärforschung spiegeln häufig die aktuelle Situation oder die Vergangenheit wider. Mit Prognosen sollen zusätzlich die zukünftigen Entwicklungen des Markts und des eigenen gastronomischen Betriebs dargestellt werden. Diese Vorausschau dient dazu, Maßnahmen zur Anpassung an sich ändernde Rahmenbedingungen ergreifen zu können.

Zeiträume für die Erstellung von Prognosen
- kurzfristig: für 1–2 Jahre
- mittelfristig: für 3–5 Jahre
- langfristig: für mehr als 5 Jahre

Je länger der zeitliche Horizont wird, desto größer werden die Prognosefehler.

Ein externer Einfluss ist dabei die wirtschaftliche Entwicklung allgemein, die zu einem positiven oder negativen Konsumklima führen kann. Positiv auf die Gastronomie können sich beispielsweise eine niedrige Arbeitslosenquote sowie steigende Löhne und Gehälter auswirken. Geht es den Unternehmen gut, werden mehr Veranstaltungen und Geschäftsreisen durchgeführt, von denen die Gastronomie profitieren kann. Negativ für einzelne gastronomische Segmente können sich gesellschaftliche Trends auswirken.

Bei den Jahresplanungen (Forecast) sollten bereits bekannte Ereignisse des kommenden Jahrs miteinbezogen werden, wie beispielsweise eine Fußballweltmeisterschaft oder Großveranstaltungen, Messen in der eigenen Stadt. Prognosen können durch Gästebefragungen unterstützt werden, indem das voraussichtliche Konsumverhalten abgefragt wird.

14.3 Marketingplanung

Aufgabe der Unternehmensführung ist es, im Rahmen der Marketingplanung in mehreren Schritten die Grundlagen für das gastronomische Konzept zu schaffen. Grundlage ist die Überlegung, welche Ziele mit dem Unternehmen langfristig verfolgt werden sollen und im Rahmen welcher Unternehmensgrundsätze diese Ziele erreicht werden sollen.

14.3.1 Unternehmensvision, Unternehmensziel und Unternehmenskultur

Begriffe wie Unternehmensziel, Vision und Mission sowie Unternehmenskultur werden unterschiedlich interpretiert und angewendet. Daher soll zunächst verdeutlicht werden, worum es in diesem Themenkomplex geht.

Gastronomische Objekte können aus unterschiedlichen Motiven heraus entstehen. Einige Betreiber wollen sich beispielsweise selbst verwirklichen und bauen die Gastronomie so, wie sie sich immer eine perfekte Gastronomie vorgestellt haben. Bei dieser Vorgehensweise ist es jedoch unsicher, ob das Ergebnis dann auch genügend potenziellen Gästen gefällt. Die **Unternehmensvision** beschreibt häufig weit entfernte, schwer greifbare Ziele. Mit dieser Vision kann die Richtung vorgegeben werden, in der die Mitarbeiter des Unternehmens sich bewegen.

Bei der Festlegung der **Unternehmensziele** geht es dann darum, zu beschreiben, in welcher Branche sich ein Unternehmen positionieren will. In der Gastronomie geht es somit allgemein um die Versorgung von Gästen mit Speisen und Getränken.

> Unternehmensziele, die eine starke Marketingsichtweise einnehmen, orientieren sich primär an den Wünschen der Gäste und nicht an den Wünschen des Betreibers.

Bei der Systemgastronomie liegt der Schwerpunkt auf einer Versorgung von Gästen mit fertig zubereiteten Speisen und Getränken – an in der Regel mehreren Standorten – mithilfe eines standardisierten Konzepts.

Die **Unternehmenskultur**, auch als **Unternehmensphilosophie** bezeichnet, beschreibt gemeinsame Werte, Einstellungen und Überzeugungen, nach denen das Unternehmen und seine Mitarbeiter handeln.

In diesem Zusammenhang kann auch die Frage nach der Unternehmensverantwortung beantwortet werden.

> Auch gastronomische Betriebe werden daran gemessen, ob sie eine gesellschaftliche Verantwortung übernehmen.

Der englische Begriff **„Corporate Social Responsibility"** wird in den Unternehmensveröffentlichungen als Überbegriff für zahlreiche Maßnahmen verwendet, die beispielsweise dazu dienen, Arbeitsplätze zu sichern oder die Umwelt zu schützen.

Unternehmensvision – Beispiel
"McDonald's vision is to be the world's best quick service restaurant experience. Being the best means providing outstanding quality, service, cleanliness, and value, so that we make every customer in every restaurant smile."

Unternehmensziele – Beispiele
- Marktführer im Abendgeschäft in Stadt XY
- Marktführer in Deutschland im Segment Quickservice
- in 10 Jahren 50 gastronomische Filialen
- Umsatzsteigerung um x % bis 2018
- Anzahl zufriedener Gäste erhöhen

Unternehmenswerte/-kultur – Beispiele
- die Menschen, d. h. Gäste und/oder Mitarbeiter, stehen im Mittelpunkt
- respektvoller Umgang mit den Mitarbeitern durch Vorgesetzte, die offen kommunizieren und mit gutem Beispiel vorangehen
- Nachhaltigkeit und Qualität, z. B. durch eine transparente Beschaffung der Zutaten

Unternehmensverantwortung durch den Einkauf regionaler Produkte

Nachhaltige Unternehmensphilosophie

Folgende Ziele sollen neben ökonomischen (wirtschaftlichen) Zielen verfolgt werden:

- **Ökologische Ziele**
  Z. B. Verwendung von regionalen und/oder biologischen Produkten, Fleisch aus artgerechter Tierhaltung, gesunde Produkte, Müllvermeidung, Energieeinsparungen etc.
- soziale Ziele
  … beitern, Ausbildung von … plätze, Engagement für … Förderung von Vereinen, …

… leutsam, dass sie sich zu … das einen Beitrag zum … potenzielle Mitarbeiter … sozialen oder gesell- … erfüllen die Maßnahmen … ility zwei Ziele: Glaub- … sozialen bzw. ökologi- … eitig dazu, ökonomische …, Kundenbindung etc.). … eher für Unternehmen …

Corporate Identity: Persönlichkeit; Unternehmensidentität; Selbstbild des Unternehmens; Charakter

14.3.2 Corporate Identity

Durch die starke Dienstleistungskomponente in der Gastronomie kommt dem Personal eine bedeutende Rolle im Marketing zu. In diesem Zusammenhang hilft es, nicht nur die Perspektive der Gäste einzunehmen, sondern auch daran zu arbeiten, dass die eigenen Mitarbeiter ein einheitliches Verständnis haben. Sie erkennen auch, für welche Leistungen der eigene gastronomische Betrieb beim Gast stehen soll. Auf das gesamte Unternehmen bezogen geht es bei dieser internen Betrachtung um die Unternehmensidentität. Im einfachsten Modell wird die CI wie in der Tabelle dargestellt unterteilt.

Die Corporate Identity beschreibt die Persönlichkeit bzw. den Charakter eines gastronomischen Unternehmens.
Corporate Identity (CI) = Unternehmensidentität = Selbstbild des Unternehmens

Corporate Design (CD)	Corporate Communication	Corporate Behaviour
= visuelle Identität = einheitliches Erscheinungsbild	= einheitliche interne und externe Kommunikation	= Verhalten gegenüber Öffentlichkeit, Gästen, Lieferanten, Mitarbeitern = einheitliche Unternehmenspolitik
Beispiele: Logo, Farben, Arbeitskleidung, Briefpapier, Webseite, Restaurantgestaltung (Counter, Aushänge, Tische und Stühle, Terrassengestaltung/Markise/Schirme)	Beispiele: Produktwerbung (Flyer, Fernsehwerbung, Plakate …), Öffentlichkeitsarbeit/PR, Mitarbeiterkommunikation	Beispiele: Preisniveau, Sortiment, Sonderaktionen, Mitarbeiterführung und Umgangston

Die Corporate Identity beeinflusst die Marketingaktivitäten eines Unternehmens, insbesondere die Kommunikation und das Erscheinungsbild des Unternehmens. Dieses Erscheinungsbild wird vom Gast wahrgenommen und bestimmt sein Fremdbild des Unternehmens.

Das Fremdbild beschreibt, was die Gäste von dem gastronomischen Betrieb erwarten und wie die Gastronomie tatsächlich erlebt wird. Eine andere Bezeichnung für das Fremdbild ist Image, für eine Marke entsprechend Markenimage. Das Image beschreibt das Vorstellungsbild, das ein Gast im Kopf hat, wenn er an das Unternehmen denkt. Dieses Bild kann durch Imagefacetten beschrieben werden.

Imagefacetten
- Frische, Gesundheit und Nachhaltigkeit
- hochwertiges Ambiente
- individuelle Zubereitung
- große Portionen
- Schnelligkeit und freundlicher Service

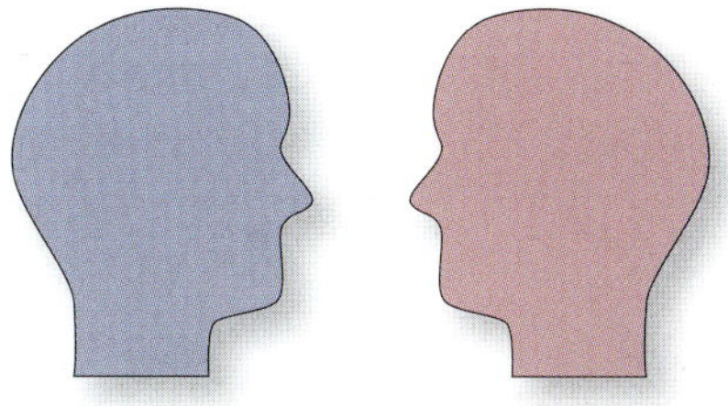

Selbstbild der internen Zielgruppen — Fremdbild der externen Zielgruppen

(nach Meffert/Burmann 1996, S. 35)

Unternehmer, Betriebsleitung und die Mitarbeiter sind dafür verantwortlich, dass die Werte im Betrieb gelebt werden. Soll das gastronomische Objekt beispielsweise im besonderen Maße beim Gast das Image des gastronomischen Betriebs mit den freundlichsten Servicemitarbeitern in der Stadt haben, dann müssen dies alle Mitarbeiter zunächst wissen und anschließend auch leben. Nur so entstehen ein Kontaktpunkt zum Gast und ein Image, das so vom Unternehmen gewollt ist. Selbstbild und Fremdbild sind stimmig.

14.3.3 Zielgruppe

Jeder gastronomische Betrieb hat das Ziel, für eine bestimmte Zielgruppe einen Nutzen zu bieten. Im Zusammenhang mit den Überlegungen zur Positionierung des gastronomischen Konzepts müssen Überlegungen zur Zielgruppe angestellt werden. Die definierte Zielgruppe ist mit den auf sie zugeschnittenen Marketingmaßnahmen zu erreichen.

Auf die Zielgruppe abgestimmte Ansprache

> Eine Zielgruppenbeschreibung ausschließlich nach soziodemografischen Kriterien wie z. B. Alter, Geschlecht und Bildung ist nicht ausreichend, denn die Gäste mit der identischen Ausprägung bei diesen Kriterien können sich sehr unterschiedlich in der Gastronomie verhalten.

Zeitgemäße Modelle der Zielgruppenbestimmung verwenden Beschreibungen der Lebenswelten bzw. Lebenseinstellungen der Verbraucher. Der Vorteil liegt dabei darin, dass Unternehmen das Potenzial neuer Produkte oder die Wirkung von Kommunikationsmaßnahmen in der Zielgruppe über repräsentative Befragungen bzw. Beobachtungen testen können.

Foodtruck zur Gewinnung neuer Kunden

Es macht durchaus Sinn, Grundüberlegungen von unterschiedlichen Modellen aufzugreifen und Zielgruppen nach bestimmten Bedürfnissen in Abhängigkeit vom Konsumanlass und der Ausgehbereitschaft zu bilden. Dabei stehen folgende Fragen im Mittelpunkt:
- Welcher Bedarf besteht in der Gesellschaft bzw. bei den Gästen (Trends)?
- Um welche Konsumenten und welchen Konsumanlass handelt es sich?
- Wie sieht der Lebensstil der Konsumenten aus?
- Zu welcher Tageszeit werden gastronomische Leistungen in Anspruch genommen?
- In welchem Preissegment bewegen sich die Konsumenten?

14.3.4 Employer Branding

Jeder Betriebsinhaber braucht gute Mitarbeiter und muss deshalb als Arbeitgeber ein gutes Bild abgeben, d. h. seinen Betrieb attraktiv präsentieren.

Bevor der Restaurantbesitzer seinen Betrieb präsentiert, sollte er Kernbotschaften entwickeln, die seinen Betrieb realistisch und ehrlich beschreiben.

Employer Branding: Mithilfe strategischer Marketingmaßnahmen ein Unternehmen als attraktiven Arbeitgeber darstellen.

Wenn es gelingt, dass die Mitarbeiter sich als Botschafter des Betriebs, der Marke verstehen, kann auf weniger glaubwürdige Kommunikationswege verzichtet werden. Stolze und zufriedene Mitarbeiter verstehen sich somit als Repräsentanten eines Unternehmens. Auch die Mitarbeiterstruktur hat Einfluss auf die Marketingstrategie. Die Etablierung einer Arbeitgebermarke kostet Zeit und Geld, ist aber unbedingt erforderlich, um die Attraktivität eines Betriebs zu gewährleisten.

- Wichtige Arbeitgeberleistungen transparent online stellen.
- Darstellung der Botschaften mit modernen Kommunikationsmitteln wie Facebook, Xing, Youtube und Co. aktiv nutzen (siehe Kapitel 6.3).
- Regelmäßige Präsenz in Bildungseinrichtungen zeigen.
- Prominente Platzierung von Karrierethemen, Stellenangeboten. Arbeitgeberbewerbungsportale (z. B. Kununu.de) als starke und wichtige Plattform nutzen.
- Employee Public Relations durch die Veröffentlichung von Mitarbeiterthemen (z. B. Auszeichnungen, Wettbewerbe) einsetzen.
- Offenheit für Migranten, Schulabbrecher, Alleinerziehende und Quereinsteiger zeigen.
- Mitarbeiter einbinden und zu Botschaftern des Arbeitgebers machen.
- Familienunterstützung, d. h. Familienangebote entwickeln und realisieren.
- Flexible Arbeitszeitmodelle anbieten.
- Kooperationen, Verbände und Netzwerke nutzen.

Employer Branding

Do's
- Räumen Sie dem Thema Arbeitgebermarke einen hohen Stellenwert ein.
- Finden Sie heraus, was und wen Sie wollen.
- Nehmen Sie den Blickwinkel der Bewerber ein.
- Bringen Sie Versprechen und Realität in Einklang.
- Sprechen Sie die Bewerber über die von Ihnen benutzten Kanäle an.
- Seien Sie dialogbereit und offen.

Don'ts
- Abwarten und Aussitzen ist bei Recruiting-Schwierigkeiten keine Lösung.
- Niemals nur nachziehen – Beispiel: Nicht erst die Gehälter anheben, wenn es die Wettbewerber vorgemacht haben.
- Mit Vertuschen oder Schönreden wird Glaubwürdigkeit verspielt.
- Bei unangenehmen Themen nicht verstummen! Sie vergeben eine Riesenchance, sich intensiv mit Ihrer Zielgruppe auseinanderzusetzen.

(Quelle: Zeitschrift „food service"/Deutscher Fachverlag, weitere Informationen über www.dfv-archiv.de/)

Jobbörsen für den gesamten Arbeitsmarkt, z. B.:
www.monster.de
www. jobScout24.de

Jobbörsen für die Gastronomie, z. B.:
www. ahgzjobs.de
www. hotelcareer.de
www. gastronomiecareer.de
www. jobsterne.de

Mitarbeiterwerbung

14.3.5 Positionierung eines Unternehmens

Positionierung: Made in Italy

Die Maßnahmen für ein Marketingkonzept müssen letztendlich gebündelt werden, damit eine eindeutige Positionierung des Betriebs erfolgen kann und somit die Marketingziele und die Marketingstrategie festlegbar sind.

Aus Sicht der Gäste sollte eine Unterscheidung von anderen Betrieben erfolgen, die vom Gast wahrgenommen und verstanden wird und dabei möglichst eine positive Wirkung bei der Entscheidung des Gasts für einen Besuch hat. Diese Position des Betriebs im Vergleich zu den anderen Wettbewerbern kann mithilfe von Positionierungselementen erfolgen.

Beispielhafte Positionierung einer Gastronomie

Eigenschaften	Sehr wichtig	Wichtig	Weniger wichtig	Nicht wichtig
Niedrige Preise			✗	
Hohe Produktqualität	✗			
Einkauf von regionalen Produkten		✗		
Standorte in 1a-Lage			✗	
Hohe Serviceintensität	✗			
Hohe Beratungskompetenz	✗			
Gehobene Zielgruppe		✗		
Hochwertiges Einrichtungsdesign		✗		
Deutsche Küche	✗			
Deutsches Weinangebot	✗			

Die entsprechende Ausprägung von Eigenschaften führt in der Regel zu einem Profil, das nicht jede Kombination möglich macht. Beispielsweise ist eine besonders hohe Produktqualität schwer kombinierbar mit einer besonders günstigen Preisstellung.

Ein alternativer Ansatz für eine griffige Positionierung ist die Konzentration auf eine besondere Eigenschaft, eine **Kerneigenschaft**. Dieses sogenannte unverwechselbare Nutzenangebot (USP = Unique Selling Proposition oder Point) hat mehrere Vorteile. In der Werbung kann dieser Aspekt betont werden und die Mitarbeiter können sich darauf konzentrieren. So kann in der Leistungserstellung darauf geachtet werden, dass diese Positionierung bestmöglich mit Leben erfüllt wird. Dabei sollte diese einzigartige Positionierung gut kommunizierbar sein, sodass der Gast diese schnell erfasst und verinnerlicht.

U = Unique
S = Selling
P = Proposition

Ein USP (Unique Selling Proposition) beschreibt den besonderen, möglichst einzigartigen Verkaufsnutzen eines gastronomischen Angebots.

14.3.6 Marketingziele und Marketingstrategien

Businessplan
- Beschreibung der Ziele und Strategien sowie Rahmenbedingungen, mit denen die Ziele erreicht werden sollen
- erstmalige Erstellung in der Unternehmensgründung und laufende Aktualisierung
- auch für Investitionen, Innovationen, Projekte etc.
- Zahlen, Daten, Hintergründe, Marktinformationen, Organisation, Kapitalbedarf, Wirtschaftlichkeit etc.

Ziele

Für die Festlegung der Marketingmaßnahmen ist im ersten Schritt eine Definition der zu erreichenden (Marketing-)Ziele erforderlich. Diese Ziele sollten sich aus den kurz-, mittel- und langfristigen Gesamtzielen des Unternehmens ableiten. Hier ist es selbstverständlich, dass Unternehmensziele und Marketingziele häufig große Überschneidungen aufweisen.

In der Regel sind im Businessplan bzw. in den Jahresplanungen die Marketingbudgets hinterlegt, die zur Verfügung stehen.

Für einen gastronomischen Betrieb können folgende grundsätzliche Marketingziele aufgestellt werden:
- Schaffung bzw. Steigerung der Bekanntheit
- Verankerung eines Images bei den bestehenden und potenziellen Gästen
- Beeinflussung des Gästeverhaltens (z. B. Besuch der Gastronomie, Bestellung von bestimmten Speisen)
- Anzahl der Gäste pro Tag, Umsatz pro Gast, Umsatz gesamt etc.
- Gewinnung bestimmter Zielgruppen (z. B. Firmenkunden)
- Aktiver Verkauf bestimmter Produkte (z. B. Cocktails)
- Gästebindung
- Gästezufriedenheit
- Mitarbeiterzufriedenheit

SMART-Ziele

S = spezifisch (präzise, eindeutig)
M = messbar
A = akzeptiert (d. h., derjenige, der die Ziele erreichen muss, ist damit einverstanden)
R = realistisch (erreichbar)
T = terminiert (d. h., der Zeitpunkt ist definiert, bis wann das Ziel zu erreichen ist)

Für die Systemgastronomie sind in einer erweiterten Betrachtung folgende Ziele denkbar:
- Anzahl der Betriebsstätten insgesamt bzw. neue Betriebsstätten pro Jahr
- Präsenz in bestimmten Städten und Regionen
- Marktanteile
- Grad der Standardisierung bei den einzelnen Betrieben

Strategien

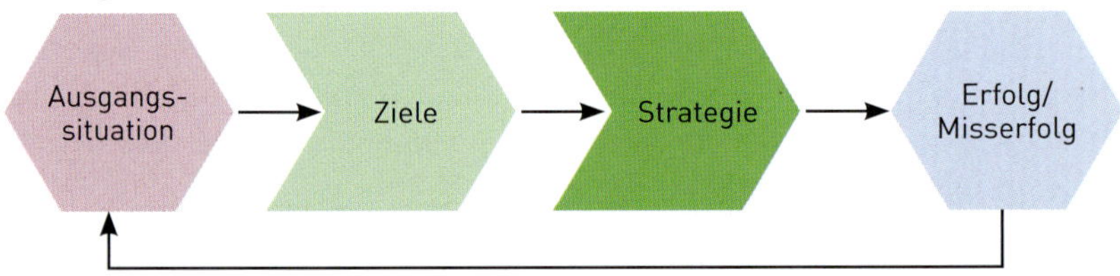

Die Marketingstrategie legt im nächsten Schritt fest, wie diese Ziele erreicht werden sollen. Die Strategie hängt nicht nur von den Zielen ab, sondern auch von den Ausgangssituationen.

Gastronomische Marktsegmente
- Quickservice
- Handelsgastronomie
- Verkehrsgastronomie
- Full-Service-Gastronomie
- Freizeitgastronomie
- Event-/Messe-/Sport-Catering

(siehe Kapitel 8.5.4)

Ausgangsbasis bei einer Unternehmensgründung ist wie bereits erläutert die Festlegung des Unternehmenszwecks – in diesem Fall das kommende gastronomische Angebot von Speisen, Getränken und Dienstleistungen in einem bestimmten Markt.

Der Markt kann durch die entsprechenden Marktsegmente, durch eine Definition der Zielgruppe oder auch der Zielregion eingegrenzt werden.

Bei bestehenden Unternehmen hängt die Strategie davon ab, ob die bisherige Vorgehensweise dafür geeignet ist, die gesetzten Ziele zu erreichen. Auch hier sind viele Möglichkeiten offen:

Bei der Strategie der **Marktdurchdringung** wird versucht, mit den bestehenden gastronomischen Betrieben die bestehenden Gäste stärker an sich zu binden und/oder neue Gäste zu gewinnen, z. B. durch besonders attraktive Angebote.

Kommt das Unternehmen zu der Erkenntnis, dass der bestehende Markt bereits ausgeschöpft ist, kann eine **Marktentwicklung** Sinn machen, indem weitere Betriebe in neuen Regionen oder Städten eröffnet werden, eine insbesondere für die Systemgastronomie nachvollziehbare Strategie.

Bei der **Produktentwicklung** ist es denkbar, über Innovationen oder zusätzliche Angebote in bestehenden Betrieben zu wachsen, zum Beispiel, über ein besonderes Frühstücks- oder Abendangebot, über biologische Zutaten oder einen Lieferservice.

Produktdiversifikation bedeutet, dass neue Produkte und neue Märkte kombiniert werden. Beispielsweise könnte ein Gastronom zusätzlich eine eigene Landwirtschaft betreiben und diese Produkte auch an weitere Abnehmer in der Gastronomie vertreiben.

Die große Bandbreite des gastronomischen Markts führt dazu, dass es keine einheitliche Marketingstrategie für DIE Gastronomie geben kann.

Kennzeichen der Systemgastronomie sind Standardisierung, zentrale Steuerung und Multiplizierbarkeit. Die Individualgastronomie legt besonderen Wert auf ein individuelles Konzept mit regionalen und gästespezifischen Angeboten, die oft persönlichen Belangen der Gäste Rechnung tragen.

Einige Unternehmen verfügen über eine Anzahl von Betrieben im einstelligen Bereich, andere haben weit mehr als 100 Betriebe. Folglich unterscheiden sich die Strategien dieser Unternehmen auch durch ihr unterschiedliches Marketingbudget.

AUFGABEN

1 | Erklären Sie die Begriffe Marktdurchdringung und Marktentwicklung.

2 | Welche Bedeutung haben SMART-Ziele?

3 | Was ist ein Businessplan?

4 | Beschreiben Sie eine konkrete Möglichkeit der Produktentwicklung für eine Cocktailbar.

5 | Erläutern Sie die Vorteile, die eine USP bietet.

Betriebsbezogene Einflussfaktoren auf die Marketingstrategie

- Unternehmensgröße/Umsatz
- Anzahl Betriebe/Gäste
- Standort, Öffnungszeiten
- Gästefrequenz
- Gästestruktur/Zielgruppe
- Markterschließung/Marktdurchdringung
- Franchise oder Eigenregie

Marktdurchdringung mit besonderen Angeboten

Marktentwicklung durch Filialeröffnung

Produktentwicklung durch Lieferservice

Marketingmix – die 4 Ps
Product: Leistungs-/Programm-/Sortimentspolitik
Price: Preis-/Konditionspolitik
Place: Distributions(Vertriebs)politik
Promotion: Kommunikationspolitik

Marketingmix – die 7 Ps

14.4 Marketinginstrumente

Auf Basis der in der Marketingplanung festgelegten Ziele und Strategien werden im nächsten Schritt die Maßnahmen geplant und umgesetzt. Traditionell werden die Marketingmaßnahmen bzw. die Marketinginstrumente in den sogenannten Marketingmix unterteilt – d. h. in die 4 Ps – Product, Price, Place und Promotion. Die entsprechenden deutschsprachigen Bezeichnungen sind:

- Produktpolitik
- Preispolitik
- Distributionspolitik
- Kommunikationspolitik

Da die Gastronomie neben Produkten (Speisen) auch Dienstleistungen (Service) anbietet, wird der Marketingmix oft um die Bereiche Personal, Prozess und physische Gestaltung (Ausstattung) erweitert.

Im Folgenden wird auf die 4 Ps eingegangen, da sie das Fundament darstellen. Die Kommunikationspolitik wurde bereits in Kapitel 6 dargestellt.

14.4.1 Produktpolitik und Sortimentspolitik

Produkteigenschaften
- Name/Marke
- Qualität
- Aufmachung
- Verpackung
- Portionsgröße
- Frische
- Imagegewinn

Die Strategien und Maßnahmen im Rahmen der Produktpolitik umfassen die Festlegung und die Art und Weise, wie diese angeboten werden – im erweiterten Sinn somit auch die Dienstleistungen im Service bzw. das Ambiente des gastronomischen Betriebs.

Geringe Sortimentsbreite, große Sortimentstiefe

Sortimentsbreite und Sortimentstiefe
Das in der Gastronomie angebotene Sortiment lässt sich in der Regel durch einen Blick in die Speise- und Getränkekarte erfassen. Mit der gastronomischen Konzeption werden bereits Erwartungen der Gäste an die Sortimentsbreite und Sortimentstiefe geweckt.

Ein breites Sortiment an Speisen umfasst z. B. vegetarische Speisen, Gerichte mit Fleisch und Fisch sowie Nudelgerichte und eine Sushi-Auswahl. Ein tiefes Sortiment bietet in den jeweiligen Gattungen mehrere Angebote, wie z. B. eine Vielzahl von Fischgerichten oder unterschiedliche Kaffeespezialitäten.

Große Sortimentsbreite, geringe Sortimentstiefe

Unterteilung der Sortimentsbreite (Anzahl der verschiedenen Produktgruppen)
breites Sortiment ⟶ (breites) Angebot verschiedener Produktgruppen
z. B.: italienisches Restaurant mit Pasta-, Fisch-, Fleisch- und Pizzagerichten oder Restaurant mit verschiedenen Küchenausprägungen (deutsche, asiatische, mexikanische Gerichte usw. auf einer Speisekarte)
schmales Sortiment ⟶ Konzentration auf einen Speisenschwerpunkt
z. B.: Spezialist für Pizza oder für Hamburger

Unterteilung der Sortimentstiefe (Anzahl der Variationen innerhalb einer Produktgruppe)
tiefes Sortiment ⟶ Angebot vieler unterschiedlicher Speisen einer Art
z. B.: viele Pizzavarianten
flaches Sortiment ⟶ Angebot weniger Speisen einer Art
z. B.: wenige Pasta- oder Pizzagerichte

Sortimentsdifferenzierung und Sortimentsdiversifikation
Das Sortiment kann auf zweierlei Arten verändert werden:
- Sortimentsdifferenzierung: Das bestehende Angebot wird ergänzt bzw. komplementiert. Ziel ist es, dem Gast alternative Bestellmöglichkeiten zu bieten – z. B. in Form von biologischen Produkten.
- Sortimentsdiversifikation: Das bestehende Angebot wird durch völlig neue Angebote ergänzt. Ziel ist es, zusätzliche Bestell- bzw. Kaufanreize zu schaffen. In einem Restaurant werden z. B. Gemälde angeboten.

Strukturierung der Gästeerwartungen
- Um erfolgreich zu sein, richtet sich die Produktpolitik nach den Bedürfnissen der Zielgruppe, die über das gastronomische Konzept angesprochen werden soll.

- **Herstellungs- bzw. Herkunftsorientierung**: Wie werden die Gerichte gekocht, welche Zutaten werden verwendet (z. B. regionale Produkte/Bioprodukte), welche länderspezifische Küche wird angeboten (z. B. italienisch, mexikanisch), werden die Produkte frisch vor Ort zubereitet oder in einer eigenen bzw. fremden Zentralküche vorbereitet?
- **Preisorientierung**: In welcher Preiskategorie sollen die Produkte und Dienstleistungen angesiedelt sein?
- **Qualitätsorientierung**: Wie hochwertig sollen die Speisen und Getränke sowie Service und Ambiente angesiedelt sein?
- **Situationsorientierung** bzw. Erlebnisorientierung: Welcher Konsumanlass soll angesprochen werden – z. B. der schnelle Verzehr zwischendurch oder das entspannte Abendessen zu zweit?
- **Dienstleistungsorientierung**: Soll der Gast sich selbst bedienen oder soll der Service möglichst umfassend sein, ggf. mit Zusatzleistungen wie Tischreservierungen, Parkservice für das Auto usw.?
- **Orientierung an der Komplexität**: Wie erklärungsbedürftig ist das einzelne Produkt oder die Produktbreite bzw. -tiefe?

Ausgefallenes Ambiente im Großen Hai-Atoll im Tropen-Aquarium Hagenbeck

Neben den dauerhaft angebotenen Produkten und Dienstleistungen können temporäre Angebote zusätzliche Anreize bieten. Je nach Saison oder Tageszeit kann die Speise- und Getränkekarte bzw. der Service mit Angeboten erweitert werden.
z. B.: das Gänseessen im November mit Service am Guéridon, Salate im Frühling oder Karibik-Cocktails im Sommer auf der Hotelterrasse.

Ausprägungen der Produkte bei ausgewählten Gastronomiesegmenten

Segmente der Gastronomie	Speisensortiment/ Getränkesortiment	Dienstleistung	Ambiente
Full-Service-Gastronomie	abhängig vom gastronomischen Konzept große Breite (internationale Küche) oder Tiefe (Steakhaus), bei getränkeorientierten Konzepten breites Angebot an Wein, Spirituosen etc.	durch Zuordnung vorgegeben: Full Service	in der Regel hochwertige Einrichtung, große Bedeutung von Licht, Musik, Design etc.
Event-Catering	abhängig von den Wünschen und der Erlebnisorientierung der Kunden – von geringer bis großer Tiefe und Breite	von der Selbstbedienung bis zum Full Service, besondere Dienstleistungen wie Gästeeinbindung in die Erstellung der Speisen ist denkbar	angepasst an das Niveau des Events (z. B. bei Formel-1-Rennen im VIP-Bereich sehr hochwertig), das Equipment muss für den wiederholten Aufbau/Abbau/ Transport geeignet sein
Messe-/Sport-Catering	geringe Tiefe und Breite durch begrenzte Konsumzeit, die Gastronomie steht in der Regel nicht im Mittelpunkt des Besuchs	häufig Selbstbedienung, in VIP-Bereichen auch Full Service	für die Masse der Besucher eher funktional, z. B. Gastronomiestände, an denen Getränke in Kunststoffbechern ausgeschenkt werden
Verkehrs-gastronomie	geringe Tiefe und Breite durch begrenzte Konsumzeit, die Gastronomie steht in der Regel nicht im Mittelpunkt des Besuchs, z. B. im Bahnhof	der Verpackung der Speisen und Getränke kommt eine besondere Rolle zu („To go")	historisch eher schlichtes, funktionales Ambiente, im Zuge von Aufwertungen der Verkehrseinrichtung insgesamt wurde auch in das Ambiente der Gastronomie investiert, die Haltbarkeit der Einrichtung muss entsprechend den Frequenzen hoch sein
Freizeit-gastronomie	abhängig von der Freizeitart, in Vergnügungsparks oder Kinos eher geringe Breite und Tiefe, in der Kommunikationsgastronomie bzw. in Ganztageskonzepten mit hoher Breite und Tiefe	von der Selbstbedienung bis zum Full Service, beim „To go"-Geschäft kommt der Verpackung eine besondere Rolle zu	in den Bereichen Freizeitpark/ Kino häufig funktional, allerdings mit einzelnen hochwertigeren Räumen, im Bereich der Gastronomie mit längerer Verweildauer/ Kommunikation hochwertige Einrichtung
Quickservice	abhängig vom gastronomischen Konzept eingeschränkte Tiefe und Breite, für schnelle(n) Produktion/ Auswahl/Verkauf, bei Ganztageskonzepten ausgebaute Sortimente	überwiegend Selbstbedienung	in der Regel funktional/haltbar, da geringe Verweildauer, allerdings mit der Tendenz zu einer höherwertigen Einrichtung

Vorteile der Standardisierung in der Produktpolitik

Insbesondere die Systemgastronomie strebt eine Produktpolitik an, die im hohen Maße standardisiert ist. In diesem Zusammenhang kann auch von einer Spezialisierung auf gewisse Produktausprägungen gesprochen werden.

Standardisierte Angebote

Personal und Ambiente als Produkt

Da die tatsächlich „messbare" Produktqualität der Speisen und Getränke häufig überlagert wird von subjektiven Eindrücken, kommt dem Personal eine hohe Bedeutung bei der Gesamtbeurteilung der angebotenen Leistung bzw. der Gästezufriedenheit zu. So kann eine schnelle Reklamationsbearbeitung und professionelle Servicefreundlichkeit dazu führen, dass der Produktmangel relativiert wird.

gute Produkte und schlechter Service ⟶ keine Akzeptanz
schlechte Produkte, aber guter Service ⟶ bedingte Akzeptanz
gute Produkte und guter Service ⟶ dauerhafte Akzeptanz

Der Grundnutzen einer Gastronomie (Verkauf von Speisen und Getränken) kann grundsätzlich über eine sehr einfache Ausstattung des Gastraums erfolgen (einfache Theke, Tische und Stühle). Soll der gastronomische Besuch zu einem Erlebnis für alle Sinne werden, so muss über eine Kombination verschiedener Elemente wie Raumklima, Licht, Musik, Möblierung, Raumdekorationen und Düfte ein hochwertiges Ambiente geschaffen werden.

> Je einfacher der Service, je reduzierter das Ambiente, desto perfekter in Qualität und Präsentation muss das Speisen- und Getränkeangebot sein.

Produktpräsentation zur Verkaufssteuerung

Viele Gäste lassen sich bei der Entscheidung für ein bestimmtes Gericht oder für ein Getränk gerne im positiven Sinne beeinflussen. Die Mitarbeiter in der Gastronomie können durch eine ansprechende Produktpräsentation verschiedene Sinne der Gäste ansprechen und damit Verkaufsanreize schaffen.

Der Konsum kann mithilfe folgender Mittel gefördert werden:

- Appetitliche äußerliche Gestaltung des Angebots, z. B. über die Speisekarte, Displays und Plakate.
- „Leckere" psychische Warenpräsentation bis hin zu appetitanregenden Düften und Geräuschen (z. B. die Kaffeemaschine, die frisches Aroma verbreitet und mit den Geräuschen bei den Arbeitsschritten eine notwendige handwerkliche Herstellung des Kaffees vermittelt).

Vorteile der Standardisierung für die Produktpolitik

- Prozesse werden beschleunigt (Bestellung, Produktion, Service etc.) und die Produktivität wird erhöht.
- Die notwendige Qualifikation beim Personal kann besser eingegrenzt bzw. ggf. gezielt nachgeschult werden.
- Die technische Ausstattung von Küche und Theke kann gezielt auf die Produkte ausgerichtet werden.
- Die Gäste können sich besser orientieren, denn sie wissen in der Regel, was angeboten wird und was nicht.

Nüchternes Ambiente

Verspieltes Ambiente

Möglichkeiten der Produktpräsentation

- Aufbau der Produkte (z. B. bei Büfetts oder in Schaukästen) zur Darstellung der Sortimentsauswahl sowie Qualität und Quantität der Produkte
- Öffnung der Küche zur Vermittlung der Sorgfalt und der Frische in der Herstellung
- Produktinszenierung über besondere Garnituren und Serviceformen (Büfettservice, Frontcooking, Free Flow und andere)
- Einsatz von Werbemitteln (Displays, Tafeln, Ständer, Plakate, Straßenaufsteller, Aufkleber, Flyer, Broschüren)
- Preisauszeichnung bzw. Preisanreize (Rabatte, Aktionspreise etc.)

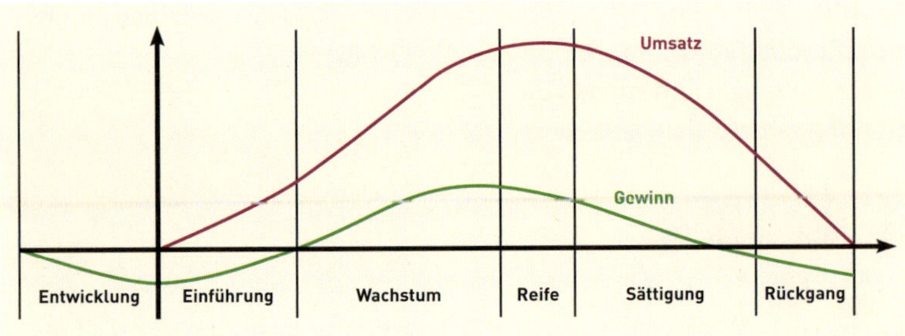

Produktlebenszyklus

Produktlebenszyklus

Das gastronomische Produkt bzw. die gastronomische Dienstleistung unterliegt, wie andere Produkte und Dienstleistungen auch, grundsätzlich einem Produktlebenszyklus – von der Einführung bis zur Einstellung des Produkts. Der Lebenszyklus lässt sich in mehrere Phasen unterteilen. Die einzelnen Phasen dauern unterschiedlich lange. Jede Phase hat besondere Aufgaben im Marketing.

Hinter Pop-up-Konzepten wie z. B. „Pret A Diner“ steht ein zeitlich befristetes Konzept (hier auf einem Hochhaus in Frankfurt)

Die „Lebenszeit“ einer Gastronomie bzw. einzelner Angebotsbestandteile hängt dabei vom Konzept bzw. vom Produkt ab. Die Szenegastronomie, Bars und Diskotheken haben tendenziell ein kürzeres Leben, wohingegen manche traditionellen Gasthäuser bereits seit mehreren Hundert Jahren bestehen. Manche Trendgetränke beispielsweise verschwinden schon nach einigen Jahren vom Markt. Moderne Pop-up-Konzepte sind darüber hinaus per Definition zeitlich begrenzt.

Eine der großen Herausforderungen im Modell des Produktlebenszyklus liegt darin, zu bestimmen, in welcher Phase das Produkt oder das Konzept sich tatsächlich befindet. Der Unternehmer muss voraussagen, ob die Umsätze in den nächsten Tagen und Wochen steigen werden oder nicht. In einer Nachbetrachtung ist es einfacher, die einzelnen Phasen zu bestimmen – dann ist es meistens allerdings zu spät für eine entsprechende Marketingmaßnahme.

Produktanpassung durch die Eröffnung von Cafés

Produktveränderung/Innovation

Sofern die entsprechenden Analysen die Notwendigkeit einer Produktveränderung ergeben, bestehen folgende Möglichkeiten:

Produktanpassung/Produktinnovation

- schrittweise Veränderung von Schwerpunkten, z. B. von einer getränkeorientierten Gastronomie zu einer speisenorientierten Gastronomie
- Ausbau des Frühstücksangebots
- zusätzlich vegetarische, biologische oder regionale Speisen und Getränke anbieten
- die Gäste werden eher behutsam an die Veränderungen gewöhnt

Produktrelaunch

- umfassende Veränderung mehrerer Leistungen bzw. Angebote
- Angebot ggf. neu positionieren – z. B. eine komplette Umstellung auf regionale Zutaten bei der Produktion
- Ambiente neu gestalten
- die Veränderung wird ggf. im Rahmen einer kurzzeitigen Betriebsschließung, Wiedereröffnung und Marketingkampagne kommuniziert

Produktrelaunch in der Gastronomie

Produktelimination

- einzelne Angebote von der Speise-/Getränkekarte entfernen
- eventuell den Betrieb schließen

14.4.2 Preispolitik

Das Ziel der Preispolitik ist es, einen Preis für eine angebotene Leistung festzulegen. Dabei sollte der Preis aus der Sicht der Gäste-Zielgruppe angemessen sein.

Diese einfache Formel ist in der praktischen Umsetzung komplex!

Zunächst ist die Frage zu stellen, wie viele Anbieter auf die Nachfrage, d. h. die Gäste treffen. Dabei gibt es z. B. geografische Besonderheiten. Befindet sich eine Gaststätte auf einer Insel oder auf einem hohen Berg, so ist der gastronomische Betrieb in einer starken Position – in der Regel ist das Angebot bzw. der Wettbewerb jedoch größer.

Preispositionierung

Bei der Preisgestaltung geht es bei einem neuen gastronomischen Konzept im ersten Schritt darum, das Angebot dauerhaft preislich am Markt zu positionieren. Für die Restaurantbetriebe gibt hier z. B. die Sterne-Klassifizierung Richtwerte für die Positionierung. Für Gourmetrestaurants sind Restaurantführer wie Michelin oder Gault & Millau eine Orientierungshilfe. Für den weit größten Teil der Gastronomie muss jedoch der Betreiber selbst nach anderen Kriterien die Positionierung seines Betriebs vornehmen.

Durch die Festlegung des gastronomischen Konzepts erfolgt in der Regel eine Zuordnung zu einem gastronomischen Segment mit spezifischen Angeboten sowie Leistungen (z. B. Full Service = Fine dining = Sterneküche, Quickservice = Fast Food). Innerhalb des Segments kann dann eine Zuordnung zu Preiseinstieg, Mittelpreis oder Preisführerschaft erfolgen.

Preisgestaltung

Weitere Einflussgrößen, die dann zur konkreten Preisgestaltung dienen, sind z. B. die Einzigartigkeit der Leistung oder die Dringlichkeit, mit der ein Gast die Leistung benötigt. In seiner kurzen Mittagspause möchte der Gast z. B. nicht lange auf die Zubereitung und das Servieren warten.

Besonders wichtig für die Preisgestaltung ist natürlich die Überprüfung, welche Preisgestaltung durch die eigene Kostenstruktur (Waren/Personal/Pachtkosten etc.) möglich ist. Dieser erste Schritt gibt eine grobe Orientierung und damit das grundsätzliche Preisniveau.

In einem zweiten Schritt werden dann die dauerhaften Details der Preisgestaltung festgelegt.

Preisbandbreiten bieten bei einer etwas breiteren Zielgruppe die Möglichkeit, Produkte einer Gattung zu unterschiedlichen Preisen anzubieten. Bei Wein und Kaffee wird dies z. B. heute oft praktiziert. Diverse Weinmarken werden in einem gastronomischen Konzept sowohl im Preiseinstiegs- als auch im Premiumsegment angeboten.

Michelin-Sterne

Ein Stern: Eine Küche voller Finesse – einen Stopp wert! Produkte von ausgesuchter Qualität, unverkennbare Finesse auf dem Teller, auf den Punkt gebrachter Geschmack, ein konstant hohes Niveau bei der Zubereitung – einen Stopp wert!

Zwei Sterne: Eine Spitzenküche – einen Umweg wert! Hervorragende Produkte, von einem talentierten Küchenchef und seinem Team mit viel Know-how und Inspiration in subtilen, außergewöhnlichen und mitunter originellen Kreationen trefflich in Szene gesetzt – einen Umweg wert!

Drei Sterne: Eine einzigartige Küche – eine Reise wert! Die Handschrift eines großen Küchenchefs! Erstklassige Spitzenprodukte, pure und intensive Aromen, harmonische Kompositionen: Hier wird das Kochen zur Kunst. Perfekt zubereitete Gerichte, die nicht selten zu Klassikern werden – eine Reise wert!

Preisangebot

Einflussgrößen bei der Preisgestaltung

- Kosten des Unternehmens für Herstellung und Verkauf
- Einzigartigkeit der Leistung
- Verfügbarkeit von Alternativen
- Dringlichkeit der Gästebedürfnisse
- Leichtigkeit der Bedarfsbefriedigung
- Markentreue, Risikoreduktion des Gasts durch die Entscheidung für „Bekanntes"
- Preisniveau (Basispreis)
- Preisbewusstsein der Gäste

Wolf/Heckmann (2008), S. 217 ff.

Möglichkeiten der Preisgestaltung

- **konkurrenzorientiert**
  Bei der Preiskalkulation dienen die Preise der hauptsächlichen Mitbewerber als Anhaltspunkte.
- **nachfrageorientiert**
  Es wird der Preis festgesetzt, den die Kunden bereit sind zu zahlen. Die „Preisbereitschaft" wird beispielsweise durch Befragungen oder Tests ermittelt.
- **kostenorientiert**
  Die Preisgestaltung orientiert sich allein an den angefallenen Kosten. Alle angefallenen Kosten werden addiert und auf die zu erwartende Absatzmenge aufgeteilt.

Rahmenpreise, die insbesondere Grenzen „nach oben" setzen, können dabei helfen, Speisen und Getränke, die im Schwerpunkt verkauft werden sollen, optisch günstig darzustellen. Der deutliche Preisabstand zwischen dem teuersten Produkt und den hauptsächlich verkauften Produkten im mittleren Preissegment soll den Gästen den Eindruck vermitteln, dass ihre Entscheidung relativ gesehen (noch) preiswert ist.

Eine **defensive Preisgestaltung** kann besonders bei Eckprodukten sinnvoll sein, deren Durchschnittspreis in vergleichbaren Betrieben jeder Gast im Kopf hat (eine Tasse Cappuccino, ein Burger usw.).

Weiterhin gilt es, **Preisschwellen** zu beachten (9.99 €) und ggf. Cent-Werte zu nutzen (5,89 € statt 5,80 €).

Preisaktionen sind preispolitische Maßnahmen, die in den letzten Jahren zunehmend auch in der Gastronomie ihren Platz haben. Neue Angebote können über attraktive Preise oder Rabatte über eine gewisse Zeit oder eine Saison gefördert werden. Kombiangebote (Essen und Getränk) oder Mengenrabatte (drei Getränke zum Preis von zweien) werden eingesetzt, um Zusatzabsätze zu erzeugen oder Anreize für ausgewählte Produkte zu bieten. Mit speziellen Happy Hour-, Mittags-, Frühstücks- oder Abendangeboten können Auslastungen optimiert werden.

Preisaktion

Zielgruppenspezifische Sonderpreise (Kinder, Studierende, Senioren) berücksichtigen die Kaufkraft dieser Gäste und können dabei helfen, dass der Gast die Preise als fair erlebt und das Gefühl hat, auf die Preisgestaltung Einfluss zu nehmen.

Bonusprogramme haben den Vorteil, dass sie Gäste an einen Betrieb binden. Systemgastronomische Betriebe haben einen besonderen Vorteil davon, Programme über Kundenkarten abzuwickeln, da so auch der mobile Gast durch das System begleitet wird, da diese Karte in ganz Deutschland in allen Betrieben akzeptiert wird.

Pauschalangebote bieten sich besonders für Gruppen bzw. Firmenkunden an. Der Vorteil besteht darin, dass im Vorfeld feststeht, wie hoch das Budget für eine Veranstaltung sein muss, wenn pauschal x € für eine Auswahl an Speisen und Getränken vereinbart wurden.

Preisfestlegung nach unterschiedlichen Gesichtspunkten

Zeit	Menge	Zielgruppe	Zahlung
▪ Tageszeit ▪ Saison ▪ Wochentag/Wochenende ▪ Feiertage ▪ Messezeiten	▪ Arrangements je nach Leistungsumfang ▪ Portionsgröße von Gerichten ▪ Abonnementspreise	▪ Schüler ▪ Azubis ▪ Studenten ▪ Senioren ▪ Kinder ▪ Stammgäste	▪ Barzahlung ▪ Pauschalangebot ▪ Skonto ▪ Rabatt

Pauschalangebot

14.4.3 Distribution

In der Distributionspolitik werden die Maßnahmen geplant und durchgeführt, die das Produkt oder die Dienstleistung vom Anbieter zum Kunden bringen. Im Fall der Gastronomie geht es also um die Verkaufswege zum Gast. Der Gastronom entscheidet, auf welchen Wegen er seine Angebote den Zielgruppen vorstellen und zum Verkauf anbieten will.

Direkter Verkaufsweg

Die Leistungen einer Gastronomie werden zunächst direkt an die bestehenden Gäste verkauft. Hier geht es um die persönliche Form des Umgangs mit dem Gast. Eine wichtige Rolle nehmen somit die Servicemitarbeiter ein. Über die Beratung von Gästen oder Geschäftspartnern im Haus können gezielt Produkte verkauft und Zusatzverkäufe durchgeführt werden.

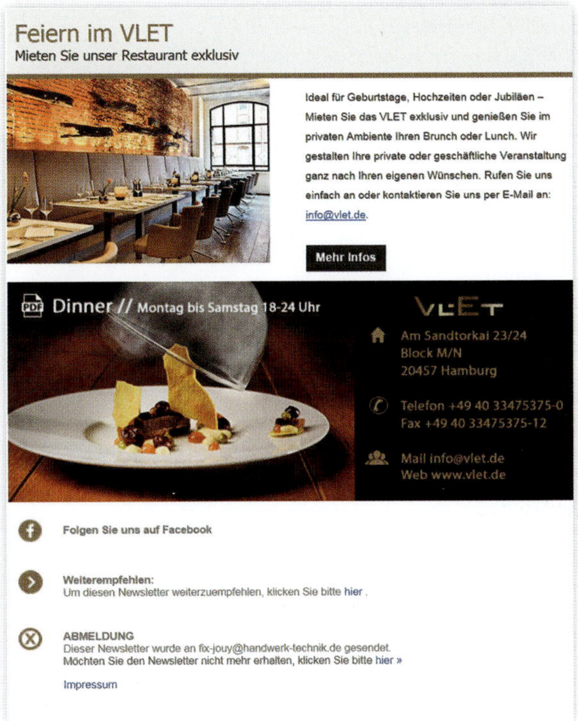

Newsletter

Indirekter Verkaufsweg

Hier werden die Leistungen der Gastronomie nicht direkt vom Gastronomen vermarktet, sondern er nimmt die Arbeit von Reisemittlern in Anspruch. Dieser Verkaufsweg ist für viele Hotelketten von großer Bedeutung, denn sie nutzen oft den indirekten Verkaufsweg über eine Vielzahl von Buchungsportalen oder Reisebüros und Reiseveranstaltern. Im Restaurantbereich sind Briefe an Stammgäste, Mailings, Newsletter oder eine SMS mit Einladung zu Aktionen als indirekter Verkaufsweg sehr verbreitet.

Interne Verkaufswege

Die Leistungen einer Gastronomie werden zunächst direkt vor Ort an die bestehenden Gäste verkauft. Hotelbuchungen von inländischen Gästen erfolgen manchmal direkt im Hotel. Anwesende Gäste im Restaurant werden intern direkt beraten und auf die Kundenwünsche wird individuell reagiert.

Externe Verkaufswege

Die Unternehmensgröße vieler Anbieter, gerade auch in der Systemgastronomie oder bei Hotelketten, macht eine Verkaufsabteilung zur Gästegewinnung sinnvoll. Die Kunden werden außerhalb des eigenen Unternehmens aufgesucht und beraten. In kleineren Betrieben wird diese Aufgabe vom Inhaber erledigt.

Kooperation mit Markenartikelunternehmen (Kühne und Burger King)

Beispiele für externe Verkaufswege

- Firmen bzw. touristische Anbieter wie Busunternehmen aktiv ansprechen
- Aktiv Leistungspakete für bestimmte Anlässe, z. B. Familienfeiern oder Tagungen, anbieten
- Mit den örtlichen Tourismusorganisationen kooperieren
- Mit Lieferanten oder Markenartikelunternehmen zusammenarbeiten, die ein Interesse daran haben, dass das gastronomische Unternehmen erfolgreich ist, um dort mehr ihrer Produkte verkaufen zu können
- Beteiligung an Fach- und Ferienmessen

14.5 Marketing-Controlling

14.5.1 Controlling-Kreislauf

Beispiel für die Umsetzung der Controllingphasen
Zielvorgabe:
„Steigerung des Dessertabsatzes"
Der Verkauf der ertragreichen Produktgruppe „Desserts" soll gesteigert werden. Der Dessertumsatz soll im Verhältnis zum aktuellen Umsatz um 25 % gesteigert werden.
Zeitrahmen: 3 Monate
Feststellung des aktuellen Monatsumsatzes Desserts: 10.000,00 €
Zielgröße des geplanten Umsatzes: 12.500,00 €

Planung:
Vergrößerung des Dessertangebots (Küche), Neugestaltung der Dessertkarte, Kalkulation

Umsetzung:
- Präsentation auf Tafeln/Tischständern
- aktives Verkaufen durch das Servicepersonal (Schulung)

Kontrolle:
monatliche Ermittlung der aktuellen Umsatzzahlen für Desserts, Feststellung der Zielerreichung/Zielabweichung; ggf. Überlegungen, warum die Zielvorgabe nicht erreicht wurde, z. B. durch Befragung der Servicemitarbeiter

Anpassung:
Anpassung des Angebots und der Preise an die Gästewünsche, Nachschulungen von Mitarbeitern im Service

Mithilfe des Controllings wird geplant, was zu tun ist, kontrolliert, ob alles so läuft wie geplant und gegebenenfalls bei Abweichungen reagiert. Da diese Prozesse sich permanent wiederholen, wird in diesem Zusammenhang von einem Controlling-Kreislauf gesprochen.

Controlling leitet sich von „to control" ab und bedeutet „steuern, messen, regeln".

Der **Controlling-Kreislauf** aus Planung, Umsetzung, Kontrolle und ggf. Anpassung von Zielen und Maßnahmen hat auch für die Erfolgskontrolle bei Marketingmaßnahmen Gültigkeit.

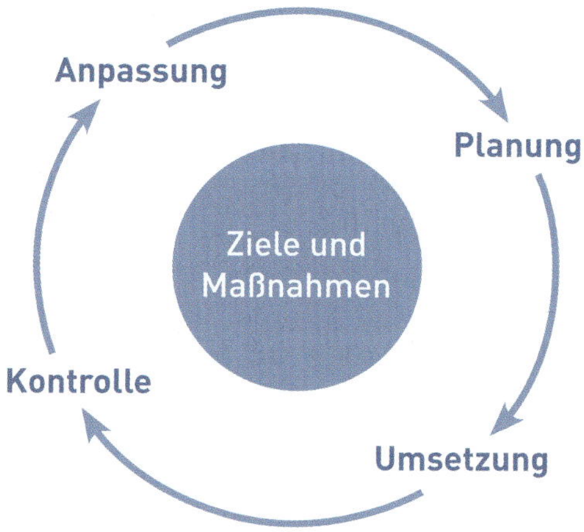

Planung: Die Planung erfolgt entsprechend der Zielvorgabe. Es werden Pläne erstellt, dabei sind die Planzahlen die Sollwerte, die es zu erreichen gilt.

Umsetzung: Nun werden die Maßnahmen im Betrieb durchgeführt, die dazu beitragen sollen, dass die geplanten Ziele erreicht werden.

Kontrolle: Es werden regelmäßig Istwerte ermittelt, die mit den Plandaten (Sollwerte) verglichen werden (Soll-Ist-Vergleich). Die Abweichungen der Werte voneinander werden analysiert. Dann muss ggf. die Frage beantwortet werden, warum die tatsächlichen Werte von den Planvorgaben abweichen.

Anpassung: Werden Abweichungen der Istwerte von den Sollwerten festgestellt und hat die Abweichungsanalyse die Gründe für die Abweichung ermittelt, werden Maßnahmen festgelegt, um die Planvorgaben zu erreichen, oder die Pläne werden angepasst.

Die Aufgabe des Controllings ist es, dem Gastronomen rechtzeitig die Informationen (Daten, Zahlen, Werte) zur Verfügung zu stellen, anhand derer er seinen Betrieb zielorientiert steuern kann.

14.5.2 Überprüfung der Marketingziele

Eine Überprüfung der Marketingmaßnahmen findet in der Regel im Hinblick auf zwei Aspekte statt.

EFFIZIENZ und **EFFEKTIVITÄT**

Das Richtige tun

Etwas richtig tun

Die Überprüfung der Effizienz und der Effektivität der Marketingmaßnahmen kann durch folgende Fragen erfolgen:

- Wurden die Marketingziele erreicht (Effektivität)?
- Falls ja: Kann die Zielerreichung zukünftig mit weniger Mitteleinsatz erreicht werden (Effizienz)?
- Falls nein: Welche Maßnahmen müssen ergriffen werden, um das Ziel zukünftig zu erreichen (Effektivität)?

Die Marketingziele werden in quantitative und qualitative Ziele unterteilt. Die Messung der Zielerreichung der quantitativen Ziele kann über das eigene Rechnungswesen erfolgen – einschließlich der Frage, ob die Marketingbudgets eingehalten wurden.
Die qualitativen Marketingziele können über entsprechende Befragungen von Gästen/Nichtgästen und Mitarbeitern erfolgen.

Quantitative Marketingziele
Umsatz, Gewinn, Anzahl der Gäste, Umsatz pro Gast, Anzahl verkaufter Speisen bzw. Getränke nach Artikel, Umsatz in Aktionen, Umsatz nach Wochentagen/Tageszeit, Gäste bei Events etc.

Qualitative Marketingziele
abrufbares Image bei Gästen/Nicht-Gästen, Gästezufriedenheit, Mitarbeiterzufriedenheit etc.

14.5.3 Beschwerdemanagement

Ein wichtiges qualitatives Marketingziel ist es, zufriedene Gäste zu haben. Ein Verfahren, diese Zufriedenheit direkt zu messen, sind **Gästebefragungen.** Eine indirekte Messung kann über die Auswertung von Reklamationen erfolgen. Voraussetzung ist ein Beschwerdemanagement, damit alle Reklamationen auch tatsächlich erfasst und bearbeitet werden können (siehe auch Kapitel 6.9).

Reklamationsbearbeitung

Lfd. Nr.	Tag	Schicht	Schichtleiter	Servicekraft	Reklamationsart	Nachbesserung	Nachfassen durch Betriebsleiter notwendig	Weitere Schritte
1	3.7.	Früh	N. N.	N. N.	Vorspeise bei Bestellung nicht aufgenommen	1 Espresso gratis	nein	
2	3.7.	Spät	N. N.	N. N.	Wartezeit, bis Essen serviert wurde > 0,75 Std.	Gast hat keine angenommen	nachträglich telefonische Kontaktaufnahme mit Gast notwendig	
3	3.7.	Spät	N. N.	N. N.	Qualität des Essens bemängelt	Küche hat nachgebessert	nein	

Feedback per Smartphone

Chance zur Kritik geben

Die Bedeutung der Gästezufriedenheit für den Unternehmenserfolg ist sehr hoch. Unzufriedene Gäste erzählen in der Regel nach einem Gastronomiebesuch deutlich mehr Freunden und Bekannten von ihren negativen Erlebnissen als zufriedene Gäste. Hinzu kommt, dass in vielen Fällen die Unzufriedenheit während des Besuchs nicht erkannt wird. Daher ist es wichtig, dass die Mitarbeiter im Service dem Gast rechtzeitig die Chance zur Kritik geben – z. B. kurz nachdem ein Gericht oder Getränk serviert wurde. An dieser Stelle können Fehler noch korrigiert und möglicherweise sogar in ein positives Gästeerlebnis gewandelt werden.

Richtlinien für die Beschwerdenbearbeitung

Die Mitarbeiter benötigen für derartige Situationen vorgegebene Lösungen, z. B. indem ein Gericht nachgebessert oder ggf. nicht berechnet wird. Sinnvoll ist die systematische Einbindung der Betriebsleitung in die Reklamationsbearbeitung bzw. eine Information an die Systemzentrale, je nach Vorfall.

Fragestellungen bei Mitarbeitergesprächen

- Bei welchen Mitarbeitern gibt es positive oder negative Auffälligkeiten?
- Welche Unterstützung erhalten die Mitarbeiter, um Fehler zukünftig zu vermeiden?
- Bis wann erfolgt ein erneutes Mitarbeitergespräch mit (hoffentlich) positiveren Kennzahlen?
- Bei welchen Mitarbeitern muss ggf. eine disziplinarische Maßnahme erfolgen?
- Im positiven Fall: Bei welchen Mitarbeitern kann eine „Beförderung" erfolgen?

Beschwerden erfassen

Die Erfassung und Bearbeitung von Reklamationen (mündlich während des Besuchs oder eventuell anschließend schriftlich oder telefonisch) dient dazu, eine Häufung von Reklamationen zu erkennen bzw. systematisch zu vermeiden. Soll-Ist-Vergleiche, die Bearbeitungsdauer von Reklamationen, die Reklamationsursache (Küche, Service), die zeitliche Entwicklung von Reklamationsquoten sowie ggf. die Anzahl „verlorener Gäste" sollten dabei in kurzen Abständen wiederkehrend analysiert werden, um notwendige Anpassungen schnellstmöglich durchzuführen.

Ein Fragebogen zur Kundenzufriedenheit (siehe auch Kapitel 14.2.2), der lediglich aus oberflächlichen Marketingaspekten im Gastraum ausgelegt wird und am Ende des Tages ohne eine Analyse vernichtet wird, ist nicht nachhaltig. Sinnvoll sind Beschwerdemanagementkennzahlen, die als Führungs- bzw. Kontrollinstrument dienen. Auf Basis dieser Reklamationsbearbeitung können Mitarbeitergespräche geführt werden.

AUFGABEN

1 | Was verstehen Sie unter dem Begriff Beschwerdemanagement?
2 | Erläutern Sie, wozu die Erfassung und Bearbeitung von Reklamationen dient.
3 | Formulieren Sie für Ihre Mitarbeiter Anweisungen für die Bearbeitung von Beschwerden.
4 | Beschreiben Sie den Controlling-Kreislauf für das Marketing-Controlling.
5 | Welche Aufgabe hat das Controlling für den Gastronomen?

14.6 Recht im Marketing

Im Marketing eines gastronomischen Unternehmens sind drei Beziehungsebenen zu Marktteilnehmern rechtlich relevant:

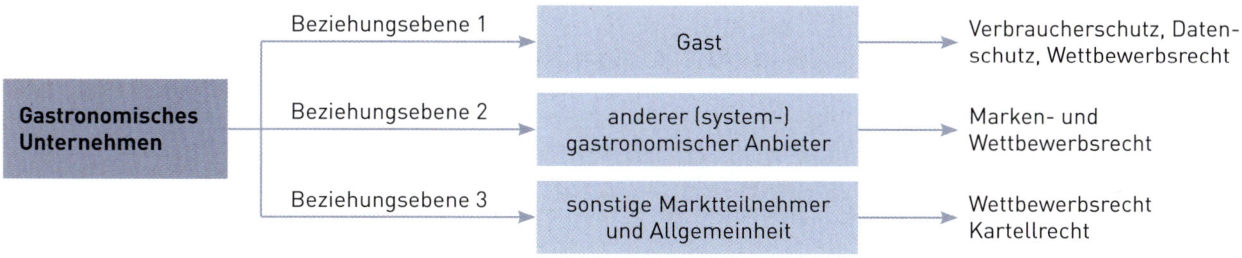

Die Marketingabteilungen der Zentralen, aber auch die Franchisenehmer bzw. Filialen vor Ort müssen bei der Planung und Durchführung von Marketingmaßnahmen und bei jeder Art von Außenkommunikation den dadurch definierten Rechtsrahmen einhalten. Verletzen sie ihn, verschaffen sie sich dadurch einerseits einen unzulässigen Wettbewerbsvorteil gegenüber ihren gesetzestreuen Mitbewerbern. Auf der anderen Seite beeinträchtigen sie die Interessen des Verbrauchers an einer transparenten Entscheidungsfindung für ein bestimmtes Produkt oder eine Dienstleistung. Auch die Allgemeinheit hat ein Interesse an einem fairen Wettbewerb. Deshalb reagiert die Rechtsordnung auf Verstöße mit Sanktionen.

Sanktionen im Marketingrecht können beispielsweise sein:

- Schadensersatz und Schmerzensgeld
- Unterlassungsansprüche und Widerrufsansprüche
- Minderung des Preises
- Abschöpfung unrechtmäßiger Gewinne
- Bußgelder
- in gravierenden Fällen strafrechtliche Sanktionen

14.6.1 Markenrecht

Für das Geschäftsmodell der Systemgastronomie als Markengastronomie ist der Schutz der Marke von besonders großer wirtschaftlicher Bedeutung.

„Marken sind das neue Kapital.“ (Denis Hennequin, Chef der Hotelkette Accor worldwide im Interview mit der Wirtschaftswoche, 21.5.2012)

Das Markenrecht schützt die Identitätszeichen eines Unternehmens. Identitätszeichen sind Produktmarken im eigentlichen Sinne, aber auch Unternehmensbezeichnungen oder geografische Herkunftsangaben.

Unternehmensnamen als Wort-/Bildmarken

Marke im Rechtssinn
Schutzfähige Marken sind Zeichen, die geeignet sind, die Waren und Dienstleistungen eines Unternehmens von denen eines anderen Unternehmens zu unterscheiden.

Unternehmensname als Bildmarke

Gastronomische Unternehmen lassen üblicherweise die Namen und Symbole markenrechtlich schützen. Dies umfasst die sogenannte Wortmarke, die Bildmarke sowie die Wort-/Bildmarke als Kombination aus beidem (grafisch gestalteter Namensschriftzug oder Logo) sowie in den meisten Fällen auch die verwendeten Farben. Von besonderer Bedeutung ist dieser Schutz für systemgastronomische Marken.
Aber auch bestimmte charakteristische Produkte, die Form oder Verpackung oder bildliche Darstellungen wie Cartoons können geschützt werden.

Verpackungsform als geschützte Marke

Produktname als Wort-/Bildmarke

Unternehmenskennzeichen und Marken

- Firmenbezeichnungen wie Gastro & Soul GmbH und Le Buffet GmbH sind Unternehmenskennzeichen und als solche ab dem ersten Gebrauch im Geschäftsverkehr automatisch geschützt.
- Namen wie McDonald's, Burger King sind ebenfalls Unternehmenskennzeichen und gleichzeitig als Marken eingetragen und geschützt.
- Eingetragene Wort-/Bildmarken und Bildmarken wie

  sind markenrechtlich geschützt.
- Spezielle Produkte wie der „Whopper" von Burger King oder das „Happy Meal" von McDonald's sind ebenfalls Marken.

- Das Rot-Gelb von McDonald's ist eine Farbmarke, die Musik zu den entsprechenden Fernseh- oder Kino-Werbespots sind Hörmarken.

Nicht schutzfähig:
Bezeichnungen wie „Cafeteria", „Schnellrestaurant" oder auch „mega" oder „billig" haben keine Unterscheidungskraft und gehören zum allgemeinen Sprachgebrauch. Sie können nicht eingetragen werden.

Gesetz gegen den unlauteren Wettbewerb (UWG)

http://www.gesetze-im-internet.de/uwg_2004

Geschäftliche Bezeichnungen und geografische Herkunftsangaben sind keine Marken im Rechtssinn, genießen aber den gleichen Schutz wie diese. Geschäftliche Bezeichnungen sind insbesondere die **Unternehmenskennzeichen**, d.h. der Name bzw. die Firma. Sie müssen nicht extra registriert werden, um geschützt zu sein. Wenn sie jedoch unterscheidungskräftig sind, können sie gleichzeitig auch als Marke eingetragen werden. Bei **geografischen Herkunftsangaben** muss mindestens eine der Herstellungsstufen tatsächlich aus dem Ort oder der Region stammen, die genannt wird.

Beispiele hierfür aus Deutschland sind:
Allgäuer Emmentaler, Thüringer Klöße, Spreewälder Gurken, Nürnberger Rostbratwurst, Dresdner Stollen, Lübecker Marzipan, Kölsch

Markenschutz
Das Markengesetz schützt eingetragene Produktmarken, Unternehmenskennzeichen und geografische Herkunftsangaben.

Eintragung: Schutzfähige Marken kann der Markeninhaber ins Markenregister beim Deutschen Patent- und Markenamt eintragen lassen. Voraussetzung ist, dass die Marke die nötige Unterscheidungskraft besitzt, das Publikum nicht täuscht und kein Plagiat darstellt. Für internationale Marken ist darüber hinaus eine europäische bzw. internationale Registrierung sinnvoll. Unternehmenskennzeichen sind auch ohne Eintragung ab dem ersten Gebrauch im Geschäftsverkehr geschützt.

Nutzung: Nur der berechtigte Inhaber darf die Marke im Geschäftsverkehr nutzen. Er kann die Nutzung der Marke Dritten vertraglich gestatten, indem er eine Markenlizenz erteilt. Nach diesem Prinzip funktionieren insbesondere Franchisesysteme.

Kontrolle: Die Überwachung der Marke obliegt dem Markeninhaber selbst. Die Rechts- oder Marketingabteilungen gastronomischer Unternehmen lassen daher in der Regel den Markt beobachten, um unbefugte Nutzungen der Marke festzustellen und dagegen (insbesondere mit strafbewehrten Unterlassungserklärungen) vorzugehen. Wird eine Marke im Geschäftsverkehr nicht genutzt, verfällt sie nach fünf Jahren.

14.6.2 Unlauterer Wettbewerb

Wer im freien Wettbewerb in Konkurrenz mit anderen Anbietern erfolgreich sein will, muss seine Produkte und Dienstleistungen attraktiv darstellen und ihre Vorzüge herausheben. Dies ist marktwirtschaftlich erwünscht und so lange unproblematisch, wie das Marketing mit fairen Mitteln betrieben wird.

Das Gesetz gegen den unlauteren Wettbewerb (UWG) schützt Mitbewerber und Verbraucher und stellt das Interesse der Allgemeinheit an einem unverfälschten Wettbewerb sicher. In erster Linie richtet es sich gegen unlautere Werbemaßnahmen. Es gilt darüber hinaus auch für alle sonstigen absatzfördernden Maßnahmen und auch für Bezugsverträge („geschäftliche Handlungen"). Darunter fallen in der Gastronomie insbesondere auch Speise- und Getränkekarten, Displays oder Menütafeln (siehe Kapitel 6.7).

Das Gesetz nennt verschiedene typische Beispiele für unlautere geschäftliche Handlungen, wobei Bagatellfälle nicht verfolgt werden können. Für die Gastronomie bedeutet dies:

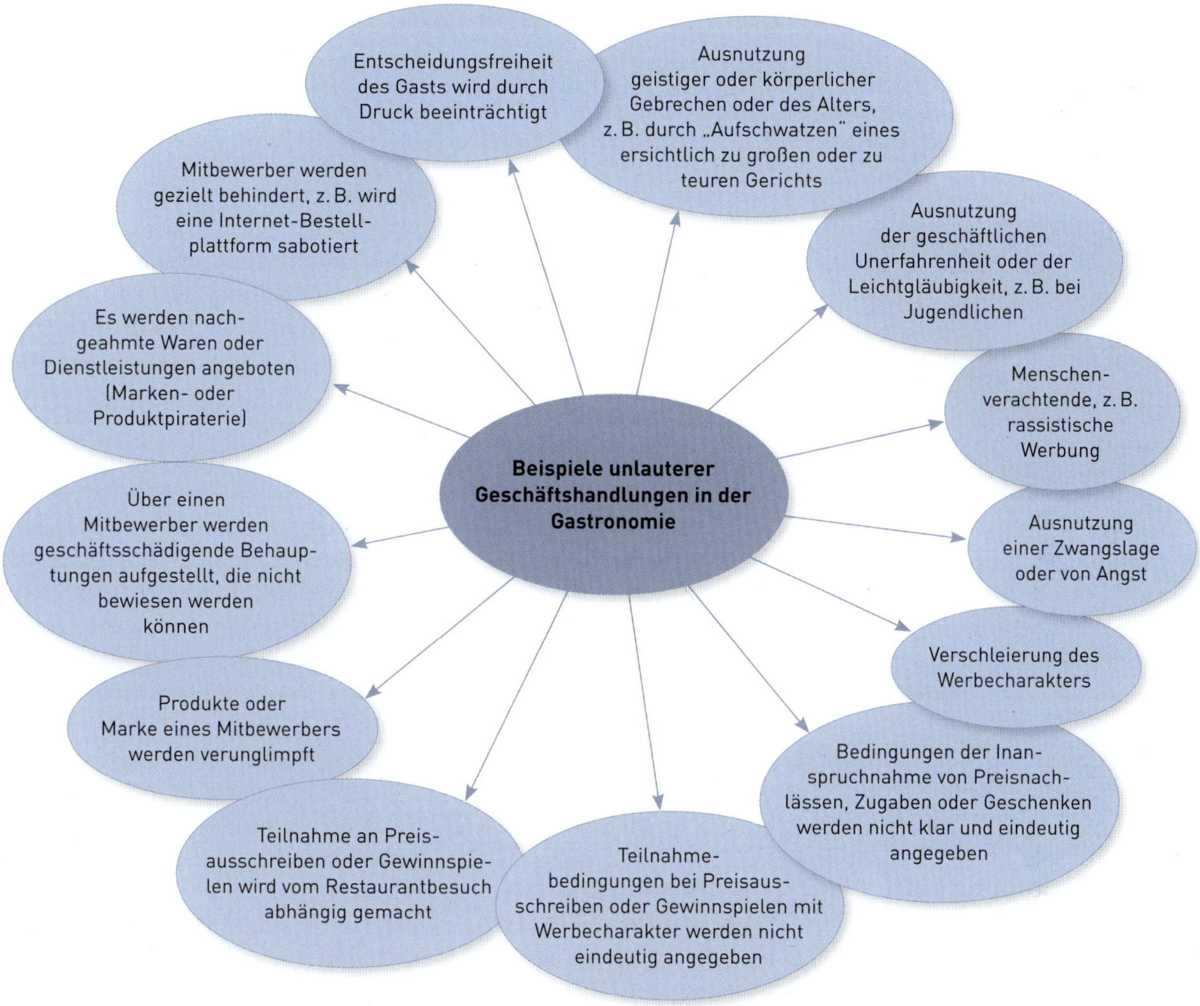

Ausgangspunkt: Unlauter und damit unzulässig sind geschäftliche Handlungen gegenüber Verbrauchern,

- wenn sie nicht der fachlichen Sorgfalt entsprechen
- und dazu geeignet sind, die Fähigkeit des Verbrauchers, sich aufgrund von Informationen zu entscheiden, beeinträchtigen
- und ihn damit zu einer Entscheidung veranlassen, die er sonst nicht getroffen hätte.

Das UWG schützt die Entscheidungsfreiheit des Verbrauchers und einen fairen Wettbewerb.

Auf vier typische Konstellationen für unlautere geschäftliche Handlungen soll im Folgenden anhand von Beispielen besonders eingegangen werden:

Beispiel für Irreführung

Werden Werbeaussagen wie „Fleisch aus natürlicher Aufzucht" getätigt, müssen sie den Tatsachen entsprechen. Auch bildliche Darstellungen sind so zu behandeln wie ausdrückliche Werbeaussagen.

Die Darstellung von frei laufenden Hühnern auf einem Bauernhof ist z. B. verboten, wenn es sich um Eier aus Käfighaltung handelt.

1. Irreführung

Irreführung liegt vor, wenn die Werbeaussage objektiv von der Wahrheit abweicht oder subjektiv beim Verbraucher eine andere Vorstellung erweckt.

- Betriebliche oder geografische **Herkunftsangaben** müssen den Tatsachen entsprechen. Wird z. B. „bayerisches Bier" angepriesen, muss es tatsächlich in Bayern gebraut sein. Das gilt auch, wenn nur das blau-weiße Rautenmuster oder das bayerische Landeswappen abgebildet werden, weil so der Eindruck erweckt wird, das Bier komme aus Bayern.
- Bei Aussagen über die **Qualität** und die Eigenschaften der Speisen und Getränke muss den Erwartungen eines informierten, verständigen Gasts Rechnung getragen werden. Schwierig sind Aussagen wie „hausgemacht" oder „frisch", da es hierfür keine verbindliche Definition gibt.
- Es wird eine Aktionsware beworben, obwohl klar ist, dass das Aktionsangebot nicht in einer angemessenen Menge zur Befriedigung der zu erwartenden Nachfrage vorhanden ist („**Lockvogelangebote**").
- Der vorgespiegelte Preisvorteil existiert in Wirklichkeit nicht, da das Sonderangebot dem regulären Preis entspricht („**Mondpreise**"). Eine Werbung mit hervorgehobenen Einführungspreisen, denen durchgestrichene (höhere) Normalpreise gegenübergestellt werden, ist irreführend, wenn nicht deutlich wird, ab wann die Normalpreise verlangt werden.
- Es muss der **Endpreis** für den Verbraucher angegeben sein oder zumindest – wenn dies nicht möglich ist – die Art der Preisberechnung, z. B. bei Abrechnung nach Gewicht. Werbung mit Selbstverständlichkeiten wie „Bei uns alle Preise inkl. MwSt." ist irreführend.
- Wer sein Unternehmen präsentiert, indem er auf die Bindung an einen bestimmten **Verhaltenskodex** (z. B. Umweltstandards oder Sozialbedingungen für Mitarbeiter) hinweist, muss diesen auch einhalten.
- Verboten ist sogenannte „**Schleichwerbung**", d. h. als Information getarnte Werbung (z. B. vom Unternehmer finanzierte redaktionelle Artikel in einer Zeitung zum Zweck der Verkaufsförderung, ohne dass sich dieser Zusammenhang aus der Darstellung ergibt).
- Irreführend ist die Bewerbung eines zu bezahlenden Angebots als „gratis".

Vergleichende Werbung

2. Vergleichende Werbung

Werbung, die die Leistung von Wettbewerbern mit dem eigenen Angebot vergleicht, ist erlaubt, wenn die Aussagen nachprüfbar sind und der Wahrheit entsprechen.

- Der Wettbewerber darf nicht verunglimpft werden.
- Es dürfen nicht „Äpfel mit Birnen" verglichen werden. Die Ware oder Dienstleistung muss also **vergleichbar** sein, sie muss sich auf den gleichen Bedarf oder Zweck beziehen.
- Preise dürfen miteinander verglichen und die Konkurrenz darf ebenfalls beim Namen genannt werden. Allerdings müssen dann auch alle wesentlichen **preisgestaltenden** Merkmale angegeben werden. Wertende Begriffe wie „am preiswertesten" sollten vermieden werden.

Warum der Whopper im Vergleich zum BigMäc nicht besser schmecken darf

(Auszug aus einem Artikel von „Werbepsychologie online“, Stand 2. Februar 2008)

Eine ganz besondere Marketingstrategie hatte sich die Fast-Food-Kette Burger King einfallen lassen: 101 Testpersonen sollten sich entweder für die Pommes frites von McDonald's oder für die King Pommes von Burger King entscheiden. Das Ergebnis war eindeutig: 81 % bevorzugten die Fritten von Burger King. Dazu gesellten sich die Ergebnisse einer angeblichen Umfrage, in der Fast-Food-Konsumenten mit 62 % zugunsten des Whoppers zum Nachteil des BigMäc votierten. Burger King bewarb seine Produkte mit den Slogans: „Satte Mehrheit“ und „Ganz krosser Unterschied“. Dazu wurden die Umfrageergebnisse in den Anzeigen dargestellt und durch zwei Säulen visuell in Szene gesetzt.

Rechtsprechung zur Werbekampagne:

Das Kölner Landgericht entschied, dass sich aus Umfragen keine nachprüfbaren Eigenschaften von Burgern und Pommes ableiten ließen. Waren oder Dienstleistungen müssen bei vergleichender Werbung objektiv, wesentlich und nachprüfbar sein. Meinungen oder persönliche Werturteile dürfen nicht miteinander verglichen werden. Bestandteile des BigMäc sind Tomate, Gurke, Mayonnaise und Ketchup – der Whopper hingegen werde ohne Ketchup zubereitet und enthalte auch noch Käse. Da die Burger sich nicht entsprächen, könne man sie auch nicht vergleichen. Der Geschmack, auch wenn er von einer repräsentativen Testgruppe stamme, stelle keine objektive Tatsache dar.

- Werbung mit **Testergebnissen** ist zulässig, wenn es sich um den Test einer neutralen Institution handelt. Der Test muss aktuell sein, auf den Erscheinungszeitpunkt muss hingewiesen werden. Das Gesamtergebnis ist offenzulegen.

Rechtmäßige Werbung mit der Servicestudie eines Marktforschungsinstituts (Marché)

3. Unzumutbare Belästigungen

Es ist unzulässig zu werben, wenn erkennbar ist, dass der angesprochene Marktteilnehmer diese Werbung nicht wünscht.

- Wenn Passanten von **Werbern** am Weitergehen gehindert werden oder wenn ihnen gefolgt oder an Engstellen „aufgelauert“ wird, ist dies wettbewerbswidrig.
- **Telefonanrufe** zu Werbezecken sind nur zulässig, wenn der Angerufene vorher ausdrücklich seine Einwilligung erklärt hat. Das gilt auch bei automatischen Anrufmaschinen oder Fax. Im Rahmen bestehender Vertragsverhältnisse darf ein Unternehmen seine Kunden allerdings telefonisch kontaktieren. Das Unterdrücken der Rufnummer ist verboten.
- Der **Aufkleber** „keine Werbung“ am Briefkasten muss bei Flyern, Prospekten etc. beachtet werden.
- Auch von individuell adressierten **Briefen** ist abzusehen, wenn der Empfänger den Werbenden aufgefordert hat, diese zu unterlassen.
- Bei **E-Mails oder SMS** (= elektronische Post) müssen verschiedene Voraussetzungen erfüllt sein: Der Kunde hat dem Unternehmen selbst seine elektronische Adresse gegeben. Dies kann z. B. erfolgt sein im Rahmen einer Reservierung oder indem er sich auf eine Mailing-List für einen Newsletter hat setzen lassen oder eine ausdrückliche datenschutzrechtliche Einwilligung erteilt hat. Er muss bei der Erhebung der Adresse und bei jeder Verwendung darauf hingewiesen werden, dass er der Verwendung jederzeit widersprechen kann. Tut er dies, müssen die Daten gelöscht werden. Übersandt werden darf nur solche Werbung, die einen direkten thematischen Bezug zum Einverständnis des Kunden hat. Der Datenschutz ist zu beachten (siehe Kapitel 8.1.4).

Spam- bzw. Junk-Mails

Das Verbot unzumutbarer Belästigungen ist vor allem im Direktmarketing relevant. Ging es hier früher vor allem um aufdringliches Ansprechen auf der Straße und um Haustürgeschäfte, sind heute das Telefonmarketing und sogenannte Spam-Mails oder Junk-Mails bei elektronischer Werbung in den Mittelpunkt der Aufmerksamkeit gerückt.

Beispiel für eine offene Warenunterschiebung
Der Gast bestellt eine „Coke" und erhält eine 0,2 l Flasche, die erkennbar „Pepsi" enthält. Bereits dieses Verhalten ist unlauter, denn der Gastronom verlässt sich darauf, dass der Gast nicht reklamiert.

Beispiel für eine versteckte oder irreführende Warenunterschiebung
Der Gast bestellt „Coke", serviert wird in neutralem Glas aus der Postmix-Anlage Pepsi. Dabei kommt es nicht darauf an, ob das gelieferte Produkt gleichwertig ist oder nicht.

Beispiele für eine betrügerische Warenunterschiebung
Der Gast bestellt Mineralwasser, serviert wird Tafelwasser.
Die Speisekarte weist mit Käse überbackene Pizza aus, tatsächlich ist diese mit Analogkäse (Imitat aus Pflanzenfett) belegt.
Wenn dem Gast hierdurch ein Vermögensschaden entsteht, also eine mindere Qualität zum höheren Preis geleistet wird, liegt darin eventuell auch ein strafbarer Betrug begründet.

4. Warenunterschiebung

Eine wettbewerbswidrige Warenunterschiebung liegt vor, wenn dem Gast etwas anderes serviert wird, als er bestellt und bezahlt hat.

Die Warenunterschiebung muss inhaltlich auch in engem Zusammenhang mit den Vorschriften zur Bezeichnung und Kennzeichnung von Produkten in der Speise- und Getränkekarte (siehe Kapitel 6.7.2) gesehen werden.

Ein Verstoß gegen Kennzeichnungsvorschriften stellt in vielen Fällen gleichzeitig einen Verstoß gegen das UWG und eventuell sogar einen strafbaren Betrug dar.

Es werden folgende Typen der Warenunterschiebung unterschieden:
- Bei der **offenen Warenunterschiebung** liefert der Gastronom erkennbar ein anderes Produkt, als der Gast bestellt hat, ohne darauf hinzuweisen.
- Bei der **versteckten oder irreführenden Warenunterschiebung** ist für den Gast nicht ersichtlich, ob eine andere Marke oder Qualität geliefert wird, als er bestellt hat.
- Bei der **betrügerischen Warenunterschiebung** wird eine minderwertigere Qualität als die angepriesene geliefert.

14.6.3 Internetrecht

Das Internet spielt im Marketing der Gastronomie eine immer größer werdende Rolle. Insbesondere bei der Gestaltung der Webseite und bei Social-Media-Aktivitäten müssen neben inhaltlichen und technischen auch rechtliche Gesichtspunkte beachtet werden.

Folgende juristische Basics sind beispielsweise für die **eigene** Homepage, Facebook-Fanseiten und ähnliche Verwendungen zu beachten:
- Bei der Wahl der **Domain** müssen Marken- und Namensrechte anderer respektiert werden. Auch bewusste Verfremdungen von Marken, wie sie durch „Tippfehler" entstehen können, dürfen nicht als Domain genutzt werden. Bei Verwendung des eigenen Namens gilt gegenüber Personen mit dem gleichen Namen das „Recht des Schnelleren".
- Bei der Gestaltung der Webseite müssen **Urheberrechte** Dritter, z. B. an Schriften, Fotos, Icons, Grafiken, Ton oder Filmen, berücksichtigt werden. Soll z. B. eine Anfahrtsskizze eingebunden werden, müssen entweder die Nutzungsrechte an einer bestehenden Karte eingeholt werden oder es muss eine eigene Skizze angefertigt werden. Urheberrechte werden auch verletzt, wenn Struktur und Optik einer anderen Webseite einfach kopiert werden.
- Auch im Internet gelten bei Werbemaßnahmen die Vorschriften des UWG (siehe Kapitel 14.6.2).
- Der **Datenschutz** ist zu beachten.
- Wichtig ist die Aufnahme eines sogenannten **Disclaimers** (= Haftungsausschluss) für externe Links. Darin ist deutlich zu machen, dass für die Inhalte verlinkter Seiten ausschließlich deren Betreiber haften.

Beispiel für einen Disclaimer:
„Die Verweise auf Internetadressen und -dateien beziehen sich auf deren Zustand und Inhalt zum Zeitpunkt der Drucklegung des Werks. Das Unternehmen übernimmt keine Gewähr und Haftung für deren Aktualität oder Inhalt noch für den Inhalt von mit ihnen verlinkten weiteren Internetseiten."

- Soll neben der bloßen Information und Imagepflege auch ein **Online-Vertragsschluss** ermöglicht werden (z. B. Menü-Bestellung über die Webseite eines Home-Delivery-Anbieters), so müssen zusätzliche Verhaltenspflichten für den sogenannten E-Commerce beachtet werden. Insbesondere müssen geeignete Mittel zur Korrektur von Eingabefehlern zur Verfügung stehen, der Eingang der Bestellung muss unverzüglich elektronisch bestätigt und der Kunde muss über die Vertragsbedingungen informiert werden. Soweit keine besonderen Formvorschriften eingreifen (was bei Essensbestellungen nicht der Fall ist), ist der Online-Vertragsschluss ein vollgültiger Vertrag.
- Ein Sonderproblem im Gastgewerbe stellt die missbräuchliche Nutzung des Internetzugangs durch Gäste dar. In vielen Betrieben gehört es mittlerweile zum erwarteten Standard, den Gästen einen **WLAN-Zugang** zur Verfügung zu stellen. Begehen diese bei der Internetnutzung Urheberrechtsverletzungen, z. B. durch illegale Up- oder Downloads von Musik oder Filmen, besteht bisher ein Haftungs- und Abmahnrisiko für den Gastronomen. WLAN-Zugänge in Restaurants sollten daher gesichert bzw. verschlüsselt werden.
  Es ist zu erwarten, dass diese Haftung für WLAN-Betreiber im Herbst 2016 abgeschafft wird.

Impressum
Nach dem Telemediengesetz muss eine Webseite ebenso wie z. B. eine Facebook-Fanpage ein **Impressum** enthalten.

Folgende Angaben müssen leicht erkennbar und verfügbar sein:

- Name und Anschrift, bei juristischen Personen zusätzlich Rechtsform und Vertretungsberechtigter
- Angaben, die eine schnelle elektronische Kontaktaufnahme und unmittelbare Kommunikation ermöglichen, einschließlich E-Mail-Adresse
- bei Zulassungspflicht Angaben zur Aufsichtsbehörde
- gegebenenfalls Angaben zum Handelsregistereintrag
- gegebenenfalls Angabe der USt-Identifikationsnummer
- bei Kapitalgesellschaften in Liquidation bzw. in Abwicklung die entsprechende Angabe

IMPRESSUM

Verantwortlich für diese Seite ist McDonald's Deutschland Inc.

Anschrift:
McDonald's Deutschland Inc.
Zweigniederlassung München
Drygalski-Allee 51
81477 München
Tel.: 089 / 78 59 40
Fax: 089 / 78 59 44 79
service[at]mcdonalds.de

Für Feedback und Anfragen nutzen sie bitte den Kontakt zu unserem **Kundenservice.**

Vertretungsberechtigt: Holger Beeck (Vorstandsvorsitzender)
Handelsregisternummer: HRB 50 822 (Amtsgericht München - Registergericht)
Umsatzsteueridentifikationsnummer: DE 129 525 432

Realisation
Allgemeines
Schutzrechte
Haftung
Allgemeine Informationen
Links zu anderen Webseiten
Besondere Regelungen für die Zusendung von Dateianhängen

Beispiel für ein Impressum

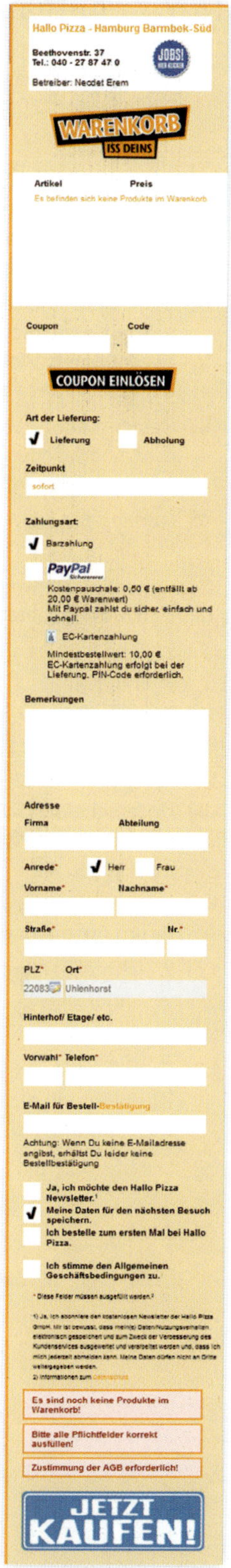

Online-Bestellformular

14.7 Aufgaben

1 | Erklären Sie den Begriff „Marketing" und erläutern Sie in diesem Zusammenhang die Inhalte eines Marketingkonzepts.

2 | Zählen Sie drei Beispiel für Unternehmensziele auf.

3 | Definieren Sie die Begriffe „primäre Marktforschung" und „sekundäre Marktforschung".

4 | Der Eigentümer eines gut gehenden Restaurants möchte zusätzlich ein Restaurant im Nachbarort übernehmen. Welche Marktuntersuchungen sollten vorher durchgeführt werden?

5 | Beschreiben Sie Möglichkeiten, außerhalb des gastronomischen Betriebs herauszufinden, was am Markt gefragt ist.

6 | Nennen Sie die vier klassischen Marketing-Instrumente.

7 | Geben Sie an, welche Arten von Produkten in Ihrem Betrieb angeboten werden.

8 | Welche Faktoren beeinflussen eine Produkteigenschaft?

9 | Erklären Sie anhand eines Beispiels aus der Gastronomie den Verlauf eines Produktlebenszyklus.

10 | Unterscheiden Sie die Begriffe „Sortimentsbreite" und „Sortimentstiefe" und geben Sie Beispiele aus der Praxis.

11 | Nennen Sie Beispiele für Serviceleistungen, die in Ihrem Ausbildungsbetrieb besonders wichtig sind.

12 | Welche zwei Möglichkeiten gibt es zur Sortimentsveränderung?

13 | Was bedeutet der Begriff „Warenunterschiebung"?

14 | Erläutern Sie die Bedeutung der Verkaufswege (Distribution) für einen erfolgreichen gastronomischen Betrieb.

15 | Erklären Sie den Unterschied zwischen einem „direkten Verkaufsweg" und einem „indirekten Verkaufsweg".

16 | „Social Media Marketing – der direkte Weg zum Gast". Erläutern Sie diese These.

17 | Was bedeutet der Begriff „Impressum" und warum ist das Impressum für die Webseite eines Betriebs wichtig?

18 | Warum sind Produkt- und Sortimentsgestaltung im gastronomischen Betrieb so wichtig?

19 | Welche Einflussgrößen sind für die Preisgestaltung zu beachten?

20 | Begründen Sie die Bedeutung der Preisauszeichnung für den Gastronomen und für den Gast.

21 | Was steckt hinter dem Begriff „Corporate Identity"? Beschreiben Sie die unterschiedlichen Facetten der Unternehmensidentität.

22 | Entwickeln Sie ein attraktives Konzept zum Thema „Employer Branding" für Ihren Betrieb, um mit diesem Konzept Werbung für neue Auszubildende zu gestalten.

23 | Erläutern Sie den Begriff „Controlling" und nennen Sie die wichtigsten Aufgaben des Controllings.

24 | Das Marketingbudget wurde in diesem Jahr von 75.000 € auf 90.000 € erhöht. Wie viel Prozent beträgt die Erhöhung?

25 | Zur Einführung eines neuen Drinks wollen Sie an drei Unternehmensstandorten sechs Tage lang täglich 2oo Probeflaschen verteilen.
a) Wie viele Flaschen müssen Sie bestellen, wenn jede Kiste 15 Flaschen enthält?
b) Für wie viele Tage würden die bestellten Flaschen ausreichen, wenn Sie statt 200 Flaschen täglich 250 Flaschen verteilen würden?

15 Restaurant-Management

Restaurantmanagement

Für jeden Gastronomen ist es bedeutend zu wissen, was seine Gäste wollen, wenn sie sein Restaurant betreten. Nur so kann er ein Angebot gestalten und präsentieren, das den Erwartungen seiner Gäste entspricht.

15.1 Angebotsgestaltung und Menügestaltung

15.1.1 Culinary Codes/Food-Pairing/Food-Completing

Kreative Kombinationen für besondere Geschmackserlebnisse

Das Motiv Essen zu gehen, basiert heute selten auf einem echten Hungergefühl als mehr auf emotionalen oder Statusbedürfnissen. Geschmack, Qualität sowie Preis und Leistung sind zusätzliche Kriterien und zunehmend auch der Service.

Zu viel Salz im Essen, eine zu heiße Speise, eine zu kalte Raumtemperatur oder eine unfreundliche Servicekraft – alle genannten Faktoren beeinflussen das Geschmacksempfinden des Gasts!

Hinzu kommt die Tatsache, dass es kulinarische Kodierungen gibt, d.h. Unterbewusstsein und Emotionen beeinflussen das Verzehrverhalten. Ein Teil des Gehirns des Menschen beeinflusst das Essverhalten (limbisches System).

Drei Grundthemen im limbischen System: Stimulanz, Dominanz und Balance

Drei Hauptwünsche im limbischen System: Abenteuer und Nervenkitzel, Fantasie und Genuss, Disziplin und Kontrolle

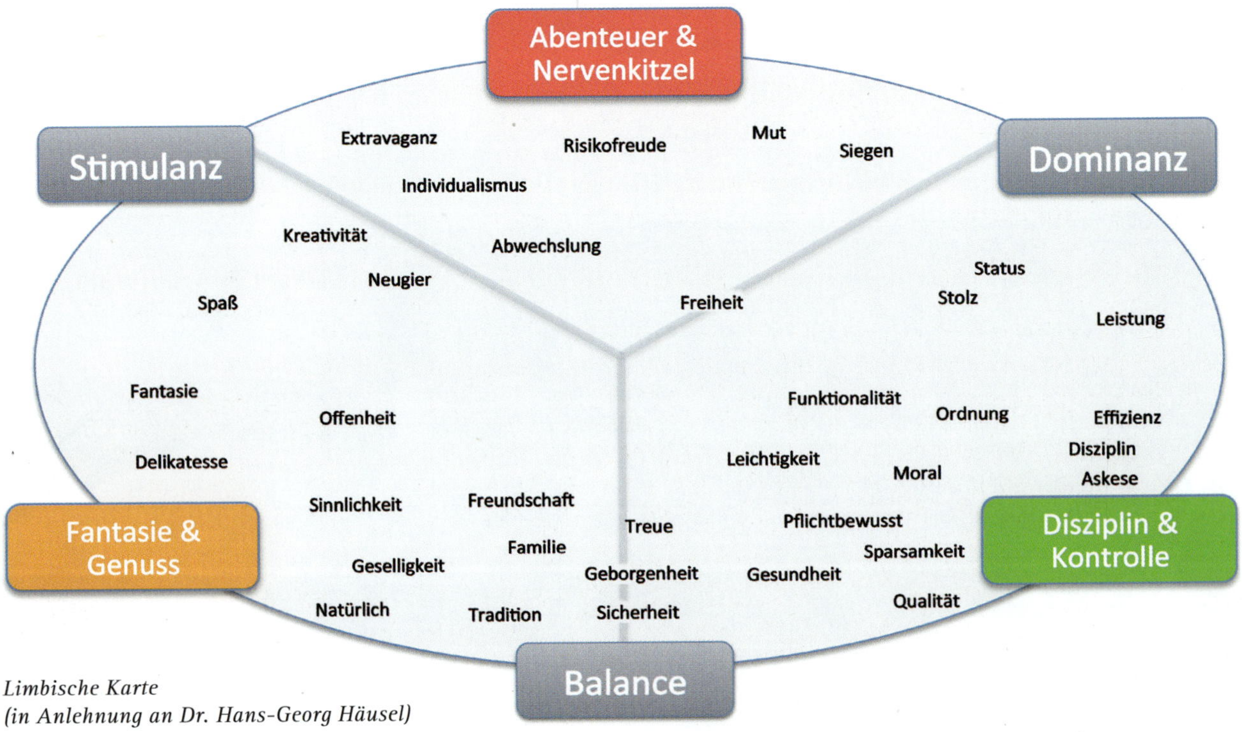

Limbische Karte (in Anlehnung an Dr. Hans-Georg Häusel)

Für den Gastronomen kann es auch unter Marketingaspekten sinnvoll sein, die Auswahl seines Angebots sowie die Kartengestaltung, also das *Wording*, nach den genannten Kriterien auszurichten. Hier spielen Zutaten und Zubereitung, Beilagen, Inszenierung und Service die entscheidende Rolle.

Beispiel für Wording
Wir empfehlen:
2010 Roter Renner
Cuvée, Qualitätswein, halbtrocken
Jean Stodder
Württemberg

Ein unglaublicher Rotwein ... schweres Parfüm von schwarzen Früchten. Aromen von schwarzen Johannisbeeren, leckeren Brombeeren und Holunder, versponnen mit Aromen von Holzkohle, Tabak und Mineralien ... unwiderstehlich!!!!!

Wording = Sprachgestaltung/Formulierung
Wir servieren: Krosses Sesambrötchen, mit scharf gegrilltem Hähnchenbrustfilet, knackigem Salat und gegrilltem Bacon vom Alpschwein.

Culinary Code
- Bezeichnung des Gerichts
- Zutaten
- Farbkombination
- Geschmack
- Geschirrauswahl/Tellerdesign
- Licht- und Raumtemperatur
- Auftreten der Servicekraft
- Gesamtinszenierung

Foodinszenierungen

Das Geschmackserlebnis ist ein sehr komplexer Sinneseindruck, der nicht nur auf dem Geschmackskanal, sondern auf allen fünf Sinneskanälen beruht:
- visuell = sehen: die krosse Braunfärbung des Brötchens
- auditorisch = hören: das Knistern beim Reinbeißen in ein knuspriges Brötchen
- kinästhetisch = fühlen: das cremige Eis
- olfaktorisch = riechen: frisches Basilikum auf dem Salat
- gustativ = schmecken: leichte Ingwernote in der Kürbissuppe

Ein großer Anteil des Geschmackseindrucks hängt von der Wahrnehmung der Aromen ab, die der Mensch über den Geruchssinn wahrnimmt. Daher schmeckt das Essen bei einem Schnupfen meist fade. Viele Menschen benötigen Bilder, um Geschmäcker zu identifizieren. Beispiel: Wir sehen einen Apfel und das Gehirn suggeriert uns, den Geschmack zu kennen.

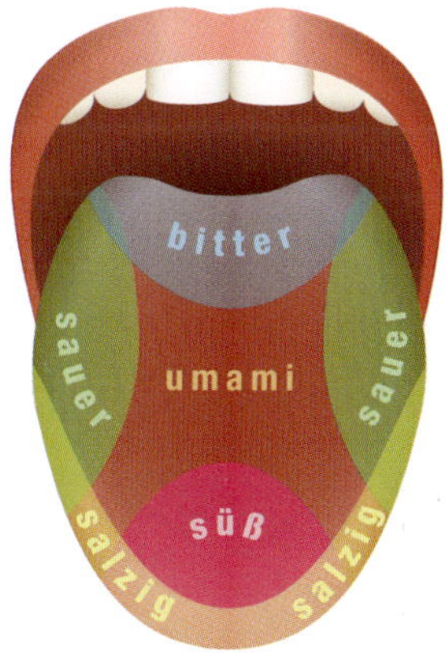

Geschmackszonen der Zunge (umami = Proteingeschmack/ Glutaminsäure)

Der sensorische Gesamteindruck wird als Flavour bezeichnet.

Die unterschiedlichen Geschmacksrichtungen nimmt der Mensch vor allem über die unterschiedlichen Rezeptoren auf der Zunge wahr. Diese Rezeptoren sitzen in den Geschmacksknospen auf der Zunge. Es sind fünf Geschmacksrichtungen, die bestimmen, wie ein Lebensmittel schmeckt.

Food-Pairing und Food-Completing sind zwei Begriffe, bei denen das weite Spektrum der Aromen auf vielfältige Zubereitungsarten und Kombinationsmöglichkeiten von Speisen und Getränken trifft.

Geschulte Servicemitarbeiter beraten den Gast bei der Auswahl der Speisen und der Getränke im Hinblick auf ein optimales Geschmackserlebnis, d. h. eine gelungene Kombination der Aromen in den Speisen und Getränken.

Food-Pairing zielt darauf ab, harmonische Zusammensetzungen der Aromen zu erzeugen. Nur ähnliche Aromen werden kombiniert.

Food-Completing führt spannende Geschmackserlebnisse durch Kontraste in der Aromenwelt herbei.

Food-Completing: Brownie mit geröstetem Speck

Individuelle Angebotsgestaltung

15.1.2 Angebotsgestaltung

Individuelle Angebote

Die Angebotszusammenstellung ist eine Grundvoraussetzung für das individuelle Speisen- und Getränkekonzept. Die Erstellung bedarf somit einer wohlüberdachten Konzeption, um aus der Fülle der Möglichkeiten passende Speisen und Getränke auszuwählen.
In der Gastronomie werden mit der Angebotszusammenstellung die Speisen und Getränke passend zum Restauranttyp und der Corporate Identity konzipiert. Hierbei setzt jeder Gastronom unterschiedliche Schwerpunkte.

Das Angebot kann entweder speisen- oder getränkeorientiert ausgerichtet sein oder Speisen und Getränke werden gleichberechtigt berücksichtigt. Die Gäste werden immer qualitätsbewusster und honorieren ein breites Angebot mit hervorragenden Produkten. Daher entscheiden sich die meisten Gastronomen für ein kombiniertes Angebot von Speisen und Getränken mit individuellen Schwerpunkten. Das Speisen- und Getränkeangebot wird konzeptionell von der Marketingabteilung geplant.

Speisenkonzept

Die früher üblichen klassischen Mahlzeitenarten haben sich in der Zusammensetzung und in der Abfolge stark gewandelt. Geänderte Lebensgewohnheiten und internationale Einflüsse haben bei Speisenkonzepten und Mahlzeitenarten zu einer großen Variationsbreite und neuen Konzepten geführt, z. B. to go oder Home Delivery.

Nachhaltigkeit beim Speisenkonzept

Der ernährungsbewusste Gast verlangt abwechslungsreiche, gesunde, ernährungsphysiologisch ideal zusammengestellte Speisen. Der umweltbewusste Gast setzt seine Priorität auf nachhaltige Angebote. Einige Betriebe werben mit „sauberen" Speisekarten (Clean Label), d. h., in diesem Betrieb werden nur Produkte verwendet, die keine auf der Speisekarte kennzeichnungspflichtigen Zusatzstoffe enthalten.

Getränkekonzept

Moderne Getränkekonzepte spielen in der Gastronomie eine bedeutende Rolle. Trendige Konzepte, z. B. Fassbrause und Trendbiere, aber auch klassische Angebote wie Cocktails setzen neue Impulse für die Getränkeszene in Deutschland. Getränke repräsentieren oft eine Art Philosophie und Lebenseinstellung, dabei zahlt sich Kreativität bei der Gestaltung des Angebots immer aus. Es gilt, aktuelle Trends in die Angebotsgestaltung des Betriebs einzubeziehen. Spaß- und Genussfaktoren, Wellness und Nachhaltigkeit, aber auch Fertigprodukte (ready to drink) liegen immer mehr im Trend.

Spaßfaktor beim Getränkekonzept

In der Gastronomie gewinnen Getränke dann weiter an Bedeutung, wenn sie mit Speisen kombiniert werden können. Je anspruchsvoller das Speisenangebot, desto breiter und tiefer sollte das auf die angebotenen Speisen abgestimmte Getränkeangebot sein.

15.1.3 Regeln für die Zusammenstellung von Menüs

Nach klassischem Verständnis ist ein Menü durch eine festgelegte Reihenfolge einer variablen Anzahl von Gängen definiert, wobei die verschiedenen Speisen und Getränke aufeinander abgestimmt sein sollten (Abstimmung oder Korrespondenz von Speisen und Getränken siehe Kapitel 15.4.1 Sommelier). Da die Servicekräfte früher für jede neu aufgetragene Speise einen Gang zur Küche machen mussten, werden die einzelnen Speisen auch als Gänge eines Menüs bezeichnet. Ein Menü wird in der Regel zu einem festgelegten Anlass, einem bestimmten Motto oder als Aktion mit einem festgelegten Preis angeboten.

Von einem klassischen Menü ist meist ab drei Gängen die Rede, z. B.:

Suppe	Hauptgang	Dessert

Dieses Menü kann für besondere Anlässe durch zusätzliche Speisen und Zwischengerichte auf fünf bis sechs Gänge erweitert werden (siehe Kapitel 11):

Kalte Vorspeise	Suppe	Warme Vorspeise	Hauptgang	Käse	Dessert

Der Hauptgang ist immer der Höhepunkt und besteht in der klassischen Gastronomie aus vier Komponenten:

- Hauptbestandteil (Fisch, Fleisch usw.)
- Sauce
- Gemüsebeilage
- Sättigungsbeilage

Bei der Menüzusammenstellung wird der Hauptgang zuerst und danach die restlichen Gänge ausgewählt und zugeordnet.

Leitlinien für die Zusammenstellung von Menüs
Eine perfekte Menüzusammenstellung verlangt die Berücksichtigung vieler Aspekte, die Küchen- und Servicepersonal gemeinsam abstimmen sollten.

Organisatorische Aspekte

- Anlass:
  Festveranstaltung, themenorientierte Menüs
- Uhrzeit:
  Lunch oder Dinner
- Gästekreis:
  Alter der Gäste (Kinder, Senioren), Personenzahl (kleine oder große Gästegruppen), Ernährungsverhalten (Vegetarier, Allergiker)
- Preis:
  Zahlungsbereitschaft des Veranstalters/Gasts
- Arbeitstechnische und personelle Voraussetzungen:
  Die rationelle Zeitplanung hängt von den technischen Möglichkeiten in Küche und Serviceraum und der Anzahl der vorhandenen Mitarbeiter ab.

Flying Büfett
In der modernen Menüfolge stellen Küchenchefs immer öfter eigene Regeln auf. Ganze Menüs werden als „Flying Büfett" z. B. auf Happy Spoons serviert. Der kreativen Küchen- und Servierkunst sind keine Grenzen gesetzt.

Menüarten
Neben den fachlichen Grundsätzen wird die Zusammensetzung der Menüs auch den örtlichen und zeitlichen Gegebenheiten sowie den individuellen Bedürfnissen der Gäste angepasst, z. B.:

- Quick Lunch
- Business Lunch
- Galadinner
- Kindermenü
- Seniorenmenü
- Vegetarisches Menü
- Aktionsmenü
- Weihnachtsmenü
- Halloweenmenü
- Muttertagsmenü
- Hochzeitsmenü
- Fischmenü
- Spargelmenü

Speisekarte für Kinder

Kaffee in der Menüfolge

Kaffee wird nicht in die Menüreihenfolge aufgenommen, bildet jedoch bei jeder Speisenfolge den Abschluss. Dazu werden Gebäck (z. B. Amarettini oder Petits Fours) oder Pralinen serviert.

Farbkontrast

Küchentechnische Aspekte

- Harmonie der Speisenfolge:
  Geschmackliche Eintönigkeit sollte stets vermieden werden, so ist die organoleptische (geruchliche, geschmackliche, optische) Zusammenstellung der einzelnen Speisen zu beachten. Vielseitigkeit und Abwechslung machen ein Menü interessant:
  - keine Wiederholung der Rohstoffe (z. B. Geflügelsalat auf Friséesalat, Hühnerbrühe mit Eierstich, Paprika-Putenpfanne mit Basmatireis)
  - keine Wiederholung der Zubereitungsart
  - keine Wiederholung der Geschmacksrichtung
- Farbkontraste:
  Das Auge isst mit und so ist die visuelle Wirkung der Gerichte zu berücksichtigen, gleiche Farben der Speisen und der einzelnen Komponenten sollten vermieden werden (z. B. Tomatensuppe mit Basilikumravioli, Putensteak mit Paprikarahmgemüse, Rote Grütze mit Sahnehaube).
- Sättigungswert:
  Die Menge der Speisen pro Gang hängt von der Anzahl der Gänge und der Beschaffenheit der Speisen ab (leicht, schwer, gehaltvoll).
- Gästekreis:
  Bei besonderen Kostformen können nicht immer die klassischen Menüregeln eingehalten werden.
- Jahreszeit:
  Die Verwendung jahreszeitlicher Produkte steht im Vordergrund einer gesunden Ernährung und sie sind meist preiswert und wohlschmeckend.

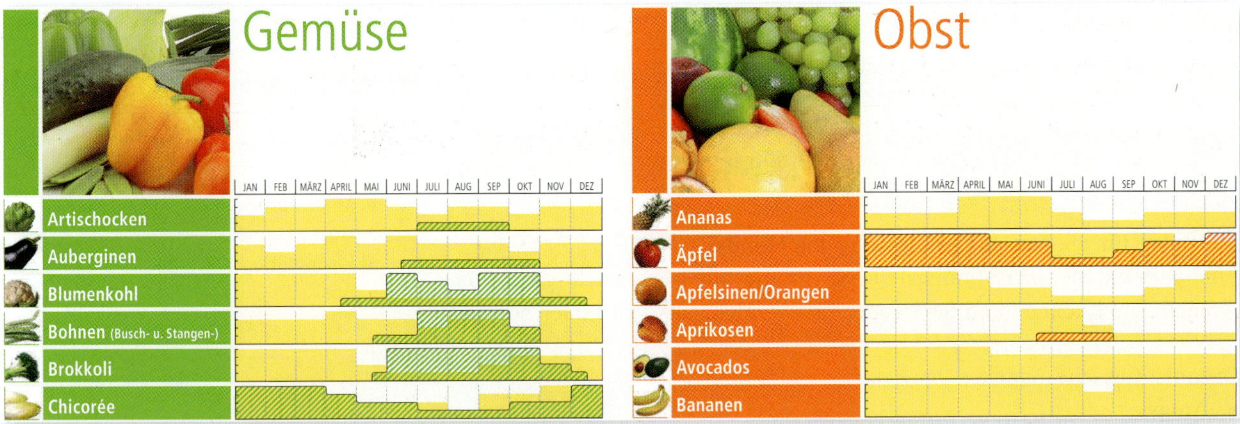

Saisonkalender (Ausschnitt) vom aid e. V. (www.aid-medienshop.de)

Amuse Gueule

Sorbet

Ergänzungen

Ein Appetithäppchen (Gaumenfreude, Amuse Bouche, Amuse Gueule) soll die Zeit des Wartens auf den ersten Gang verkürzen und wird als Aufmerksamkeit des Hauses, als Gruß aus der Küche angeboten.

Ein Sorbet oder Granité (Eisgetränk) wird als Erfrischung und Neutralisierung des Gaumens vor dem Hauptgang, aber nie nach der Suppe serviert.

Käse wird meist nach dem Hauptgang vor dem Dessert verzehrt, da der Wein des Hauptgangs weiter getrunken werden kann. Die alte Regel „Käse schließt den Magen" gilt also nicht mehr.

15.1.4 Menükarten

Menükarte (s. auch Kapitel 6.6)
Menükarten haben im Bankettbereich eine Doppelfunktion. Sie dienen als Informationsquelle und Dekoration bei Tagesmenüs, Mittagsmenüs oder Abendmenüs. Mittagsmenüs bestehen meist aus drei bis vier Gängen, Abendmenüs oft aus noch mehr Gängen, da die Gäste am Abend eher bereit sind, länger und mehr zu speisen.

Bei Wahlmenüs haben die Gäste die Möglichkeit, aus mehreren angebotenen Speisen oder Gängen eine individuelle Auswahl zu treffen. Sie werden meist bei kleineren Veranstaltungen angeboten, da sonst der Aufwand für Küche und Service zu hoch ist.

Menükarte mit korrespondierenden Getränken

Menükarten sind oft kombinierte Karten, die Speisen und Getränke enthalten. Klassisch ist das Degustationsmenü. Zu jedem Gang wird in der Menükarte ein Getränk empfohlen.

Auch die Festmenükarte (Hochzeit, Geburtstag etc.) ist in der Regel eine kombinierte Karte. Hier werden meistens keine Preise angegeben, da der Gastgeber das Menü mit dem Gastronomen abstimmt und auch bezahlt. Auch auf die Angabe von Zusatzstoffen und Allergenen wird auf festlichen Karten meist verzichtet. Die Informationen müssen aber auf Anforderung schriftlich vorlegbar sein (siehe Kapitel 6.7).
Die Menükarte folgt der klassischen Speisenfolge (siehe Kapitel 15.1.3).

Beim Schreiben einer Menükarte sind folgende Punkte zu beachten:
- angemessene Schriftgröße
- Überschriften in einer größeren Schrift
- höchstens zwei Schriftarten
- Schriftarten entsprechend dem Anlass
- lesbare Schriftfarbe
- fehlerlose Rechtschreibung
- Text über die gesamte Fläche verteilen
- eventuell mehrsprachig

Grundsätzlich ist darauf zu achten, dass die Karten verführerisch, informativ, eindeutig, aktuell, rechtlich einwandfrei sowie sauber und ordentlich sind.
Menükarten können je nach Art der Veranstaltung aus unkonventionellen Materialien bestehen, z. B. Blätter oder Baumscheiben.

Festtafel mit Menükarte

Grundlagen zu Angebotskarten siehe Kapitel 6.6.

Rechtschreibung bei Speisen

Im Folgenden sind einige allgemeingültige Rechtschreiberegeln auf Grundlage der DUDEN-Empfehlungen formuliert und werden mit entsprechenden Beispielen verdeutlicht.

Substantive, die mit anderen Substantiven ein neues Wort bilden, werden zusammengeschrieben. *Kartoffelecken* *Salatdressing* *Eiskaffee*	**Zusammensetzungen, die als Ganzes einen Eigennamen bilden, werden zusammengeschrieben.** *auf Müllerinart* — Nicht: *auf Müllerin Art* *auf Gärtnerinart* — Nicht: *auf Gärtnerin Art* *auf Försterinart* — Nicht: *auf Försterin Art* Anstelle von *auf ...art* kann auch *nach ...art* geschrieben werden. Die GAD (Gastronomische Akademie Deutschlands e. V.) empfiehlt folgende Schreibweise: *Nach Art der Müllerin, nach Art der Försterin usw.*
Zubereitungsbezeichnungen, die von Orts- oder Ländernamen abgeleitet sind, werden auseinandergeschrieben. *auf russische Art* *nach norwegischer Art* *auf piemontesische Art*	**Besonderheit bei der Klein- und Großschreibung:** **mit der Endung -ische/-ischer: klein** **mit der Endung -er: groß** *italienischer Salat* — *Wiener Schnitzel* *auf norwegische Art* — *nach Norweger Art* *holländischer Käse* — *Holländer Käse* *Schweizer Wurstsalat*
Nachgestellte Beifügungen (Zubereitungsart) werden durch Kommas abgetrennt. *Seezunge, pochiert* *Karpfen, gebacken*	**Läuft der Text weiter, wie z. B. bei Tageskarten üblich, steht die Zubereitung zwischen Kommas.** *Seezunge, pochiert, mit ...* Empfehlenswert ist jedoch folgende Schreibweise: *Pochierte Seezunge mit ...* *Gebackener Karpfen mit ...*
Bei zeilenweise abgesetzten Aufzählungen steht kein Komma. Gericht untereinander in Zeilen angeordnet: ohne Komma *Pökelzunge mit Madeirasauce* *Butterbohnen* *Kartoffelpüree* *Kopfsalat*	**Bei Aufzählungen in einer Zeile stehen Kommas** *Pökelzunge mit Madeirasauce, Butterbohnen, Kartoffelpüree, Kopfsalat*
Beilagen, die aus mehreren Stücken bestehen, müssen im Plural stehen. *mit neuen Kartoffeln* — *mit Steinpilzen* *mit verschiedenen Gemüsen* — *mit frischen Kräutern*	**Bindestriche können die Lesbarkeit erhöhen, sollten aber sparsam verwendet werden und nur, wenn der DUDEN sie erlaubt.** *Fürst-Pückler-Eis* — *Nussparfait* Nicht: *Nuss-Parfait*
Anführungszeichen unterbleiben bei der Angabe der Zubereitungsart: *Birne Helene* — Nicht: *Birne „Helene"* *Schnitzel nach Wiener Art* — Nicht: *Schnitzel nach „Wiener Art"* *Forelle blau* — Nicht: *Forelle „blau"*	**Auch bei Zubereitungen, die nach Personen benannt sind, unterbleiben die Anführungszeichen.** Es wird empfohlen GROSSBUCHSTABEN und/oder Kursivschrift zu verwenden, z. B. Tournedos *ROSSINI*, Tournedos *Rossini*.

Sprachform und Sprachstil

Im Umgang mit der Sprache auf Speisekarten haben sich bestimmte Regeln herausgebildet.

Reihenfolge der Bestandteile eines Gerichts

Hauptrohstoff	*Rehrücken*
Besondere Zubereitungsart	*gespickt (gebraten)*
Garnitur	*nach Waidmannsart*
Sauce	*Wacholderrahmsauce*
Gemüsebeilage	*Rosenkohl*
Sättigungsbeilage	*Kartoffelkroketten*
Kalte Beilagen (und Salate)	*Apfelkompott*

Sind im Menü Pilze verarbeitet, werden diese meist vor der Sauce genannt.

Kalbsrücken mit Wiesenchampignons,
Rieslingrahm, glasierten Möhren
und Herzoginkartoffeln

Bei der Darstellung in mehreren Zeilen entfallen Binde- und Verhältniswörter, es wird meist mittig oder zentriert geschrieben.

Zeilenschreibweise:
Rehrücken mit Rahmsauce und Rosenkohl, dazu Kartoffelklöße

Linksbündig:	Auf Mitte gestellt/zentriert:
Rehrücken	*Rehrücken*
Wacholderrahmsauce	*Wacholderrahmsauce*
Rosenkohl mit Schinkenwürfeln	*Rosenkohl mit Schinkenwürfeln*
Kartoffelklöße	*Kartoffelklöße*

Wird eine Hauptkomponente auf einer Zutat angerichtet, ändert sich die Reihenfolge.

Gebratenes Doradenfilet
auf Fenchel-Paprika-Gemüse,
Balsamicoreduktion und Wildreis

Sprachen nicht vermischen

Der Ursprung der Küchenfachsprache und damit die Benennung der Speisen liegt im Französischen. Im Laufe der Zeit werden immer mehr Begriffe **eingedeutscht**. Dann sind diese auch in der deutschen Form zu verwenden.

	Nicht:
Frikassee	*Fricassée*
Kartoffelkroketten	*Kartoffelkroquetten*
Gulasch	*Goulasch*
Kotelett	*Cotelette*

Die eingedeutschten Begriffe werden ohne Akzent geschrieben.

Zur Information der Gäste sollen Gerichte oder Garnituren, die nicht allgemein bekannt sind, erläutert werden.

Rehmedaillons Romanow
Kurz gebratenes zartes Fleisch vom Reh
mit Steinpilzen, gedünsteten Gurkenstücken
und Sahnesauce

Tafelspitz flämische Art
Gekochtes Rindfleisch mit gefüllten Kohlköpfchen,
Möhren, weißen Rüben und Salzkartoffeln

Abkürzungen vermeiden.

Mitunter werden insbesondere auf Tageskarten Abkürzungen gebraucht, um zum Beispiel ein Gericht vollständig in einer Zeile unterzubringen. Das macht die Karte wenig attraktiv und ist teilweise unverständlich.

	Nicht:
Frikassee vom Huhn mit Reis	*Frikassee v. Huhn m. Reis*
Rinderfilet mit gedünstetem Gemüse und Bratkartoffeln	*Rinderfilet m. ged. Gemüse u. Bratkartoffeln*
Gemischter Salat	*gem. Salat*

Die Speisekartenregeln in diesem Kapitel sind teilweise dem Büchlein „Richtlinien für Speisekarten & Co“ entnommen. Es enthält in kompakter Form alles Wissenswerte rund um Angebotskarten und wurde zusammen mit der GAD (Gastronomische Akademie Deutschlands e. V.) erstellt. (Bestellnummer 4992, Verlag Handwerk und Technik.)

Manchmal sind verschiedene Schreibweisen erlaubt

Französisch oder Deutsch – Sauce oder Soße?

In der gewerblichen Küche wird vielfach die französische Schreibweise *Sauce* verwendet. Der DUDEN zählt die *Sauce* zu den eingedeutschten Wörtern und lässt daher diese Schreibweise neben der *Soße* zu. Dies gilt auch für Zusammensetzungen wie Tomatensauce.

Auch für das Büfett erlaubt der DUDEN zwei Schreibweisen: *Büfett* und *Buffet*

Unbewusst und weil Rezepte oft noch so bezeichnet sind, werden manchmal bei bestimmten Zubereitungen die französischen Begriffe verwendet. Das führt zu Sprachvermischungen. Französische Begriffe sollten in einer deutschen Speisekarte möglichst vermieden werden.

	Nicht:
Forelle nach Müllerinart	*Forelle à la meunière*
Gebackener Kalbskopf mit Remouladensauce	*Kalbskopf, gebacken, mit Sauce Remoulade*

Es gibt fremdsprachliche Begriffe ohne deutsche Entsprechung, wie z. B. Omelett, Tapas, Carpaccio, Filet, Medaillon, Porterhousesteak, Chateaubriand, Chips, Parfait, Pommes frites, Crêpes Suzette, Crème brûlée. Diese werden nicht verändert.

Crème brûlée wird nicht zum Pudding

> Bei fremdsprachlichen Begriffen darauf achten, dass die Akzente, Zirkumflexe, Tilden usw. richtig gesetzt sind.

Genaue Benennung statt Sammelbezeichnung

Je genauer eine Speisenkomponente auf der Karte bezeichnet ist, desto stärker weckt sie die Vorstellungen des Gasts.

	Nicht nur:
Kartoffelknödel	*Knödel*
Semmelknödel	
Serviettenknödel	
Braten vom Kalbsrücken	*Kalbsbraten*
Glasierte Kalbsnuss	

Korrekte Zuordnung

Adjektive müssen passend eingesetzt werden, damit sie für die gewünschte Aussage sorgen.

	Nicht:
Salat von frischen Früchten	*Frischer Fruchtsalat*
Cremesuppe von frischen Artischocken	*Frische Artischockensuppe mit Sahne*

Keine halben Portionen anbieten

Keine halben Portionen

Selbstverständlich ist es sinnvoll, kleine oder leichte Gerichte anzubieten oder etwas für den kleinen Hunger.

Nur sollten derartige Angebote nicht als *halbe Portion* bezeichnet werden, denn mit *halbe Portion* wird *halber Preis* verbunden.

Vermeidung der Kulinariksprache

Wenn Speisekarten besonders werbewirksam gestaltet werden, geht die Kreativität manchmal besondere Wege. Dann werden aus Werbegründen Fachbegriffe zum Teil beliebig verwendet. Dabei ist darauf zu achten, dass Übertreibungen vermieden werden und dass mit der kreativen Beschreibung noch etwas verbunden werden kann.

Verständliche Bezeichnungen wählen

Zweifelhafte Benennungen

Espresso von Steinpilzen – Besteht Espresso nicht aus Kaffeebohnen?
Savarin von Scampi – Ist nicht Savarin ein Hefeteig in Förmchen?
Kartoffelblini – Gehört in einen Blini nicht Buchweizen?

Bei Wendungen dieser Art wird nur die Form der Zubereitung (Stollen, Savarin) berücksichtigt, nicht aber die mit den Begriffen herkömmlich verbundenen Rohstoffe und Produktionsverfahren. Das ist nicht kreativ, sondern eine Verfälschung der Fachsprache.

Zu berücksichtigen ist allerdings, dass viele Gäste bei diesen Benennungen genaue – den Tatsachen entsprechende – Vorstellungen von dem Gericht haben. Daher ist von Fall zu Fall zu entscheiden, ob das Gericht in der Fachsprache oder in der umgangssprachlichen Version angeboten werden sollte.
Beispiel: *Carpaccio*
Ursprünglich dünne Scheiben nur von rohem Rinderfilet.
Heute allgemein verwendet für in dünne Scheiben Aufgeschnittenes, z.B. *Carpaccio vom Steinbutt* oder *Carpaccio von der Ananas.*

Carpaccio von Tomaten

Falscher Gebrauch von Verhältniswörtern/Präpositionen

Wird ein *Schnitzel an Jägersauce* angeboten, so stimmt etwas nicht.
Die Hauptsache, das *Jägerschnitzel,* wird sinnvoll nur zusammen *mit* der Sauce angeboten.
Grundsatz: Hauptsache mit Beigabe.

	Nicht:
Fleisch mit Sauce und Kartoffeln	*Fleisch an Sauce auf Kartoffeln*

Unangebrachte Verniedlichung/Verkleinerung

Es ergibt keinen Sinn, wenn
aus einer Suppe ein Süppchen,
aus einer Sauce ein Sößchen und
aus der Nudel ein Nüdelchen wird.
Verkleinerungsformen mit *-chen* sind nur dort zu verwenden, wo es sachlich und sprachlich sinnvoll ist.

Verwendung von Begriffen aus anderen Sachgebieten

Bisweilen werden Begriffe aus fremden Sachgebieten mit der Benennung oder Anpreisung von Zubereitungen in Verbindung gebracht.
Beispiele: *Dialog von Salaten, Duett mit Salaten, Sinfonie von Salaten*
Das Lexikon versteht unter:

Dialog: Gespräch zwischen zwei oder mehr Personen
Duett: zweistimmiger musikalischer Vortrag
Sinfonie: mehrstimmiger musikalischer Vortrag, Zusammenklang

Sinfonie

Mundart nur regional verwenden

Für Cocktails sind englische Bezeichnungen gebräuchlich

Spinat-Grünkohl-Smoothie

Verwendung von Mundart

Mundartliche Bezeichnungen sind eher sparsam zu verwenden und nur, wenn die Regionalität und der Charakter des Betriebs dies zulassen.
Beispiel: Obatzda im Biergarten

Internationale Bezeichnungen für Speisen

Carpaccio: Neben der klassischen italienischen Vorspeise aus rohem Rinderfilet, wird dieser Begriff auch als Synonym für die Zubereitungsart anderer Rohstoffe verwendet, wenn sie hauchdünn geschnitten sind.

Ceviche: Gericht aus Südamerika; in der Regel Fisch, der roh gewürfelt mit Zitronensaft mariniert ist.

Fingerfood: Speisen, die mit den Fingern und nicht mit Besteck verzehrt werden.

Gratin/gratiniert: Mit Käse überbackene Speise.

Sandwich: Belegtes Brot oder Brötchen.

Street Food: Speisen, die von einem Verkaufsstand (meist fahrbar) sofort und oft ohne Besteck verzehrt werden können.

Tapas: Kleine Appetithappen; in Spanien werden sie meist in Tapas-Bars und Bodegas verzehrt.

Tosta: Geröstete Scheibe Weißbrot, meist so zusammengeklappt, dass die offene Seite ohne Rinde die Füllung erkennen lässt. Oft herzhaft, aber auch süß gefüllt.

Rechtschreibung bei Getränken

Auch beim Schreiben von Getränkenamen auf der Karte ist zu unterscheiden zwischen den:

- allgemein im DUDEN festgehaltenen Normen zur Rechtschreibung
- Regeln zur Sprachform, die sich herausgebildet haben

Besonders bei Barkarten sind Anglizismen unvermeidlich, da die klassische Barsprache Englisch/Amerikanisch ist.

Bei der Beschreibung einzelner Getränke werden unterschiedliche Kriterien oder Bestandteile/Zutaten beschrieben. Läuft der Text über die gesamte Zeile, wie z. B. bei Barkarten üblich, werden alle Zutaten mit Kommas getrennt.
Beispiel:
ZOMBIE
Rum, Apricot Brandy, Ananaspüree, Lime Juice

Bei zeilenweise abgesetzten Aufzählungen steht kein Komma. Beispiel:

2014 GAD Grauer Burgunder trocken
Qualitätswein/Gutswein
Weingut Jean Buscher
Rheinhessen

Bei Produktnennungen, z. B. Getränkekreationen, können Bindestriche die Lesbarkeit erhöhen, sollten aber insgesamt sparsam verwendet werden.
Beispiel:
Kaffee-Amaretto-Flip

15.2 Street Food

Street Food ist in den Länder Asien, Afrikas und Südamerikas das „traditionelle Straßenessen". Die Speisen und Getränke werden direkt am Straßenrand zubereitet und dort verzehrt.

Heute wird der Begriff Street Food für Speisen sowie Getränke verwendet, die meist frisch und direkt in fahrbaren Verkaufsständen zubereitet und zum direkten Verzehr vor Ort verkauft werden. Meist befinden sich die Verkaufsstände (Food Trucks, Food Bikes, mobile Verkaufstische, mobile Buden etc.) auf öffentlichen Plätzen, Märkten bzw. privaten oder öffentlichen Verkehrsflächen. Aber auch im Restaurant systemgastronomischer oder klassischer Art ist der Begriff für Street Food eingeführt.

Street Food kann zur Kategorie Pop-up-Gastronomie gezählt werden, also eine Gastronomie, die zeitlich und örtlich begrenzt ist (siehe Kapitel 16.4).

Catering per Food Truck

Es gibt viele verschiedene Gründe und Motivationen, Street Food zu konsumieren, z. B. schmackhafter Snack für zwischendurch, einfach mal schnell to go oder Lust auf exotisches Essen in einer inspirierenden Umgebung. Street Food eignet sich außerdem hervorragend für das Catering.

Mittlerweile findet Street Food in Europa immer mehr begeisterte Anhänger und Kenner in der Systemgastronomie wie der traditionellen Gastronomie. Aus dem traditionellen Street Food ist ein Megatrend geworden.

Luxus Street Food

Wichtig ist, dass zwischen Fast Food und Street Food differenziert werden muss. In beiden Bereichen dauert die finale Zubereitung meist nur wenige Minuten. Der wichtigste Unterschied liegt in den frischen Zutaten und Gewürzen, der teils landestypischen Zubereitung und den bis ins Detail geplanten einzelnen Komponenten der Speise. Auf Zusatz- und Konservierungsstoffe wird vielfach verzichtet.

Die Street-Food-Küche entwickelt sich immer mehr zu einer Gourmetküche sowohl für pikante Speisen als auch für Süßspeisen. Sie stellt für den Gast oft eine gesunde und qualitativ hochwertige Alternative zum Fast Food dar.

Indisches Street Food im Restaurant

Der Boom der Food Trucks bereichert das abwechslungsreiche Street-Food-Angebot. Der Markt wird jedoch zunehmend enger. Die besondere Herausforderung liegt darin, geeignete und zugelassene Stellplätze zu finden, d. h., die Akquise von Flächen wird mit steigendem Wettbewerb immer schwieriger. Einfach irgendwo auf einem Platz oder an der Straße anzuhalten, um Speisen und Getränke zu verkaufen, ist im Gegensatz z. B. zu den USA in Deutschland nicht erlaubt. Stellplätze auf Märkten, Festen, Eventflächen und Konzerten kosten oft hohe Standgebühren.

Plattformen für Food Trucker und Kunden

www.lunch-karawane.de
www.foodtrucks-deutschland.de

LUNCH KARAWANE

FOODTRUCKS DEUTSCHLAND

Burrito Food Truck von der Lunch Karawane

In Hamburg und Berlin hat sch eine Spezialagentur Food Trucker unter dem Dach der *Lunch-Karawane* zusammengeschlossen. Unterschiedliche Trucks bieten eine mobile Kantinenlösung an, die im rollierenden System Standplätze an unterschiedlichen Orten anfährt. Standplatzakquise, Verhandlungen und Vertragsabschlüsse mit Flächeneigentümern oder Eventveranstaltern werden zentral vorgenommen.

Sowohl bei der Online-Plattform *Lunch-Karawane* als auch bei der Plattform *Foodtrucks Deutschland* werden die Haltestellen und der Fahrplan der Food Trucks, die unterwegs sind, angezeigt. Foodtrucks Deutschland stellt diese Informationen auch über eine App zur Verfügung. Die Plattform bietet die Möglichkeit, Events, Präsentationen und Tourdaten selbst zu pflegen.

Das braucht der Food Trucker:

- Fahrzeug bzw. Anhänger
- Küche zur Lagerung und Vorbereitung der Speisen, die einer Überprüfung des Veterinär- und Lebensmittelaufsichtsamts entspricht
- Reisegewerbegenehmigung/Gewerbeamt
- Bescheinigung nach § 43 Infektionsschutzgesetz
- Zertifikat des Gesundheitsamts, dass der Food Truck die notwendigen Hygienestandards erfüllt
- Ausstattung nach HACCP, z. B. Heißwasseranschluss, Kühlschrank
- Sondererlaubnis für öffentliche Standplätze/Standerlaubnis von privaten Grundstücksbesitzern

Einweggeschirr für Food Trucks

AUFGABEN

1 | Entwerfen Sie acht Snacks, die ein Veggie-Bike anbieten könnte.

2 | Welche betrieblichen Voraussetzungen sind bei der Festlegung des Speisenangebots zu berücksichtigen?

3 | Die Materialkosten für ein Gericht auf der Speisekarte betragen 4,50 €. Sie kalkulieren mit einem Gesamtaufschlag von 250 %. Wie viel Euro beträgt der Inklusivpreis?

15.3 Arbeiten am Guéridon

Das Zubereiten von Speisen und Getränken am Tisch des Gasts gehört mit zu den anspruchsvollsten Tätigkeiten, die eine Restaurantfachfrau/ein Restaurantfachmann im Restaurant durchführt. Dazu wird ein Beistelltisch/ Guéridon am Gästetisch oder in unmittelbarer Nähe davon platziert.

Tranchieren

Dem Gast wird neben dem Showeffekt ein Gefühl der besonderen Wertschätzung vermittelt. Er kann in das Geschehen einbezogen werden und seine Vorlieben können berücksichtigt werden. Außerdem wird dem Gast durch das Zubereiten von Speisen am Tisch das Gefühl der besonderen Frische suggeriert.

Aufbau eines Guéridons

Grundsätzlich wird der Guéridon wie folgt angeordnet:

- entsprechend den angerichteten Platten für Hauptmaterial, Gemüse und Sättigungsbeilage je ein Rechaud einsetzen
- rechts die notwendigen Vorlegebestecke auf einem Teller in einer Bestecktasche platzieren
- darunter befindet sich ein weiterer Teller für das Ablegen der benutzten Vorlegebestecke. Diesen Teller beim Tranchieren auf die linke Tischseite stellen

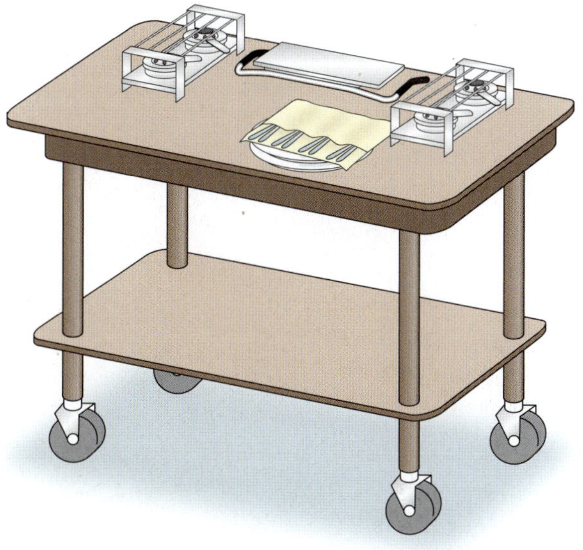

Vorbereiteter Beistelltisch für Hauptgang-Service

Portionieren

Grundregeln für den Guéridon-Service:

- immer aufrecht am Guéridon stehen, den Gästen nie den Rücken zudrehen
- am Guéridon mit beiden Händen immer von rechts nach links arbeiten
- die Teller beim Anrichten (siehe Seite 211) nicht überfüllen
- niemals auf dem Tellerrand anrichten, denn der Tellerrand gehört dem Gast
- für den Nachservice die benutzten Teller abräumen und neue Teller einsetzen
- Clochen und Deckel von Platten nach dem Abheben verkehrt herum unten im Guéridon ablegen, bei einteiligen Guéridons oben
- rationell und flink arbeiten, damit die Speisen nicht kalt werden

Flambieren

15.3.1 Tranchieren

Das Handwerk des Tranchierens ist eine alte Technik, die schon in römischen und griechischen Überlieferungen erwähnt wird. Speisen wurden von einem Vorschneider zerteilt, damit die Gerichte besser mit den Händen gegessen werden konnten. Mit dem Präsentieren und dem Zerlegen der Fleischstücke wurden Macht und Reichtum des Gastgebers zur Schau gestellt.

Die heutige Bezeichnung tranchieren hat ihren Ursprung in dem französischen Wort „tranche", das übersetzt „Scheibe" bedeutet. In den meisten Restaurants wird der Tellerservice praktiziert. Das Tranchieren am Tisch (auf dem Beistelltisch/Guéridon) findet in Restaurants mit gehobenem Service statt. Besonderer Wert ist auf zügiges Arbeiten zu legen, damit die Speisen nicht kalt werden. Tranchierbretter und Teller werden vorgewärmt.

Auf Silberplatten oder Chromstahlplatten wird nie tranchiert. Die Platten würden zerkratzen bzw. die Speisen eventuell geschmacklich verändert.

Die Speisen werden in der Küche zubereitet und dem Gast auf passendem Geschirr präsentiert.
Der Service bereitet alle Bestecke, Teller und Tranchierutensilien vor.

Doppeltes Filetsteak (Chateaubriand)
Als doppeltes Filetsteak bezeichnet der Fachmann eine zubereitete Tranche eines Rinderfilets (Kopf oder Mittelstück) mit einem Gewicht von 300 bis 500 g. Das Filetstück wird grilliert oder sautiert und meist mit Buttersauce oder Rotweinsauce serviert.

1. Filetsteak auf Tranchierbrett oder Porzellanplatte mit Tranchierbesteck bereitlegen.

2. Doppeltes Filetsteak von rechts nach links und leicht schräg in 1–2 cm dicke und gleichmäßige Tranchen aufschneiden.

3. Nach dem Aufschneiden das Filetstück auf der Platte zusammensetzen und eventuell mit Bratensaft nappieren.

4. Tranchen anrichten, meist zwei Stück für eine Portion. Die restlichen Tranchen mit Anschnitt und Abschnitt bleiben zum Nachservice.

15.3.2 Masthuhn (Poulet/Poularde)

Das Tranchieren von Geflügel kann aufgrund des gleichen Knochengerüsts (Karkassse) der verschiedenen Tiere in fast identischen Arbeitsschritten vorgenommen werden. Für das Zerlegen gibt es unterschiedliche Vorgehensweisen. Das Ziel ist immer gleich: Brust, Flügel und Schenkel sollen mit wenig Fleischverlust von der Karkasse getrennt werden. Ob das Brustfleisch mit einem Löffel von der Brust getrennt oder mit einem Tranchiermesser heruntergeschnitten wird, hängt von der Größe und dem Gewicht des Tiers und von der ausgeübten Arbeitstechnik ab.

1. Masthuhn mithilfe des Tranchiermessers und der Tranchiergabel schräg halten, damit der Bratensaft auslaufen kann.

2. Masthuhn auf das Tranchierbrett heben. Die Haut hinter dem Schenkel einschneiden und den Schenkel mit einer leicht drehenden Hebelbewegung aus dem Gelenk lösen.

3. Keule im Gelenk in Oberschenkel und Unterschenkel trennen.

4. Den Flügel mit einem Stück Brustfleisch abtrennen.

5. Mit dem Messer die komplette Brust lösen.

6. Die ganze Brust in einzelne Tranchen schneiden.

7. Auf der Rückseite befinden sich die eigentlichen Filets (werden auch als Austern bezeichnet), diese mit einem Löffel auslösen.

8. Auf dem Teller dunkle Stücke (Unterschenkel oder Oberschenkel) und helle Stücke (Brust) anrichten.

15.3.3 Filetieren/Portionieren von Fischen

Das **Filetieren** (Herauslösen einzelner Filets) wird häufig bei Fischen angewendet. Fische werden aus geschmacklichen und repräsentativen Gründen oft im Ganzen zubereitet.
Am häufigsten werden Fische filetiert, die pochiert, gebraten oder gegrillt werden. Bei gebackenem oder frittiertem Fisch werden meist ausgelöste Filets verwendet. Bei pochierten Fischen wird die Haut immer entfernt, es sei denn, der Gast wünscht es anders.
Beim Filetieren von Fischen werden zwei Vorgehensweisen unterschieden, die von der Körperform der Fische (Rundfisch, z. B. Forelle, oder Plattfisch, z. B. Seezunge) abhängen.

Beim **Portionieren** von Fischen werden diese zerlegt, geteilt oder geschnitten. Ein Auslösen von Filets ist hier nicht möglich (gegrillte Lachstranche, geräucherter Aal, geräucherte Lachsseite usw.).

Portionieren bei Räucherlachs/Graved Lachs
Der Lachs wird vor der Zubereitung vom Kopf getrennt und der Länge nach halbiert. Die grätenfreien Lachsseiten werden anschließend geräuchert, mariniert und mit Kräutern kreativ verfeinert.
Die Lachsseiten werden bei der Vorbereitung für den Service auf Grätenreste kontrolliert. Außerdem wird das hintere letzte Ende abgeschnitten, denn dies ist meist sehr salzig, zu dünn und daher trocken.

1. Zum fachgerechten Portionieren von geräuchertem Lachs ist ein Lachsmesser mit Kullenschliff erforderlich.

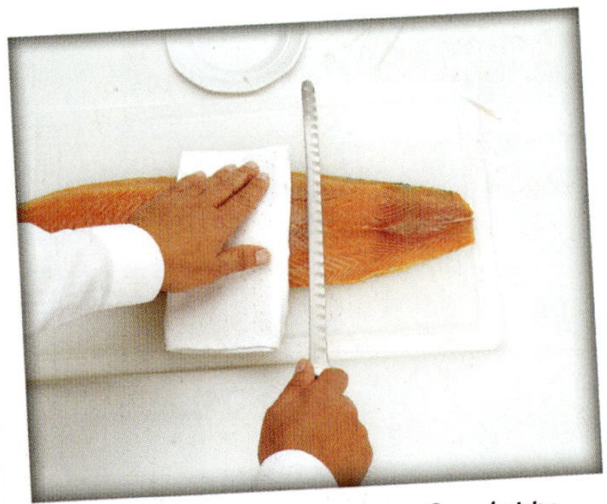
2. Die Lachsseite mit einer Serviette, einem Löffel oder einer Gabel fixieren.

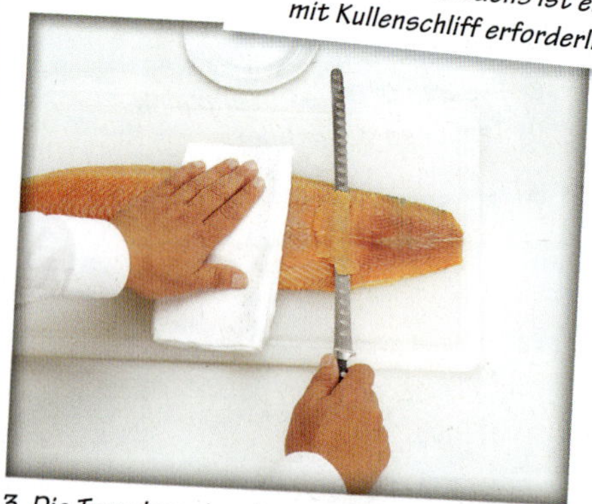
3. Die Tranchen ohne festen Druck gleichmäßig und nicht zu dick herunterschneiden. In der Lachsseite sollten keine Stufen entstehen.

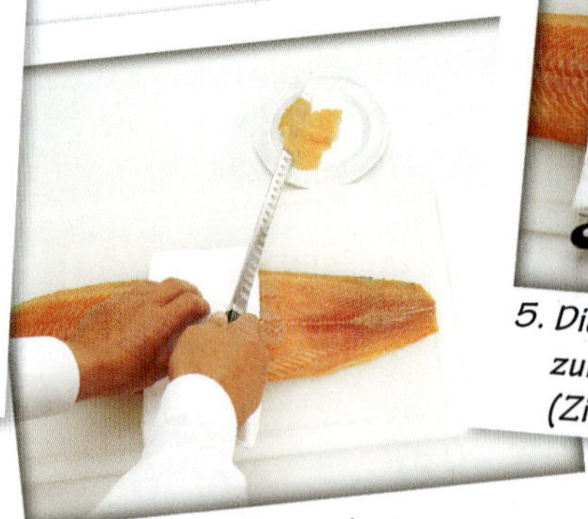
4. Die Tranchen mit dem Lachsmesser auf den Teller legen.

5. Die Lachsscheiben auf dem Teller zur Rose geformt mit Garnitur (Zitrone/Dill) anrichten.

Filetieren von Forelle blau

1. Die zubereitete Forelle mit Fischbesteck oder Vorleger filetieren.

2. Rückenflossen und Seitenflossen entfernen.

3. Am Rückgrat entlang der Haut einschneiden.

4. Die Haut vom Kopf her abziehen und auf den Abfallteller legen.

5. In der Mitte der Forelle Rückenfilets und Bauchfilets trennen; das obere Filet abheben.

6. Unteres Filet runterschneiden. Vorsicht: Durch die langen Gräten löst es sich nicht so leicht. Filets auf einem Teller anrichten.

7. Die Bäckchen auslösen; ein Bäckchen schon auf dem vorhandenen Teller platzieren.

8. Die Forelle drehen und auf der anderen Seite alle Arbeitsschritte wiederholen.

Filetieren von Seezunge

1. Die zubereitete Seezunge mit Fischbesteck und Vorleger filetieren.

2. Den Grätenkranz entfernen und später eventuell mit anrichten.

3. Mit dem Fischmesser entlang der Mittelgräte (Wirbelsäule) schneiden.

4. Vorsichtig das obere Filet mit einem Löffel lösen und auf dem Teller anrichten.

5. Das untere Filet lösen und zum oberen Filet auf den Teller des Gasts legen.

6. Die Mittelgräte mit der Gabel fixieren und vom Kopf Richtung Schwanzende hochziehen. Damit sie sich leichter löst, evtl. mit dem Fischmesser entlang der Mittelgräte etwas drücken.

7. Als Vorspeise für zwei Personen je zwei Filets anrichten, evtl. mit Grätenkranz. Als Hauptgang für eine Person die Filets übereinanderlegen. So wird der ganze Fisch präsentiert.

15.3.4 Filetieren und Zerlegen von Früchten

Das Filetieren und Zerlegen von Früchten ist eine zeitaufwendige Arbeit und wird in der Regel in der Küche erledigt. Außerdem erfolgt das Filetieren und Zerlegen von Früchten am Guéridon für Desserts oder an der Bar für die Herstellung von Garnituren. Hier sorgt es für einen frischen und professionellen Eindruck.

Filetieren einer Orange

1. Mise en place mit Messer, Tranchierbrett, Vorleger und Handserviette.

2. Die Blüte (Oberseite) abschneiden.

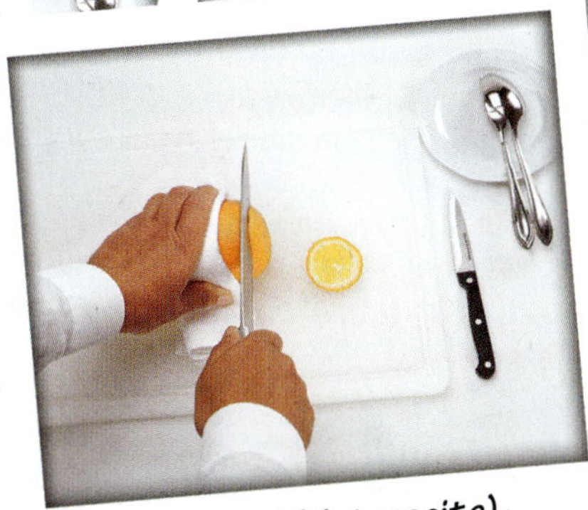

3. Den Stiel (Unterseite) abschneiden.

4. Mit der Gabel auf der abgeschnittenen Oberseite die Orange fixieren und die Schale gleichmäßig herunterschneiden.

5. Es dürfen keine Schalenreste an der Orange haften.

6. Filets entlang der Trennhäute mit schrägen Schnitten herauslösen. Darauf achten, dass sich keine Haut mehr an den Filets befindet.

7. Nachdem die Filets ausgelöst sind, den Rest der Orange in der Küche z. B. für Saft verwenden.

Zerlegen einer Ananas

1. Mise en place mit Messer, Tranchierbrett, Vorleger und Handserviette.

2. Die Blüte abschneiden.

3. Den Boden abschneiden.

4. Die Ananas mit der Gabel in der Mitte des Blütenstands festhalten. Die Schale von oben herunterschneiden.

5. Es müssen alle Reste der Schale, auch die sogenannten „Augen“ entfernt werden.

6. Eine Tranche von ca. 2 cm abschneiden.

7. Den Strunk/Blütenstand in der Mitte der Scheibe herauslösen und die Tranche halbieren oder achteln.

Käseservice

In der gehobenen Gastronomie wurde Käse in der Regel anstelle eines Desserts serviert. Das hat sich geändert. Heute wird Käse zum Aperitif gereicht, manchmal auch zwischen den Gängen und vor allem als eigenständiger Gang, meist nach dem Hauptgang. Der korrespondierende Wein des Hauptgangs kann weiter gereicht werden.

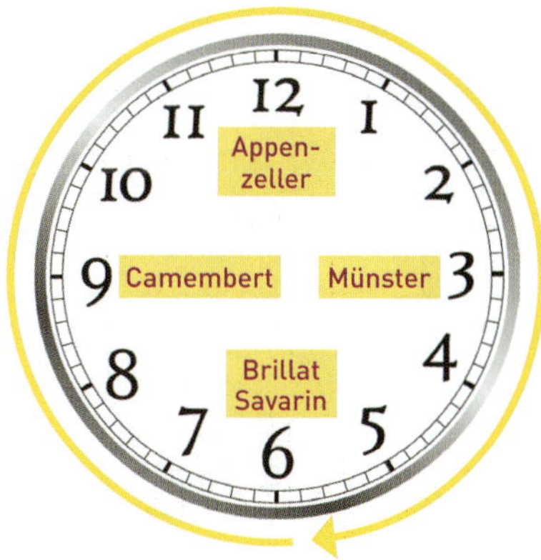

Käseuhr

Die Käseauswahl (siehe Kapitel 10.4) wird meist auf einem Wagen oder einem Brett zusammengestellt. Dazu werden Brote, Früchte, Chutneys oder verschiedene Senfsorten gereicht.

Der Anordnung des Käses auf einem Teller erfolgt im Uhrzeigersinn, beginnend mit dem mildesten Käse bei der 6. Dieser Käse liegt also beim Einsetzen der Käseauswahl direkt vor dem Gast.
Die richtige Reihenfolge ist bedeutsam, denn der Geschmack eines feinen, milden Käses (z.B. milder Butterkäse) würde durch den vorherigen Verzehr eines kräftigeren Käses (z.B. Gorgonzola) überdeckt und zunichte gemacht.

15.3.5 Flambieren

Das Flambieren von Speisen ist ein Highlight der traditionellen Gastronomie und stellt eine Dienstleistung besonderer Art mit verkaufsförderndem Effekt dar.

Flambieren ist das Übergießen und Entzünden von Speisen mit auf diese Speisen abgestimmten Spirituosen.

Durch das Flambieren von Speisen entwickeln sich spezielle Aromen, die durch das Rösten, das Karamellisieren und durch den Geschmack der jeweiligen Spirituose entstehen.

Das Angebot von flambierten Gerichten im Restaurant bedeutet für den Gastronomen immer einen beachtlichen Aufwand in materieller und personeller Hinsicht. Er ist nur dann effektiv, wenn Organisation und Durchführung stimmen und Anerkennung bei der Gästezielgruppe finden.

Kupferpfanne zum Flambieren

Der Mindestalkoholgehalt der Spirituose soll nicht unter 40 Volumenprozent sein. Es muss genügend Alkohol verdunsten, um eine ausreichende Flamme zu erzielen. Es eignen sich Weinbrände, Fruchtbrände, Wodka und Rum.

Zum Flambieren werden spezielle dünnwandige Pfannen verwendet, die wenn möglich einen Kupferkern haben oder außen mit Kupfer beschichtet sind (Kupfer leitet Wärme besonders gut und gleichmäßig).

Auf dem Teller flambierte Bananen

Möglichkeiten, zu flambieren

1. Die Spirituose befindet sich in einer kleinen Karaffe, aus der diese über die Speise und in die Pfanne gegossen wird. Jetzt wird die Pfanne leicht schräg angehoben, die Flüssigkeit sammelt sich vorne in der Pfanne und das Feuer vom Rechaud kann übergreifen und den Alkohol entzünden.
2. Die Spirituose in ein kleines Pfännchen oder eine Louche (Kelle) geben und dann über der Flamme erwärmen und entzünden. Die brennende Flüssigkeit über die Speise gießen.

Flambierwagen mit Kupferpfanne

Den Pfannenstiel mit einem Touchon anfassen

Vorsicht beim Flambieren!

Bei Fleischgerichten wird in der Regel zuerst flambiert und dann die entsprechende Soße zubereitet.

Bei Süßspeisen wird zuerst die Soße hergestellt und dann mit Spirituosen verfeinert.

Wird für die Zubereitung Zucker und Butter verwendet, ist grundsätzlich vor der Butterzugabe der Zucker zu karamellisieren.

Mise en place zum Flambieren

- Die Zutaten in der Küche auf einem Tablett zusammenstellen.
- Im Servicebereich alle Bestecke, Anrichteteller etc. vorbereiten. Alle benötigten Zutaten müssen griffbereit sein:
- Schüsseln, Unterteller, Servietten
- Teller mit Bestecktasche, Vorlegebesteck und Besteck für Zutaten
- Teller für benutzte Vorleger und Zutatenbesteck
- Menagen
- Spirituosen für das Flambieren mit Jigger, Louche etc.
- Anrichteteller
- Flambierréchaud/Flambierwagen
- Flambierpfanne mit Touchon
- Anzünder
- Bevor mit der Zubereitung begonnen wird, kontrollieren, ob noch genügend Gas oder anderes Brennmaterial im Flambiergerät vorhanden ist.

Grundregeln für das Flambieren

- Speisen und Spirituosen aufeinander abstimmen.
- Die Spirituose nie direkt aus der Flasche über die Speise gießen, denn es könnte sich die gesamte Flasche mit Alkohol entzünden. Außerdem kann aus der Flasche schlecht dosiert werden.
- Flambieren gelingt perfekt, wenn Speise und Spirituose genügend heiß sind. Spirituosen nicht aus dem Kühlschrank verwenden.
- Zu viel Flüssigkeit verhindert, dass der Alkohol sich entzünden kann.
- Solange die Flüssigkeit brennt, die Speise mit einem Löffel rühren oder die Pfanne bewegen. Die Flamme baucht Sauerstoff, um gut zu brennen. Je länger der Brennvorgang, desto geringer der Alkoholgehalt der flambierten Speise.
- Die Flammenhöhe sollte nicht mehr als 20 cm betragen, kein Feuerwerk veranstalten.
- Das Gericht soll mit den typischen Aromen der Spirituose verfeinert werden, aber nicht in der Spirituose ertränkt oder mit der Spirituose überdeckt werden. Aus diesem Grund nicht zu viel Alkohol verwenden und darauf achten, dass der Alkohol gut abbrennt.
- Wenn möglich, die Gäste in den Arbeitsablauf intergirieren. Sie sollen die Serviceleistung beobachten können und nach speziellen Wünschen gefragt werden.
- Zur Sicherheit sollten sich leicht entflammbare Materialien in reichlich Abstand zum Flambiertisch befinden und die Raumhöhe muss ausreichen.
- Sicherheitsabstand zum Gast beachten.

Filetspitzen Stroganoff

Zutaten:

Rinderfilet in Streifen oder Würfeln
Öl und Butter
Weinbrand oder Wodka
Zwiebel- oder Schalottenwürfel
Speckwürfel
Steinpilze oder Champignons in Streifen
Paprikastreifen/Gewürzgurkenstreifen
Weißwein oder Rotwein
Demi-glace
Sauerrahm oder süße Sahne
Salz und Pfeffer

Zubereitung:

- Öl erhitzen und die Filetstreifen scharf anbraten
- Weinbrand in den vorderen Teil der erhitzten Pfanne gießen und die Flamme in die Pfanne springen lassen
- Filetsteifen schwenkend flambieren
- Fleisch warmhalten
- Butter in die Pfanne geben und die Zwiebeln mit Speckwürfeln andünsten
- Pilze, Paprikastreifen und Gewürzgurkenstreifen zugeben
- mit Wein ablöschen, Demi-glace und Sahne dazugeben
- alles bei leichter Hitze köcheln lassen
- mit Salz und Pfeffer würzen.
- Fleisch in die Soße geben, kurz wenden und anrichten

Crêpes Suzettes

Zutaten:

Crêpes
Zucker
Butter
Zitrone auf Gabel
Orangensaft
Orangenlikör
Cognac

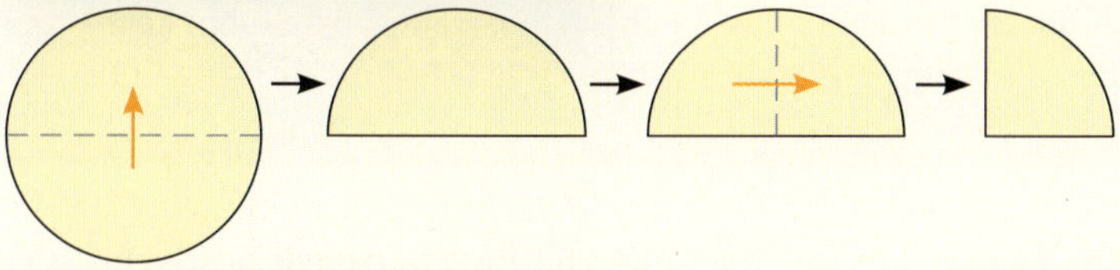

Falttechnik für Crêpes

Zubereitung:

- Zucker in die Pfanne geben und karamellisieren
- ist die gewünschte Farbe des Karamells erreicht, Butter hinzugeben
- mit einer halben Zitrone (auf Gabel gespießt) den Zucker und die Butter mischen, den Orangensaft eingießen und alles verrühren
- Orangenlikör zum Aromatisieren hinzufügen und die Sauce einreduzieren
- Crêpes in die Sauce legen und falten
- den Cognac in einer Louche erwärmen und über die heißen Crêpes gießen und flambieren
- Pfanne über dem Brenner schwenken, bis der gesamte Alkohol aus Orangelikör und Cognac verbrannt ist.
- anrichten, eventuell mit Vanilleeis

Flambieren von Früchten:

- Zucker in die Pfanne geben
- wenn der Zucker die gewünschte Farbe erreicht hat, Butter hinzufügen
- mit einer halben Zitrone (aufgespießt auf Gabel) den Zucker und die Butter aufrühren
- Fruchtsaft zugeben
- mit der halben Zitrone die Sauce und die noch vorhandenen Karamellstückchen verrühren
- mit einem entsprechenden Likör aromatisieren
- Fruchtstücke in die Sauce geben und in der Sauce erwärmen
- Sauce sirupartig einreduzieren lassen und die Fruchtstücke wenden
- Pfanne am vorderen Teil erwärmen
- passende Spirituose hinzufügen und die Flamme überspringen lassen
- Pfanne schwenken, damit die Flamme Sauerstoff bekommt und der Alkohol verbrennt
- Fruchtstücke anrichten

Auch Getränke werden flambiert, z. B. Irish Coffee (siehe Kapitel 12.2.1).

Weinflasche präsentieren
Der Sommelier präsentiert die Weinflasche dem Gast klassisch von links und stellt den Wein vor. Er annonciert:
- Jahrgang und Name
- Rebsorte und Qualität
- Winzer
- Anbaugebiet

Grundsätze zur Weinfolge
- leicht vor schwer
- kühl vor warm
- jung vor alt
- trocken vor lieblich
- Weiß- vor Rosé- und Rotwein
- alkoholarm vor alkoholreich

Weinwissen und Sommelierausbildung:

Deutsches Weininstitut
www.deutscheweine.de
Weinakademie Berlin
www.weinakademie-berlin.de

Deutsche Wein- und Sommelierschule
www.gbz-koblenz.de

Das inszenierte Weinangebot

15.4 Sommelier

15.4.1 Weinsommelier

Weinverkauf und Weinberatung sind vor allem in der gehobenen Gastronomie ein wichtiger Faktor und bieten jede Menge Verkaufspotenzial.

Der Service muss geschult werden. Nur wenn die Servicekraft die Produkte sehr gut kennt, kann sie den Gast mit ihren Empfehlungen begeistern.

Weiterhin ist zu beachten, dass sich der Charakter eines Weins mit dem verändert, was der Gast dazu isst. Der Service muss also auch darin geschult werden, welche Gerichte und welche Weine zusammenpassen.

Korrespondenz = harmonische Entsprechung von Speise und Wein

Als Hilfe für die richtige Weinauswahl wünscht sich fast jeder Gast eine detaillierte Beschreibung der Weine in der Weinkarte (siehe Kapitel 6.6.4). Informationen zu Geschmack und dem passenden Wein zu Fisch, Fleisch und Gemüse sind hier gefragt und das Hauptbetätigungsfeld für einen Weinsommelier. Perfekter Service bedeutet, schon bereits bei der Menübestellung den jeweils passenden Wein zu empfehlen.

Der Sommelier/die Sommelière empfiehlt im Restaurant den Gästen passende Weine zu den gewünschten Speisen. Er/Sie ist auch verantwortlich für die Einrichtung des Lagers, Auswahl, Bestellung, Lagerung und den Lagerbestand des Weinsortiments sowie die Erstellung der Weinkarte.

Neben den Kenntnissen zur Herkunft und Beschaffenheit des Weins (siehe Kapitel 12.3.2) sollte der Sommelier fachgerecht Empfehlungen aussprechen und anschließend mit einem professionellen Weinservice beeindrucken.

Der Weinservice wird in Kapitel 12.3.2 beschrieben.

Der Schaumweinservice wird in Kapitel 12.3.5 beschrieben.

Korrespondenz von Wein und Speise
Hier geht es in erster Linie um eine fachgerechte Beratung, denn Weine sind meistens auch Begleiter eines guten Essens. Neben den allgemeinen Richtlinien bestimmt die Speise die Wahl des Weins.

Der Geschmack des Weins soll den Geschmack der Speise unterstreichen oder einen Kontrast zu ihr bilden.
Der Wein darf aber nie den Geschmack der Speise überdecken.

Weißweine sollten in der Regel nicht älter als 5 Jahre sein.

Bei der Kombination von Wein und Speisen gibt es viele Aspekte und Meinungen. Daher sind die beschriebenen Grundsätze (siehe rechts) nur Anhaltspunkte, die auch durch die trendorientierte Küche immer neue Aspekte erfahren. Gewährleistet werden muss, dass bei beiden Komponenten, Wein und Speise, das Genusserlebnis intensiver und anregender wird.

Folglich ist es unabdingbar für einen professionellen Weinservice, dass der Servicemitarbeiter den Charakter der angebotenen Weine und die Zubereitung und den Geschmack der angebotenen Speisen kennt. Die Informationsmöglichkeiten im digitalen Markt sind hierfür hervorragend. Interessierte finden auf Online-Plattformen und in Wein-Netzwerken ausführliche Informationen. Apps bieten für Fachleute vielfältige Informationen und immer mehr Flaschen sind auf dem Etikett mit einem QR-Code ausgestattet.

Um die Korrespondenz zwischen Wein und Speise zu berücksichtigen, werden Speisen und Weine nach Speise- und Weintypen klassifiziert. Prinzipiell sind bei der Empfehlung zwei Schwerpunkte zu beachten:

1. Grundsatz:
Harmonie von Wein und Speise

- Der Geschmack des Weins sollte den Geschmack der Speisen unterstreichen oder konterkarieren (entgegenarbeiten), aber nie überdecken oder unterdrücken.
- Die Regel „Heller Wein zu hellem Fleisch" und „Dunkler Wein zu dunklem Fleisch" ist zwar allgemein geläufig, jedoch heute nicht immer angebracht und nicht unbedingt verpflichtend. Säure und Bitterstoffe im Wein und in den Speisen addieren sich, Zucker in Speisen und Süße im Wein heben sich gegenseitig auf.
- Wird bei der Zubereitung einer Speise Wein verwendet, sollte dieser auch als korrespondierendes Getränk serviert werden.

2. Grundsatz:
Harmonie in der Getränkefolge

- Ebenso wie die Speisenfolge soll die Getränkefolge in Aroma und Geschmack sowie in Gehalt und Fülle eine Steigerung erfahren.
- Weißweine sollten grundsätzlich vor Rotweinen angeboten werden.
- Leichte Weine sollten vor schwereren Weinen angeboten werden.
- Die Weine zu einer Menüfolge sollten sich in Qualität und Alter steigern.
- Trockene Weine sollten immer vor lieblichen Weinen serviert werden.

Korrespondierende Weine

- leichte Weine zu leichten Speisen
- kräftige Weine zu kräftigen Speisen
- komplexe Weine zu einfachen Speisen
- einfache Weine zu komplexen Speisen

Wein-App mit Weinsteckbriefen

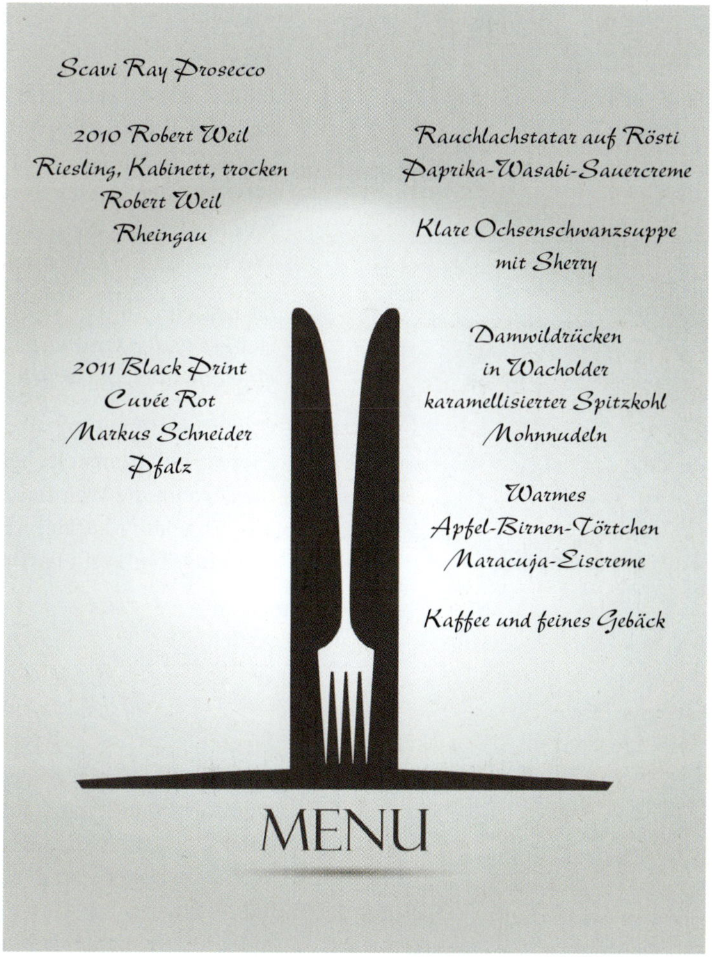

Menükarte

Dekantierter Wein

Korken

Weinstein

Edelfirne

Dieser Geschmack ist durch den natürlichen Altersprozess hervorgerufen und hat einige Liebhaber. Harmonisch mit Säure gepaart, sind das Bukett und der Geschmack intensiv und würzig. Der Sommelier sollte den Gast darauf aufmerksam machen, um sicherzugehen, dass dem Gast diese Art von Weinen genehm ist.

Weinfehler

Eine besondere Aufgabe für den Sommelier besteht darin, Weinfehler zu erkennen, damit der Gast ein ungetrübtes Geschmackserlebnis genießt. Statistisch gesehen, ist ungefähr jede zwanzigste Flasche fehlerhaft.

Korkgeschmack

Dies ist wohl der häufigste Fehler und jeder Winzer ist selbst beim besten Korkmaterial nicht dagegen gefeit. Dieser Fehler entsteht durch fehlerhafte Korken oder durch falsche Behandlung beim Lagern des Weins (falsche Temperatur/Luftfeuchtigkeit). Beim Degustieren erkennt der Fachmann diesen Fehler schon mit der Nase und dann am Geschmack: Einen muffigen, unangenehmen Ton, der unverkennbar ist. Der Gast hat Anspruch auf eine neue Flasche. Die Winzer ersetzen korkige Weine anstandslos.

Schimmelgeschmack oder Fassgeschmack

Dieser Fehlgeschmack wird durch unreine Keller oder Fässer hervorgerufen. Die Weine riechen und schmecken nach Schimmel und Moder.
Schimmel am Korken kommt häufiger vor. Der Sommelier muss ihn sich genau ansehen (Farbe, Konsistenz und Geruch des Schimmels). Er ist meist kein Grund, den Wein nicht auszuschenken. Der Flaschenhals sollte in diesem Fall mit einer Serviette gesäubert werden.

Weinstein

Enthält die Weinflasche kleine Kristalle, die sich hauptsächlich am Boden befinden (Weinstein), denken einige Gäste, sie hätten Grund zur Beanstandung. Sie glauben, es seien Verunreinigungen oder eine Art von Zucker. Weinstein ist jedoch kein Fehler, im Gegenteil: Weinstein ist kristallines Kaliumsalz der Weinsäure und ein positives Zeichen für die Qualität des Weins. Zum Entfernen sollte der Wein dekantiert werden (siehe Kapitel 12.3).

Essigstich

Der Essigstich wird durch Essigbakterien hervorgerufen. Diese Weine zeigen einen deutlichen Geruch nach Essig und schmecken säuerlich scharf.

Oxidationston

Dieser Fehler entsteht bei Flaschenweinen durch unsachgemäße Lagerung, meist wenn die Weinflaschen stehend gelagert werden. Der Korken trocknet aus, es gelangt zu viel Sauerstoff in den Wein und führt zu einer schnellen Alterung. Der Wein darf nicht ausgeschenkt werden.

Bei einer Weinflasche darf der Korken auf keinen Fall den Flaschenhals überragen!

Firnton

Beim Firnton, auch Alterston genannt, handelt es sich um einen Weinfehler, weil der Wein „abgebaut" hat, in der Fachsprache nennt man den Wein auch „tot". Es ist das Endstadium eines jeden Weins. Bei qualitativ guten Weinen aus hervorragenden Jahren kann dieser Prozess mehr als hundert Jahre dauern. Der Geschmack ist flach mit kaum erkennbarer Säure oder Süße. Die Farbe ist gelblich braun (Sherryton). Besonders Rotweine werden zu einer „braunen Brühe". Der Wein ist ungenießbar.

15.4.2 Wassersommelier

Wasser ist nicht gleich Wasser und hat sich in der gehobenen Gastronomie zu einem prestigeträchtigen Getränk entwickelt (siehe Kapitel 12.2.4). Neben der Funktion als Durstlöscher ist Mineralwasser auch als korrespondierendes Getränk zu Wein oder Spirituosen (z. B. Whiskey) und für Mischgetränke/Schorlen von Bedeutung. Aus diesem Grund haben immer mehr Restaurants eine Wasserkarte und beraten den Gast bei der Auswahl des Mineralwassers, gerade im Hinblick auf die Korrespondenz.

Es sind die Mineralien und gelösten Spurenelemente, die dem Mineralwasser ihren geschmacklichen Ausdruck verleihen.
Jedes Mineralwasser hat seinen unverwechselbaren Geschmack und ist deshalb als Begleiter zu Speisen unterschiedlich geeignet.

Die Ausbildung zum Wassersommelier gewinnt immer mehr an Bedeutung.

Ein Wasser-Sommelier berät seine Gäste in erster Linie bei der Wahl des passenden Wassers zum bestellten Essen. Wasser, Wein und Menü sollten einander sinnvoll ergänzen, um dem Restaurantgast zu einem einmaligen Geschmackserlebnis zu verhelfen.

Selters-Genießerrad: Welches Wasser passt zu welchem Wein?

www.selters.de/geniesserrad

Serviertipps für Mineralwasser

Temperatur

- ungekühltes Mineralwasser: 17 bis 19 °C
- kaltes Mineralwasser: 7 bis 8 °C
- leicht gekühltes Mineralwasser: 11 bis 14 °C

Bei der Temperatur eines Mineralwassers kommt es auch auf die Jahreszeit an. Im Winter bevorzugen Gäste oft Mineralwasser mit Zimmertemperatur, im Sommer darf es gerne kühl sein. Die Temperaturunterschiede zwischen Speise und Getränk sollten nicht zu groß sein.

Wassersommelierausbildung

www.doemens.org/genussakademie/wassersommelier.html

www.wassersommelier-union.de

Temperierte Rotweine wirken in Kombination mit kaltem Mineralwasser oft hart und bitter.

Kohlensäuregehalt

Der Prickelfaktor sollte den Speisen angepasst sein. Je mehr Kohlensäure ein Mineralwasser hat, desto besser eignet es sich als Aperitif und kann ölige Komponenten einer Speise harmonisieren. Kohlensäurearme Wässer passen zu salzigen, säuerlichen und scharfen Speisen und heben den Eigengeschmack besonders feiner, edel abgestimmter Gerichte hervor.

Stark kohlensäurehaltige Wässer füllen den Magen und können zu Blähungen führen.

Schorlen

Jede Schorle, ob Fruchtsaft- oder Weinschorle, sollte auf das Gericht abgestimmt sein. Der Gast bekommt idealerweise seine eigene Mineralwasserflasche auf den Tisch, sodass er die Fruchtigkeit selbst abstimmen kann.

Wasser als Eyecatcher

Mineralwässer haben oft sehr individuelle Flaschenformen und -farben. Sie sind Eyecatcher im Restaurant und werden sogar von Gästen als Souvenir mit nach Hause genommen.

Edel-Mineralwasser

15.4.3 Biersommelier

Ausbildung zum Biersommelier

www.biersommelier.org/de/verband/ausbildung.php

Der ausgebildete Biersommelier gilt als anerkannter Experte, der dem Gast empfiehlt, welches Bier (siehe Kapitel 12.3.1) am besten zu einem Gericht passt. Der Biersommelier führt Verkostungen durch und hält Vorträge zu unterschiedlichsten Aspekten der Biervielfalt, wie z. B. Craft Bier.
Außerdem berät ein Biersommelier Gastronomen, die sich durch eine besondere Bierauswahl abheben wollen, und er entwirft spezielle Bierkarten.
Als Speisenbegleiter ist Bier eine kulinarische Bereicherung. Es gibt kaum ein Gericht, zu dem Bier als korrespondierendes Getränk nicht serviert werden kann. Mit dem breit gefächerten Bierangebot ist für viele Restaurants eine neue Dimension der Vielfalt der Kombination von Speisen und Bieren entstanden.

Optimale Servierfolge von Bier:

- leichte, hochvergorene, trockene Biere vor gehaltvollen, vollmundigen Bieren
- helle vor dunklen Bieren
- dezente vor aromatischen Bieren
- untergärige vor obergärigen Bieren

Bierservice

Immer häufiger fließt Bier aus dem Fass.

Taproom: Schankraum für Fassbiere (Tap = Zapfhahn)

Oft belegt eine Brauerei alle Zapfhähne in einem Gastroobjekt mit ihren verschiedenen Bieren für eine bestimmte Dauer – einen Tag, ein Wochenende, einen Aktionszeitraum (TTT = Total Tap Takeover). Der Gastronom hat ein attraktives Event, das er bewerben kann, die Brauerei hat die Möglichkeit, die Vielfalt ihres Bierangebots zu präsentieren und zu testen.

Bier erleben – unsere Craft-Bier-Spezialitäten

Fassbiere:

Müllers Weiße, DOBO 5 Gluten (Gerste, Weizen)
8,2 %vol, 18,5 %STW
Weizendoppelbock, Noten von reifer Banane, Pflaumen und getrockneten Rosinen treffen auf Lakritze — 0,3 l 3,60 € / 0,5 l 5,50 €

Sengenborger Schwarzbier Gluten (Weizen)
4,8 %vol, 11,4 STW
Feines Malzaroma mit spritzig-elegantem Charakter — 0,3 l 3,60 € / 0,5 l 5,50 €

Poesgaarden Wit Gluten (Gerste, Weizen)
7,0 %vol, 14,3 %STW
Säuerlich frisches und aromatisches Weizenbier basierend auf Gerstenmalz und ungemälztem Weizen — 0,3 l 3,60 € / 0,5 l 5,50 €

Flaschenbiere:

Mühlheimer Bergbock Hell Gluten (Gerste)
6,9 %vol, 16,5 %STW
Glanzklar, kräftig, malzaromatisch — 0,5 l 5,30 €

Aufläufer Dunkel Gluten (Gerste)
4,7 %vol, 12,2 %STW
Klassisch fränkisches dunkles Landbier mit leichtem Haselnussaroma — 0,5 l 4,90 €

%vol = Alkoholgehalt. Der Alkoholgehalt gibt den prozentualen Anteil von Ethanol in einer Flüssigkeit an und wird in Volumenprozent angegeben.
STW = Die Stammwürze bezeichnet den gelösten Malzzucker und die Hopfenstoffe in der Würze, die für die Bierherstellung verwendet wird.

Welches Bier passt zu welchem Essen?

	Pils	Alt	Kölsch	helles Weizen	dkl. Weizen	Export	helles Lager	dkl. Lager	dkl. Bockbier	Schwarzbier	Malztrunk
Salat				●		●	●				
Eintopf		●	●					●			
gekochter Fisch				●		●	●				
gebratener Fisch	●	●	●					●			
Meeresfrüchte	●			●		●					
Geflügel	●		●	●		●	●				
Braten	●	●	●					●			●
Steak	●	●							●	●	
Wild		●			●				●	●	
milder Käse				●		●	●				
würziger Käse	●	●	●					●	●		
süße Nachspeise			●	●					●		●

Grafik: GfO

Craft Biere/handwerkliche Biere

Das Thema Craft Bier spielt in der Gastronomie eine immer größere Rolle. Es geht also um einen neuen Trend. Eine Untersuchung von MINTEL zeigt, dass bereits eines von acht Bieren, die im Jahr 2014 in Deutschland auf den Markt gebracht wurden, als Craft Bier bezeichnet werden konnte.
Dabei stellt sich die Frage: Was bewegt den Markt der kreativen und innovativen Biere? Worauf können sich Gastronomen einstellen?

Prozent der Craft Bier Neueinführungen von den gesamten neu eingeführten Bieren in Deutschland (Quelle: Mintel)

> Das ideale Bier sollte spannend und beeindruckend sein: Beim Riechen und Schmecken gibt es jede Menge zu entdecken und das Bier hinterlässt einen positiven, bleibenden Eindruck.

Geschmacksvielfalt und lokale Wurzeln sind die großen Stärken von Craft Bier. Fast die Hälfte der deutschen Biertrinker zieht es vor, Bier aus der eigenen Region zu trinken.
Craft Biere sind meist hopfen- und malzbetonte, aromaintensive, regional geprägte Biere, die nach dem Reinheitsgebot aus ausschließlich vier natürlichen Zutaten gebraut werden. Es geht um geschmacksintensive, kunstfertig gebraute Biere mit einem geschmacklichen Alleinstellungsmerkmal.
Craft Bier gibt es in der 0,33-Longneckflasche, aber auch in der Champagnerflasche (siehe Kapitel 12.3.1). Immer häufiger fließt das Craft Bier aus dem Fass, was bei den vielen hopfenbetonten Bieren den Genuss erhöht.

Craft Bier Gläser

Internationale Biere

In Deutschland dürfen gemäß Vorläufigem Biergesetz für die Herstellung von Bier lediglich die Zutaten Malz (definiert als künstlich zum Keimen gebrachtes Getreide), Hopfen, Wasser und Hefe zum Einsatz kommen. Diese Zutaten können auch in bearbeiteter Form eingesetzt werden: z. B. als Malzextrakt oder als Hopfenpellets. Es gibt jedoch ausländische Biere mit zum Teil jahrhundertealter Tradition, die mit anderen oder zusätzlichen Zutaten gebraut werden. Obwohl diese Biere in Deutschland so nicht hergestellt werden dürfen, ist es erlaubt, sie in Deutschland unter der Bezeichnung *Bier* verkauft werden, wenn sie in ihren Heimatländern den dort geltenden gesetzlichen Bestimmungen für Bier entsprechen.

Großbritannien/Irland

Stout

Stouts sind in Deutschland vor allem durch die irischen Marken *Guinness*, *Murphy's* und *Beamish* bekannt. Es handelt sich jedoch keineswegs um eine geschützte irische Herkunftsbezeichnung, sodass diese Biersorte unter dieser Sortenbezeichnung überall auf der Welt gebraut werden darf und auch gebraut wird. Es sind Biere, die mit vergleichsweise viel Hopfen und mit stark färbenden Malzen hergestellt werden. Zusätzlich können sie ungemälzte, geröstete Gerste enthalten. Zum Zapfen wird in aller Regel statt Kohlenstoffdioxid (CO_2) Stickstoff (N_2) eingesetzt, welches einen in der Konsistenz fast sahnigen Schaum erzeugt. In Dosen werden häufig sogenannte *Widgets* eingesetzt – kleine, mit Stickstoff gefüllte Behälter, die beim Öffnen der Dosen den Stickstoff in das Bier abgeben und so die Konsistenz des Schaums sicherstellen.

Eine Besonderheit sind *Imperial Stouts*: Biere, die traditionell für den Export ins Baltikum und nach Russland gebraut wurden, wo sie sich vor allem am Hofe der Zarin Katharina der Großen überaus großer Beliebtheit erfreut haben sollen (englisch *imperial* = herrschaftlich, kaiserlich). Sie sind in aller Regel etwas stärker eingebraut (höherer Stammwürzegehalt und somit Alkoholgehalt), da sie einen vergleichsweise langen Transport überstehen mussten. Im Geschmack zeichnen sie sich durch deutliche Röst-, Karamell- und Kaffeearomen aus. Dadurch eignen sie sich sehr gut als Begleitung zu Desserts mit Schokolade und/oder Karamell.

Heather Ale
Eine schottische Spezialität mit sehr alter Tradition ist das *Heather Ale*, bei dessen Produktion Hopfen durch Heidekraut/Erika ergänzt oder sogar ersetzt wird. Es ist ein sehr mildes, kaum bitteres Bier mit süßlichen Anklängen.

Barley Wine
Mit dem Begriff barley wine bezeichnen britische Brauereien häufig die jeweils stärksten Biere ihrer Produktpalette. Es war früher durchaus üblich (wenn auch nicht so sehr bei professionellen Brauereien), dass eine Maische mehrfach verwendet wurde, also mehrfach aufgegossen wurde. Mit jedem weiteren Aufguss wurde das Bier schwächer, also weniger gehaltvoll und niedriger im Alkoholgehalt. Der erste Aufguss war jeweils der stärkste und da der Alkoholgehalt unter Umständen in die Nähe dessen kam, was man vom Wein gewohnt war, wurde dieses Bier barley wine genannt.

Heute bezeichnet man mit diesem Begriff ein *Ale*, also ein obergäriges Bier, mit einem Alkoholgehalt zwischen sechs und 12 % vol. Manche Brauereien verzichten auf den Begriff *Barley Wine* und bezeichnen das Bier als *strong ale* – oder als *Superiour Strength Ale* (8,5 % vol).

India Pale Ale
Ale ist die englische Bezeichnung für ein obergäriges Bier (ein untergäriges Bier wird als *lager* bezeichnet). Der Begriff pale steht für eine helle Farbe. In diesem Fall muss der Begriff aber wohl eher historisch gesehen werden, da in früheren Zeiten die technischen Möglichkeiten beim Mälzen nicht so weit entwickelt waren, um im heute verstandenen Sinne wirklich helle Malze und somit helle Biere herzustellen.

Briten, die in den Kolonien Indiens lebten (Soldaten, Kaufleute, Verwaltungsbeamte etc.) sollten auf die ihnen aus ihrem Heimatland bekannten Biere nicht verzichten. Damit diese die lange Reise aus Europa sowie die hohen Temperaturen während des Transports (um Afrika herum, zweimal über den Äquator) und im Zielland gut überstanden, wurden sie stärker eingebraut. Das bedeutet, dass man Biere von hohem Stammwürzegehalt herstellte und sie zusätzlich extrem stark hopfte. Ein solches für den Export nach Indien produziertes *Pale Ale* wurde *India Pale Ale* genannt.

Heute versteht man unter dem Begriff ein in der Regel eher stark gehopftes, hell bernsteinfarbenes, obergäriges Bier mit hohem Alkoholgehalt.

Belgien

Lambik/Lambic

Bier ist entweder obergärig (z. B. Alt, Kölsch, Stout, Weizen) oder untergärig (z. B. Münchner Helles, Oktoberfestbier, Pilsner, Schwarzbier). Da man jedoch erst im 19. Jahrhundert begann, die Bedeutung der Hefe für die Vergärung zu erkennen, waren Brauer früherer Generationen darauf angewiesen, auf die spontane Vergärung ihrer Würze durch wilde Hefestämme zu warten.
Bei der Produktion der belgischen Spezialität Lambik (flämisch) bzw. Lambic (französisch) wird dies noch heute getan: Der Würze wird keine Hefe zugesetzt, sondern sie wird durch Spontangärung vergoren. Es wird Gerstenmalz und ungemälzter Weizen verwendet. Die Gärung vollzieht sich zum größten Teil in Holzfässern – zum Teil bis zu drei Jahre lang. Das Ergebnis ist ein geschmacksintensives, saures und fast stilles Bier.

Eine Besonderheit ist das *Geuze/Gueuze*, das aus einer Mischung von jungem und altem *Lambik* entsteht.

Kriek

Da *Lambik* im Geschmack häufig als zu beißend sauer empfunden wurde, kam man auf die Idee, diesen Eindruck durch die Zugabe von Früchten abzumildern. Die populärste Variante ist das sogenannte *Kriek*. Es gibt zwei Herstellungsmehtoden: Entweder werden bereits der Maische Kirschen beigemischt, sodass die Hefe außer dem Malzzucker auch noch den Zucker der Früchte vergärt, oder das fertige Bier wird zusammen mit Kirschen in Fässer abgefüllt und durchläuft dort eine weitere Gärung.
Eine weitere bekannte Variante ist *Framboise* (Himbeer).

Trappistenbier

Als Trappistenbier dürfen nur Biere bezeichnet werden, die in einem Trappistenkloster von Trappistenmönchen bzw. unter Aufsicht von Trappistenmönchen gebraut werden. Heute gibt es jeweils eine Trappistenbrauerei in Italien, Österreich und den USA, zwei in den Niederlanden und sechs in Belgien. Trappistenbiere haben keinen direkten einheitlichen Stil, zeichnen sich aber alle dadurch aus, dass sie obergärig sind, in der Flasche ausgebaut werden und dass Zucker zur Würze hinzugegeben wird. Die traditionellen belgischen Bezeichnungen *enkel* (einfach – wird fast ausschließlich für den Verzehr der Mönche selbst hergestellt und kommt so gut wie nie in den Handel), *dubbel* (zweifach), *tripel* (dreifach) und *quadrupel* (vierfach) sind grobe Hinweise auf den Stammwürzegehalt. Nach deutschen Biergattungen eingeteilt liegen Trappistenbiere im Bereich der Voll- und Starkbiere.

Witbier/Bière Blanche

Witbier (flämisch) oder *Bière Blanche* (französisch) ist ein sehr helles, leicht trübes Bier aus Belgien. Die Trübe kommt allerdings weniger von Hefe als vielmehr von Eiweiß. Es wird mit Gerstenmalz und ungemälztem Weizen hergestellt – manchmal auch mit Hafer oder mit Dinkel. Bei der Produktion kommt vergleichsweise wenig Hopfen zum Einsatz, dafür werden häufig noch Gewürze zugegeben, z. B. Koriander und Orangenschalen. Der deutliche Zitrusfrucht-Charakter macht es zum idealen Begleiter für Desserts.

Deutsche Bierspezialitäten

Leipziger Gose

Ursprünglich handelt es sich hierbei um eine Spezialität aus der Stadt Goslar im Harz, wo der Fluss Gose ihr den Namen gab. Sehr schnell wurde dieses Getränk aber auch in der Gegend in und um Leipzig zu einer regionalen Spezialität. Es wird sowohl aus Gersten- als auch Weizenmalz gemaischt. Die Gärung findet unter Verwendung von obergäriger Hefe und von Milchsäurebakterien statt. Zusätzlich werden Koriander und Salz zugegeben. Ursprünglich wurden die bauchigen Flaschen nicht verschlossen, sodass sich im engen Flaschenhals ein Stopfen aus aufsteigender Hefe und Milchsäurebakterien bildete, der die Flasche verschloss. Gose ist trocken mit einem leicht säuerlichen Geschmack, weshalb sie mit Likör, Fruchtsirup oder Fruchtsaft gemischt werden kann.

Rauchbier

Rauchbiere sind eine Spezialität vor allem aus der bayerischen Stadt Bamberg in Franken. Sie werden aber auch sonst als besondere Rarität in anderen Weltregionen hergestellt. Wie der Name schon sagt, handelt es sich um – meistens untergärige – Biere mit Rauchgeschmack. Traditionell bekommt das Bier diese geschmackliche Note dadurch, dass man beim Mälzen Buchenholz benutzt und den entstehenden Rauch direkt durch das Malz leitet, sodass es einen deutlichen Rauchgeschmack annimmt.

Das Endprodukt zeichnet sich durch einen ganz eigenen Geschmack aus, der nicht jedem gefällt – ähnlich wie Whisky mit starker Rauchnote oder auch *Lapsang Souchong* (chinesischer Rauchtee). Diese Biere eignen sich als Begleiter zu allen geräucherten Speisen wie z. B. Schinken, Fisch und Käse.

Steinbier

Steinbier ist eher als Kuriosität zu betrachten. Die Maische wird erhitzt, indem man glühend heiße Steine hineingibt. Die große Hitze führt dazu, dass ein Teil des Zuckers zu Karamell wird, das den Stein überzieht. Gibt man den „karamellisierten" Stein später zur Würze hinzu, bekommt das Bier ein Karamellaroma.

Stachelbier

Bei Stachelbier handelt es sich nicht um eine eigene Biersorte, sondern um eine besondere Art, ein Bier zu servieren. In ein nur halb voll gezapftes Glas Bier, z.B. *Münchner Dunkles*, wird ein rot glühend heißer Metallstab gehalten. Die Hitze „treibt" das CO_2 aus dem Bier und sorgt für viel Schaum; zudem lässt sie vorhandenen Zucker karamellisieren. Man trinkt also durch eine Haube aus warmem Schaum ein kühles Bier, das Karamellnoten aufweist.

Berliner Weiße

Bei *Berliner Weisse* handelt es sich um ein Schankbier, das nicht mehr als 50 % Weizenmalz enthält. Beim Gärungsprozess und bei der Lagerung sind Milchsäurebakterien aktiv, die dem Bier eine säuerliche Geschmacksnote verleihen. Da der leicht säuerliche Geschmack nicht jedermanns Sache ist, ist es Tradition, diese Geschmacksnote mit einem Schuss Fruchtsirup abzumildern. Traditionell sind dies Waldmeister- und Himbeersirup.

15.5 Barkeeper/Bartender/Barmixer

Lässig hinter der Bartheke stehen, angesagte Drinks mixen, die Gäste mit Kunststücken unterhalten ... In der Gastronomie gibt es wohl kaum einen aufregenderen Job. Cocktails sind in und längst nicht mehr nur in der klassischen Bar gefragt. Viele Betriebe haben inzwischen Cocktails auf der Getränkekarte. Die Organisation der Bar ist in Kapitel 8.3.7 beschrieben.

Der Job an der Bar gilt als attraktiv und zur Weiterbildung gibt es viele Möglichkeiten. Doch die Anforderungen an Barkeeper sind höher als viele denken. Der Beruf erfordert viel Wissen, Professionalität, Kreativität, Flexibilität und Freundlichkeit. Ein gelernter Barkeeper sollte die Zusammensetzung von ca. 100 Drinks auswendig wissen, um möglichst schnell und exakt die bestellten Getränke und Cocktails zubereiten zu können.

Ein Barkeeper (englisch Bartender) arbeitet im Restaurant und in einer Bar hinter der Theke. Teilweise deckt er auch den Tischservice ab. Er schenkt überwiegend alkoholhaltige Getränke an die Gäste aus. In Cocktailbars stellt er auch Cocktails her. Weitere geläufige Bezeichnungen sind Barmann (engl. barman) bzw. Barkeeperin (engl. barmaid). Cocktail-Barkeeper werden auch Barmixer genannt. Der Barmixer arbeitet in der Regel ausschließlich hinter der Bar.

Der Aufgabenbereich des Barkeepers ist breit gefächert:
- Ein Barkeeper muss kommunizieren können, d. h., Einfühlungsvermögen und Kommunikationstalent mit Charme und Humor sind eine Grundvorrausetzung, um erfolgreich zu sein.
- Ein Barkeeper muss Drinks entwickeln, erfinden und probieren. Aber: Die Grenzen des Alkoholkonsum müssen gewahrt bleiben. Der Job ist anstrengend und fordernd, Stress und Hektik über viele Stunden belasten psychisch und körperlich.
- Jeder Barkeeper hat auch eine organisatorische, verwaltende Kompetenz. Er muss Waren bestellen, abrechnen und Barkarten erstellen. Eine perfekte Barkarte verwöhnt den Gast auch mit hauseigenen Drink-Kreationen. Diese speziellen Angebote sorgen für die individuelle Note und das unverwechselbare Image der Bar.

Flair Bartending, Freestyle und Show Bartending
Einige Bartender beherrschen die Kunst, Flaschen, Eiswürfel. Barutensilien usw. zu jonglieren und zu werfen. So wird ein Mixgetränk artistisch und spektakulär zubereitet.

Das Flair Bartending (Working Flair) ist eine Mischung aus kleinen Showeinlagen. Dabei hat die Zubereitung eines Drinks nach Rezept und Zubereitungsart Vorrang.

Das Show Bartending dient zur Unterhaltung des Gasts. Durch einstudierte Bewegungsabläufe und artistische Tricks wird der Gast unterhalten. Einige Bartender arbeiten auch mit Feuer. Die Utensilien sind vorbereitet, Flaschen haben wenig Inhalt, damit artistische Kombinationen und Drehungen durchgeführt werden können.

Barschulen

German Bartender School München
www.barmixerschule.de

Barakademie Berlin
www.barakademie.eu

Barschule Rostock
www.barschule-rostock.de

Oliviero Barschule Frankfurt
www.oliviero-barschule.com

European Barkeeper School
www.bartenderschool.com

Jonglierflaschen

Trends in der Bar
- parfümierte Cocktails
- geräucherte Cocktails
- Cocktails auf molekularer Basis

Molekularcocktail

Vielfalt der Mixgetränke

Die Kreativität eines Barkeepers und die Vielseitigkeit seines Aufgabengebiets spiegeln sich u. a. in den folgenden Getränkevarianten wider:

- Bier-Mixgetränke
- Cobblers
- Coladas
- Collinses
- Coolers
- Daisies
- Fancy Drinks
- Fizzes
- Flips und Egg-Nogs
- Floaters
- Frappés
- Freezes
- Hangover-Drinks
- Hot drinks
- Juleps
- Milk Shakes
- Punches
- Pick-me-up-Cocktails
- Slings
- Sorbets
- Sours

Alkoholfreie Cocktails

Florida
Grapefruitsaft, Orangensaft, Ananassaft, Grenadine, Pefferminzzweig

Virgin Caipirinha
Zitronenlimonade, Limetten, Rohrzucker

Golden Ginger
Grapefruitsaft, Orangensaft, Ananassaft, Ginger Ale

Cocktails

Cocktail heißt auf Deutsch „Hahnenschwanz". Zur Entstehung des Namens gibt es verschiedene Anekdoten. Eine ist, dass der Cocktail seinen Namen den bunten Schwanzfedern verdankt. Diese wurden nach Hahnenkämpfen dem unterlegenen Hahn ausgerupft und beim anschließenden Umtrunk mit einem Drink „on the cock's tail" begossen. Für Getränke, die bei geselligen Anlässen serviert wurden, wurde daraufhin der Name „Cocktail" verwendet.

Eine weitere Anekdote besagt, dass ein Wirt auf seinem Tresen einen Porzellanhahn hatte, in den er jeweils die Reste aus Getränkeflaschen goss. Von Zeit zu Zeit hat er diesen Hahn geleert und da das Ausgießen aus dem Hahnenschwanz erfolgte, wurde dieses Mixgetränk „Cocktail" genannt.

> Weder die Menge des Alkohols noch die Menge der Flüssigkeit in einem Cocktail sind wichtig, sondern ihre Ausgewogenheit.

Cocktails sind Mixgetränke, aber nicht alle Mixgetränke sind Cocktails. Als **alkoholische Cocktails** werden in der Regel **Shortdrinks** (bis 8 cl Inhalt) bezeichnet, die aus mindestens zwei verschiedenen alkoholischen Zutaten mit oder ohne Zugabe von alkoholfreien Getränken im Shaker geschüttelt oder im Mixglas verrührt werden. Sie haben oft unterschiedliche Rezepte.

> Als Barstock wird die Gesamtheit aller alkoholischen und nicht alkoholischen Getränke in einer Bar bezeichnet.

Zutaten für Cocktails/Mixgetränke

Drei Zutaten sind bedeutend für den Geschmack der Mixgetränke:

- Basis/Base
- Richtungsweiser/Modifier
- Aromageber/Flavouring Part/Colouring Part

Basis/Base

In vielen Büchern über Mixgetränke werden die Cocktails nach der Basisspirituose aufgelistet. Die Basis ist fast immer der Hauptbestandteil. Sie ist eine Zutat, die die Cocktailrichtung bestimmt. So ist beispielsweise die Basisspirituose (siehe Kapitel 12.3.6) und gleichzeitig der größte Anteil beim Whiskey Sour der Whiskey, beim Daiquiri der Rum. Selbstverständlich können auch zwei Spirituosen, die miteinander harmonieren, zusammen die Basis bilden.

Richtungsweiser/Modifier

„The modifying agent" ist der zweitwichtigste Teil bei der Cocktailzusammensetzung. Dieser darf jedoch nicht so dominierend sein, dass sich der Cocktail in diese Richtung verändert. Der Modifier beeinflusst die Richtung des Cocktails allerdings nicht maßgeblich.

Aromageber/Flavouring Part/Colouring Part

Der dritte Bestandteil des Cocktails ist von der Menge her der kleinste. Er bringt trotz seines geringen Anteils – oft ist es nur ein Dash (Spritzer) – das „gewisse Etwas“ in den Cocktail. Er rundet ihn ab und bringt ihn auf den Punkt. Dieser dritte Bestandteil bestimmt oft die Farbe – von zart bis kräftig – und das Aroma – von süß bis bitter.

Cocktail mit Colouring Parts

Mit dem Aromageber muss vorsichtig umgegangen werden. Ein wenig zu viel davon, kann den Cocktail ungenießbar machen (z. B. Angostura). Flavouring und Aromatic und Colouring Part können kleinste Mengen von Spirituosen, Likören, Sirupen und Bittern sein.

Mixen

Beim Mixen (Vermischen) von Getränken werden vier Möglichkeiten unterschieden:

- Rühren im Rührglas oder Mixglas
- Schütteln im Shaker
- Mixen im Elektromixer oder Blender
- Zubereitung im Trinkglas und Aufgießen von Spirituosen (Bauen)

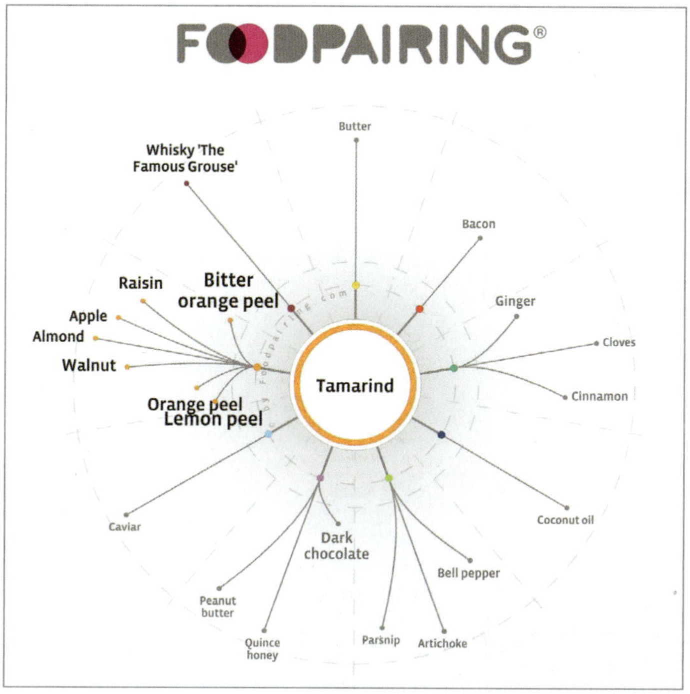

Der Foodpairing®-Baum hilft, in Sekundenschnelle neue Geschmackskombinationen zu entdecken:.

1. Zutat auswählen, z. B. Tamarinde (Sauerdattel)
2. Übereinstimmungen finden
3. Neue Kombinationen erstellen

www.foodpairing.com

Rühren im Rührglas oder Mixglas

Im Mixglas werden in erster Linie Cocktails verrührt, die aus reinen und klaren Alkoholika bestehen. Gerührte Cocktails präsentieren sich nach ihrer Fertigstellung transparent und enthalten weder Säfte noch Sahne oder sonstige Trübstoffe. Bei der Zubereitung werden zuerst Eiswürfel und die Zutaten in das Mixglas gegeben. Dann wird mit dem Barlöffel schnell und kräftig in drehender Bewegung von unten nach oben gerührt.

Mixen im Elektromixer oder Blender

Die Zubereitung im Elektromixer oder Blender beschränkt sich nicht nur auf Drinks, die feste Cremes oder auch Speiseeis enthalten. Ebenso sind das Pürieren von Früchten sowie die Herstellung von Frozen Drinks im Elektromixer gebräuchlich. Der Elektromixer als Aufsatzmixer oder Stabmixer ist insbesondere für die Zubereitung von größeren Mengen geeignet.

Als Eis sind Crushed Eis und Eiswürfel geeignet, da im Elektromixer größere Eisstücke zerkleinert werden können. Werden mehrere Drinks gleichzeitig zubereitet, kann auf das Eis verzichtet werden (dry blend). Die fertigen Drinks werden dann in Gläser, die zu 2/3 mit Eis gefüllt sind, abgegossen.

Gravierende Nachteile des Elektromixers sind die Geräuschentwicklung und der fehlende Showeffekt, sodass die Anwendung nicht im unmittelbaren Gästebereich stattfinden sollte. Beim Blender ist es besonders unangenehm, wenn beim unachtsamen Entfernen des Metallbechers durch die Rührblätter des Quirls ein lautes metallisches Kreischen entsteht.

Rühren im Rührglas

Schütteln im Shaker

Schütteln im Shaker

Das Schütteln im Shaker gilt als das klassische Mixen. Auf diese Weise werden alle Cocktails zubereitet, die schwer mischbare Zutaten wie Liköre, Sirup, Sahne oder Eier enthalten. Es werden zwei- oder dreiteilige Shaker angeboten, die aus Chrom, Silber oder Kunststoff gefertigt sind. Sie fassen normalerweise 0,5 bis 0,7 Liter. In den Shakern lassen sich maximal drei bis vier Cocktails schütteln.

Bei der Zubereitung wird zuerst das Eis in den Unterteil des Shakers gegeben (beim Boston-Shaker in das Glas, siehe Kapitel 8.3.7) und anschließend werden die Zutaten entsprechend der Rezeptur hinzugefügt. Der geschlossene Shaker wird dann in waagerechter Haltung in Schulterhöhe vom Körper weg und wieder zum Körper hin geschüttelt. So ist der Kühlweg am längsten und damit die Kühlung am intensivsten. Die Dauer des Schüttelns richtet sich nach der Menge und Art des Inhalts. Meist wird 10 Sekunden geschüttelt. Länger [illegible] er Cocktail nicht verwä[illegible]

Nach dem Schütteln [illegible] as Eis abgeseiht. Beim [illegible] it, da dieses größer als [illegible] n-tet werden, indem ei[illegible] Wurden mehrere Co[illegible] uf geachtet werden, di[illegible] k-tails gleich gut gekü[illegible] Die Gläser können i[illegible] n.

Wichtig

Abseihen mit einem Boston Shaker

Abseihen mit einem Strainer

Strohhalm und Dekoration mit einer Zange anfassen

Zubereitung im Trinkglas und Aufgießen von Spirituosen

Für Drinks, die direkt **im Trinkglas angerichtet** werden, wird der Ausdruck „built in glass“ verwendet, also „im Glas gebaut“. Dies ist die einfachste Art, einen Drink herzustellen. Klassiker sind z. B. Caipirinha oder Champagnercocktail, die an jeder Bar angeboten werden.

Aufgegossen werden Spirituosen, die mit einem „Filler“, einem alkoholfreien Getränk, zu einem Drink verlängert werden. Bei der Zubereitung wird eine Spirituose auf Eis in das Gästeglas gegossen und mit dem Filler aufgefüllt, z. B. Wodka Lemon.

	**Alexander** Weinbrand oder Brandy, Crème de Cacao, Sahne, Muskat
	**Bloody Mary** Wodka, Zitronensaft, Tabasco, Worcestershiresauce, Salz, Pfeffer, Tomatensaft
	**Caipirinha** Cachaça, Rohrzucker, Limettensaft
	**Champagnercocktail** Orangenscheibe, Würfelzucker, Angostura, Cognac, Champagner
	**Cosmopolitan** Wodka/Wodka Citron, Curaçao oder Triple Sec, Cranberry Juice rot, Lime Juice/Limettensaft, Limettentwist
	**Daiquiri** Weißer Rum, Zitronensaft, Zuckersirup
	**Frozen Margarita** Tequila, Limettensaft, Crushed Eis
	**Frozen Strawberry Daiquiri** Weißer Rum, Erdbeersirup, Crushed Eis
	**Gin Fizz** Gin, Läuterzucker, Zitronensaft, Sodawasser
	**Long Island Ice Tea** Weißer Rum, Gin, Wodka, Tequila, Triple Sec, Zuckersirup, Zitronensaft, Cola

	**Manhatten** Vermuth rot, Canadian Whisky Angostura, Cocktailkirsche
	**Margarita** Tequila, Triple Sec, Limetten- oder Zitronensaft, Salzrand
	**Martini Dry** Gin, Wermut extra dry, Olive
	**Mojito** Cachaça, Minzezweige, weißer Rohrzucker, Limettensaft, Sodawasser
	**Piña Colada** Weißer und brauner Rum, Coconut-Cream, Ananassaft, Sahne
	**Sex on the beach** Wodka, Pfirsichlikör, Orangensaft, Cranberrysaft
	**Side Car** Weinbrand/Cognac, Cointreau, Zitronensaft
	**Tequila Sunrise** Tequila, Orangensaft, Grenadinesirup
	**Whiskey Sour** Bourbon Whiskey, Zitronensaft, Läuterzucker, Orangenscheibe, Cocktailkirsche
	**White Lady** Gin, Cointreau, Zitronensaft, Sodawasser

15.6 Zigarrenservice

Immer wieder gibt es Gäste, die nach einem guten Essen ein entsprechendes Angebot an Tabakwaren wünschen. Dabei geht es um ein optimales Geschmackserlebnis, z. B. um eine gelungene Kombination eines Glases Wein, Brandy oder anderen Spirituosen oder einem exzellent gerösteten Kaffee mit einer guten Zigarre.

Zigarrennamen
Zino Davidoff benannte seine berühmten Zigarren nach außergewöhnlichen Weinen, wie Mouton-Rothschild oder Dom Pérignon.

Beispiele für Zigarrenaromen
- peppery & spicy
- sweet & creamy
- woody & earthy
- opulent & mellow

Die Geschichte der Zigarre

Das genetische Ursprungsgebiet der wilden Tabakpflanze liegt in Südamerika, und zwar in dem heutigen Staatsgebiet der Länder Peru und Bolivien. Die Maya waren es, die Tabak kultivierten und zu rituellen Räucherungen und zur Inhalation nutzten.
Christoph Kolumbus war wohl der erste Europäer, der im 15./16. Jahrhundert auf Kuba mit Tabak in Kontakt kam. Im 18. Jahrhundert brachten britische Seeleute kubanische Zigarren nach Nordamerika, wo dann auf neuen Plantagen vermehrt Zigarren hergestellt wurden. Im 19. Jahrhundert war dann Zigarrenrauchen auch in Europa verbreitet. Ihre Herstellung wurde zum Industriezweig. In den 1960er-Jahren setzte ein regelrechter Boom der maschinengefertigten Ware Zigarre ein, der dann ab den 1990er-Jahren wieder zurückging. Heute liegt die handgerollte Premium-Zigarre bei Feinschmeckern im Trend.

Zigarren-Lounges
Zigarren-Lounges werden immer mehr zum Must-have in den Spitzenhotels und Restaurants. Bei speziellen Events begeistern Hoteliers ihre Gäste z. B. mit Zigarren und edlen Whisky-Sorten aus aller Welt.

Zigarrentypen

Prinzipiell bestehen alle Zigarrentypen aus einem Deckblatt, einem Umblatt und der sogenannten Einlage.
Die Zigarrentypen werden unterschieden in:
- Shortfiller: Die Einlage besteht aus klein gerissenen Tabakblättern, was einen sehr guten Zug, aber auch ein schnelleres Abbrennverhalten verursacht.
- Mediumfiller: Hier werden größere Blattteile als Einlage als beim Shortfiller verwendet.
- Longfiller: Die edelsten und teuersten Zigarren sind Longfiller. Longfiller werden ausschließlich aus ganzen Tabakblättern gefertigt.

Welches Zigarrenformat anzubieten und zu wählen ist, hängt in erster Linie von der verfügbaren Zeit ab!

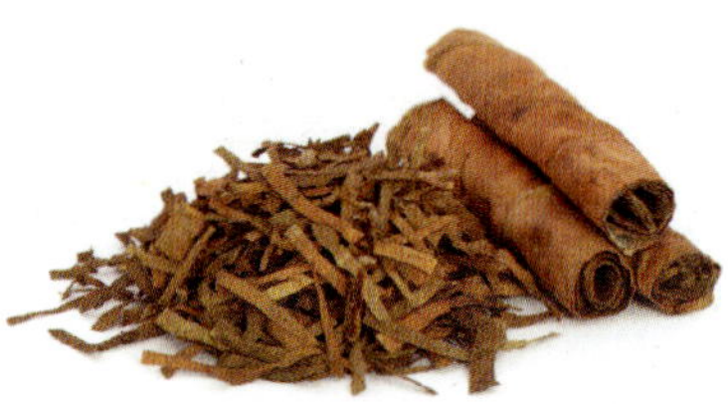

Getrocknete Tabakblätter und Zigarren

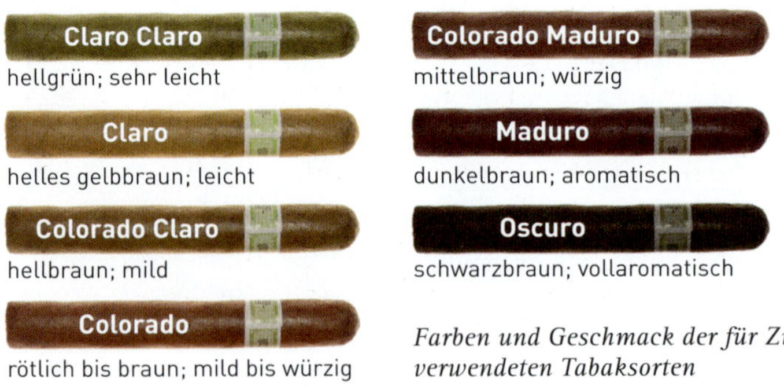

Farben und Geschmack der für Zigarren verwendeten Tabaksorten

Fachgerechtes Lagern von Zigarren

Der fachgerechte Aufbewahrungsort für Tabakwaren ist der Humidor. In diesem Holzkasten werden die Tabakwaren klimatisch optimal gelagert, da ihr Aroma darin erhalten bleibt. Luftfeuchtigkeit und Temperatur spielen eine große Rolle und werden im Humidor durch ein Thermometer oder Hygrometer angezeigt. Die ideale Luftfeuchtigkeit liegt bei 75 %, die ideale Temperatur zwischen 18 und 20 °C.
Zusätzlich werden kleine Quellkristalle (Acrylpolymere) verwendet. Diese können ein Vielfaches ihres Eigengewichts an Wasser aufnehmen und gleichmäßig und kontrolliert wieder abgeben.

adorini Humidor mit Hygrometer

Zedernholz eignet sich besonders gut für Humidore, weil das Aromaspektrum des Holzes dem Aromaspektrum des Tabaks entspricht.

Mise en place

- Humidor
- Streichhölzer, Gasfeuerzeug oder Zedernholzspäne
- Zigarrenaschenbecher
- Zigarrenschneider
- Teller für Abschnitte

Zigarrentransport

In einer speziellen Verpackung kann der Gast seine Zigarre auch mit nach Haus oder im Hotel mit auf das Zimmer nehmen.

Ein leichter Druck auf die Zigarre zeigt, ob diese gut gelagert wurde. Gibt die Zigarre nach und geht danach wieder in ihre ursprüngliche Form zurück, ist sie bereit für den Genuss.

Fachgerechtes Servieren für einen optimalen Genuss:

1. Zigarre auf einem kleinen Tablett präsentieren. Der Servicemitarbeiter beschreibt kurz den Geschmack und das Profil.
2. Zigarren haben eine Zigarrenschleife/einen Zigarrenring oder eine Bauchbinde. Ob diese entfernt wird, entscheidet der Gast.
3. Vor dem Rauchvergnügen das Mundstück mit einem Schneidewerkzeug öffnen. Je nach Sorte braucht man dafür spezielle Cutter, Zigarrenrundscheren oder Zigarrenbohrer.
4. Die Öffnung muss groß genug sein, um einen guten Zug zu gewährleisten. Es darf jedoch nicht zu viel abgeschnitten werden, sonst wickelt sich das Deckblatt ab.
5. Jetzt dem Gast die Zigarre überreichen, damit er die Zigarre selbst anzünden kann. Keinesfalls darf eine Zigarre mit einem schwefelhaltigen Streichholz, einem Benzin-Feuerzeug oder einer Kerze angezündet werden, da es schlecht für den Geschmack ist. Kenner bevorzugen einen brennenden Holzspan, gern aus Zedernholz.
6. Die Zigarre wird so lange über der Flamme gedreht, bis sich ein Aschering bildet. Die Zigarre wird nun vorgewärmt. Wenn leichter Rauch aufsteigt, nimmt der Gast die Zigarre in den Mund und bringt sie mit sanften Zügen zum Glühen. Zu große Hitze und Glut schaden dem Geschmack.
7. Zigarren werden nicht ausgedrückt, sondern auf dem Aschenbecher liegen gelassen, wo sie ausglimmen.

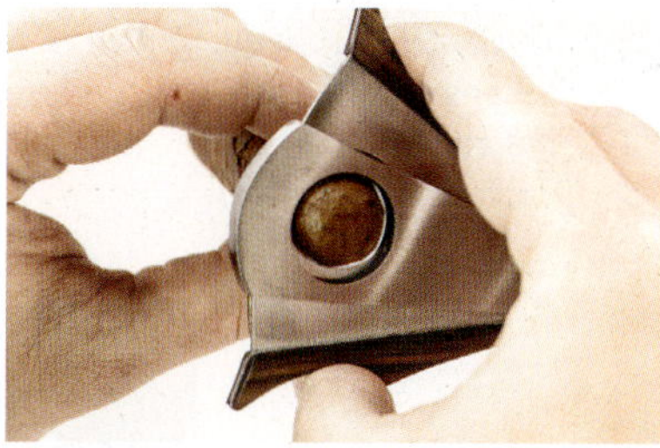

Zigarrencutter

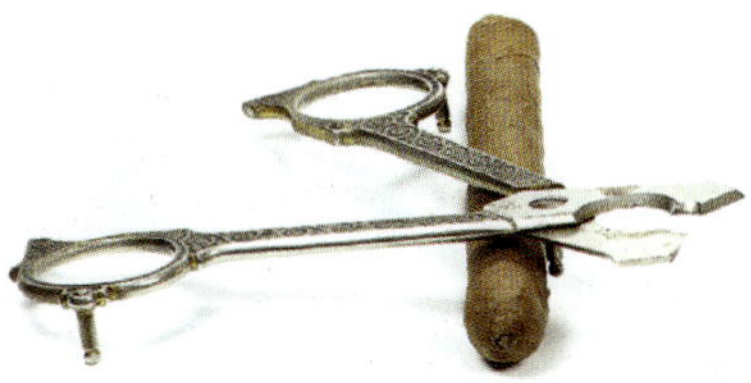

Zigarrenschere

15.7 Aufgaben

1 | Welche Grundtypen und Hauptwünsche beschreibt das limbische System?

2 | Erläutern Sie die Begriffe Food-Pairing und Food-Completing.

3 | Erarbeiten Sie 3 Menüvarianten mit jeweils 3 Gängen für die
- Frühjahrssaison
- Sommersaison
- Herbstsaison
- Wintersaison

4 | Warum sind die betrieblichen Voraussetzungen in Bezug auf die Küche und den Service bei der Festlegung des Speisenangebots zu berücksichtigen?

5 | Unterscheiden Sie Menükarten von Speisekarten.

6 | Welcher Gang sollte bei der Erstellung eines Menüs als Erstes festgelegt werden?

7 | Unterscheiden Sie Lunch-Menüs von Diner-Menüs.

8 | Entwerfen Sie eine Menükarte mit 5 Gängen für Vegetarier.

9 | Stellen Sie jeweils eine Käseauswahl unter Berücksichtigung folgender Vorgaben zusammen:
a) 10 internationale Käse
b) 5 verschiedene Geschmacksrichtungen

10 | Was ist beim Aufbau einer Käseauswahl zu beachten?

11 | Nennen Sie Garnituren und Toppings, die für eine Käseauswahl bereichernd und geschmacklich sinnvoll sind.

12 | Ein Gast wünscht als Dessert Crêpes Suzette. Beschreiben Sie das erforderliche Mise en place und die Vorgehensweise bei der Zubereitung am Tisch des Gasts.

13 | Beschreiben Sie den Aufgabenbereich eines Weinsommeliers.

14 | Welche Bedeutung haben die korrespondierenden Getränke als Menübegleitung?

15 | Erläutern Sie Maßnahmen, um den Weinverkauf im Restaurant optimal zu gestalten.

16 | Welche Informationen geben Sie dem Gast zu einer Flasche Wein?

17 | Warum ist es von Bedeutung, dass ein Sommelier den Wein auf Weinfehler überprüft?

18 | Nennen Sie drei Weinfehler und beschreiben Sie die auftretenden Auswirkungen.

19 | Begründen Sie, warum Mineralwasser ein korrespondierendes Getränk ist?

20 | Was muss bei der Auswahl eines Mineralwassers als Begleitung zum Menü beachtet werden?

21 | Definieren Sie den Aufgabenbereich eines Barkeepers.

22 | Beschreiben Sie verkaufsfördernde Maßnahmen an der Bar und nennen Sie Beispiele.

23 | Erklären Sie die Grundprinzipien für die Zubereitung von Mischgetränken.

24 | Was bedeutet Show-Bartending?

25 | Welche Aufgaben hat ein Wassersommelier zu erledigen?

26 | Beschreiben Sie den Aufbau einer Zigarre.

27 | Wie wird ein Humidor verwendet?

28 | Erklären Sie den fachgerechten Zigarrenservice für den Gast.

16 MICE-Management

MICE-Management

Im Zusammenhang mit Veranstaltungen und Tagungen ist in der Hotellerie und Gastronomie der Begriff MICE-Management gebräuchlich.

MICE ist eine Abkürzung und steht für:

- **M**eetings (Tagungen)
- **I**ncentives (Veranstaltungen als Belohnung oder Verkaufsanreiz)
- **C**onventions (Kongresse)
- **E**vents (sonstige Veranstaltungen)

Die an den Restaurantfachmann gestellten Aufgaben bei Veranstaltungen sind so vielfältig wie die Veranstaltungen selbst.

16.1 Tagungsmarkt und Kongressmarkt

Der Tagungs- und Kongressmarkt in Deutschland schließt seit vielen Jahren mit einem deutlichen Zuwachs ab. Bereits seit elf Jahren steht Deutschland als Ziel für internationale Verbandskongresse in Europa auf Platz eins und weltweit nach den USA auf Platz zwei. Fast 3 Millionen Veranstaltungen mit fast 400 Millionen Teilnehmern finden jährlich in Deutschland statt.
(AHGZ, Nr. 16, 23. April 2016, 116. Jahrgang)

Bei rund 2,45 Millionen Veranstaltungen wurden im vergangenen Jahr 4,5 Millionen Veranstaltungstage registriert. Das Segment Seminare, Trainings, Fort- und Weiterbildungsveranstaltungen ist mit ungefähr 50 Prozent aller Veranstaltungen dominierend.
2015 wurden in Deutschland durch Tagungsreisende 91 Millionen Übernachtungen gebucht. Somit resultiert mehr als jede dritte Hotelübernachtung in Deutschland aus dem Meeting- und Kongressgeschäft.
(ghh consult Studie Tagungs- und Kongressmarkt Deutschland 2014/2015, 14.2.2016)

In Deutschland werden von insgesamt 11 500 Anbietern 71 000 Tagungsräume für jeweils mindestens 20 Teilnehmer zur Verfügung gestellt.
(AHGZ, Nr. 06, 13. Februar 2016, 116. Jahrgang)

Als Tagungs- und Kongressdestination nimmt Deutschland weltweit eine Spitzenposition ein.

Die Digitalisierung spielt im MICE-Markt eine besonders große Rolle, denn das Buchen, Netzwerken, Anreisen und das Übermitteln von Inhalten werden durch das Internet praktikabel und komfortabel. Digitale Dolmetscher oder 3-D-Optik-Präsentationen sind heute Standard.

Ebenso Standard ist es, dass die Verkaufs-/Salesabteilung mehrsprachige Informationen zur Verfügung stellt, denn das Tagungsgeschäft wird aufgrund der Globalisierung und Expansion immer mehr von weltweit tätigen Unternehmen bestimmt.

Beispiele für MICE-Dienstleister

- **miceservice.de**
- **meetingmasters.de**
- **tagungshotel.de**
- **meetago.com**
- **mice-access.de**
- **miceportal.com**
- **micebooking.com**
- **okanda.com**

GCB German Convention Bureau e.V.
Das GCB German Convention Bureau e.V. repräsentiert und vermarktet Deutschland international wie national als Standort für die MICE-Branche. Das GCB ist Informationsquelle für alle, die in Deutschland Veranstaltungen planen.

www.gcb.de

GCB
Meetings made in Germany
German Convention Bureau

MICE-Dienstleister
Veranstaltungen und Tagungen können inzwischen komplett online gebucht werden. Zahlreiche Dienstleister bieten Komplettlösungen an. Für Hotels stellen diese Dienstleister wichtige Distributionskanäle und eine weltweite Präsenz dar. Kunden und Verkaufsmitarbeiter können durch diese Dienstleistungen Zeit und Aufwand sparen. Bei beratungsintensiven Veranstaltungen ist eine zusätzliche persönliche Betreuung erforderlich, da sie durch standardisierte Online-Formulare und -Abfragen nicht ersetzt werden kann. Viele Teilnehmer erwarten neben einem professionellen Service vor allem Atmosphäre, Ambiente und Kreativität. So gilt es, bei der Planung, Organisation und Durchführung einer Veranstaltung, viele Programmpunkte zu koordinieren und gleichzeitig unterschiedliche Bedürfnisse zu beachten.

Angebote der MICE-Dienstleister
- Anbindung an ein Travel-Management System
- Analyse und Reporting
- Teilnehmermanagement
- Compliance-Kontrolle
- geeignete Bezahlmethoden

MICE-Management ist die Planung, Organisation und Inszenierung sowie die Steuerung von Auslastung, Ertrag und Kosten von Veranstaltungen mit dem Ziel, bei einer ausgewählten Zielgruppe eine vorher definierte und angestrebte Wirkung zu erreichen.

Unterteilung der Betreuungsanlässe
- betriebsbezogen (z. B. Firmen)
- umfeldbezogen (z. B. Sportverein)
- produktbezogen (z. B. Neueinführungen)
- personenbezogen (z. B. Geburtstag)
- ertragsbezogen (z. B. Sonderangebote)
- saisonbezogen (z. B. Weihnachten)

16.2 Grundlagen einer professionellen Veranstaltungsplanung

16.2.1 Art der Veranstaltung

Die Antwort auf die Frage nach dem Ziel einer Veranstaltung ist meist komplex, da verschiedene Ziele verfolgt werden können. Zuerst muss eindeutig definiert werden, um was für eine Art Veranstaltung es sich handelt:

Was ist der Anlass?
Was ist das Ziel/sind die Ziele der Veranstaltung?

Anlassbezogene Veranstaltungen	Zielbezogenen Veranstaltungen
▪ Geburtstage ▪ Hochzeiten ▪ Eröffnungen ▪ Weihnachtsfeiern ▪ Kick-off-Veranstaltungen (Auftaktveranstaltungen)	▪ Workshops ▪ Messen ▪ Produktpräsentationen ▪ Tagungen ▪ Unternehmenspräsentationen Teamcoaching

Das Veranstaltungsziel sollte mit dem Auftraggeber und im Team so konkret wie möglich definiert werden, um unnötigen Änderungsaufwand zu vermeiden.
Außerdem wird durch diese Abstimmung deutlich, wie viel Vorlaufzeit, z. B. für Organisation und eventuelle Werbemaßnahmen, benötigt wird.

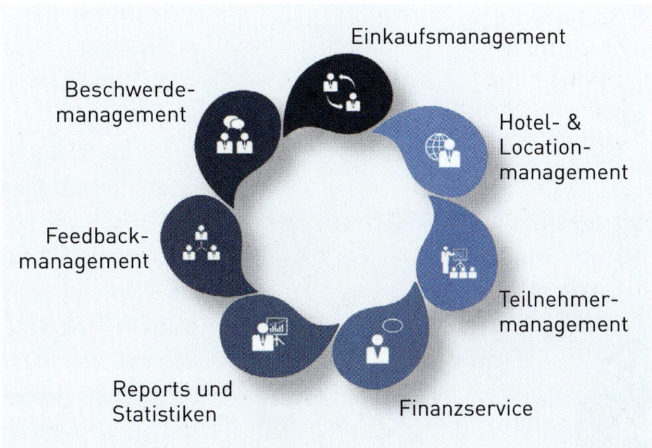

Strategisches MICE-Management

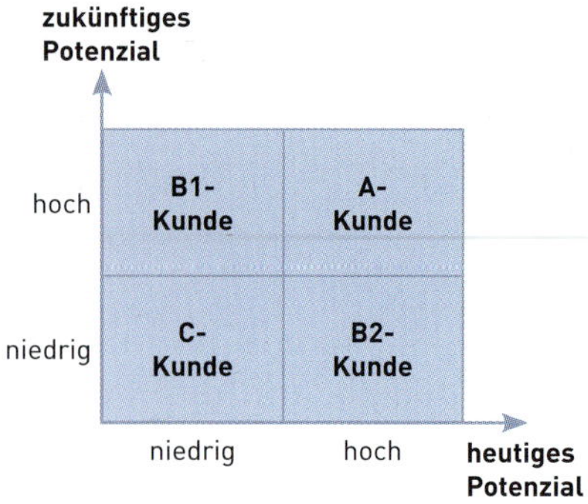

Wie intensiv muss der Kunde betreut werden?
A-Kunde: intensive, persönliche Betreuung
B1-Kunde: wie A-Kunde (verstärkte Intensität, da künftiges Potenzial)
B2-Kunde: gute Betreuung
C-Kunde: geringere Betreuung, vorwiegend schriftlich

16.2.2 Zielgruppe der Veranstaltung

Haben Veranstaltungsplaner die Ziele der Veranstaltung festgelegt, verfügen sie über ein genaues Veranstaltungsprofil und ein klar umrissenes Teilnehmerprofil. Die Ziele definieren in der Regel die Zielgruppe, denn führend ist die Frage: Welche Personen werden eingeladen, damit die Ziele erreicht werden können? Dabei gilt es auch zu klären, wie groß die Teilenehmerzahl sein soll.

Wer kann, wer soll, wer muss an einer Veranstaltung teilnehmen?

Zielgruppe

16.2.3 Planungsphase

Nachdem eine Grobplanung durchgeführt wurde (Inspiration) und entschieden wurde, dass das Projekt stattfindet (Buchung), beginnt die reguläre Planungsphase.

Veranstaltungstermin
Wenn der Auftraggeber keinen Termin festgelegt hat, muss ein für alle beteiligten Personen geeigneter Veranstaltungstermin gefunden werden. Hier gilt es, verschiedene Aspekte zu prüfen:

- Ferientermin, Feiertage, verlängerte Wochenenden
- Großveranstaltungen, Volksfeste in der näheren Umgebung des Veranstaltungsorts
- Großveranstaltungen am gleichen Ort
- Sportveranstaltungen national wie regional
- Messezeiten
- Terminkalender der Pflichtteilnehmer, deren Erscheinen bei der Veranstaltung zwingend erforderlich ist

Termin

Für Veranstaltungen, die weit im Voraus bekannt sind, werden Optionen gesetzt. Das bedeutet, dass der Termin und die Details provisorisch reserviert werden. Zur Option gehören eine Deadline bzw. ein Cutoff Date. Darunter versteht man ein festgelegtes Datum, an dem der Kunde seine definitive Entscheidung abgeben muss. Im Sinne des guten Tons und des Wettbewerbs und im Hinblick auf die Kundenorientierung kontaktiert das Hotel den Kunden spätestens 14 Tage vor dem Cutoff Date und erinnert an die Veranstaltung. Diese Form des Handelns wird als proaktives Verkaufen bezeichnet.

Veranstaltungslocation

Bei der Wahl der Location (Ort) steht immer die Zielgruppe der Veranstaltung im Vordergrund.

Von der Wahl des richtigen Veranstaltungsorts hängen die Akzeptanz und Attraktivität einer Veranstaltung ab. Das Image der Veranstaltung, also die Botschaft, die eine Veranstaltung überbringen will, muss zum Veranstaltungsort passen. Aber auch logistische Details beeinflussen die Wahl eines Orts. Wie ist die Erreichbarkeit (Bahn/Flughafen), also der Anreiseradius?

Technische Details wie Ausrüstung der Veranstaltungsstätte/Veranstaltungstechnik oder Tanzfläche/Bühne, Freizeitmöglichkeiten für das Rahmenprogramm, Art und Anzahl der verfügbaren Hotelzimmer sind wichtige Faktoren, die es zu klären gilt.

Location

Eventlocations

Viele Restaurant- und Hotelbetriebe haben heute besondere Eventlocations wie Scheunen, Burgruinen oder Schiffe im Angebot oder arbeiten mit Eventdienstleistern zusammen, die ein solches Portfolio anbieten.

Idealerweise findet eine Besichtigung der Location mithilfe der Checkliste (siehe rechts) statt, um alle Fragen zu klären und Pannen vorzubeugen

Location Scouts = Agenturen, die bei der Auswahl und Anmietung einer geeigneten Location beraten.

Beispiele für Location Scouts

www.event-location.de

www.toptagungslocations.de

Veranstaltungsräume

Über die verschiedenen Räume sollten detaillierte Informationen zur Größe, Bestuhlung, Platzanzahl, Ausstattung und Preis vorliegen (siehe nächste Seite).

AVANTI Event GmbH

Checkliste - Veranstaltungsort / Location

		Bemerkungen
Allgemeines		
Bezeichnung / Ort / Adresse		
Ansprechpartner		
Telefon		
E-Mail		
Raumgröße		
Personenanzahl		
Sanitäre Ausstattung	☐	
Tagungsbüro / Backoffice	☐	
Raumkapazitäten		
Räume für Abendveranstaltung	☐	
Räume für Lunch / Dinner / Kaffeepausen	☐	
Empfangscounter / Hospitalitydesk	☐	
Referentenräume	☐	
Lagerräume	☐	
Nebenräume	☐	
Garderobe	☐	
Außengelände / Garten / Terrasse	☐	
Infrastruktur		
Verkehrsanbindung / öffentliche Verkehrsmittel	☐	
Parkplätze / Garagenplätze	☐	
Transfer	☐	
Freizeitangebote	☐	
Einrichtung Veranstaltungsräume		
Bestuhlung / Raumpläne	☐	
Bühne / Tanzfläche	☐	
Rednerpult	☐	
Beleuchtung	☐	
Beschallung	☐	
Stromversorgung	☐	
Audiotechnik, z. B. Mikrofonanlage, Musikstreamer	☐	
Videotechnik, z. B. Beamer, Fernseher	☐	
Telefon- und Internetanschlüsse	☐	
Lagepläne, Fluchtwege	☐	
Anlieferungsmöglichkeiten	☐	
Übernachtung / Hotel		
Anzahl der Übernachtungsmöglichkeiten in der Nähe	☐	
Zimmerausstattung / Zimmerkategorien	☐	
Abrufkontingent / Reservierungsfrist	☐	
Vertragsbedingungen		
Angebot / Kosten	☐	
Mustervertrag	☐	
Reservierungsfristen	☐	
Bezahlung / Vorauszahlung / Zahlungsbedingungen	☐	
AGBs / Stornofristen	☐	

☐ Bitte ankreuzen, wenn vorhanden

AVANTI Event GmbH

Sonnenwende 17 | 87356 Lichtenberg
Telefon 0799 - 33 66 99 | Fax 0799 - 33 66 90 | info@avanti-lichtenberg.de | www.avanti-lichtenberg.de
Geschäftsführung: Kai Jürs | Registergericht: Amtsgericht Berlin | HRB 5250 | USt.-IdNr.: DE 118715903

VANTI Event GmbH

Übersicht – Veranstaltungsräume

Raum							Menü	Büfett		m²	Preis	Preis ohne F & B
Boardroom	x	x	x	x	12	x	x	x	x	24	150 €	300 €
Berlin	18	20	36	20	12	26	24	x	16	49	200 €	400 €
London	26	34	60	26	24	32	36	x	24	60	250 €	500 €
Paris	38	56	84	20	44	46	72	60	40	94	400 €	800 €
Barcelona	28	38	60	26	24	32	36	x	24	64	250 €	500 €
New York	46	142	180	50	44	70	130	100	80	160	450 €	900 €
Foyer	x	x	x	x	x	x	x	x	x	90	x	x
Berlin London	46	60	112	50	50	62	60	48	47	109	500 €	1.000 €
London Paris	66	94	160	60	70	78	108	84	57	154	700 €	1.400 €
Berlin London Paris	82	120	180	70	88	110	132	100	73	203	900 €	1.800 €
Barcelona New York	74	180	240	76	74	102	166	136	104	224	750 €	1.500 €
Gesamt										451	1.600 €	3.300 €

Konferenztischgröße: 1,80 m x 0,45 m

Leinwand: 2,80 m x 3,00 m

Große Pinnwand: 1,50 m x 1,20 m

Große Tanzfläche: 6,00 m x 6,00 m

Deckenhöhe: 3,20 m

Außentüren: Berlin, London, Paris: 1,00 m breit x 2,00 m hoch
New York: 2,00 m x 2,00 m

Innentüren: Berlin, London, Paris: 1,20 breit x 2,00 m hoch
Barcelona: 1,90 m x 2,00 m
New York: 1,90 m x 2,10 m

Notausgang: London: 2,00 m x 2,00 m
New York: 1,10 m breit x 2,00 m hoch

Gartenfläche: 370 qm

VANTI Event GmbH

Sonnenwende 17 | 87356 Lichtenberg
Telefon 0799 - 33 66 99 | Fax 0799 – 33 66 90 | info@avanti-lichtenberg.de | www.avanti-lichtenberg.de
Geschäftsführung: Kai Jürs | Registergericht: Amtsgericht Berlin | HRB 5250 | USt.-IdNr.: DE 118715903

Veranstaltungsbudget

Ein solides Budget ist eine Grundvoraussetzung für eine erfolgreiche Veranstaltung, dabei gibt es zwei Budgetarten:

- Es gibt ein vorgegebenes Budget, das eingehalten werden muss.
- Die Kosten für die gesamte Veranstaltung werden kalkuliert, zur Genehmigung vorgelegt und gemäß der Kalkulation abgerechnet.

Das Budget beinhaltet die Gesamtkosten einer Veranstaltung, die sich aus allen Kosten zusammensetzen, die bei Planung und Durchführung anfallen. Die Kosten lassen sich in Selbst- und Fremdleistungskosten unterteilen.

Budgetplanung

Selbstkosten sind Kosten für eigenes Personal wie Projektleiter, Teammitglieder/Gemeinkosten des eigenen Unternehmens für Büromiete, Fuhrpark usw.

Fremdleistungskosten sind die Kosten für Catering und gebuchte Leistungen, Honorare, Material, Druckkosten für Werbung, Unterlagenerstellung, GEMA, Feuerwehr, Polizei usw.

Viele Kunden erwarten einen Kostenvoranschlag. Oft holen sich Kunden mehrere Angebote (Offerten) ein, ohne dass der Hotelbetrieb weiß, wie hoch das Budget ist.
Da auch die Bankettabteilung Budgetvorgaben erfüllen muss, wird im Bankettbereich häufig mit dem Revenue Management gearbeitet. Darunter versteht man die Steuerung von Auslastungen der Veranstaltungsräume durch z. B. das Schüren von Packages, den sogenannten Veranstaltungspauschalen, oder gezielte Sonderangebote sowie Werbemaßnahmen in nachfrageschwachen Zeiten.

Während der Veranstaltungsrealisation muss eine kontinuierliche Kostenverfolgung mithilfe einer Checkliste (siehe rechts) stattfinden, um stets erkennen zu können, ob sich alle Positionen im Plan befinden.

Veranstaltungen verursachen nicht nur Kosten, sondern es gibt auch Möglichkeiten, Einnahmen zu erzielen. Teilnahmegebühren, Tickets für Einzelveranstaltungen, Abendprogramm für Begleitpersonen, Verkauf von CDs oder Büchern sind mögliche Varianten hierfür.

AVANTI Event GmbH

Checkliste – Kostenplanung / Budget

Veranstaltung:
Ort:
Datum:

	geplant (€)	tatsächlich (€)
Tagungsort / Location		
Miete		
Miete für Ausstattung (Non-Food-Caterer) • Dekoration • Tischwäsche, Geschirr • Mobiliar • Technik		
Endreinigung		
Abbau		
Müllentsorgung		
Besonderheiten		
F & B-Management		
Catering		
Tagungs- und Veranstaltungspauschale		
Akteure		
geladene Gäste / Künstler / Musiker		
Fotografen		
Referenten / Moderatoren		
Dolmetscher		
Security		
Personal-Organisationsteam / Service / Reinigung		
Übernachtungskosten / Fahrtkosten Akteure		
Teilnehmerakquise und Teilnehmerbetreuung		
Einladungen / Flyer / Plakate / Eintrittskarten mit Gestaltungs-, Druck-, Portokosten		
Beschilderung / Namensschilder		
Tagungsmaterial / Büromaterial		
Präsente / Give-aways		
Gebühren / Steuern		
Genehmigungen		
Versicherungen		
GEMA		
Steuern		
Selbstkosten		
Personal		
Telefon / EDV		
Büromaterial		
Gemeinkosten		
Einnahmen		
Eintritt		
Verkauf / Merchandising		

AVANTI Event GmbH
Sonnenwende 17 | 87356 Lichtenberg
Telefon 0799 - 33 66 99 | Fax 0799 – 33 66 90 | info@avanti-lichtenberg.de | www.avanti-lichtenberg.de
Geschäftsführung: Kai Jürs | Registergericht: Amtsgericht Berlin | HRB 5250 | USt.-IdNr.: DE 118715903

Feuerwerk ist nicht überall zugelassen

GEMA
www.gema.de

Künstlersozialkasse
www.künstlersozialkasse.de

Für Musik sind GEMA-Gebühren zu zahlen

Bestandteile einer Bankettmappe

- Raumpläne
- Bestuhlungsmöglichkeiten
- Technik
- Speisen- und Getränkevorschläge
- Dekorationsvorschläge
- Rahmenprogramme, Arrangements
- Hausprospekt
- Übernachtungsangebot
- Anfahrtsbeschreibung
- Preise und Leistungen

Positive Verkaufsatmosphäre

1. Mise en place
2. Begrüßung (Name, Abteilung, Willkommen)
2. Getränkeangebot
4. Unternehmensvorstellung
5. Gast mit dem Namen ansprechen, Augenkontakt, Unterstreichen von Aussagen

Rechtliche Vorgaben

Für jede Veranstaltung müssen unterschiedliche rechtliche Vorschriften und Bestimmungen beachtet werden.

- Bei der Errichtung von Versammlungsstätten sind die Vorschriften der Versammlungsstättenverordnung (VStättV) zu beachten, die sich hauptsächlich auf bauliche Maßnahmen beziehen.
- Das Hausrecht berechtigt den Veranstalter z. B., verfassungsfeindliche Veranstaltungen zu verbieten oder aufzulösen.
- Für die Durchführung von Veranstaltungen werden teilweise behördliche Genehmigungen (Umweltbehörde, Polizei, Feuerwehr, Gewerbeamt etc.) benötigt. Hier ist zunächst das Ordnungsamt des jeweiligen Orts der erste Ansprechpartner.
- Die GEMA (Gesellschaft für musikalische Aufführungs- und mechanische Vervielfältigungsrechte, siehe Kapitel 7.3.5) kontrolliert die öffentliche Nutzung von Musik.
- Treten Livebands, Künstler oder Publizisten bei der Veranstaltung auf und bekommen ein Künstlerhonorar, ist der Veranstalter bis auf wenige Ausnahmen verpflichtet, eine Künstlersozialabgabe an die KSK (Künstlersozialkasse) abzuführen.
- Der Veranstalter trägt gewisse Risiken, die durch Versicherungen abgesichert werden können, z. B.
  - Veranstaltungsausfall
  - Veranstaltungshaftpflicht
  - Beschädigung von Elektronik/Veranstaltungsgütern

Für alle Veranstaltungen sind die Zuständigkeiten genau zu definieren:
Wer erledigt was?
Bis zu welchem Termin müssen welche Aufgaben erledigt sein?
Wer kontrolliert die Einhaltung der Termine?

16.2.4 Verkaufsgespräche für eine Veranstaltung

Je nach Art der Veranstaltung sind Verkaufsgespräche mit unterschiedlichem Umfang und unterschiedlichen Schwerpunkten durchzuführen (siehe auch Kapitel 6.2). Vereinfacht werden diese Verkaufsgespräche, wenn dem Auftraggeber schon vorab Informationsmappen (Bankettmappen) zugeschickt werden. Aus wirtschaftlichen und kundenorientierten Gründen bieten sich modulare Bankettmappen an, damit nicht immer die komplette Mappe verschickt werden muss. Sie müssen spätestens beim persönlichen Gespräch vorliegen. Alle Informationen können auch über Social-Media-Kanäle zur Verfügung gestellt werden. Während des Beratungsgesprächs lassen sich die Informationen dann einfach auf dem Tablett-PC darstellen.

Mithilfe der Informationsmappe sollen dem Kunden alle Perspektiven, die zur Ausrichtung seiner Veranstaltung möglich sind, veranschaulicht werden. Darüber hinaus kann hier das Unternehmen im großen Stil vorgestellt werden, hochwertig und informativ (Leitbild/Unternehmensphilosophie). Mit Bankettmappen können viele Entscheidungen im Vorfeld getroffen werden, die für die Vorbereitungen zu berücksichtigen sind.

Informationen zu den Tagungsräumen

Neben den allgemeinen Informationen zum Hotel und dem Hotelumfeld enthält die Tagungsmappe detaillierte Informationen zu den Tagungsräumen in Form von Tabellen und Lageplänen und Grundrissen.

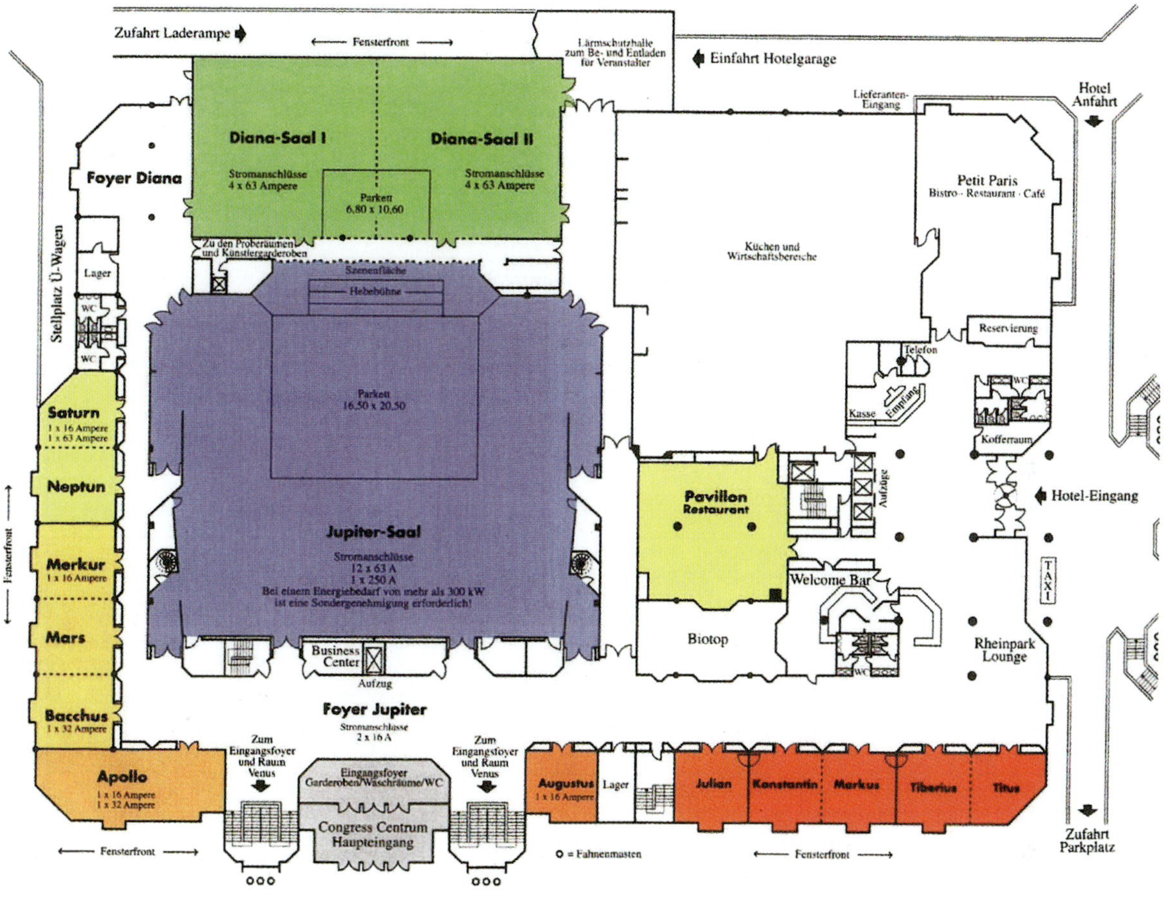

Grundriss

Tagungsvereinbarung (siehe Seite 562)

Grundsätzlich müssen alle Gästewünsche schriftlich festgehalten und in Form einer Tagungsvereinbarung von beiden Seiten unterschrieben werden. Dies geschieht im Gespräch oder zeitnah per Mail. Dabei ist die Anerkennung der allgemeinen Geschäftsbedingungen ein wichtiger Faktor. Sind alle Kundenwünsche geklärt, kann die genaue Kostenplanung (siehe Seite 557) erfolgen.

3-D-Grundriss für Tagungsräume

Function Sheet (siehe Seite 560 und 561)

Jetzt sind alle Abteilungen zu informieren, damit sie planen können. Dazu wird ein Function Sheet für den hausinternen Gebrauch erstellt. Das Function Sheet wird je nach Organisationsform des Betriebs von der Salesabteilung, der Bankettabteilung oder Restaurantleitung erstellt. In kleineren Betrieben ist es oft der Besitzer selbst.

AVANTI Event GmbH

Function Sheet

Seite 1

Veranstalter	**Ansprechpartner**	**Veranstaltung**
Straße	**Telefon**	**Datum**
PLZ / Ort	**Fax**	**Veranstaltungsort**
	E-Mail	**Personenanzahl**

Veranstaltungsräume	**Gruppenräume**
Personenanzahl pro Raum	**Personenanzahl pro Raum**

Garderobe ☐ **Ja** ☐ **Nein**	**Bühne / Pult** ☐ **Ja** ☐ **Nein**	**Tanzfläche** ☐ **Ja** ☐ **Nein**

Bestuhlung	**Technik**
☐ U-Form ☐ Block-Tafel ☐ Parlamentarisch ☐ Stuhlreihen ☐ Runde Tische ☐ Stuhlkreis ☐ Karree ☐ Fischgrät ☐ Sonstiges	

Zeitplan	1. Tag	2. Tag	3. Tag	4. Tag	5. Tag
Datum					
Beginn					
Kaffeepausen					
Mittagessen					
Abendessen					
Ende					

Tagungspauschale	**Kaffeepausenvariationen**	**Tagungsgetränke / Obst / Snacks**
Business-Pauschale ganztags 36,00 € / Person	Vormittag	Vormittag
Komfort-Pauschale ganztags 43,00 € / Person	Nachmittag	Nachmittag
Superior-Pauschale ganztags 48,00 € / Person	Sonstiges	Sonstiges

Welcome Desk	**Messages**	**Plakate**
☐ in der Hotelhalle für ____ Personen ☐ vor dem Hauptraum für ____ Personen ☐ Blumengesteck ☐ Sonstiges	☐ Message-Board vor dem Raum ☐ in den Raum bringen ☐ an der Rezeption hinterlegen	Anlieferung von Plakaten vor der Veranstaltung? ☐ Ja ☐ Nein Anzahl ____ Anlieferfirma

AVANTI Event GmbH

Sonnenwende 17 | 87356 Lichtenberg
Telefon 0799 - 33 66 99 | Fax 0799 - 33 66 90 | info@avanti-lichtenberg.de | www.avanti-lichtenberg.de
Geschäftsführung: Kai Jürs | Registergericht: Amtsgericht Berlin | HRB 5250 | USt.-IdNr.: DE 118715903

VANTI Event GmbH

Seite 2

Floristik	**Rahmenprogramm**	**Entertainment**
Art Anzahl Farbe Preis	☐ Ja ☐ Nein ☐ Organisation durch das Hotel ☐ Organisation durch Veranstalter Beschreibung	☐ Ja ☐ Nein ☐ Organisation durch das Hotel ☐ Organisation durch Veranstalter Beschreibung

Menü / Büfett	**Wein**	**Empfang / Aperitif**	**Kaffee und Digestif**
☐ Menü ☐ Büfett ☐ Imbiss ☐ à la carte	Weißwein Rotwein	☐ Ja ☐ Nein Welche Getränke?	Kaffee anbieten? ☐ Ja ☐ Nein ☐ nur auf Wunsch Wenn ja, welche Kaffees? Digestifs anbieten? ☐ Ja ☐ Nein ☐ nur auf Wunsch Wenn ja, welche Digestifs?

Hotelzimmer	**Anzahl**	**Anreise**	**Abreise**	**Verpflegung**	**Preis**
Einzelzimmer					
Doppelzimmer					
Sonstige					

Buchungsart	**Rechnungslegung**	a conto	Selbstzahler
☐ Definitive Buchung	Tagungspauschale	☐	☐
☐ Abrufkontingent	Mittagessen	☐	☐
☐ Stichwort	Abendessen	☐	☐
☐ Option bis	Getränke zum Essen	☐	☐
	Getränke an der Bar	☐	☐
	Übernachtung	☐	☐
	Sonstiges		

Allgemeine Notizen

Bearbeitet von ____________________ **am** ____________ **Durchwahl** ________

Verteiler

☐ Direktion ☐ Bankett ☐ Bar ☐ Housekeeping

☐ Empfang ☐ Küche ☐ Roomservice ☐ Costcontroll

VANTI Event GmbH

Sonnenwende 17 | 87356 Lichtenberg
Telefon 0799 - 33 66 99 | Fax 0799 – 33 66 90 | info@avanti-lichtenberg.de | www.avanti-lichtenberg.de
Geschäftsführung: Kai Jürs | Registergericht: Amtsgericht Berlin | HRB 5250 | USt.-IdNr.: DE 118715903

AVANTI Event GmbH

Tagungsvereinbarung

Veranstaltung ______
Firma / Veranstalter ______
Straße ______
PLZ ______ Ort ______
Telefon ______
Fax ______
E-Mail ______
Kontaktperson ______
Anschrift ______
Telefon ______
Fax ______
E-Mail ______

Tagungsort ______
Datum der Veranstaltung ______
Raum ______
Teilnehmerzahl ______
Bestuhlung ______
Erforderliche Technik ______

Tagungsgetänke ______

Zeitplan	am ______	am ______
Beginn 1. Pause	______	______
Mittagessen	______	______
Beginn 2. Pause	______	______
Abendessen	______	______
Voraussichtliches Ende der Veranstaltung ______		

Menüs und Getränke
Vorschlag 1 ______ mal
Vorschlag 2 ______ mal
Vorschlag 3 ______ mal
Á la carte
Siehe Anlage

Zimmerreservierung
______ DZ Ü/F vom ______ bis ______
______ EZ Ü/F vom ______ bis ______

Besondere Wünsche ______

Gesamtrechnung an Veranstalter

Rechnungen an Teilnehmer für ______

Sitzplan ______
Platzkarten ______

Sonstiges /Anlagen ______

Preise:	Speisenfolge – Menü	Euro
	Getränke – korrespondierende Weine	Euro
	Getränke – Aperitif, Digestif	Euro
	Moderatoren, Künstler, Interpreten u. a.	Euro
	Musik – Unterhaltung	Euro
	Dekoration-Tafelschmuck	Euro
	Floristik	Euro
	Raummiete	Euro
	Veranstaltungstechnik	Euro
	Hotelzimmer	Euro
Gesamtkosten		

Datum:
Veranstalter:
Hotel:
Rechtsverbindliche Unterschriften

AVANTI Event GmbH
Sonnenwende 17 | 87356 Lichtenberg
Telefon 0799 - 33 66 99 | Fax 0799 – 33 66 90 | info@avanti-lichtenberg.de | www.avanti-lichtenberg.de
Geschäftsführung: Kai Jürs | Registergericht: Amtsgericht Berlin | HRB 5250 | USt.-IdNr.: DE 118715903

16.2.5 Vor der Veranstaltung

Vor der Veranstaltung ist eine Kontrolle der Veranstaltungsräume erforderlich, um die gewünschte Qualität der Veranstaltung zu gewährleisten.
Diese Überprüfung wird mit allen verantwortlichen Mitarbeitern durchgeführt und meist mit standardisierten Formularen dokumentiert, auch in Bezug auf die Standards des jeweiligen Unternehmens.

VANTI Event GmbH

Checkliste - Veranstaltungsraum

Veranstaltung:

Datum:

Raum:

	ja	nein		ja	nein
korrekte Beschilderung, (Rechtschreibung)	☐	☐	saubere, ordentliche Tür	☐	☐
Jalousien geöffnet, staubfrei und unbeschädigt	☐	☐	Glasscheiben sauber	☐	☐
Wände ohne Flecken und Rückstände	☐	☐	Abfalleimer vorhanden	☐	☐
Teppichboden gereinigt, ohne Flecken	☐	☐	Beleuchtung funktionsfähig	☐	☐
Raumklima und Geruch angenehm	☐	☐	Zimmertemperatur angenehm	☐	☐
Garderobe / je Teilnehmer ein Bügel	☐	☐	Anzahl Tische und Bestuhlung korrekt	☐	☐
Tische und Bestuhlung sauber	☐	☐	Platzierung Tische und Bestuhlung korrekt	☐	☐
saubere, leere Beistellmöbel	☐	☐	Sonderwünsche Ausstattung berücksichtigt	☐	☐
Telefon funktionsfähig	☐	☐	Technik funktionsfähig	☐	☐
Getränke ausreichend vorhanden	☐	☐	Snacks, süß und salzig, vorhanden	☐	☐
Gläser poliert und richtige Anzahl	☐	☐	Tagungsunterlagen ausgelegt	☐	☐
aktuelle Speise- und Getränkekarte vorhanden	☐	☐	aktuelles Werbematerial ausgelegt	☐	☐

Begrüßung

	ja	nein		ja	nein
Begrüßungspaket	☐	☐	Schlüssel für den Raum	☐	☐
korrekte Beschilderung	☐	☐	saubere, ordentliche Tür	☐	☐

Bemerkungen

____

Datum: ________ Mitarbeiter: ________ Unterschrift: ________

VANTI Event GmbH

Sonnenwende 17 | 87356 Lichtenberg
Telefon 0799 - 33 66 99 | Fax 0799 – 33 66 90 | info@avanti-lichtenberg.de | www.avanti-lichtenberg.de
Geschäftsführung: Kai Jürs | Registergericht: Amtsgericht Berlin | HRB 5250 | USt.-IdNr.: DE 118715903

16.2.6 Durchführungsphase

Durchführung

Hat die Veranstaltung begonnen, kann nicht mehr geplant werden. Es gilt, den Überblick zu behalten, situationsbezogen zu dirigieren, notfalls zu improvisieren und zum richtigen Zeitpunkt die richtigen Fäden zu ziehen.
Die Veranstaltungsleitung ist Ansprechpartner für das eigene Team, die Teilnehmer und externe Dienstleister. Deshalb sollte die Leitung immer präsent sein und darf auf keinen Fall selbst operative Aufgaben übernehmen.
Bei Planabweichungen müssen schnell zielgerichtete Entscheidungen getroffen werden, um weitere Beeinträchtigungen zu vermeiden.
Umso wichtiger und exklusiver eine Veranstaltung ist, umso intensiver wird sie von Abteilungsleitern oder dem Besitzer überwacht. Der Kunde spürt dadurch auch seine eigene Wichtigkeit.

Checklisten wie z. B. gebuchte Pauschalen und Pausen helfen, den Überblick zu behalten.

VANTI Event GmbH

Checkliste – Gebuchte Pauschalen

Datum:

	Gebuchte Teilnehmer	Anwesende Teilnehmer	Gebuchte Pauschale
Veranstalter / Firma Raum			☐ Business ☐ Komfort ☐ Superior
Veranstalter / Firma Raum			☐ Business ☐ Komfort ☐ Superior
Veranstalter / Firma Raum			☐ Business ☐ Komfort ☐ Superior
Veranstalter / Firma Raum			☐ Business ☐ Komfort ☐ Superior
Veranstalter / Firma Raum			☐ Business ☐ Komfort ☐ Superior
Veranstalter / Firma Raum			☐ Business ☐ Komfort ☐ Superior
Veranstalter / Firma Raum			☐ Business ☐ Komfort ☐ Superior

VANTI Event GmbH

Sonnenwende 17 | 87356 Lichtenberg
Telefon 0799 - 33 66 99 | Fax 0799 – 33 66 90 | info@avanti-lichtenberg.de |
Geschäftsführung: Kai Jürs | Registergericht: Amtsgericht Berlin | HRB 5250

VANTI Event GmbH

Checkliste – Pausen

Datum:

	PAX	EQP	KP1	Lunch	KP2	Dinner	Specials
Veranstalter / Firma Raum							
Veranstalter / Firma Raum							
Veranstalter / Firma Raum							
Veranstalter / Firma Raum							
Veranstalter / Firma Raum							
Veranstalter / Firma Raum							
Veranstalter / Firma Raum							

PAX: Personenanzahl EQP: Equipment
KP1: Kaffeepause 1 KP2: Kaffeepause 2

VANTI Event GmbH

Sonnenwende 17 | 87356 Lichtenberg
Telefon 0799 - 33 66 99 | Fax 0799 – 33 66 90 | info@avanti-lichtenberg.de | www.avanti-lichtenberg.de
Geschäftsführung: Kai Jürs | Registergericht: Amtsgericht Berlin | HRB 5250 | USt.-IdNr.: DE 118715903

16.2.7 Abschlussphase

Damit die Räume möglichst schnell für andere Veranstaltungen genutzt werden können, sind zunächst der Abbau und die Reinigung zu erledigen. Im Anschluss daran erfolgen die Auswertung und Nachbereitung (Dankessc hreiben/Feedbackbögen) und nicht zuletzt die Abrechnung und die Rechnungskontrolle.

Feedback

Die Nachbereitung einer Veranstaltung ist ein wichtiger Aspekt, denn der Erfolg einer Veranstaltung sollte professionell gemessen werden. Auch um die Planungen für die nächste Veranstaltung zu optimieren, sollten sämtliche Veranstaltungsphasen evaluiert werden. Eine gründliche Nachbereitung spart in der Zukunft Ärger, Zeit und letztendlich Geld.

Evaluation ist die Beurteilung des Erfolgs und Werts einer Veranstaltung.

Maßnahmen zur Kundenbindung nach einer Veranstaltung

- Kunden vor Rechnungsstellung kontaktieren
- Dank aussprechen
- nach dem Gelingen der Veranstaltung fragen
- Kunden nach einiger Zeit wieder kontaktieren oder persönlich aufsuchen (Salesblitz)
- eventuell Kunden-Events durchführen

Wichtigstes Ziel ist es, den Gast im Netzwerk zu halten und ihn als Multiplikator zu gewinnen. Newsletter und Social-Media-Kanäle können dazu dienen, dem Kunden im Gedächtnis zu bleiben und sein Interesse an einer weiteren Veranstaltung hervorzurufen. Beispielsweise sind das Veröffentlichen oder Posten von Bildern der Veranstaltung (z. B. auf Facebook), Podcasts oder das Streaming von Inhalten im Internet möglich. Hierbei sind jedoch die Datenschutzbestimmungen einzuhalten.

Der endgültige Abschluss der Veranstaltung besteht aus einem Bericht, in dem alle bedeutsamen Informationen festgehalten werden. Damit sind alle wichtigen Daten und Fakten dokumentiert und bei ähnlichen Veranstaltungen für alle Verantwortlichen schnell greifbar und umsetzbar.

Der Abschlussbericht beinhaltet folgende Aspekte:

- Welche Ziele der Veranstaltung wurden erreicht?
- Welche Ziele der Veranstaltung wurden nicht erreicht?
- War die Budgetplanung korrekt? Wenn nicht, warum nicht?
- Was haben die Veranstaltungsteilnehmer positiv bewertet?
- Was haben die Veranstaltungsteilnehmer negativ bewertet?
- Welche Kritikpunkte hatte der Veranstalter?
- Wo sehen Sie als Veranstaltungsleitung Verbesserungsbedarf?

Abschlussbericht

16.2.8 Controlling

Für das Veranstaltungs-Controlling ist der Projekt- bzw. Veranstaltungsmanager verantwortlich. Bei größeren Unternehmen gibt es eine Controlling-Abteilung, die eventuell Teilaufgaben an externe Spezialisten delegiert.

Controlling im MICE-Management bedeutet Überwachung, Steuerung und Kontrolle der geplanten Veranstaltung in allen Phasen unter den Aspekten der Effektivität und Effizienz.

Controlling

16.3 Green Meetings

Österreichisches Umweltzeichen zeichnet umweltbewusstes Management und soziales Handeln anlässlich einer Veranstaltung aus

Die Nachfrage nach umweltgerechten und nachhaltig ausgerichteten Veranstaltungen wächst und zwingt viele Unternehmen, ihr Handeln zu überdenken. Ökologische Verantwortung und Umweltschutzaspekte (Nachhaltigkeit) spielen auch in der Veranstaltungsindustrie eine zunehmend bedeutsamere Rolle. Zahlreiche Unternehmen aus der Branche haben erkannt, dass nachhaltiges Handeln das Image verbessert und wirtschaftliche Vorteile bringt. Alle Aktivitäten im Vorfeld, während und nach der Veranstaltung werden im Hinblick auf die Umweltauswirkungen untersucht und daraus Optimierungsansätze entwickelt. Die Umsetzung erfolgt unter drei Hauptgesichtspunkten:

- ökologisch/z. B. Klimaschutz
- ökonomisch/z. B. regionale Wertschöpfung
- sozial verträglich/z. B. Mitarbeitermanagement

Zertifizierung in der Reise- und Tourismusindustrie

Durch die Fokussierung auf regionale und saisonale Produkte werden z. B. Arbeitsplätze erhalten oder sogar geschaffen, die Wirtschaft belebt, die Vernetzung zwischen Tourismus und Landwirtschaft intensiviert und insbesondere der CO_2-Ausstoß reduziert. Außerdem ist die Verschwendung von Lebensmitteln (Food Waste) zu vermeiden.

Weiterbildung kann ebenfalls Teil des Nachhaltigkeitskonzepts sein. Dazu gehören beispielsweise Fortbildungsmaßnahmen sowohl nach innen (z. B. Coaching-Angebote) als auch nach außen (z. B. Besichtigungen und Verkostungen). So erlebt der Kunde eine qualifizierte und geprüfte Tagungskultur, bei der nicht nur die Infrastruktur, sondern auch die hochwertige Ausbildung der Mitarbeiter und deren Motivation positiv registriert werden.

Netzwerk für klimafreundliche Veranstaltungen

> Für Green Meetings ist eine Kommunikation der Maßnahmen erforderlich, denn Glaubwürdigkeit entsteht erst durch Transparenz.

Wichtige Aspekte für ein transparentes Green Meeting:

- für alle zugängliches Umweltkonzept
- verantwortliche Personen für die Umsetzung des Konzepts
- Schulung und Briefing der Mitarbeiter
- Zertifizierung

AUFGABEN

Sie haben von der Fair-Trade-Company eine Anfrage zur Ausrichtung des Europakongresses in Ihrem Hotel erhalten. Sie sind für die Betreuung der Veranstaltung verantwortlich und sollen ein attraktives Angebot zusammenstellen.

a) Welche Aspekte müssen für dieses Angebot besonders berücksichtigt werden?

b) Entwickeln Sie ein passendes Pausenverpflegungskonzept/passende Pausensnacks sowie ein Getränke- und Speisenangebot für diese Veranstaltung.

16.4 Catering

Immer mehr Gastronomiebetriebe und Hotels entdecken das Catering (siehe Kapitel 8.3.5) für sich. Nicht nur in den eignen Räumen, sondern auch an außergewöhnlichen Standorten (Event-Catering). Es ist schick und zeitgemäß, an besonderen Orten zu tagen, zu feiern und seine Produkte zu präsentieren.

Das Catering ist für viele Betriebe ein zweites Standbein, um die Küchenkapazitäten besser auszunutzen und außerhalb des Hauses Umsatz und gleichzeitig Werbung zu machen.

Kulturkirche Hamburg-Altona

Catering-Angebot

Catering wird auch mithilfe des Internets attraktiv für ein breites Publikum inszeniert. Buchungs-Plattformen für Catering vermitteln z. B. Catering-Anbieter, Food Trucks, Privatköche und Barkeeper. Das Angebot umfasst die Bewirtung und den individuellen Service. Catering-Interessierte erhalten Infos zu den Leistungen und Preisen der Anbieter. Eine persönliche Merkliste ermöglicht es, mehrere Caterer zu markieren und mit einem Anfrageformular Angebote einzuholen.

Beispiele für Catering-Plattformen

www.CaterWings.de

www.catero.de

www.heycater.de

Viele Geschäftskunden buchen regelmäßig für ihre Meetings z. B. einen Team-Lunch oder Fingerfood über Catering-Plattformen.

Eine besondere Form des Caterings sind die sogenannten Pop-up-Locations. Die Kofler & Kompanie Group AG hat z. B. mit einer „Pret-A-Diner"-Food Kollektion an interessanten Orten weltweit für einen bestimmten Zeitraum solche Locations mit großem Erfolg betrieben (www.kofler-company.com). Es handelt sich dabei um Orte, an denen der Kunde nicht unbedingt eine Gastronomie erwartet. Das Erlebnis steht im Vordergrund und unterstreicht das darauf abgestimmte gastronomische Angebot (siehe aus Street Food, Kapitel 15.2).

Pop-up-Konzepte werben von vornherein mit ihrem limitierten Bestehen und unterstreichen damit ihre Exklusivität. Sie leben von ihrem spontanen Charakter und der hauptsächlich durch die sozialen Medien verbreiteten Einladung. Jeder, der eine Einladung erhält, gehört zu einem exklusiven Kreis, muss aber die Anforderungen des Pop-up-Events erfüllen, z. B. Weißes Dinner.

Weißes Dinner

Bei einem Pop-up geht es sofort von null auf 100, ohne lange Planungs- oder Warm-up-Phasen. Schwerpunkte einer erfolgreichen Realisierung sind dabei die Küchenlogistik, das Catering und die Service-Organisation.

„Laden Ein" Pop-up-Restaurant in Köln

Pop-up-Konzepte
Foodtrends, Tischkultur, Kunst und Ambiente im Zeitgeist werden für eine begrenzte Zeit an ausgewählten Orten präsentiert.

Event-Catering kann auch in Privathaushalten von Kunden durchgeführt werden, z. B. in Form von Koch-Events.

Green-Line-Catering steht für eine gesunde, umweltfreundliche Ernährung. Ziel ist es, die Umwelteinwirkungen durch die verwendeten Lebensmittel zu verringern und trotzdem hochwertige Speisen anzubieten.

Nachhaltiges Catering

Faktoren für nachhaltiges Catering

- regionale Produkte aus der Saison verwenden
- möglichst viele Lebensmittel in zertifizierter Bioqualität anbieten
- fair gehandelte Produkte verwenden, z. B. Kaffee und Tee
- Getränke von regionalen Anbietern auswählen
- vegetarische/vegane Gerichte anbieten
- Fleischgerichte nicht in den Vordergrund stellen

Clean Food
Unverarbeitete Lebensmittel frisch zubereitet. Die Lebensmittel sollen frei von Zusatzstoffen sein.

16.4.1 Technik und Ausstattung

Beispiele für Non-Food-Caterer und Non-Food-Ausstatter

www.partyrent.com

www.boels.com

www.rieber.de

Wer Meetings außer Haus organisieren muss, benötigt flexible Geräte und variables Zubehör. Simples Handling und Langlebigkeit sind zu beachten. Die sogenannten Non-Food-Caterer und Non-Food-Ausstatter sind die Spezialisten rund um die Küche, das Restaurant und die Technik. Zur Non-Food-Ausstattung gehören z. B. Laptop, Beamer, Projektor, Flipchart, Pinnwand, Leinwand, Moderatorenkoffer, TV-Gerät, Videogerät, Videokamera, Mikrofone, ISDN-Leitung, Internet.

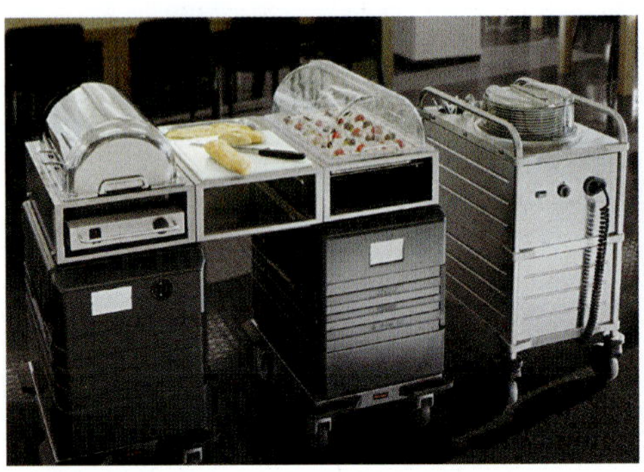

Catering Kitchen

Rolling Büfetts

Beamer

16.5 Klassische Bankettplanung

16.5.1 Organisation

Für Bankettveranstaltungen bieten sich diverse Veranstaltungsformen (z. B. Büfetts oder Galamenüs) an. Damit die Veranstaltung als etwas Besonderes in Erinnerung bleibt, ist das gastronomische Konzept (F & B-Leistungen) immer auf den Anlass abzustimmen.

Bankette erfordern als Sonderveranstaltung somit im Vergleich zum täglichen Speisenservice einen höheren Organisationsaufwand, da vom Veranstalter und von den Gästen etwas Außergewöhnliches erwartet wird.

Die konzeptionellen Vorstellungen und Realisierungsmöglichkeiten werden zwischen Veranstalter und dem Gastronomen abgesprochen und festgehalten (Function Sheet). Als strukturelles Hilfsmittel und Ideenfinder dient dabei die Bankettmappe mit Vorschlägen zu Speisen, Ausstattung, Dekoration etc. (siehe Kapitel 16.2.4).

Checklisten und Ablaufpläne sind unersetzlich und werden nach den individuellen, unternehmensspezifischen Gegebenheiten erstellt.

Entsprechend den im Function Sheet festgehaltenen Angaben müssen Pläne zur Vorbereitung und Durchführung für alle involvierten Abteilungen erstellt werden (z. B. Mise en place, Sitzplatzorientierungsplan). Dies setzt voraus, dass die an der Veranstaltung beteiligten verantwortlichen Mitarbeiter eine Kopie des Function Sheets erhalten oder einsehen können, damit sie über den Zeitpunkt, den Arbeitsaufwand und ihren eigenen Arbeitsbeitrag informiert sind.

VANTI Event GmbH

Checkliste – Gäste- und Personalzuordnung

Veranstaltung:
Datum:
Raum:
Menü: 4-Gang-Menü mit korrespondierenden Weinen

Servicekraft I: Demichef de rang
Servicekraft II: Auszubildender
Servicekraft II: Commis de Rang

1	2	3	4	5	6	7	8
			Tisch 1				
16	15	14	13	12	11	10	9

1 Frau Müller
2 Herr Müller
3 Herr Sanchez
4 Herr Klein
5 Herr Demir
6 Frau Demir
7 Frau Hage
8 Frau Müller
9 Frau Ayan
10 Herr Evers
11 Frau Evers
12 Herr Jürgensen
13 Frau Jürgensen
14 Herr Lange
15 Frau Lange
16 Herr Bernard

VANTI Event GmbH

Gästeliste

Veranstaltung:
Datum:
Raum:
Menü: 4-Gang-Menü mit korrespondierenden Weinen

Name des Gasts	Tischnummer	Platznummer
Frau Albers	2	12
Frau Ayan	1	9
Herr Bernard	1	16
Herr Bertrand	3	7
Frau Caspari	2	1
Herr Caspari	2	2
Frau Cordes	3	12
Herr Cordes	3	13
Herr von Dalen	2	16
Frau Damm	2	15
Frau Dierks	3	11
Frau Demir	1	6
Herr Demir	1	5
...	...	...
...	...	...

Aushang vor dem Veranstaltungsraum

☐ Ja ☐ Nein

VANTI Event GmbH

Checkliste – Tafelserviceplan

Veranstaltung:
Datum:
Raum:
Menü: 4-Gang-Menü mit korrespondierenden Weinen

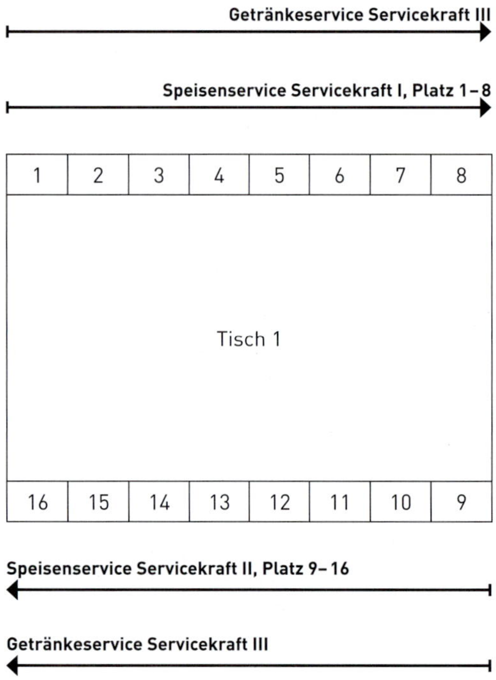

VANTI Event GmbH

VANTI Event GmbH

Checkliste – Servicezuordnung

Veranstaltung:
Datum:
Raum:
Menü: 4-Gang-Menü mit korrespondierenden Weinen

Tischnummer	Platznummer	Bezeichnung
1	1 2 3 4 5 6 7 8 9 10 11 12 13 14 15 16	Servicekraft I und III Servicekraft I und III Servicekraft I und III Servicekraft I und III Servicekraft I und III Servicekraft I und III Servicekraft I und III Servicekraft I und III Servicekraft II und III Servicekraft II und III Servicekraft II und III Servicekraft II und III Servicekraft II und III Servicekraft II und III Servicekraft II und III Servicekraft II und III
2 ...	1 ...	Servicekraft IV und VII ...
3 ...	1 ...	Servicekraft VIII und XI
...	...	...
...	...	...

VANTI Event GmbH

Checkliste – Zeitplan (Ausschnitt)

Veranstaltung:
Datum:
Raum:
Menü: 4-Gang-Menü mit korrespondierenden Weinen

12.00 Uhr	**Vorbereiten:** Tischwäsche Servietten Menagen Tischdekoration Bestecke Gläser
14.00 Uhr	Stellen und Eindecken der Tafel nach Mustergedeck (vorgegeben vom Bankettchef) Vorbereiten der Serviertische für den Aperitifempfang
18.00 Uhr	Empfang der Gäste Reichen des Aperitifs Platzieren der Gäste

VANTI Event GmbH

Checkliste – Mise en place – Materialanforderung aus dem Lager

Veranstaltung:

Datum:

Raum:

Menü: 4-Gang-Menü mit korrespondierenden Weinen

Reserve: 5 % für Zusatzgäste und Austausch

Tafelgeräte und sonstige Geräte

		Anzahl	Reserve
Vorspeise	Vorspeisenteller Mittelmesser Mittelgabeln Brotteller Weißweingläser Butter- / Mittelmesser	150 150 150 150 150 150	8 8 8 8 8 8
Suppe	Suppentassen Suppenuntertassen Mittellöffel	150 150 150	8 8 8
Hauptgang	Hauptgangteller große Messer große Gabeln Rotweingläser	150 150 150 150	8 8 8 8
Dessert	Dessertteller Mittellöffel Mittelgabeln Likörweingläser	150 150 150 150	8 8 8 8

Sonstiges

	Anzahl	Reserve
Menagen	15	3
Tischdecken	15	3
Servietten	150	8
Tischdekorationen (Kerzenständer, Blumengestecke, Dekorbänder, Menükarten) je nach Umfang		1 Tisch
Wassergläser Digestifgläser Kaffeetassen Kaffeeuntertassen Kaffeelöffel Zucker und Sahne Serviertabletts diverse weitere Gläser: Biergläser, Sektkelche	150 150 150 150 150 15 10	8 8 8 8 8 3 1

VANTI Event GmbH

Sonnenwende 17 | 87356 Lichtenberg
Telefon 0799 - 33 66 99 | Fax 0799 - 33 66 90 | info@avanti-lichtenberg.de | www.avanti-lichtenberg.de
Geschäftsführung: Kai Jürs | Registergericht: Amtsgericht Berlin | HRB 5250 | USt.-IdNr.: DE 118715903

16.5.2 Büfettplanung

Klassisches Büfett

Das klassische kalte Büfett ist der Ursprung für die große Vielfalt heutiger Büfettinszenierungen, wobei die meisten Büfetts kalte und warme Speisen beinhalten.

Büfetts gibt es zu jeder Tageszeit (Frühstück, Brunch, Mittag, Abendessen) und zu den unterschiedlichsten Themen (Karibik, Silvester, Hochzeit).

Büfetts weisen heute viele verschiedene Formen auf. Eine geradlinige, aneinandergereihte Präsentation von Speisen findet der Gast kaum noch. Oft werden sogenannte Büfett-Inseln aufgebaut, um das Angebot aufzulockern und eine ungezwungene Atmosphäre zu schaffen, damit viele Gäste gleichzeitig mit Speisen versorgt werden können.

Büfett mit Live-Präsentation

Der Aufbau, die Platzierung und die Dekoration spielen eine entscheidende Rolle bei der Wirkung (siehe auch Kapitel 8.3.3 und 11.3).

Folgende Punkte sind generell zu beachten:

- Platzierung des Büfetts so wählen, dass ausreichend Platz vorhanden ist für das Aufstellen der Platten, die anstehenden Gäste und das Nachlegen mit Speisen von der Rückseite aus
- nicht zu breite Büfetttische verwenden, damit die Kleidung der Gäste beim Überbeugen nicht mit den Speisen in Berührung kommt
- bei einer größeren Anzahl von Gästen zwei identische Vorspeisenbüfetts an unterschiedlichen Stellen aufbauen, um die Anstehzeit zu verringern, da die Gäste sonst oft mit dem Hauptgang beginnen und erst im Anschluss die Vorspeisen essen
- klare und übersichtliche Gestaltung und nicht zu viel Dekoration
- die Form und die Größe der Büfetttische entsprechend der Raumgröße und dem Umfang des Speisenangebots
- Speisen auf einer Ebene oder mit Aufbauelementen abgestuft auf verschiedenen Ebenen anordnen (vorne flach, hinten hoch)
- Geschirr und Besteckteile am Büfett und am Gästetisch (eine Garnitur) eindecken
- ungefähr 30 Minuten vor Eintreffen der Gäste die zubereiteten Speisen platzieren
- Portionen auf die Gästezahl/den Gästetyp und den Bedarf zuschneiden
- angebrochene Platten neu zusammenstellen und ordnen, leere Platten rechtzeitig durch neue ersetzen
- nicht verzehrte Speisen entsorgen
- ausgehende Speisen durch neue Speisen ersetzen, die ins Gesamtbild/Konzept passen

Themenbüfett

Schokoladenbrunnen auf dem Büfett

Mit dem Nachlegen von Speisen nicht so lange warten, bis Platten, Schüsseln oder Chafing Dishes leer sind.

Ein Büfett wird immer aufgewertet, indem Köche die Speisen vor den Gästen zubereiten, Fleisch frisch aufschneiden oder Speisen flambieren. Frontcooking/Livecooking ist mehr als nur eine Show, denn die Gäste wollen sehen, dass die Zutaten frisch sind und wie ihre Menüs zubereitet werden. Das Erlebnis und die Präsentationsform stehen im Vordergrund. Eingebaute Frontcooking-Stationen, kühlende Module mit Crushed Ice für gekühlte Präsentationen, süße Dessertkomponenten wie ein Schokoladenbrunnen sind Blickfänge.

Büfettkarten beschreiben das komplette Speisenangebot, aus dem der Gast die für ihn interessanten Speisen auswählen kann (siehe Kapitel 6.6).

Tafelzusammenstellung für einen reibungslosen Gästefluss

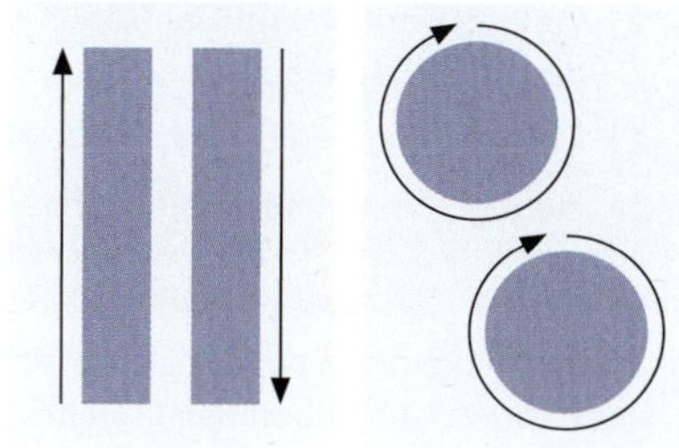

Mögliche Unterteilung von Büfetts (siehe auch Kapitel 11.3)

Frühstücksbüfett	Büfett zum Frühstück, meist im Hotel, der Gast bedient sich selbst, Eierspeisen mit Frontcooking
Brunchbüfett	Büfett mit Frühstück und Mittagessen, oft sonntags angeboten
Salatbüfett	Rohkostsalate, Blatt- und Gemüsesalate, angemachte Salate, Dressings und Toppings
Dessertbüfett	Büfett mit Süßspeisen, oft bei großen Veranstaltungen als letzter Menübestandteil
Dinnerbüfett	Büfett zum Abendessen, oft in festlichem Rahmen
Mitternachtsbüfett	Büfett mit speziellem Angebot zur späten Stunde bei großen Festen und Galas
Spezialitätenbüfett	Büfett zu besonderen saisonalen Anlässen und Aktionen
Businessbüfett	Büfett mit leichten Speisen, meist für Konferenzen und Tagungen
Stehbüfett/Flying Büfett	Speisen werden stehend auf entsprechendem Geschirr (Happy Spoon, Spieße, Schalen etc.) verzehrt
Snackbüfett/Imbissbüfett	Büfett mit kleinen Speisen für Veranstaltung, Seminare, Pausengestaltung

Büfettwagen: Wagen, mit dem am Gästetisch z. B. Kuchen, Käse, Desserts, Aperitifs und Digestifs serviert werden.

Beim Anrichten auf Büfetts sind folgende Faktoren zu berücksichtigen:

- Das Büfett wird meist entsprechend der modernen Menüfolge aufgebaut: kalte Vorspeisen, Suppe, warme Vorspeisen, Hauptgänge, Käse, Dessert.
- Die angerichtete Menge der Speisen entspricht der Größe der Präsentationsform. Die Platten und Gefäße sind nicht übervoll und bei Platten sind keine zu großen Zwischenräume zwischen den einzelnen Bestandteilen.
- Bei Platten und Schüsseln ist der Rand frei, sodass die Platten und Schüsseln getragen werden können, ohne dass die Bestandteile berührt werden.
- Die Garnituren sind essbar, passen geschmacklich zum Hauptmaterial und überdecken nicht den Hauptbestandteil.
- Zu jeder Speise wird ein entsprechendes Vorlegebesteck auf einem Teller platziert, mit dem der Gast sich bedienen kann. So wird vermieden, dass die Vorlegebestecke in den Schüsseln oder auf den Platten verbleiben.
- Kleine Schilder informieren den Gast über die Art der Speise und über eventuell enthaltene Allergene und Zusatzstoffe.

Käsewagen

16.6 Aufgaben

1 | Welche Bereiche im Gastronomieangebot beschreibt das MICE-Management?

2 | Erklären Sie den Begriff MICE-Dienstleister.

3 | Nennen Sie 5 unterschiedliche Veranstaltungstypen und erläutern Sie die Besonderheiten jedes Typs, auf die für eine erfolgreiche Durchführung zu achten ist. Entwickeln Sie zwei Checklisten für „Tagungen ohne Pannen" für folgende Bereiche:
a) Planungsphase
b) Verkaufsgespräch

4 | Erläutern Sie den Begriff „Green Meetings".

5 | Sie haben eine Buchung für eine Hochzeitsfeier mit 150 Gästen erhalten.
a) Skizzieren Sie eine Festtafel für 150 Personen und nummerieren Sie die Plätze.
b) Beschreiben Sie anhand der Skizze die Bedeutung des Tafelorientierungsplans für die Gäste sowie den Service.
c) Führen Sie eine Einteilung der Tafeln in Servicebereiche durch.

6 | Der Listenpreis für eine transportable Cocktail-Bar für den Eventbereich Ihres Betriebs beträgt 2.990,00 € netto. Der Verkäufer gewährt 10 % Rabatt und 5 % Skonto bei Bezahlung innerhalb von 10 Tagen.
a) Berechnen Sie den Kaufpreis nach Rabattabzug.
b) Berechnen Sie den Betrag für eine Bezahlung innerhalb der Skontofrist.

7 | Für eine Veranstaltung haben Sie 3 Servicekräfte von einer Personaldienstleistungsagentur zu folgenden Konditionen angefordert:

– Kosten je Arbeitsstunde bis 23.00 Uhr	25,80 € netto
– ab 23.00 Uhr	30 % Zuschlag
– Fahrtkostenpauschale je Person	20,00 € netto
– Dienstkleidung wird gestellt.	

a) Berechnen Sie die Personalkosten für die Sonderveranstaltung mit Mehrwertsteuer.
b) Berechnen Sie die Personalkosten je Arbeitsstunde für den Auftraggeber.
c) Welche Vor- und Nachteile hat der Einsatz von Fremdpersonal über Personaldienstleister?

8 | Bereiten Sie die Abrechnung für eine Veranstaltung mit nachfolgenden Angaben vor:
Barbecue –Event mit Smoker/40. Geburtstag Herr Sanchez

Personenanzahl:	45
Beginn:	8.00 Uhr
Ende:	2.00 Uhr
Grill/Smoker-Büfett:	45,00 € pro Person
Getränke:	nach Verbrauch (Bons von der Bar und Korkgeld für Weinflaschen)
45 Flaschen Mineralwasser, 0,75 l	à 8,50 €
25 Faschen Cava, 0,75 l	à 18,50 €
22 Flaschen Wein, Korkgeld	à 9,00 €
95 Gläser Pils, 0,3 l	à 3,50 €
20 Gläser Orangensaft, 0,2 l	à 3,00 €
25 Gläser Cola, 0,2 l	à 2,80 €
Büfettabrechnung für Spirituosen und Kaffee	722,80 €
Raummiete/Terrasse	350,00 €
Musik/DJ	350,00 €

Alle Preise sind Bruttopreise.

a) Erstellen Sie eine Abrechnung entsprechend den Einzelpositionen und Gesamtpreisen.
b) Berechnen Sie die Umsatzsteuer, die im Zahlbetrag enthalten ist.
c) Der Auftraggeber hat schon eine Anzahlung (ohne MwSt.) in Höhe von 50 % der vereinbarten Büfettkosten geleistet. Wie viel € muss er also noch zahlen?
d) Müssen für diese Veranstaltung GEMA-Gebühren bezahlt werden? Begründen Sie Ihre Entscheidung.

17 Fachrechnen

Fachrechnen

Rechnen gehört zum beruflichen Alltag. So müssen z. B. in der Küche Rezepturen bzw. der Wareneinsatz berechnet, im Restaurant und an der Hotelrezeption erbrachte Leistungen mit den Gästen abgerechnet oder im Magazin Lagerkennzahlen errechnet werden. Dafür sind verschiedene Rechenverfahren nötig. Hierzu gehören neben den grundlegenden Rechenverfahren vor allem:

- der Umgang mit Bruchzahlen
- das Rechnen mit Einheiten
- das Dreisatzrechnen und Prozentrechnen
- das Zinsrechnen
- das Rechnen mit unterschiedlichen Währungen
- das Verteilungs- und Mischungsrechnen

17.1 Grundlagen

Zahlenarten

Zahlen begegnen uns privat und beruflich in unterschiedlicher Form. Es gibt „ganze Zahlen" (z. B. 2 oder 14), Dezimalzahlen (z. B. 2,1 oder 14,03) oder Brüche (z. B. $1/4$ oder $2/5$).

Zahlen können positiv sein (z. B. +2 oder +14) oder negativ (z. B. –2 oder –14). Bei den positiven Zahlen wird in der Regel das „Pluszeichen" weggelassen.

Oft haben Zahlen eine Einheit (z. B. Stück, €, kg, m oder ml).

Rechenverfahren

Mit Zahlen wird gerechnet. Die typischen Rechenverfahren, die in der beruflichen Praxis angewendet werden, sind:

- die **Addition** oder das Zusammenzählen; das Rechenzeichen ist das „+" („plus"); das Ergebnis bezeichnet man als **Summe**
- die **Subtraktion** oder das Abziehen; das Rechenzeichen ist das „–" („minus"); das Ergebnis bezeichnet man als **Differenz**
- die **Multiplikation** oder das Malnehmen; das Rechenzeichen ist das „·" („mal"), manchmal wird auch ein „x" gesetzt; das Ergebnis bezeichnet man als **Produkt**
- die **Division** oder das Teilen; das Rechenzeichen ist das „:" („geteilt durch"), manchmal wird auch ein „/" gesetzt oder ein Bruchstrich verwendet; das Ergebnis bezeichnet man als **Quotient**

Diese Rechenverfahren lassen sich mit dem Taschenrechner bequem erledigen. Schwieriger wird es beim Rechnen mit unterschiedlichen Einheiten: 2 kg und 5 kg lassen sich einfach addieren. 2 m^2 und 50 cm^2 können nicht einfach addiert werden. Hier müssen zuerst die Einheiten ineinander umgewandelt werden (siehe Kapitel 17.3). Im obigen Fall heißt das, man muss erst 2 m^2 in cm^2 umwandeln oder 50 cm^2 in m^2. In welche Einheit umgerechnet wird, ist in der Regel von der Fragestellung abhängig.

Haben Zahlen unterschiedliche Einheiten, müssen diese erst ineinander umgewandelt werden, bevor man mit ihnen rechnen kann.

Begriffe in Textaufgaben

In Textaufgaben müssen verschiedene Begriffe in Rechenvorgänge umgesetzt werden. Gebräuchliche Begriffe hierfür und die dazugehörige Rechenart sind in der folgenden Tabelle aufgelistet.

Beispiele für verwendete Begriffe	Rechenart
einnehmen, zugeben, hinzubuchen, hinzufügen, summieren	Addition (Plus-Rechnen)
herausgeben, verbrauchen, verkaufen, entnehmen, abbuchen, subtrahieren	Subtraktion (Minus-Rechnen)
vervielfachen, ein Vielfaches berechnen, multiplizieren	Multiplikation (Mahlnehmen)
verteilen, (in Portionen) aufteilen, (als Gläser) ausschenken, (in Flaschen) abfüllen, den Durchschnitt bilden, dividieren	Division (Teilen)

Zahlen und Mengen vergleichen

Zahlen oder Mengen werden miteinander verglichen, um festzustellen, ob etwas größer, kleiner oder genauso groß ist wie etwas anderes. Auch hierfür gibt es besondere mathematische Symbole.

So bedeutet:

- „=" etwas ist gleich (groß) wie etwas anderes
- „<" etwas ist kleiner als etwas anderes
- „>" etwas ist größer als etwas anderes

Vergleichbare Mengen

Zahlen bzw. Mengen miteinander zu vergleichen, wird immer dann schwierig, wenn sie unterschiedliche Vorzeichen („+" oder „–") oder unterschiedliche Einheiten (z. B. m^2 oder cm^2) haben.

Auch bei Brüchen ist der Vergleich oft nicht direkt möglich (ist z. B. $3/5$ größer oder kleiner als $5/8$?).

Beipiele:

+3 ist größer als –5; man schreibt $3 > -5$ oder $-5 < 3$

–5 ist größer als –12; man schreibt $-5 > -12$ oder $-12 < -5$

2 m^2 ist größer als 1000 cm^2; man schreibt $2\ m^2 > 1000\ cm^2$

$5/8$ ist größer als $3/5$; man schreibt $5/8 > 3/5$ oder $3/5 < 5/8$

Negative und positive Zahlen auf dem Zahlenstrahl

Runden von Zahlen

Bei manchen Rechenvorgängen hat das Ergebnis viele Nachkommastellen. Dann ist es sinnvoll, das Ergebnis zu runden. Dabei wird die Stellenzahl auf eine bestimmte, für die Praxis ausreichende Menge verringert.

Folgende Anzahl von Nachkommastellen ist oft ausreichend und sinnvoll:

- bei kg-Angaben: drei Nachkommastellen
- bei Euro-Beträgen: zwei Nachkommastellen
- bei Prozentangaben: eine Nachkommastelle

≈

Prinzipiell muss vorab bestimmt werden, auf wie viele Stellen zu runden ist. Manchmal ist die erforderliche Genauigkeit durch die Fragestellung oder auch durch Lösungsvordrucke (z. B. bei IHK-Prüfungen) vorgegeben.

Drei Nachkommastellen bei der Angabe von Benzinpreisen

Zahlen können auf zwei verschiedene Arten auf- oder abgerundet werden:

- mathematisches Runden
- logisches Runden

Beim **mathematischen Runden** ist die Ziffer maßgeblich, die **auf die Rundungsstelle** folgt. Ist sie kleiner als 5 wird abgerundet, ist sie gleich oder größer als 5 wird aufgerundet.

Beispiel:
Die Zahl 4,5648 soll auf zwei Nachkommastellen gerundet werden. Die Ziffer, die auf die zweite Nachkommastelle folgt ist eine 4. Daher wird diese Zahl auf 4,56 abgerundet.

Die Ziffer nach der Rundungsstelle ist eine 0, 1, 2, 3 oder 4 → Abrunden.
Die Ziffer nach der Rundungsstelle ist eine 5, 6, 7, 8 oder 9 → Aufrunden

Beim **logischen Runden** spielt die Ziffer nach der Rundungsstelle keine Rolle. Hier muss immer die Fragestellung beachtet werden. Prinzipiell gilt aber, dass bei Berechnung des Materialbedarfs immer aufgerundet, bei Berechnung der Anzahl an Portionen, die verkauft werden können, immer abgerundet wird.

Beispiel:
Wie viele Tüten zu jeweils 500 g Tiefkühlgemüse sind einzukaufen, wenn 1200 g Gemüse gebraucht werden?
1200 g : 500 g je Tüte = 2,4 Tüten. Es muss aufgerundet werden, da nur ganze Tüten eingekauft werden können. Das Ergebnis ist also: 3 Tüten.

Beispiel:
Wie viele Gläser Bier zu 0,3 l lassen sich aus einem Fass mit 20 l Inhalt ausschenken und verkaufen?
20 l : 0,3 l je Glas = 66,66 Gläser. Es muss abgerundet werden, da nur volle Gläser verkauft werden können. Es lassen sich also 66 Gläser Bier ausschenken.

AUFGABEN

1 | Am Morgen hatten Sie 47,50 € in Ihrem Portemonnaie. Im Laufe des Tages hatten Sie folgende Ausgaben: 4,25 €, 7,15 € und 22,30 €. Außerdem haben Sie von einem Freund 10,00 € zurückerhalten, die Sie ihm geliehen hatten. Abends haben Sie 50,00 € von Ihrem Konto abgehoben. Wie viel € sind nun in Ihrer Geldbörse?

2 | Sie haben bei Ihrem Lieferanten folgendes Obst bestellt:
8,3 kg Äpfel zu 1,49 € je kg, 7,5 kg Birnen zu 2,20 € je kg, 5,6 kg Pflaumen zu 2,90 € je kg und 2 Kisten Ananas mit jeweils 6 Stück zu einem Preis von 1,99 € je Stück. Wie viel Euro müssen Sie insgesamt Ihrem Lieferanten bezahlen?

3 | Sie haben einen Karton Bio-Eier und zwei Kartons Landeier gekauft. In jedem Karton sind 6 Eier.
Für den Karton mit den Bio-Eiern haben Sie 1,68 € bezahlt, für die anderen beiden Kartons jeweils 1,32 €.
Wie teuer ist durchschnittlich ein Ei?

4 | Aus einem Fass mit 30 Litern Inhalt haben Sie 70 Gläser Bier zu je 0,3 Liter ausgeschenkt.
Wie viel Gläser zu je 0,4 Liter können Sie noch ausschenken?

5 | Ein Filet, das 2 400 g wiegt, hat 28,60 € gekostet. Wie hoch ist der Materialwert einer Portion zu 180 g?

6 | In Ihrem Betrieb verarbeiten Sie Krautsalat aus Dosen zu je 750 g und Rote-Bete-Salat aus Gläsern zu je 850 g Einwaage. Sie planen für die nächsten 7 Tage mit täglich 20 Portionen Krautsalat zu jeweils 60 g und 35 Portionen Rote-Bete-Salat zu jeweils 80 g. Wie viele Dosen Krautsalat und wie viele Gläser Rote-Bete-Salat brauchen Sie?

17.2 Bruchrechnen

Während der Gebrauch von ganzen Zahlen und Dezimalzahlen im beruflichen Alltag üblich ist, ist die Verwendung von „Brüchen“ seltener. Oft findet man „Brüche“ allerdings bei Mengenangaben in Rezepten.

Ein Bruch besteht immer aus einem **Zähler**, dem **Bruchstrich** und einem **Nenner**.
Im Zähler dürfen beliebige Zahlen stehen. Im Nenner auch, außer der Null.

Beispiel:

	3	**Zähler**
	—	**Bruchstrich**
	5	**Nenner**

Der Bruch 3/5 wird gelesen als: „Drei Fünftel“. Er kann auf unterschiedliche Weise veranschaulicht werden:

a) „Ein Ganzes“ wird in 5 gleiche Stücke unterteilt. Davon werden 3 „genutzt“. Wird z. B. ein Stück Fleisch in fünf gleich große Portionen geschnitten, dann ist jede Portion ein Fünftel des Stücks Fleisch. 3/5 heißt also: man „nutzt“ 3 von diesen 5 Portionen, bzw. 3/5 des gesamten Stücks Fleisch.

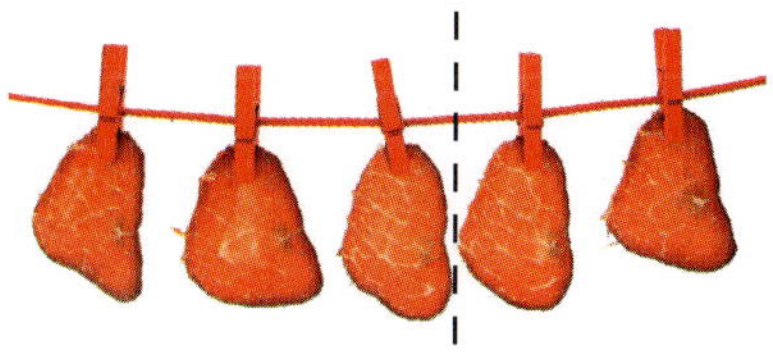

b) 3 Stück (von irgendetwas) sollen auf 5 „Einheiten“ verteilt werden. Sollen z. B. 3 Bananen auf 5 Personen verteilt werden, erhält jede Person 3/5 einer Banane. Oder 3 Flaschen Saft sollen auf 5 Gläser verteilt werden, dann enthält jedes Glas 3/5 der Menge einer Flasche Saft.

c) Mathematisch bedeutet 3/5 nichts anderes, als dass die Zahl 3 durch 5 geteilt wird: 3 : 5 = 0,6.

Um das Rechnen mit Brüchen im beruflichen Alltag zu vereinfachen, nutzen wir diese **mathematischen Veranschaulichung** von Brüchen.

Beispiel:

1. Von 840 g Kirschen sollen 3/7 verwendet werden.
   Mit dem Taschenrechner rechnet man nun wie folgt:
   3 : 7 x 840 = 240 g; d. h. 360 g Kirschen werden verwendet.
2. Für 4 Portionen Dessert werden 2/5 Liter Sahne (eigentlich: 2/5 von einem Liter Sahne) verwendet.
   Mit dem Taschenrechner rechnet man nun wie folgt:
   2 : 5 x 1 = 0,4 Liter; d. h. man braucht 0,4 Liter Sahne (oder 400 ml).

Das Wort „von“ bedeutet mathematisch: „mal“

AUFGABEN

1 | In einer Klasse mit 24 Auszubildenden sind 2/3 Männer. Wie viele Frauen sind in der Klasse?

2 | Ein Gast bestellt 1/8 l Rotwein. Wie viel ml sind das?

3 | Ein Stück Fleisch wiegt 3000 g. Wie viel Gramm sind dann 5/12?

4 | Für 4 Portionen Dessert sind im Rezept 2/5 Liter Sahne angegeben. Wie viel Sahne wird für 15 Portionen dieses Desserts benötigt?

5 | Für 1/2 kg Kartoffelsalat werden 1/5 l Mayonnaise benötigt. Wie viel Mayonnaise muss für 1,5 kg Kartoffelsalat eingekauft werden?

17.3 Rechnen mit Einheiten

a) Längenmaße

Längenmaße dienen zur Angabe der Länge einer Strecke (a).
Die Basiseinheit der Länge ist der **Meter** (m).

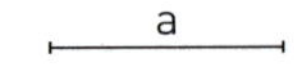

Länge einer Strecke

Längenmaße: 1 m = 10 dm = 100 cm = 1000 mm
1 mm = 0,1 cm = 0,01 dm = 0,001 m
1 km = 1000 m

Bedeutung der Abkürzungen: d = dezi, c = centi, m = milli, k = kilo

Regeln zur Umwandlung der Längenmaß-Einheiten

Von der größeren zur kleineren Einheit: „Anzahl der Schritte zählen", „pro Schritt mit **10** multiplizieren"

Beispiele:

0,8 m sollen in mm umgewandelt werden: m → dm → cm → mm 3 Schritte → 0,8 · 10 · 10 · 10 = 800 mm
2,5 dm sollen in cm umgewandelt werden: dm → cm 1 Schritt → 2,5 · 10 = 25 cm

Von der kleineren zur größeren Einheit: „Anzahl der Schritte zählen", „pro Schritt durch **10** dividieren"

Beispiele:

25 cm sollen in m umgewandelt werden: cm → dm → m 2 Schritte → 25 : 10 : 10 = 0,25 m
480 mm sollen in dm umgewandelt werden: mm → cm → dm 2 Schritte → 480 : 10 : 10 = 4,8 dm

b) Flächenmaße

Flächenmaße dienen zur Angabe der Größe einer Fläche mit einer bestimmten Länge (a) und Breite (b).

Die Grundeinheit der Fläche ist der **Quadratmeter** (m^2).

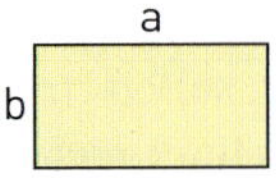

Fläche eines Vierecks: $A = a \cdot b$
Grundeinheit: $m^2 = m \cdot m$

Flächenmaße: 1 m^2 = 100 dm^2 = 10 000 cm^2 = 1 000 000 mm^2
1 mm^2 = 0,01 cm^2 = 0,0001 dm^2 = 0,000001 m^2

Regeln zur Umwandlung der Flächenmaß-Einheiten

Von der größeren zur kleineren Einheit: „Anzahl der Schritte zählen", „pro Schritt mit **100** multiplizieren"

Beispiele:

0,05 m^2 sollen in cm^2 umgewandelt werden: $m^2 \rightarrow dm^2 \rightarrow cm^2$ 2 Schritte → 0,05 · 100 · 100 = 500 cm^2
2,5 cm^2 sollen in mm^2 umgewandelt werden: $cm^2 \rightarrow mm^2$ 1 Schritt → 2,5 · 100 = 250 mm^2

Von der kleineren zur größeren Einheit: „Anzahl der Schritte zählen", „pro Schritt durch **100** dividieren"

Beispiele:

5000 cm^2 sollen in m^2 umgewandelt werden: $cm^2 \rightarrow dm^2 \rightarrow m^2$ 2 Schritte → 5000 : 100 : 100 = 0,5 m^2
600 mm^2 sollen in cm^2 umgewandelt werden: $mm^2 \rightarrow cm^2$ 1 Schritt → 600 : 100 = 6 cm^2

c) Raummaße

Raummaße dienen zur Angabe eines Volumens mit einer bestimmten Länge (a), Breite (b) und Höhe (c).

Die Grundeinheit des Volumens ist der **Kubikmeter** (m^3).

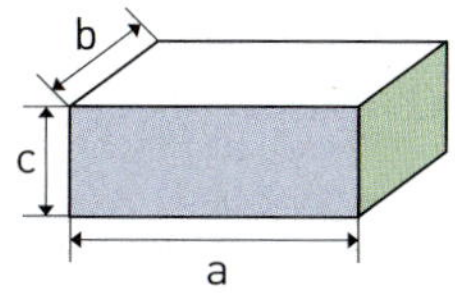

Volumen eines Quaders: $V = a \cdot b \cdot c$
Grundeinheit: $m^3 = m \cdot m \cdot m$

Raummaße: $1\ m^3 = 1000\ dm^3 = 1\,000\,000\ cm^3 = 1\,000\,000\,000\ mm^3$
$1\ mm^3 = 0{,}001\ cm^3 = 0{,}000\,001\ dm^3 = 0{,}000\,000\,001\ m^3$

Regeln zur Umwandlung der Raummaß-Einheiten

Von der größeren zur kleineren Einheit: „Anzahl der Schritte zählen", „pro Schritt mit **1000** multiplizieren"

Beispiele:

$0{,}02\ m^3$ sollen in cm^3 umgewandelt werden: $m^3 \rightarrow dm^3 \rightarrow cm^3$ 2 Schritte → $0{,}02 \cdot 1000 \cdot 1000 = 20\,000\ cm^3$
$40\ cm^3$ sollen in mm^3 umgewandelt werden: $cm^3 \rightarrow mm^3$ 1 Schritt → $40 \cdot 1000 = 40\,000\ mm^3$

Von der kleineren zur größeren Einheit: „Anzahl der Schritte zählen", „pro Schritt durch **1000** dividieren"

Beispiele:

$50\ dm^3$ sollen in m^3 umgewandelt werden: $dm^3 \rightarrow m^3$ 1 Schritt → $50 : 1000 = 0{,}05\ m^3$
$6000\ mm^3$ sollen in dm^3 umgewandelt werden: $mm^3 \rightarrow cm^3 \rightarrow dm^3$ 2 Schritte → $6000 : 1000 : 1000 = 0{,}006\ dm^3$

d) Hohlmaße

Hohlmaße dienen ebenfalls zur Angabe eines Volumens.
Die Grundeinheit für die Hohlmaße ist der **Liter** (l).

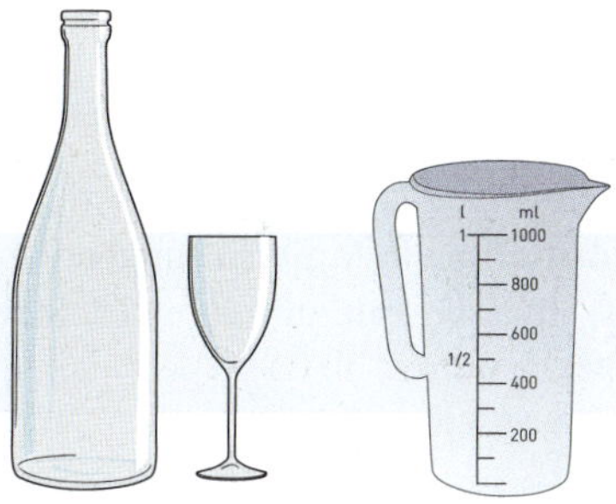

Hohlmaße: 1 l = 10 dl = 100 cl = 1 000 ml
1 ml = 0,1 cl = 0,01 dl = 0,001 l
1 hl = 100 l (hl = Hektoliter)

1l ≙ 100cl ≙ 1000ml
10ml ≙ 1cl
10ml ≙ 0,01l
2cl ≙ 20ml

Regeln zur Umwandlung der Hohlmaß-Einheiten

Von der [illegible] ählen", „pro Schritt mit **10** multiplizieren"

Beispiele

0,5 l solle[illegible] 3 Schritte → 0,5 · 10 · 10 · 10 = 500 ml
3,5 cl sol[illegible] 1 Schritt → 3,5 · 10 = 35 ml

Von der [illegible] ählen", „pro Schritt durch **10** dividieren"

Beispiele

25 cl soll[illegible] 2 Schritte → 25 : 10 : 10 = 0,25 l
60 ml so[illegible] 2 Schritte → 60 : 10 : 10 = 0,6 dl

Für den [illegible] en gilt: $1\ dm^3 = 1\ l$
$1\ cm^3 = 1\ ml$

e) Gewichtseinheiten

Gewichtseinheiten (Masseeinheiten) dienen zur Angabe der Masse eines Körpers.

Die Basiseinheit der Masse ist das **Kilogramm** (kg).

Gewichtseinheiten:	1 kg = 1000 g	1 g = 1000 mg	1 t = 1000 kg (t = Tonne)
	1 g = 0,001 kg	1 mg = 0,001 g	

Beispiel:

Ein Auszubildender schneidet 1,4 kg Lachsfilet in 43 dünne Scheiben. Er produziert dabei einen Schnittverlust von 24 g. Wie schwer ist durchschnittlich eine Lachsscheibe?

Rechnung: 1,4 kg = 1400 g 1400 g – 24 g = 1376 g 1376 : 43 = 32 g wiegt eine Lachsscheibe.

f) Zeitmaße

Zeitmaße dienen zur Angabe eines Zeitintervalls.

Die Basiseinheit der Zeit ist die **Sekunde** (Sek.).

Zeitmaße: 1 Minute (Min.) = 60 Sekunden (Sek.)
1 Stunde (Std.) = 60 Minuten (Min.)

1 Tag = 24 Stunden
1 Monat = 30 Tage
1 Jahr = 12 Monate = 360 Tage

In der kaufmännischen Mathematik wird jeder Monat mit 30 Tagen berechnet.

Die Umrechnung der verschiedenen Zeitmaße ist manchmal schwierig, weil für sie nicht das Dezimalsystem gilt.

Beispiel:

1,2 Stunden sollen in Minuten umgerechnet werden.
Hier muss man die Zahl mit 60 multiplizieren, d. h. 1,2 · 60 = 72 Minuten oder 1 Stunde und 12 Minuten.

AUFGABEN

1 | Rechnen Sie in mm (Millimeter) um und addieren Sie: 480 cm, 20 dm, 2,00 m, 0,08 m.

2 | Rechnen Sie in m^2 (Quadratmeter) um und addieren Sie: 10 000 cm^2, 5 000 dm^2, 30 000 cm^2.

3 | Rechnen Sie in ml (Milliliter) um und addieren Sie: 0,05 l, $\frac{1}{8}$ l, 2 cl.

4 | Ein Bad im Hotel ist 2,40 m breit und 2,00 m lang. Es soll mit Fliesen von 10 cm x 12 cm ausgelegt werden. Wie viele Fliesen sind erforderlich?

5 | Wie viele kleine Käsewürfel mit der Kantenlänge von 2 cm lassen sich aus einem Käsewürfel mit der Kantenlänge von 14 cm schneiden?

6 | Geben Sie den Nutzraum einer Kühltruhe mit den Abmessungen 2 m x 1 m x 80 cm in Litern an.

7 | Ihre Tiefkühlzelle ist 2,40 m breit, 3 m lang und 2 m hoch. Wie viel Tiefkühlpakete mit einer Länge von 80 cm, einer Breite von 60 cm und einer Höhe von 50 cm passen (fugenlos) hinein?

8 | Aus einem Fass mit einem Inhalt von 0,75 hl wurden 120 Gläser zu 0,3 l ausgeschenkt. Wie viele Gläser zu 0,4 l können zusätzlich ausgeschenkt werden, wenn der Schankverlust bei dem ganzen Fass insgesamt 1,2 l beträgt?

9 | Für die Zubereitung eines Cocktails wird $\frac{1}{8}$ l eines Sirups benötigt. Zusätzlich kommen 4 cl Alkohol und 100 ml Sahne hinzu. Wie viel ml Flüssigkeit brauchen Sie für 2 Cocktails?

17.4 Dreisatzrechnen

Der Dreisatz ist ein mathematisches Lösungsverfahren, um aus drei gegebenen Werten eines Verhältnisses den unbekannten vierten Wert zu berechnen (einfacher Dreisatz).
Sind mehr als drei Größen angegeben, wird von einem zusammengesetzten Dreisatz gesprochen.

Einfacher Dreisatz

Beim einfachen Dreisatz werden der Dreisatz mit proportionalem und antiproportionalem Verhältnis unterschieden.

Einfacher Dreisatz mit proportionalem Verhältnis

Zusammenhang beim Dreisatz mit proportionalem Verhältnis:
- „je mehr, desto mehr" oder
- „je weniger, desto weniger"

Beispiel:
1000 g Zucker kosten 1,30 €. Wie teuer sind 300 g?
1 g Zucker ist billiger als 1000 g Zucker. Also liegt ein proportionales Verhältnis vor („je **weniger**, desto **weniger**").

Rechenweg:

: 1000 ↓	1000 g kosten 1,30 €	↓ : 1000
· 300 ↓	1 g kostet $\frac{1{,}30\ €}{1000}$	↓ · 300
	300 g kosten $\frac{1{,}30\ €}{1000} \cdot 300$	
	= 0,39 €	

Auf der linken Seite der Gleichung durchgeführte Rechenschritte sind auch auf der rechten Seite der Gleichung durchzuführen.

Die drei Schritte der Rechnung lassen sich in drei Sätzen (**Dreisatz**) ausdrücken:

1. Schritt: Die Textaussage in eine mathematische Form umwandeln.
2. Schritt: Auf die Größe „1" zurückrechnen.
3. Schritt: Von der Größe „1" die gesuchte Größe berechnen.

Dabei sind folgende Regeln zu beachten:
- Gleiche Benennungen untereinanderschreiben.
- Einheiten dazusetzen.
- Gesuchte Größe rechts aufführen.

Zwei weitere mögliche Verfahren:

	Gramm	€	
: 1000 ↓	1000	1,30	↓ : 1000
· 300 ↓	1	$\frac{1{,}30}{1000}$	↓ · 300
	300	$\frac{1{,}30}{1000} \cdot 300$	
		= 0,39 €	

oder

1000 g ≙ 1,30 €

300 g ≙ x

$$x = \frac{1{,}30\ € \cdot 300}{1000}$$

x = 0,39 €

Einfacher Dreisatz mit antiproportionalem Verhältnis

Zusammenhang beim Dreisatz mit antiproportionalem Verhältnis:
- „je mehr, desto weniger" oder
- „je weniger, desto mehr"

Beispiel:
3 Auszubildende brauchen für eine Tätigkeit zusammen 90 Minuten.
Wie lange brauchen 5 Auszubildende für dieselbe Tätigkeit?
Mehr Auszubildende brauchen wahrscheinlich für die gleiche Tätigkeit weniger Zeit.
Also liegt hier ein antiproportionales Verhältnis vor („je **mehr**, desto **weniger**").

Rechenweg:

	3 Auszubildende	≙	90 Minuten	
: 3				· 3
	1 Auszubildender	≙	$90 \cdot 3$ Minuten	
· 5				: 5
	5 Auszubildende	≙	$\frac{90 \cdot 3}{5}$ Minuten	
			= 54 Minuten	

Es ist zu erkennen, dass diesmal auf der linken Seite der Gleichung zunächst dividiert, dagegen auf der rechten Seite multipliziert wird. Im weiteren Verlauf wird dann links multipliziert und rechts dividiert, d. h., die Rechenoperationen sind genau entgegengesetzt. Allerdings fällt auch auf, dass auf jeder Seite sowohl eine Multiplikation als auch Division durchzuführen ist.

Auch beim antiproportionalen Dreisatz sind zwei weitere Verfahren gebräuchlich:

	Auszubildende	Minuten	
	3	90	
: 3			· 3
	1	$90 \cdot 3$	
· 5			: 5
	5	$\frac{90 \cdot 3}{5}$	
		= 54 Minuten	

oder

3 Auszubildende ≙ 90 Minuten

5 Auszubildende ≙ x

$$x = \frac{90 \text{ Minuten} \cdot 3}{5}$$

x = 54 Minuten

AUFGABEN

1 | Ein Sack mit 50 kg Zucker kostet 77,50 €. Wie teuer sind 2000 g Zucker?

2 | Eine Flasche Schnaps mit 0,75 l Inhalt kostet im Einkauf 11,25 €.
Wie hoch ist der Materialwert für ein Glas mit 2 cl Inhalt?

3 | Laut Rezeptur wird für die Herstellung einer Weißweinsauce für 4 Portionen $\frac{1}{4}$ Liter Sahne benötigt.
Wie viel Sahne (in ml) ist für 18 Portionen erforderlich?

4 | Ein Auszubildender kommt mit seinem Gehalt 40 Tage aus, wenn er im Durchschnitt täglich 21,00 € ausgibt. Wie lange reicht sein Geld, wenn seine Tagesausgaben 16,00 € betragen?

5 | Bei einer Portionsgröße von 150 g reicht ein Salat für 20 Gäste.
a) Für wie viele Gäste reicht er bei einer Portionsgröße von 100 g?
b) Wie viel Salat wird bei einer Portionsgröße von 150 g für 30 Gäste benötigt?

Zusammengesetzter Dreisatz

Der zusammengesetzte Dreisatz besteht aus mehreren proportionalen, antiproportionalen oder einer Kombination von proportionalen und antiproportionalen Dreisätzen.

Beispiel:

Zum Putzen von 6 Kisten Salat brauchen 3 Auszubildende zusammen 18 Minuten.
Wie lange brauchen 2 Auszubildende für 8 Kisten Salat?
Hier liegt eine Kombination eines antiproportionalen Dreisatzes (**weniger** Auszubildende brauchen **mehr** Zeit) mit einem proportionalen Dreisatz (für **mehr** Kisten Salat wird **mehr** Zeit gebraucht) vor.

Rechenweg:

- Die Textaussage in eine mathematische Form umwandeln, dabei gleiche Benennungen untereinanderschreiben; auch hier sollte die gesuchte Größe „rechts stehen".
- Zunächst den antiproportionalen Dreisatz berechnen.
- Dann mit dem errechneten Ergebnis den proportionalen Dreisatz berechnen.

	3 Auszubildende		≙ 6 Kisten	≙ 18 Minuten		
: 3	1 Auszubildender		≙ 6 Kisten	≙ 18 · 3 Minuten	· 3	
· 2	2 Auszubildende		≙ 6 Kisten	≙ $\frac{18 \cdot 3}{2}$ Minuten	: 2	= 27 Minuten
		: 6	≙ 1 Kiste	≙ $\frac{27 \text{ Minuten}}{6}$	: 6	
		· 8	≙ 8 Kisten	≙ $\frac{27 \text{ Minuten} \cdot 8}{6}$	· 8	= 36 Minuten

Auch auf den zusammengesetzten Dreisatz lassen sich die beiden anderen Verfahren anwenden:

	Auszubildende		Kisten	Minuten	
	3		6	18	
: 3	1		6	18 · 3	· 3
· 2	2		6	$\frac{18 \cdot 3}{2}$	: 2
			6	= 27	
		: 6	1	$= \frac{27}{6}$	: 6
		· 8	8	$= \frac{27}{6} \cdot 8$	· 8
				= 36 Minuten	

oder

(3) Azubis ≙ (6) Kisten ≙ 18 Minuten

(2) Azubis ≙ (8) Kisten ≙ x

$$x = \frac{18 \text{ Minuten} \cdot (3) \cdot (8)}{(2) \cdot (6)}$$

AUFGABEN

1 | 3 Zimmermädchen reinigen 15 Zimmer in 5 Stunden. Welche Zeit benötigen dafür 5 Zimmermädchen?

2 | Ein Hotel hat für 51 Gäste einen Lebensmittelvorrat für 24 Tage. Wie lange reichen die Lebensmittel für 36 Personen?

3 | Die Häuserwand eines Hotels wird von 8 Arbeitern bei 6 Stunden Arbeitszeit pro Tag in 6 Tagen neu gestrichen. Wie viele Tage benötigen 12 Arbeiter bei 4 Stunden Arbeitszeit pro Tag für diese Tätigkeit?

4 | 4 Mitarbeiterinnen verdienen in einem Monat (30 Tage) zusammen 10.800,00 €. Wie viel Euro würden bei gleicher Vergütung 9 Mitarbeiterinnen in 14 Tagen zusammen verdienen?

17.5 Prozentrechnen

Beim Prozentrechnen werden Zahlenangaben – meistens aus Gründen der Vergleichbarkeit – ins Verhältnis gesetzt.

Dabei gibt es drei Größen:

- **Grundwert (G):** Der Grundwert ist die Ausgangsgröße, auf die sich die Prozentangabe bezieht.
- **Prozentsatz (p):** Der Prozentsatz gibt an, wie viel Hundertstel des Grundwerts die Prozentangabe beträgt.
- **Prozentwert (W):** Als Prozentwert wird der berechnete Prozentsatz bezeichnet. Er hat dieselbe Einheit wie der Grundwert.

Die Prozentrechnung kann durchgeführt werden als

- Bruchrechnung: $25\ \% = \frac{25}{100}$ oder
- Dezimalrechnung: $25\ \% = 0{,}25$

Die Aussage 25 % von 800 kann daher wie folgt berechnet werden:

- $\frac{25}{100} \cdot 800 = 200$ oder
- $0{,}25 \cdot 800 = 200$

In diesen Rechnungen ist 800 der **Grundwert**, 25 % der **Prozentsatz** und 200 der **Prozentwert**.

Beim Prozentrechnen wird immer mit proportionalen Dreisätzen gearbeitet.

a) Berechnen des Prozentwerts

Ausgehend vom Grundwert und Prozentsatz wird der Prozentwert berechnet.

$$\textbf{Prozentwert} = \frac{\text{Grundwert} \cdot \text{Prozentsatz}}{100\ \%}$$

Beispiel:
Ein Fleischstück wiegt vor dem Braten 2 600 g. Beim Braten verliert es 14 % seines Gewichts.
Wie viel Gewicht in g verliert das Fleischstück beim Braten?

Mögliche Rechenwege:

- Berechnung mithilfe eines **Bruchs** $\frac{14}{100} \cdot 2\,600\ \text{g} = 364\ \text{g}$
- Berechnung mithilfe einer **Dezimalzahl** $0{,}14 \cdot 2\,600\ \text{g} = 364\ \text{g}$
- Berechnung mithilfe der **Formel** $\frac{2\,600\ \text{g} \cdot 14\ \%}{100\ \%} = 364\ \text{g}$
- Berechnung als proportionaler **Dreisatz**

	%	g	
: 100	100	2 600	: 100
· 14	1	$\frac{2\,600}{100}$	· 14
	14	$\frac{2\,600}{100} \cdot 14$	
		= 364 g	

oder

$100\ \% \mathrel{\hat{=}} 2\,600\ \text{g}$

$14\ \% \mathrel{\hat{=}} x$

$$x = \frac{2\,600\ \text{g} \cdot 14\ \%}{100\ \%} = 364\ \text{g}$$

b) Berechnen des Prozentsatzes

Es wird berechnet, wie viel Prozent der Prozentwert bezogen auf den Grundwert beträgt.

$$\textbf{Prozentsatz} = \frac{\text{Prozentwert} \cdot 100\,\%}{\text{Grundwert}}$$

Beispiel:

Ein Fleischstück wiegt vor dem Braten 2 600 g. Beim Braten verliert es 364 g.
Wie viel Prozent seines Gewichts hat das Fleisch beim Braten verloren?

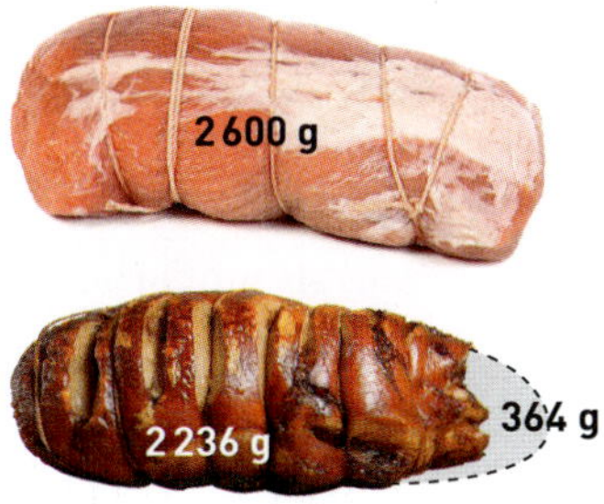

Mögliche Rechenwege:

- Berechnung mithilfe der **Formel** $\frac{364 \cdot 100\,\%}{2\,600} = 14\,\%$
- Berechnung als **proportionaler Dreisatz**

	g	%	
	2 600	100	
: 2 600	1	$\frac{100}{2\,600}$	: 2 600
· 364	364	$\frac{100}{2\,600} \cdot 364$	· 364
		= 14 %	

oder

2 600 g ≙ 100 %

364 g ≙ x

$$x = \frac{100\,\% \cdot 364}{2\,600} = 14\,\%$$

c) Berechnen des Grundwerts

Es wird mithilfe des Prozentsatzes und Prozentwerts der Grundwert berechnet. Das Ergebnis gibt an, wie groß der Ausgangwert war, auf den sich der Prozentsatz und Prozentwert beziehen.

$$\textbf{Grundwert} = \frac{\text{Prozentwert} \cdot 100\,\%}{\text{Prozentsatz}}$$

Beispiel:

Ein Fleischstück hat beim Braten 14 % seines Gewichts verloren. Es wiegt 364 g weniger.
Wie schwer war es vorher?

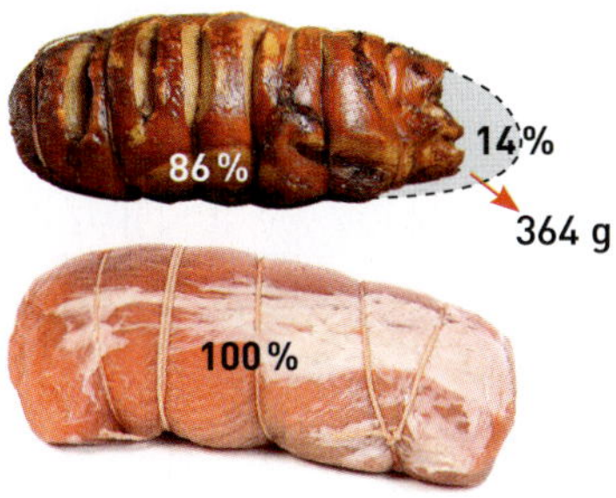

Mögliche Rechenwege:

- Berechnung mithilfe der **Formel** $\frac{364\text{ g} \cdot 100\,\%}{14\,\%} = 2\,600\text{ g}$
- Berechnung als **proportionaler Dreisatz**

	%	g	
	14	364	
: 14	1	$\frac{364}{14}$	: 14
· 100	100	$\frac{364}{14} \cdot 100$	· 100
		= 2 600 g	

oder

14 % ≙ 364 g

100 % ≙ x

$$x = \frac{364\text{ g} \cdot 100\,\%}{14\,\%} = 2\,600\text{ g}$$

d) Verminderter Grundwert

Beispiel:

Ein Fleischstück verliert beim Braten 14 % seines ursprünglichen Gewichts und wiegt nun 2 236 g. Wie schwer war es vor dem Braten?

Das Problem bei dieser Aufgabe besteht darin, dass weder der Prozentwert noch der Grundwert vorliegen. Bekannt ist nur der um 14 % **verminderte Grundwert**.
Daher muss folgende Überlegung angestellt werden: Wenn der Braten 14 % seines Gewichts verloren hat, dann hat er nun noch 86 % (100 % – 14 %) seines ursprünglichen Gewichts. Diese 86 % entsprechen 2 236 g.
Nun kann die Berechnung wie gewohnt erfolgen.

Mögliche Rechenwege:

- Berechnung mithilfe der **Formel** $\text{Grundwert} = \frac{\text{Prozentwert} \cdot 100\,\%}{\text{Prozentsatz}}$ $\frac{2236\text{ g} \cdot 100\,\%}{86\,\%} = 2600\text{ g}$
- Berechnung als **proportionaler Dreisatz**

	%	g	
	86	2236	
: 86	1	$\frac{2236}{86}$	: 86
· 100	100	$\frac{2236}{86} \cdot 100$	· 100
		= 2600 g	

oder

86 % ≙ 2236 g

100 % ≙ x

$$x = \frac{2236\text{ g} \cdot 100\,\%}{86\,\%} = 2600\text{ g}$$

e) Erhöhter Grundwert

Beispiel:

Der Preis für eine Dose Ananas wurde um 5 % erhöht und beträgt nun 1,68 €. Wie teuer war die Dose ursprünglich?

Auch hier besteht das Problem darin, dass weder der Prozentwert noch der Grundwert vorliegen.
Bekannt ist nur, dass der um 5 % **erhöhte Grundwert** 1,68 € beträgt.
Daher muss zunächst folgende Überlegung angestellt werden: Wenn der Preis für die Dose um 5 % gestiegen ist, dann beträgt er nun 105 % seines ursprünglichen Preises. Diese 105 % entsprechen 1,68 €.
Nun kann die Berechnung wie gewohnt erfolgen.

- Berechnung mithilfe der **Formel** $\text{Grundwert} = \frac{\text{Prozentwert} \cdot 100\,\%}{\text{Prozentsatz}}$ $\frac{1{,}68\text{ €} \cdot 100\,\%}{105\,\%} = 1{,}60\text{ €}$
- Berechnung als **proportionaler Dreisatz**

	%	€	
	105	1,68	
: 105	1	$\frac{1{,}68}{105}$	: 105
· 100	100	$\frac{1{,}68}{105} \cdot 100$	· 100
		= 1,60 €	

oder

105 % ≙ 1,68 €

100 % ≙ x

$$x = \frac{1{,}68\text{ €} \cdot 100\,\%}{105\,\%} = 1{,}60\text{ €}$$

f) Brutto – Netto – Tara

Beim Einkauf von Produkten ist es wichtig zu wissen, ob die Mengenangaben sich nur auf die Produkte selbst beziehen oder ob die Verpackung mitgewogen wurde. Die Begriffe „brutto“, „netto“ und „tara“ geben hierüber Auskunft:

- Das **Bruttogewicht** ist das Gewicht der Ware einschließlich ihrer Verpackung.
- Das **Nettogewicht** ist das Gewicht der Ware ohne Verpackung.
- Als **Tara** wird das Gewicht der Verpackung bezeichnet.

Zusammenhang zwischen Bruttogewicht, Nettogewicht und Tara:
Bruttogewicht = Nettogewicht + Tara

Beispiel:

Sie kaufen eine Holzkiste Apfelsinen. Das Bruttogewicht beträgt 20 kg.
Wie viel kg Apfelsinen sind in der Holzkiste, wenn das Gewicht der Kiste 10 % beträgt?
Zunächst ist folgende Überlegung anzustellen: Wenn das Gewicht der Kiste 10 % des Gesamtgewichts ausmacht, beträgt das Nettogewicht (die Apfelsinen) noch 90 %. Nun kann die Berechnung des Prozentwerts wie gewohnt erfolgen:

Mögliche Rechenwege:

- Berechnung mithilfe eines **Bruchs** $\frac{90}{100} \cdot 20\ \text{kg} = 18\ \text{kg}$
- Berechnung mithilfe einer **Dezimalzahl** $0{,}9 \cdot 20\ \text{kg} = 18\ \text{kg}$
- Berechnung mithilfe der **Formel** $\text{Prozentwert} = \frac{\text{Grundwert} \cdot \text{Prozentsatz}}{100\ \%}$ $\frac{20 \cdot 90\ \%}{100\ \%} = 18\ \text{kg}$
- Berechnung als **proportionaler Dreisatz**

	%	g	
	100	20	
: 100 ↓	1	$\frac{20}{100}$	↓ : 100
· 90 ↓	90	$\frac{20 \cdot 90}{100}$	↓ · 90
		= 18 kg	

oder

100 % ≙ 20 kg

90 % ≙ x

$$x = \frac{20\ \text{kg} \cdot 90\ \%}{100\ \%} = 18\ \text{kg}$$

g) Brutto für Netto

Der Begriff „Brutto für Netto“ bedeutet, dass die Verpackung als Ware mitgewogen und als solche mitzubezahlen ist. Kostet die Apfelsinenkiste (s. o.) z. B. 40 €, so lässt sich der Preis für 1 kg Apfelsinen wie folgt berechnen:

	kg	€	
	18	40	
: 18 ↓	1	$\frac{40}{18}$	↓ : 18
		= 2,22 €	

oder

18 kg ≙ 40 €

1 kg ≙ x

$$x = \frac{40 \cdot 1}{18} = 2{,}22\ €$$

Bei „Brutto für Netto“ liegt der tatsächliche Kilopreis über dem scheinbaren Kilopreis.

h) Fett in der Trockenmasse

Auf einer Käseverpackung ist beispielsweise folgende Angabe zu finden: 55 % Fett in Tr.
Dies bedeutet, dass bei diesem Käse der Fettanteil 55 % der Trockenmasse ausmacht. Um nun genau ausrechnen zu können, wie viel Fett tatsächlich (absolut) im Käse ist, muss zuerst der Anteil der Trockenmasse bestimmt werden.

Wassergehalt + Trockenmasse = **Gewicht des Käses**

Beispiel:
Ein Käse hat einen Wassergehalt von 40 % und einen Fettgehalt von 55 % in der Trockenmasse.
Wie viel Gramm Fett sind in einem Stück Käse von 2000 g enthalten?

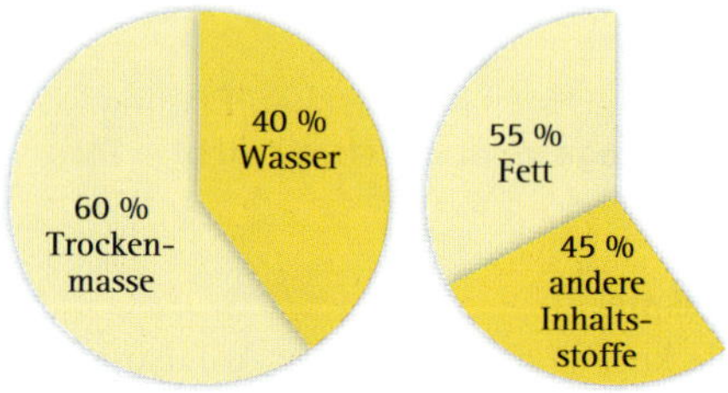

Rechenweg:
Anteil der Trockenmasse: 100 – 40 = 60 Prozent

Gewicht der Trockenmasse: $\frac{60}{100} \cdot 2000\text{ g} = 1200\text{ g}$ Trockenmasse

Gewicht des Fetts in Tr.: $\frac{55}{100} \cdot 1200\text{ g} = 660\text{ g}$ Fett

Der Käse enthält 660 g Fett.

Zur Berechnung des **absoluten Fettgehalts** bezogen auf den **gesamten Käse** kann wie folgt weitergerechnet werden:

	g	%	
	2000	100	
: 2000	1	$\frac{100}{2000}$	: 2000
· 660	660	$\frac{100}{2000} \cdot 660$	· 660
		= 33 %	

oder

2000 g ≙ 100 %

660 g ≙ x

$$x = \frac{100\,\% \cdot 660}{2000} = 33\,\%$$

Der Käse enthält also 55 % Fett in seiner Trockenmasse oder absolut gesehen 33 % Fett.

AUFGABEN

1 | In einer Küche werden monatlich 650 kg Kartoffeln geschält. Der Schälverlust beträgt im Durchschnitt 22 %. Wie viel kg Kartoffeln ohne Schale bleiben übrig?

2 | Eine Maschine kostet 3.500,00 €. Der Lieferant gewährt 175,00 € Preisnachlass. Wie viel Prozent sind das?

3 | Der Preis für eine Dose Ananas wurde um 5,5 % erhöht und beträgt nun 2,45 €. Wie teuer war die Dose ursprünglich?

4 | Die Pacht für ein Restaurant stieg vor 5 Jahren um 15 %. Vor Kurzem erhöhte sie sich noch einmal um 5 % und beträgt nun 12.075,00 €. Wie hoch war die Pacht ursprünglich?

5 | Der Preis eines Kühlschranks wurde vor einem halben Jahr um 10 % gesenkt und jetzt wieder um 10 % erhöht. Nun kostet er 990,00 €. Wie teuer war er damals?

6 | Eine Ware wiegt 4810 g netto, das sind 84 % des Bruttogewichts.
a) Wie hoch ist das Bruttogewicht?
b) Wie viel Gramm beträgt die Tara?

7 | Eine Firma bietet Fisch auf Eis Brutto für Netto zu 7,20 € je kg an. Das Eis macht 10 % des Gesamtgewichts aus. Wie teuer ist 1 kg Fisch tatsächlich?

8 | Ein Käse hat einen Wassergehalt von 45 % und einen Fettgehalt von 65 % in der Trockenmasse. Wie viel g Fett enthalten 3000 g Käse?

17.6 Zinsrechnen

Die Zinsrechnung ist ein mathematisches Verfahren, mit dessen Hilfe die Höhe der **Zinsen (Z)**, die für das Verleihen bzw. Entleihen eines bestimmten Geldbetrags, des sogenannten **Kapitals (K)**, für eine bestimmte **Laufzeit (T)** unter Berücksichtigung eines bestimmten **Zinssatzes (p)** anfallen. Zinsen werden normalerweise für ein Jahr berechnet (pro anno = p. a.). Es sind aber sowohl kürzere als auch längere Laufzeiten möglich.

a) Zinsen

Die **Zinsgrundformel** zur Berechnung der **Zinsen** unterscheidet sich in Abhängigkeit von der Laufzeit.

	Jahre		Monate		Tage
Zinsberechnung bei unterschiedlichen Laufzeiten: Z = Zinsen (in Euro) K = Kapital (in Euro) p = Prozent- bzw. Zinssatz	$Z = \frac{K \cdot i \cdot p}{100}$ i = Laufzeit in Jahren	oder	$Z = \frac{K \cdot m \cdot p}{12 \cdot 100}$ m = Laufzeit in Monaten	oder	$Z = \frac{K \cdot t \cdot p}{360 \cdot 100}$ t = Laufzeit in Tagen

In der Zinsrechnung hat 1 Jahr 12 Monate zu je 30 Tagen, d. h. insgesamt 360 Tage.

Berechnung der Laufzeit

Um die Zinsen zu berechnen, muss häufig zunächst die Laufzeit berechnet werden.

Beispiel:

Eine Summe von 50.000 € wird für die Zeit vom 17.04. bis zum 22.12. desselben Jahres zu einem Zinssatz von 17 % p. a. ausgeliehen. Wie viele Zinsen sind dafür zu zahlen?

Rechenweg:

Um die Formel anwenden zu können, wird zunächst die Anzahl der Tage ausgerechnet, z. B. auf folgende Weise:

$$\begin{array}{r} 22.12. \\ -\ 17.04. \\ \hline 5.08. \end{array}$$

Die Laufzeit beträgt 8 Monate und 5 Tage, also insgesamt $8 \cdot 30 + 5 = 245$ Tage.

Alle Angaben in die Formel einsetzen:

$$Z = \frac{50.000\ € \cdot 245 \cdot 17}{360 \cdot 100} = 5.784{,}22\ €$$

5.784,22 € Zinsen sind zu zahlen.

b) Kapital

Soll das **Kapital** berechnet werden, das aufzubringen bzw. zu entleihen ist, damit Zinsen in einer bestimmten Höhe anfallen, sind die Formeln zur Zinsberechnung wie folgt umzustellen.

	Jahre		Monate		Tage
Kapitalberechnung bei unterschiedlichen Laufzeiten:	$K = \frac{Z \cdot 100}{p \cdot i}$	oder	$K = \frac{Z \cdot 100 \cdot 12}{p \cdot m}$	oder	$K = \frac{Z \cdot 100 \cdot 360}{p \cdot t}$

Beispiel:

Welches Kapital bringt innerhalb von 4 Monaten bei einem Zinssatz von 8 % p. a. 500 € Zinsen?

$$K = \frac{500\ € \cdot 100 \cdot 12}{8 \cdot 4} = 18.750\ €$$

Das Kapital beträgt 18.750 €.

c) Zinssatz

Soll der **Zinssatz** berechnet werden, der notwendig ist, damit ein bestimmtes Kapital eine bestimmte Höhe an Zinsen erwirtschaftet, sind die Formeln zur Zinsberechnung wie folgt umzustellen.

Zinssatzberechnung
bei unterschiedlichen Laufzeiten:

Jahre		Monate		Tage
$p = \frac{Z \cdot 100}{K \cdot i}$	oder	$p = \frac{Z \cdot 100 \cdot 12}{K \cdot m}$	oder	$p = \frac{Z \cdot 100 \cdot 360}{K \cdot t}$

Beispiel:
Wie hoch ist der Zinssatz, wenn in einem Zeitraum von zwei Jahren ein Kapital in Höhe von 10.000 € Zinsen in Höhe von 900 € erwirtschaftet?

$$p = \frac{900 \cdot 100\,\%}{10\,000 \cdot 2} = 4{,}5\,\%$$

Der Zinssatz beträgt 4,5 % p. a.

d) Zeitraum

Soll der **Zeitraum** berechnet werden, für den bei einem bestimmten Kapital eine bestimmte Menge an Zinsen zu zahlen ist, sind die Formeln zur Zinsberechnung wie folgt umzustellen.

Zeitraumberechnung
bei unterschiedlichen Laufzeiten:

Jahre		Monate		Tage
$i = \frac{Z \cdot 100}{K \cdot p}$	oder	$m = \frac{Z \cdot 100 \cdot 12}{K \cdot p}$	oder	$t = \frac{Z \cdot 100 \cdot 360}{K \cdot p}$

Beispiel:
Wie lange muss ein Kapital von 5.000 € bei einem Zinssatz von 4 % p. a. auf der Bank liegen, um Zinsen in Höhe von 150 € zu erwirtschaften?

$$t = \frac{150 \cdot 100 \cdot 360 \text{ Tage}}{5\,000 \cdot 4} = 270 \text{ Tage}$$

Das Kapital muss 270 Tage auf der Bank liegen.

AUFGABEN

1 | Wie viele Tage umfasst der Zeitraum vom 26.3. bis 4.9.?

2 | Wie viel Zinsen erbringt ein Kapital in Höhe von 1.600 € in einem halben Jahr bei einem Zinssatz von 3 % p. a.?

3 | Eine Rechnung in Höhe von 2.300 €, fällig am 8.4., wird erst am 1.11. des Jahres bezahlt. Wie viel Euro Verzugszinsen sind bei einem Zinssatz von 7 % p. a. zu zahlen?

4 | Welches Kapital bringt in der Zeit vom 25.05 bis zum 25.08. eines Jahres bei einem Zinssatz von 4 % p. a. 250 € Zinsen?

5 | Nach wie vielen Tagen bringt ein Kapital von 10.000 €, das mit 8 % p. a. verzinst wird, einen Zinsertrag von 100 €?

6 | Herr Maier nimmt einen Kredit in Höhe von 15.000 € auf und zahlt nach 4 Monaten 15.400 € zurück. Wie hoch war der Zinssatz?

17.7 Währungsrechnen

Wechselkurse

Die Währung in Deutschland ist – wie in den meisten anderen europäischen Staaten auch – der Euro (abgekürzt: €). Daneben gibt es weltweit viele andere Währungen. Diese können in Deutschland bei Banken, in Wechselstuben, aber auch z. B. in vielen Hotels in Euro umgetauscht werden. Ebenso wechseln Banken Eurobeträge in Fremdwährungen.

Das **Umtauschverhältnis** einer Währung in eine andere wird **Wechselkurs** genannt. Bei der in Deutschland üblichen Mengennotierung beziehen sich die angegebenen Wechselkurse immer auf einen Euro (1 €). Die Wechselkurse sind nicht ständig gleich, sondern können sich von Tag zu Tag verändern. Außerdem ist der Kurs davon abhängig, ob es sich um einen Ankauf oder Verkauf von Euro handelt.

Beispiele für fremde Währungen

Land	Währung	internationales Zeichen
Dänemark	Dänische Krone	DKK
Großbritannien	Pfund Sterling	GBP
Japan	Yen	JPY
Kanada	Kanadischer Dollar	CAD
Norwegen	Norwegische Krone	NOK
Schweiz	Franken	CHF
USA	US-Dollar	USD

Ankauf oder Verkauf

Für Banken ist Geld nichts anderes als eine Ware, die (von einem Kunden) gekauft oder (an einen Kunden) verkauft wird. Ob es sich bei einem Umtausch von Euro in eine andere Währung um einen Ankauf oder Verkauf handelt, ist also immer aus Sicht der Bank zu sehen. Gastbetriebe, die manchmal auch Fremdwährungen umtauschen, nehmen dabei die Rolle der Bank ein.

Umtausch Fremdwährung in Euro (Verkauf)	Umtausch Euro in Fremdwährung (Ankauf)
Tauscht ein Kunde eine Fremdwährung in Euro, gilt folgender Rechenweg: **Fremdwährung : Umtauschkurs = Euro**	Tauscht ein Kunde Euro in eine Fremdwährung, gilt folgender Rechenweg: **Euro · Umtauschkurs = Fremdwährung**

Beispiel:
Ein amerikanischer Gast möchte 300 US-Dollar in Euro umtauschen. Wie viel Euro erhält er bei einem Umtauschkurs von 1,0997?

300 : 1,0997 = 272,80. Der Kunde erhält 272,80 €.

Beispiel:
Für eine Reise nach Großbritannien tauschen Sie 500 € in Pfund Sterling. Der Kurs liegt bei 0,81. Wie viel Pfund erhalten Sie?

500 · 0,81 = 405. Sie erhalten 405 Pfund Sterling.

AUFGABEN

1 | a) Wie viel Euro erhalten Sie für:
- 250 Schweizer Franken (Kurs: 1,0315)
- 4 000 Russische Rubel (Kurs: 69,8694)

b) Wie viel japanische Yen (Kurs 130,8900) erhalten Sie für 500 €?

2 | a) Ein Kunde begleicht seine Hotelrechnung in Höhe von 450 € mit dänischen Kronen (Kurs: 7,4231). Wie viele Kronen muss er bezahlen?

b) Wie viele Kronen muss er bezahlen, wenn das Hotel eine Umtauschgebühr von 3 % auf die Rechnungssumme verlangt?

3 | Ein Gast erhält für 1 000 dänische Kronen 132,89 €. Zu welchem Kurs konnte er das Geld wechseln?

17.8 Verteilungsrechnen

Das Verteilungsrechnen wird z.B. für die Aufteilung von Gewinnen, die Verteilung von anfallenden Kosten oder manchmal bei Lohnberechnungen eingesetzt. Dies geschieht mithilfe von bestimmten Verteilungsschlüsseln, z.B. Verhältniszahlen, Prozentzahlen, Brüchen oder anderen Größen. Das Vorgehen dabei ist immer das Gleiche:

- Festlegung des Verteilungsschlüssels
- Bestimmung der einzelnen Anteilsmengen
- Ermittlung der Summe aller Anteilsmengen, d.h. Addition aller Anteilsmengen
- Ermittlung des Werts eines Anteils, d.h. Division der zu verteilenden Summe durch die Summe aller Anteilsmengen
- Ermittlung des Werts einer Anteilsmenge, d.h. Multiplikation des Werts eines Anteils mit der Anteilsmenge

Anmerkung: Der Verteilungsschlüssel und die Anteilsmengen sind in der Regel durch die Aufgabe schon vorgegeben. Bei manchen Aufgabenstellungen können einige Schritte entfallen.

a) Mit Verhältniszahlen

Beispiel:

Eine Prämie in Höhe von 500 € soll auf die drei Mitarbeiter A, B und C im Verhältnis 2 zu 3 zu 5 (man schreibt: 2 : 3 : 5) verteilt werden. Wie viel Euro erhalten jeweils die drei Mitarbeiter?

Vorgaben durch Aufgabenstellung:

- Verteilungsschlüssel und Verhältniszahlen
- die Anteilsmengen sind für A = 2, B = 3, C = 5

Rechenweg:

Die Verhältniszahlen addieren: 2 + 3 + 5 = 10, d.h., insgesamt gibt es 10 Teile.

Ausrechen, wie viel Euro einem Anteil entsprechen: 500 € : 10 = 50 €

Verteilung entsprechend der Anteile:

Mitarbeiter A:	2 Anteile · 50 € = 100 €
Mitarbeiter B:	3 Anteile · 50 € = 150 €
Mitarbeiter C:	5 Anteile · 50 € = 250 €
Insgesamt (Gegenprobe)	10 Anteile · 50 € = 500 €

b) Mit Prozentzahlen

Beispiel:

Drei Kaufleute, A, B und C, haben gemeinsam einen Gewinn in Höhe von 40.000 € erwirtschaftet. A soll davon 25 %, B 35 % und C den Rest erhalten. Wie viel Euro erhält jeder?

Vorgaben durch Aufgabenstellung:

- Verteilungsschlüssel und Prozentzahlen
- die Anteilsmengen sind für A = 25 %, B = 35 %, C = ?

Rechenweg:

Die Anteile von C berechnen: Von 100 Anteilen entfallen auf A 25 Anteile und auf B 35 Anteile. Für C bleiben 100 – 25 – 35 = 40 Anteile übrig.

Verteilung entsprechend der Anteile:

Kaufmann A:	$\frac{25}{100} \cdot 40.000\text{ €} = 10.000\text{ €}$
Kaufmann B:	$\frac{35}{100} \cdot 40.000\text{ €} = 14.000\text{ €}$
Kaufmann C:	$\frac{40}{100} \cdot 40.000\text{ €} = 16.000\text{ €}$
Insgesamt (Gegenprobe)	$\frac{100}{100} \cdot 40.000\text{ €} = 40.000\text{ €}$

c) Mit Brüchen

Beispiel:

Von den anfallenden Frachtkosten in Höhe von 300,00 € soll auf das Produkt A $\frac{1}{5}$, auf das Produkt B $\frac{1}{3}$ und auf das Produkt C der Rest entfallen. Wie viel der Frachtkosten sind jedem Produkt zuzuordnen?

Vorgaben durch Aufgabenstellung:

- Verteilungsschlüssel und Brüche
- die Anteilsmengen sind für A =1/5, B = 1/3, C = ?

Rechenweg:

Den Anteil für Produkt C berechnen (2): $\frac{1}{1} - \frac{1}{5} - \frac{1}{3} = \frac{15}{15} - \frac{3}{15} - \frac{5}{15}$ (gleichnamig machen) $= \frac{7}{15}$.

Verteilung entsprechend der Anteile (5):

Produkt A:	$\frac{1}{5} \cdot 300{,}00\ € = 60{,}00\ €$
Produkt B:	$\frac{1}{3} \cdot 300{,}00\ € = 100{,}00\ €$
Produkt C:	$\frac{7}{15} \cdot 300{,}00\ € = 140{,}00\ €$
Insgesamt (Gegenprobe)	$\frac{15}{15} \cdot 300{,}00\ € = 300{,}00\ €$

d) Mit besonderen Verteilungsschlüsseln

Beispiel:

Als Grundlage für die Kalkulation sollen die Frachtkosten in Höhe von 83,14 € auf die Produkte aufgeteilt werden:

24 Dosen Fischkonserve zu je 0,90 € 48 Dosen Maiskolben zu je 0,95 €

50 Dosen Spargel zu je 1,10 € 68 Dosen Bohnen zu je 0,75 €

Vorgabe durch Aufgabenstellung: Verteilungsschlüssel sind die Einkaufspreise

Rechenweg:

Berechnung der Anteilsmengen:	Fischkonserven:	24 x 0,90 €	= 21,60 €
	Maiskolben:	48 x 0,95 €	= 45,60 €
	Spargel:	50 x 1,10 €	= 55,00 €
	Bohnen:	68 x 0,75 €	= 51,00 €
Summe aller Anteilsmengen:			= 173,20 €
Ermittlung des Werts eines Anteils:		83,14 € : 173,20	= 0,48 €
Verteilung der Frachtkosten auf die einzelnen Produkte:	Fischkonserven:	21,60 x 0,48 €	= 10,37 €
	Maiskolben:	45,60 x 0,48 €	= 21,89 €
	Spargel:	55,00 x 0,48 €	= 26,40 €
	Bohnen:	51,00 x 0,48 €	= 24,48 €
	Insgesamt (Gegenprobe)		= 83,14 €

AUFGABEN

1 | Eine Prämie in Höhe von 1.650,00 € wird an die Mitarbeiter/-innen A, B, C und D im Verhältnis 10 : 8 : 7 : 5 aufgeteilt. Wie viel Euro erhält jede Mitarbeiterin/jeder Mitarbeiter?

2 | Ein Gewinn in Höhe von 38.950,00 € soll an die drei Teilhaber eines Unternehmens im Verhältnis ihrer Kapitaleinlagen verteilt werden: A: 90.000,00 €, B: 145.000,00 €, C: 175.000,00 €. Wie viel Euro erhält jeder?

3 | Die Frachtkosten in Höhe von 240,00 € sollen wie folgt auf die einzelnen Produkte aufgeteilt werden. Dem Produkt A sollen $\frac{1}{4}$, dem Produkt B $\frac{1}{3}$ der Kosten und dem Produkt C der Rest zugerechnet werden. Wie viel Frachtkosten entfallen auf jedes Produkt?

4 | In einem Restaurant werden die Trinkgelder am Ende des Monats nach folgendem Punktesystem verteilt:
1 Oberkellner mit 12 Punkten, 4 Kellner mit je 10 Punkten,
4 Jungkellner mit je 6 Punkten, 2 Auszubildende mit je 2 Punkten.
Wie viel Euro erhält jeder, wenn am Ende des Monats 1.920,00 € Trinkgeld zusammengekommen sind?

17.9 Mischungsrechnen

Beim Mischungsrechnen werden die Berechnung des Durchschnitts und die Berechnung von Mischungsverhältnissen unterschieden.

a) Durchschnittsberechnungen

Beispiel:
In einem Betrieb soll die durchschnittliche tägliche Gästeanzahl berechnet werden. Folgende Zahlen wurden ermittelt:

Montag:	150 Gäste	Freitag:	220 Gäste
Dienstag:	160 Gäste	Samstag:	180 Gäste
Mittwoch:	131 Gäste	Sonntag:	90 Gäste
Donnerstag:	175 Gäste		

Rechenweg:
Zunächst die Gästezahlen addieren:
150 + 160 + 131 + 175 + 220 + 180 + 90 = 1106 Gäste
Die Summe der Gäste durch die Anzahl der Zählungen (hier Wochentage) teilen: 1106 Gäste : 7 Tage = 158 Gäste
Durchschnittlich kamen also pro Tag 158 Gäste.

Beispiel:
Wie teuer ist durchschnittlich ein Kilogramm Obst, wenn folgende Mengen zu folgenden Preisen eingekauft wurden:

2 kg Pflaumen	zu 1,90 € je kg
3 kg Apfelsinen	zu 2,20 € je kg
2 kg Kiwi	zu 2,50 € je kg

Rechenweg:
Zunächst werden die Gesamtkosten ermittelt.
Diese werden dann durch die gesamte Menge dividiert:

Pflaumen:	2 kg · 1,90 € =	3,80 €
Apfelsinen:	3 kg · 2,20 € =	6,60 €
Kiwi:	2 kg · 2,50 € =	5,00 €
Insgesamt:	7 kg =	15,40 €

d. h., 1 Kilogramm kostet durchschnittlich $\frac{15{,}40\ €}{7} = 2{,}20\ €$.

b) Mischungsverhältnisse

Beispiel:
Zwei Weine sollen so gemischt werden, dass ein Liter des Verschnitts 5,00 € kostet. In welchem Verhältnis müssen die Weine gemischt werden, wenn Wein A 3,50 € je Liter und Wein B 6,00 € je Liter kostet?

Rechenweg:

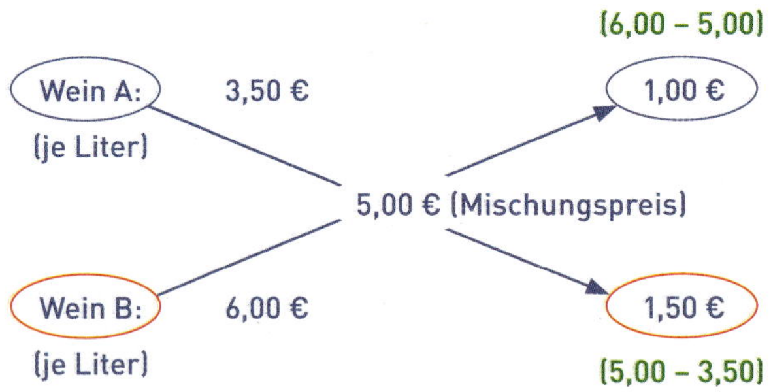

Wein A und Wein B müssen im Verhältnis 1 : 1,5 oder 2 : 3 gemischt werden.

AUFGABEN

1 | Errechnen Sie den Mischungspreis pro Liter Mehrfruchtsaft bei folgendem Mischungsverhältnis: A : B : C = 2 : 3 : 5 und folgenden Preisen: Sorte A: 0,80 € je Liter, Sorte B: 1,20 € je Liter, Sorte C: 1,60 € je Liter

2 | In welchem Verhältnis müssen zwei Kaffeesorten gemischt werden, wenn Kaffee A 7,50 € je kg und Kaffee B 12,00 € je kg kosten, die Mischung aber für 9,00 € je kg angeboten werden soll?

3 | Ein Posten Originalrum (60 Liter mit 72 % Alkohol) soll auf Trinkstärke mit 32 % Alkohol reduziert werden. Wie viel Wasser muss hinzugefügt werden?

17.10 Grafische Darstellungen

In der betrieblichen Praxis ist es oft sinnvoll, Zahlen bzw. Daten grafisch, d. h. bildlich darzustellen. Dadurch können die Daten schneller erfasst und besser miteinander verglichen werden. Man gewinnt so rasch einen Überblick, kann die Daten leicht analysieren und wichtige Trends ermitteln.

Zur grafischen Darstellung von Daten dienen in der Regel Diagramme. Mit dem Einsatz von Tabellenkalkulationsprogrammen lassen diese sich leicht erzeugen. Die gängigen Diagrammformen sind:

- Säulendiagramm
- Balkendiagramm
- Kreisdiagramm
- Liniendiagramm

Beispiel:
In den beiden Jahren 2015 und 2014 wurden für ein Produkt folgende Verkäufe ermittelt.

	1. Quartal	**2. Quartal**	**3. Quartal**	**4. Quartal**
2014	40 Dosen	27 Dosen	33 Dosen	28 Dosen
2015	33 Dosen	32 Dosen	32 Dosen	31 Dosen

Folgende Darstellungen wären denkbar:

a) Säulendiagramm

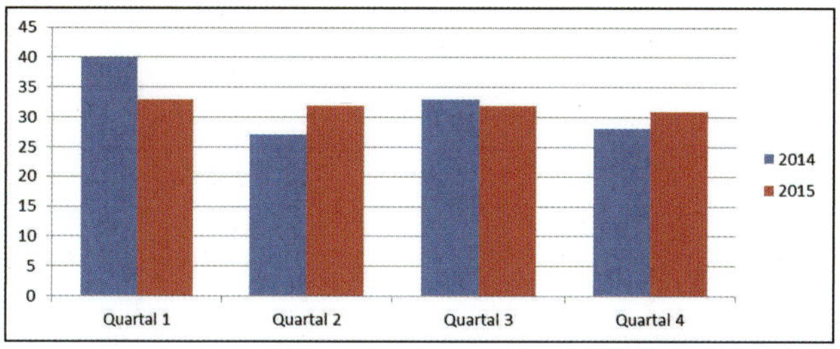

Durch die Darstellung der Verkäufe als Säulendiagramm lassen sich die einzelnen Quartalsergebnisse der beiden Jahre gut miteinander vergleichen. Man erkennt sofort, ob das Jahr 2014 oder 2015 höhere Verkaufszahlen lieferte. Ferner lässt sich leicht ablesen, dass das beste Quartalsergebnis im 1. Quartal 2014 erzielt wurde.

b) Erweitertes Säulendiagramm

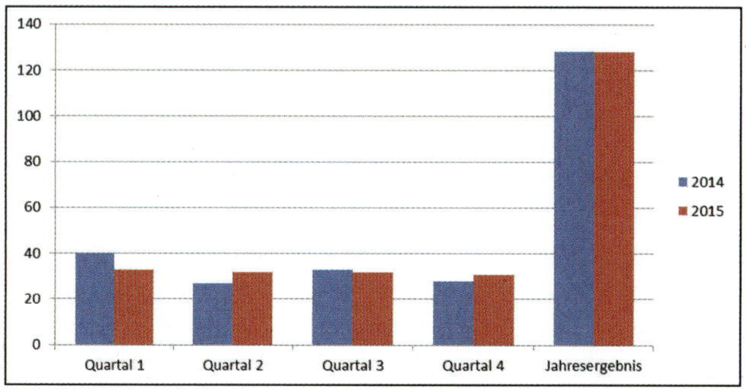

Wird in das Säulendiagramm zusätzlich das Jahresergebnis eingebaut, lässt sich sehr schnell erkennen, dass von diesem Produkt in beiden Jahren trotz der unterschiedlichen Quartalsverkäufe gleich viel verkauft wurde.

c) Balkendiagramm

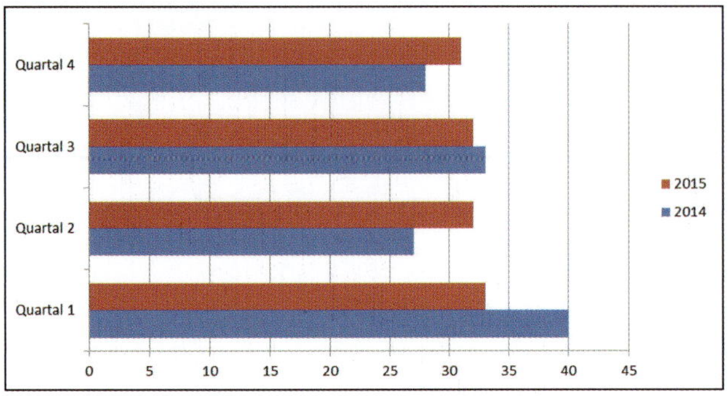

Das Balkendiagramm liefert im Prinzip die gleichen Erkenntnisse. Allerdings sind hier die Achsen vertauscht. Die Daten lassen sich daher etwas schwieriger als beim Säulendiagramm erfassen.

d) Kreisdiagramm

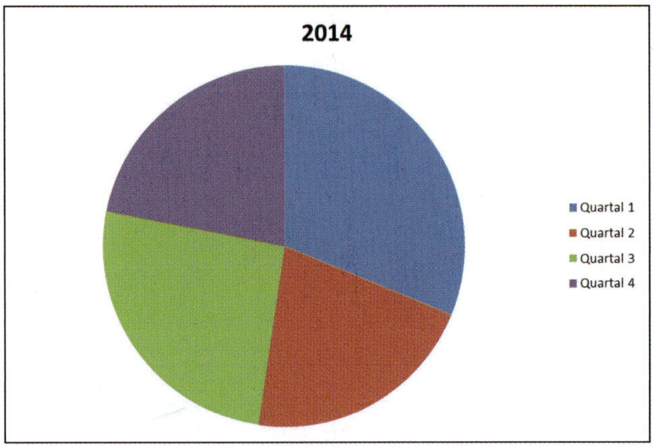

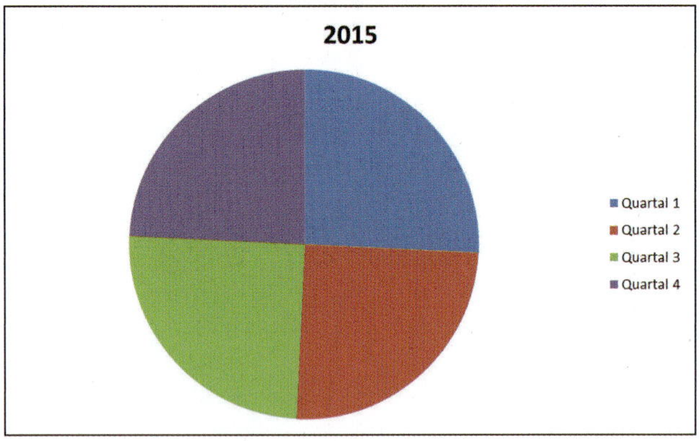

Die Verwendung eines Kreisdiagramms wäre in dieser Situation nicht sinnvoll, da man hier weder die Quartalsverkäufe in einem Jahr, noch die einzelnen Verkäufe der beiden Jahre direkt miteinander vergleichen kann.

e) Liniendiagramm

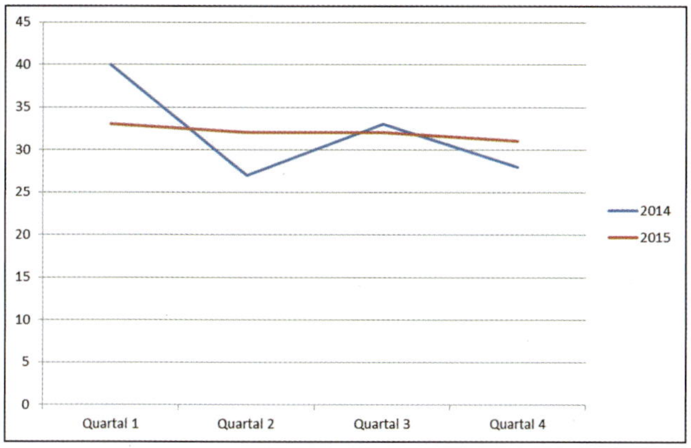

Das Liniendiagramm wiederum zeigt sehr schön, dass im Jahr 2015 die Verkäufe in den einzelnen Quartalen annähernd gleich waren, während im Jahr 2014 die Verbräuche stark schwankten. Allerdings ist die Liniendarstellung insofern problematisch, da hier kontinuierliche Veränderungen in den einzelnen Quartalen vorgetäuscht werden.

Welche Diagrammdarstellung gewählt wird, ist letztendlich davon abhängig, was vorrangig dargestellt werden soll.

Die Auswahl der am besten geeigneten Diagrammform hängt von der Fragestellung bzw. von dem gewünschten Untersuchungsergebnis ab.

AUFGABEN

1 | Ein Hotel hatte in den letzten drei Jahren folgende Übernachtungszahlen:

	1. Quartal	2. Quartal	3. Quartal	4. Quartal
2012	1320	1850	1790	1310
2013	1430	1910	1950	1440
2014	1510	1900	1970	1490

Stellen Sie diese Tabelle in Form eines Diagramms dar. Welche Diagrammart halten Sie für sinnvoll? Begründen Sie Ihre Entscheidung.

2 | Es sollen die Umsätze eines Restaurants der ersten drei Monate eines Jahres verglichen werden. Es liegt folgendes Diagramm vor:

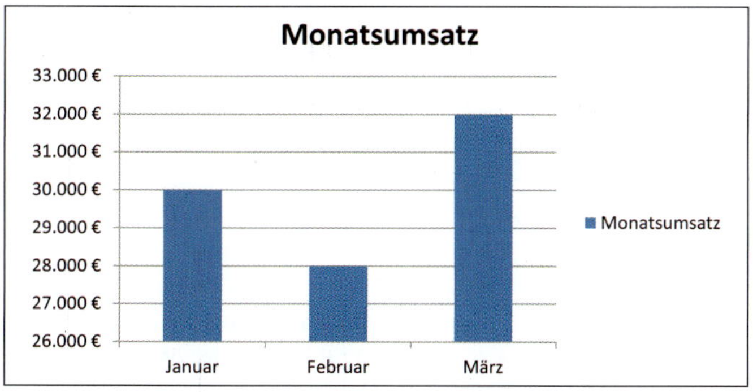

a) Wie hoch ist der Gesamtumsatz für die ersten drei Monate?
b) Wie veränderte sich der Umsatz im März prozentual im Vergleich zum Umsatz im Januar und Februar?

17.11 Gemischte Rechenaufgaben

1 | Eine Küche ist 12 m breit und 9 m lang. Sie soll mit Fliesen von 20 cm x 20 cm ausgelegt werden. Wie viele Fliesen sind erforderlich?
a) 27 Fliesen b) 270 Fliesen
c) 2 700 Fliesen d) 27 000 Fliesen

2 | In Ihrem Lager stehen acht Regale. Jedes Regal hat drei Regalböden. Jeder Regalboden ist 80 cm lang und 40 cm breit. Wie viel Quadratmeter Lagerfläche steht Ihnen zur Verfügung?
a) 2,88 m^2 b) 7,68 m^2
c) 28,8 m^2 d) 76,8 m^2

3 | Zwei Auszubildende brauchen für das Schälen von 20 kg Kartoffeln eine halbe Stunde. Wie viele Minuten würden fünf Auszubildende für 15 kg benötigen?
a) 9 Minuten b) 16 Minuten
c) 18 Minuten d) 56 Minuten

4 | Wenn 1 Liter Wasser 1 kg wiegt, welches Gewicht hat dann das Wasser, das in einem Gefäß mit den Abmessungen 50 cm Länge, 20 cm Breite und 20 cm Höhe ist?
a) 2 kg b) 20 kg
c) 90 kg d) 200 kg

5 | Eine Firma bietet laut Liste Fisch auf Eis Brutto für Netto zu 14,40 € je kg an. Das Eis macht erfahrungsgemäß 10 % des Gesamtgewichts aus. Wie hoch sind die Kosten für ein kg Fisch tatsächlich?
a) 12,96 € b) 13,09 €
c) 15,84 € d) 16,00 €

6 | Aus Ihrem Lebensmittelvorrat können Sie 60 Portionen herstellen. Wie viele Portionen könnten Sie herstellen, wenn die Portionsgröße um 20 % sinkt?
a) 48 Portionen b) 50 Portionen
c) 72 Portionen d) 75 Portionen

7 | Ein Auszubildender braucht für seinen Weg morgens zur Arbeit (30 km) mit seinem Motorrad etwa 25 Minuten. Wie hoch ist seine Durchschnittsgeschwindigkeit (in km pro Stunde)?
a) 50 km/h b) 72 km/h
c) 75 km/h d) 90 km/h

8 | Für ein Essen werden 20 Portionen Fisch zu je 160 g (verzehrfertig) benötigt. Wie viel Fisch muss eingekauft werden, wenn die Filetier- und Zubereitungsverluste jeweils 20 % betragen?
a) 3 840 g b) 4 000 g
c) 4 608 g d) 5 000 g

9 | Der Preis eines Kühlschranks wurde zweimal hintereinander um jeweils 10 % gesenkt. Jetzt kostet er 162,00 €. Wie teuer war er ursprünglich?
a) 131,22 € b) 133,88 €
c) 196,02 € d) 200,00 €

10 | Der Preis eines Kühlschranks wurde erst um 20 % gesenkt und dann wieder um 20 % erhöht. Wie viel Prozent beträgt die Preisveränderung insgesamt?
a) – 4 % b) 0 %
c) + 1 % d) + 4 %

11 | Der Einkäufer eines Betriebs kauft zu einem Listenpreis von 3.000,00 € (ohne Mehrwertsteuer) Porzellan ein. Wie viel Prozent beträgt der Preisnachlass, wenn 3.000,00 € inkl. MwSt. überwiesen werden?
a) 0 % b) 7 %
c) 16 % d) 19 %

12 | Ein Koch kauft 10 kg Tomaten mit einem Wassergehalt von 96 %. Er trocknet sie, bis sie nur noch einen Wassergehalt von 50 % haben. Wie viel Gramm Tomaten bleiben übrig?
a) 5 000 g b) 4 800 g
c) 800 g d) 400 g

13 | Wie viel Gramm Fett sind in 100 g Käse enthalten, wenn der Käse einen Wassergehalt von 35 % und einen Fettgehalt von 45 % i. Tr. hat?
a) 37,75 g b) 29,25 g
c) 19,25 g d) 15,75 g

14 | Eine Firma zahlt für ein Darlehen ihrer Bank innerhalb eines halben Jahres bei einem Zinssatz von 16 % p. a. 1 000,00 € Zinsen. Wie hoch war das Darlehen?
a) 2.000,00 € b) 2.500,00 €
c) 12.500,00 € d) 25.000,00 €

18 Lernfeldorientierte Aufgaben

LF 2.4 – Warenwirtschaft

Ohne Plan keinen Plan

Sie machen Ihre Ausbildung in einem Unternehmen in der Innenstadt von Frankfurt. Aufgrund großer Nachfrage planen Sie, in den frühen Abendstunden Afterwork-Partys zu veranstalten.

1 | Formulieren Sie konkret mindestens 10 Punkte (Aspekte), die zu klären sind, damit eine solche Veranstaltung stattfinden kann.

2 | Wählen Sie fünf alkoholische Cocktails aus, die Sie auf den geplanten Afterwork-Partys anbieten würden. Begründen Sie Ihre Auswahl.

3 | Für die Cocktails, die Sie auf diesen Partys anbieten wollen, suchen Sie einen oder mehrere neue Getränkelieferanten.
a) Beschreiben Sie detailliert, wie Sie vorgehen.
b) Erläutern Sie, welche Kriterien bei der Auswahl eines neuen Lieferanten für Sie wichtig sind.
c) Nennen Sie Argumente, die
- für die Zusammenarbeit mit nur einem Lieferanten bzw.
- für die Geschäftsbeziehung zu mehreren Lieferanten sprechen.

4 | Für den Bezug der benötigten Säfte liegen Ihnen inzwischen die Angebote von zwei verschiedenen Händlern vor. Beim Orangensaft sehen sie wie folgt aus:

	Händler A	**Händler B**
Produkt	1 Liter Tetrapak, geliefert im 20er-Pack	0,75 Liter Flasche, geliefert in Kästen mit je 12 Flaschen
Listenpreis (ohne Umsatzsteuer)	32,00 € je Pack	15,60 € je Kasten
Pfand	–	pro Flasche 0,15 €, für den Kasten 1,50 €
Lieferkosten	10 % vom Listenpreis (inkl. Umsatzsteuer)	frei Haus
Skonto	3 %	–

a) Berechnen und vergleichen Sie die beiden Angebote.
b) Vergleichen Sie die Angebote auch hinsichtlich Praktikabilität und Nachhaltigkeit.
c) Für welches Angebot würden Sie sich entscheiden? Begründen Sie Ihre Entscheidung.

5 | Ihr Chef hat sich bei den Säften auch aus ökologischen Gründen für den Händler B entschieden. Gestern sind die ersten 20 Kisten Orangensaft geliefert worden. Heute soll die Rechnung beglichen werden. Wie hoch ist die Rechnungssumme einschließlich des Pfands und der Umsatzsteuer?

6 | Zwei Tage nach Überweisung der Rechnungssumme entdecken Sie, dass ein Kasten statt Orangensaft Apfelsaft enthält.
a) Erläutern Sie, wie Sie sich jetzt verhalten.
b) Wie ist die rechtliche Situation?

LF 3.1 – Restaurantorganisation

Wintertime

Die Eventlocation „Riverbeach“ am Rhein soll für die Wintersaison einen neuen „Kick“bekommen.

Die Geschäftsleitung wünscht ein junges, außengastronomieorientiertes Konzept, das nahe der Metropole wie Düsseldorf realisiert werden kann, und beauftragt die Azubis im 3. Ausbildungsjahr, eine Idee für ein F&B-Winterkonzept für eine typische Summerlocation zu entwickeln.

1 | Entwickeln Sie in Partnerarbeit ein passendes Konzept und halten es stichpunktartig fest.

2 | a) Erstellen Sie eine Kurzpräsentation, um die Geschäftsleitung von Ihrer Idee zu überzeugen.
b) Präsentieren Sie ein ansprechendes F&B-Konzept mit Slogan.
c) Welche Anforderungen stellen Sie an die Ausrüstung und Einrichtung der Location?

3 | Für die Eröffnung der Winterterrasse werden neue Mitarbeiter benötigt. Zunächst sollen Aushilfskräfte eingestellt werden.
a) Welche Möglichkeiten der Personalbeschaffung haben Sie?
b) Erstellen Sie eine Stellenausschreibung/Stellenanzeige für eine Restaurantfachfrau in der Position Commis de Rang, die Sie im Düsseldorfer Anzeiger veröffentlichen.
c) Welche Anforderungen stellen Sie an das gesamte Servicepersonal?
d) Erstellen Sie eine Stellenbeschreibung für einen Chef de Rang, der für das neue Konzept auf der Terrasse verantwortlich ist.

4 | Erläutern Sie, wie der persönliche Verkauf zum Erfolg beitragen kann.

5 | Welche Werbemaßnahmen können für die Bekanntmachung der neuen Location eingesetzt werden?

6 | Gestalten Sie einen Flyer, den Sie zur Bekanntmachung des neuen Angebots einsetzen können.

7 | Wie kann das Thema Eventmarketing in das Konzept eingebunden werden?

LF 3.2 – Getränkepflege und Getränkeverkauf

Gelungener Abschluss eines Menüs

Das hoteleigene Restaurant „Gourmand" hat einen neuen Digestifwagen angeschafft, der jetzt auszustatten ist.

Der Wagen soll mit Spirituosen, Gläsern und Zubehör ausgerüstet werden.

1 | Entwickeln Sie ein professionelles Konzept zur Ausrüstung des Digestifwagens. Berücksichtigen Sie dabei:
a) Spirituosenauswahl
b) Gläserauswahl
c) sonstige Gegenstände

2 | Mit diesem Digestifwagen fahren Sie an den Tisch des Gasts, um Empfehlungen auszusprechen. Erläutern Sie fünf Vorschläge für Spirituosen Ihrer Wahl für eine gastorientierte Bekanntmachung.

3 | Sie sind beauftragt, Ihren Kolleginnen und Kollegen die Bedeutung und den Einsatz eines Spirituosenwagens im gehobenen Service im Restaurant zu erläutern und anhand von praktischen Beispielen und Rollenspielen dessen Einsatz zu verdeutlichen.

4 | Erarbeiten Sie ein Info-Portfolio für die nächste Mitarbeiterschulung.

5 | Der Einsatz des Digestifwagens ist ein voller Erfolg. Passend zum Digestifwagen wurde auch ein Aufsatz für Aperitifs erworben. Als Liebhaber von Sherry und Portwein haben Sie sofort eine zündende Idee für den Einsatz im Restaurant.
Stellen Sie eine Auswahl von hochwertigen Sherrys und Portweinen zusammen und ergänzen Sie dieses Angebot mit einer Ausrüstung für einen fachgerechten Service der angebotenen Getränke.

6 | Erläutern Sie den gastgerechten Einsatz von Sherry und Portwein als korrespondierende Getränke im Getränkeangebot eines Restaurants.

LF 3.3 – Führen einer Station

Underground

In einem alten Berliner U-Bahnhof, der stillgelegt wurde, soll für 4 Monate ein Pop-up-Restaurant eröffnet werden. In einer gediegenen, Shabby-Chic-Atmosphäre soll während der Sommermonate Juni bis September ein gastronomisch anspruchsvolles Publikum mit frischer Sommerküche und kultigen Getränken angesprochen werden (30 Plätze an der Bar und 100 Personen an Tischen).

Sie sind für das Getränkeangebot und die Getränkestation im Restaurantbereich verantwortlich und werden beauftragt, ein Konzept zu erstellen.

1 | Erstellen Sie eine kleine Getränkekarte mit alkoholischen Getränken für dieses Restaurant.

2 | Planen Sie den Personalbedarf für den Getränkeservice.

3 | Welche Kenntnisse benötigt das Servicepersonal für den Getränkeservice?

4 | Legen Sie verbindliche Vorgaben zur Bestellaufnahme am Tisch des Gasts fest.

5 | Als festen Kooperationspartner für Ausrüstung im Restaurant haben Sie die Firma WMF mit Tafelstern-Geschirr.
Recherchieren Sie im Internet und stellen Sie Geräte, Geschirr und Gläser entsprechend dem Getränkeangebot, das sie konzipiert haben, zusammen.

6 | Als weiterer Serviceschwerpunkt soll der Verkauf von Kaffee und Kaffeespezialitäten besonders beachtet werden.
Erstellen Sie ein entsprechendes Angebot für das beschriebene Restaurant.

7 | Welche Informationsunterlagen und Schulungen sind nötig, damit das Servicepersonal fachgerecht empfehlen und servieren kann?
a) Informieren Sie sich, welche Schulung Ihre Mitarbeiter zur Professionalisierung ihrer Tätigkeit als Barista und Sommelier besuchen können.
b) Welche Inhouse-Schulungen halten Sie für sinnvoll und könnten Sie anbieten? Begründen Sie.

8 | Die Geschäftsleitung wünscht ein standardisiertes Vorgehen im Umgang mit Reklamationen und überträgt Ihnen die Verantwortung für die Schulung.
a) Welche Vorgehensweise empfehlen Sie bei Reklamationsgesprächen?
b) Wie trainieren Sie Ihre Mitarbeiter für den professionellen Umgang mit reklamierenden Gästen?

LF 3.4 – Arbeiten im Bankettbereich

Ganz in Weiß

Ein Wedding Planner möchte mit Ihrem Restaurant eine Kooperation eingehen. Für die Verhandlungen soll eine ansprechende Präsentation vorbereitet werden. Sie soll die Möglichkeiten herausstellen, die Ihr Restaurant für Hochzeiten anbieten kann.

1 | Erstellen Sie ein Konzept für eine Bankett-/Verkaufsmappe für den Verkauf von Hochzeitsveranstaltungen in Ihrem Haus. Berücksichtigen Sie dabei, welche Informationen diese Mappe enthalten sollte.

2 | Bereiten Sie ein Function Sheet vor, das Sie zur Absprache mit dem Veranstalter einsetzen können.

3 | Als erstes Event ist eine Hochzeitsveranstaltung für den 15. Mai mit 100 Personen geplant. Die Gäste werden ab 16.00 Uhr in den Banketträumen erwartet. Ab 23.00 Uhr soll die Veranstaltung mit einer Szene-Jazzband bis in den frühen Morgen ausklingen.

a) Entwerfen Sie drei Menüs mit jeweils fünf Gängen und korrespondierenden Getränken, die Sie dem Veranstalter zur Auswahl anbieten können. Berücksichtigen Sie den Anlass, die Gästegruppe, Personenanzahl und Jahreszeit.

b) Welche Serviermethoden können Sie für diese Veranstaltung anbieten?

c) Erstellen Sie einen Ablaufplan mit genauen Zeitangaben für diese Veranstaltung.

4 | Der Raum ist quadratisch und hat eine Grundfläche von 500 m². Zeichnen Sie eine Skizze mit der von Ihnen gewählten Tafelform und begründen Sie Ihre Entscheidung.

5 | Erstellen Sie einen Serviceablaufplan einschließlich der Zuordnung der Servicemitarbeiter.

6 | Vom Veranstalter wird eine außergewöhnliche Tafel- und Blumendekoration gewünscht. Stellen Sie Vorschläge zusammen, die Sie präsentieren können.

7 | Damit Sie einen perfekten Service anbieten können, soll nach jeder Veranstaltung ein Feedback des Veranstalters eingefordert werden.

a) Welche Feedbackmöglichkeiten können Sie als Erfolgskontrolle einsetzen?

b) Erarbeiten Sie eine Checkliste, die für die Auswertung jeder Veranstaltung in Ihrem Hause eingesetzt werden kann.

Sachwortverzeichnis

Rezeptverzeichnis

Quellenverzeichnis

Bücher

AkA (Hrsg.): Prüfungskatalog für die IHK-Abschlussprüfungen. Fachkraft im Gastgewerbe, 3. Auflage, Solingen: U-Form-Verlag, 2008.

BERTLING, Lutz: Erlaubt – Verboten in der Gastronomie und Gemeinschaftsverpflegung. 12. Auflage, Hamburg: Behr's Verlag, 2011.

BLECH, Jörg: Leben auf dem Menschen. Berlin: Rowohlt-Verlag, 2010.

BLEEKEN, Renate: Lernfeld Magazin: Lehrplanorientiertes Basiswissen zu Aufgaben und Arbeitsabläufen des Magazins in gastronomischen Betrieben. Stuttgart: Matthaes Verlag, 2003.

BRANDL, Franz: Barbuch. 4. Auflage, Stuttgart: Matthaes Verlag, 2003.

BRUHN, Manfred: Unternehmens- und Marketingkommunikation. Handbuch für integriertes Kommunikationsmanagement. 3. Auflage, München: Verlag Franz Vahlen, 2014.

BUCHINGER, Manfred u. a: Küche – Lebensmittel & Qualität. A-Linz: Trauner-Verlag, 2011.

CERWINKA, Gabriele u. a.: Wie kommuniziere ich souverän mit Gästen? Heidelberg: Süddeutscher Verlag/ Redline Wirtschaft, 2007.

DETTMER, Harald Prof. Dr. und Hausmann Thomas Dr. (Hrsg.): Rechnungswesen/Controlling in Hotellerie und Gastronomie. 4. Auflage, Hamburg: Verlag Handwerk und Technik, 2010.

DETTMER (Hrsg.): Kochen als Beruf, 3. Auflage, Hamburg: Verlag Handwerk und Technik, 2000.

DEUTSCHES WEININSTITUT: Deutsche Weine, Seminarhandbuch. 2. Auflage, Mainz 2012.

DGE; ÖGE; SGE; SVE (Hrsg.): Referenzwerte für die Nährstoffzufuhr. 2. Auflage, 1. Ausgabe, Neustadt an der Weinstraße: Neuer Umschau Buchverlag, 2015.

GORYS, Erhard: Das neue Küchenlexikon. 13. Auflage, München: DTV, 2011.

GRÜNER, Hermann: Fachtheorie für ernährungswirtschaftliche Berufe. Hamburg: Verlag Handwerk und Technik, 1989.

GRÜNER, Hermann u. a.: Der junge Koch/Die junge Köchin. 35. Auflage, Gießen: Pfanneberg Verlag, 2013.

HÄNSSLER, Karl Heinz (Hrsg.): Management in der Hotellerie und Gastronomie. 8. Auflage, München: Oldenbourg Wissenschaftsverlag, 2011.

HERRMANN, F. Jürgen (Hrsg.): Die Lehrküche. Lernfelder im Kochberuf. 5. Auflage. Hamburg: Verlag Handwerk und Technik, 2013.

JOSSÉ, Germann: Basiswissen Kostenrechnung. 6. Auflage, München: DTV, 2011.

KAMMERER, Helmut und Eibe Cordes: Partyservice und Catering. 2. Auflage, Stuttgart: Matthaes Verlag, 2010.

KOERBER, Karl von u. a.: Vollwerternährung – Konzeption einer zeitgemäßen und nachhaltigen Ernährungsweise. 10. Auflage, Stuttgart: Haug Verlag 2004.

KRÄMER, Johannes: Lebensmittel-Mikrobiologie. 6. Auflage, Stuttgart: Ulmer UTB-Taschenbuch, 2011.

KROEBER-RIEL, Werner, Weinberg, Peter: Konsumentenverhalten. 10. Auflage, München: Verlag Franz Vahlen, 2013.

LODERBAUER, Josef: Das Bäckerbuch. Grund- und Fachstufe in Lernfeldern. 6. Auflage, Hamburg: Verlag Handwerk und Technik, 2013.

MEFFERT, Heribert; BURMANN, Christoph; KIRCHGEORG, Manfred: Marketing. 13. Auflage, Wiesbaden: Gabler Verlag, 2014.

METZ, Reinhold et al.: Fachkraft & Gast mit Systemgastronomie, 10. Auflage, Gießen: Pfanneberg Verlag, 2013.

Mitsche, Eduard u. a.: Speisen-, Menükunde und Kochen. 5. Auflage, A-Linz: Trauner Verlag, 2009.

MIXOLOGY: Cocktailian, Handbuch der Bar, 2. Auflage, Wiesbaden: Verlag Tre Torri, 2011.

NESTLE DEUTSCHLAND AG: So is(s)t Deutschland. Eine Studie der Gesellschaft. Frankfurt am Main: Deutscher Fachverlag, 2012.

PFLEGER, Andrea: Housekeeping, Management im Hotel, 3. Auflage, A-Linz: Trauner Verlag, 2011.

POSSLER, Christine; THOMBANSEN, Ulla: Service-Check, Stuttgart: Matthaes Verlag, 2011.

PRIEWE, Jens: Kleine Weinschule. 2. Auflage, München: Verlag Zabert Sandmann, 2011.

REUTEMANN, Bernd: Service-Kamasutra, Freiburg: Haufe-Lexware, 2011.

SCHÄTZING, Edgar E.: Management in Hotellerie und Gastronomie. 10. Auflage, Frankfurt am Main: Deutscher Fachverlag, 2013.

SIMMETH, Frank: Gebrauchsanleitung Gast. 2. Auflage, Stuttgart: Matthaes Verlag, 2012.

WETTERAU, Jens u. a.: Modernes Verpflegungsmanagement. Frankfurt am Main: Deutscher Fachbuchverlag, 2007.

WÖHE, Günter: Einführung in die Allgemeine Betriebswirtschaftslehre. 25. Auflage, München: Verlag Franz Vahlen, 2013.

WOLF, Kurt; HECKMANN, Roland: Marketing für Hotellerie und Gastronomie. Stuttgart: Matthaes Verlag, 2008.

ZARRELLA, Dan: Das Social Media Marketing Buch. 2. Auflage, Köln: O'Reilly Verlag, 2012.

ZECH, Nicola: Administratives Event-Management in der Hotellerie. Stuttgart: Matthaes Verlag, 2010.

ZELLER, Markus; Prof. Dr. Christoph Burmann und Dr. Manfred KIRCHGEORG (Hrsg.).: Die Relevanz der Gastronomie als Instrument der Markenkommunikation. Wiesbaden: Gabler Verlag, 2009.

AID-Medien

AID Special 3918/2007: Convenience-Produkte in der Gemeinschaftsverpflegung, Bonn 2007.

AID-Special 3759/2004: Cook & Chill, Bonn 2004.

AID 1024/2014: Gemüse, Bonn 2014.

AID 1003/2012: Kartoffeln und Kartoffelerzeugnisse, Bonn 2012.

AID 3729/2013 (CD): Kennwort Lebensmittel, Bonn 2013.

AID 3132/2008: Küchenhygiene für Profis, Bonn 2008.

AID 3825/2005: Küche und Technik, Bonn 2005.

AID 1002/2012: Obst, Bonn 2012.

AID 1398/2009: Schädlinge in der Gemeinschaftsverpflegung, Bonn 2009.

AID 1057/2012: Tiefkühlkost – Einfrieren von A bis Z, Bonn 2012.

AID 3747/2014: Wichtige Bestimmungen des Lebensmittelrechts, Bonn 2014.

AID 1341/2015: Wild und Wilderzeugnisse, Bonn 2015.

DEHOGA-Publikationen

DEHOGA Bundesverband: Allergeninformation. Berlin, 2014.

DEHOGA Bundesverband: Energiesparen leicht gemacht. Berlin, 2011.

DEHOGA Bundesverband: Hygiene-Leitlinie für die Gastronomie. 2. Auflage. Berlin, 2011

DEHOGA Bundesverband: Systemgastronomie in Deutschland 2015. Berlin, 2015

DEHOGA Bundesverband und BGN: Hotellerie und Gastronomie – effizient, sicher und wirtschaftlich – Branchenleitfaden für gute Arbeitsgestaltung, Berlin/Mannheim: 2008.

BGN-Vorschriften und Broschüren

BGI 503: Anleitung zur Ersten Hilfe

BGR 110: Arbeiten in Gaststätten

BGR 111: Arbeiten in Küchenbetrieben

BGV A1: Grundsätze der Prävention

Broschüre: Sichere Arbeit im Gastgewerbe

Broschüren und Zeitschriften:

FIZ, Fischinformationszentrum: Fisch. Köln: Kölnische Verlagsdruckerei, 2008.

AHGZ, Allgemeine Hotel- und Gastronomie-Zeitung. Stuttgart: Matthaes Verlag.

FIZZ, Zeitschrift für die Szenengastronomie. Neustadt an der Weinstraße: Meininger Verlag.

Food Service Wirtschaftsfachzeitschrift für professionelle Gastronomie. Frankfurt am Main: Deutscher Fachverlag.

Top Hotel, Fach-Illustrierte für das Hotel-Management, Landsberg: Freizeit-Verlag Landsberg GmbH.

Internet

www.arbeitsschutz.nrw.de/Arbeitsschutz/ueberblick-zur-Arbeitsschutzverwaltung/index.php (gefunden im Juli 2015)

www.behrs.de/media/catalog/product/7/7/779_lp_10_03_16.pdf (gefunden im Mai 2015)

www.bfr.bund.de/de/bewertung_mikrobieller_risiken_von_lebensmitteln-674.html (gefunden im Juli 2015)

www.bfr.bund.de/cm/343/warmhaltetemperatur_von_speisen_sollte_ueber_65_grad_betragen.pdf (gefunden im Juli 2015)

www.bvl.bund.de/DE/08_PresseInfothek/01_FuerJournalisten/01_Presse_und_Hintergrundinformationen/01_Lebensmittel/2006/2006_09_01_hi_Umgang_mit_Nebenprodukten_aus_der_Lebensmittelherstellung_und_Konfiskaten.html?nn=1401276 (gefunden im Juli 2015)

www.bmel.de/DE/Ernaehrung/Kennzeichnung/_Texte/DossierKennzeichnung.html?docId=431912 (gefunden im Juli 2015)

www.chefkoch.de/magazin/artikel/12,5/Chefkoch/Gefluegelfleisch.html (gefunden im Juli 2015)

www.code-knacker.de/eg_herkunft.htm (gefunden im Juli 2015)

www.code-knacker.de/kuehlschrank.htm (gefunden im Juli 2015)

www.deutsches-gefluegel.de/erzeugung (gefunden im Juli 2015)

www.energiekampagne-gastgewerbe.de/(gefunden im Juli 2015)

www.klopfermuehle.de/031ed198e9126ba01/031ed198f91245302/(gefunden im Juli 2015)

www.lebensmittelwissen.de/lexikon/a/aw-Wert.php (gefunden im Juli 2015)

www.lebensmittellexikon.de/p0000800.php (gefunden im Juli 2015)

www.lfl.bayern.de/iem/obst-gemuese (gefunden im Juli 2015)

www.nachhaltigkeit.info/artikel/definitionen_1382.htm (gefunden im Juli 2015)

www.nachhaltigkeit.info/artikel/weltgipfel_rio_de_janeiro_1992_539.htm (gefunden im Juli 2015)

www.osha.europa.eu/de/publications/factsheets/79 (gefunden im Juli 2015)

www.rki.de/DE/Content/Infekt/Jahrbuch/Jahrbuch_2012.pdf?__blob=publicationFile (gefunden im Juli 2015)

www.verbraucherzentrale-bayern.de (gefunden im Juli 2015)

www.vz-nrw.de/UNIQ134761739219792/link396201A.html (gefunden im Juli 2015)

Bildquellenverzeichnis

2B FermControl GmbH, Breisach am Rhein: S. 426/2
ACCENTA Music GmbH, Hamburg: S. 160/1
Accor Hospitality Germany GmbH, München: S. 114/2; 115/1; 125/1
ACO Passavant GmbH, Stadtlengsfeld: S. 61/1
ADE GmbH & Co, Hamburg: S. 264/2,3
Adelholzener Alpenquellen GmbH, Siegsdorf: S. 402/2,3
Adorini – Gebr. Spohn GmbH, Köln: S. 549/1
AICHINGER GmbH, Wendelstein: S. 159/1
aid infodienst, Ernährung, Landwirtschaft, Verbraucherschutz e.V., Bonn: S. 198/5; 209/3; 514/3,4
AIR LIQUIDE Deutschland GmbH, Düsseldorf: S. 220/2
Alan Electronics GmbH, Lütjensee: S. 225/2
Alfred Kärcher Vertriebs GmbH, Winnenden: S. 459/4
ALLPAX GmbH & Co. KG, Papenburg: S. 210/3; 465/2
Almdudler Limonade A. & S. Klein GmbH & Co. KG, Wien, Österreich: S. 405/1
Alpha11 Pagerlösungen, Isen: S. 215/1; 223/3; 226/1
Althaus Tee Vertriebsgesellschaft mbH, Bremen: S. 396/3
Altonaer Kaviar Import Haus, Gustav Rüsch GmbH & Co. KG, Hamburg: S. 336/7-11
Altro GmbH, Hamburg: S. 459/1
Amtsblatt der Europäischen Kommission, Brüssel, Belgien (www.eur-lex.europa.eu): S. 419/1,2
Anheuser-Busch InBev Germany Holding GmbH, Bremen: S. 410/5; 541/5
APS Glass & Bar Supply GmbH, Hamburg: S. 228/1-6,9,10, 12-15,18-20,23-25,27,28,30-32,34-36
Aquaculture Stewardship Council, Utrecht, Niederlande: S. 334/22
Arabella Brauneck Hotel, Lenggries: S. 121/2
ARD ZDF Deutschlandradio Beitragsservice, Köln: S. 161/2
Arla Foods Deutschland GmbH, Upahl: S. 297/1
ATLANTIC Hotels Management GmbH, Bremen: S. 118/1
BACARDI GmbH, Hamburg: S. 438/2-4; 449/1
Balzac Coffee Company GmbH & Co. KG, Hamburg: S. 385/2
Barry Callebaut AG, Zürich, Schweiz: S. 398/4
Barstuff.de e.K., Berlin: S. 228/11,21,22,29,33,37,38; 543/1-4
BARTH GmbH – Thermo Future Box, Kirchheim/Teck: S. 210/1
Bartscher GmbH, Salzkotten: S. 195/1; 197/1-8; 198/1-4,6; 201/3; 208/3; 210/2; 228/33; 249/3
Bayerische Glaswerke GmbH, Neustadt an der Waldnaab: S. 539/2
Bayerische Staatsbrauerei Weihenstephan, Freising: S. 409/3
Bernard-Massard Sektkellerei GmbH, VINCO IMPORT GmbH, Trier: S. 406/1
Berufsgenossenschaft Handel und Warendistribution (BGHW), Bonn (BGHW-Publikation „BGHW Kompakt 103 – Heben und Tragen“, Illustrationen: Bernd Zerwann): S. 21/2
BeviClean GmbH, Halsenbach: S. 413/1
BG BAU – Berufsgenossenschaft der Bauwirtschaft, Berlin: S. 269/1
BGN Berufsgenossenschaft Nahrungsmittel und Gastgewerbe (BGN), Mannheim: S. 31/1; 47/2
Biersommelière, München: S. 538/1
Biofisch GmbH, Wien, Österreich: S. 334/23
Bioland e.V., Esslingen: S. 420/4
BIONADE GmbH, Ostheim/Rhön: S. 404/7
Block Foods AG – Ein Unternehmen der Block Gruppe, Hamburg: S. 115/2; 501/5
Bolero Holding GmbH, Hamburg: S. 117/1
BONAMAT GmbH, Stapelfeld: S. 222/2
Bookatable GmbH & Co. KG, Hamburg (www.bookatable.de): S. 117/2; 125/3
Brauerei C. & A. Veltins GmbH & Co KG, Meschede-Grevenstein: S. 410/4
Brauerei Gusswerk GmbH, Hof bei Salzburg: S. 542/3
Brauerei Schlenkerla, Bamberg: S. 542/2
BredemeijerGroup, Utrecht, Niederlande: S. 170/14
BREMER BAUMWOLLBÖRSE: S. 453/2
BrewDog plc Balmacassie Industrial Estate, Aberdeenshire, Schottland, Großbritannien: S. 384/7
Bundesanstalt für Landwirtschaft und Ernährung, Bonn: S. 36/1,2; 420/2
Bundesministerium für Land- und Forstwirtschaft, Umwelt und Wasserwirtschaft (BMLFUW), Wien, Österreich: S. 566/1
Bundeszentrale für gesundheitliche Aufklärung (BZgA), Köln: S. 58/2; 149/2
Bureau du Champagne, Deutschland und Österreich: S. 442/1-5
Burger King Deutschland GmbH, München: S. 101/3; 223/2; 244/1; 497/3; 502/3
BURGER KING Flensburg: S. 113/4

Cambro Manufacturing Company, CA, USA: S. 174/4,7; 175/1-8
CASIO Europe GmbH, Norderstedt: S. 136/3-7; 279/1a
CentrO Management GmbH, Oberhausen: S. 248/3
Cineworld Cineplex, Dettelbach: S. 246/3
C.M.W. Canadian Mineral Water Development S.A., Senningerberg (Luxembourg): S. 537/2
coa Holding GmbH, Frankfurt am Main: S. 248/2
COCKTAIL-O-MAT, Filderstadt: S. 232/2
Coffee Fellows GmbH, Grünwald: S. 385/1
Coffema International GmbH, Hamburg: S. 222/3
Cölner Hofbräu P. Josef Früh KG, Köln: S. 409/1
COMPO GmbH & Co. KG, Münster: S. 63/1
Contacto Bander GmbH, Erkrath: S. 171/12; 200/3; 201/7; 215/3; 250/5
Corbis GmbH, Düsseldorf: S. 59/1 (Tim Pannell)
CUP&CINO Kaffeesystem-Vertrieb GmbH & Co. KG, Hövelhof: S. 122/3; 131/1; 385/3
Danone Waters Deutschland GmbH, Frankfurt am Main: S. 402/4,5
Dawn Foods Germany GmbH, Darmstadt: S. 199/2
DBL – Deutsche Berufskleider-Leasing GmbH, Zirndorf: S. 145/1
Delivery Hero Holding GmbH, Berlin: S. 123/4
Demeter e.V., Darmstadt: S. 36/3; 420/6
dennree GmbH, Töpen: S. 330/2
Der Bergbauernwirt im Landhaus Bolgental, Bolsterlang: S. 542/4
Detia Garda GmbH, Laudenbach: S. 55/4-6; 72/1,3,4
Deutsche Gesellschaft für Ernährung e.V. (DGE), Bonn: S. 94; 224/2
Deutsche Gesetzliche Unfallversicherung e.V. (DGUV), Berlin, www.dguv.de: S. 27 (Illustrationen aus dem Plakat „Erste Hilfe“, DGUV Information 204-001); 29 Berlin (Illustrationen aus der Broschüre „Anleitung zur Ersten Hilfe“, DGUV Information 204-006)
Deutsche Zöliakie-Gesellschaft e.V. (DZG), Stuttgart: S. 96/3
Deutscher Brauer-Bund e.V., Berlin: S. 24/2; 269/2; 407/4; 408/2; 410/7; 411/1-7; 412/1-7; 413/3-6; 538/3
Deutscher Hotel- und Gaststättenverband e.V. (DEHOGA Bundesverband), Berlin: S. 57/1; 133/1; 158/3-8
Deutscher Kaffeeverband e.V., Hamburg: S. 386/1; 387
Deutsches Rotes Kreuz e.V., Berlin: S. 28/2
Deutsches Weininstitut, Mainz (www.deutscheweine.de): S. 416/1; 417; 418/1,3,5,8-10,12; 432/6; 435/1
Die Internationale Brau-Manufacturen GmbH, Frankfurt am Main: S. 538/2
dieKLEINERT.de, München: S. 415/1
digipen technologies GmbH, Bremen: S. 128/2
DIN Deutsches Institut für Normung e.V., Berlin: S. 19/1-16; 23/1,2,5-8; 25/1; 26/1-3; 30; 32/2-7; 150/1
DINEA Gastronomie GmbH, Köln: S. 244/2; 246/1
DOORI Betriebsgesellschaft mbH, Bad Vilbel: S. 521/4
dpa-Picture-Alliance GmbH, Frankfurt am Main: S. 38/1 (Oliver Berg); 52/2,3 (BSIP/VEM),4 (BSIP/CAVALLIN),5 (BSIP/VEM),6 (OKAPIA KG),7 (BSIP/VEM),8 (BSIP),9; 54/3 (BSIP/CDC),4 (BSIP/CDC/SGO); 71/2 (J.W.Alker); 80/1 (CHROMORANGE/Alfred Schauhuber); 119/2 (Infografik); 245/4 (Markus C. Hurek); 247/1 (Peljak, Florian/SZ Photo),3 (Arcaid); 336/1 (Food Photography Eising)
Dr. Becher GmbH, Seelze: S. 472; 473
Duni GmbH, Bramsche: S. 159/2; 172/1-3,5-9; 173/1a,1b,2a,2b,3a,3b,11-20,22,24; 177/2,5; 522/4,5
east Hotel & Restaurant GmbH, Hamburg: S. 122/2; 378/1
ECOVIN Bundesverband Ökologischer Weinbau e.V., Oppenheim: S. 420/3
EDEKA ZENTRALE AG & Co. KG, Hamburg: S. 419/3
Eine Welt Laden, Weißwasser (www.eineweltladen.info): S. 394/2
Eipro Vermarktung GmbH & Co. KG, Lohne: S. 253/3; 296/3-5
Eli´s Deli by Hotel Weidenbrück, Swisttal: S. 521/2
Elysée Hotel AG Hamburg: S. 121/1
Enchilada Franchise GmbH, Gräfelfing: S. 242/2,3
Eschenbach Porzellan Group – Neue Porzellanfabrik Triptis GmbH, Triptis: S. 166/15
Europäische Kommission, Brüssel, Belgien: S. 22/2; 38/3
Europa-Park, Freizeit- & Familienpark Mack OHG, Rust: S. 155/2
European Carpet and Rug Association, Brüssel (www.floorsymbols.com): S. 460/2-9
Ewers-Basbay, Ute, Hamburg: S. 47/1; 67/1; 173/21; 201/1,2,4,5; 216/1-12; 228/17; 229/1-10; 331/3; 440/2
Fachingen Heil- und Mineralbrunnen GmbH, Birlenbach OT Fachingen: S. 402/6
FEURER Febra GmbH, Brackenheim: S. 226/4
Fiebak Medien, Sebastian Fiebak – Agentur für Kommunikation, Baesweiler (www.fiebak-medien.de): S. 481

Fix-Jouy, Sabine, Hamburg: S. 96/2; 181/15; 300/2
Flensburger Brauerei Emil Petersen GmbH & Co. KG, Flensburg: S. 409/2
Foodpairing® N.V., Brügge, Belgien: S. 545/2
Foodtrucks Deutschland – Klaus P. Wünsch & Markus Wolf, Schwabach: S. 522/2
Fotolia Deutschland, Berlin, © www.fotolia.de: S. 7 (Andrey Popov); 8/1 (Stockphoto4u),2 (michaeljung); 9 (mangostock); 12/1 (minzpeter); 13 (Bernd Leitner); 15 (Trueffelpix); 20/2 (contrastwerkstatt); 21/3 (twystydigi); 26/5 (beerkoff); 31/2 (babimu); 35/1 (imagestalk),2c (scusi); 36/5 (Gabi Günther),6 (rdnzl),7 (Janusz Z. Kobylanski),8 (camera-me.com),9 (lightphoto),10 (Marc Dietrich),11 (volff),12 (margo555),13 (motorlka),14 (zergkind),15 (silencefoto),16 (Meliha Gojak),19 (valery121283),20 (valery121283); 39/1 (Nik); 41/2 (Regormark); 42/1c (scusi); 44/4 (Quade); 48/2 (Gabriele Rohde); 49/1b (ferkelraggae),1c (LenaPics); 55/1 (Ayupov Evgeniy),3 (Bogdan Dumitru); 56/1 (N-Media-Images); 57/2 (MaFiFo); 58/1 (Robert Kneschke); 60/1 (ZIQUIU),5 (Matthias Geipel); 61/3 (Lucky Dragon),4 (Onkelchen); 62/1 (mihalec),2 (Andreas Wolf); 73 (ankiro); 74 (ankiro); 75/1,2 (Giuseppe Porzani); 76/2 (Andrea Arnold); 78/2 (Elena Schweitzer),3 (Patrick Hermans),5 (HelleM),6 (Malena und Philipp K),7 (Picturefoods.com); 79/1 (Marco Mayer),3 (robinstewart); 80/2 (Danny Hooks),3 (Dusan Kostic),4 (OpopO); 81/1 (evgenia sh); 82 (brodtcast); 87/1b (robynmac),1c (valery121283),1e (Janusz Z. Kobylanski),1f (Schlierner); 92/1a (TrudiDesign),1b (shoot4u); 95/4 (spinetta); 98/1 (Giuseppe Porzani),2 (Giuseppe Porzani),4 (Giuseppe Porzani),5 (ExQuisine),7 (hurricane84); 103/2 (pekkic); 104/1-6 (damato); 105 (coldwaterman); 106 (Robert Kneschke); 107/1 (juniart),2b (ExQuisine); 112/1 (thingamajiggs); 116/2a (zentilia); 123/3 (Welf Aaron); 124/1 (pico); 127/2a (ExQuisine),10 (DOC RABE Media); 132/1 (Trueffelpix); 133/2 (mopsgrafik); 138/1 (ldprod),15 (stockWERK); 139 (Minerva Studio); 143 (Natalia Klenova); 144/1 (Natalia Klenova),2 (apops); 145/2 (Vladimirs Poplavskis); 147/1 (ilro),2 (Innovated Captures),3 (T. Michel); 148 (coliap); 149/1 (Peter Atkins); 151/1 (Antonio Gravante); 152 (THesIMPLIFY); 153 (juniart); 154 (katyspichal); 156/1 (M. Dykstra),2 (T. Michel); 157/1 (WoGi); 163/7 (Stockcity); 165/1 (yamix),2 (aetb); 169/1 (giakita),2 (JS); 171/2 (Photographica); 177/3 (Jacques PALUT); 178/1 (Reicher),2 (Fontanis),3 (Springfield Gallery); 183 (Robert Kneschke); 184/1 (Robert Kneschke); 185 (puckillustrations); 186/1 (fotomek); 190 (puckillustrations); 191/2 (so47); 192/1 (Steve Young),2 (HaywireMedia); 193/1 (Sergey Nivens); 195/2 (Lucky Dragon); 196/2 (Robert Kneschke); 200/10 (VRD); 201/10 (Elena Moiseeva); 202 (Viktorija); 205/1 (S.E. shooting); 208/1 (Inga Nielsen),2 (Cachaco); 211/1 (Lucky Dragon),2 (Maksim Toome); 217/3 (Lucky Dragon); 220/1 (alswart), 227/1 (Peter Atkins),2 (Stockcity); 229/12 (Günter Menzl); 230/2 (Dmitry Lobanov); 233/2 (ACP prod); 235/2 (Wolfisch); 243/2 (ThorstenSchmitt); 250/8 (VRD); 251 (Warakorn); 252/1 (Warakorn); 255/2 (THesIMPLIFY); 262 (FM2); 263/1 (kebox); 265/2 (fotomek); 270/4 (flyceo); 272 (contrastwerkstatt); 276/1 (Warakorn); 281/1 (Wissmann Design),2 (Andre Bonn); 283 (Andrey Starostin); 287 (Denis Junker); 289 (Markus Bormann); 290/1 (Markus Bormann); 293/1b (Igor Tarasov); 294/1 (serkann007),3 (by-studio); 297/2a (euthymia); 305/1 (valery121283),2 (Giuseppe Porzani),3 (Meliha Gojak),4 (Yasonya),5 (margo555),6 (Christian Jung),7 (valery121283),8 (volff),9,10 (margo555),11 (Janine Fretz Weber),12-15 (margo555),16 (ExQuisine),17 (margo555),18 (silencefoto),19 (Xavier),20 (margo555),21 (LianeM),22 (ExQuisine); 306/1 (Dionisvera),2 (Christian Jung),3 (Giuseppe Porzani),4 (karandaev),6 (Dionisvera),9 (Giuseppe Porzani),10 (Natika),12,13 (Giuseppe Porzani),14 (Thomas Francois),15 (Giuseppe Porzani),16 (valery121283),19-21 (Giuseppe Porzani),22 (LianeM),24 (unverdorben),26 (Giuseppe Porzani),31 (johny87),32,33,35,36 (Giuseppe Porzani),37 (vasi_100); 307/3 (ferkelraggae),4a (ZoomTeam); 309/2 (UMA),3 (Christian Jung),4 (blende40),5,6 (Giuseppe Porzani),7 (Lucky Dragon),8 (Paulista),9 (camera-me.com),10 (marrfa),11 (rdnzl); 310/1 (lightphoto),2 (Kitty),3 (PeJo),4 (Wolfgang Jargstorff),5 (Anna Kucherova),6 (Leonid Shcheglov),7 (Giuseppe Porzani),8 (womue),9 (photocrew),11 (motorlka),12 (ExQuisine),13 (blende40),14 (Giuseppe Porzani),15 (gandolf); 311/3 (Schlierner),4 (robynmac); 312/3 (Laurent Renault),5 (Siegfried Schnepf),6 (Yantra),8 (Lucky Dragon),9 (lantapix),10 (schenkArt); 313/2 (Zerbor),4 (Carola Vahldiek),8 (photocrew); 314/1 (unverdorben),2 (Barbara Pheby),4 Tomboy2290),5 (IrisArt),7 (Alois),8 (ExQuisine),9 (womue),10 (unpict),11 (Barbara Pheby),12 (Vitas),13 (Barbara

Pheby),14 (fotogal),15 (Irina Belousa),17 (Barbara Pheby),18 (robynmac),19 (Giuseppe Porzani); 315/3 (Dionisvera),8 (Andrea Wilhelm),10 (photocrew),16 (rdnzl),20 (ExQuisine); 316/3 (Joachim Opelka),4 (karandaev); 317/1 (Xavier),3 (Schlierner),5 (eyewave),7 (Popova Olga),8 (Liaurinko),9 (Shakzu),11 (L Klauser),15 (Elena Schweitzer),16 (proffelice),17 (photocrew),18 (proffelice); 318/4 (Sea Wave),6 (Sea Wave); 323/5 (cynoclub); 324/2 (Mara Zemgaliete); 325/2 (L Bouvier); 326/4 (indigolotos),8 (emuck),9 (Andrea Wilhelm),13 (emuck),17 (Barbara Pheby); 327/4 (fotomaster); 329/1 (sval7),4 (Roman Samokhin),8 (jagodka),9 (halilin),10 (cmnaumann),11 (Otto Durst); 332/1 (kungverylucky); 334/1 (Alexander Maier),2,3,6 (Malena und Philipp K),7 (Witold Krasowski),8 (Picturefoods.com),9 (ExQuisine),10 (fine in art),11 (Malena und Philipp K),13,16,18 (Picturefoods.com),19 (Edward Westmacott),20 (Picturefoods.com); 335/2 (seen),336/3 (womue),4,5 (rdnzl); 337/6 (Edward Westmacott),7 (Lucky Dragon),8 (ExQuisine),10 (sergojpg); 338/1 (termis1983); 340/1 (Giuseppe Porzani),2 (Christian Jung),3 (Mario),4 (Wolfgang Jargstorff),5 (blende40),6 (PeJo),7 (Paulista),8 (gandolf),9 (Giuseppe Porzani),10 (Yasonya),11,12 (margo555),13 (Dionisvera),14 (Christian Jung),15,16 (margo555),17 (Natika),18 (volff); 341 (Natalia Klenova); 342/1 (Natalia Klenova); 343/2 (percent); 347/3 (Wally McKoy); 348/4 (JohnGollop),11 (Richard Oechsner),12 (Daorson); 349/6 (21051968),8 (womue),9 (Beboy),10 (Lucky Dragon),12 (Natika),15 (Doris Heinrichs),22 (Carola Schubbel),25 (Lucky Dragon); 350/1 (Marén Wischnewski); 351/4 (M. studio); 353/2 (Profotokris),5 (Mikko Pitkänen),6 (Quade); 354/1 (Photographer),2-7 (sashahaltam),8 (karelnoppe); 356/2 (Karin Jähne); 360/3 (Vladimir Gerasimov); 361/1 (Ideenkoch); 363/3 (Beboy); 364/1 (Manuela Manay),3 (Lucky Dragon),5 (tycoon101); 366/1 (Quade); 367/3 (diamant24); 368/1 (ExQuisine); 371/2 (ExQuisine),4 (photocrew); 372/4 (Lilyana Vynogradova); 374/3 (Andrea Wilhelm); 377/2 (ExQuisine); 379/3 (sevaljevic); 381/1 (Lucky Dragon),2 (starush),4 (bildschoenes); 382/1 (gradt),4 (Beboy),8 (Doris Heinrichs); 384/2 (Lucky Dragon); 388/3 (manu); 389/2 (Natalia Merzlyakova); 392/1 (TwilightArtPictures),4 (ub-foto); 393 (photallery); 394/1a,1b,1c (sulupress),1d (kexchen); 395/4 (Elena Schweitzer),5 (Barbara Pheby); 398/3 (paulmz),7 (HLPhoto); 400/1 (eyewave); 403/1 (PhotoSG),2 (karandaev),3 (DIA); 406/2 (Africa Studio9),3 (StefanieB.); 407/1 (Tatjana Rittner); 408/1 (Africa Studio); 414/1 (Kailash),3 (Mikhail Kalakutskiy),5 (nuryudijes); 421/1 (CofkoCof); 422/1,3 (chuck); 423/2 (slaved),3 (Adam Wasilewski); 424/1 (slaved); 425/1 (CofkoCof); 427/2 (niroworld); 428/1 (chuck); 429/1 (Felix Pergande),3 (vinz89); 430/1 (schwabenblitz),2 (slaved),4 (gilbertc); 432/2 (Tobias Schäfer),3,4 (Dominic Ziegler),5 (Tobias Schäfer); 433/11 (Neobrain),12 (Renaters); 436/1 (Peter Hermes Furian); 438/1 (Peter Hermes Furian); 441/3 (Findus2000),4 (moonrun),5 (BabylonDesignz),6 (Wenhao Zhu),7 (sixmini),9 (Martin Schumann); 442/6 (fotobauer_11); 444/1 (Brad Pict); 445/1 (Dionisvera),2 (photocrew); 447/1 (Dionisvera),2 (emer),5 (IrisArt); 448/1 (Prod. Numérik),2 (BeTa-Artworks),3 (Liv Friis-larsen); 449/3 (Kesu); 451 (Jaroslav74); 452/1 (Jaroslav74); 454/3 (PictureP.); 455/3 (ernsthermann); 456/3 (REDSTAR STUDIO); 459/2 (pioneer); 465/1 (Jacques PALUT) ; 466/2 (Angela Rohde); 467/3 (Schwoab),4 (M. Dykstra); 468/1 (womue); 469/7 (Africa Studio); 470/1 (michaeljung); 487 (MarcoGusella.it); 496/1 (VRD); 497/1 (guukaa); 504/1 (nwf); 505/3 (fffranz); 510/2 (Subbotina Anna),5 (fotogal); 514/1 (blende40),2 (stockcreations),6 (Lumir Stepan); 522/6 (searagen); 523/1 (FOOD-pictures),3 (FOOD-pictures),4 (FOOD-pictures); 533/4 (Jörg Lantelme); 535/1 (ganko),1a (Renaters),2 (deenphoto); 536/2 (fotostreet roma),3 (cmnaumann); 540/2 (alisseja); 542/5 (hjschneider); 547/3 (ExQuisine),4 (tsuneomp),6 (andrei_77),9 (Taonas),17 (gpalmer); 548/2 (alinlyre),3 (Swapan); 551 (Sergey Nivens); 552/1 (Sergey Nivens); 568/5 (smuay); 574 (arinahabich); 576/2 (rfvectors.com); 578/1 (OC RABE Media); 579/3 (emmeci74); 582/1 (SM Web); 593 (Schlierner); 603 (aranjuezmedi); 609/1 (exclusive-design),2 (scerpica); 612/1 (hreniuca),2 (hreniuca)

Foto-Studio-Strauß, Johannes Strauß e.K., Altötting: S. 524/1-4; 525/1-8; 526/1-5; 527/1-8; 528/1-7; 529/1-7; 530/1-7

F-Plan GmbH, GESELLSCHAFT FÜR ERSTELLUNG VON FEUERWEHREINSATZPLÄNEN mbH, Wiehl: S. 23/9; 28/1

FR Catering – Ein Unternehmen der FR Event- und MesseCatering GmbH, Eibelstadt/Würzburg: S. 567/2,3

Franke Kaffeemaschinen AG, Aarburg, Schweiz: S. 221/1

FRHI Hotels & Resorts, Zürich, Schweiz: S. 559/2
Friend of the Sea, Mailand, Italien: S. 334/24
Friesisches Brauhaus zu Jever GmbH & Co. KG – Ein Unternehmen der Radeberger Gruppe, Jever: S. 409/5
fritz-kulturgüter GmbH, Hamburg: S. 405/3
Fruchthof Northeim GmbH & Co. KG, Northeim: S. 339/1
FSC Arbeitsgruppe Deutschland e.V., Freiburg: S. 173/23
Fuchs Gewürze GmbH, Dissen a.T.W.: S. 76/1
Fuller Smith & Turner 2016, London, Großbritannien: S. 540/1,4
Gäa e.V. -Vereinigung ökologischer Landbau, Dresden: S. 36/4
Galas, Elisabeth, Bad Breisig: S. 179/2-9,11-20; 180/2-13,15-26; 181/2-7,9-14,16-22; 213/1-3; 214/1-3; 414/6; 434/1; 437/2; 443/3; 523/2
Gasthaus & Gosebrauerei Bayerischer Bahnhof – Brau & Gaststättenbetrieb GmbH & Co. KG, Leipzig: S. 542/1
Gasthaus Stappen, Korschenbroich: S. 126
Gastro & Soul GmbH, Hildesheim: S. 502/1
Gastro Kontor GmbH, Emsdetten: S. 512/1
GASTROFIX GmbH, Berlin: S. 136/1,2
Gastwerk Hotel Hamburg GmbH & Co. KG, Hamburg: S. 116/1
Gauselmann AG, Espelkamp: S. 150/2
GCB German Convention Bureau e.V., Frankfurt am Main: S. 552/3
GeBE Elektronik und Feinwerktechnik GmbH, Germering: S. 136/9
Gebr. Graef GmbH & Co. KG, Arnsberg: S. 18/3
GEPA – The Fair Trade Company/A. Welsing, Wuppertal: S. 390/1,2
GermanFashion Modeverband Deutschland e.V. GINTEX GERMANY, Köln: S. 468/2
Glen Dimplex Deutschland GmbH, Geschäftsbereich RIEDEL Kältetechnik, Kulmbach: S. 270/1
GO IN GmbH, Landsberg am Lech: S. 162/1,2; 163/6; 164/1
GRANULDISK, HALLBERGMOOS bei München: S. 463/1
Green Chefs, Jan-Patrick Timmer, Hamburg: S. 484
Green Delicious UG (haftungsbeschränkt), Bio.Catering Company, Hamburg: S. 568/2
Green Globe, Redondo Beach, Kalifornien, USA (www.greenglobe.com): S. 566/2
Grom Schmuck Pforzheim – Jewellery Made in Germany: S. 228/7
Groupon GmbH, Berlin: S. 114/1
GRUPPO CIMBALI SPA, Binasco, Italien: S. 222/5
GUT, Gemeinschaft umweltfreundlicher Teppichboden e.V., Aachen: S. 460/1
Hagleitner Hygiene International GmbH, Zell am See, Österreich: S. 456/2
Hahn, Konrad, München: S. 318/1; 349/1,2; 351/5; 382/3
Hallo Pizza GmbH, Systemzentrale, Langenfeld: S. 507/2
Hansla Speisekarten, Hamburg (www.speisekarten-mappen.de): S. 127/6
Heinrich Fuchs GmbH, Böhmenkirch: S. 532; 573
Henkel AG & Co. KGaA, Düsseldorf: S. 464/1
Henkell & Co. Sektkellerei KG, Wiesbaden: S. 384/9; 449/2
Hermann Pichler GmbH + Co. KG, Laichingen: S. 177/1
Heyroth & Kürbitz freie Architekten BDA – hkfa.de, Hamburg: S. 127/7
HolidayCheck AG, Bottighofen: S. 124/2
Hotel Am Obstgarten – Familie Metzler, Oberteuringen-Bitzenhofen: S. 559/1
Hubert GmbH, Pfungstadt: S. 61/5; 175/9
Hugentobler Schweizer Kochsysteme AG, Schönbühl, Schweiz: S. 206/4
Hummel, Michael, Brieselang: S. 296/1,2; 313/6,7; 344/3-6; 345/1-8; 346/1-8; 350/5,7; 352/3; 355/1-7; 357/1-8; 358/1-8; 359/1-6; 373/1-8; 375/1-8; 376/1-8; 381/7,8
IDM-Informationszentrale Deutsches Mineralwasser, Bonn (www.mineralwasser.com): S. 400/2; 401; 402/1
Info-Zentrum Schokolade, Leverkusen: S. 398/5,6
Ingenico GmbH, Ratingen: S. 137/2
Intervinum AG, Zürich, Schweiz: S. 427/1
INtex Publishing GmbH & Co. KG, Eitorf: S. 193/2,3
IP Gansow GmbH, Unna: S. 459/3
IQ 4 YOU GmbH, Bad Überkingen: S. 434/4-6
iStockphoto, Berlin: S. 11/2 (NUMAX3D); 14/1 (Pali Rao),2 (AlexRaths),3 (zokara),6 (Steve Debenport); 17 (demypic); 18/1 (demypic); 21/1 (Daniel Pintaric); 22/1 (Ekspansio); 33 (Selahattin Bayram); 34/1 (Selahattin Bayram); 37/1 (CCat82); 41/3 (dawgfan1); 43 (sproetniek); 44/1 (sproetniek); 50/1 (blackboard1965); 61/2 (sturti); 63/2 (Gabor Izso); 64/1 (Kohlerphoto); 75/3 (Evgeny Karandaev); 78/1 (pixhook); 79/2 (Ina Peters); 81/2 (Ugurhan Betin); 88/5 (Esben Emborg); 96/1 (Elena777),4 (Piotr Marcinski); 97/1 (dml5050); 100/2b (touring); 101/1 (joingate); 102 (AndreyPopov); 107/2d (Kenneth

Wiedemann); 110/1 (Brandon Laufenberg); 119/1 (hocus-focus); 129/1 (Onurus9999); 155/1 (Krzysztof Gawor); 155/3 (BirgitKorber); 157/2 (Torian Dixon); 176/2 (007filip); 188 (OJO_Images); 191/1 (asterix0597); 194/2 (diego cervo); 199/3 (haoliang); 201/12 (Serhiy Stakhnyk); 204/1 (johannes86); 205/2 (paytai),3 (trevorb687); 207/4 (stocknroll); 211/3 (Brian Jenkin); 215/2 (4x6); 218/1 (Juanmonino),2 (Pgiam),3 (dogayusufdokdok); 219/1 (Kondor83),2 (Kondor83); 222/1 (mdilsiz),4 (inspireme); 229/13 (Yuliya Sergeeva); 230/1 (Leadinglights); 232/1 (Volodymyr Goinyk); 241/1 (winhorse); 245/3 (tirc83); 248/1 (puhhha); 253/4 (karam miri); 254 (Dušan Kostić); 257/2 (xyno); 260 (LeventKonuk); 261/1 (4774344sean); 274/2 (Mandy Hartfree-bright); 299/2 (Ina Peters); 303/3 (Oliver Hoffmann); 306/5 (Photo_HamsterMan),7 (Creativeye99),8 (LianeM),17 (Andrii Gorulko),18 (Elena Schweitzer),25 (Alex Sudarikov),28 (Roman Samokhin),39 (egal),40 (LianeM); 312/1 (hsvrs),2 (Jitka Unverdorbenova),4 (Ekaterina Ostanina); 313/3 (Alasdair Thomson); 314/3 (Le Do),6 (Manto-nature),16 (Leonid Nyshko),21 (marco_speranza); 315/11 (AlasdairJames),13 (travismanley),18 (sommail); 316/1 (Norman Pogson); 317/12 (rimglow); 318/2 (ManuWe),5 (Suzannah Skelton); 320/1-10 (Oliver Hoffmann); 322/1 (small_frog),2 (arne thaysen); 323/1 (Joe Michl),2 (BahadirTan-riover),3 (Eric Isselée); 327/2 (Andy Gehrig); 329/2 (jgroup),5,6,7,12 (globalP); 334/14 (PicturePartners); 336/2 (Olga_Anourina),6 (Ivan Mateev); 337/1 (graffizone),3 (Andy Lidstone),4 (Alexander Raths),5 (Frankhuang); 338/2 (Floortje); 339/4 (schulzhat-tingen); 348/1 (scorpion26),7 (JohnGollop); 349/4 (AgiJuken),7 (TheCrimsonMonkey),14 (orcea david),19 (Gord Horne); 351/1 (eyewave),2 (Ermin Gutenberger); 353/3 (Maxim Shebeko); 354/9 (Lisovskaya); 362/1 (eyewave),2 (Ina Peters),4 (svariophoto); 363/1 (Bochkarev Photography); 365/1 (Jacek Chabraszewski),2 (Boarding1Now); 367/1 (Sarah Bossert),4 (nicolebranan); 369/1 (JackJelly); 370/1 (hlphoto); 372/1 (Agfoto),3 (Lilyana Vynogradova),5 (svariophoto); 379/2 (stockstudioX); 380/1 (Kondor83); 383 (Kenneth Wiedemann); 384/1 (Kenneth Wiedemann); 388/1 (chi-hung cheung); 392/3 (Bartosz Hadyniak); 397/1 (Valeriy Evlakhov),2 (FOTOGRAFIA INC.); 398/1 (Helena Lovincic),2 (TinaFields); 405/5 (NoDerog),6 (baibaz); 418/4,11 (Chiyacat); 433/10 (Prapass Wannapinij); 436/2 (pidjoe); 437/3 (Juan Carlos de la Calle Velez); 441/2 (Mehmet Salih Guler); 443/2 (Joachim Angeltun); 444/2 (Fedor Patrakov),3 (Alexirius); 447/3 (Nina Shannon),4 (Teresa Azevedo),6 (Leon Rafael); 450 (scaliger); 452/2 (Dragan Trifunovic),3 (Fine Dine In),4 (Heidi van der Westhuizen); 453/1 (Li Ding),10 (Ruud de Man),11 (Micah Young); 454/1 (Kevin Dyer),2 (xefstock); 455/2 (Andrea Evangelista); 457/2 (hh5800); 458/2 (k_rahn); 465/3 (upixa); 469/1 (Freerick_k); 474 (JimmiLarsen); 478/2 (Christine Glade); 495/1,3 (queezz); 500/2 (Fred Froese); 513/1 (Kondor83); 514/5 (Photo_HamsterMan); 531/3 (Sarah Bossert); 532/3 (LeventKonuk); 533/1 (kzenon),2 (ruhrpix); 546/2 (mediaphotos),3 (jean-marie guyon); 547/2 (Rebecca Ellis),5 (futureimage),7 (Danny Hooks),8 (Zlatko Kostic),10 (gabe palmer),12 (Eddie Berman),13 (DNY59),14 (Mark Gillow),15 (futureimage),16 (Birgitte Magnus),18 (Garik_Klimov); 550 (Максим Мосин); 567/4 (oattobar69); 575 (Anthia Cumming); 576/1 (Anthia Cumming); 586/1 (juliedeshaies),2 (JoeGough); 587/1 (juliedes-haies),2 (JoeGough),3 (juliedeshaies),4 (JoeGough); 594 (Smileus); 601 (serts); 607 (Alex Belomlinsky)

J.T. Ronnefeldt KG, Worpswede: S. 396/1

Joey's Pizza Service (Deutschland) GmbH, Hamburg: S. 242/1; 249/2

John Wiebelitz Trademarks & Design, Hamburg: S. 384/8; 405/2

Jowa AG, Volketswil, Schweiz: S. 339/3

JURA Elektrogeräte Vertriebs-GmbH, Nürnberg (www. jura.com): S. 391/1

Kleiber, Susanne, Hamburg: S. 45/1; 83; 84; 293/2; 295/3; 298; 404/1; 443/1; 581/2

Klosterbrauerei Weissenohe GmbH & Co. KG, Weißenohe: S. 407/3

Konditorei Junge GmbH & Co.KGaA, Lübeck: S. 247/5

Kooperation „Hessen à la carte", Wiesbaden: S. 135/1

Köstritzer Schwarzbierbrauerei GmbH, Bad Köstritz/Thüringen: S. 410/1

Krausen, Scott, Mönchengladbach: S. 45/2-4; 51/2,3; 77/1; 78/4; 85/2; 90; 93/2; 176/3; 218/4; 309/1; 317/19; 324/1; 461/1-10; 469/2-6,8-12

Krombacher Brauerei, Bernhard Schadeberg GmbH & Co. KG, Kreuztal-Krombach: S. 404/2,6; 409/4; 410/3,6

Kulturkirche Altona gemeinnützige GmbH, Hamburg: S. 567/1

laif Agentur für Photos & Reportagen GmbH, Köln (ROBERT WRIGHT/The New York Times/Redux): S. 509; 510/1
Landesvereinigung der Milchwirtschaft NRW e.V., Krefeld: S. 297/3
Landratsamt Rhein-Neckar-Kreis, Heidelberg: S. 64/2
Le Creuset GmbH, Kirchheim unter Teck: S. 433/9
LeBuffet Restaurant&Café Gesellschaft mbH, Essen: S. 248/4; 502/2
Legnoart, Omegna, Italien: S. 228/8
Liebherr-International Deutschland GmbH, Biberach an der Riss: S. 267/9; 268/1; 433/2
Lindemans, Vlezenbeek, Belgien: S. 541/1,2
Loderbauer, Josef, Deggendorf: S. 87/2; 97/2; 189/1-4; 295/1,2; 348/3,5,6,8,9; 349/20,23,24; 382/5
Lunch-Karawane.de, Hamburg: S. 522/1,3
MACCHIAVALLEY GmbH, Farchant: S. 221/3
Macnetix GmbH, Berlin-Tiergarten: S. 128/1
Marché Mövenpick Deutschland GmbH, Leipzig: S. 483; 505/1,2
Marine Stewardship Council (MSC), Berlin: S. 334/21
Market Grounds GmbH & Co. KG, Hamburg (www.market-grounds.com): S. 395/2,3; 399/2-5
mauritius images GmbH, Mittenwald: S. 127/1a (Bild auf App); 238/1 (Alamy); 334/4 (dieKleinert)
McCafe, WIR Restaurant KG, Trier: S. 385/7
McDonald's Deutschland Inc., München: S. 158/2; 249/1; 385/5; 494/3; 501/3; 502/4; 507/1
MEIKO Maschinenbau GmbH & Co. KG, Offenburg: S. 462/1; 463/2
Melitta Professional Coffee Solutions GmbH & Co. KG, Minden: S. 221/2; 391/2-7; 399/1
Messe Gastronomie Hannover GmbH, Hannover: S. 247/2
MICE Service GmbH, Berlin: S. 553
Michelin Reifenwerke AG & Co. KGaA, Karlsruhe: S. 127/1 (Mauritius Photononstop)
MICHELIN Restaurants Deutschland, Karlsruhe: S. 495 (Text)
Miele & Cie. KG, Gütersloh: S. 467/1,2
Mineralbrunnen Überkingen-Teinach AG, Bad Überkingen: S. 404/3,5
Minimax Mobile Services GmbH & Co. KG, Bad Urach: S. 25/2-6
Mintel Germany GmbH, München: S. 539/1
Mitchells & Butlers Germany, Wiesbaden (www.dein-alex.de): S. 116/2b; 246/2
Moët Hennessy Deutschland GmbH, München: S. 442/7; 446
Mongo's Gastro GmbH, Essen: S. 240/2
Mr.Chicken CentrO. GmbH, Gelsenkirchen: S. 245/2 (Sigurd Steinprinz)
Müller's Mühle GmbH, Gelsenkirchen: S. 321/1-6
mvs industrial consulting gmbh, Künzell: S. 125/2
Naturbursche Getränke GmbH, Wiesbaden: S. 405/4
Naturland Zeichen GmbH, Gräfelfing: S. 420/5
Neese, Anika, Hamburg: S. 65/1,2
Nestlé Deutschland AG, Frankfurt am Main: S. 478/1
Neumann & Neumann Software und Beratungs GmbH, Steingaden: S. 471/1,4
Neumarkter Lammsbräu Gebr. Ehrnsperger KG, Neumarkt i. d. OPf.: S. 384/6; 410/2
Neuschwander GmbH, Brackenheim: S. 433/1
Niederhäusern Getränke AG, Zofingen, Schweiz: S. 269/3
NORD EVENT GmbH, Hamburg: S. 225/1
NordCap GmbH & Co. KG, Bremen: S. 67/3
NORDSEE GmbH, Bremerhaven: S. 123/2; 501/2
orderbird AG, Berlin: S. 136/8
OrderPat GmbH, Freiburg: S. 123/1
Österreich Wein Marketing GmbH, Wien, Österreich: S. 421/2
PAPSTAR Vertriebsgesellschaft mbH & Co. KG, Kall: S. 172/4; 173/4-10; 226/3
Party Rent Group, Bocholt: S. 162/3-8; 163/2-4; 166/2-11,13,14,16,17; 177/4
PepsiCo Deutschland GmbH, Neu-Isenburg: S. 404/4
Per Medien+Marketing GmbH, Braunschweig: S. 37/2; 46/6; 69; 85/3; 100/2a; 135/3; 146/1; 163/1; 182; 294/2; 431/2; 456/4; 457/3; 476/3; 477; 479; 480; 485/1; 488; 490/1; 494/1; 533/3; 597/1,2; 598/1-3; 599/1,2
Perfekt Konzept GmbH, Gevelsberg: S. 455/1
Pernod Ricard Deutschland GmbH, Köln: S. 384/10
PICARD & WIELPÜTZ GmbH & Co.KG, Solilngen: S. 169/4,5
PosBill GmbH, Kehlbach: S. 223/1,4
Pret A Diner GmbH, Berlin: S. 494/2 (Iris Klawitter)
Qnips GmbH, Hannover: S. 138/14
Quatsling, Liane, Hamburg: S. 26/4; 294/1 (Montage & Illustration auf Karton); 453/12
Radisson Blu Hotel, Berlin: S. 122/1
RASTAL GmbH & Co.KG, Höhr-Grenzhausen: S. 167/2
Redaktion food-service/FoodService Europe & Middle East, Deutscher Fachverlag GmbH, Frankfurt am Main: S. 243/1
Regionalfenster e.V., Friedberg: S. 135/2
Restaurant & Bar SILO4, Rostock: S. 131/2

Restaurant Kleinschmecker, Hartwig/Grau Gastro GmbH, Berg: S. 476/2
Rieber GmbH & Co. KG, Reutlingen: S. 568/3,4
Road Stop GmbH, Mettmann: S. 241/2
Robbe & Berking Silbermanufaktur seit 1874 GmbH & Co. KG, Flensburg: S. 521/3
Robert Koch-Institut, Berlin: S. 54/1
Robert Mondavi Winery, Oakville, Kalifornien: S. 428/2
RÖSLE GmbH & Co. KG, Marktoberdorf: S. 170/15,16; 201/9
Rösler Oberflächentechnik GmbH, Bad Staffelstein: S. 464/3-5
SALOMON FoodWorld® GmbH, Großostheim: S. 339/2; 510/6; 511/1
Sausalitos Holding GmbH, München: S. 112/2; 231/2; 501/1; 512/3
Schmalz Distributions-Systeme AG, Nidau, Schweiz: S. 194/1; 268/2
Schmid, Rudi, Hamburg: S. 95/1-3
Schweinske Franchise GmbH, Hamburg: S. 245/1
seasons.agency - Ein Unternehmensbereich der StockFood GmbH, München: S. 334/17 (Christian Teubner für GU)
Segafredo Zanetti Deutschland GmbH, München: S. 385/6
Selters Mineralquelle Augusta Victoria GmbH - Ein Unternehmen der Radeberger Gruppe, Löhnberg-Selters: S. 537/1
SHATLER's Getränke GmbH, Hamburg: S. 231/3; 384/5
Shepherd Neame Limited - The Faversham Brewery, Faversham, Kent, Großbritannien: S. 540/5
Shutterstock Images LLC, New York, USA: S. 8/3 (stockyimages); 10/1 (andrea crisante),2 (johnbraid); 11/1 (Andrey_Popov); 12/2 (Atlaspix),3 (Goodluz); 14/4 (wavebreakmedia),5 (Goodluz); 18/2 (bikeriderlondon); 20/1 (auremar); 24/1 (Yehuda Boltshauser); 32/1a,b (hakandogu); 34/2 (Konstantin Sutyagin); 35/2a (Basheera Designs),2b (Macrovector); 36/17 (asharkyu),18 (rprongjai); 37/3 (artida); 38/2 (visdia); 40/1 (kongsky); 41/1 (Tupungato); 42/1a (Basheera Designs),1b (Macrovector),3-9 (kongsky); 44/2 (LittleStocker),3 (mariakraynova); 46/2 (eelnosiva),3 (Africa Studio),4 (Andris Tkacenko),5 (baibaz); 48/1 (Svetlana Foote); 49/1a (elisekurenbina),2 (Yeko Photo Studio),3 (Slawomir Fajer); 50/2 (StockPhotosArt); 51/1 (absolutimages); 54/5 (Jubal Harshaw),6 (D. Kucharski K. Kucharska); 55/2 (Vitalii Hulai); 56/2 (AlinaStreltsova); 59/2 (Nejron Photo); 60/2 (Stokkete),3 (violetblue),4 (Africa Studio); 61/6 (beerkoff); 67/2 (lrafael); 68/1 (Robert Kneschke),2 (wavebreakmedia); 72/2 (Vitalii Hulai); 75/4 (Gustavo Toledo),5 (Madlen),6 (Picsfive),7 (Stokkete),8 (svry); 76/3 (Brzostowska),4 (monticello); 77/2 (Riegler Klaus); 85/1 (nmedia); 86/1 (Elena Schweitzer),2 (Africa Studio),3 (Valentyn Volkov),4 (Yeko Photo Studio); 87/1a (temiropix),1d (Africa Studio); 88/1 (Rob Byron),2 (Kesu),3 (Gtranquillity),4 (Anatoly Tiplyashin),6 (Madlen); 89 (jopelka); 91/1 (markuc),2 (jaroslava V); 98/3 (Blank),6 (Valentyna7),8 (Seroff); 99 (Maximus256); 100/1 (Maximus256); 101/2 (Dragance137); 103/1 (View Apart); 107/2 (vadik4444),2a (HLPhoto),2c (Lesya Dolyuk); 108 (S_L); 110/2 (amasterphotographer),3 (berkut),4 (Matej Kotula),5 (Renzo.luo),6 (Sergey Nivens),7 (Marko Tomicic); 111/1 (Marko Tomicic),2 (Zffoto); 113/1 (Kues),2 (donsimon),3 (Vladimir Gjorgiev),5 (goir); 118/2 (Oakozhan); 121/3 (PiXXart); 124/3 (Christos Georghiou); 129/2 (svry); 130 (windu); 137/1 (auremar); 140 (Rommel Canlas); 142 (kopecky76); 146/2 (Andrey_Popov); 158/1 (LI CHAOSHU); 161/1 (Denis Tabler); 166/12 (gillmar); 171/15 (nito); 184/2 (snapgalleria); 186/2 (Vitaly Raduntsev); 195/3 (Ragne Kabanova); 198/7 (Birgit Reitz-Hofmann); 201/11 (travellight); 203/3 (a katz),4 (Africa Studio),5 (RGtimeline); 204/2 (Pangfolio.com),3 (Markus Gann); 205/4 (Foodpictures); 206/1 (CCat82),2 (pidjoe),5 (umbertoleporini); 207/1 (CCat82),2 (Pathawi Boriboon),3 (Lestertair); 209/2 (Bernd Juergens); 217/1 (Pavel L Photo and Video),2 (L.F); 226/2 (Gvictoria); 229/11 (Oleg V. Ivanov); 231/1 (CandyBox Images); 233/1 (DT10),3 (Andrey_Popov); 234/1 (Valeriy Lebedev),2 (Africa Studio),3 (kurhan),4 (Dawn Gilfillan); 235/1 (poosan); 236/1 (Tyler Olson),2 (Robert Kneschke); 237/1 (racorn),2 (bikeriderlondon),3 (phipatbig); 238/2 (Norman Chan); 240/1 (Palo_ok); 247/4 (CandyBox Images); 250/9 (nito),10 (Dmitriy Krasko); 252/2 (s-ts),3 (Dja65),4 (Bespaliy),5 (Apostolos Mastoris),6 (5),7 (Agorohov); 253/1 (Brooke Becker),2 (Nikola Bilic); 255/1 (Robert Hoetink); 256 (sihuo0860371); 257/1 (Africa Studio),3 (Goran Bogicevic); 258/1 (bokan),2 (filmfoto); 259/1 (Iconic Bestiary),2 (Africa Studio); 261/2 (Jonas Wolff); 263/2 (Shutterwolf); 265/1 (Pavel Ignatov),3 (Artem Shadrin); 266/1 (RIRF Stock),2 (wang song); 267/1 (Neirfy),2 (Diana Taliun),3 (Andrei Kuzmik),4 (Kitch Bain),5

(mertcan),6 (Madlen),7 (Ljupco Smokovski); 268/3 (Niloo); 270/2 (Kzenon),3 (Mikhail Abramov); 271/2 (Nikita Tiunov),4 (aguiters); 274/1 (Alexis Photo); 275 (Benjamin Haas); 276/2 (cigdem),3 (cigdem); 277 (SH-Vector); 278 (cigdem); 280 (Jose Ignacio Soto); 281/3 (ISchmidt),4 (mangostock); 282/1 (CandyBox Images),2 (Ekaterina Bratova),3 (cweber),4 (svry); 284 (fstockfoto); 285 (Mark Carrel); 286/1 (OlegDoroshin),2 (pitb_1); 292/1-14 (h3c7or); 293/1a (Piotr Tomicki); 294/4 (tukkata),5 (Kharkhan Oleg),6 (monticello); 295/4 (Chalermsak); 297/2b (smereka),2c (adike); 299/1 (Wolna); 300/1 (Valentyna7),3 (Aliwak); 302/1 (VanderWolf Images),2 (smereka),3 (Rachele Totaro IT),4 (Olga Nayashkova),5 (bitt24); 303/2 (Krzysztof Slusarczyk); 304/1 (nito),2 (gorkem demir),3a-c (Jiri Hera),4 (Dmitriy Krasko),5 (Ivonne Wierink); 306/11 (PodPad),23 (arka38),27 (Acon Cheng),29 (bergamont),30 (Aleksandrs Samuilovs),34 (Viktar),38 (Crepesoles); 307/1 (Africa Studio),2 (Angelaoblak),4b (PhotographyByMK); 308/1a-1d (Africa Studio),2 (Artography),3 (Africa Studio),4 (Madlen),5 (Simone Voigt); 310/10 (Maks Narodenko); 311/1 (andersphoto),2 (MichaelJay-Berlin),5 (Pixelspieler),6 (Balkonsky); 312/7 (ansem),11 (Artography); 313/1 (homydesign),5 (Jiri Hera); 314/20 (D7INAMI7S); 315/1 (jeehyun),2 (D7INAMI7S),4 (D7INAMI7S),5 (D7INAMI7S),6 (Imageman),7 (Feyyaz Alacam),9 (Andrii Gorulko),12 (D7INAMI7S),14 (xpixel),15 (motorolka),17 (D7INAMI7S),19 (Richard M Lee); 316/2 (irabel8),5 (Madlen),6 (Africa Studio); 317/2,4,6 (Potapov Alexander),10 (haru),13 (Valentyn Volkov),14 (athanop_night); 318/3 (Piotr Krzeslak); 319/1 (Shnycel),2 (Artur Synenko),3 (Seroff),4 (EM Arts),5 (George Muresan); 320/11 (Yellowj),12 (Tobik); 321/7 (JIANG HONGYAN),8 (spaxiax); 323/4 (Erik Lam); 324/3 (Rudchenko Liliia),4 (sbarabu); 325/1 (ALEXANDER LEONOV),3 (Le Do),4 (Reika),5 (Marcel Paschertz),6 (Gorenkova Evgenija); 326/1 (pan demin),2 (Zurbagan),3 (Swapan Photography),5 (Swapan Photography),6 (O.Bellini),7 (Viktor1),10 (lsantilli),11 (Richard M Lee),12 (de2marco),14 (de2marco),15 (de2marco),16 (Viktor1),18 (Jag_cz); 327/1 (Eric Isselee),3 (Eric Isselee); 328/1 (Michal_K),2 (Marina Grau); 329/3 (panbazil); 330/1 (Milosz_G); 331/1 (ankiro),2 (Givaga),4 (MAHATHIR MOHD YASIN); 332/2 (James BO Insogna),3 (Eric Isselee); 334/5 (Paisarn Praha),12 (sunsetman),15 (bergamont); 335/1 (amrita); 337/9 (Bernd Juergens),11 (JIANG HONGYAN),12 (imstock); 342/2 (Robyn Mackenzie); 343/1 (juefraphoto),3 (Ikonoklast Fotografie),4 (Alita Bobrov),5 (Olga Ivanova); 344/1 (jannoon028),2 (Kryvenok Anastasiia); 347/1 (Ema Woo),2 (Carlos Caetano); 348/2 (gradt),10 (Gita Kulinitch Studio); 349/3 (Artur Synenko),5 (Catalin Petolea),11 (cristi180884),13 (spaxiax),16 (MaraZe),17 (Torsten Dietrich),18 (jiangdi),21 (PeJo),26 (unpict); 350/2 (Pakhnyushcha),3 (Oliver Hoffmann),4 (margouillat photo),6 (Rmbssk); 351/3 (gresei); 352/1 (svry),2 (Vereshchagin Dmitry),4 (Prometheus72),5 (Dulce Rubia); 353/1 (Kamila i Wojtek Cyganek),4 (HLPhoto); 354/10 (svry); 356/1 (Nitr); 360/1 (oksana2010),2 (Brian Senic),4 (irabel8); 361/2 (Bochkarev Photography),3 (Milkos); 362/3 (Igor Dutina),5 (sarsmis); 363/2 (Nitr); 364/2 (p.studio66),4 (Dulce Rubia); 366/2 (svry); 367/2 (svry); 368/2 (HandmadePictures); 369/2 (jabiru),3 (Robyn Mackenzie),4 (Eviled); 370/2 (WHITE RABBIT83); 371/1 (GooDween123),3 (Lucy Liu),5 (Irina Rogova),6 (Brent Hofacker); 372/2 (Lisovskaya Natalia),6 (StepanPopov); 374/1 (p. studio66),2 (kuvona),4 (StaryLyss),5 (M. Unal Ozmen); 377/1 (Shebeko),3 (svry),4 (sarsmis); 378/2 (Nastya22); 379/1 (Ema Woo),4 (Alexander Tolstykh); 380/2 (Sukpaiboonwat); 381/3 (Kryvenok Anastasiia),5 (John M Anderson),6 (Sukpai-boonwat); 382/2 (Gita Kulinitch Studio),6 (PeJo),7 (cristi180884),9 (Catalin Petolea); 384/3 (M. Unal Ozmen),4 (Zerbor); 389/3 (Kittibowornphatnon),4 (T photography); 392/2 (Eky Studio); 395/1 (Bablo); 396/2 (Olga Popova); 397/3 (nevodka); 399/6 (svariophoto); 413/2 (r.classen); 414/2 (Posonskyi Andrey),4 (komkrit Preechachanwate); 415/4 (Gyuszko-Photo); 416/2 (Tom Higgins); 420/1 (Vaide Seskauskiene); 422/2 (PHB.cz/Richard Semik); 423/1 (Samot); 424/2 (PHB.cz/Richard Semik); 425/2 (S_Photo),3 (slava296); 426/1 (Vasily Mulyukin); 427/3 (Peter Wollinga); 429/2 (wideweb),4 (urosr); 431/1 (Anneka); 435/2-4 (Minerva Studio); 437/4 (carlosdelacalle); 439/1 (servickuz); 441/10 (Polarpx); 453/9 (Moises Fernandez Acosta); 457/1 (Marina Lohrbach); 458/1 (Nomad_Soul),3 (Andrey_Popov); 466/1 (Photo-graphee.eu); 470/2 (Blend Images); 475 (Three-Rivers11); 476/1 (ThreeRivers11); 482 (arek_malang); 485/2 (Fogflow); 486/1 (Andrey_Popov),1a

(Angeliki Vel); 489/1 (Dream Master),2 (Mayartistic),3 (Epifantsev); 490/2 (ChameleonsEye),3 (Sorbis); 493/1 (GooDween123),2 (margouillat photo),3 (krsmanovic),4 (LI CHAOSHU); 495/2 (Alexander Raths); 496/2 (DeiMosz); 498 (svry); 499/1 (Sergey Nivens),2 (alphaspirit); 500/1 (wavebreakmedia); 504/2 (Valentyn Volkov); 506 (style-photography); 508 (-Albachiaraa-); 510/3 (Picsfive),4 (Anna Kucherova); 511/2 (Peter Hermes Furian),3 (msaandy033); 513/2 (gst); 515/1 (Vladislav Plotnikov),2 (MADDRAT); 518/1 (Maridav),2 (Phil Reid),3 (Alberto Masnovo); 519/1 (Peshkova,2 (pil76),3 (Stokkete); 520/1 (Strannik_fox),2 (mallinka),3 (Katarzyna Zdanowska); 521/1 (David Kucera); 531/1 (Frank Fiedler),2 (PERLA BERANT WILDER); 532/2 (Foodpictures); 534/2 (Wikrom Kitsamritchai); 536/1 (luckylight); 538/4 (Picsfive); 539/3 (oizostudio),4 (urbanbuzz); 540/3 (Michael Kraus); 543/5 (Oliver Tindall); 544 (Tobik); 545/1 (Wollertz),3 (Kondor83); 546/1(CandyBox Images),4,5 (gosphotodesign); 547/1 (Palmer Kane LLC),11 (shippee),19 (Wollertz),20 (maramorosz); 548/4-10 (Denya); 549/2 (Paul Velgos),3 (Jaromir Urbanek),4 (Bjoern Wylezich); 552/2 (AVN Photo Lab); 554/1 (Kzenon),2 (Brian A Jackson); 555/1 (mashurov),2 (Angeliki Vel); 556 (Angeliki Vel); 557/1 (Tashatuvango),2 (Angeliki Vel); 558/1 (Hrecheniuk Oleksii),2 (ra2studio); 560-563 (Angeliki Vel); 564/1 (MNStudio),2,3 (Angeliki Vel); 565/1 (niroworld),2 (Modella),3 (Trueffelpix); 566/4 (Rawpixel.com); 569/1,2 (Angeliki Vel); 570/1-3 (Angeliki Vel); 571 (Angeliki Vel); 572/1 (Shebeko),2 (Nipon Laicharoenchokchai),3 (Andrii Oleksiienko),4 (Olena Savytska); 577/1 (DenisNata); 578/2 (Gts),3 (nevodka); 579/1 (Richard Peterson),2 (graja),4 (M. Unal Ozmen); 581/1 (charles whitefield); 582/2 (Pokomeda); 584 (steamroller_blues); 589 (Pavlova Elena); 592 (gcpics); 602 (karnizz); 604 (zhu difeng); 605 (Serghei Starus); 606 (iQoncept); 608 (lozas); 610/1 (EcoPimStudio); 611

Signum Gesellschaft für angewandte Infromatik GmbH, Darmstadt: S. 279/1

Silit Werke GmbH & Co. KG, Riedlingen: S. 205/5

Spahn GmbH, Sitzmöbelfabrik, Stadtlohn: S. 163/5

SRH Hotel Handels- und Betriebs GmbH, Heidelberg: S. 548/1

StockFood GmbH, München: S. 200/5; 203/1,2; 209/1 (Eising Studio - Food Photo & Video); 301 (Maximilian Stock Ltd); 303/1 (Eising Studio - Food Photo & Video); 337/2 (Eising Studio - Food Photo & Video); 415/2 (Eising Studio - Food Photo & Video); 418/2,6,7; 433/3-6,8; 434/2,3; 437/1 (Siffert, Hans-Peter); 534/1 (Lanneretonne, Anthony)

Stockheim GmbH & Co. KG, Düsseldorf: S. 224/1

Street Food Festival - LADEN EIN, Köln: S. 568/1

SV - Consult GmbH, Linz, Österreich: S. 160/2

talk & act Nachhaltigkeitsmanagement, Schwetzingen (my-green-meeting.de): S. 566/3

TasteTwelve UG, Köln: S. 114/3

Tchibo GmbH Corporate Communications (CC), Hamburg: S. 385/4; 386/2

Techniker Krankenkasse, Hamburg: S. 40/2

TEEKANNE GmbH & Co. KG, Düsseldorf: S. 396/4

Testo AG, Lenzkirch: S. 264/4

THE QUBE, Kempen: S. 232/3

The Woolmark Company Pty Ltd, Sydney, Australien: S. 453/6-8

Thermoplan Deutschland GmbH, Hockenheim: S. 389/1

Tierpark & Tropen-Aquarium Hagenbeck, Hamburg: S. 491

Tobit Software AG, Ahaus: S. 160/3

Toshiba Europe GmbH, Neuss: S. 279/1b,1d

TOTAL Feuerschutz GmbH, Hamburg: S. 23/3,4

TransFair - Verein zur Förderung des Fairen Handels mit der „Dritten Welt“ e.V., Köln (www.fairtrade-deutschland.de): S. 390/3

Trappistes Rochefort, Vleteren, Belgien: S. 541/3,4

Twisters, Sylt: S. 485/3

Umweltbundesamt, Dessau: S. 39/2; 456/1

Umweltinstitut Land Vorarlberg: S. 46/1

UN Economic Commission for Europe, Genf, Schweiz (www.unece.org): S. 22/6-10

UNICOBRES OHG, Buchenau (www.destillatio.com): S. 415/3

Unilever Food Solutions, Heilbronn: S. 339/5; 501/4

VDE Prüf- und Zertifizierungsinstitut GmbH, Frankfurt am Main: S. 22/3,5

Vectron Systems AG, Münster: S. 279/1c

VEGA Vertrieb von Gatronomiebedarf GmbH, Wertingen: S. 127/3-5,8,9; 170/1-11,13; 200/1,2,4,6-9; 201/6,8; 206/3; 250/1-4,6,7

VegOrganic e.V., Köln: S. 42/2

Verband Deutscher Sektkellereien e.V., Wiesbaden (Illustration: Peter Pfeiffer, Cochem): S. 439/2; 440/1; 441/1

Verband Lebensmittel ohne Gentechnik e.V. (VLOG), Berlin: S. 290/2

Verlag Handwerk und Technik GmbH, Hamburg (Kohrs, Elisabeth): S. 179/1,10; 180/1,14; 181/1,8
Verlag Handwerk und Technik GmbH, Hamburg: S. 271/1; 432/1; 441/8
VLET Speicherstadt Gastronomie GmbH, Hamburg: S. 497/2
Weinkellerei Lenz Moser AG, Rohrendorf, Österreich: S. 430/3
Weinkenner GmbH, München: S. 433/13
WESSAMAT Eismaschinenfabrik GmbH, Kaiserslautern: S. 228/26
Westindien Compagnie Seehandelsgesellschaft mbH, Flensburg: S. 407/2
Wiegand, Petra, Hamburg: S. 61/7
Wienerwald Franchise GmbH, München: S. 494/4
Wiesenlust Restaurant Verwaltung – Kolb&Kolb GbR, Bad Vilbel: S. 512/2
Wilhelm Ebinger Metallwaren GmbH, Remshalden: S. 164/2,3
Winterhalter Gastronom GmbH, Meckenbeuren: S. 196/1; 462/2; 464/2
WMF Group, Geislingen: S. 166/1; 169/3; 170/12,17-19,21,23; 171/1,3,4,6-11,13,14; 174/1-3,5,6,8-12; 388/2
woodandmore – wohnbares Design aus Berlin: S. 228/16
WTW GmbH – Geschäftsbereich ebro Electronic, Ingolstadt: S. 264/1
www.app-food.com (connect M, Dipl. Inform. Ronald Vogel, Uepsen): S. 127/2
www.g-wie-gastro.de: S. 199/1
www.schu-ju.de: S. 151/2
www.wikipedia.org: S. 52/1 (National Institutes of Health); 54/2 (CDC/Betty Partin); 66 (RolloM); 240/3 (LSG Sky Chefs); 271/3 (RolloM)
ZOLLNER Weberei und Wäschefabrik GmbH + Co. KG, Vilsbiburg: S. 176/1
Zwiesel Kristallglas AG, Zwiesel: S. 167/1; 168/1-26